Domingo Faustino Sarmiento

Viajes por Europa, África y América

Barcelona **2023**
Linkgua-ediciones.com

Créditos

Título original: Viajes por Europa, África y América.

© 2023, Red ediciones S.L.

e-mail: info@linkgua.com

Diseño de cubierta: Michel Mallard.

ISBN tapa dura: 978-84-1126-585-0.
ISBN rústica: 978-84-9816-161-8.
ISBN ebook: 978-84-9897-092-0.

Cualquier forma de reproducción, distribución, comunicación pública o transformación de esta obra solo puede ser realizada con la autorización de sus titulares, salvo excepción prevista por la ley. Diríjase a CEDRO (Centro Español de Derechos Reprográficos, www.cedro.org) si necesita fotocopiar, escanear o hacer copias digitales de algún fragmento de esta obra.

Sumario

Créditos _____ 4

Brevísima presentación _____ 9
   La vida _____ 9

Prólogo _____ 11

Mas-a-fuera _____ 16

Montevideo _____ 31

Río-Janeiro _____ 70

Ruan _____ 92

París _____ 119

Madrid _____ 151

La Mancha _____ 189

Córdoba _____ 191

Tiempos primitivos _____ 193

Tiempos romanos _____ 194

Tiempos árabes _____ 195

Tiempos inquisitoriales _____ 195

Tiempos modernos _____ 195

Barcelona	196
África	200
Roma	238
Florencia, Venecia, Milán	295
Suiza, Munich, Berlín	316
Estados Unidos	338
Avaricia y mala fe	393
Geografía moral	398
Elecciones	412
Incidentes de viaje	428
Nueva York	428
Canadá	441
Boston	450
Baltimore, Filadelfia	456
Washington	460
El arte americano	470
Cincinnati	487
Libros a la carta	501

Brevísima presentación

La vida

Domingo Faustino Sarmiento (1811-1888). Argentina.

Hijo de José Clemente Sarmiento, soldado del ejército del San Martín, y de Paula Zoila Albarracín. Tuvo quince hermanos, solo sobrevivieron seis.

En 1816 ingresó en la Escuela de la Patria. Estudió latín a los trece años, doctrina cristiana y geografía y trabajó para un ingeniero francés.

La Autobiografía de Benjamín Franklin influyó en él. En 1828 entró en el ejército a favor de los unitarios. Escribió mucho y con autoridad sobre temas militares. Se distinguió en el combate de Niquivil y sufrió arresto domiciliario hasta que en 1831 marchó a Chile. Allí fue minero durante tres años. Sin embargo, continuó sus estudios y tradujo obras de Walter Scott.

En 1842 el gobierno de Chile lo nombró director y organizador de la primera Escuela Normal de Preceptores de Santiago de Chile. Escribió en la prensa chilena bajo la influencia de Larra. Viajó a Madrid; Argel, Italia, Suiza, Alemania, Inglaterra, Estados Unidos y Canadá. Poco después se casó con Benita Martínez Pastoriza.

Fue representante de Argentina en los Estados Unidos. Estuvo tres años allí y se interesó por conocer su democracia, que había apreciado en su viaje anterior.

En 1880 fue candidato a la presidencia de la república.

El 8 de mayo de 1888 marchó a Paraguay en busca de un ambiente propicio para su salud. Murió unos días después.

Prólogo

Ofrezco a mis amigos, en las siguientes páginas, una miscelánea de observaciones, reminiscencias, impresiones e incidentes de viaje, que piden toda la indulgencia del corazón, para tener a raya la merecida crítica que sobre su importancia no dejará de hacer el juicio desprevenido. Saben ellos que a fines de 1845 partí de Chile, con el objeto de ver por mis ojos, y de palpar, por decirlo así, el estado de la enseñanza primaria, en las naciones que han hecho de ella un ramo de la administración pública. El fruto de mis investigaciones verá bien pronto la luz; pero dejaba esta tarea árida por demás, vacíos en mi existencia ambulante, que llenaban el espectáculo de las naciones, usos, monumentos e instituciones, que ante mis miradas caían sucesivamente, y de que quise hacer en la época, abreviada reseña a mis amigos, o de que guardé anotaciones y recuerdos, a que ahora doy el posible orden, en la colección de cartas que a continuación publico.

Este plan traíalo aparejado la realidad del caso, y aconsejábamelo la naturaleza misma del asunto. El viaje escrito, a no ser en prosecución de algún tema científico, o haciendo exploración de países poco conocidos, es materia muy manoseada ya, para entretener la atención de los lectores. Las impresiones de viaje, tan en boga como lectura amena, han sido explotadas por plumas como la del creador inimitable del género, el popular Dumas, quien con la privilegiada facundia de su espíritu, ha revestido de colores vivaces todo lo que ha caído bajo su inspección, hermoseando sus cuadros casi siempre con las ficciones de la fantasía, o bien apropiándose acontecimientos dramáticos o novedosos ocurridos muchos años antes a otros, y conservados por la tradición local; a punto de no saberse si lo que se lee es una novela caprichosa o un viaje real sobre un punto edénico de la tierra, ¡Cuán bellos son los países así descritos, y cuán animado el movible y corredizo panorama de los viajes! Y, sin embargo, no es en nuestra época la excitación continua el tormento del viajero, que entre unas y otras impresiones agradables, tiene que soportar la intercalación de largos días de fastidio, de monotonía, y aun la de escenas naturales, muy bellas ara vistas y sentidas; pero que son ya, con variaciones que la pluma no acierta a determinar, duplicados de lo ya visto y descrito. La descripción carece, pues, de novedad, la vida civilizada reproduce en todas partes los mismos caracteres, los mismos medios de existencia; la prensa diaria lo revela todo; y no es raro que un hombre estudioso sin salir de su gabinete, deje parado al viajero sobre las cosas mismas que él creía conocer bien por la inspección personal. Si esto ocurre de ordinario, mayor se hace todavía la dificultad de escribir viajes, si el viajero sale de las sociedades menos adelantadas, para darse cuenta de otras que lo son más. Entonces se siente la incapacidad de observar, por falta de la necesaria preparación de espíritu, que deja turbio y miope el ojo, a causa de lo dilatado de las vistas, y la multiplicidad de los objetos que en ellas se encierran. Nada hay que me haya fastidiado tanto como la inspección de aquellas portentosas fábricas que son el orgullo y el blasón de la inteligencia humana, y la fuente de la riqueza de los pueblos modernos. No he visto en ellas sino ruedas, motores, balanzas, palancas y un laberinto de piecesillas, que se mueven no sé cómo, para producir qué sé yo qué resultados; y mi ignorancia de cómo se fabrica el hilo de coser ha sido punto menos tan grande, después de recorrer una fábrica, que antes de haberla visto. y sucede lo mismo en todos los otros ramos de la vida de los pueblos avanzados; el Anacarsis no viene con su ojo de escita a contemplar las maravillas del arte, sino a riesgo de injuriar la estatua con solo mirarla. Nuestra percepción está aún embotada, mal despejado el juicio, rudo el sentimiento de lo bello, e incompletas nuestras nociones sobre la historia, la política, la filosofía y bellas letras de aquellos pueblos, que van a mostrarnos en sus hábitos, sus preocupaciones, y las ideas que en un momento dado los ocupan, el resultado de todos aquellos ramos combinados de su existencia moral y física. Si algo más hubiera que añadir a esto, sería que el libro lo hacen para nosotros los europeos; y el escritor americano, a la inferioridad real, cuando entra con su humilde producto a engrosar el caudal de las obras que andan en manos del público, se le acumula la desventaja de una prevención de ánimo que le desfavorece, sin que pueda decirse por eso que inmerecidamente. Si hubiera descrito todo cuanto he visto como el Conde del Maule, habría repetido un trabajo hecho ya por más idónea y entendida pluma; si hubiese intentado escribir impresiones de viaje, la mía se me habría escapado de las manos, negándose a tarea tan desproporcionada. He escrito, pues, lo que he escrito, porque no sabría cómo clasificarlo de otro modo, obedeciendo a instintos y a impulsos que vienen de adentro, y que a veces la razón misma no es arte a refrenar. Algunos fragmentos de estas cartas que la prensa de Montevideo, Francia, España o Chile han publicado, dan cumplida muestra de aquella falta de plan que no quiero prejuzgar; si bien me permitiré hacer indicaciones que no serán por demás, para excusar su irregularidad. Desde luego las cartas son de suyo género literario tan dúctil y elástico, que se presta a todas las formas y admite todos los asuntos. No le está prohibido lo pasado, por la asociación natural de las ideas, que a la vista de un hecho o de un objeto despiertan reminiscencias y sugieren aplicación; sin que siente mal aventurarse más allá de lo material y visible, pudiendo con propiedad seguir deducciones que vienen de suyo a ofrecerse al espíritu. Gustase entonces de pensar, a la par que se siente, y de pasar de un objeto a otro, siguiendo el andar abandonado de la carta, que tan bien cuadra con la natural variedad del viaje.

Ni es ya la fisonomía exterior de las naciones, ni el aspecto físico de los países, sujeto propio de observación, que los libros nos tienen harto familiarizados con sus detalles. Materia más vasta, si bien menos fácil de apreciar, ofrecen el espíritu que agita a las naciones, las instituciones que retardan o impulsan sus progresos, y aquellas preocupaciones del momento, que dan a la narración toda su oportunidad, y el tinte peculiar de la época. Cúpome la ventura, digna de observador más alto, de caminar en buena parte de mi viaje sobre un terreno minado hondamente por los elementos de una de las más terribles convulsiones que han agitado la mente de los pueblos, trastornando, como por la súbita vibración del rayo, cosas e instituciones que parecían edificios sólidamente basados: y puedo envanecerme de haber sentido moverse bajo mis plantas el suelo de las ideas, y de haber escuchado rumores sordos, que los mismos que habitaban el país, no alcanzaban a apercibir. La revolución europea de 1848, que tan honda huella dejará en las páginas de la historia, hallóme ya de regreso a Chile; pero los amigos en cuya presencia escribo, y personajes muy altamente colocados, pudieron oírme, desde el momento de mi arribo, no sin visibles muestras de incredulidad, la narración alarmante de lo que había visto; y sin vaticinar una próxima e inminente catástrofe, que nadie pudo prever, anunciar la crisis, como violenta, y juzgar imposible la continuación del orden de cosas y de instituciones que yo había dejado en toda su fuerza. Por temor de pasar plaza de profeta de cosas sucedidas, insertaré aquí un fragmento de carta en que uno de mis compañeros de viaje en Europa, un republicano de la veille me dice: «gracias, mil gracias, mi caro amigo, por su recuerdo. ¡Cuán grande y bella es la conformidad de creencias que nos conserva amigos a 2.000 leguas de distancia! Aquella república de que tanto hablábamos en Florencia y Venecia un año ha, la tenemos ya hace cuatro meses. ¡Ah! no puede usted imaginarse, en medio del placer que me causaba la lectura de su carta, cuánto asombro experimentaba de ver a usted en el mes de julio hablar de república... venidera. ¡Venidera!... Pero hace ya siglos que somos republicanos, si se compara la historia de estos cuatro meses, al vacío de los doce últimos años de la historia de Europa». Asistía, pues, sin saberlo, al último día de un mundo que se iba, y veía sistemas y principios, hombres y cosas que debía bien pronto ceder su lugar a una de aquellas grandes síntesis que hacen estallar la energía del sentimiento moral del hombre, de largo tiempo comprimida por la presión de fuerzas físicas, de preocupaciones e intereses; propendiendo a nivelar sus instituciones a la altura misma a que ha llegado la conciencia que tienen del derecho y de la justicia.

Y como en las cosas morales la idea de la verdad viene menos de su propia esencia, que de la predisposición de ánimo, y de la aptitud del que a recia los hechos, que es el individuo, no es extraño que a la descripción de las escenas de que fui testigo se mezclase con harta frecuencia lo que no vi, porque existía en mí mismo, por la manera de percibir; tras luciéndose más bien las propias que las ajenas preocupaciones. Y a ser bien desempeñada esta parte, ¿quién no dijera que ese es el mérito y el objeto de un viaje, en que el viajero es forzosamente el protagonista, por aquella solidaridad del narrador y la narración, de la visión y los objetos, de la materia de examen y la percepción, vínculos estrechos que ligan el alma a las cosas visibles, y hacen que vengan éstas a espiritualizarse, cambiándose en imágenes, y modificándose y adaptándose al tamaño y alcance del instrumento óptico que las refleja? El hecho es que bellas artes, instituciones, ideas, acontecimientos, y hasta el aspecto físico de la naturaleza en mi dilatado itinerario, han despertado siempre en mi espíritu, el recuerdo de las cosas análogas de América, haciéndome, por decirlo así, el representante de estas tierras lejanas, y dando por medida de su ser, mi ser mismo, mis ideas, hábitos o instintos. Cuánta influencia haya ejercido en mí mismo aquel espectáculo, y hasta dónde se haga sentir la inevitable modificación que sobre el espíritu ejercen los viajes, juzgaránlo aquellos que se tomen el trabajo de comparar la tendencia de mis escritos pasados con el giro actual de mis ideas. Por lo que a mí respecta, he sentido agrandarse y asumir el carácter de una convicción invencible, persistente, la idea de que vamos en América en mal camino, y de que hay causas profundas, tradicionales, que es preciso romper, si no queremos dejarnos arrastrar a la descomposición, a la nada, y me atrevo a decir a la barbarie, fango inevitable en que se sumen los restos de pueblos y de razas que no pueden vivir, como aquellas primitivas cuanto informes creaciones que se han sucedido sobre la tierra, cuando la atmósfera se ha cambiado, y modificádose o alterado los elementos que mantienen la existencia. Las primeras vislumbres de esta revelación, si se me permite así llamarla, encontraránse en algunos opúsculos, ingenua manifestación de las ideas que venían de vez en cuando a atravesar por mi espíritu; que en cuanto a los desarrollos y pruebas, propóngome irlos dando, junto con los remedios, en trabajos más serios de lo que pueden serlo nunca reminiscencias de viaje. Por aquello y por lo que aquí se columbrare, pido desde ahora toda su indulgencia a los que sientan herido y chocado en lo más vivo su propio criterio, que estos dolores del alma también los he sufrido yo, al sentir arrancarse una a una las ideas recibidas, y sustituírseles otras que están muy lejos de halagar ninguna de aquellas afecciones del ánimo, instintivas y naturales en el hombre.

Para mejor comprender esta elaboración, téngase presente que el báculo de viajero no lo he tomado a las puertas de Santiago. Recogílo solo de algún rincón, donde lo tenía, como tantos otros, abandonado, mientras hacía alto, en una peregrinación a que están periódicamente, y a veces sin vuelta, condenados los pocos que en nuestros países se mezclan a las cosas públicas; y si bien omito estas primeras páginas, que nada digno de noticia encierran, hame sucedido encontrar en el discurso de mi viaje, hechos, ideas y hombres que a ellas se ligan íntimamente, como que eran la continuación y el complemento del gran mapa de las convulsiones americanas; no siendo otra cosa mi viaje, que un anhelar continuo a encontrar la solución a las dudas que oscurecen y envuelven la verdad, como aquellas nubes densas que al fin se rompen, huyen y disipan, dejándonos despejada y radiosa la inmutable, imagen del Sol.

Sobre el mérito puramente artístico y literario de estas páginas, no se me aparta nunca de la mente que Chateaubriand, Lamartine, Dumas, Jaquemont, han escrito viajes, y han formado el gusto público. Si entre nuestros inteligentes, educados en tan elevada escuela, hay alguno que pretenda acercárseles, yo sería el primero en abandonar la pluma y descubrirme en su presencia. Hay regiones demasiado altas, cuya atmósfera no pueden respirar los que han nacido en las tierras baja, y es locura mirar el Sol de hito en hito, con peligro cierto de perder la vista.

Mas-a-fuera
Señor don Demetrio Peña.
Montevideo, diciembre 14 de 1845.
Fue usted, mi querido y buen amigo, el último que abandonó la cubierta, al dejar la Enriqueta el puerto de Valparaíso, y por tanto el primero en mis recuerdos, ahora que puedo enviar de nuevo mis vales a los amigos que por allá dejó.

La expectación de un rápido viaje, con que todos se complacían en darnos el último adiós, fue más bien que feliz presagio, un buen deseo, burlado por vientos obstinadamente contrarios, o calmas pesadas que agitaban las velas sin inflarlas. Estas contrariedades con que la naturaleza desbarata los esfuerzos del arte humano, no son del todo estériles, sin embargo. En el mar, y en los buques de vela sobre todo, aprende uno a resignarse al destino y a esperar sin hacerse violencia. Los primeros días de viaje, cada milla que hacíamos desviándonos de nuestro rumbo, era motivo de rebeliones de espíritu, de rabia y malestar. Al cabo de cuarenta días, empero, éramos todos unos corderos en resignación; y el viento, por contrario que nos fuese, soplaba según su voluntad soberana sin recoger de paso vanas e impotentes maldiciones. Así educado, empiezo a mirar como cosa llevadera las molestias que me aguardan en todos los mares y en todas las latitudes, hasta que acercándome a Europa, el vapor venga en mi auxilio, contra la naturaleza indócil.

¿Qué puede referirse en un viaje de Valparaíso para Montevideo, aunque esté de por medio el temido Cabo de Hornos, que vimos de cerca, y rodeado de todos los polares esplendores, incluso las noches crepusculares en que, puesto el Sol, la luz va rodando el horizonte, sin perder nada de su pálido esplendor hasta preceder la salida del Sol al naciente? Por lo demás, sucesión de días sin emociones, siguiendo a veces el vuelo majestuoso del pájaro-carnero, que da vueltas al buque como azorado, cual si quisiera cerciorarse de lo que significa objeto para él tan extraño; atraídos otras por los saltos y rápido pasaje de las tuninas, que formadas le dos en dos vienen a dar vuelta al buque, pasando precisamente por la proa; acudiendo un día en tropel sobre cubierta a ver navegar a nuestro costado cuatro enormes ballenas, vapores vivos con sus columnas de agua, como de humo llevan los artificiales, aterrados otra ocasión por el fatídico grito del timonel: «¡¡¡hombre al mar!!!» y en efecto, un infeliz marinero cayó de una verga en un día de borrasca; hizo un esfuerzo horrible para mostrarnos todo su busto sobre la superficie del océano enfurecido; pero el negro e insondable abismo reclamó su presa, y fue en vano que el buque volviera sobre el lugar de la catástrofe, el hombre se sumergió para siempre. ¿Se acuerda usted que reclinados con nuestra incomparable Eugenia en la galería que de sus habitaciones da a la bahía en Valparaíso, le comunicaba la impresión que me causa la vista del mar, permaneciendo cuando puedo horas enteras, inmóvil, los ojos fijos en un punto, sin mirar, sin pensar, sin sentir, es especie de embrutecimiento y paralización de todas las facultades, y, sin embargo, lleno de atractivo y de delicia? De este placer gozaba a mis anchas todos los días, y aún con más viveza en aquellos mares en que las olas son montañas que se derrumban por momentos, disolviéndose con estrépito aterrante en una cosa como polvo de agua. Allí el abismo, lo infinito, lo incontrastable, tienen encantos y seducciones, que parece que lo llaman a uno, y le hacen reconocer si está bien seguro, para no ceder a la tentación. Gustaba asimismo de pasar hasta muy entrada la noche sobre cubierta mirando el cielo polar, cuya cruz y manchas se acercaban de día en día a nuestro cenit, escuchando el silbido del viento en la jarcia, u oyendo al piloto cuentos de mar, llenos de novedad e interés, que me hacían envidiar la suerte de aquel que había sido testigo y actor en ellos. ¡Pues bien! desde el día en que cayó el marinero, no más pude permanecer como antes reclinado sobre la obra muerta, con los ojos fijos en las olas; temía ver salir la cabeza del infeliz náufrago; el silbido plañidero del viento perdió para mí toda su misteriosa melodía, porque me parecía que había de traer a mis oídos (y aún ponía atención sin poderlo remediar para escucharlos) gemidos confusos y lejanos, como llantos de hombre, como grito de socorro, como súplica de desvalido, y el corazón se me oprimía; de noche las manchas y la Cruz del Sur, Venus, Júpiter, Saturno y Marte que estaban a la vista, no detenían como antes mis ociosas miradas, por echarlas furtivamente sobre la ancha huella que a popa deja el buque, para descubrir en la oscuridad de la noche si venía siguiéndonos un bulto negro, agitándose para que lo viéramos. No es que tuviese miedo, pues que sería ridículo abrigarlo; lo que quiero hacerle sentir es que mis goces silenciosos y como conmigo mismo, de que le hablaba a su Eugenia, se echaron a perder con el recuerdo del náufrago, cuyo cadáver se mezclaba en todos mis sueños despierto, en esos momentos en que no es el pensamiento el que piensa, sino las ideas, los recuerdos que le su propio motu se agitan en cierta caprichosa confusión y desorden que no carece de delicias. Lo más triste era que la desgracia sucedió al frente del archipiélago de Chiloé, patria del infeliz; allí cerca estaba su madre y la pobre cabaña que lo vio nacer, y a cuyos umbrales no debía presentarse más.

A estos pequeños incidentes estaría reducida mi narración, si uno inesperado no mereciese por su novedad la pena de entrar en mayores detalles. Un porfiado viento sudoeste nos llevó, a poco andar de Valparaíso, más allá del grupo de las islas de Juan Fernández, forzándonos una calma de cuatro días a dar la vuelta completa de la de Mas-a-fuera. Sabe usted que es esta una enorme montaña de origen volcánico que a los 34º de latitud y 80º 25' de longitud, del seno del océano se levanta ex-abrupto, sin playas ni fondeadero seguro en ninguno de sus costados, muchos de ellos cortados a pico, y lisos como una inmensa muralla, presentando casi por todas partes la forma de una ballena colosal que estuviera a flor de agua. Desierta desde ab inicio, aunque de vez en cuando sea visitada por los botes de los balleneros, que en busca de leña y agua suelen abordar sus inabordables flancos, está señalada en las cartas y en los tratados como inhabitable e inhabitada. Cansados nosotros de tenerla siempre en algún punto del compás, según que al viento placía hacernos amanecer cada mañana, aceptamos con trasportes la idea del piloto de hacer una incursión en ella, y pasar un día en tierra. Estaba, según él, poblada de perros salvajes que hacían la caza a manadas de cerdos silvestres.

Hago a usted merced de los preparativos de viaje, bote al agua, vivas de partida, y duro remar con rumbo hacia la isla, aunque esto último, por haber calculado mal la distancia, durase ocho horas mortales, demasiado largas para apagar todo entusiasmo, y reducirnos al silencio que produce una esperanza tarda en realizarse. Un incidente, empero, vino a sacarnos de esta apatía, suministrándonos sensaciones para las que no estábamos apercibidos. Cuando a la moribunda luz del crepúsculo nos empeñábamos en discernir los confusos lineamentos de la montaña, divisose la llama de un fogón entre una de sus sinuosidades. Un grito general de placer saludó esta señal cierta de la existencia de seres racionales, en aquellos parajes que hasta entonces habíamos considerado como desiertos, si bien la reflexión vino a sobresaltarnos con el temor muy fundado de encontrarnos con desertores de buques, u otros individuos sospechosos, cuyo número e intenciones no nos era dado apreciar. Contribuyó no poco a aumentar nuestra alarma, la circunstancia, de muy mal agüero, de haber desaparecido la luz, momentos después de haberla apercibido nosotros; a su turno nos habían visto y trataban de ocultarnos su guarida. La situación se hacía crítica y alarmante, pues la noche avanzaba, estábamos a muchas millas de distancia y no sabíamos a qué punto dirigirnos. Para prepararnos a todo evento, y haciendo rumbo al lugar mismo donde la luz había sido vista, procedimos a cargar a bala un par de pistolas que llevábamos, a más de un fusil y una carabina, para la proyectada caza de perros y cerdos. Con esto, y un trago de ron distribuido a los marineros, nos creímos en estado de acometer dignamente aquella descomunal aventura.

Muy avanzada ya la noche, llegamos por fin al pie de la montaña, cuya proximidad nos dejaba sospechar la oscuridad de las sombras que nos rodeaban, aunque no sin disimulado sobresalto echase menos el piloto el ruido de las olas, al romperse en la presunta playa, como sucede donde quiera que no encuentran rocas lisas y perpendiculares. Aquella oscuridad y este silencio se hacían más solemnes con la idea de los tránsfugas y el cauteloso golpe de los remos que no impulsaban el bote, temerosos los marineros de zozobrar en alguna punta encubierta, sin que no obstante la proximidad reconocida, nos fuese posible discernir las formas de la tierra que teníamos. Al fin el piloto enderezándose cuán alto es, lanzó un tonante y prolongado grito a que solo contestaron, uno en pos de otro, los cien ecos de la montaña. Esto era pavoroso y lo fue más el silencio preñado de incertidumbre que se siguió cuando el último sonido de aquel decrescendo fue a expirar a lo lejos. Después de segundo y tercer grito, creímos distinguir otra voz que respondía al llamado, y no lo será difícil concebir que el placer de encontrarnos con hombres hiciese olvidar nuestros recelos pasados. Enseguida el piloto, no obstante hablar el castellano, dirigió la palabra en inglés a alguno que se acercaba; porque un inglés en el mar no conoce la competencia de otro idioma, cual si el suyo fuese el del gobierno de las aguas como en otro tiempo fuelo el latín el de la tierra conocida; y para que esta pretensión quedase aún allí justificada, en inglés contestaron desde la ribera. Supimos que el desembarco era difícil, que al respaldo de la montaña había punto más practicable, y que vivían en la isla cuatro hombres, en cuyas cabañas allí inmediatas, podíamos pasar la noche. A la indicación del piloto de dar vuelto la isla en busca de más seguro desembarcadero, una exclamación de penosa angustia se escapó de la boca del que contestaba. ¡Oh! ¡No señor por Dios! decía, no se vayan... ¡hace tanto tiempo que no hablamos con nadie!!!.

Habiéndonos ofrecido su auxilio, se resolvió bajar a tierra allí mismo, e imposible sería pintar el anonadamiento en que caímos, nosotros pobres pasajeros entre los gritos imperiosos y alarmantes de la difícil maniobra para acercar el bote a rocas desconocidas y casi invisibles; apercibiendo apenas los bultos indecisos y fantásticos de aquellos desconocidos; arrojados de un brazo por los de abordo sobre un peñasco helado y resbaladizo, para caer enseguida en el agua, amoratándonos las piernas en las puntas de las rocas; cogidos, en fin, del lado de tierra por una mano áspera y vigorosa, que se empeñaba en mantenernos contra el balance que el aturdimiento y el hábito contraído abordo nos hacían guardar sobre las peñas; encaminándonos enseguida con los gritos de pise aquí... ahí no... más allá, hasta dejarnos en un suelo seco pero erizado de pedriscos.

Cuando estuvimos en aquel faldeo que hacía veces de playa, y recobrados ya de nuestro susto, tocónos el turno de volver a los insulares la sensación de temor que la vista del fuego nos había causado por la tarde. Según lo supimos, no las habían tenido ellos todas consigo, al vernos armados de pies a cabeza y con aires de capitanes de buques de guerra. El caso no era para menos. El joven Huelin, uno de la comitiva, a más de dos pistolas que sacaban las cabezas por los bolsillos del paletó, llevaba un gorro carmesí con estampados de oro, y yo, otro franjeado de cuero cayendo sobre los ojos, con bordado de oro y plata y borla de relumbrón, todo lo cual podía dar al portador, en cualquier latitud de la Oceanía, trazas de almirante por su lord-like apariencia; y como norteamericanos que eran los moradores de la isla, han debido ser alguna vez marineros, y como tales, hay pocos establecidos en aquellas alturas que no tengan en el fondo de su conciencia algún pecadillo de deserción entre los ignorados y ocultos, siendo suficiente nuestra presencia para despertarlo si dormía, a guisa de lobo marino al aproximarse una ballenera.

Recordará usted que en una de estas islas, y sin duda ninguna en la de Mas-a-fuera. Fue arrojado el marinero Selkirk, que dio origen a la por siempre célebre historia de Robinson Crusoe. ¡Cuál sería pues nuestra sorpresa, en verla esta vez y en el mismo lugar realizada en lo que presenciábamos, y tan a lo vivo, que a cada momento nos venían a la imaginación los inolvidables sucesos de aquella lectura clásica de la niñez. Algunos momentos después de llegar a las cabañas de aquellos desconocidos, el fuego hospitalario encendido en una tosca chimenea de piedra, a la par que secaba nuestros calzados, nos iba enseñando los objetos le aquella mansión semisalvaje. Cajas, barriles y otros útiles que acusaban su procedencia de algún buque naufragado, muebles improvisados y sugeridos por la necesidad, y algunas reses de montería colgadas, mostraban que no carecían absolutamente de ciertos goces, ni de medios de subsistencia. Secuestrados en las hondonadas de una isla abortada por los volcanes; viendo de tarde en tarde cruzar a lo lejos una vela que pasa sin acercarse a ellos, y muy frecuentemente por las inmediaciones una ballena que recorre majestuosamente los alrededores de la isla, estos cuatro proscritos de la sociedad humana, viven sin zozobra por el día de mañana, libres de toda sujeción, y fuera del alcance de las contrariedades de la vida civilizada, ¿Quién es aquel que burlado en sus esperanzas, resentido por la ajena injusticia, labrado de pasiones, o forjándose planes quiméricos de ventura, no ha suspirado una vez en su vida por una isla como la de Robinson, donde pasar ignorado de todos, quieto y tranquilo, el resto de sus días? Esta isla afortunada está allí en la de Mas-a-fuera, aunque no sea prudente asegurar que en ella se halle la felicidad apetecida. ¡Sueño vano!... Se nos secaría una parte del alma como un costado a los paralíticos, si no tuviésemos sobre quienes ejercitar la envidia, los celos, la ambición, la codicia, y tanta otra pasión eminentemente social, que con apariencia de egoísta, ha puesto Dios en nuestros corazones, cual otros tantos vientos que inflasen las velas de la existencia para surcar estos mares llamados sociedad, pueblo, estado. ¡Santa pasión la envidia! Bien lo sabían los griegos que la levantaron altares.

Afortunadamente, ni los isleños, ni nosotros hacíamos, por entonces reflexiones tan filosóficas, ocupados ellos en sabotear con deleite inefable, algunos cigarros de que les hicimos no esperado obsequio, embebidos nosotros, con imperturbable ahínco, en sondear las profundidades de una olla, que sin mengua habría figurado en las bodas de Camacho, tan suculenta parte encerraba de una res de montería, cuyos tasajos sacábamos a dedo por no haber sido conocidos hasta entonces en la ínsula y sus dependencias, tenedores ni cucharas. Todavía en pos de estas suntuosidades silvestres, vino ¿qué se imagina usted?... Un humilde té de yerbabuena secada en hacesillos al calor de la chimenea, y que declaramos unánimemente preferible al mandarín, tal era el buen humor con que tomábamos parte en aquella pastoral que tan gratamente se había echado entre la monotonía del mar.

Ya ve que no sin razón nos venía a cada momento la memoria de Robinson; creíamos estar con él en su isla, en su cabaña, durante el tiempo de su dura prueba. Al fin, lo que veíamos era la misma situación del hombre en presencia de la naturaleza salvaje, y sacado de quicios, por decirlo así, en el aislamiento para que no fue creado. Como Robinson y por medios análogos, los isleños llevaban cuenta exacta de los días de la semana y del mes, pudiendo, por tanto, y a solicitud nuestra, verificar que era el martes 4 de noviembre del año del Señor de 1845, el día clásico en que la Divina Providencia les concedía la sin par ventura de ver otros seres de su misma especie. Más inteligentes y solícitos en esto que nuestros compatriotas de San Luis, capital de Estado de la Confederación Argentina, los cuales según es fama, llevaban en cierto tiempo errada la cuenta de los días de la semana, hasta que el arribo de unos pasajeros pudo averiguarse, no sin general estupefacción, que estaban un año había, ayunando el jueves, oyendo misa el sábado y trabajando el domingo, aquellos que por una inspiración del cielo no hacían San Lunes, como es uso y costumbre entre nuestros trabajadores. Por fortuna averiguóse que estos formaban la mayor parte, con lo que se aquietó, dicen, la conciencia del buen cura, cómplice involuntario de aquella tergiversación de los mandamientos de nuestra madre la Iglesia. Por más detalles, ocurra usted a nuestro buen amigo el doctor, Ortiz, oriundo de aquella ciudad, y muy dado a investigaciones tradicionales sobre su patria.

Satisfechas nuestras necesidades vitales y fatigados por tan varias sensaciones, llegó el momento de entregarnos al reposo, y aquí nos aguardaban nuevos y no esperados goces. Una hamaca acogió muellemente al joven Huelin, y a falta de hamaca para Solares, secretario de la legación boliviana al Brasil, y para mí, doscientas cincuenta pieles de cabra distribuidas en un ancha superficie, hicieron dignamente honores de elástica y mullida pluma.

He mentado pieles de cabra, y va usted a creerme sor rendido in fraganti delicto, de estar forjando cuentos de duendes para dar interés novelesco a nuestra incursión en la isla. Pero para llamarlo al orden de nuevo, preciso es que sepa que si Mas-a-fuera solo encierra cuatro seres pasablemente racionales, sirve en cambio de edén afortunado a cincuenta mil habitantes cabrunos que en línea recta descienden de un par, macho y hembra de la especie, que el inmortal Cook puso en ella, diciéndoles como el Creador a Adán y Eva: «creced y multiplicaos». Un nudo se me hizo a la garganta de enternecimiento, al oír a uno de nuestros huéspedes recordar cómo hacía cuarenta y cinco años que el famoso navegante había visitado la isla y arrojado en ella aquel puñado de las bendiciones de la vida civilizada. Sabe usted que hace ochenta años a que murió aquel; pero el pueblo aproxima siempre en su memoria a los seres que les han sido benéficos y queridos. Cook, el segundo creador de la Oceanía por los animales domésticos y las plantas alimenticias que en todas las islas derramó, murió víctima, sin embargo, de aquellos cuya existencia hiciera fácil y segura. ¡Triste pero ordinaria recompensa de las grandes acciones y de los grandes hombres! Es la humanidad una tierra dura e ingrata que rompe las manos que la cultivan, y cuyos frutos vienen tarde, muy tarde, cuando el que esparció la semilla ha desaparecido!

El nombre de Cook, repetido hoy por los que felices y tranquilos, cosechan el producto de sus afanes, es la única venganza tomada contra sus asesinos, de quienes el ilustre navegante pudo decir al morir: ¡Perdónalos, Señor, porque no saben lo que hacen! ¡Expresión sublime de la desdeñosa compasión, que al genio inspira la estupidez de las naciones, Sócrates, Cervantes, Colon, Rivadavia, cada uno de ellos al morir, han pedido a Dios que perdone a sus compatriotas!

Aquí tiene usted, pues, cómo nuestros hatos de espantables jabalíes, se habían convertido en millares de cabras alzadas, con quienes sin mucha pretensión podíamos prometernos entrar en comunicación directa por el telegráfico intermedio de carabinas y fusiles; por lo que antes de entregarnos al sueño que nos reclamaba con instancia, se dispuso la partida de caza del día siguiente, impartiendo ordenes además, para que el bote hiciese en el ínter tanto buena provisión de langostas de mar, anguilas, cabrillas, y otros pescados de que los alrededores de la isla abundan.

A las cuatro de la mañana del siguiente día, estábamos en pie extasiándonos en aspirar el ambiente húmedo y embalsamado de la vegetación, hundiendo nuestras miradas atónitas en las oscuras profundidas de la quebrada en cuya boca están situadas las cabañas, cubiertas de bosques renegridos, interrumpidos tan solo por rocas sañudas que cruzan sus dientes de ambos lados alternativamente.

El Sol que asomaba por la cúspide venía iluminando con esplendorosa paleta estos grupos tan valientemente diseñados. ¡Oh, amigo! Aquellas sensaciones no se olvidan nunca, y empiezan a darme un gusto anticipado de las que recompensan al viajero de las molestias de la locomoción, verdaderas islas floridas que quedan en nuestros recuerdos, como lo están éstas en medio de la uniforme superficie del océano.

Para emprender la proyectada partida de caza, debíamos dejar nuestro calzado y reemplazarlo por uno de cuero de cabra ceñido al pie, con el auxilio de una gareta artísticamente preparada; calzado a la Robinson Crusoe, según nos complacíamos todos en llamarlo, a fin de cohonestar con una palabra noble, la innoble y bastarda forma que daba a nuestros pies. este secreto de los nombres es mágico, como usted sabe, en política sobre todo, federación, americanismo, legalidad, etc., etc., no hay nadie tan avisado que no caiga en el lazo.

Todo lo necesario dispuesto, emprendimos con los primeros rayos del Sol naciente el ascenso de la montaña en cuya cima habíamos de encontrar las desapercibidas cabras. Después de escalar, literalmente, un enorme risco, por caminos de los insulares solo conocidos, encontramos que aquello era tan solo la basa de otro ascenso, el cual conducía a una eminencia superior que a su vez servía de base y escala para subir a otra, y así sucesivamente, hasta siete, cual si fueran las montañas que los titanes amontonaron para escalar el Olimpo; de manera que, no obstante nuestro entusiasmo y la belleza y animación de los cuadros y vistas que a cada nuevo ascenso se nos iba presentando, empezábamos a aflojar el paso, rendidos por la fatiga producida por un Sol fulminante, bueno para iluminar una batalla de Austerlitz o de Maipú, pero soberanamente impertinente cuando jóvenes ciudadanos que han calzado guante blanco, pretenden hacer un ascenso casi perpendicular, por tres horas consecutivas.

Al fin se nos presentaron las cúspides de la montaña, coronado cada uno de sus picos por un cabro situado en ella a guisa de atalaya. Explicónos Williams, el isleño que nos servía de guía, el significado de aquella aparición fantástica. Un macho estaba siempre apostado en las alturas para descubrir el campo y dar parte de la aproximación de los cazadores, a la manada de cabras que forma el harem de cada uno de estos sultanes; había, pues, tantos rebaños en el respaldo de la montaña, cuantos cabríos veíamos colocados en una eminencia, inmóviles como estatuas de ídolos o manitues de los indios. Cuando nos hubimos acercado demasiado y retirádose aquellas guardias avanzadas, todavía el isleño nos hizo distinguir aquí y allí el triángulo de las astas de algunos escuchas, que escondiendo el cuerpo y parte de la cabeza tras el perfil de la montaña, permanecían denodadamente hasta observar nuestros últimos movimientos. El momento de la caza había llegado. Williams prescribió el más profundo silencio; se distribuyeron municiones, y para burlar la vigilancia del enemigo, nos dividimos en dos cuerpos a fin de tomarlo por los flancos. Desgraciadamente la parte confiada a mi valor y audacia fue la peor desempeñada, y la derrota se hubiera pronunciado por el ala izquierda que yo ocupaba, si el enemigo en lugar de acometer, como debió, no hubiera preferido por una inspiración del genio cabruno, emprender la más instantánea retirada. Sin embargo, debo decir en mi justificación, como lo hacen todos los que se conducen mal, que tan perpendicular era el corte de la montaña por aquella parte, que por poco que yo me hubiese separado de la cúspide a fin de rodearla, quedaban entre mí y las manadas de cabras, por lo menos diez cuchillas que descendían paralelas a un abismo donde un arroyuelo serpenteaba. Apenas es posible formarse idea de sitio más salvaje, precipicios más espantosos, ni espectáculo más sublime. De todos los puntos de aquella soledad agreste, callada hasta entonces, partieron en el momento de mi aparición, gritos extraños que repetían centenares de cabros, diseminados en todas las crestas, declives y faldeos circunvecinos. No en vano los pueblos cristianos han personificado el Espíritu Malo en el macho de cabrío; tiene este animal en sus gestos, en su voz, en sus estornudos, una cierta semejanza con el hombre, que aún en el estado doméstico, causa una desagradable impresión, como si viésemos en él un injurioso remedo de nuestra especie. Pero estas impresiones llegan hasta el odio y el terror, cuando vuelto a la vida salvaje, nos desafía aquel animal con sus insolentes parodias de la voz humana; pueblo sublevado y libre del yugo que el hombre le impusiera, y que desde las montañas inaccesibles que le sirven de baluarte, avisa a los suyos, pasándose el grito de alarma de familia en familia, la proximidad odiada y a la vez temida de sus antiguos e implacables amos.

Había yo, pues, descendido en vano, y por entonces solo me quedaba que admirar de paso el paisaje, y esforzarme en ascender a la cúspide, abriéndome paso. por espesuras de árboles y de matorrales, en que permanecía sepultado por horas enteras, hasta salir al borde de un abismo para ascender de nuevo y encontrarme con otro que me cerraba el paso irrevocablemente. ¡Cuantas veces permanecía un cuarto de hora con un pie fijo en la punta de una roca, asido con una mano a las raíces de las yerbas que más arriba crecían, estático, aterrado, la vista inmóvil sobre el oscuro valle, que descubría repentinamente a mil varas perpendiculares bajo mis plantas! Allí cien rebaños de cabras pacían tranquilamente en distintos puntos y direcciones; al frente una enorme montaña, de cuyas cimas cubiertas de nubes, descendía por más de una milla una caída de agua en cascadas de plata; bosquecillos de una palma arbusto tapizaban las hondonadas oscuras y húmedas, mientras que chorreras de árboles matizados con variedad pintoresca, dejaban ver sus copas redondeadas, unos en pos de otros hasta el fondo del valle, en las mil sinuosidades de las montañas. La naturaleza ha desplegado allí en una diminuta extensión, todas las osadías que ostenta en los Andes, o en los Alpes, encerrando entre quebradas cuyos costados cree uno tocar con ambas manos, bosques impenetrables, sotillos elegantes, praderías deliciosas, abismos y golpes de vista sorprendentes.

Extraviándome en aquellas sinuosidades tupidas como los dientes de un peine, gozándome en los peligros a cada paso renovados, internándome por entre las malezas y los troncos de los árboles, llegué, al fin, a la cúspide, que había intentado rodear tres horas antes, pudiendo entonces oír los gritos del isleño que me buscaba, no sin sobresalto, pues que habiendo principiado a llover y descendiendo las nubes más abajo de nuestra posición, me habría sido imposible acertar entre aquel laberinto, con el camino practicado.

A poco andar mi guía alzó del suelo una cabra herida de bala, que había cazado él por el lado opuesto a la montaña pero ¿cómo?... Echándose a correr por un escarpada cresta en medio de dos abismos, descendiendo a saltos, y disparando el tiro en la velocidad de la carrera a fin de alcanzar la caza fugitiva. Yankee del Kentucky, de puntería infalible, con pies de suizo de los que hacen en los Alpes la caza de la gamuza, era nada menos lo que pedía la de cabras de Mas-a-fuera, y fácilmente se inferirá que con semejante espectáculo, quedamos curados de la necia pretensión de alcanzarlas nosotros en sus Termópilas. La caza ordinaria la hacen los isleños, a falta de balas, con el auxilio de perros que poseen adiestrados para la persecución.

Después de todo, llevábamos una cabra cazada, no importa por quien, y esto bastaba para disponernos a emprender el descenso de la montaña, sin el desaliento de una expedición frustrada. La ilimitada superficie del océano, que desde aquellas cimas a nuestro regreso descubríamos, añadía nuevos encantos a los que la isla suministraba, haciendo menos sensible el esfuerzo de un rápido descenso. En las inmediaciones veíamos retozar dos ballenatos; a lo lejos nuestra barca aproximándose a recogernos, cual golondrina de mar que se juega sobre la superficie de las aguas, y en el límite del horizonte la Godefroi, fragata destinada a Hamburgo desde Valparaíso y luchando como nosotros contra el viento contrario. Una ballenera en fin, y las crestas de las montañas de Juan Fernández, apenas perceptibles entre los celajes, formaban los únicos accidentes que interrumpían la quieta y tersa uniformidad del mar. Pero lo que más nos complacía en nuestro descenso, era la tupida alfombra de verdura, que cubriendo con su blando cojín la aspereza de las rocas, ofrece deleite a los ojos, suavidad a los pies no acostumbrados a tanta fragosidad, y alimento inagotable para cien mil cabras.

A nuestra llegada al estrecho valle en que las cabañas están situadas, extenuados de fatiga y abrazados de calor, pudimos apreciar el inapreciable sabor agridulce de los capulíes, que a ambos lados del camino nos brindaban con sus vastaguillos cargados de refrigerantes y embozadas naranjillas, cual si la mano próvida de la naturaleza los hubiera a designio colocado allí, donde el calor y la sed habían de hacerlos de un valor inestimable, después de ocho fatigosas horas de ascenso y descenso no interrumpido. Inútil sería añadir que en las habitaciones nos aguardaba un copioso almuerzo, en que los insulares habían apurado los recursos de la ciencia culinaria, para desarmar el apetito desplegado por tan extraordinario ejercicio. Era aquello una escena de hotentotes, de caníbales, que por vergüenza de mí y de mis compañeros no describo.

Para decir todo lo que pueda interesarle sobre la isla de Robinson, llamada vulgarmente Mas-a-fuera, instruiré a usted que sus maderas de construcción son inagotables, rectas y sólidas; pudiendo en varios puntos, con el auxilio de planos inclinados, hacerse descender hasta la orilla del agua. La riqueza espontánea de la isla, empero, consiste en sus abundantes y exquisitos pastos, cuyo verdor perenne mantienen las lluvias que, a hora determinada del día, descienden de las nubes que se fijan en sus picos. La cría de cerdos y ovejas, sobre todo merinos, produciría sumas enormes, caso de que la actual de cabras no satisfaciese a sus moradores. Caballos y vacas serían por demás allí, donde no hay un palmo de terreno horizontal, bastando la cría de ganados menores para mantener en la abundancia diez o veinte familias.

La flora de la isla es reducidísima, si bien figuran en su corto catálogo, a más de unas azucenas blancas, alelíes carmesí, cuyas semillas, como las de duraznos dulces de que existen bosques, fueron sin duda derramadas por el capitán Cook. Pocas aves pueblan estas soledades; un gorrión vimos tan solo, y dos especies de gavilanes, el número de los cuales es prodigioso, a causa de la facilidad con que se alimentan; arrebatando en sus garras los cabritillos recién nacidos, elevándolos en el aire para estrellarlos enseguida contra las rocas. Sería fácil extinguirlos, puesto que para cazarlos es preciso retirarse de ellos, a fin de no tocarlos con la boca de la carabina, tan poco conocen de la malicia del hombre. Mando a Procesa la piel de uno de pecho blanco para que la añada a sus colecciones de pájaros.

Los norteamericanos residentes hoy en la isla, cultivan como Robinson, papas, maíz y zapallos, en los declives terrosos, en que la general rudeza y escabrosidad del terreno lo permite. Estos productos agrícolas, con los duraznos, capulíes y el tallo de cierta planta que contiene un jugo refrigerante, llamada en Bolivia quiruzilla, proporcionan alimentos gratos, suficientes para amenizar la mesa que por sí solo hacen abundante y segura la carne de las cabras y los pescados del mar. Del cortejo de animales que acompañan al hombre en la vida civilizada, se encuentra en las habitaciones gallinas, un par macho y hembra de pavos, y algunos perros e la especio ordinaria, y de los cuales se sirven para la caza, que hace por turno cada día uno de los isleños. A más de cabras, hay en la isla zorras y gatos como los domésticos. Tantas comodidades como las arriba enumeradas, no pueden haberse reunido por el acaso, y siento mucho no poder describir esta vez el horrible naufragio y demás circunstancias portentosas que debieron echar a mis héroes en aquella isla desierta. Veintiséis meses había que uno de ellos fue traído a la isla para emprender una pesquería de lobos marinos que abundan en sus alrededores. El empresario, que era un vecino de Talcahuano, mandó enseguida en una lancha a su propio hijo y dos trabajadores más, pero no bien dieron principio a la pesca, cuando una violenta borrasca estrelló la frágil barquilla contra las rocas, el joven patrón pereció, y los dos marineros que le acompañaban, salvaron a duras penas después de luchar con las olas amotinadas un día entero, hasta poder asirse de las rocas, y escalar la montaña por medio de esfuerzos de valor, de sufrimiento y de perseverancia que sobrepasan todo creencia. Desde entonces carecen de embarcación, circunstancia que los tiene en completa incomunicación con el continente, y al infeliz padre ignorando el fin desastrado de su hijo. este es el origen del establecimiento de tres de los insulares: dos de ellos permanecían retenidos por el temor de que se les imputase a crimen la muerte de su malaventurado compañero de naufragio; y el otro, mayor de edad, estaba resuelto a pasar el resto de sus días, señor de la isla como Robinson, satisfecha su ambición y sin envidiar nada a los más bulliciosos habitantes de las ciudades. El cuarto era un joven de dieciocho años, que solicitó su extradición, y que conducido por la Enriqueta a Montevideo, hoy navega en el Paraná.

Por lo demás y echando de menos muchos útiles y comodidades necesarias a la vida, aquellos hombres viven felices para su condición, asegurada la subsistencia, y lo que es más, formándose un capital con peletería que reúnen lentamente. Poseían entre todos más de quinientos cueros de cabra, como ciento de zorra y de gato, y de algunos de lobo que podrían aumentarse a ciento, si tuviesen un bote para pescarlo, pues que nuestro piloto dio caza a cinco de tamaño enorme en solo algunas horas.

Para que aquella incompleta sociedad no desmintiese la fragilidad humana, estaba dividida entre sí por feudos domésticos, cuya causa no quisimos conocer, tal fue la pena que nos causó ver a estos infelices separados del resto de los hombres, habitando dos cabañas a seis pasos la una de la otra, y sin embargo, ¡malqueriéndose y enemistados! Está visto; la discordia es una condición de nuestra existencia, aunque no haya gobierno ni mujeres.

Williams, el más comunicativo de ellos, nos preguntó si los Estados Unidos estaban en guerra con alguna potencia, haciendo un gesto de soberano desdén cuando se lo indicó la posibilidad de una próxima ruptura con México. Deseaba una guerra con la Francia o Inglaterra. ¿Pregunte usted para qué? México no era por lo tanto un rival digno de los Estados. A propósito de preguntas, este Williams nos explotó a su salvo desde el momento de nuestro arribo hasta que nos despedimos. Como dije a usted al principio, aquejábalos la necesidad de hablar, la primera necesidad del hombre, y para cuyo desahogo y satisfacción se ha introducido el sistema parlamentario con dos cámaras, y comisiones especiales, etc., etc. Williams, a falta de tribuna y auditores, se apoderó de nosotros y se lo habló todo, no diré ya con la locuacidad voluble de una mujer, lo que no es siempre bien dicho, pues hay algunas que saben callar, sino más bien con la petulancia de un peluquero francés que conoce el arte y lo practica en artiste. Contónos mil aventuras, entre otras la de un antiguo habitante de la isla cuya morada nos señaló, el cual, habiendo hecho una muerte en Juan Fernández, se guareció allí, hasta que un enorme risco, desprendiéndose súbitamente de la montaña vecina, le hundió con espantable ruido la habitación, mostrándose así la cólera del cielo que le perseguía. Por él supimos demasiado tarde, que en un árbol estaban inscritos más de veinte nombres de viajeros. Acaso hubiéramos tenido el placer al verlos, de quitarnos religiosamente nuestros gorros de

mar en presencia del de Cook y de los de sus compañeros. Pero ya que esto no nos fuese dado, encargámosle gravase al pie de una roca, ad perpetuam rey memoriam, los de
HULELIN.
SOLARES.
SARMIENTO.
1845.

Después de haber el joven Huelin forzádolos a admitir algunas monedas y nosotros varias bagatelas, nos preparamos para partir deseándonos recíprocamente felicidad y salud. Cuando ya nos alejábamos, los isleños reunidos en grupo sobre una roca, y con los gorros en el aire, nos dirigieron tres ¡hurrah!... en que el sentimiento de vernos partir luchaba visiblemente con el placer de habernos visto; contestámosles tres veces, y a poco remar la Enriqueta nos recibió a su bordo, en donde todo era oídos para escuchar la estupenda relación de nuestras aventuras.

Soy de usted, etc.

Montevideo

Señor don Vicente F. López.
Montevideo, enero 25 de 1846.

¡Cuánto ha dilatado, mi buen amigo, esta carta tantas veces prometida, que se hace al mar al tiempo mismo que yo me abandono de nuevo a las ondas del Plata, para ganar el proceloso Atlántico en prosecución de mi viaje! Entre Chile y Montevideo media más que el Cabo de Hornos, que ningún obstáculo serio opone a la ciencia del navegante; media la incomunicación natural de los nuevos estados de América, que no ligará el proyectado Congreso Americano, por aquel secreto pero seguro instinto que lleva a los pueblos, como a las plantas, a volverse hacia el lado de donde la luz viene. Por lo que he podido traslucir de los resultados comerciales del cargamento de cereales de la Enriqueta, muchos miles hubiera ganado el comercio chileno, proveyendo de víveres esta plaza; pero el comercio allí no ha sabido que en las plazas sitiadas se come, cosa que no ignoraban por cierto los norteamericanos que le envían sus trigos.

Usted no ha estado en Montevideo, ni después de larga ausencia remontado el amarillento río, acercádose a la patria, divinizada siempre en el recuerdo de los proscritos. Suceden a veces cosas tan extrañas, que hicieran creer que hay relaciones misteriosas entre el mundo físico y el moral, justificando aquella tenaz persistencia del pueblo en los augurios, en los presentimientos y en los signos. Después de cansada y larga travesía, nos acercábamos a las costas argentinas. Habíamos dejado atrás las islas Malvinas, y el capitán cuidadoso tomaba por las estrellas la altura, por temor de dar de hocicos con el fatal Banco Inglés. Una tarde, en que los celajes y el barómetro amenazaban con el pampero, el mal espíritu de estas regiones, entramos en una zona de agua purpúrea que en sus orillas contrastaba perfectamente con el verde esmeralda del mar cerca de las costas. Era acaso algún enjambre de infusorios microscópicos, de aquellos a quienes Dios confió la creación de las rocas calcáreas con los depósitos de sus invisibles restos; pero el capitán que no entiende de estas cosas dijo, medio serio, medio burlándose: «estamos en el Río», y señalando la enrojecida agua, «esa es la sangre —añadió— de los que allá degüellan». Aquella broma zumbó en mis oídos como un sarcasmo verdaderamente sangriento. Por lo pronto permanecí enmudecido, triste, pensativo, humillado por la que fue mi patria, como se avergüenza el hijo del baldón de sus padres. ¿Creerá usted que tomé a mi cargo probar que eran infusorios, y no nuestra sangre la que teñía el malhadado río?

Sangrienta en efecto es su historia, gloriosa a la par que estéril. Naumaquia permanente que a una u otra ribera tiene, cual anfiteatros, dos ciudades espectadoras, que han tenido desde mucho tiempo la costumbre de lanzar de sus puertos naves cargadas de gladiadores para teñir sus aguas con inútiles combates. Montevideo y Buenos Aires conservan su arquitectura morisca, sus techos planos, y sus miradores que dominan hasta muy lejos la superficie de las aguas. La brisa de la tarde encuentra siempre en aquellos terraplenes elevados, dos, millares de cabezas de las damas del Plata, cuya beldad y gracia, han personificado los marineros ingleses llamando asía unas avecillas acuáticas que se asemejan a palomas pintadas; allí van a esperarla para que juegue con sus rizos flotantes, mientras, echando sobre las ondas caprichosas del río sus distraídas miradas, la fantasía se entrega a cavilaciones sin fin. Si la tempestad turba el ancho río, si las naves batidas por la borrasca no pueden ganar el difícil puerto, si la bandera o el cañón piden a la vecina costa socorro, si la escuadra enemiga asoma sus siniestras velas, Montevideo y Buenos Aires acuden alternativamente a sus atalayas y azoteas, a hartarse de emociones, a endurecer sus nervios con el espectáculo del peligro, la saña de los elementos o la violencia de los hombres. En 1826, la escuadra brasilera bloqueaba en numerosa comitiva las balisas de Buenos Aires. El pueblo tenía neumaquia todas las tardes, siguiendo con sus ojos desde lo alto de los planos de los edificios, las balas que se cruzaban entre su sutil, cuanto escasa escuadrilla, y los imperiales dominadores del río. Una tarde, como en las escenas de toros en España, el combate se prolongaba, y a la luz del Sol que se escondía tras los pajonales de la pampa, se sucedían los fogonazos de los cañones que iluminaban por momentos los mástiles y cascos indefinibles, de los buques próximos a abordarse. De repente una inmensa llamarada alumbra el espacio; un volcán lanza al cielo una columna de llamas bastante a iluminar de rojo las pálidas caras de aquella muchedumbre de pueblo ávido de emociones y de combates, y al fragor del cañoneo se sucede el silencio sepulcral del espanto de los combatientes mismos. Un buque había volado, incendiada la Santa Bárbara. ¿A cual de las dos escuadras pertenecía?... He aquí las emociones que educan a aquellos pueblos.

Y no es de ahora esta existencia guerrera del río. En 1807 Sir Samuel Achmuty rueda con sus naves en torno de la península montevideana, y después de arrojarla catorce días balas en su seno, encuentra la juntura de su coraza de peñascos y cañones y la toma por asalto. En 1808 Mont Elio desobedece al virrey de Buenos Aires y la lucha de ambas riberas se inicia por el sitio de Rondeau, de cuyas filas sale Artigas que levanta la bandera roja; y los suplicios atroces, perpetuados por la inquisición en el espíritu español, toman formas nuevas, extrañas, adaptadas a la vida pastoril.

En 1814 Alvear anunciaba a Buenos Aires la toma de la escuadra española en el puerto mismo de Montevideo con estas bellas palabras que habrían sentado bien en boca del vencedor de las Pirámides. «El Sol y la victoria se presentaron un tiempo en este memorable día.» 600 piezas de cañón 99 buques, una ciudad conquistada y los pertrechos de guerra de Gibraltar del sur, pasaban a la otra orilla para dar pábulo a la insolencia de los guerreros, y a la destrucción de que han quedado sembrados los restos en todo el continente hasta el otro lado de los Andes, al pie del Chimborazo. Las intrigas y las escuadras de la Princesa Carlota pasan un momento la esponja sobre esta conquista, hasta que en 1823, una barquilla arrojaba sobre las playas orientales del río treinta y tres guerreros, que debían agrandarse hasta producir la guerra imperial, y aquel eterno batallar sobre las aguas del río, y aquella caza dada en los canales sinuosos del Uruguay, que hizo por cuatro años, la ocupación y la gloria de Brown, y el diario entretenimiento de ambas ciudades riberanas y cuando los amos antiguos y los súbditos rebeldes, la capital y la provincia, el vecino imperio y la orgullosa república dejaron con la independencia de Montevideo de teñir con sangre las aguas del río, y de agitar con el estampido del cañón los ecos de la pampa, la Europa ha venido de nuevo a dar pretexto y objeto a esta normal existencia del Río guerrero. Los buques de Buenos Aires y Montevideo se acechaban y dan caza, si bien las inauditas y osadas empresas de Garibaldi no han podido nada contra el viejo tirano de estas aguas, Brown, cuyo nombre abraza la historia marítima de Buenos Aires desde 1812 hasta esto momento; y en el río y en la playa, en la ciudad y en el campo, en los cerros y en la llanura, el cañón suena siempre, remedando la tempestad de los cielos y la agitación periódica del pampero que echa el río sobre Montevideo, y aleja y persigue las naves del comercio.

¡Cuánto trabajo ha de costar desembrollar este caos de guerras, y señalar el demonio que las atiza, entre el clamoreo de los partidos que se denuestan, las pretensiones odiosas siempre de las ciudades capitales, el espíritu altanero de la provincia vuelta estado, los designios de la política, la máscara de la ambición, los intereses mercantiles, el odio español contra el extranjero, y el viento que echa la Europa sobre la América, trayéndonos sus artefactos, sus emigrantes, y haciéndonos entrar en su balanza de desenvolvimiento y de riqueza!

Estábamos ya por fin en las aguas del Plata, y estos misterios podían, si no explicárseme, ofrecerse al menos a mi vista. La tarde del cuadragésimo octavo día de mar, el Sol empezaba a ponerse, como he dicho, entro nubarrones torvos; y no bien se había ocultado tras el ancho lomo de las aguas, por todos los extremos del horizonte asomaban lentamente densas masas de nubes preñadas de tempestades. ¡Oh! La tempestad eléctrica, para quien ha habitado largos años las calladas costas chilenas, tiene encantos mágicos cuando el estampido del trueno ha sacudido nuestros oídos desde la cuna. Había iluminación en los cielos aquella noche; los refusilos del horizonte ocupaban los entreactos del rayo que surcaba el espacio; nuestra frágil barca tenía empavezados de fuegos de santelmo sus mástiles, y la sucesión de luz solar, y de noche oscura, encandilaba los ojos fijos en algún punto de las nubes, anhelando sorprender la súbita iluminación fulgente. Muy tarde aún de la noche permanecíamos unos cuantos en las banquetas de proa, gozando del espectáculo, conmovidos nuestros nervios acaso por la superabundancia de electricidad; y no bien habíamos cobrado sueño cuando hubimos más tarde ganado nuestros camarotes, el estampido de un rayo cercano nos echó de la cama a todos, a los ayes y gemidos del timonel a quien suponíamos herido; pero la celeste batería había errado esta vez su tiro, y nave y timonel escaparon sanos y salvos. El día siguiente era el de la entrada, puesto que estábamos ya en las aguas amarillas. Señaláronse sucesivamente los promontorios de ambas costas; descubrióse la mentida isla de Flores, tarda en dejarse pasar, animando la marina algunas naves que buscaban la alta mar. No ha mucho que la hermosa farola estuvo apagada por orden de Oribe. Estas fechorías me parecen semejantes a las de aquellos que en los caminos de hierro en Europa suelen poner un atolladero para hacer fracasar los vagones. Veíase, por fin, el río cubierto de naves ancladas en distintos puntos, como el gaucho amarra su caballo en donde le sorprende la noche, o halla pasto abundante en la pampa solitaria; y a lo lejos un vistoso grupo de torres y miradores, señalaba, aparentemente a la sombra del cerro que le dio nombre, la presencia de Montevideo. La ciudad en tanto se presentaba a nuestro escrutinio con una coquetería que pocas pueden ostentar. Rueda el buque en torno de ella buscando desde el lado del Océano el ancladero que guardan la ciudad y el Cerro, y en aquellas viradas de bordo que la barca describe como los giros del ave acuática que se dispone a posarse sobre las aguas, van presentándose las calles que cruzan la población, y caen de punta bajo el ojo, primero de norte a sur, después de poniente a naciente, y todavía de norte a sur, con su variedad infinita de grupos y de trajes, de carruajes y de jinetes, interrumpiendo la perspectiva las ondulaciones del terreno que lo asemejan a espuma del río petrificada. Dan realce a esta vista el material de los edificios, de cal y canto todos, sin aquellas pesadas techumbres de las colonias del Pacífico que matan la calle, e infunden desaliento y tristeza perenne en los ánimos. En Montevideo las líneas rectas, puras del estilo doméstico morisco, viven en santa paz y buena armonía con las construcciones del moderno gusto inglés; la azotea con verja de fierro, a más de dar transparencia y ligereza al remate, hace el efecto de jardines, de cuyo seno se elevara el cuadrangular, esbelto y blanco mirador, que a esta hora de la tarde está engalanado, vivificado, con grupos de gente que esparcen su vista y aspiran la brisa pura del río.

A las emociones del viaje se sucedían las del puerto, el paisaje, el muelle, la multitud de velas latinas con que los italianos han animado el movimiento de la rada; el cerro coronado de cañones; los lejanos puntos ocupados por el enemigo, que sombrean el paisaje a lo lejos y dan al espectáculo algo de serio y de amenazante. Es el aspecto de una plaza sitiada imponente de suyo, y el enemigo que cercaba a Montevideo, lo era mío también, por aquel parentesco y mancomunidad que uno a las dos repúblicas del Plata en sus odios y en sus afecciones. y en efecto, sorprende esta unidad de las dos riberas, de manera de hacer sospechar que su independencia respectiva es una creación bastarda y contraria a la naturaleza de las cosas. Un ejército argentino sitiaba la plaza a las ordenes de un montevideano; y la plaza había improvisado y sostenido su resistencia a las ordenes de un general argentino. La prensa del Cerrito redactábanla montevideanos y a de Montevideo los argentinos; y en ambos ejércitos y en ambos partidos, sangre y víctimas de una y otra playa, confundían sus charcos o sus ayes en la lucha por el río que los une en lugar de dividirlos. Publicaba el Nacional a la sazón Civilización y Barbarie, y el examen de mi pasaporte en el resguardo, bastó para atraer en torno mío numeroso círculo de argentinos asilados en Montevideo, comerciantes, empleados, soldados, letrados, periodistas y literatos; porque todo allí no presenta hoy otra fisonomía que la que presentó en los tiempos en que ambos países solo formaron un estado, con un foro, una universidad y un ejército común. Estaba, pues, entre los míos, y mi curiosidad moría a cada pregunta, bajo un fuego graneado de soluciones más o menos satisfactorias.

Entrando, empero, más adentro en la organización de este pueblo, vése que aquellas dos ramificaciones de la familia argentina, son los restos de una sociedad que muere; la vida está ya injertada en rama más robusta. No son ni argentinos ni uruguayos los habitantes de Montevideo, son los europeos que han tomado posesión de una punta de tierra del suelo americano. Cuando se ha dicho que los extranjeros sostenían el sitio de Montevideo, decían la verdad; cuando han negado a estos extranjeros el derecho de derramar su sangre en Montevideo, como en su patria, por sostener sus intereses, sus preocupaciones de espíritu y su partido, se ha pretendido una de las maldades más flagrantes, aunque tenga el apoyo de la conciencia de todos los americanos. Sé que la vieja ojeriza española anidada en nuestros corazones, y fortificada por el orgullo provincial de estados improvisados, se irrita y exaspera a la idea solo de dar a los extranjeros en nuestro suelo toda la latitud de acción que no tenemos nosotros; pero hace ya tiempo que el guante está echado entre ella y yo, y cuando el curso de una vida entera no lograra más que mellarla un poco, me daría por bien pagado de los desagrados que puede acarrearme. La historia toda entera de estos bloqueos y de estas intervenciones europeas en el Río de la Plata, que traen exasperados los ánimos españoles-americanos por todas partes, la leo escrita sobre el río mismo, en las calles y alrededores de Montevideo. Cubren la bahía sin número de bajeles extranjeros; navegan las aguas del Plata, los genoveses como patrones y tripulación del cabotaje; sin ellos no existiría el buque que ellos han creado, marinan y cargan; hacen el servicio de changadores, robustos vascos y gallegos; las boticas y droguerías tiénenlas los italianos; franceses son por la mayor parte los comerciantes de detalle. París ha mandado sus representantes en modistas, tapiceros, doradores y peluqueros, que hacen la servidumbre artística de los pueblos civilizados; ingleses dominan en el comercio de consignación y almacenes; alemanes, ingleses y franceses, en las artes manuales; los vascos con sus anchas espaldas y sus nervios de fierro, explotan por millares las canteras de piedra, los españoles ocupan en el mercado la plaza de revendedores de comestibles, a falta de una industria que no traen como los otros pueblos en su bagaje de emigrados; los italianos cultivan la tierra bajo el fuego de las baterías, fuera de las murallas, en una zona de hortaliza surcada todo el día por las balas de ambos ejércitos; los canarios en fin, siguiendo la costa, se han extendido en torno de Montevideo en una franja de muchas leguas, y cultivan cereales, planta exótica no hace diez años en aquellas praderas en que pacían ganados hasta las goteras de la ciudad. Todos los idiomas viven, todos los trajes se perpetúan, haciendo buena alianza la roja boina vasca, con el chiripa. Descendiendo a las extremidades de la población, escuchando los chicuelos que juegan en las calles, se oyen idiomas extraños, a veces el vascuence que es el antiguo fenicio, a veces el dialecto genovés que no es el italiano. ¡He aquí el origen de la guerra del Plata tan porfiada! Estos hechos que se han ofrecido de bulto a mis miradas, están, además, apoyados en los datos de la estadística.

En octubre de 1843 daba el padrón estos curiosos resultados:
Habitantes de la ciudad:

"Orientales   11.431
"Americanos.   3.170
"Europeos   15.252
"Africanos (libres) 1.344

Mucha parte de los vecinos nacidos en la ciudad, habían emigrado huyendo de los horrores del sitio; pero otro tanto habían hecho los inmigrados, puesto que desde 1835 a 1842, habían introducídose 33136 de ellos. La ausencia de los primeros no altera en manera ninguna las proporciones, tanto más que se tuvo en cuenta a los ausentes al tomar razón de sus familias. Tenemos, pues, que Montevideo, numéricamente hablando, se compone de estas proporciones: 1 africano, 3 americanos, de los cuales dos y medio son argentinos, 11 montevideanos, 15 europeos.

Apreciaciones morales: Comercio: pertenece a los recién venidos; en Montevideo como en Valparaíso, son los europeos los que giran con grandes capitales. El estado de las patentes de giro, expedidas desde 1836 hasta 1842, muestra quienes son los que establecen nuevas casas.

En 1835 llegaron a Montevideo 613 extranjeros; ¿diéronse patentes...

En 1836	9.146		962
" 1837	2.382		1.253
" 1838	3.410	(se ignora)	
" 1839 (Rosas) 1.163.	1.637		
"1840	2.484.		1.695

"1841   8.858   2.800
"1842   9.874.   3.281

Riqueza; quien dice comercio dice riqueza, y por lo que hace a la que contienen las ciudades, ésta es la principal; que en cuanto a la industria, sería ridículo hablar de repartición de la riqueza y movimiento de la industria manual entre americanos y europeos. La industria en Montevideo desde el botero hasta el mozo de cordel, está en manos de los últimos.

No me ha sido dado conocer la distribución de la propiedad en Montevideo. ¡Cómo ilustraría esta cuestión el saber la procedencia de cada hombre que posee algo y forma, por tanto, parto constituyente con la suya de la riqueza nacional; y otro tanto sobre los edificios nuevos y antiguos! En este cuadro estadístico, si lo hubiera, de las ventas de casas o erección de construcciones nuevas, se vería palpablemente pasar la propiedad urbana de los nacionales de origen a los nacionales de riqueza creada, como se ve al ojo desnudo, en los almacenes y talleres, que las profesiones industriales, el comercio y hasta el servicio doméstico de hombres y mujeres, como el trabajo de peones de mano, cargadores y marinos, ha asado a las razas viriles y nuevas que van aglomerándose de día en día.

En 1836, la población se sentía estrecha en el antiguo recinto de la ciudad. Una banda negra compró los eriales vecinos, subdividiéndolos en calles anchas y espaciosas, y en lotes de terrenos que se vendían a 4 reales la vara. Ahora aquellas playas desnudas entonces, sirven de cimiento a palacios suntuosos; las rocas que lo afeaban, se han convertido en canteras que dan a la construcción la solidez y barniz europeo, y la vara de terreno en este momento está tasada a onza de oro.

De 1835 hasta 1838 habían llegado 9.551 extranjeros y se edificaron 269 casas.

De 1838 hasta 1842, 22.381 emigrantes y 502 casas edificadas. A la par del desenvolvimiento de la población europea en Montevideo, ha ido la riqueza. Calcúlase la población mixta de todo el estado en doscientas mil almas, de las cuales treinta o cuarenta mil estaban reunidas en el recinto de la ciudad. Para estas doscientas mil almas, de las que en gauchos de la campaña, que no producen ni consumen, debe disminuirse la mitad, se introdujeron en 1840, época del mayor auge de Montevideo, siete millones de mercaderías europeas, que cambiaron por ocho millones cuatrocientos setenta y un mil pesos de productos americanos, dejando al estado, dos millones ochenta y siete mil pesos de renta. Novecientos buques de alta mar entraron en el puerto, y en los primeros nueve y 1/2 meses de 1841, alcanzaron a 856. En 1836, cuando el movimiento principió, entraron 295 buques y salieron 276, que introdujeron tres y medio millones y exportaron una cifra por poco menos igual. Pero hay una riqueza que no se exporta ni introduce, y esta es la que se crea en todos los grandes focos de comercio y de industria, la cual queda en casas y barrios enteros construidos, en millares de familias establecidas, en pequeñas y grandes fortunas improvisadas. Pero 1842, hay un punto final puesto al progreso, a la europeificación de Montevideo; los aborígenes se aproximaban a las puertas de la ciudad con sus cañones y sus lanzas.

Premunido de estos datos, mi querido amigo, pregúntese en el fondo de su conciencia, ¿a quién pertenecen los derechos políticos en esta ciudad, si a los 11, o a los 11 más los 15, más los 3, más los 1? Riqueza, propiedad urbana, inteligencia, ¿cuál es el título que reclamarían los primeros con exclusión de los otros? Pero tal es la lógica española, la lógica de la expulsión de moros y judíos, que toda la América ha simpatizado con la resistencia que el exclusivismo torpe de nuestra raza opone ciegamente para suicidarse, a aquellos movimientos providenciales que salvan pueblos transformándolos. La historia de esta lengua de tierra no se pierde en la noche de los archivos de la colonización que guardan Simancas o Sevilla. Hasta 1720 los charrúas, tribu de la gran familia guaraní, elevaban aún sus tolderías cerca de estas playas; pasaron entonces de Buenos Aires algunos individuos, treinta y tres en número, a hacer paces sus vacas; los charrúas también, alegaban su derecho exclusivo a la posesión de la tierra, y como valientes y rudos, fueron exterminados. En 1728, desembarcaron trece familias canarias, y en 1770, Montevideo contaba 1.000 personas adultas y 100 niños vivos de los nacidos en el año; sin contar 70 que murieron; un párroco componía todo el personal del culto religioso.

«La mayor parte de la población, dice un cronista, se compone de muchos desertores de mar y tierra, y algunos polizones que, a título de la abundancia de comestibles, ponen pulperías con muy poco dinero, para encubrir su poltronería y sus contrabandos»... También se debe rebajar del referido número de vecinos, muchos holgazanes criollos, a quienes con grandísima propiedad llaman gauderios.» Titúlase el libro que contiene datos tan preciosos: «El lazarillo de ciegos caminantes desde Buenos Aires hasta Lima, con sus itinerarios según la más puntual observación, con algunas noticias útiles a los nuevos comerciantes que tratan en mulas, y otras históricas; sacado de las memorias que hizo don Alonso Carrió de la Bandera en este dilatado viaje, y comisión, que tuvo por la corte para arreglo de correos y estafetas, situación y ajustes de postas desde Montevideo. Por don Calixto Bustamante Carlos Inca, alias Concolorcovo, natural del Cuzco, que acompañó al referido comisionado en dicho viaje y escribió sus extractos. Con licencia, en Gijón era la Imprenta de la Rovada. Año de 1773». Pues bien, lo que observaba el lazarillo de ciegos caminantes y repetía el Inca Concolorcorvo, sucede hoy ni más ni menos. El montevideano criollo, es aquel que canta aún en las pulperías, y lo enrolan para matarlo en el campamento de Oribe o en las fortificaciones de la plaza. Subiendo en la escala social, se le encuentra en ambos partidos, sin profesión conocida, salvo honrosas excepciones, como en todo el resto de la América. Oribe por un lado, Rivera por el otro, sus aliados y sostenedores adentro y afuera de Montevideo, podrían llamarse, con grandísima propiedad, gauderios, si en lugar de cantar como la cigarra, no se entretuvieran en derramar sangre. Es este el antiguo tipo colonial que se revuelca en el fango y se descompone en los puntos remotos, donde el comercio europeo no viene a inyectarle nueva vida; que resiste vigorosamente, cuando logra rehacerse bajo la inspiración de un Viriato, como acontece del otro lado del Plata, cual el tísico que en la flor de la edad siente disolverse su pulmón. El mal de Montevideo es el de Tejas, un pueblo que muere y otro que llega; porque Tejas y Montevideo son los dos desembarcaderos que en las costas españolas se han procurado los inmigrantes. Sé que hay por allí republicanos colonos que toman a lo serio las pretensiones de oribe a la presidencia legal que, como el vino, gana en ley a medida que los años pasan. Cuando falta la conciencia pública, la impudencia de los instintos toma aires de razonamiento. Lo que hay de real aquí es la industria que se atrinchera, contra la arbitrariedad de los haraganes, llámense estos Oribe, Rivera, Rosas, y las escuadras protectoras del comercio, sea la Inglaterra, la Francia o el Brasil, quienes las envíen. Hay sustitución de vida, por tanto, sustitución de gobiernos, pasando de la arbitrariedad del caudillo, que remueve el país por dar suelta a sus pasiones, a la habilitación de la masa inteligente, que quiere gobernarse a sí misma y seguir sus propias inclinaciones. En una palabra, hay en Buenos Aires, España exclusiva; en Montevideo, Norte América cosmopolita. ¿Cómo han de estar en paz el fuego y agua?

He aquí, las causas de esta profunda perturbación que tanto escándalo causa. Millares de aquellos antiguos colonos andan prófugos, creyendo obedecer a impulsos generosos; tres años va que el cañón avisa con sus estragos, que no hay reconciliación posible entre lo pasado y lo presente; y la raza desheredada vaga en torno de su antigua ciudad que la rechaza. Un día habrá de levantarse el sitio de Montevideo, y cuando los antiguos propietarios del suelo, los nacidos en la ciudad regresen, qué cambio, ¡Dios mío! Yo me pongo en lugar de uno de aquellos proscritos de su propia casa, y siento todas sus penas y su mal estar. Quiere llamar a esta calle San Pedro, a aquella San Juan, la que sigue San Francisco, y aquella otra San Cristóbal; pero el pasante a quien pregunta, no conoce tales nombres, que han sido borrados por la mano solícita del progreso, para ceder su lugar a los nombres guaraníes de la historia oriental.

Lo que dejó en 1841 fortaleza y ciudadela, es hoy mercado de provisiones de boca; la antigua muralla, ha cambiado sus casamatas por almacenes de mercaderías; la tierra ha recibido accesiones del lecho del río, y por todas partes avanza sobre las aguas, muelles públicos y particulares que aceleran las operaciones del comercio. En lugar de aquella matriz que reunía a los antiguos fieles, encuentra en el punto en que la dejó, un cubo de las fortificaciones, un templo cuyas enormes columnas de gusto griego, y sus decoraciones interiores, están revelando que otro culto y otra creencia han tomado posesión del suelo. En el frontón leerá en dos tablas los preceptos del decálogo, y para chocar su conciencia católica, aquel que dice: «tú no harás imagen alguna tallada, ni a semejanza de las cosas que están allá arriba en el cielo, ni aquí abajo sobre la tierra, ni en las aguas más abajo de la tierra».

En donde había dejado una plaza pública, encuentra la propiedad individual que hizo suyo el terreno, mediante los recursos que facilitó al gobierno para la resistencia. Todo se ha transformado, las cosas y los hombres mismos. El negro que ayer era su esclavo, lo encuentra ahora su igual, pronto a venderle caro el sudor mismo con que antes le enriqueciera gratis El gaucho oriental con su calzoncillo y chiripa, afirmado en el poste de una esquina, pasa largas horas en su inactiva contemplación; atúrdelo el rumor de carros y de vehículos; el hierro colado ha reemplazado a los informes aparatos que ayudaban su grosera e impotente industria; la piedra que él no sabe labrar, sirve de materia para los edificios; robustos vascos gallegos y genoveses, se han apoderado del trabajo de manos; italianas y francesas hacen el servicio doméstico; y aturdido, desorientado en presencia de este movimiento en que por su incapacidad industrial le está prohibido tomar parte, busca en vano la antigua pulpería en que acostumbraba pasar sus horas de ocio, escuchando cantares de amor y apurando la botella amiga de la desocupación de espíritu. La pulpería se ha convertido en un auberge, fonda, debit de licores. Quédale la campaña y los bosques, el horizonte ancho y las praderas dilatadas. ¡Y qué diré del desencanto el antiguo propietario! ¡que fue rico y se siente pobre, por los esfuerzos que hizo para resistir, por las devastaciones de la guerra asoladora, y por los sacrificios que hicieron los sitiados en su defensa! La confiscación, aquel crimen legal sancionado por la tradición española que defendía, lo ha alcanzado también a él. La propiedad urbana ha sufrido aquellas transformaciones que en la emigración de los nobles de Francia experimentó. El extranjero es el único poseedor garantizado. Los partidos oprimidos le hacen ventas simuladas para salvar la confiscación, y de la venta ficticia al contrato real por la acción del tiempo, las mejoras y el poder del dinero, no hay intermedio posible. Oribe mismo, triunfante, absoluto soberano por la victoria, la venganza, los hábitos de despotismo y la degradación de los aborígenes, se pararía ante esta barrera insuperable, como se han parado todos los restauradores de clases desposeídas y de mundos pasados desde Napoleón hasta los Borbones. Rosas mismo no ha sido más osado. La confiscación y el ultraje se han detenido en el umbral del extranjero, y su odio de gaucho y de español, se irrita menos por los bloqueos, que por este poder que él no puede avasallar. En medio de su grita eterna, cuando todo enmudece en torno suyo, no ha podido vejar al extranjero, sino en casos dudosos, raros y cuando no se presentaba suficientemente garantido por su nación. Oribe entrará en Montevideo, si tal cosa es posible. ¿Y qué encontraría para gobernar con la suma del poder público, es decir, con todo el catálogo de crímenes y de violaciones que a la inquisición política legó la inquisición religiosa? En las partes altas de la sociedad dos mil comerciantes extranjeros, a cuya seguridad individual y a cuyas fortunas no lo es dado tocar; la mitad de los propietarios de casas, sobre los cuales la confiscación no alcanza a encarnar su tenaza, porque son de otra pasta que aquella blanda y maleable que componía la antigua población criolla, a la cual es lícito, consuetudinario y hacedero despojar a título de rebeldes, herejes, o de enemigos de tal cual orden de cosas, que en cuanto a las masas populares, eso es más serio. Venid a contar la chusma gauderia, a quien llevareis amarrada a los cuarteles para dar vuestras batallas contra Rivera, el caudillo de los jinetes de la campaña, o contra las escuadras que quieran pediros cuenta de los desmanes de la suma del poder; componen estas masas populares 206 ingleses, 8.000 franceses, 7.000 españoles, 4.000 vascos, 5.000 italianos, y entre tantas cifras reunidas, algunos dos mil haraganes de poncho y chiripa que tiran carretillas o venden agua. Esta población trabajadora y que os aborrece, ha manejado largos años el fusil con la misma destreza que los instrumentos de las artes. Goza de los derechos de ciudadanía por la fuerza del número, de la propiedad, de las tradiciones de orden, y por la industria. ¿Qué vais a hacer para someter sus resistencias? ¿Resucitar la expulsión en masa de los moros? ¿Formar un nuevo Paraguay a la embocadura del Río? ¡Oh! ¡Montevideo! yo te saludo, ¡reina regenerada del Plata! tu porvenir está asegurado; el incendio de los pajonales del desierto, ha pasado ya sobre tu superficie; la hierba que nazca será fresca y blanda para todos. Proscrito de mi raza, un día vendré a buscar debajo de tus muros, las condiciones completas del hombre que las tradiciones españolas me niegan en todas partes. ¡Tenéis ahora ministros que han nacido en la península, almirantes que arrojó de su seno la vieja Italia; generales argentinos, coroneles franceses, periodistas de todas lenguas, jueces que no han nacido en tu suelo; tantas inteligencias, talentos y estudios profesionales, sofocados o rechazados en las otras colonias, hallarán en ti patria y asilo! Los hijos de los españoles quisieran asimilarse la industria del extranjero, y conservar paria al industrial; la máquina sin el artífice, el espíritu sin espontaneidad, la conciencia libre para ellos, agarrotada para el que cree en Dios y lo adora de otro modo; la libertad de hacer el mal, sin la libertad de contenerlo. ¡Todas las constituciones americanas lo gritan así sin pudor; y la prensa y la opinión, hacen coro a esta proclamación del suicidio que llaman su derecho, y la muestra más clara de su independencia! ¡Raza feliz, mátate como el escorpión, con el veneno mismo que circula en tus venas!

La Europa viene a dar a Montevideo su significado perpetuo, haciéndola desempeñar para la rehabilitación de nuestras relaciones con el mundo civilizado, el mismo papel que desempeñó siempre, sirviendo de último atrincheramiento a los principios vencidos, o a los movimientos que comienzan. Las colonias españolas entraban en el séquito que acompañaba a la metrópoli en las grandes cuestiones políticas del mundo, aunque sin voto consultivo. Por ella formábamos parte de la familia europea, y la Europa por la España vivía en nosotros. El señor castellano traía consigo usos e ideas que le mantenían europeo en el centro de las plantaciones primitivas. Todavía vive el prestigio de aquellos hidalgos, que revela la inferioridad del criollo, pero que era un vínculo de la gran familia cristiana. Otro espíritu reina hoy en estas comarcas. Porque cortó una vez la cadena que la tenía atada, tiende hoy la América a errar sola por sus soledades, huyendo del trato de los otros pueblos del mundo, a quienes no quiere parecérseles. No es otra cosa el americanismo, palabra engañosa que hiciera, al oírla, levantarse la sombra de Américo Vespucio, para ahogar entre sus manos el hijo espurco que quiere atribuirse a su nombre. El americanismo es la reproducción de la vieja tradición castellana, la inmovilidad y el orgullo del árabe.

Tal es la cuestión del Plata mirada con el ojo desnudo de todo prisma de partido, y así la sienten en el fondo de su corazón, todos los embusteros que la revisten de los nombres, formas e intereses que entran en la vulgar nomenclatura política. Vista desde el lado en que la Europa figura, no es menos fecunda en decepciones para la pobre América, que se agita de indignación, al oír que un punto del continente es amenazado a europea. A medida que se dilata el horizonte a mis ojos, y observo de cerca nuevos hombres y situaciones nuevas, se desvanecen los prestigios con que la distancia y el éxito revisten los hechos, ¿Quién de nosotros al pensar en la pérfida Albión, no se esfuerza en desenmarañar los secretos designios de su política, y no se representa a sus ministros de hinojos sobre el mapamundi, para preparar un siglo antes la conquista de algún islote o promontorio? ¿Quién no ha leído Política de los mares? Cuando el general Madrid hacía su aventurada campaña sobre las provincias de Cuyo, hubo un momento en que su ejército, extraviado en los desiertos de la Rioja, estuvo apunto de perecer hasta el último hombre. Dos días había que no comían, y los soldados en partidas, se extendían desesperados sobre un ancho frente, buscando donde aplacar la sed devorante que irritaba el Sol y el polvo del desierto. Marchaba el general pensativo y cabizbajo, y su secretario, que me ha contado el caso, detenía su caballo para dejarlo abandonado a sus profundas reflexiones, respetando y compadeciendo el dolor de su general sobre quien pesaba en aquel crítico momento la responsabilidad de tantas víctimas sacrificadas. De repente el pensativo general para su caballo, y dirigiéndose a su condolido secretario, le dice: ¿Qué le parece a usted esta letrilla que acabo de componer para una vidalita? recitándole enseguida un mal retazo de prosa rimada y chocarrera. Me parece que la mitad de los hechos históricos son interpretados como el secretario interpretaba la meditación del general. Hay, sin embargo, algunos hechos que nunca deben olvidarse. A las naciones poderosas, mientras no haya un Congreso Supremo del mundo, está cometida la policía de la tierra; y la libertad de la discusión, el presupuesto, y el cambio de ministerios, hacen imposible todo complot secreto y seguido de largo tiempo. La reina Victoria, por su empleo de reina, ocupase solo de hacer calcetas y cuidar a sus chicuelos. Las cámaras han sido informadas por Aberdeen de que la Inglaterra no tenía derecho a exigir que se le abriesen las aguas de los afluentes del Plata. ¿Dónde está, pues, el origen del mal? No en otra parte que donde se halla el origen del bien, en el hombre, en la acción personal, en las pasiones buenas o malas de los que están en situación de crear la historia.

El gobierno inglés tiene un oído y un ojo oficial en todos los puntos del globo a donde sus intereses alcanzan; y de los países lejanos y poco importantes, por falta de tiempo, apenas sí de vez en cuando se reciben noticias y el ministro ha tenido tiempo de informarse de los antecedentes. En Buenos Aires, aquel oído y aquel ojo de la Inglaterra, estaban incrustados en la persona de Mr. Mandeville, calavera arruinado, Talleyrand de aldea, hombre de setenta y seis años (¡setenta y seis!) bien sonados; pónese corsé y refajos, gasta seis horas en el tocador, y tenía en Buenos Aires una querida. Mr. Mandeville, con todas sus dolamas, era hombre antes de ser diplomático, y el terror y las cencerradas de la mashorca, no eran pasatiempos que gustaba de procurarse, sobre todo teniendo una querida. Diez años consecutivos informa a su gobierno oficialmente todo lo que convenía a su posición personal, sin descuidar la coyuntura del primer bloqueo francés, para obtener satisfacción amigable a los reclamos de su gobierno. Avisánle los diarios una mañana que Oribe ha vencido a Rivera, y que marcha el ejército argentino sobre Montevideo, cuya independencia ha garantido la Inglaterra. Los agentes diplomáticos, al revés de los hombres comunes obran, cuando no saben que hacerse en una emergencia imprevista. Mandeville y de Lurde protestan colectivamente contra la invasión, mientras reciben instrucciones de sus gobiernos. Enrédase el asunto, animan con seguridades especiales la resistencia de Montevideo, llamando para dar fuerza a aquel documento, al Comodoro Purvis, que estaba a la sazón estacionado en Río Janeiro. Purvis es un antiguo marino, de sesenta y seis años, lleno de generosidad, y a su edad expuesto a dejarse afectar por cuentos de Barbaazul. Llega a Montevideo, y como Mandeville en Buenos Aires del terror, él participa allí de la alarma general, con motivo de la aproximación del ejército de Oribe; cuéntanle las señoras despavoridas, los horrores de las matanzas, que no había necesidad de exagerar como lo hace siempre la fama. En un hombre colocado en una alta escala social, educado en los pueblos cultos, estas brutalidades de nuestros terroristas, sublevan más indignación y encono que entre nosotros mismos, que tenemos por antecedentes de gobierno la inquisición, por tradiciones populares las incursiones de los indios, y por hábitos, la violencia y la arbitrariedad, aun en aquellos países mejor gobernados. El Comodoro Purvis en una tertulia de señoras a que asistía una noche, y que puedo nombrar, prometió, para consolar a las cuitadas, a fuer de marino viejo y galán, que Oribe no entraría a Montevideo; y su conducta desde aquel momento, hizo honor a su palabra empeñada. Encerró a Brown en las balisas de Buenos Aires, proveía de víveres a los sitiados, y por la mañana salía a las baterías exteriores a dirigir la puntería de los artilleros, a animarlos con su presencia y su coraje. No me burlo de estos actos apasionados. Creo que un hombre de honor y de corazón, aunque sea inglés y comodoro, debe obrar en iguales casos de un modo análogo. Mandeville, entre tanto, estaba en Buenos Aires, y lo hacía maldita la gracia la manera independiente y desenfadada de obrar del almirante; crúzanse notas entre ambos, y llevan su querella a la Inglaterra. El ministerio inglés, que por diez años había ignorado de oficio lo que se pasaba en el Río de la Plata, dudó por la primera vez de los informes de Mandeville, a quien mandó retirar de su puesto, desaprobando al mismo tiempo los procedimientos espontáneos de Purvis. De parte de la Francia sucedía algo de parecido, y sus agentes no estaban más exentos de influencias harto terrenas. El cónsul Pichon, de Montevideo, propendía por relaciones pasadas de buena inteligencia con Oribe, a facilitarle la entrada en la plaza; el consulado francés era la estafeta pública y confesada de la correspondencia de los sitiadores, y a fin de apartar a sus nacionales de continuar en la defensa de Montevideo, pagaba cuatro reales diarios a cada individuo que desertase de la legión francesa. Más tarde, en el calor de la contienda, desnacionalizó a los suyos, que perseveraron, a despecho de esto, en su propósito, mostrando así, que cualquiera que fuese la política de la Francia en el Río de la Plata, la conducta de los franceses establecidos en Montevideo, era espontánea. Entre tanto, Mr. Mareuil, cónsul francés en Buenos Aires, hacía la corte más asidua a una hermana de Rosas, digna por su rara belleza y los encantos de su trato, de hacer perder el seso a un parisiense más cortesano aún que Mareuil, y a poco andar en zambras, cabalgatas y galanteos, apareció el tratado Mareuil en que la Francia pedía perdón a Rosas de los agravios inferidos. En este estado estaban las cosas, cuando la misión Ouseley y Deffaudis llegó. Es el último de estos personajes un hombre afable, entrado en años, sin que ni sus palabras ni su acento revelen nada de aquel espíritu belicoso que se le atribuye. Hablábame sobre sus miras en el Río de la Plata, sin ostentación como sin misterio. No traía instrucciones de su gobierno precisas; había creído necesario para facilitar la paz entre ambas riberas, despejar el Río, y había dado la batalla de Obligado; esperaba ordenes y se proponía obrar según se lo aconsejasen las circunstancias. Un incidente que se tocó en conversación, dióle ocasión de caracterizarse a sí mismo. Decíase que Rosas, hablando de él, había observado que no habían sabido sus gentes manejarlo. No sé, díjome el almirante Deffaudis, lo que el señor Rosas entiende por manejarme. Tengo sesenta años, fortuna asegurada, soy par de Francia, tengo la condecoración de la legión de honor, y soy almirante de la marina de mi patria, última escala de la carrera a que he consagrado mi vida. Estas circunstancias de posición, me hacen poco accesible a las seducciones que pudieran ensayar los hombres sobre mi espíritu. Mr. Guizot mismo, hoy ministro, dejará de serlo mañana, mientras yo continuaré siempre par del reino y almirante francés.

Andando la conversación, indicóme una nota que pasaba al gobierno de Buenos Aires, haciéndole sentir que los gobiernos que se salían de los límites prescritos por el derecho de gentes, eran personalmente responsables de sus actos. Referíase a un decreto reciente, por el cual se declaraban piratas a los extranjeros que navegasen en el Río de la Plata, más allá de Martín García. ¿De dónde quiere introducir el señor Rosas, me decía, esa sustitución de una palabra por otra, para aplicar penas capitales a individuos de otra nación? El contrabandista, el transgresor, es contrabandista y transgresor, sin que a ningún gobierno le sea dado cambiarlo, por un fiat o un decreto, en pirata, C' en est fait, añadió, animándose; si el decreto se pone en ejecución, cuelgo de las vergas de mi buque al primer general, ministro o gobernador argentino que haya a las manos, y yo sabré procurármelo. Esto es lo que quiero indicar con la responsabilidad personal que subrayo. Acaso no lo entiendan.

Equivocábase en esto el bueno del almirante. Arana contestó muy pronto, con mal disimulada aprensión, protestando contra esta solidaridad de las personas y de los decretos.

Mucho he debido fatigar la atención de usted con estas caseras explicaciones de sucesos tan abultados; pero propóngome seguir la pista a los negocios del Plata y necesito traer a colación los antecedentes. En esta melée en que entran la ciudad y la campaña, Oribe y Rivera, Rosas y los unitarios, los emigrados y los agentes diplomáticos, la América y la Europa, en fin, estamos demasiado interesados para que sea lícito cerrar los ojos por contentar pasiones vulgares.

Diréle algo la vida interna de esta Troya, que no son, a fe, griegos los que la sitian, aunque abunden los Aquiles y los Príamos, sea esto dicho en honor de los contendientes. El heroísmo anda rodando aquí por calles y campos, como se dice de l' esprit en París. La organización doméstica recuerda la que

49

debieron tener los romanos: la ciudad organizada por centurias, las armas en la habitación, el soldado con familia racionado por el estado, un senado de los patricios, y una plebe con bala en boca. La unidad está en el designio, el antagonismo, la anarquía y la lucha en los medios. El odio y los celos pueriles entre los cuerpos, hace oficio de patriotismo, tornando imposible la traición. La organización de los cuerpos por nacionalidades, trae ventajas para la guerra exterior, harto compensada por los males que produce para la paz interna. Los orientales oriundos guardan una enemiga profunda contra los argentinos, que adentro y afuera, los mandan en el campo, dirigen en la prensa, defienden en el foro, y hacen suya la lucha, que el provincialismo quisiera llamar nacional; sin que esto excluya la capacidad de los nacionales, si bien su personal es más diminuto. Todas son nacionalidades, y la presunción de injusticia hecha a un italiano, pone en campaña las pasiones calabresas. El domingo pasado un vasco quería procurarse violentamente un pescado de los que vendía un negro por las calles. Un capitán argentino que acertó a pasar por el lugar de la escena, de las ordenes de abstenerse, procedió a lo plano del sable. Una docena de estos mal domados montañeses, salió a la demanda, y a las pedradas sucediéronse las balas, dejando muerto al malhadado capitán. Préndese al asesino y ármase el batallón vascuence; negocia el gobierno, y se obtiene un armisticio, hasta que aquel cuerpo regrese de su servicio que sale a hacer a las avanzadas. Mientras el proceso se instruía, un soldado argentino, gaucho malo si hubo uno, discute en la pulpería el negocio con otros vascos beodos. ¡Los vascos! dice mirando el carlón purpúreo que contiene su vaso, ¡los vascos! En la salida de la Aguada ¿quienes corrieron?... ¡los vascos! En el encuentro de las Tres Cruces, ¿quiénes dieron vuelta? los vascos. En la... Un vasco que tenía la tranca de la puerta a mano, puso fin a esta reseña histórica que iba larga, dejándolo redondo de un trancazo. Habíamos visto de paso, al dirigirnos varios hacia la línea exterior, el alboroto causado por tan trágica como concluyente réplica, cuando a poco trecho encontramos un mayor argentino que venía seguido por un batallón de negros en dispersión, cargando sus fusiles a medida que avanzaban.

—Mayor, ¡qué es esto por Dios!

—Los vascos nos asesinan —replica rechinando los dientes y enajenado por la cólera—; ¡no quedará hoy un vasco!

—Mayor, son escenas de borrachos. No hay nada, el herido es el cabo N. tan provocativo y tan cuchillero...

El irritado jefe empezó a entender razón, y los tostados veteranos se detenían haciéndose violencia y apoyándose sobre sus fusiles cargados.

Se necesitan fibras de hierro, en efecto, para gobernar esta tropa soberana. He visto a Pacheco Obes dirigirse solo a una compañía amotinada, mandarla deponer las armas, y con solo la fascinación de su voz imperiosa, dejarse conducir arrestada.

En medio de estos elementos discordantes, pero amalgamados por el objeto común, suele hacer incursión de cuando en cuando, algún grave incidente hijo del espíritu de la tierra. Rivera ha dejado escapar la ocasión de tomar prisionero a Oribe en su campo, por no prestarle el auxilio de sus jinetes al general Paz; el gaucho no entiende eso de combinaciones estratégicas, y no es hombre de someterse a otra inspiración que la suya, libre y voluntariosa como los vientos. No sé si recuerda usted a aquel coronel Silva, valiente como un Cid, que tan gauchas proezas hizo en los primeros tiempos del sitio. Sus caballos habían perecido en las salidas y excursiones sobre el terreno enemigo, y estaba desmontado en la guarnición del Cerro. Hacía tiempo que el general Paz estudiaba el terreno para dar una batalla campal sin caballería. No lejos del Cerro y muy distante del Cerrito, tenía Oribe estacionados ochocientos españoles, la flor de su ejército, en observación de las operaciones del Cerro. Paz, mensurando la distancia entre este puesto avanzado y el centro del enemigo, había comprobado que podía ser aniquilado por un golpe de mano, antes que pudiese ser socorrido. En consecuencia tomaba con el mayor sigilo las disposiciones para este ataque que debía hacer levantar el sitio. El Cerro que tenía una guarnición limitada, empezó a recibir por la noche refuerzos sucesivos, que al fin de algunos días completaron una división suficiente para la parte que debía confiársele en el plan de campaña. Cuando todo estuvo dispuesto, el general pasó al Cerro y llamando aparte al coronel Silva, confióle el secreto de la empresa meditada y la parte gloriosa que a él se le reservaba. «Entre el Cerro, le decía, y el puesto enemigo, hay, pongo por caso, tres mil pasos por distancia. Usted sale con su división a las tres de la mañana y está en línea enfrente del enemigo a las cuatro y tantos minutos, contando los retardos que causará el paso del arroyo cenagoso que corre a la base del Cerro. Abre usted el fuego con las cuatro piezas de artillería que lleva. Si el enemigo responde sin salir de su atrincheramiento, continúa con la fusilería; si quiere retirarse, lánceles los 150 caballos que poseemos, avance usted, que yo estaré allí con el ejército para el resto. De la exactitud de sus movimientos, depende la salvación de todo el ejército.» Cuando la lección parecía bien aprendida, dejadas instrucciones escritas, que marcaban los accidentes del terreno y la hora y minutos en que cada uno debía de ser pasado, el general a las once de la noche hace citar a todos los cuerpos, divídese el ejército sitiado en dos divisiones, toma él el mando de la una, y confía la otra, compuesta de la legión francesa, al mando de Pacheco y Obes, a quien da en aquel momento instrucciones para atacar el cuartel general de Oribe, a la señal que le darían dos cohetes voladores lanzados al aire, desde el punto que a la sazón debía ocupar el general Paz. Emprende éste su marcha nocturna; fórranse las ruedas de los cañones en cueros de carnero, prescríbese y obsérvase el silencio más profundo, y llegan, sin ser sentidos, a medio tiro de fusil del punto fortificado que ocupaban los tránsfugas españoles. La suerte de Montevideo estaba asegurada; ni un solo soldado podía escapar, cogidos entre la división del Cerro, que había bajado al lado opuesto, y el grueso de las fuerzas montevideanas que les habían tomado todas las vueltas. Sin embargo, era ya pasada, con mucho, la hora tan encarecidamente indicada, y ni el ruido del viento agitando las malezas secas, turbaba el imponente silencio de la noche. Transcurrían los minutos, empezaba a despuntar la aurora, y nada prometía cambiar la situación natural de las cosas. Si el Sol venía a reflejarse sobre los cañones de los fusiles de los que meditaban tan decisivo ataque, un cuerpo del ejército sitiado se hallaba solo en el centro de las líneas enemigas, y la retirada era solo obra del coraje, posible, pero desastrosa. El Sol aparece en fin, y el general Paz divisa formado en la falda del Cerro y a veinte cuadras de distancia al coronel Silva que había dicho a sus gentes: «¿dónde se ha visto batalla sin caballería? Ya lo veremos al manco como lo hacen pedazos». y en efecto, el combate fue sangriento; el batallón número 3.º quedó al fin mandado por sargentos y cabos, habiendo caído en la refriega hasta el último de los oficiales. El general Paz despechado, hizo cargar la caballería enemiga con la legión italiana, y hubo un momento en que aún creyó arrancar la victoria. Dio orden a Pacheco de avanzar sobre el Cerrito, la batalla se encrudeció con la llegada de las fuerzas de Oribe, y hubo de disputarse palmo a palmo el terreno para poder entrar de nuevo en la plaza, no sin graves pérdidas. Sitiados y sitiadores se cubrieron de heridas y de gloria, y Montevideo empeoró su situación en lugar de salvarse. El gaucho que veía desde el Cerro esta lucha desigual, repetía con jactancia: «¿no lo decía yo? Es locura querer pelear sin caballería».

Traigo a colación este hecho porque ha vuelto a repetirse en estos últimos días. Silva era valiente gaucho, y la esponja del olvido pasa fácilmente cuando queda sin desteñirse la impresión que el valor probado deja siempre sobre la muchedumbre.

Otro coronel de jinetes habíase visto estrechado por las fuerzas de Oribe y afectado pasarse voluntariamente; no ha un mes empero, que se sublevó, poniéndose a disposición de Montevideo el departamento de Maldonado, poblado de ganados y dueño de cuatro o seis mil caballos. La situación de Montevideo podía mejorarse notablemente, adquiría un almacén para refrescar sus víveres, caballos para iniciar una campaña desde Maldonado, y la fortuna ayudando, podía arrollar los puestos avanzados de los sitiadores al sur y dar a la plaza una ancha base, provista de elementos. El caudillo sublevado, pedía con instancia infantería que lo apoyase en Maldonado, y el gobierno, de acuerdo con los interventores Ouseley y Deffaudis, mandó en su auxilio dos buques de guerra ingleses que debían estacionar en el puerto, ciento y tantas plazas del batallón de nacionales de Montevideo, compuesto de los vecinos de aquella ciudad, cuarenta argentinos y ciento cincuenta ingleses del 73 de línea. Un jefe se necesitaba para cometerle la importante empresa. Silva fue elegido a fuer de valiente, montevideano nacido, gaucho vaqueano de los lugares, y compadre y amigo del jefe sublevado. Nombrósele, pues, y el ministro de la guerra, con la aprobación de los aliados, le dio por escrito las instrucciones más detalladas sobre su misión, prescribiéndole estar a la defensiva, fortificar la ciudad, y no aventurarse en el país sino después de haber asegurado la plaza, para cuyo objeto llevaba artillería y pertrechos de guerra. Pero el gaucho estaba entumecido de no montar a caballo dos años hacía. Llega la expedición a Maldonado; salta a tierra Silva; desembarca la infantería nacional durante la noche; trasnocha él preparando monturas y caballos, amanece el día, y diciendo a los suyos: «nosotros no necesitamos de gringos», se lanza al campo, a gauchear, a caracolear su caballo, a respirar el aire del bosque. Sale, y a cuatro cuadras cae de improviso en el centro de una fuerte división enemiga, e infantería, cañones, todo queda en poder del enemigo, todo menos él; porque el gaucho valiente no cae nunca en poder de sus enemigos, cifra en esto su gloria, como en salir parado cuando rueda su alazán. Los ingleses, que no habían desembarcado aún, volvieron a Montevideo a traer la noticia del desastre, y Oribe ganó más que una batalla, al apoderarse de cien orientales autóctonos o aborígenes, cosa importantísima donde se lucha en nombre de la nacionalidad de origen, contra la nacionalidad de elección, de fortuna, de sangre derramada y de sacrificios reales.

Otro punto de la fisonomía particular de este país, es la constitución política del Estado, la manera de entenderla, y las costumbres públicas. Sobre lo primero, lo remito a la obra que publica Varela, en que con rara erudición y como buen unitario, compila y analiza todas las constituciones que se han servido darse las repúblicas americanas, candoroso y útil trabajo que consultará sin duda el dictador de Buenos Aires, para formular la que ha de regir a sus estados. De esta obra o de la materia que contiene, no mencionaré sino un capítulo, que parece ha traído a todos los constituyentes preocupados. La lengua castellana es muy púdica, y no acierta a nombrar las cosas feas sino con perífrasis o alusiones, y creo que esto explica la diversidad de nombres que se da en todas las constituciones a la arbitrariedad acordada a los gobernantes en los casos en que los romanos creaban un dictador temporal. En Inglaterra llamábase suspensión del habeas corpus, por alusión a la acta acordada a los comunes. Apellídanla voto de confianza en España, por la conciencia que el gobierno tiene de la desconfianza que inspira. Suma del poder público, llamóla el sagacísimo Rosas, por no ser gente muy ducha en sumar sus gobernados, que han dejado incluir en las partidas cedidas, el derecho de no quitarle jamás la suma misma. En Francia, Chile y otros países llámasele estado de sitio, para significar con la palabra misma, que la ciudad o departamento, o nación, serán en un momento dado, regidos por las leyes ordinarias con que son regidas las plazas sitiadas. En Montevideo, no satisfechos con ninguna de aquellas clasificaciones de la cosa mala que todos apetecen, dejóse a un lado el declarar el pueblo en asamblea, y se la llamó suspensión de las garantías.

Recuerdo y comparo todas estas fraseologías para hacer sentir a usted la oportunidad con que una parte muy seria del congreso, se empeña en levantar la suspensión de las garantías, o lo que es lo mismo, levantar el estado de sitio. Mientras esta rara pretensión se discute, una emboscada que se había apostado en un hospital de la marina brasilera, situado en la falda del Cerro, ha muerto a tres soldados de Oribe y apoderádose de una valija, inocente portadora de la estafeta del Cerro a la ciudad. Hay en ella cartas para medio Montevideo; periódicos para los abonados; letras y ordenes para los banqueros; consultas literarias sobre la bondad y eficacia de tal artículo, e instrucciones para los agentes políticos, a fin de que continúen tal negociación interrumpida con los interventores; y sea dicho en honor de la impotencia y blandura del Poder Ejecutivo, todo ello terminó con algunos arrestos, incluso el del juez del crimen, a quien se consultaba sobre el rumbo que debía darse a la polémica de los diarios.

En cuanto a la administración de las rentas públicas, no piense usted encontrar aquella probidad y orden a que solo han alcanzado Chile, y Buenos Aires desde los tiempos de Rivadavia. El estado es el enemigo común, y entre los países de largo tiempo despotizados, pasa más tiempo todavía sin formarse la conciencia pública sobre el respeto a aquella propiedad anónima que a nadie empobrece, y que puede añadirse a la propia. Montevideo fue largo tiempo provincia, y provincia mal gobernada: plaza de armas española, conquistada después por los primeros ejércitos revolucionarios, a quienes nadie ha atribuido la invención de los presupuestos; la administración portuguesa agravó el desorden; Ribera, después de la independencia, mandaba a las cajas ordenes oficiales para el pago de partidas de juego; y ministros de Oribe han dicho en plena cámara que no cambiaban empleados por no cambiar de dilapidadores.

La ciudad, entretanto, se entrega a los placeres para olvidar sus torturas, si bien todos ellos se tiñen de los colores de la época. En un mezquino teatro dánse mezquinas representaciones en español, italiano y francés, como el Archivo de Buenos Aires. En estos días se ha representado una rapsodia original, que quería pintar una de las escenas horribles de la mashorca. Yo he empezado a tenerle menos ojeriza a aquella respetabilísima sociedad desde que la he visto tan estropeada. La verdad no siempre es verosímil, y lo real rara vez es dramático. Estas funciones tienen, por lo demás, objetos muy laudables; antes de todo, aturdirse el público en medio de sus sufrimientos, y por añadidura, socorrer con los beneficios al hospital de sangre, equipar una división que sale a campaña, o favorecer a las viudas de los que han muerto en los combates diarios. El paseo de la tarde, a falta de alamedas, se hace diariamente por la hermosa calle central de la parte nueva de la ciudad, de treinta varas de ancho y con aceras de cinco en cada costado, la cual, partiendo de la antigua ciudadela, va hasta la trinchera actual y conduce al campo que divide las baterías avanzadas, y a donde vienen a morir las balas enemigas. En lugar de líneas de árboles, las hay en la tarde de soldados que acaban de ceder su puesto a la gran guardia que se apresta para salir a hacer su peligroso servicio nocturno en los puestos avanzados. Amenizan otras veces la escena, el ejercicio de cazadores de los batallones negros, o una revista del 73 o del 45 de línea ingleses. Las músicas de estos cuerpos o la de los artistas italianos que encabezan la legión de sus nacionales, animan con sus melodías las calladas noches de la ciudad cercada. Como los combates diarios han disminuido de algún tiempo a esta parte, diviértense las baterías avanzadas en cruzarse algunos cañonazos, y no es raro que los domingos por la tarde, en que las señoras se aventuran a salir fuera de la trinchera, las envíen sus compatriotas de afuera algunas balas perdidas. A veces se me ha ocurrido que estos emisarios vienen de parte de algún despechado amante, que reconoce en las figuras esbeltas a aquellas que en otro tiempo le juraban amor eterno. Por lo demás, el hábito ha hecho a esta población indiferente para con el rumor de los combates, siendo de buen tono no dar señales ni de temor ni de compasión. Las camillas de los heridos entran en la ciudad sin llamar la atención. Ayer estaba yo sobre la azotea de mi habitación atisbando los cañonazos que se disparaban las baterías de la izquierda; en la azotea vecina leía una señorita, mientras la brisa de la tarde agitaba graciosamente sus vestidos de luto. Daba el frente hacia la campaña, y no obstante que los cañonazos menudeaban, no la vi una vez sola levantar sus miradas. No era así, empero, en los primeros días del sitio, en que las madres, las esposas, las hijas y las amadas, se agolpaban al portón de la muralla, a ver entrar las parihuelas que a veces se contaban por centenares, a fin de reconocer en los heridos y moribundos, los caros objetos de su predilección, comprometidos en las fuerzas que se estaban batiendo afuera, y cuyas filas veían desde las azoteas raleadas por la metralla y la fusilería del enemigo. El valor de las mujeres se ha ejercitado noblemente en los hospitales de sangre, encomendados desde temprano a la solicitud de una sociedad de señoras, y en los que sobre más de seiscientos heridos, a veces han derramado el tesoro de consuelos, solicitudes y auxilios, que solo ellas saben dar sin que se agoten. Oprime el corazón ver por las calles centenares de hombres amputados, cuya existencia hace honor, sin embargo, a la sociedad, al arte y a la noble solicitud puesta para salvarlos. Enseñáronme un soldado quien una bala de cañón llevó un día su pierna... de palo, como a Dumesnil, a quien ocurriéndole otro tanto, decía: «qué chasco se ha dado la bala; tengo un surtido de piernas de reemplazo».

Todos mis deseos de hallarme en un combate no han sido parte a motivar una escaramuza sería en esta temporada. El día mismo de nuestro arribo, dos soldados ingleses que se paseaban fuera de la línea, como hubiesen ya comido, habían perdido naturalmente el rumbo, y en lugar de dirigirse a la plaza, se encaminaban al campo enemigo. La primera avanzada que tocaron, les ofreció muy cortésmente, como se debe con extranjeros descaminados, conducirlos... prisioneros. Mientras los beodos se orientaban, acudió el comandante Villagran con su asistente, y el combate se trabó contra catorce hombres de que constaba la fuerza enemiga. Sobrevino el mayor García con un sargento, atraídos por las casacas coloradas de los gringos y el centellar de los sables, y lograron alejar a los enemigos, devolviendo sanos y salvos dos defensores a la Reina Victoria. Pocos días después creí llegado el momento de un combate general. El almirante de la escuadra inglesa dio aviso a las autoridades de la plaza de estarse moviendo el campo enemigo, y haber visto descender batallones desde el Cerrito. Hay en las fortificaciones de la plaza una elevada atalaya, desde donde se monta guardia con el anteojo para escudriñar los movimientos del campo de los sitiadores. Otro vigía está en el Cerro, y otro en una de las torres de la Iglesia. El ejercicio de tres años ha dado a los funcionarios mirones el conocimiento exacto de todo lo que ocurre, y no pocas veces se ha prevenido el golpe meditado, por alguna circunstancia insignificante observada que salía de los hábitos diarios del campamento. La triple vigía de la ciudad no anunciaba novedad ninguna; y fuese deferencia del gobierno a la solicitud cautelosa del almirante, fuese paso convenido para examinar el espíritu de las tropas, la generala empezó a batir, y las ordenes se impartieron para prepararse al combate. Desde luego las azoteas viéronse coronadas de millares de señoras y vecinos armados de anteojos, y comentando cada uno a su modo el anunciado amago; los ayudantes, jefes y oficiales corrían en todas direcciones; aturdía por todas partes el rumor de carros, trenes y furgones que hacían retemblar el empedrado; las puertas de los almacenes se cerraban unas en pos de otras, dejando fuera a sus tenedores, convertidos en soldados armados, y dirigiéndose sin entusiasmo ni prisa a los lugares convenidos para la reunión de los batallones respectivos. El 73 de línea inglés en traje de parada, desembarcó de la escuadra y vino a ocupar la cabeza de la columna, rompiendo sus cajas de municiones, armando sus camillas para heridos, y aprestando sus hospitales ambulantes. El 45 debía guardar el puerto. La legión argentina se presentó en la línea, y no es posible que pinte las emociones penosas que su vista me causó. Habíase compuesto al principio de seiscientas plazas, y hoy no contaba sino ciento veinte. Noventa y nueve oficiales salidos de sus filas, habían muerto en los combates, seis u ocho mutilados habían sido dados de baja, y el resto había desaparecido en destacamentos perdidos o suministrado jefes y oficiales a los otros cuerpos veteranos. Al día siguiente de mi llegada, muchos de estos compatriotas me habían mandado suplicar que fuese hasta su campamento para verlos, pues que muchos de ellos carecían de calzado para ir al hotel a saludarme. En el día de la parada estaban ya mejor montados, puesto que habían recibido ellos como los otros cuerpos, el primer vestuario que se les daba después de catorce meses. La legión argentina había sido, bajo las ordenes del general Paz, la guardia imperial del ejército. Se la colocaba en los puntos donde era necesaria una muralla de hierro para contener al enemigo, o se la lanzaba a restablecer las posiciones perdidas. Esta posición se la daba naturalmente la situación moral de los individuos que la componían, emigrados todos, para quienes no había otra salvación que la victoria. Seguíase la legión italiana, fuerte de seiscientos combatientes, notable por la fisonomía acentuada de los pueblos meridionales, su sombrero plomo adornado de una pluma por todo uniforme, y la bandera negra con la imagen del Vesubio en erupción, que en otro tiempo enarbolaron los calabreses contra las armas francesas.

Los vascos formaron a poco trecho, raza primitiva, semicivilizada, como usted sabe, de estatura mediana, cuadrada, y conocida por las fuerzas atléticas de sus individuos. La boina roja o azul y las alpargatas de esparto, constituían su uniforme. Dos batallones franceses sucedíanseles con la bandera uruguaya por haber sido desnacionalizados por el cónsul Pichon que había en vano querido estorbar que se armasen. Últimamente, algunos centenares de marinos desembarcados de la escuadra francesa se recibieron de la guardia del portón de la muralla. El batallón de nacionales de Montevideo; una partida de quince caballos de extramuros; los restos de tres batallones de negros libertos diezmados por los combates y las enfermedades, desfilaban a tomar sus puestos en las avanzadas de cazadores. Por entre los flancos de las tropas se deslizaban por centenares individuos que no perteneciendo a cuerpo alguno, iban con su fusil a tomar un lugar en las baterías de la muralla.

En esta rara reunión de pueblos y de razas, de europeos y de africanos, que vienen a prestar su brazo en una contienda americana, habrá usted echado menos a los representantes de la España que más afinidad tiene con nuestras costumbres. No es que falten sus combatientes, sino que se hallan en el bando opuesto. A principios del sitio se armaron en un cuerpo como las otras nacionalidades; quince días no pasaron antes que las simpatías, las tradiciones nacionales no dejasen sentir sus efectos. Una noche el general en jefe recibe el extraño aviso de que la gran guardia apostada al frente de la muralla, se había desertado en masa. Desde entonces 600 españoles sirven de tropa escogida y guarda de su campo a Oribe. Esta defección hacía decir al general Paz, a los españoles que le habían permanecido fieles, en baldón de los culpados: «Y ustedes —les decía— ¿qué se han quedado haciendo aquí? ¿Vamos? el camino está franco. No quiero españoles en mis filas. Mis charreteras las he ganado peleando contra españoles. ¡Este brazo me lo invalidaron los españoles!». ¡Tan cierto es que las masas populares no se equivocan nunca en sus predilecciones! Italianos, franceses, orientales y argentinos han pasado al bando enemigo; pero éstos son actos individuales. El vínculo que une a la mayoría está en los instintos de libertad, en la conciencia del derecho, en el odio de la arbitrariedad. Los españoles eran en su mayor parte carlistas, y las simpatías los llevaban a otro campo; la violencia, el terror, el odio a los extranjeros, todos sus instintos de raza hasta la semejanza en los medios de hacer la guerra encontraban allí, en Oribe, jefe del partido carlista nacional americano.

Mientras aquellos imponentes preparativos tenían lugar en la plaza, las vigías daban parte de iguales movimientos y aprestos en el campo enemigo, hasta que avanzado ya el día ambos campos comprendieron que por entonces no podría empeñarse el combate con que parecían amagarse recíprocamente. Descifróse entonces el enigma. Era sábado, y en el campo de Oribe tenían costumbre de hacer bañar las tropas por batallones en un arroyo vecino. Las vigías no daban, por tanto, aviso de este accidente sin importancia, que había alarmado al almirante, menos conocedor de los hábitos de los sitiadores, los cuales a su vez, viendo los preparativos de la plaza, habían corrido a las armas y empezado a tomar serias disposiciones para el combate.

Cuánta sangre, empero, y cuántas víctimas había costado dar a los sitiados este espíritu guerrero de que tan no estudiada ostentación hicieron aquel día, a punto de dejar maravillados al almirante y marinos ingleses que pudieron comprender que la plaza con tales defensores estaba fuera de peligro. Los primeros meses del sitio fueron sangrientos. Los sitiadores venían disciplinados por una larga campaña de más de 1.000 leguas, decorada por cinco victorias, y precedidos por el terror de las matanzas y de las crueldades inauditas de Córdoba, Tucumán y Mendoza. La plaza no tenía por soldados sino jóvenes entusiastas, extranjeros arrancados a sus quehaceres, y negros que cambiaban el yugo de la esclavitud, por el dorado de la libertad del soldado. Era preciso quebrantar el orgullo del enemigo, desvanecer la fascinación del terror, y habituar al combate a los que nunca habían oído silbar las balas. Esta es la obra más grande del general Paz, y la que menos le ha valido para su reputación. Sea dicho de paso que en América es más fácil defender una trinchera que atacarla; el combate de sitio, el asalto, no entran en las tradiciones del soldado americano, como el abordaje y la trinchera abierta entra en las de los ejércitos europeos. Oribe con sus valientes soldados, sus pertrechos de guerra, se ha dejado clavar en un campamento tres años, por no sentirse fuerte para ir a dar un asalto, aleccionado de su insuficiencia en una temprana tentativa, dejándose despojar de la siniestra aurora de terror que rodeaba su nombre en los primeros tiempos. Los vascos y los italianos sobre todo, han escarmentado a los sitiadores, volviéndoles iguales o mayores actos de crueldad, hasta quedar al parecer cerrado aquel sombrío episodio de nuestras guerras civiles en que parece que se ha querido renunciar al carácter de cristianos, apeteciendo en cambio el renombre de caníbales. El terror había venido perfeccionándose desde la República Argentina; administrado allí oficial y civilmente en el ejército, adquiría un ritual militar que debía hacerlo efectivo sobre los soldados de la plaza. Hasta el año pasado eran frecuentes escenas análogas en los puestos avanzados de los sitiadores. Cuando se preparaba una degollación de los prisioneros hechos en los combates diarios, bajaba del Cerrito, centro de las posiciones de Oribe, un batallón que escoltaba a la procesión de oficiales y aficionados, conduciendo las víctimas a los puestos avanzados, a fin de que los sitiados oyesen la infernal algazara. Disparábase un cohete volador para anunciar el principio de la fiesta. Hacíase enseguida repetir a los prisioneros las proclamas federales que se hacen en los teatros, en los diarios, avisos, etc., y al empezar la lista en las tropas, a saber: ¡Viva la Federacion! ¡Viva el Ilustre Restaurador! ¡Mueran los salvajes, asquerosos, inmundos unitarios! los infelices debían repetirla con precisión, con energía, simulando entusiasmo, cólera, y si el temor o la congoja se dejaban traslucir en lo tembloroso o apocado de la voz, venían en su ayuda puntazos y golpes, hasta que hubiesen repetido la letanía en la forma prescrita. Los agasajos irónicos, las amenazas, los chistes sangrientos y los insultos groseros, seguían y comentaban las emociones de la víctima, ya fuese que las lágrimas rodasen por sus mejillas, sin pedir misericordia, ya que la naturaleza pudiese más que aquel vano orgullo que hace a la generalidad de los hombres morir con aparente calma. La música militar entre tanto hacía resonar el aire con la Resbalosa (llamada así por alusión al cuchillo) marcha andante, de una vivacidad festiva, destinada exclusivamente para estos actos, como la Marsellesa para los combates, y cuyos ecos llevaban a las tropas de la ciudad el aviso de que sus compañeros eran sacrificados. He oído a uno de nuestros compatriotas que al escuchar de los puestos avanzados, en el silencio general de la noche, las melodías siniestras de la Resbalosa, temblaban de horror y de miedo los centinelas. Aquella obertura de la muerte se prolongaba más o menos según la resistencia del paciente, o el desdén con que algunos provocaban la rabia de sus asesinos. Por fin, un inteligente se acercaba, y con la precisión de un anatomista abría en el cuello la vena yugular, para que empezase a desangrarse lentamente, en medio de los vivas de los espectadores que acechaban con avidez los afectos del paciente, la trepidación de las piernas, flaqueando por la extenuación, el movimiento tembloroso de los labios sin voz, esforzándose por recitar oraciones de piedad, o prorrumpir en blasfemias y maldiciones, y el revolver de los ojos en la última agonía. Todavía en este cruel momento había quien se acercase al agonizante a gritarle al oído «¡Viva el Ilustre Restaurador! ¡Mueran...!».

Después se procedía a cortar las cabezas, y hacer mutilaciones en el cuerpo que la pluma se resiste a especificar. Veces ha habido que el tránsito de una calle de extramuros estaba obstruido por una hilera de cabezas de franceses así cortadas.

Por más detalles vea usted a Cooper, y los viajeros que han descrito las costumbres de los salvajes de la América del Norte. Ignoro si entre nuestras tribus indígenas existen prácticas semejantes, para achacar estos actos a tradiciones populares. Las colonias españolas han vivido durante tres siglos en una tranquilidad patriarcal, y solo con la revolución comenzaron a verse ejecuciones y derramamiento de sangre. ¿Será que en el hombre sea natural aquella fiereza que tiene sofocada la civilización y las leyes, y que reaparece de nuevo cuando esta doble presión afloja? ¿Bárcena habría leído viajes y descripciones de las torturas de los prisioneros entre los sioux y los iroqueses? O bien ¿será que una raza traiga en la sangre las tradiciones de sus padres, y éstas revivan y se animen con la excitación de los odios políticos, como aquellas culebras entorpecidas en nuestros campos, a quienes el calor del Sol devuelve el uso de su veneno mortífero? Lea usted entonces a Llorente, Memorias para servir a la historia de la inquisición, y allí puede encontrar afinidades muy ilustrativas.

En medio de este caos de intereses, respirando la atmósfera cargada de humo, y encerrados en un horizonte que a cada punto tiene aparejadas tormentas que de una hora a otra pueden descargar sobre sus cabezas, las musas argentinas cualquiera que sea la ribera donde les sea permitido entregarse a sus sueños, lo divinizan todo, hasta la desesperación y el desencanto. Me parece que una causa profunda hace al pueblo español por todas partes poeta; inteligencias caídas como aquellos nobles de otro tiempo descendidos a la plebe, con organizaciones e instintos desenvueltos; mentes elevadas y ociosas, que se remueven y agitan en su nada, revelando su elevada condición por entre los harapos que las cubren. El español inhábil para el comercio que explotan a sus ojos naves, hombres y caudales de otras naciones, negado para la industria, la maquinaria, las artes, destituido de luces para hacer andar las ciencias o mantenerlas siquiera, rechazado por la vida moderna para la que no está preparado, el español se encierra en sí mismo y hace versos; monólogo sublime a veces, estéril siempre, que le hace sentirse ser inteligente y capaz, si pudiera, de acción y de vida, por las transformaciones que hace experimentar a la naturaleza que engalana en su gabinete, como lo haría el norteamericano con el hacha en los campos, aquel poeta práctico que hace una pastoral de un desierto inculto, e inventa pueblos y maravillas de la civilización, cuando del seno del bosque asoma su cabeza a la margen de un río aún no ocupado. ¡Yo os disculpo, poetas argentinos! vuestras endechas protestarán por mucho tiempo contra la suerte de vuestra patria. Haced versos y poblad el río de seres fantásticos, ya que las naves no vienen a turbar el terso espejo de sus aguas. Y mientras otros fecundan la tierra, cruzan a vuestros ojos con sus naves cargadas el almo río, cantad vosotros como la cigarra; contad sílabas mientras los recién venidos cuentan los patacones; pintad las bellezas del río que otros navegan; describid las florestas y campiñas, los sotos y bosquecillos de vuestra patria, mientras el teodolito, y el grafómetro, prosaicos en demasía, describen a su modo y para otros fines los accidentes del terreno.

¡Qué de riquezas de inteligencia y cuánta fecundidad de imaginación perdidas! ¡Cuántos progresos para la industria! ¡Y qué saltos daría la ciencia si esta fuerza de voluntad, si aquel trabajo de horas de contracción intensa en que el espíritu del poeta está exaltado hasta hacerle chispear los ojos, clavado en un asiento, encendido su cerebro y agitándose todas sus fibras, se empleasen en encontrar una aplicación de las fuerzas físicas a producir un resultado útil!

El canto del poeta argentino se eleva rudo y barbaresco desde las filas del soldado, hasta depurarse y tomar formas más cultas en la boca de coroneles, ministros y generales. La poesía ha servido no pocas veces a despertar inteligencias dormidas, lanzándolas en la vida pública. Pacheco y Obes, el jefe montevideano, es poeta; y poeta es Lamas que llegó al ministerio; poeta era Rivera Indarte, y a noble estirpe de poetas pertenece Florencio Varela, el eco de la razón pública en estas aguas, el intermediario entre los hijos de la España y los agentes de las naciones, el último Mohicano de la raza pura de los constitucionales; digno representante de un partido que ha desparecido hasta el último, por la muerte de los jefes, y por la desmoralización del resto, que ha ido desprendiéndose y cayendo, como las carnes y tegumentos que revisten el esqueleto de los animales sin vida. Vuelvo a mis poetas: Ascazubi el primer bardo plebeyo, templado al fuego de las batallas, soldado raso en el Tala (Tucumán), asistía al primer combate del genio gaucho; oficial en el sitio de Montevideo ha podido venir a encontrar el torrente que desde entonces ha venido engrosándose y venciendo débiles obstáculos, como lo venció a él, hasta dar esta última batalla en las murallas que el espíritu europeo le opone. Ascazubi explota con felicidad a veces aquel género popular que traduce en acentos mesurados las preocupaciones de las masas; el arma que Beranger opuso a los Borbones, el género en que Rubí en España ha mostrado toda la riqueza de exageración, de fraude, o holgazanería del gitano y del andaluz. ¿Cómo hablar de Ascazubi, sin saludar la memoria del montevideano creador del género gauchi-político, que a haber escrito un libro en lugar de algunas páginas como lo hizo, habría dejado un monumento de la literatura semibárbara de la pampa? A mí me retozan las fibras cuando leo las inmortales pláticas de Chano el cantor, que andan por aquí en boca de todos. Echeverría describiendo las escenas de la pampa, Maldonado imitando el llano lenguaje, lleno de imágenes campestres del cantor, ¡qué diablos! por qué no he de decirlo, yo, intentando describir en Quiroga la vida, los instintos del pastor argentino, y Ruguendas, pintando con verdad las costumbres americanas; he aquí los comienzos de aquella literatura fantástica, homérica, de la vida bárbara del gaucho que como aquellos antiguos hicsos en el Egipto, háse apoderado del gobierno de un pueblo culto, y paseado sus caballos y hecho sus yerras, sus festines y sus laceaduras en las plazas de las ciudades. Paréceme ver al viejo Chano de las islas del Tordillo, acercándose al pago de la Guardia del Monte, al tranco majestuoso y pausado del caballo del gaucho, estirado el cuello del corcel sin gracia, mientras que el jinete, sentándose sobre las vértebras, describe con su espalda una curva que avanza hacia delante, la cabeza inclinada para romper el viento, y dejar al cuerpo toda su flexibilidad.

«Con que amigo —le dice Contreras, al verlo llegar— ¿diáonde diablos sale? Meta el redomón, ¡desensille, votoalante!... ¡Ah pingo que da calor!» Cordial salutación que encierra ya muestra sencilla de la hospitalidad de la pampa, y el cumplido más lisonjero que puede hacerse al gaucho, alabarle su caballo.

—¡Pero si es trabuco, Cristo!

Exclama el gaucho lisonjeado.

¿Cómo está, señó, Ramón?
—Mientras se calienta el agua
y echamos un cimarrón;
¿Qué novedades se corren?...
—¡Novedades! qué sé yo;   5
Hay tantas, que uno no acierta
a que lado caerá el dos,
aunque le esté viendo el lomo;
todo el pago es sabedor
que yo siempre por la causa   10
anduve a frió y calor.
Cuando la primera patria
al grito se presentó
Chano con todos sus hijos,
¡Ah, tiempo aquel...! ¡ya pasó!   15
Si fue en la patria del medio
lo mismo me sucedió,
¡Pero, amigo, en esta patria...!
Alcánceme un cimarrón.

¡Qué triste, qué doloroso es este: ¡alcánceme un cimarrón! ¡Cuántas cavilaciones van a empezar cuando el gaucho comience a sorber su mate amargo! Toda la historia de la revolución pasa rápidamente por su memoria. Los primeros tiempos de entusiasmo los ha juzgado ya exclamando: «¡Ah, tiempo aquel! ya pasó...». Los desencantos vienen en pos y dice:

> En diez años, que llevamos
> de nuestra revolución,
> ¿Qué ventaja hemos sacado?
> Lo diré con su perdón,
> robarnos unos a otros, 5
> aumentar la desunión,
> querer todos gobernar,
> y de facción en facción
> andar sin saber que andamos,
> resultando en conclusión 10
> que hasta el nombre de paisano
> parece de mal sabor.

Y no es que al buen sentido del gaucho se esconda la causa del mal, que es el espíritu de localidad, el espíritu castellano de odio y aversión contra el extranjero, llamando tales a los mendocinos y salteños, en su rabia de encontrar extranjeros. Chano pone un caso en que lo que no pudo hacer la gente del país, hízolo un mocito forastero, a quien no se premió por ser extranjero. He ahí la historia de las repúblicas americanas, solo que Chano, el pobre cantor de la pampa, no alcanzaba a ver sitio el odio entre las provincias; más tarde habría visto el odio entre los estados; el odio de los nacidos en el suelo contra los que vienen a poblarlo. «Es un dolor ver estas rivalidades» replica Contreras,

> Perdiendo el tiempo mejor,
> solo en disputar derechos,
> hasta que, ¡no quiera Dios!
> Se aproveche algún cualquiera
> de todo nuestro sudor.

Dios lo quiso, empero, gaucho profeta del desierto, en 1820; el cualquiera presentose, y hace ya largos años, sin que sea dado vaticinar el fin de esta última patria, ¡tan triste, tan larga!

Sigue en la procesión de poetas montevideanos y argentinos, grande muchedumbre de versificadores de más o menos mérito. He debido a uno de ellos palabras llenas de calor en una composición que Varela encontró bella. Figueroa se ha distinguido por sus toraidas tan festivas y tan apasionadas por la tauromaquia, que da gana de creerlo aficionado de la puerta de Alcalá en Madrid. Indarte ha seguido a Berro a la tumba; Domínguez ha remontado el Paraná y halládose en la cruenta batalla de Obligado. Mármol, después de sus peregrinaciones por el mar, en aquel viaje que usted sabe, sin desenlace como todas nuestras empresas, refugióse a Río Janeiro a transcribir, sin duda, bajo la sombra de algún palmero del trópico, los versos que había compuesto entre las frígidas borrascas del Cabo de Hornos que no pudo doblar.

Para indemnizarme de tantas pérdidas, he encontrado a Echeverría, manso varón, como es poeta ardiente y apasionado. Su intimidad me ha ahorrado las largas horas de fastidio de una plaza sitiada. ¡Cuántas pláticas animadas hemos tenido sobre aquello del otro lado del río! Echeverría, que ha engalanado la pampa con las escenas de la Cautiva, se ocupa de cuestiones sociales y políticas, sin desdeñarse de descender a la educación primaria, como digna solicitud del estadista americano. Alma elevadísima por la contemplación de la naturaleza y la refracción de lo bello, libre además de todas aquellas terrenas ataduras que ligan los hombres a los hechos actuales, y que suelen ser de ordinario el camino del engrandecimiento, Echeverría no es ni soldado ni periodista; sufre moral y físicamente, y aguarda sin esperanza que encuentren las cosas un desenlace para regresarse a su patria, a dar aplicación a sus bellas teorías de libertad y justicia. No entraré a examinarlas por lo que puede ser que trasluzca usted algo en un trabajo que prepara para ver la luz pública bajo el nombre del Dogma Socialista. El poeta vive, empero, aun a través de estas serias lucubraciones.

Echeverría es el poeta de la desesperación, el grito de la inteligencia pisoteada por los caballos de la pampa, el gemido del que a pie y solo, se encuentra rodeado de ganados alzados que rugen y cavan la tierra en torno suyo, enseñándole sus aguzados cuernos. ¡Pobre Echeverría! Enfermo de espíritu y de cuerpo, trabajado por una imaginación de fuego, prófugo, sin asilo, y pensando donde nadie piensa, donde se obedece o se sublevan, ¡únicas manifestaciones posibles de la voluntad! Buscando en los libros, en las constituciones, en las teorías, en los principios, la explicación del cataclismo que lo envuelve, y entre cuyos aluviones de fango, quisiera alzar aún la cabeza, y decirse habitante de otro mundo y muestra de otra creación, Echeverría tiene escrito un poema que resume todos aquellos desencantos, aquella inquietud de ánimo, y aquel desesperar sin tregua que forma el fondo de sus cavilaciones. El Ángel caído, es una beldad que ha pecado, y que se arrepiente; pero en el título solo, ¡quién no ve a la patria de sus sueños, solo que no se atreve a hacerla prostituta impúdica, como Jeremías el cantor hebreo! La tiene, lástima todavía, y pide perdón por ella:

    Era un ángel, Señor, de ese tu cielo,
    Pero andando en la tierra peregrina,
    Olvidó acaso su misión divina,
    Por criatura humana sintió amor;
    Perdónala, ¡Señor!   5
    Envíala una luz que la ilumine,
    Un ángel que la guarde y encamine
    Por la senda mejor,
    Que la regale siempre horas serenas,
    Y que aplicando bálsamo a sus penas   10
    Te lleve sus ofrendas mediador;
    Perdónala, ¡Señor!

A falta de sentimientos morales para engalanar su patria, tan humillada y tan cubierta de lodo, Echeverría canta las grandezas naturales de su río:

    Me place con el pampero
    esa tu lidia gigante,
    y el incansable hervidero
    de tus olas a los pies,
    y la espuma y los bramidos   5
    de tu cólera soberbia,
    que atolondra mis sentidos,
    llevan a mi alma embriaguez.

    Y me place verte en calma,

dormir como suele a veces
dormitar tranquila mi alma,
o mi vida material,
cuando la Luna barniza
tu faz de plata, y jugando
el aura apenas te risa
la melena de cristal.

   Me places cual la llanura
con su horizonte infinito,
con su gala de verdura
y su vaga ondulación;
cuando en los lomos del bruto
la cruzaba velozmente
para aturdir de mi mente
la febril cavilación.

   Y te quiero ¡oh Plata! tanto
como te quise algún día,
porque tienes un encanto
indecible para mí;
porque en tu orilla mi cuna
feliz se meció, aunque el brillo
del astro de mi fortuna
jamás en tu suelo vi.

   Te quiero como el recuerdo
más dichoso de mi vida,
como reliquia querida
de lo que fue y ya no es;
como la tumba do yacen
esperanzas, ambiciones,
todo un mundo de ilusiones
que vi en sueño alguna vez.

He aquí al verdadero poeta, traduciendo sílaba por sílaba su país, su época, sus ideas. El Hudson o el Támesis no pueden ser cantados así; los vapores que hienden sus aguas, las barcas cargadas de mercaderías, aquel hormiguear del hombre, aforradas sus plantas en cascos, no deja ver esta soledad del Río de la Plata, reflejo de la soledad de la pampa que no alegran alquerías, ni matizan villas blanquecinas que ligan al cielo las agujas del lejano campanario. No hay astilleros, ni vida, ni hombre; hay solo la naturaleza bruta, tal como salió de las manos del Criador, y tal como la perpetúa la impotencia del pueblo que habita sus orillas. ¡Y si fuera posible aturdirse con la esperanza de mejores tiempos, cuando las ciudades broten, y los astilleros atruenen con los golpes del hacha y del martillo, y los vapores jaspeen el aire con bocanadas de humo, y las naves se apiñen a la entrada de los docks, para burlar la furia del pampero! ¡Pero no! En la imaginación española, no entra el progreso rápido, súbito, que trasforma en los Estados Unidos un bosque en una capital, un eriazo en una provincia que manda dos diputados al congreso. Lo que antes fue, será siempre, y tienen razón; el rey y la república, la libertad y el despotismo, todos pueden pasar sobre los pueblos españoles, sin cambiarles la fisonomía árabe, berberisca, estereotipada indeleblemente.

Después de Echeverría, he gozado de la frecuencia de Mitre, poeta por vocación; gaucho de la pampa por castigo impuesto a sus instintos intelectuales; artillero, sin duda, buscando el camino más corto, para volver a su patria; espíritu fácil, carácter siempre mesurado, y excelente amigo.

Alsina, Varela, Wright, Pico, Cané, Vélez, cuantos argentinos inteligentes encierra, tantos amigos dejo en esta ciudad, erizada de cañones, devorada por pasiones mezquinas, y encargada de la más alta y gloriosa obra que pudo encomendarse a un pueblo.

Un abrazo a todos mis amigos.

Río-Janeiro
Señor don Miguel Piñero.
Río Janeiro, febrero 20 de 1846.
Son las seis de la mañana apenas, mi querido amigo, y ya estoy postrado, deshecho, como queda nuestra pobre organización cuando se ha aventura-

do más allá del límite permitido de los goces. El Sol está ahí ya, en el borde del horizonte, escudriñando los más recónditos recesos de este cráter abierto en cuyo interior está fundada Río Janeiro. Me pone miedo el Sol aquí, y concibo que los pueblos tropicales lo hayan adorado. Paréceme ver en él, cuando se presenta en los límites celestes, aquella figura de Miguel Ángel que preside al juicio final, implacable en sus miradas que dominan la tierra, atlética en sus formas que revelan su poder incontrastable. Es un tirano sobre cuya faz no es uno osado de echar una mirada furtiva; sus rayos se sienten presentes a toda hora, agudos como flechas, penetrantes como lluvia de agujas. Después de veinte días de residencia en esta ciudad, permanezco inmóvil, los brazos tendidos, las fibras sin elasticidad, agobiado bajo la influencia letárgica. Anúnciase apenas la aurora, y ya el calor del Sol ausente aún, pone en movimiento la vegetación, bulliciosa ella misma, como los enjambres de insectos dorados que la pueblan. Bajo los trópicos, la naturaleza vive en orgía perenne. La vida bulle por todas partes, menos en el hombre, que se apoca y anonada, acaso para guardar un equilibrio desconocido entre las fuerzas de producción. El hombre nacido en estas latitudes, resiste a su acción instantánea; pero a la larga, vésele en sus hábitos, en sus hijos, debilitarse y perder la energía original de la raza. El extranjero venido de climas templados, se siente paralizado en sus movimientos, como en aquellas pesadillas en que el brazo no obedece a la impulsión que quisiera darle la voluntad en un soñado peligro; anda escondiéndose del astro matador, y asechando su ausencia para ir a contemplar como un intruso las obras de este artífice supremo o las maravillas tropicales. y entonces, cuando la, vista se ha esparcido sobre este conjunto de cuadros, de sombras luminosas y de luz reverberada, se comunica a los sentidos la fatiga del espíritu gastado por la sensación de lo sublime, que en la vida no se ejercita sino de tarde en tarde y por minutos, y que dura aquí horas enteras; y el pobre neófito vuelve a buscar su hogar sintiendo su nada, y la limitación de sus facultades física y morales.

Hoy me pone al fin la pluma en la mano una de aquellas sensaciones que excitan la efervescencia del ánimo y superan al decaimiento de los miembros. Cuando el Sol asoma su disco colosal en el horizonte, sábelo el que duerme en el apartado y oscuro retrete del interior de los edificios. Dormido, siente uno moverse el aire en olas tibias que se vienen empujando, hormiguearle la sangre, dilatarse los poros para convertirse en fuentes de donde fluyen mares; y a las locas ideas que revuelve la imaginación, se suceden movimientos extraños, como de luces que se apagan, como de fantasmas que huyen o se evaporan, como de pesos que van acumulándose sobre los miembros y estorbando el movimiento, con un alargarse al parecer de las fibras cada vez más y más, hasta que a la sensación de la fuerza se ha sustituido la languidez, la muerte en vida del cuerpo y la enervación del espíritu. Esto es el despertar del trópico, y esta mañana cuando recordaba el sentimiento de la existencia así mutilada, un desconocido rumor de sonajas metálicas y de voces humanas, porque decididamente aunque extrañas, pertenecían a las modulaciones de nuestra especie, venía a confundirse en aquel caos del espíritu que se llama sueño. Incorpórome pesadamente, y los ruidos toman la forma neta y despejada de la realidad; asómome a la ventana que domina la plaza, y la esclavatura se me presenta en toda su deformidad. Larga recua de negros encorvados bajo el peso de la carga, seguían al trote, al madrín que en la delantera agitaba sonajas de cascabeles y campanillas. Negros arrieros cerraban la procesión, chasqueando sus látigos sonoros para avivar el paso de las mulas humanas y aquellas bestia en dos pies, lejos de gemir bajo el peso, canta para animarse con el compás de su voz; al oírla en coro con la de los que le preceden y le siguen, se siente hombre todavía y prevé que hay un término próximo a su fatiga, el muelle donde las naves cargan, y un fin lejano, la muerte que cura todos los dolores.

Paréceme que todas las injusticias humanas vinieran del sentimiento de la debilidad. La raza negra queda hoy tan solo esclavizada por los últimos en la escala de los pueblos civilizados, los portugueses y los españoles. La esclavatura es como los pañales de la industria. Hasta los romanos, la guerra se hizo como medio de hacer provisiones, hasta ayer no más la industria que nacía traía un esclavo para atarlo a la tahona, o uncirlo al yugo. Pero cuando el hombre se ha encontrado en posesión de las matemáticas, ha dejado de explotar hombres, y sustituido a la fuerza de los caballos mismos, la del vapor que pone en movimiento las máquinas de su invención. Hay esclavos donde no hay poderes dinámicos, donde el individuo se reconoce débil en presencia de las resistencias físicas; hay los en el Brasil, en Cuba, y en la extremidad sur de los Estados Unidos. ¡Pero bien cara que pagan esta injusticia! La raza blanca en Río Janeiro está plagada de enfermedades africanas, que participan del carácter odioso y deforme de las degeneraciones de los trópicos, donde lo que no alcanza a ser bello, es monstruoso y repugnante: mariposas doradas o sabandijas espantables. La raza esclava sirve de seguros del despotismo, y el amo no osa ser libre, porque siente removerse bajo sus plantas la víctima que a su vez oprime. La familia, aquel último asilo del egoísmo, se disuelve también, y el cáncer de la esclavatura lleva la degradación al hogar doméstico, la crápula sucia a veces, y la relajación de todos los vínculos sociales. El asilo doméstico es un estrecho y velado santuario en los pueblos lusitanos. El esclavo hace parte obligada de la familia; el amo descubre con su ojo negrero, atractivos raros en su esclava joven que le hacen olvidar los deberes conyugales; y en aquellas casas cerradas casi siempre a los extraños, se arrastra, como esas feas alimañas que se placen en la oscuridad y en el fango, torpe la guerra entre marido y mujer, orgías de adolescentes que hacen bajo el techo doméstico el aprendizaje del vicio; a veces susúrrase de tal dama que ha tenido un desliz con un esclavo, o la esposa infeliz sufre de continuo las mordeduras atroces de los celos, viendo a la par de la suya, crecer familias espurias de los que pueden llamar hermanos o padres a sus hijos. Así el crimen cometido contra una raza, y consentido por la moral pública, va deponiendo lentamente sus gérmenes en el seno mismo de la raza opresora, para obrar a la larga una de aquellas grandes e infalibles compensaciones, ¡con que el mal se equilibra en el mundo moral tornándose siempre en desagravio de los oprimidos! ¡Oh! por qué no ha dado Dios a los tiranos una vida más larga que a sus víctimas momentáneas, a fin de que no se sustrajesen con su temprana muerte a la ley infalible del mal, que es matar ¡al mismo que lo promueve!

    El mulato se levanta ya en el Brasil amenazando vengar bien pronto las injurias hechas a su tostada madre. Raza viril que conserva la sangre ardiente del africano, templada para bullir bajo los rayos verticales del Sol, al mismo tiempo que la organización de su cráneo lo liga a la familia europea. Dumas, Plácido, Petion, Barcala, aquellos nobles mulatos, viven aquí en todos cuantos hombres notables brillan por las artes, la música, la poesía, y las ciencias médicas. La raza pura portuguesa cae visiblemente en la decrepitud y en la inanición, y en las cámaras y en la prensa diaria, más fecunda aquí en injurias que entre nosotros, todo se dicen los contendientes, hasta sodomitas, menos mulatos; porque cada una se siente implicado en el reproche, en sus hijos, en sus deudos o en sí mismo. Hay una ley que prohíbe el uso de este epíteto, medida segura para pesar la gravedad del mal.

Me detengo sin quererlo sobre brillantes cualidades morales de esta raza intermediaria entre el blanco, que se enerva en los climas ecuatoriales, y el negro, incapaz de elevarse a las altas regiones de la civilización. Otra vez había notado la predisposición constante del mulato a ennoblecerse, y su sentimiento exquisito del arte, que lo hace instintivamente músico. Viénele la primera cualidad de haber ensanchado su frente, y la segunda de la sangre africana que calienta su nuevo y más idóneo cerebro. El negro canta, y sus nervios se robustecen y cobran alientos, cuando habían tocado ya el último término posible de la acción humana. Si un negro va en las calles de Río Janeiro agobiado bajo el peso de la carga, y otro observa que las piernas le flaquean y su espinazo se estremece, exhaustos ya los poderes de tensión, corre presuroso en su auxilio, pónesele al lado y le canta acompasándose a la marcha. Responde con voz adolorida y sepulcral el paciente, aviva el canto el auxiliar, y poco a poco la voz se aclara, el paso se afirma, y el dúo se sigue alegre y mesurado. Entonces el negro amigo ha terminado su obra de caridad dando al afligido música que remonte sus fibras, volviendo sobre sus pasos a continuar su camino de que se había desviado. Cuando los remeros esclavos han bogado dos horas y por sobre sus anchas espaldas corre a mares el sudor, y sus ojos hundidos brillan con luz taciturna, míranse entre sí, y prorrumpen en un canto con palabras inteligibles cual ensalmos dirigidos al fetiche. El golpe de los remos mide el compás, y algunos minutos después, el ligero esquife hiende las olas como arrebatado por una corriente irresistible. Una vez de camino a una visita, encontré un grupo de africanos haciendo corro a uno que cantaba; acompañábanle con los movimientos de los ojos y el golpe de las manos todos los que le rodeaban, y con los pies uno que estaba pesadamente cargado. Dos horas después, acertando a pasar por el mismo lugar, detúveme asombrado a contemplar el mismo grupo embriagado con aquella ambrosía que hacía olvidar al uno su pesada carga y a todos las horas trascurridas. ¡Cuánta animación en aquellos semblantes radiosos de felicidad y de entusiasmo, cuánta voluptuosidad en aquellas bocas entreabiertas, y cuánto fuego en aquellas miradas fijas y centelleantes! ¡No! los artistas de la ópera no me han mostrado sentir la música como una negra a quien requebraba, sin duda en canto mandinga o cafre, un negro que la detenía en la calle. Su boca, sus ojos, sus nervios todos, seguían por segundos las modulaciones monótonas del tentador, como si cada nota de aquellas se asentase visiblemente en su fisonomía, animada hasta la exaltación y el delirio. El entusiasmo es la calidad más dominante en el negro y el amo avaro para excitarlo, hace que su recua cante, a fin de hacerla dar la última partícula de acción y de trabajo ¿Nos vendrá por ventura la música del Sol como los colores? ¿Por qué brilla en Italia y va disminuyendo en armonías a medida que se avanza hacia el norte hasta las playas de Inglaterra? hay en la naturaleza tropical melodías inapercibibles para nuestros oídos, pero que conmueven las fibras de los aborígenes. Oyen ellos susurrar la vegetación al desenvolverse, y en los palmeros donde solo escuchamos nosotros murmullos del viento, distinguen los africanos cantos melodiosos, ritmos que se asemejan a los suyos. La armonía y la belleza ¿por qué no han de ser cuerpos imponderables también, como el magnetismo y la electricidad, que solo necesitan un estimulante para producirse? En los climas templados reina sobre toda la creación un claroscuro débilmente iluminado que revela la proximidad de las zonas frías, en donde el pinabeto y el oso son igualmente negros. Suba usted la temperatura algunos grados hasta hacerla tropical, y entonces los mismos insectos son carbunclos o rubíes, las mariposas plumillas de oro flotantes, pintadas las aves, que engalanan penachos y decoraciones fantásticas; verde esmeralda la vegetación, embalsamadas y purpúreas las flores, tangible la luz del cielo, azul cobalto el aire, doradas a fuego las nubes, roja la tierra, y las arenas entremezcladas de diamantes y de topacios. Paséome atónito por los alrededores de Río Janeiro, y a cada detalle del espectáculo, siento que mis facultades de sentir no alcanzan a abarcar tantas maravillas. Desde el mar al aproximarse el buque, llégase a un estrecho pasaje que custodian de pie el gigantesco Pan de Azúcar, y una extraña figura de cadáver humano que parece un rey Borbón tendido sobre su tumba. Los viajeros se muestran este capricho del perfil de una montaña, a cuyos lineamentos la imaginación presta luego todos los detalles de la realidad. Esto es solo la boca del proscenio, y allí colocado el espectador, ve de un golpe desenvolverse ante sus ojos la hasta entonces escondida bahía de catorce leguas de profundidad, sembrada de islas, verdinegras en primer plano, azules más lejos, y blanquecinas al fin, como para quitar la monotonía de punto de vista tan vasto, terminando a lo lejos el horizonte la montaña de los Órganos, que eleva al cielo sus picos de mayor a menor como las flautas del instrumento que le da nombre.

En medio de la ciudad, en el centro de los barrios más populosos, se alzan siete morros revestidos de verdura brillante como un mosaico revestido de esmeraldas; el pasto de África cubre el terreno, y donde un corte o un derrumbe de la tierra impide la vegetación, el panizo de un rojo vivísimo se deja ver para hacer contraste con los diversos matices de verdes, plateados, negruscos o amarillos que los árboles entrelazados entre sí por diversas lianas, ostentan en deliciosos sotillos, cual si trataran de prestarse mutuo apoyo en los declives y sinuosidades que los protegen contra las invasiones de la civilización que los circunda. El café crece a la sombra del árbol del pan, y el cocotero, los mangos, los naranjos, por poco que hallen espacio y tierra, se agrupan en verdaderas selvas primitivas.

Todas las tardes ascendíamos, penosamente por la fatiga que el calor causa, uno de los morros, y las sensaciones de placer, el inefable deleite, la excitación de entusiasmo casi delirante que causa esta naturaleza siempre de gala, siempre brillante y recargada de perfumes y de flores, lejos de saciarse era un nuevo aguijón para concertar nuevas exploraciones a un morro inmediato.

Hacia el sur de la ciudad y costeando el mar, se extienden los barrios aristocráticos del Catete y Botafogo, verdaderos Saint-Germain de la nobleza extranjera, de la diplomacia, la finanza, y todo lo que puede aspirar a la holganza reposada que exige un clima abrasador. Pero este Saint-Germain brasilero conserva todo el tipo del país. La mansión inglesa está circundada de jardines, cubierta con una capa de enredaderas que apenas os deja dar con la puerta, abrigada bajo la sombra de los árboles extraños en formas y frutos que el país produce.

Botafogo tiene una bahía aparte, que semeja un lago tranquilo, casi encerrado por promontorios coronados de palmeros, y a su espalda se levanta el Corcovado, inmenso fragmento de granito que se avanza de una manera amenazante sobre la línea por perpendicular, como si el núcleo de la montaña hubiese querido sacar la cabeza en medio de las convulsiones de la agonía, a respirar el aire libre, sofocado por las masas de vegetación, yerbas, arbustos, árboles, enredaderas, amontonadas, superpuestas, intrincadas e impenetrables que la cubren, desde la base hasta los cuatro quintos de su elevación total. El paisaje que desde la cumbre del Corcovado se descubre es estupendo. Al oriente la inmensa bahía, con sus buques y sus islas, hacía la base la ciudad y sus alrededores, y los morros mirados a vista de pájaro, y nivelándose aparentemente con el suelo como oasis floridos. A la espalda hacia el occidente y el norte, un mar de verdura, cuyas olas la forman una serie de montañas que se pierden en el horizonte, y que sirven de guarida inabordable a los negros cimarrones.

Las calles centrales de la ciudad son estrechísimas, quizá consultando en ello la escasez de vehículos para el movimiento de las mercaderías que hacen los negros a hombro; pero las más apartadas y de data más reciente son espaciosas y rectas de veinte y aún treinta varas de ancho. El empedrado se compone de fragmentos de granito ajustados entre sí con arena y cascajo, lo que le da una tolerable igualdad y la duración que no puede obtenerse en Chile con los empedrados de guijarro. Entre las ventajas con que la naturaleza se ha complacido en dotar a Río Janeiro, cuenta la inapreciable de la más rica especie de granito azul con criaderos de rubí. Parece que hubiera una muestra perceptible en el material de los edificios en América, de los progresos de la civilización o de la proximidad de la Europa. En Chile, desde el más rico propietario hasta el infeliz labriego, construyen con barro o adobes y revoque de tierra mojada. En Montevideo la construcción se hace con ladrillo y cal exclusivamente, lo que revestido de estuco, da a la ciudad una apariencia elegante y elevada. En Río Janeiro se construye con granito, cortado en paralelogramos que sostienen el marco de las ventanas y puertas, distribuidas generalmente a tres pies unas de otras, de manera que estos trozos de piedras forman el esqueleto del edificio, cuyos pequeños lienzos rellenan con escombros de granito informes amasados con estuco.

Con tan durables elementos de construcción, ayudados de mármoles de Italia, jarrones, bustos, estatuas, azulejos y arabescos en estuco con que decoran los frisos, los edificios toman un aspecto risueño y culto a la vez. Las plazas públicas, casi siempre pequeñas e irregulares, si se exceptúa el campo de Santa Ana que es una plaza monstruo, a la que desembocan por lo menos seis calles de cada costado, están dotadas de una fuente de agua que es un edificio o una torre, flanqueada de surtidores multiplicados, a fin de facilitar la provisión que por centenares a un tiempo, aguardan los esclavos todo el día sin interrupción. Alimenta estas fuentes, entre otros de menor cuantía, el magnífico acueducto de Jacobo IV, que desde la cúspide del Morro de Santa Teresa conduce las aguas sobre arcadas superpuestas como las romanas del acueducto de Valencia. Río Janeiro posee varias obras públicas de consideración, pudiéndose contar entre ellas la calzada de Pedro Y, que atravesando un terreno fangoso que en otro tiempo ocupó el mar y hoy invade la población, conduce al palacio de San Cristóbal, edificio pasablemente, sino bello embellecido con estatuas, y que situado sobre una eminencia domina el inmenso jardín del Emperador, donde se aclimatan las plantas útiles de todos los climas. El primer día de carnaval, a fin de escaparnos de la granizada de globillos de cera llenos de agua de olor con que de todas las ventanas asaltan, empapan y aturden al indefenso transeúnte, Ruguendas el pintor de costumbres americanas, y yo, nos dirigimos al jardín del Emperador, donde nos hospedó durante todo el día, Mr. König, un naturalista alemán muy estimable que preside a los trabajos del jardín, casi abandonado hasta la época en que el príncipe de Joinville residió en el país y afeó tanta incuria. No sé si usted ha visitado alguna vez un jardín botánico acompañado de un naturalista, apasionado como lo son casi todos de esta segunda creación que la ciencia ha hecho, clasificando las plantas, estudiándolas en su origen, familia, costumbres, etc., como si fueran pueblos de distintas razas y países. Es necesario ser muy inculto, para no sentirse interesado, en despecho de los nombres técnicos, en esta exposición que el cicerone naturalista va haciendo, a medida que encuentra una nueva planta que mostraros. «Esta pertenece a la especie... de la familia, del género... viene de la isla de Borbón, la flor, la hoja, etc., llaman vulgo... sirve, etc.; esta otra es de México, cual de la nueva Guinea, cual otra del centro de África; todas útiles, o raras o extraordinarias, y aún extravagantes por sus formas. Hay calles de árboles hermosísimos del país, y se estaban formando otras del árbol del pan, y de bambúes; compartimentos ocupados por plantaciones de té, alcanfor, clavo de olor, canela, etc., etc. Mostráronme un sembrado de un pasto fuerte y largo que sirve maravillosamente para techar cabañas; un árbol cuya corteza sirve para hacer ligaduras; una especie de palma para construir con sus hojas un tejido para bolsas de café, y multitud de árboles y plantas productivas o aplicables a la industria de todos los países tropicales del mundo. Proponíase el Emperador aclimatar en su jardín, todas las plantas exóticas que forman la riqueza del jardín botánico, vasto establecimiento de aclimatación, situado en dirección opuesta, a tres leguas de la ciudad y detrás del Corcovado. Un diputado había denunciado este jardín como un lujo inútil que absorbía las rentas del Estado. Es efectivamente un bellísimo establecimiento, sostenido con asiduidad extrema, y enriquecido con cuanto vegetal productivo hallen los países tropicales, y cuyas semillas y plantas se distribuyen gratis a los hacendados que las solicitan. Por lo demás, no sé si el diputado tenía razón o no; pero no hace cincuenta años que se introdujo la primera semilla de café a Río Janeiro; no hace treinta que se extrajo la primera bolsa del aclimatado, y hoy pasan de 800.000 las que llenan todos los mercados del mundo. La azúcar y los diamantes han cedido su lugar al café como producción principal; cuatrocientas mil almas forman la provincia de Río Janeiro que explota el café; la capital se ha llenado de riquezas, de edificios y de población, la bahía está siempre en movimiento proveyendo café a los centenares de buques que lo demandan, y el café es, en fin, el ángel salvador del Brasil, cuyos azúcares pierden de día en día su valor en todos los mercados. La provincia de San Pablo empieza a producirlo de regular calidad, y gracias al jardín Botánico, el alcanfor, y el clavo, y la canela, y el té brasileros, pueden una vez presentarse en los mercados europeos, si no temibles por su calidad, respetables por las grandes cantidades en que son producidos. Es imposible imaginarse las dificultades con que las mejoras o los nuevos ramos de industria tienen que luchar en América, por el apego a la rutina, la incuria y la pereza que en los pueblos engendra la facilidad de vivir como quiera, y con cualquier cosa. Sin goces, como sin necesidades, el gobierno debe estimular esta pereza, haciendo brillar ante los ojos de estos pueblos niños, las joyas cuya posesión solo les costaría extender las manos. Quién sabe por otra parte cuanto ha contribuido el jardín Botánico a desenvolver el gusto por la jardinería que he notado, y que tanto embellece la vida doméstica. El paseo público de Río Janeiro es también un hermoso jardín de árboles y plantas brasileras que un particular donó al rey, que en recompensa lo hizo conde o marques del Paseo público, ni más ni menos como Napoleón hacia un duque de Bellune o un príncipe de la Moskowa. Para terminar con los jardines y la naturaleza tropical que tan encantado me tienen, diré a usted que he debido a los jardines públicos de Río Janeiro, el placer de conocer la rara vegetación tropical en cuanto de más rico ostenta en toda la tierra, conservada en todo su esplendor y su brillo. Mr. König me decía: «en Europa en los conservatorios verá usted estas mismas plantas, pero tristes, pálidas, como tísicos que en un hospital viven a fuerza de arte y de cuidados. Aquí están como en su país, bajo este cielo abrasado, alzándose en medio de la atmósfera húmeda y tibia que les conviene, y sacudidas y bañadas por las lluvias que las mantienen siempre brillantes, como si acabasen de salir de las manos del Creador». y en efecto, es el carácter peculiar de la vegetación de los trópicos esta rareza de formas y de colores cualquiera que sea la dimensión del vegetal, revestidos sus troncos de musgo, sus ramas recargadas de parásitas florecientes, y sus hojas brillantes siempre y resplandecientes.

    La ciudad facilita por medio de ómnibus capacísimos la comunicación entre el centro y las extremidades. La aduana está en la ribera del mar, y los buques atracan a cuatro o cinco muelles de descarga, que ahorran la intervención de lanchas, depositando desde la bodega del buque, por medio de un aparejo, la carga en almacenes. Otro muelle hay para la descarga de frutos del país, otro para descargar café, y diez o doce más para desembarco de pasajeros, o mayor comodidad de los buques que están cargando. Cada hora parte un vapor que lleva y trae a los vecinos que tienen negocios en Playa Grande, o motivo de visitarla. Todo los días va uno a las islas, cada dos otro al fondo de la bahía; cada semana salen dos para Santos, San Pedro y Puerto Alegre, y cada quince otro, en fin, que costea la margen del Atlántico, llega a Pernambuco, bahía y Pará, límite del imperio al norte. Como usted lo ve, el Brasil en locomoción acuática sale ya del rol de los pueblos sudamericanos, que tan supina incapacidad han mostrado hasta aquí en todo lo que tiene relación con la viabilidad. Aquel movimiento parte de la capital, tan prodigiosamente situada en el medio de la América del Sur, a orillas de la bahía más espaciosa y segura del mundo, entre el cabo de Hornos y el de Buena Esperanza, centro de todos los derroteros marítimos, donde se cruzan las líneas de Europa y Estados Unidos, escala del Pacífico, a la vez que de los mares de la India, astillero y estación naval indispensable. Río Janeiro, en la navegación universal, ocupa el mismo puesto que Bizancio o Constantinopla en la antigua esfera de navegación dentro del Mediterráneo. El resto del imperio, a medida que sus provincias se alejan de las costas, presenta el aspecto de la naturaleza primitiva; el camino se cambia en senda variable según los estragos que las lluvias hacen sobre el terreno. La agricultura se hace en Minas Geraes, sin demarcación de la propiedad, pasando las labores de un lugar a otro, a medida que los matorrales arborescentes del trópico dejan espacio para las plantas cultivables. Existen en las poblaciones de campaña lejanas de Río Janeiro, asesinos de profesión, matones que ganan su vida ejerciendo la justicia por encargo de las partes agraviadas; el gaucho aparece en San Pablo y en San Pedro, con sus hábitos de incuria y sus poderes sorprendentes de destreza y de energía. La descomposición, en fin, se efectúa en los extremos, como en el resto de la América, si bien la compensan la vida que principia en la capital.

Ya ha visto usted, mi buen amigo, como el mulato suplanta al blanco; pero aún hay otros movimientos que equilibran esta fuerza, bien que siempre en detrimento de los oriundos del país. Acumúlanse de día en día en Río Janeiro los portugueses de la península, que ya se cuentan en número de 50.000, conservando siempre sobre los habitantes del independiente imperio, aquella superioridad de energía y de fuerzas productoras que caracteriza al europeo, aunque sea portugués, y arrogándose, además, pretenciosa superioridad como pertenecientes a la metrópoli. Los portugueses de allá miran a los de acá como una especie de albinos, llamándolos macacos por alusión a una familia de monos. Así el odio de los brasileros contra sus godos aquellos, se aviva cada vez más por la decidida influencia que les dan sus riquezas adquiridas, y no pocas veces su superioridad en inteligencia. Síguenseles los europeos en general que ostentan en la Rua Directa y en la de Ouvidor, todas las magnificencias del comercio europeo, expuestas con gusto parisiense. El europeo es allí la parte viva de la sociedad; de él son las naves, suyos los almacenes, él entra como parte obligada en todas las empresas, y por él y para él, los negros están en continuo movimiento. Yo he buscado en vano en Río Janeiro al brasilero, sin poderlo encontrar sino por raras muestras que me han dejado sospechar que debe existir en alguna parte. El brasilero de origen es noble, aunque a veces mulato, condecorado de cruces de diamantes, ministro, aduanero, empleado, o hacendado, en cuya última función tiene que habérselas con el portugués. El brasilero ha bloqueado los empleos, allí no hay cuarentena para el extranjero que no puede ser ni ingeniero, razón por la que no hay todavía un mapa del imperio ni una carta topográfica de la provincia de Río Janeiro. Tal es esta oscuridad del nacional, que la embajada inglesa ha mantenido por tres años consecutivos una tertulia de invierno, a cuyas reuniones no era permitido a los nacionales asistir, aunque formasen sus mujeres y sus hermanas el principal ornato de ella.

En pos de estos movimientos espontáneos de razas y pueblos nuevos que acuden a aquel manantial inagotable de riqueza, vienen las especulaciones de inmigración que han principiado ya en escala superior, si bien con éxito deplorable. hallen el fondo de la bahía una colonia de suizos; un enjambre falansteriano vino de Francia a disolverse apenas hubo tocado el suelo caliente del Brasil, y tres mil alemanes depositados en la playa como se deposita el carbón de piedra o las balas de algodón, fueron diezmados, quintados aniquilados en pocos días por la miseria, el calor, la fiebre y el desencanto. Nada estaba preparado para su recepción, por esa impericia que nos es común a todos los descendientes de la península para asimilarnos pueblos extraños. El alemán nacido en climas templados, en lugar de cereales, encontraba el café y la caña, y en vez de frutas europeas, vela con asombro racimos que no eran de uvas; paltas, bananas, ananás, mangos cuanta otra variedad extraña y desconocida ofrecen los trópicos.

De todo este conjunto de movimientos de suplantación de aquella aglomeración de fuerzas activas civilizadoras que hacen la riqueza y el esplendor del Imperio, se levanta un grito unísono contra el extranjero, que es insolente, astuto, avaro, conspirando contra el Brasil, llevándose el oro y los diamantes en cambio de sus baratijas y sus abalorios. ¡Qué odio contra la Inglaterra que persigue la esclavatura! ¡Qué día de gloria aquel, en que el Emperador mandase echar a pique las escuadras estacionadas en la bahía, y ahogar a todo extranjero establecido allí, y prohibir la introducción de artefactos europeos, para que entonces los fabricasen los brasileros mismos, bien entendido que traerían de Europa las máquinas, y acaso consintieran en que viniesen los artesanos a enseñarles a manejarlas! Los diarios y los estadistas más eminentes propalan la misión del Brasil para ponerse a la cabeza de la cruzada contra las pretensiones europeas; Rosas, que se llama el Defensor de la Independencia americana, es un intruso, un bárbaro, y un pobre diablo, porque el brasilero afecta ignorar que existe por ahí una cosa que se llama República Argentina, no obstante que sus enviados, su política y sus naves, han sido siempre y son hasta hoy el estropajo de su caudillo.

La política imperial participa de estas preocupaciones. Allí más que en Buenos Aires, es profunda la convicción de que no debe permitirse a los extranjeros la libre navegación de los ríos, que los nacionales no navegan, y tener por límites del Imperio el Amazonas al norte, y el Plata al oriente; es el sueño dorado del moderno Imperio, que se envanece de tener como Roma siete colinas en la capital, esclavos que labren la tierra como de antiguo, y la misión de dominar la América por sus escuadras, su diplomacia y su comercio. Los casteçaos son una degeneración de la raza portuguesa, y el habla española un dialecto del idioma de Camoëns; pretensiones un poco exageradas, visto el desigual desarrollo de las fuerzas productivas en proporción de la riqueza del suelo y de la ¡envidiable posición geográfica del Imperio!

La forma de gobierno da aquí sus frutos, con la lozanía de las tierras vírgenes. El emperador es una grande bomba de aspiración que atrae a sí incesantemente todas las partículas de poder y de riqueza que pueden desprenderse de la masa general; los ministros ejercen la atracción para su propio centro; y descendiendo la escala de la jerarquía social, se encuentra que cada individuo es un centro, un imán más o menos grande. El egoísmo es, pues, la ley universal, y aquí como en todas partes, puede decirse a los pueblos lo que Beranger decía a los belgas: ¿queréis reyes? ¡tomad rey!

La república se ha mostrado en el Brasil embozada en el poncho y armada del lazo, equipaje semibárbaro, que no abona, sin duda, sus principios. Yo no comprendo la república sino como la última expresión de la inteligencia humana, y me desconfió de ella cuando sale del interior de los bosques, de las provincias lejanas de la capital, del rancho del negro, o del espíritu de insubordinación de algún caudillo de jinetes. La república aparecida en las provincias pastoras de San Pedro y de San Pablo, hizo excursiones momentáneas en Minas Geraes, sin osar acercarse a la capital; descomposición de los extremos que no admiten gobierno posible, y que después de algunos años de revueltas, ha vuelto a entrar en la nada, de donde salió, no sin haber dejado escapar algunos destellos de valor, en medio del turbión de desordenes que trae consigo la guerra de caudillaje.

En materia de bellas artes y de monarquía, me guardo para ir a verlas en su cuna, que aquí sus imitaciones me parecen mamarrachos y parodias necias. El Emperador gana 490.000 $ anuales por la lista civil, tiene dos palacios, jardines y otras granjerías. Hay déficit en las rentas, y papel moneda desacreditado, en exclusiva circulación como el de Buenos Aires. Es el emperador un joven, idiota en el concepto de sus súbditos, devotísimo y un santo en el de su confesor que lo gobierna; muy dado a la lectura, y según el testimonio de un personaje distinguido, excelente joven que no carece de inteligencia, aunque su juicio está retardado por la falta de espectáculo, y las malas ideas de una educación desordenada; la fanfarronería en las palabras y la indecisión en los hechos, he aquí los dos cabos del hilo de la política imperial en todas las transacciones que tienen relación con el Río de la Plata. El general Guido había no ha mucho arrancándole un tratado, por el cual la policía brasilera se encargaba de hacer el oficio poco honroso de carcelera de los emigrados argentinos. Teníase la cosa secreta, robóse alguien una copia del manuscrito, y la prensa de Montevideo lo expuso a la vergüenza pública. Mucho podría añadir sobre la administración de las rentas públicas, el peculado, el contrabando, y la mendicidad de los empleados, si el orlado manto imperial no cubriese todas estas fealdades que no pertenecen al carácter portugués, sino simplemente a todo desperdicio de pueblos, arrojados en las costas americanas al acaso, y para hacer la policía de las naciones que los enviaron

Diré a usted algo sobre los hombres que he conocido en Río Janeiro, porque ya es tiempo que concluya esta larga carta. Cuando usted viaje, hágase de buenas cartas de introducción al principio; no que hayan de servirle de gran cosa aquellos a quienes va recomendado, sino que por una de tantas puertas abiertas, ha de encontrar su pasaje y su camino a donde quiera usted llegar; a más de que la civilidad en todas partes pródiga de aquellas atenciones que nos muestran que no andamos desconocidos e ignorados en el mundo. Traíalas yo para el doctor Sigaud, médico del Emperador y autor de varios trabajos importantes y que me puso en contacto con el doctor Chavannes, promotor de la industria de la seda; para Hamilton, Encargado de Negocios de la Inglaterra, quien se dignó presentarme el caballero Saint-Georges, del mismo carácter diplomático por la Francia, el cual a su vez me presentó a un joven de la marina francesa. No quiero pasar por alto una ocurrencia insignificante en sí misma, y que me valió con el segundo de aquellos personajes la transitoria intimidad que puede establecerse en dos o tres encuentros. Hamilton me había invitado a comer, y tenía yo en la mesa de un lado a Saint-Georges, y del otro al general Rivera, de Montevideo, y próximo a regresar a aquella ciudad a hacer una de las suyas. Conoce usted la historia de este célebre caudillo que ha figurado cuarenta años en la revueltas de la gente de a caballo. Había sídole presentado antes por el Enviado del Uruguay y recibídome con aquella afabilidad del gaucho que acoge a un doctorcillo de quien le han hablado bien sus amigos, especie de muñeco, que no suele ser inútil a veces, sobre todo cuando se ofrece escribir una proclama, o un manifiesto, que explique a las naciones y al pueblo las razones que tiene para alzarse el gaucho y turbar dos años la mal conquistada tranquilidad.

¡Ay! ¡qué estúpidos son los pueblos! ¡No me canso de contemplar a este general Rivera! ¡Qué bruto tan fastidioso y tan insípido! ¡Qué saco de mentiras y de jactancias ridículas, qué nulidad! ¡Y, sin embargo, hay hombres decentes por millares que no solo se dejan arrastrar por él a los conflictos de la guerra y de la revolución, sino que aun estando caído, se sienten dominados por su prestigio! Yo concibo que la nulidad que se oculta a las miradas del público y solo se hace sentir por atrocidades, ejerza al fin la fascinación del misterio y la acción endémica del terror que enferma la razón obrando sobre los nervios; pero la insignificancia a cara descubierta, palpable y poco dañina, porque esta justicia se le debe a Rivera, esto es lo que no comprendo. Yo he debido quedar muy mal puesto en su concepto; y todas aquellas fórmulas con que la buena educación prescribe disimular nuestro pensamiento para no lastimar el amor propio ajeno, no han bastado, a lo que creo, para ocultarle al buen general, no diré mi desprecio porque no es esta la palabra, sino la risa que me da verlo caudillo de pueblos, personaje histórico, y hombre influyente. Hablábase en casa del Enviado montevideano de los negocios del Río de la Plata, y, como recientemente llegado, yo exponía los últimos acontecimientos. Los interventores, francés e ingles, decía yo, desearían arreglar por un tratado la cuestión si las partes contendientes se sometiesen a entrar en compromisos mutuos, con garantías de su cumplimiento en lo futuro. Montevideo no puede tratar, repuso el general Rivera con un aplomo y una sencillez adorables: si no se trata conmigo, todo lo que se haga es nulo; yo soy Montevideo, yo soy todo, ¡la verdad! Habíame quedado estupefacto al oír este lenguaje en boca de un hombre entrado ya en años, estábamos todos con la circunspección conveniente, y de repente, por una de aquellas súbitas revoluciones de la imaginación muy frecuentes en los niños, yo, el menos condecorado entro tan altos personajes, yo revente en risa. Fue para peor que me contuviese, súbitamente, sacara el pañuelo y afectase limpiarme el sudor; mi confusión misma hizo comprender a todos, y al general, que me le reía en sus hocicos.

En la mesa de Hamilton se hablaba de todo, política, fruslerías, incidentes, noticias. En cada cosa Rivera metía su cuchara principiando siempre: pues, yo... y seguía alguna, necedad y siempre él, actor, héroe, y parte integrante del suceso. Nombróse a la reina doña María de la Gloria, y Rivera estuvo listo para añadir que en su mano había estado casarse con ella, según se lo proponía don Pedro; pero que él no había querido. El enviado francés, con una exclamación para halagar a Rivera, y una mirada a mí para preguntarme si yo entendía mejor que él las habladurías de este payo, me inspiró desusada presencia de ánimo para decirle: ¿por qué no admitió general? ¡habríamos tenido la gloria de verlo rey de Portugal a la hora de esta! Pude hacer llegar a la adrese de Saint-Georges esta palabra: «c'est un bavard», y nuestra buena inteligencia quedó en el acto establecida, luchando ambos en adulaciones al general y en compostura, para no traicionar la risa que nos retozaba, y cuyo fardo fuimos a deponer en un rincón apartado a la hora del café, pasando en reseña las ocurrencias divertidísimas de la mesa.

Para reivindicar la honra de Montevideo tan comprometida por esto badulaque, tuve el gusto de conocer al doctor Vilardebeau, médico, y el sabio americano más modesto, más sencillo y estudioso que he conocido. Acompañóme a la visita de las escuelas, habiéndose él mismo encargado de facilitarme con el gobierno autorización para hacer de ellas un examen detenido. Creo haber ganado sus simpatías, y este es un título de que me honro. La emigración argentina enseña aquí de vez en cuando algún resto del antiguo partido unitario; Santa Catalina y San Pedro son, sin embargo, los puntos donde mayor número de emigrados se han acogido. Una joya encontré en Río Janeiro, Mármol, el joven poeta que preludia sir lira, cuando no hay oídos sino orejas en su patria para escucharlo. Es este el poeta de la maldición, y sus versos son otras tantas protestas contra el mal que triunfa y que los vientos disipan sin eco y antes de llegar a su dirección. La poesía tiene su alta conciencia del bien, que no se atreve a traicionar por temor de empañarse. Mármol, al lado de Guido el solícito servidor de Rosas, desencantado, sin esperanza y sin fe ya en el porvenir de su pobre patria, escribe, depura y lima un poema, como aquellos antiguos literatos que confeccionaban un libro en diez años. El Peregrino, que no verá la luz porque a nadie interesará leerlo, es el raudal de poesía más brillante de pedrería que hasta hoy ha producido la América. Byron, Hugo, Beranger, Espronceda, cada uno, no temo afirmarlo, querría llamar suyo algún fragmento que se adapta al genio de aquellos poetas. Mi teoría sobre la poesía española está allí plenamente justificada; exhuberancia de vida, una imaginación que desborda y lanza cascadas de imágenes relucientes que se suceden unas a otras; pensamiento altísimo que se disipa, falto de mejor ocupación, en endechas, maldiciones y vano anhelar por un bien imposible; bellezas de detalle, hacinadas como las joyas en casa del lapidario, sin que el fin venga a darles a cada una su debida importancia; y el alma replegándose sobre sí misma por no encontrar fuera de ella el espectáculo de las grandes cosas, palpando sus heridas, recontando como el avaro sus tesoros, y repitiendo como el niño en palabras animadas, en eterno y rimado monólogo, todos los sentimientos, todas las crispaciones que en aquella prisión del no ser, del no poder emplearse experimenta. Mármol emprendió en vieja nave trasladarse a Chile. A la altura del Cabo, el Sur oeste los tuvo dos meses a la capa a los 64° de latitud, luchando con las olas que amenazaban sepultarlos, esquivándose con dificultad de las masas flotantes de hielo alborotadas por la tempestad, viendo venir la muerte por los costados del buque en montañas líquidas, por la bodega donde achicaban sin cesar día y noche la bomba, por la falta de alimentos cuya duración podían medir, por la ración de agua que se les acordaba escasa. Al fin, desmantelada la nave, hundiéndose por pulgadas de día en día, crujiendo los maderos próximos a desbandarse, llegaron a Río Janeiro, y Mármol bajó a tierra a rumiar el poema, que entre estos sufrimientos y aquellas excitaciones había brotado en su pensamiento. He aquí la tela, ¡pero el bordado, cuán rico es, y cuántos colores vivísimos le han servido para matizarlo! Las zonas templadas, la pampa y el trópico, la república antigua y el despotismo moderno, los mares procelosos y sus muertos amores, todo pasa por aquel panorama, todo se refleja en aquel espejo, donde lo pasado y lo venidero vienen a confundirse en el vacío que el presente deja. Mármol es poeta, y es lástima que cante lo incantable, la descomposición, el marasmo. ¿Quién no siente que fragmentos como éste debieran andar entre las Orientales?

¡Los trópicos! El aire, la brisa de la tarde
resbala como tibio suspiro de mujer,
y en voluptuosos giros besándonos la frente,
se nos desmaya el alma con dulce languidez

Mas, ¡ay! otra indecible, sublime maravilla   5
los trópicos encierran, magnífica: la luz,
la luz radiante, roja, cual san re de quince años,
en ondas se derrama por el espacio azul.

Allí la luz que baña los cielos y los montes
se toca, se resiste, se siente difundir;   10
es una catarata de fuego despeñada
en olas perceptibles que bajan del cenit.

El ojo se resiente de su punzante brillo
que, cual si reflectase de placas de metal,
traspasa, como flecha de imperceptible punta,   15
la cristalina esfera de la pupila audaz.

A dónde está el acento que describir pudiera
el alba, el mediodía, la tarde tropical,
un rayo solamente del Sol en el ocaso,

    o del millón de estrellas ¿un astro nada más?   20

       Semeja los destellos, espléndidos, radiantes,
    que en torbellino brota la frente de Jehová
    parado en las alturas del ecuador, mirando
    los ejes de la tierra, por si a doblarse van.

       y con la misma llama que abrasa, vivifica   25
    la tierra que recibe los rayos de su sien,
    e hidrópica de vida revienta por los poros
    Vegetación manando para alfombrar su pie.

El cerebro de donde han saltado estas abrasadas chispas puede adaptarse muy bien a las cavidades del cráneo de Víctor Hugo o de Lamartine. ¿Y dónde, sino entro los más claros ingenios, puede encontrarse concepción más alta, pintando la brevedad de los siglos al atravesar la eternidad?

       De su caos los siglos se desprenden,
    llegan, ruedan, levantan en sus manos
    generaciones, mundos, y descienden
    de la honda eternidad a los arcanos;
    así del hombre las pasiones hienden   5
    por esos del placer goces mundanos,
    roban la aroma de la flor, y luego
    vuelven al corazón marchito el fuego.

       Tienen y nada más sobre este mundo
    una nación, un siglo; un hombre, un día.   10

Y cuando busca las causas de la degradación de su patria, y encuentra en nuestros tristes antecedentes históricos la España:

       Eso tiene este mundo americano,
    como fibras de vida dentro el pecho,

> desde el florido suelo mexicano
> hasta la estéril roca del estrecho,
> absolutismo, siervos y tirano,
> farsas de libertad y de derecho,
> pueblo ignorante, envanecido y mudo;
> superstición y fanatismo rudo.

¡Coraje, mi querido Mármol! Si alguna vez vuelves atrás la vista en la ruda senda que has tomado, me divisarás a lo lejos siguiendo tus huellas de Peregrino! Sed el Isaías y el Ezequiel de ese pueblo escogido, que ha renegado de la civilización y adorado ¡el becerro de oro! Sin piedad, ¡aféale sus delitos! La posteridad y la historia te harán justicia. Gritadle, con el grito vengador del pudor ofendido:

> Diputados, ministros, generales,
> ¿Qué hacéis? Corred, el bruto tiene fiebre,
> Arrastrad vuestras hijas virginales
> como manjar nitroso a su pesebre;
> corred hasta las santas catedrales,
> a vuestros pies la lápida se quiebre,
> y llevad en el cráneo de Belgrano,
> sangre de vuestros hijos al tirano.

Me ha dejado atónito, espantado Mármol con la lectura de su poema, y otro tanto experimentaban López, Pinto, Herrera, que oyeron la lectura de varios fragmentos. Imposible seguir aquel torrente de pensamientos y de imágenes, que van cayéndose y levantándose como el agua que desciende de las alturas e los Andes; la imaginación se fatiga al fin, con el relampaguear de las figuras y de las comparaciones, que revisten de un empedrado reluciente aún los pensamientos más comunes. y todos estos tesoros de moral, de justicia, de valor, toda aquella joyería de idealizaciones, de descripción y de conceptos, todo perdido, oscuro, porque la justicia está calumniada, oprimida, pisoteada, sin esperanzas de ¡mejores tiempos!

Encontré también aquí a mi antiguo amigo Ruguendas, que en sus numerosos diseños ha estereotipado la naturaleza y las fisonomías de las diversas secciones de la América del Sur. Su grande obra sobre el Brasil le ha dado un nombre en Europa; pero ni en Europa, ni en América se apreciará por largo tiempo todavía su exquisito talento de observación, la nimia exactitud de sus cuadros de costumbres.

Ruguendas es un historiador más bien que un paisajista; sus cuadros son documentos, en los que se revelan las transformaciones, imperceptibles para otro que él, que la raza española ha experimentado en América. El chileno no es semejante al argentino que es más árabe que español, como el caballo de la pampa se distingue de a leguas del caballo del otro lado de los Andes.

Humboldt con la pluma y Ruguendas con el lápiz, son los dos europeos que más a lo vivo han descrito la América. Ruguendas ha recogido todas las vistas del Brasil, y tal cuadro suyo de la vegetación tropical, sirve de modelo de verdad y de gusto en las aulas de dibujo en Europa; México, el Perú, Bolivia, Chile, Arauco, la República Argentina y el Uruguay, le han suministrado en veinte años de viajes, tres mil sujetos de paisajes, vistas, costumbres, y caracteres americanos bastantes a enriquecer un museo. Ruguendas tiene, sin embargo, sus predilecciones. Alemán, cosmopolita, es por la candorosa poesía de su carácter, argentino y gaucho. ¡Cuánto ha estudiado este tipo americano! Los artistas europeos no acertarían a apreciar el mérito de sus composiciones. El gaucho ha pasado al lienzo con sus hábitos, su traje, su carácter moral; la desembarazada inclinación de su espalda, la contracción de los músculos de su fisonomía, que le es tan peculiar, corresponden con el talante reposado y como equilibrándose, del que vive a caballo. Entre las escenas de la pampa, Ruguendas tiene dos tipos que repite y varía al infinito. La escena de bolear caballos, y el rapto de las cristianas, el poema épico de la pampa, de que Echeverría sacó tan bello partido en su Cautiva. ¡Cuántos contrastes de matices y de caracteres suministra, en efecto, aquel drama, en que mil familias de los pueblos fronterizos pueden creerse penosamente interesadas! La pampa infinita y los celajes del cielo por fondo, confundidos en parte por las nubes de polvo que levantan los caballos medio domados que monta el salvaje; la melena desgreñada flotando al aire, y sus cobrizos brazos asiendo la blanca y pálida víctima que prepara a su lascivia; ropajes flotantes que se prestan a todas las exigencias del arte; grupos de jinetes y caballos; cuerpos desnudos; pasiones violentas; contrastes de caracteres en las razas, de trajes en la civilización de la víctima y la barbarie del raptor, todo ha encontrado Ruguendas en este asunto favorito de su animado pincel. Hálos ejecutado para el Emperador, y recibido en recompensa la condecoración imperial. Me ha hecho obsequio de una salida de los sitiados en Montevideo, en que ha ostentado toda la gala de su talento de reproducir los tipos americanos. Distínguese entre la muchedumbre de soldados improvisados, los argentinos de los orientales, más por sus fisonomías diversamente animadas, que por las ligeras variantes del chiripá. Entre los jefes a caballo que forman la cúspide del grupo, conócese el que es europeo por la manera de llevar la cabeza, y un italiano a pie contrasta al lado de los argentinos y orientales, menos elegantes en su postura.

Todo de usted etc.

Ruan
Señor don Carlos Tejedor.
Mayo 9 de 1846.

Avise usted a los míos, mi buen amigo, que he tocado tierra en Europa, que he abrazado, más bien dijera, esta Francia de nuestros sueños. Puedo permitirme tal hipérbole con usted que apenas conoce el español como se escribe en España (que es, *du reste*, como debe escribirse) a fuerza de no pensar ni sentir, sino como nos ha enseñado a pensar y sentir la literatura francesa, única que usted y yo llamamos literatura aplicable a los pueblos sudamericanos y no le pese a usted de aquella su ignorancia. ¡Ay! de los que han habituado sus ojos desde temprano, a la luz fosforescente reflejada de aquella Luna europea llamada la España, de aquellos autores que solo brillan donde hace noche oscura, y poniéndoles lo hueco de la mano en torno, para que el aliento no disipe su fugaz e incierta luz. ¡Cuán pocos son los que más tarde pueden mirar de frente venir las ideas, sin cerrar los ojos lastimados y sin volverles el rostro! Cúponos a ambos suerte mejor, criándonos al aire libre de nuestro siglo, expuestas nuestras juveniles cabezas desnudas a los rayos del Sol, a la lluvia y a la tempestad. Así es que nunca hemos adolecido romadizos, como ciertos individuos, cuando la atmósfera de las ideas recibidas cambia por un libro o por un acontecimiento nuevo. Gesto ninguno hice al leer al metafísica Leroux en 1840 Víctor Hugo me encontraba en un rincón de las faldas orientales de los Andes, dispuesto a seguir por el camino nuevo que venía abriendo, y la escuela moderna de historia, no bien se presentó, que hubo desnudado mi espíritu de todos los andrajos de las interpretaciones en uso. Los jóvenes de buena voluntad en América somos el modelo de aquel Jerónimo Paturot, el Quijote de las ideas francesas, si bien debo hacerle a usted la justicia de decir que se quedó en sus trece en 93, siguiendo de mala gana y refunfuñando en los acomodaticios senderos abiertos después por el eclecticismo, aquella corrupción de la inteligencia a quien tan sendas maldiciones enviábamos.

Por lo que a mí respecta, dijera, si la modestia no tratase de taparme la boca, que nuestros noveles cerebros han pasado en veinte años por todas las revoluciones que en un siglo ha experimentado el espíritu humano. ¿Por donde empezó usted sus lecturas? ¿Apuesto que cayó en sus manos el primer libro, como cayó en las mías La filosofía de la historia, que tan seductoras mentiras contiene? Estaba seguro de ello. Después vino La moral universal; puede ser que el Sistema de la naturaleza, y aquí me tiene usted a los veinte años escéptico por lo menos, con el alma, aunque dura y estéril, rozada de toda mala y buena hierba, limpia como la palma de la mano. Árela usted enseguida, y riéguela abundantemente, siembre buena semilla, y gústeme esos frutos cuando bien sazonados. ¿Qué tal... eh? Tengo de escribir un tratado de agricultura del alma, para enseñar la materia con que ha de abonársela si se quiere hacerla producir ciento por uno.

Imagínese, pues, como debo estar de contento viéndome a cuatro horas del París de Barbier, cuyos versos escribo por fragmentos como me vienen a la memoria, tanto más que en tierra de Francia, su idioma empieza a hacérseme habitual.

   Il est, il est sur terre une infernale cuve,
   on la nomme Paris: c'est un large étuve,
   une fosse de pierre aux immenses contours,
   qu'une eau jaune et terreuse enferme a triples tours;
   c'est un volcan fumeux et toujours en haleine   5

qui remue à longs flots de la matière humaine;
et qui de temps en temps, plein d'une vase immonde,
soulevant ses bouillons, déborde sur le monde.
¡O rase de Paris! ¡race au coeur dépravé!
¡Race ardente à mouvoir du fer ou du pavé! 10
Mer dont la grande voix fait trembler sur les trônes,
ainsi que des fiévreux, ¡tous les port-couronnes!
Flot hardi qui trois jours s'en va battre les cieux,
et qui retombe après, ¡plat et silencieux!
Race qui joue avec en ce monde, effrayant assemblage 15
des élans du jeune homme et des crimes de l' âge;
race qui joue avec le mal et le trépas,
¡Le monde entier t'admire et ne te comprend pas!

Y en efecto, ahora que me aproximo a aquel foco desde donde parten para nosotros los movimientos del espíritu, uno en pos de otro, como los círculos concéntricos que describen las aguas agitadas en algún punto de su superficie, siento no sé que timidez, mezclada de curiosidad, admiración y respeto, como aquel sentimiento religioso e indefinido del niño que va a hacer su comunión primera. Siéntome, sin embargo, que no soy el huésped ni el extranjero, sino el miembro de la familia, que nacido en otros climas se acerca al hogar de sus antepasados, palpitándole el corazón con la anticipación de las sensaciones que le aguardan, dando una fisonomía a los que solo de nombre conoce, y tomando prestados a la imaginación, objetos, formas y conjunto, que la realidad destruirá bien pronto, pero que son indispensables al alma, que como la naturaleza, tiene horror al vacío.

Quiero, pues, antes quedarme en ayunas de toda impresión extraña, y para conseguirlo necesito contarle algo de mi travesía de Río Janeiro acá. ¿Por dónde iba usted? ¿Romanticismo? Ya pasó. ¿Eclecticismo? Lo hemos rechazado. ¿La monarquía moderada? ¡Quite allá! ¿La república, del 93, con la asamblea nacional?... Oiga usted al oído, tengo un secreto. ¡El falansterianismo, el furierismo, el socialismo! ¡Qué república ni que monarquía! Voy a contarle el caso.

Habíamosnos reunido en el Brasil Irarrázaval y los jóvenes chilenos que lo acompañaban, y no obstante la amistosa solicitud del enviado extraordinario a Roma, partí en distinto buque, si bien al mismo tiempo que ellos. Con veinte chilenos se vive en Chile siempre aunque esté uno en el Japón y yo quería, desprendiéndome de las reminiscencias americanas, echarme en aquel mundo de extraños en cuyo seno había de vivir en adelante. No quedaron frustrados mis deseos a bordo de la Rose, hermoso paquete que hace la travesía entre el Havre y Río, construido ex profeso para el lucrativo trasporte de pasajeros, y decorado con un lujo a que no estamos habituados en el Pacífico. Entre 45 pasajeros de proa un argentino y yo pertenecíamos al habla castellana; algunas familias brasileras, gran número de franceses, tal cual alemán, he aquí la sociedad en que debíamos movernos durante la navegación; mundo que tiene por límites el casco del buque, y e n el que no tardan en formarse parcialidades, enredarse intrigas, y nacer malquerencias o aficiones entre individuos que al tocar la tierra van a perderse de vista acaso para siempre. Las formas de la civilidad sirven al principio de tentáculo suave, para examinar el carácter y condición de cada uno de los habitantes de a bordo, hasta asimilarse los unos y alejar a los otros, según que se adapta o no a nuestro modo de ser; y tan constante es esta regla, que aquel joven argentino que obedeciendo a las simpatías de idioma, había tomado camarote conmigo, a los tres días estuvo ya fuera de mi círculo, absorbido por uno de los brasileros, a quien lo apegaban invenciblemente las afinidades de la sangre de veinticuatro años, tan llena de expansión de ordinario, tan rica de ilusiones. No era tan de fácil composición mi cosmos, y aquella reserva, rayando en timidez en los que no pecan de comunicativos, prolongaba mi aislamiento aun después de que todos los grupos estaban perfectamente diseñados. Ruguendas me había presentado un joven alemán de tan blando carácter, como era ligera su sangre; el caballero Saint-Georges a un capitán de corbeta francés, de regreso de Tahití a Francia, culto en sus modales, pero verdadero oficial de marina, de difícil abordaje; y entre la turba de pasajeros, hacíase notar un joven pálido, de nariz aguileña, sombreado el conjunto de sus nobles y bellas facciones por una barba negra, reluciente, tupida y prolongada hasta el pecho.

Estos tres individuos eran los que por posición, educación y edad parecían más amalgamables; pero el progreso de nuestras relaciones era lento: bon jour, bon soir, y esta o la otra observación pasajera, formaban el caudal de nuestros diálogos. También ellos me tenían en cuenta; cada uno contando con atraerme a su círculo, sin que se excediesen de aquella comedida reserva que guardan los que se estiman para los que principian a estimar. Entre el de la barba negra y yo, mediaban, además, circunstancias originales. Supo él bien pronto que era yo unitario de los que no transigen, y sabía yo por mi parte que era él, aunque francés, partidario de Rosas; y esta antipatía de ideas nos hacía solícitos y respetuosos recíprocamente, cuidadoso cada uno de no hacer saltar la primera chispa que podría traer el malestar que causan las opiniones irreconciliables. No tardó, empero, la ocasión de encontrarnos en presencia uno de otro, sobre aquel escabroso terreno. Descendiendo por accidente a la cámara del buque, encontréle explicándole al capitán de corbeta la cuestión del Río de la Plata; y jamás he consentido entre personas inteligentes, cualquiera que sea su rango y su posición, que en mi presencia se calumnie o se desfigure el verdadero carácter de la lucha. este es un penoso deber que me he impuesto, y que hasta hoy he llenado sin ceder a consideración ninguna. Hay para mí algo de tan santo en las grandes desgracias de los pueblos que creo complicidad imperdonable, el silencio, siquiera, cuando otros se permiten juzgarlas mal. Hube, pues, de tomar parte en la conversación, no sin disculpar mi no solicitada injerencia, y después de explicar hechos mal comprendidos haciendo salir la cuestión del innoble cuadro en que la tienen encerrada la fisonomía exterior de los sucesos, y la influencia de las personas, el comandante Massin, Mr. Tandonnet el de la barba negra, y yo, formamos un círculo menos numeroso sin duda, pero en cuanto a intercambio de ideas, el más escogido, puesto que muy pocos de entre los demás pasajeros pretendían hacerse notar por este lado, salvo un brasileño entrado en años, especie de bufón literato, que intentó hacerse el héroe de la sociedad e hizo fiasco, a causa de la torpe inmoralidad de sus gracias, que no daban, sin duda, la más alta idea de sus costumbres, relajadas hasta la crápula, seguro lo supimos más tarde. Tenía, pues, mi mundo, mis amigos, mi círculo en aquel trío tan penosamente formado. Las cuestiones odiosas fueron poco a poco apartándose, quedando para material inagotable de nuestras pláticas, ideas generales, accidentes de viaje, reminiscencias artísticas, libros, poetas, etc. El comandante Massin había estacionado largo tiempo en Tahití, y penetrado en aquel mundo bárbaro de la Oceanía tan rico en estudios sobre la naturaleza primitiva de los gobiernos y de las religiones. Cuando el gobierno de Chile mandó ocupar el estrecho de Magallanes, era él el capitán de vapor francés que los colonos encontraron surto en aquellas aguas, y aunque nada me haya dicho directamente, algunos antecedentes significativos me han dejado traslucir que reconocía el estrecho de orden de su gobierno para tomar posesión de él. La ocupación de las Marquesas había sido recomendada al ministerio en una obra en que el autor se extendía igualmente sobre la conveniencia de ocupar el estrecho a fin de asegurar las comunicaciones con las islas del Pacífico; y esta segunda parte del proyecto, quedó sin ejecución por la oportuna medida del gobierno de Chile, que obedeciendo a indicaciones análogas en cuanto a asegurar ventajas para su comercio, veía en el estrecho lo mismo que el gobierno francés buscaba. Creía el comandante Massin que para la navegación de vapor prestaría aquella colonia de Magallanes importantes servicios, si el gobierno chileno hacía continuar las sondas del estrecho en la parte que Fitzroy había dejado incompleta, pues allí estaban las verdaderas dificultades de la navegación, modificando bastante en mí con sus observaciones de marino, las ideas generales que yo había emitido sobre el mismo asunto en la época que precedió a la ocupación. A propósito de vapor, quejábase el comandante de la incapacidad industrial de los hombres de Chile, y de la oportunidad malograda por algunos individuos de Concepción, para haber asegurado con el gobierno francés una contrata de carbón de piedra, que habría desenvuelto en el país aquella industria y asegurado a los empresarios una fortuna. Pero todas sus reflexiones en ocho días que permaneció en Concepción, no fueron parte a persuadirles que los precios exigidos, siendo superiores a los del carbón inglés puesto en el Pacífico, hacían imposible todo arreglo.

Mr. Tandonnet, ahora mi amigo, ofrecía aun instructivos detalles de su residencia en América. Con una educación aventajada, y por la posición de su familia en aptitud de viajar sin miras de comercio, había residido en Montevideo largo tiempo, puéstose en contacto con los jóvenes montevideanos y argentinos, tenido reyertas por la prensa con Rivera Indarte, y formado una pobre idea del personal de los enemigos de Rosas. Contrariado en sus miras como redactor de un diario en francés, por el gobierno de Montevideo, que en los primeros días del sitio no podía permitir la emisión de opiniones que contribuían, con los esfuerzos de Mr. Pichon, a retraer a los franceses de armarse en defensa de la plaza, Mr. Tandonnet abandonó la ciudad, abrigando cada día mayor enemiga contra aquellas gentes; pasó al campamento de Oribe, y aunque en su círculo no hallase nada más digno de su aprecio, el jefe se captó su voluntad por sus maneras afables, y una verdadera amistad los ligó desde entonces.

Con estos antecedentes pasó a Buenos Aires, y allí en el círculo de Manuelita, a quien fue presentado, empezó a creer necesario para la República Argentina un gobierno que tachaban de cruel, y que él solo encontraba rudo como el país, y adaptado perfectamente a los gobernados. Rosas lo recibió en su quinta, como un buen campesino, sin ostentación, en mangas de camisa. Hablóle cuatro horas de sus trabajos en la campaña como hacendado, del cultivo del trigo introduciendo por él desde muy temprano, y de la injusticia de los unitarios en atribuirle actos de crueldad que nunca había cometido. Gobernaba pueblos semibárbaros que no podían ser reprimidos sino por la violencia, estaba cansado de aquella penosa tarea, que lo distraía de sus ocupaciones campestres, y asechaba la ocasión de poder consagrarse a la vida doméstica; los federales no querían admitir su dimisión, etc. A la caída de la tarde el caballo de Tandonnet se había extraviado, y Rosas, con la llaneza más grande, le invitó a pasar la noche, durmiendo en efecto en una pieza inmediata a aquella en que Rosas, Manuelita y uno de los locos dormían. Esta escena campestre, tan inocente, tan contraria a las ideas que tenemos de un tirano, habían dejado en él profundas impresiones. Rosas en momentos de expansión y de buen humor le había golpeado la espalda y dirigídole bromas sobre su barba monumento de tolerancia, puesto que no había otra en toda la extensión de la república. Rosas era desde entonces un bon enfant, un paisanote sencillo y bonazo, gobernando sus estados como el buen rey Dagoberto que hacía él mismo su puchero, y daba audiencia a sus vasallos sentado a la sombra de una encina, tomando su mate, o comiendo pan y queso. Así se hace y se escribe la historia.

Tandonnet profesaba, además, doctrinas que falseaban su razón en punto a libertad. Tandonnet era falansteriano. Había bebido la doctrina en la fuente misma; era discípulo de Fourier, y el Juan bien amado del maestro, habíale cerrado los ojos, y conservaba en su poder la pluma con que escribió en los últimos momentos de su vida, algunos cabellos suyos, y sus zapatos, como reliquias carísimas. Nuestras pláticas durante los dos meses de navegación, nuestras lecturas, alimentábalas esta nueva doctrina, y mis meditaciones en las silenciosas horas de las tibias tardes tropicales, después de haber presenciado el esplendoroso ocaso del Sol, cuyas fantásticas y sublimes magnificencias predisponen el espíritu a la contemplación, volvían otra vez sobre ella, preocupado con la grandeza de las ideas, y la fascinación de aquel sistema de sociedad que repudia la civilización como imperfecta y opresora; la moral como subversiva del orden armónico creado por Dios; el comercio como un salteo de caminos; la ciencia de nuestros filósofos como la decepción y el error; y los seis mil años de historia como la prueba más flagrante de que aun no vuelve todavía la especie humana de la senda extraviada en que se echó desde la vida salvaje. Fourier rompe con todos los antecedentes históricos, niega el progreso; y el despotismo, la monarquía o la república, todas son palabras vanas sin resultado ninguno positivo. Quiero introducirlo al furierismo por la misma, puerta por la cual he entrado yo.

Fourier propone un sistema de asociación en el cual el trabajo será atractivo, en lugar de ser repugnante, como lo es ahora. Si las sociedades humanas se organizan según su plan, he aquí lo que sucederá. «Cuando el género humano habrá explotado el globo hasta los 60° norte, la temperatura del planeta se dulcificará y se hará más regular. El calor fecundante adquirirá más actividad; la aurora boreal, haciéndose más frecuente, se fijará sobre el polo y se extenderá en forma de anillo o de corona. La influencia de la corona boreal cambiará el sabor de los mares, y precipitará las partículas bituminosas por la expansión de un ácido cítrico boreal. Este fluido combinado con la sal de mar, dará al agua marina el gusto de la especie de limonada que nosotros llamamos agrisal.» Esta descomposición es uno le los preliminares necesarios para las nuevas creaciones marinas, debiendo ser aniquiladas por la inmersión del fluido boreal y la descomposición que operará en los mares, todas aquellas legiones de monstruos marinos, los cuales serán reemplazados por una multitud de anfibios serviciales. Habrá entonces «anti-ballenas remolcando los buques en las calmas; anti-tiburones ayudando a arrear el pescado; anti-hipopótamos tirando las lanchas en los ríos, etc.». «El caballo siguiendo este progreso de la naturaleza, será reservado para tiro solamente, cuando se posea la familia de portadores elásticos, el anti-león, el anti-tigre el anti-leopardo, que serán de triple dimensión que los de los mundos actuales. Así, cada paso de un anti-león, hará cuatro toesas saltando y escurriéndose a la vez, y el caballero que vaya montado sobre la espalda de este corcel, irá más muellemente que en una berlina suspendida. ¡Qué gusto no dará, exclama Fourier, habitar este mundo, cuando se posean tales servidores!»

Y si estas cosas no han sucedido, cúlpese de ello al hombre mismo que no ha sabido preparar los antecedentes. «Se han engañado, dice el profeta, de una manera extraña, sobre el papel asignado al hombre, cuando se le ha tratado de criatura frágil, de gusano de la tierra; es al contrario un ser de gran peso en los destinos universales y ello va a reconocerse como un error científico de nuestro globo, pues puede comprometer el universo entero, la masa de los planetas, y el Sol de la bóveda celeste que, después de muchos miles de años, experimentan este perjuicio de la parte de nuestro planeta.»

El Sol engendra mundos y de su cohabitación con los planetas, nacen lunitas graciosas y retozonas como unos cabritillos. «El Sol, aunque muy activo en funciones luminosas, esta contrariado en sus funciones aromales por efectos de derrames de nuestro planeta (fecundación de las plantas) que no puede suministrar sino aromas de mala calidad (hueros) mientras no esté organizado en armonía. (Sistema social de Fourier.)

»El Sol ha fijado ya un cometa, la lunita Vesta o Febin puede haber fijado otras aun, y puede ser que los dos satélites de Saturno, recientemente descubiertos, no estuviesen en línea hace dos mil años. Durante tres siglos anteriores al diluvio, la tierra dio buen aroma, tetra cardinal, de que hizo uso para fijar a Vesta. Pero la provisión estaba agotada en tiempo de César, en que el Sol ha sufrido una grave enfermedad, de la cual ha experimentado una recaída en 1785. Por falso que haya estado enfermo en 1816, como lo sospecharon algunos. Era la tierra quien estaba afectada y lo está cada día más y más, según lo que se observa por la degradación climatérica y el desarreglo de las estaciones.

»El alma es inmortal, pero perfectible viajando de un mundo al otro, y volviendo a animar nuevos seres, hasta obtener la perfección.

»Nuestras almas, al fin de la carrera planetaria, habrán alternado 810 veces del uno al otro mundo, en emigración e inmigración, de las cuales 810 son intramundanas y 810 son tramundanas.

»Las almas en la otra vida toman un cuerpo formado de elemento que llamamos aroma, que es incombustible y homogéneo con el fuego Penetra los sólidos con rapidez como se le ve por el aroma llamado fluido magnético.

»Las almas de los difuntos gozan de diversos placeres que nos son desconocidos, entre otros el placer de existir y de moverse. Nosotros no tenemos conocimiento de este bienestar, comparable al del águila que flota sin agitar las alas. A esta una facultad de que gozan constantemente en la otra vida las almas de los difuntos, provistas de cuerpos aromantes, la felicidad de existir, sin tocar la tierra, ni mover las piernas. Las flores, los animales, todos los seres creados son tipos de las pasiones humanas. Siendo el ave el ser que se eleva sobre los otros, la naturaleza ha colocado sobre su cabeza los retratos de las especies de espíritus de que están amuebladas las cabezas humanas. El águila, imagen de los reyes, no tiene sino un moño pobre y echado para atrás, en señal del miedo que agita el espíritu de los monarcas, obligados a rodearse de guardias. El faisán pinta al marido enteramente preocupado de los riesgos de infidelidad. Se ve una dirección contraria en el moño de la paloma, pintando el amante seguro de ser amado. El gallo es el emblema del hombre de mundo, del calavera afortunado con las mujeres. El pato es el emblema del marido engatusado, que no ve sino con los ojos de su mujer. La naturaleza afligiendo al pato macho con una extinción de voz, ha querido pintar a aquellos maridos dóciles que no tienen el derecho de replicar cuando una mujer ha hablado. La col es el emblema del amor misterioso. La coliflor es el emblema contrario, el amor sin obstáculo ni misterio, los goces de la juventud libre que voltejea de placer en placer.»

Después de leer estos extractos que hago a la ventura de los libros que me rodean hace dos meses, ¿creerá usted, mi querido amigo, que se haya compuesto este sistema fuera de un hospital de locos? ¿Han podido realmente escribirse tales cosas, y leerlas sin arrojar el libro hombres inteligentes?

Y, sin embargo, Fourier es un pensador profundo, un ingenio de observación, de estudio, de concentración. Libre de todo contacto con este mundo, sin educación no falsificase sus ideas, Fourier ha seguido una serie de soluciones matemáticas que lo han conducido a estas aberraciones, pero bañando de paso de torrentes de luz las cuestiones más profundas de la sociabilidad humana. Pobre por elección, dependiente de una casa de comercio hasta los sesenta y seis años para vivir de un salario, ignorado largos años después de haber publicado su teoría de los cuatro movimientos, vejado, burlado cuando su sistema fue conocido de los sabios; Fourier ha vivido en su mundo armónico, compadeciendo a los pretendidos filósofos, y gozándose en la apoteosis que le aguarda cuando las sociedades humanas entren en el camino que él les deja trazado. ¡Qué risa lo excitan los economistas! ¡Qué desprecio le inspiran los moralistas! ¡De los políticos que hablan de libertad y de instituciones, no merece hablarse! Fourier mandó al doctor Francia del Paraguay un ejemplar de sus obras, contando con que aquel sombrío tirano comprendiese su pensamiento. Entre los sabios Newton, entre los conductores de la humanidad Jesús, he aquí los dos únicos hombres que le han precedido, todo lo demás es canalla, pedantes y majaderos. Contábame Tandonnet que una vez conversando ya en sus últimos días, decía Fourier sobra Jesucristo: «Hizo mal en entrar tan pronto a Jerusalén; se dejó arrastrar por el amor de la popularidad, todavía su doctrina no había echado raíces profundas en el pueblo; él debió continuar más tiempo predicando en las campañas y huir de la capital donde la aristocracia y el clero eran poderosos. Pero se dejó alucinar, y la transitoria ovación del domingo de Ramos, solo sirvió para precipitar su suplicio. Yo en su lugar habría permanecido más tiempo en Galilea». Ya ve usted una manera nueva de explicar el Evangelio. Según este sistema Jesús daba banquetes monstruos a orillas del lago de Cafarnaun o de Genesareth para exponer en un meeting general la nueva doctrina social. ¿Qué extraño era entonces que sobrasen doce canastos de pan, si nadie comía, escuchando al orador, subido sobre alguna roca para hacerse oír a campo raso como O'Connell o Cobden? Ahora comprendo quienes son aquellos fariseos a quienes larga tantas punzadas; son los lores, el parlamento, los partidarios del privilegio y del monopolio, los cuales lo echaron el guante cuando él creía poder derrocarlos, y lo colgaron; nada más natural. Así se ha hecho siempre con los que han venido a turbar la tranquilidad pública con nuevas doctrinas. Es una fortuna que Fourier haya escapado a esta recompensa que los pueblos tienen prontita para los redentores, desde Sócrates hasta nuestros tiempos.

En despecho de todas estas extrañas lucubraciones de un espíritu que parece hablar desde otro planeta que el nuestro en despecho del ridículo tan fatal siempre para las innovaciones, Fourier tiene discípulos, hombres profundamente convencidos, y que esperan con fe imperturbable la realización de su sistema. Varios ensayos de falansterio se han intentado en Francia, en el Brasil, y en los Estados Unidos y si bien el éxito no ha justificado la teoría, todo el mundo está convencido de que el inconveniente no está en ella misma, sino en el medio ambiente, en la falta de recursos suficientes para la realización material del hecho. Lo que es innegable, lo que sin ultrajar el pudor y la justicia no puede negarse, es que las Cunas Públicas, las Salas de Asilo, las Colonias Agrícolas para los niños delincuentes en que se les enseñan tres oficios, creaciones todas tres que han recibido ya la sanción de la experiencia, y asumido el rango de instituciones públicas en Francia, son robadas, plagiadas a Fourier, el primero y el único que ha sugerido la idea. Los conflictos de la concurrencia, los alzamientos de los obreros por falta de trabajo, la opresión y la muerte de las clases pobres, aplastadas por las necesidades de la industria, Fourier los había expuesto a priori, antes de que el parlamento inglés se ocupase de disminuir las horas de trabajo, ni Cobden hecho su famosa liga de los cereales, lo que prueba que hay algo de fundamental en la doctrina del visionario, doctrina en cuyos detalles no entraré aquí, como le expondré a usted las objeciones de mi incredulidad de civilizado. A mí no me espanta la corona boreal, ni se me da un ardite de que el mar se convierta o no en limonada. Hay tantos limones en Chile, que puede uno prescindir por egoísmo de aquella inapreciable ventaja, que para lo que es ahogarse, lo mismo tiene hacerlo en agua salada que en un mar de horchata. Pero yo hubiera querido que Fourier, y esto es lo que objeto a sus discípulos, hubiese basado su sistema en el progreso natural de la conciencia humana, en los antecedentes históricos, y en los hechos cumplidos. Las sociedades modernas tienden a la igualdad; no hay ya castas privilegiadas y ociosas; la educación que completa al hombre, se da oficialmente a todos sin distinción; la industria crea necesidades, y la ciencia abre nuevos caminos de satisfacerlas; hay ya pueblos en que todos los hombres tienen derecho de gobernar por el sufragio universal; la grande mayoría de las naciones padece; las tradiciones se debilitan, y un momento ha de llegar en que esas masas que hoy se sublevan por pan, pidan a los parlamentos que discuten las horas que deben trabajar, una parte de las utilidades que su sudor da a los capitalistas. Entonces la política, la constitución, la forma de gobierno, quedarán reducidas a esta simple cuestión: ¿cómo han de entenderse los hombres iguales entre sí, para proveer a su subsistencia presente y futura, dando su parte al capital puesto en actividad, a la inteligencia que lo dirige y hace producir, y al trabajo manual de los millares de hombres que hoy emplea, dándoles apenas con que no morirse, y a veces matándoles en ellos mismos, en sus familias y en su progenie? Cuando esta cuestión, que viene de todas artes, de Manchester, como de Lyon, encuentre solución, el furierismo se encontrará sobre la carpeta de la política y de la legislación, porque esta es la cuestión que él se propone resolver.

Y luego, ¿por qué la libertad ha de ser indiferente, aun para la realización misma del descubrimiento social? ¿Por qué la república, en que los intereses populares tienen tanto predominio, no ha de apetecerse, no ha de solicitarse, aunque no sea más que un paso dado hacia el fin, una preparación del medio ambiente de la sociedad para hacerla pasar del estado de civilización al de garantismo, y de ahí al de armonía perfecta? Esto es lo que no le perdono a Fourier, cuyas doctrinas han hecho a mi amigo. Tandonnet, indiferente a los estragos hechos por el despotismo estúpido en Buenos Aires, y amigo y admirador del bonazo de don Juan Manuel.

Baste ya de ideas abstractas, y para despejar su espíritu de estas serias preocupaciones, póngase usted conmigo a bordo de la Rose, que ya vamos llegando a Francia. Todos los días hay una hora o más de noir et rouge, especie de monte en que cada uno pierde o gana alternativamente algunos francos. Un brasilero ex escribano y que va a cualquiera universidad alemana a comprar un título de abogado sin rendir examen cuando ha colectado una buena suma se levanta sin ceremonia dejando a los aficionados mirando. La indignación se hace general a bordo; un día protestan todos contra tamaña indignidad; el comandante Massin, tan circunspecto de ordinario, apoya este movimiento con algunas palabras públicas ya que no oficiales de reprobación; y cuando el indigno se ve oprimido por la opinión unánime de la cámara de proa, se dirige a mí, como americano al fin, ya que no tengo la gloria de ser brasilero, y con voz insegura me dice: «¡Extranjeros canallas, quién les hace caso!». He aquí para lo que sirve la nacionalidad americana; escudo de maldades siempre, más cara de la nulidad y de la impotencia. ¡Extranjeros! Y, sin embargo, estamos a dos días de distancia de las costas de Francia, en un buque francés, entre europeos, formando los americanos de puntos distintos, extranjeros, también entre sí una minoría insignificante. ¡América del Sur! española o portuguesa, ¡la misma siempre!

Las costas de Francia se diseñaron al fin en el lejano horizonte. Saludábanlas todos con alborozo, las saludaba también yo sintiéndome apocado y medroso con la idea de presentarme luego en el seno de la sociedad europea, falto de trato y de maneras, cuidadoso de no dejar traslucir la gaucherie del provinciano, que tantas bromas alimenta en París. Saltábame el corazón al acercarnos a tierra, y mis manos recorrían sin meditación los botones del vestido, estirando el fraque, palpando el nudo de la corbata, enderezando los cuellos de la camisa, como cuando el enamorado novel va a presentarse ante las damas. La Rose entra en los docks o bassins (no conozco la palabra castellana que supla estos nombres), atraca al borde de madera de los canales, y una innoble turba de criados elegantemente vestidos nos asalta, nos grita, escala el buque por las maromas, nos rodea como moscas, nos apesta con su aliento, se insinúa en nuestras manos y en nuestros bolsillos para depositar una tarjeta con el nombre del hotel que los envía. Es en vano hablarlos, injuriarlos, espantarlos con las manos, fugarse, esconderse. ¡Eh! ¡la Europa! triste mezcla de grandeza y de abyección, de saber y de embrutecimiento a la vez, sublime y sucio receptáculo de todo lo que al hombre eleva o le tiene degradado, ¡reyes y lacayos, monumentos y lazaretos, opulencia y vida salvaje!

No he podido desimpresionarme en dos días del mal efecto que me ha producido esta primera impresión. Paréceme que el Havre no es la Francia, sus bellísimos edificios son modernos, no hay antigüedades, no hay monumentos. Un pobre torreón guarda el puerto desde los tiempos de Francisco Y; allí un soldado se sublevó contra el rey, contra la Francia y contra la especie humana, tapió la puerta, y fue sitiado, bloqueado y bombardeado, hasta que después de dos días de combate, murió y la plaza fue tomada por asalto. He aquí la historia del Havre. El cardenal Richelieu construyó una ciudadela, donde el cardenal Mazarino encerró algunos príncipes molestos. En cambio están los docks que depositan las naves en el centro de la ciudad, monumento que no recuerda nada, pero que hace la riqueza y la fuerza de una nación, dotando de puerto a París, y dejando burladas las tempestades del temido Canal de la Mancha que andan rondando en torno, como los ladrones, aguardándolas que salgan de sus casas para atacarlas. El nombre del primer Cónsul está incrustado humildemente en algún madero; y las naves americanas encerradas en un punto especial, están ahí por sus dimensiones colosales, espantando a los europeos mismos y vomitando de sus entrañas balas de algodón. Los alrededores son bellísimos, y la cultura y los árboles de bosques y los aparatos agrícolas y el césped, al arte y las lindas casillas, todo está revelando que se está ya en el mundo antiguo, entro los pueblos cultos, poseedores de todos los poderes que la inteligencia ha puesto en la mano del hombre.

Tengo prisa de seguir adelante, de penetrar en esta tierra que diviso cerrada de masas oscuras de bosque, y pintorreada de alquerías, de châteaux y de campos labrados. El Normandie que llevó a París las cenizas de Napoleón y que conserva una inscripción, parte, y Tandonnet, el rosista, y yo el salvaje, reunidos y haciendo vida común partimos; él va a servirme de cicerone, de introductor a la presencia de su patria.

El Sol comenzaba a apuntar en el horizonte recortado por colinas verdinegras; seis vapores de carga marchaban delante de nosotros, remolcando cada uno cinco embarcaciones, a guisa de cisnes madres seguidas de sus polluelos; las pesadas barcas del Sena descendían lentamente a merced de la escasa corriente, y a ambos costados de la ribera más o menos definidamente, veíamos aparecer aldeas, capillas con sus agujas de pizarra, bosques y heredades. Una banda de música compuesta de artistas ambulantes, animaba con sus ecos melodiosos aquel paisaje en fuga. Era a principios de mayo y la vegetación naciente, añadía, por la viveza cruda de sus colores, nuevos encantos a este país hechizado. Con toda la novedad de viajero novel teníame yo apartado, a fin de ocultar a la vista de los otros las emociones de novedad infantil que experimentaba, siguiendo con la vista una casilla campestre, una paisana de la Normandía con su cofia en punta, algún campanario lejano, una cultura de bosque, un grupo de vacas, lamentando la rapidez del vapor que apenas os permite ver en la próxima ribera un objeto; apenas se ha encontrado el punto de un paisaje, cuando ya estáis en otro nuevo, y las líneas se han cambiado o cedido su lugar a otras; bien es verdad que a la larga, siéntese que esta rapidez evita la saciedad, acortando, suprimiendo más bien, los entreactos en aquel bellísimo drama de la naturaleza y del hombre que principia en el Havre, y va a terminar en Ruan. L'Heure, Harfleur, Honfleur, en otro tiempo patria de audaces marineros Fronville, la Berville, han pasado ya delante de nosotros cada una contando una historia, alguna tradición; cada una dejándome alguna sensación agradable, hasta que a poca distancia de la roca de Piere-Gatde, la orilla izquierda del Sena forma un promontorio escarpado que parece querer disputar el pasaje al río, y contra el cual vienen a estrellarse los últimos esfuerzos de la barra. Al oeste del Cabo, inmenso ramillete de verdura que llaman la Nariz de Tancarville, está la aldea de Tancarville. En las inmediaciones de este punto delicioso, no lejos de Quillebeuf, vénse sobre la ribera cabañas dispersas, con la gracia pastoril que presentimos en las novelas. En verano vienen de París centenares de artistas a abrir sus caballetes en las alturas, para trasportar al papel las campestres vistas de estos parajes. Más arriba, y dominando aldea y cabañas, se presenta el antiguo castillo de los señores de Tancarville, en otro tiempo chambelanes de los duques de Normandía. Héme aquí, pues, en plena edad media; el castillo flanqueado de torreones y almenado aun, asentado en la punta de una roca como nido de aves de rapiña; abajo el villorrio de los siervos agrupado a tiro de ballesta, como rebaño que se estrecha para ser mejor guardado. Los Tancarville brillaron varios siglos en batallas, fiestas y torneos. Los d'Harcourt, otros barones feudales de la vecindad, se apoderaron con las armas en la mano de un molino aun se enseña, y que fue causa de una batalla dada en Lillebonne entre las gentes de ambas casas, hasta que sir Enguerrand de Marigni, ministro de Felipe el Bello, vino a citarlos a comparecer ante rey. De camino el de d'Harcourt cayó sobre Tancarville y le vació un ojo de un puñetazo con el guante de fiero. Oída por el rey la demanda, se designó el campo y el día en que habían de batirse en duelo. El rey de

Inglaterra y el de Navarra, presentes al combate, pidieron al fin que cesase por no tener el dolor de ver perecer a ninguno de tan valientes caballeros, y el rey para acomodarlos, hizo que el de d'Harcourt pagase a Tancarville 50 libras por su ojo tuerto.

A medida que se remonta el río, las riberas se acercan, se agrupan las vistas y las aldeas y las cabañas; una ruina de este lado, una iglesia del otro, un recuerdo histórico a cada recodo del río, una leyenda a cada cresta de la montaña, absorben al viajero, volviendo la vista de la derecha para no dejar escapar el paisaje que va ya a dejar a la izquierda; abandonando con pesar este, vuelta la cara hacia atrás, para llevar los ojos al punto que ya tiene por delante. Con las casas de Vateville se confunden las de una serie de villorrios Quesnoy, Neuville, la Rue, le Plessis, l'Angle, que flanquean el río. No lejos aparece Caudebec con su iglesia gótica, cuyos rosetones, santos de piedra, pináculos, ojivas y mil columnillas, apenas deja ver en bosquejo el rápido vapor. Algo hubiera dado porque se detuviese en presencia de esta iglesia, la primera de la maravillosa arquitectura gótica que se me presentaba; y el todo encerrado en el paisaje más admirable, la villa misma colocada de un modo pintoresco, a la sombra de una montaña, coronada de bosque, a la embocadura de un vallecito y de un riachuelo que por varios brazos viene a vaciarse en el Sena. La villa vése con su espaldar de verdura, su torre de filigrana, sus terraplenes plantados de grandes árboles, y sus casas blancas, cubiertas de flores y enredaderas, reflejarse en el espejo del Sena, hasta el momento en que el vapor pasa, arrugando su superficie, y levantando en pos una manera que va azotándose por malezas y yerbas en ambas márgenes, recargadas de poblaciones, jardines, botes y casas de campo.

Otro acto de la vida tan dramática de la edad media comienza aquí. Las abadías de los antiguos monjes, colocadas en parajes risueños, en sitios privilegiados, van presentando sus ruinas, sus torres, sus pórticos aislados y desiertos, una en pos de otra. ¡Cuánta leyenda, cuántos sucesos terribles, o lastimosos cuentan estas columnas, y aquellas ojivas que dan paso a la luz del Sol! ¡De cuántas revoluciones y de cuántos estragos han sido testigo y víctimas! He gozado sin hartarme de las sensaciones melancólicas que inspira el paisaje cuando alguna noble ruina alza su rugosa y descarnada frente, cubierta de yedras seculares que quieren protegerla atando con mil ligaduras sus hondas grietas. En las noches de invierno cuando los últimos suspiros de la brisa de la tarde agitan dulcemente las parásitas, si la Luna logra asomar su disco por entre las pálidas nubes, me imagino que la oscuridad que no alcanza a disiparse, deja sospechar formas indecisas, imágenes confusas, fantasmas vaporosos; después la melancólica luz de la Luna se refleja en los costados de aquellos arcos abiertos dando relieve a los bultos de los santos de piedra, a las agujas y florones. El paisano que pasa por las inmediaciones, aprieta el paso repitiendo un pater noster, temeroso, menos de sentir caer algún fragmento de aquellas piedras que nadie sabe como se tienen en el aire, que huyendo de oír los gemidos que otros le han dicho haber sentido salir de las tumbas que por todas partes pisa.

    Las ruinas de la Abadía de San Vandrille se ocultan detrás de algunas arboledas. En su refectorio y en su claustro de arquitectura gótica, en lugar de las oraciones piadosas de trescientos monjes que en otro tiempo la poblaban, elévanse al cielo bocanadas de humo o de vapor, e incienso de la industria, de las máquinas que hacen mover una filatura de algodón. Sus alrededores estaban antes cubiertos de capillas, calvarios y oratorios que elevaban los peregrinos, atraídos de todas partes por las virtudes milagrosas de una fuente vecina que continúa aun corriendo, y cuyas aguas se venden hoy a medio la cántara; pues que si bien han dejado de hacer milagros, no han perdido su reputación de saludables. Pero si nada se conserva de la iglesia, el viajero queda recompensado en demasía con la vista de la famosa Abadía de Jumieges, célebre en los anales de la historia y de la ciencia, imponente golpe de vista, rico en cavilaciones tristes. Aquellos muros abandonados, guarida hoy de cuervos y de aves nocturnas, encerraban en otro tiempo una corporación inmortal de sabios que se trasmitían, al través de las generaciones, la continuación de estudios de siglos atrás comenzados. De las escuelas de los Benedictinos sus reclusos, salieron aquellos maestros, historiadores, teólogos, que imprimían movimiento a las ideas de aquellos siglos de ignorancia universal, y ya echaban de cuajo la Europa sobre el Asia para reconquistar el santo sepulcro, ya dotaban a la civilización moderna de aquellas pacientes copias y colecciones de autores clásicos, que anudaron al fin el roto hilo de los progresos de la inteligencia humana. Eran los abades de Jumieges, para mayor prestigio de su saber y piedad, soberanos, además, de todo el país circunvecino. La fundación de esta famosa abadía alcanza a la época misma en que empezó a tomar consistencia de perfección cristiana el espíritu ascético, a los tiempos del rey Dagoberto. Entre sus ruinas se encontraba un sepulcro sobre cuya losa yacían dos jóvenes revestidos de ropas talares. Su túnica inferior, cerrada sobre el pecho con un broche de pedrerías, dejaba su cuello enteramente descubierto, y sus cabellos ensortijados estaban ceñidos en forma de diadema con una faja sembrada de piedras preciosas. Estos eran los enervados de Jumieges, dos hijos de Clovis II, que habiéndose sublevado contra su rey, el padre les cosió las pantorrillas y los arrojó y los abandonó en un bote y recogieron a los reales desgarretados.

Con la raza siguiente los padres fueron aliados de los reyes, y del seno de su comunidad salieron embajadores para Roma, capellanes para Luis el Debonario, sirviendo el convento mismo de prisión para algunos nobles rebeldes. Los infieles normandos remontaron una vez el Sena, y Jumieges y San Vandrille suministraron abundante botín a la rapacidad de aquellos bárbaros, pábulo a las llamas sus templos y santuarios, y millares de cabezas al filo de sus espadas. Pero los normandos, conquistados por el cristianismo, pagaron con usura más tarde, en donaciones, ofrendas y construcciones nuevas, aquellos estragos causados por sus padres. De este modo la historia de la abadía se prolonga durante toda la edad media, honrándose con los nombres más gloriosos, sembrada de acontecimientos maravillosos, piadosas leyendas, historias tiernas y candorosas, y sobre todo, alimentada con espléndidas donaciones. Léase en una losa sepulcral: «Dama de belleza, de Roqueferrieres, d'Issondun y de Vernon sur Seine, piadosa entre todas las gentes, y que daba abundantemente de sus dineros a las iglesias, y a los pobres, la cual feneció». Esta dama de beldad tan mano abierta, no era otra que la célebre Agnés Sorel, la querida de Carlos VII, y cuyos amores encubrió piadosamente la abadía en cuyo seno vivieron algún tiempo aquel rey sin alma, y aquella niña que le inspiraba el sentimiento de la gloria, y que lo dispensaba favores, en cambio de que armase ejércitos contra los ingleses.

La extremidad oriental no es ahora más que un montón de escombros; en el centro, los restos subsistentes aun de la linterna dejan adivinar las imponentes dimensiones de la torre. El techo de la nave principal como el de las laterales, ha desaparecido; y aun aquellas bóvedas mismas, desquiciadas, abiertas en todo su largo, engrosarán bien pronto con su caída los montones de ruinas acumuladas debajo de ellas. Las torres del portal occidental están aun de pie, si no es la techumbre de uno de los campanarios. Al pie de las torres se extienden las murallas sin techo y muchas veces interrumpidas del antiguo monasterio. detrás está la grande iglesia con sus columnas que no sostienen ya bóvedas, y su larga nave desmantelada del lado del oriente. Al mediodía de esta construcción y en línea paralela, se extienden los muros desmantelados de la iglesia de San Pedro, del largo de la nave de la iglesia principal. Consérvanse restos de los departamentos que ocupaba el rey, su querida y sus guardias. Por todas partes en aquellas bóvedas habitadas hoy por sabandijas, lo pasado se esfuerza en ponerse de pie y presentarse a la vista, por donde quiera se encuentra un recuerdo que hace nacer en el espíritu un pensamiento grave. Al través de las hendijas de la piedra, déjanse ver montones de huesos blancos arrancados en otro tiempo acaso para darles más santa sepultura a los carneros del monasterio, catacumba aérea, que el viento dispersa a vuestros pies, y que va rondando con rumor siniestro sobre aquel suelo cubierto ya con hartos escombros.

Aun no acaba uno de oír o de leer lo que a la famosa abadía pertenece, cuando el presuroso vapor ha quitado de la vista aquel cartón admirable del panorama, para presentar otro no menos bello, no menos fecundo en reflexiones y en recuerdos fabulosos. No sé si hallen la tierra algo más bello, más romanesco, más poético, que este pedazo del Sena que media entre el Havre y Ruan; pero si lo hay aún, el límite de lo bello en la naturaleza y en el arte debe ser entonces indefinido. ¿Quién no ha oído en América hablar de las maravillas de la ópera de Roberto el diablo de Meyerbeer? ¿Quién no conoce este cuento del calavera que vende su alma a Satanás, por apurar en dos años la copa del placer; cuento que no pertenece a este o al otro país, sino al viejo cristianismo, a las creencias populares, y que cada nación reviste a su modo, según la idea a que del mal tiene? Roberto el diablo en Francia, se llama Fausto en Alemania, don Juan en España; el pueblo hace el cuento y el poeta lo recarga y embellece. Nuestro don Juan es la última expresión de lo malo, según el sentir español; no cree en nada, no tiene miedo a los difuntos; se le ríe en sus hocicos a la estatua del Comendador, a quien había muerto, y quien viene invitada por él a cenar en su compañía; el pueblo en

Italia tiene otro don Juan más terrible, Nerón, que servía veneno en copas de oro a sus amigos, en un festín, para gozarse en su sorpresa, al recibir la orden de morir. Roberto el diablo es como don Juan, el terror de los maridos, el favorito de las guasitas lindas de los alrededores de su castillo. La posición de estas ruinas, porque en esta parte del viaje aparece el castillo de Roberto el diablo, justifica la tradición. Sobre una colina cónica aislada, están aun de pie algunos cuerpos de torres, bastiones y edificios, que muestran la fuerza inexpugnable de la guarida. En la base del montículo hay una caverna excavada en el corazón de la montaña, y que va hasta el interior de las ruinas; por ahí, diz que salía el Roberto el diablo a caza de mujeres, y por aquel antro las introducía. Allí están enterradas sus queridas; allí hizo penitencia en sus últimos días, porque Roberto el diablo se salvó de las garras de Lucifer. Entre los matorrales, yerbas y arbustos que cubren la montaña maldita, crece la hierba que extravía, y el viajero que por descuido la pisa, no vuelve a encontrar su camino aunque marche toda la noche. ¡Cuántas muchachas de las vecindades han pisado esta fatal hierba! ¡Imposible volver a su casa hasta el siguiente día! Una vieja crónica cuenta que Roberto, hijo de un gobernador de Neustria en tiempo de Pepino, mató a su maestro de una puñalada; más tarde se presentó en la vecindad de Ruan en un monasterio, hizo reunir la comunidad escogió la monjita más salada, y se la llevó al bosque.

Antes de pasar la montaña vése la selva de Mauny y un viejo castillo sobre una roca. El prior de la abadía vecina de San Jorge, pasaba el río a nado para regocijarse con la castellana que había sido su prometida; un día sorprendiólo el barón, y para que es decirlo, lo mató. Los monjes hasta la revolución francesa celebraban cada año oficios expiatorios por el alma del prior muerto sin haber tenido tiempo de arrepentirse. Porque en todas estas tradiciones de la edad media entran siempre como personajes obligados barones, monjes, reyes, queridas y abades, única parte viva de la sociedad de entonces; lo demás, el pueblo, es ripio con que se rellena el edificio social; y al leer una de aquellas antiguas leyendas o al registrar las crónicas de la época, vése que el pueblo, el autor, y los personajes mismos, no hacen diferencia entre el monje y el barón para cometer delitos, derramar sangre y saquear pueblos; todos son iguales ante la ley de la época, la violencia y la inmoralidad, bien que sea que de entre esta masa hayan subido los santos a los altares, acaso por la admiración que causaba ver a un hombre que no fuese un solemne malvado.

Si alguna vez viene usted a Francia, desembarque en el Havre y no en Burdeos. Por aquí va el camino de su historia para llegar a París. Aquí se encuentra todo su pasado, los señores normandos y los ingleses, las tradiciones y las batallas la edad media con sus conventos, sus agujas y sus castillos; y para el americano, poco conocedor al principio, conviene que se le presenten en grandes masas los objetos para que hieran hondamente su imaginación. He descrito ya lo más notable del bellísimo río, y me tiene usted en Ruan, en medio del conjunto de monumentos góticos más nobles que ostenta ciudad alguna de Europa; los siglos se han parado sobre esta ciudad, y del quince acá, nada de notable hay moderno. Las masas de techumbres de pizarra aumentan la oscuridad de las calles estrechas, flanqueadas de edificios parduscos, dominadas por iglesias, conventos, catedrales, cuyas agujas se desprenden en el aire, como si los edificios de cuatro o seis pisos que la circundan, fueran matorrales al pie de añosos cipreses. He recorrido la ciudad y alrededores, escalado las torres de Saint-Ouen y de la Catedral, tocando con mis manos esta piedra tallada, calada, vaporizada como piezas chinescas de ajedrez, para convencerme de que tantas maravillas son obras humanas. Sería en vano que tratase de darle detalles de una arquitectura que ella toda se compone de detalles, bien que allá, donde este género no alcanzó, interesarían más que otros que prodigo sin temor de cansar. Pero ¿qué decirle de estas murallas caladas y cubiertas de vidrios de colores, en los cuales están pintadas las vidas de los santos, cuyos ropajes colorados o azules dejan pasar al interior de la iglesia los rayos del Sol teñidos de todos los colores del iris, bañando enseguida las naves, el pavimento con esta luz extraña, esmaltada, fantástica, dando visos sobrenaturales a las estatuas de santos de escultura rara? Lea un libro, alguna descripción de esta clase de combinaciones; tome usted el caleidescopio, y hallará allí uno de estos rosetones que decoran las fachadas de las antiguas catedrales, en lo que cifraban su gloria los maestros, tanto que en Saint-Ouen el que hacía el rosetón de la fachada principal, clavó el puñal en el corazón al discípulo que hacía en una fachada lateral otro que el maestro encontró fatal para su reputación. Suba usted a los Andes, y aquellos numerosos penitentes que forma en la nieve la desigual acción del viento, no le darán idea de esta muchedumbre de pináculos, agujas, y torrecillas que decoran, erizan, los edificios desde su base; cada uno de ellos con remate diverso, cada uno en Saint-Ouen rematado en una estatuita de fraile, en todas las aptitudes imaginables. Si quiere darse idea de la forma de las goteras, que en ángulo obtuso contrastan con los pináculos, cierre los ojos y cree monstruos de todas las formas, perros, serpientes, monos, sapos, lagartos, frailes que se roban mujeres, mujeres que vomitan demonios, demonios que se llevan almas, sátiros peleando o que hacen cosas peores, abortos de la imaginación, cosas sin nombre, pero todos con formas caprichosas, absurdas, fantásticas, imposibles. La ley de esta arquitectura es clara a mi pobre modo de entender, sobreponerse, a la materia, espiritualizarla, darle vida, presentar un drama infinito sin que el espectador descubra la maquinaria, algo del espíritu cabalístico de la época; el arquitecto ha querido pasar en las edades futuras por nigromántico; presentando de pie, después de siglos, enormes moles de piedra diáfanas; sosteniendo sobre sus murallas de vidrios pintados, techumbres de plomo, apuntaladas sobre hacecillos de columnas como manojo de varillas. Si hay dos torres, la una acaba en punta, la otra en una corona regia de piedra calada; la una es alta y la otra baja; hay un pórtico al frente y al otro costado que es a veces más lujoso que aquel; las agujas se elevan al cielo sobre bases frágiles que se están meciendo como álamos con el viento; un torreoncillo sube por un costado pegándose al edificio como la yedra, compañera inseparable del monumento gótico; otro torreón por el lado opuesto termina en un segundo cuerpo; un tercero u otra invención absurda, sin plan sin correspondencia, le arrima su hombro a la base. Caprichos fantásticos, dice uno a primera vista; pero observando con ojo atento, vése que aquellos torreoncitos son los sustentáculos de aquella espuma pétrea que afecta formar el cuerpo del edificio; los hacecillos aparentes son en realidad enormes masas de piedra, correspondientes a la mole que sustentan. Tanta ligereza, tanta riqueza de detalles, tanto arte y tanta ciencia encapotada, dan a esta arquitectura el mérito sorprendente, maravilloso que Víctor Hugo reveló a la Europa entera, asombrada de poseer una epopeya en lo que hasta entonces había creído una pueril rapsodia; ser la última expresión del arte humano, en lo que pasaba plaza de ensayos de la imaginación de pueblos semibárbaros.

¡Cuán boquiabiertos y estupefactos se quedaron los sabios, cuando en nombre de la edad media les dijo Victor Hugo, bárbaros! Y, sin embargo, jamás se obró revolución en el espíritu humano más rápida, más pronta que la que produjo Notre Dame en 1831. En el acto los arquitectos corrieron a tapar los estragos que su ciencia había hecho, y desde entonces la Europa entera se ha ocupado de limpiar aquellas joyas enmohecidas por el orín de los siglos, profanadas por la imitación romana; y las rentas de las iglesias y las del estado, no bastan para reparar las injurias, completar lo inacabado, y borrar, si es posible, el baldón que sobre la ciencia y el arte moderno había caído. En este momento se repara el Hôtel de Ville de Ruan, imitando un costado para reedificar el otro, y en Saint-Ouen y en la Catedral hay trabajos permanentes, como en París los hay en la Santa Capilla que se hace restaurar con la paciencia que demandan sus pinturas microscópicas.

Estas alucinaciones no carecen, sin embargo, de ejemplos más altos. ¿No se moría de fastidio Buffon al oír a Saint-Pierre leer su Pablo y Virginia? ¿No han dado coses los españoles, Martínez de la Rosa el primero, contra la rehabilitación del arte romántico, ellos a quienes esta resurrección de Lope de Vega y de Calderón les venía a dar papel en la historia de la inteligencia humana, en que ni antes ni después tomaron parte? ¿Pueden llamarse clásicos los que no han estudiado nunca el griego?

La literatura francesa se ha enriquecido y completado con aquellas audaces excursiones hechas en la edad media, estudiando sus costumbres, sus monumentos, sus creencias y sus ideas. Nación moderna alguna había penetrado más hondamente en el espíritu de la Grecia y de Roma. A Esquiles, Sófocles y Eurípides se siguen inmediatamente Corneille, Racine, Voltaire; a Esopo y Fedro, Lafontaine; a Terencio, Molière; a Horacio y Quintiliano, Boileau y La Harpe; a la República Romana, la República Francesa de 1793, que plagiaba hasta los nombres, llamándose Arístides, Brutus, Gracos, los Saint-Just, los Collot d'Herbois y los Danton. Los Moratines no figuran en aquel plagiado sino como el trapero figura en la fabricación del papel, recogiendo la materia que otros han producido. Siguiendo esta ancha huella, la Francia había, además, desarrollado en el siglo XVIII, la lógica del espíritu humano, deprimiendo todas las otras cualidades, Rousseau, Montesquieu, Diderot, aquellos grandes retóricos enseñaron a creer que no había otro Dios sino Dios, y la razón, la lógica que era su profeta; y el mundo entero puso mano a la construcción de la torre de Babel que debía salvar al género humano de la arbitrariedad en gobierno, de la superstición en religión. La obra se levantó en efecto, hasta 1793, en que sobreviniendo la confusión de las lenguas, la guillotina funcionó en nombre de la humanidad, en nombre de la libertad el terror, y la diosa razón desnichó a la virgen María. Napoleón vino, el enemigo de los ideólogos, y por el rastro de sus victorias la barbarie y el despotismo de la Rusia penetró en París, deponiendo como sedimento de su irrupción a los Borbones, con sus nobles famélicos, sus jesuitas, y su derecho divino, y todos los absurdos que la inteligencia había pretendido extirpar.

Entonces comienza un movimiento en la literatura y en la filosofía francesa que dura aun. ¡No era, pues, la lógica, tan seguro guía para la humanidad como lo había prometido el siglo XVIII! Había que reconstruir desde la base el edificio social, y los escritores empezaron a examinar las piedras del antiguo edificio feudal, que había desparramado la revolución. Châteubriand se encargó de restaurar el cristianismo, Lamartine de encender el apagado sentimiento religioso, Victor Hugo de levantar las catedrales góticas y mostrar su importancia artística. Michelet y Thierry reconstruyen la historia para dar otro significado a la feudalidad, a Gregorio VII, a los conventos, a la inquisición, atenuados, perdonados, disculpados, defendidos. A los desencantados que buscaban la verdad de buena fe, se siguieron los pensadores pagados de par le roi. La monarquía feudal no podía vivir sin la rehabilitación de todas las creencias y hechos que la habían engendrado. El rey legítimo por los cosacos debía ser santificado por su origen divino, y puesto fuera del alcance del látigo de las revoluciones. Todo marchaba a las mil maravillas, hasta el momento en que por sustituir la espuria libertad de imprenta, por la paternal censura de la Sorbona, vióse bambolear el edificio, y en tres días desplomarse. A los Borbones legítimos por derecho divino, sucedió Luis Felipe el ciudadano rey, el rey ciudadano, la mejor de las repúblicas del cándido Lafayette, ¡si la república fuese posible! Pero la república es la guillotina, el terror, 93, y un monarca constitucional vale tanto como una República; una carta verdad, lo allana todo. La obra oficial de reconstruir lo pasado continúa entonces con nuevo afán. La filosofía se vuelve ecléctica como el gobierno, escéptica de otro modo que en el siglo XVIII. Entonces no creía sino en lo que era lógico, demostrable; ahora no cree en la razón; todo hasta el absurdo puede ser bueno, según la época y el lugar. No hay principios, no hay leyes que guíen los destinos de las naciones. Los pueblos que gimen bajo el despotismo están bien, los que han logrado asegurarse algunas libertades, están mucho mejor. Luis Felipe entre tanto, sostiene para su coleto que la obra de los Borbones no era mala en sí, sino que no supieron hacerla; el sacarle la espina al león, requiere más maña que fuerza; y he aquí a la Francia en plena restauración. Porque nadie se ha engañado sobre el alcance de esta palabra. Se restaura el mundo destruido; restaurador se llama don Juan Manuel Rosas, restauradores son todos los astutos que ocultan su obra. Ya la Francia tiene sus leyes de septiembre que han ido más allá de donde había querido llegar Carlos X, y que le costaron el trono.

Ver de cerca esta grande obra es lo que más me arrastra a París; ahí está la piedra angular, el modelo de todos los bastardos edificios que se están levantando en América, Rosas restaurador; Oribe, presidente legal; Santa Cruz, protector; Flores parodia del Libertador. ¡Ay! de la república en América ¡si las ideas en Francia no se echan en otro molde! A usted ni a mí nos quedará un palmo de la tierra americana para pararnos, si no nos prostituimos ante las restauraciones político-religiosas, bárbaro-feudales, hispano-coloniales que están en germen por todas partes. este trabajo no se hace, sin embargo, sin que la razón pisoteada no se queje de cuando en cuando. Hemos leído, usted y yo, la Revista Enciclopedia sofocada en su origen; la Enciclopédica Nueva, la Historia de los Diez años, el Timon y han quedado entre los instrumentos que sirvieron para zapar la obra borbónica, las canciones de Beranger, los panfletos de P. L. Courier, cuyos filos, aunque tomados de orín, no están embotados. Acaba de darse una batalla al jesuitismo, y en despecho de Montalembert y de los hijos de los cruzados y de la Vendée, ha sido derrotado y expulsado. Una vieja piedra menos. La lógica no lo ha perdido todo; le quedan los libros y la educación, y usted recordará el capítulo de Victor Hugo titulado: esto ha de matar a aquello.

Quiero despedirme de Ruan, tengo tomado asiento en el ferrocarril, y me estoy comiendo por verme lanzado en aquel torbellino de fuego, de humo y de ruedas que se traga las leguas en un santiamén. Por lo menos no es el eclectismo el que ha dotado al hombre con este medio de locomoción. Una cosa hay en Ruan todavía, una tradición popular, un hecho histórico fabuloso sin ser falso. Aquí está la plaza en que fue quemada viva por la inquisición la Doncella de Orleáns, aquella extraordinaria pastora que se sintió un día invenciblemente arrastrada a acercarse al rey que no conocía, pedirle el ejército, mandarlo, derrotar a los ingleses, coronar al rey y retirarse enseguida a pastorear sus vacas. Si la iglesia la hubiese hecho una santa, yo no buscaría el origen de aquella sublime fascinación del espíritu de una mujer, aquella transustanciación que hace de una niña un general, absorbiendo el pensamiento, el interés y la gloria perdida de la Francia. Habría sido un milagro entonces; pero la iglesia ha repudiado a la Doncella de Orleáns, por no reconocerla mártir de obispos y de abades. Quédanos, pues, el derecho a salvo de mirar este raro hecho con los ojos de la filosofía, y buscar su origen en los poderes sobrenaturales que el entusiasmo da al alma humana cuando una profunda idea la labra. Más bella es así la obra de Dios, que con la cuña de milagros y portentos que mostrarían mayor limitación de poder.

Esta es la patria de Corneille y de Boieldieu, de nuestro querido Armand Carrel, el Mirabeau del diarismo, que murió cuando había encontrado que la república era todavía posible.

En la orilla del Sena, al costado del puente, se levanta una casilla monumental, en cuyo frontispicio se lee esta inscripción:

> A Luis Brune
> La ciudad de Ruan.

¿Creerá usted que Luis Brune es algún grande artista de que la ciudad gótica se honra, algún inventor de máquinas para la fabricación de las ruanerías, aquellos productos, variados al infinito, del sencillo tejido de la calceta que heredó de sus antepasados la Normandía, industriosa como ninguna provincia de Francia? Luis Brune era una especie de perro de Terranova que pasó su vida rondando las orillas del profundo río, escuchando donde el agua dejaba escapar un sonido, anuncio de que un cuerpo había caído en ella. Luis Brune había salvado de ahogarse una a una, sesenta personas; mujeres infelices de corazón destrozado, padres de familia desesperados, niños traviesos, trabajadores endomingados, criminales que se suicidaban, todos han tenido que volver a anudar el que ya habían creído roto hilo de la vida, porque Luis Brune no permitía a nadie ahogarse mientras él existiese.

Ahora, a París, mi amigo.

París
Señor don Antonino Aberastain.
París, septiembre 4 de 1846.
¡Cómo he saltado de gusto al leer su carta datada de Copiapó! Recibir por la primera vez una carta de América en París, es un acontecimiento, una dicha que se saborea dos horas, que hace tregua a la vida europea, transportándonos de nuevo a nuestras predilecciones, a nuestras simpatías d'autrefois. Lo veo a usted, lo palpo, creciendo en corpulencia y en bonohomía, ministro fainéant, abogado en feriado permanente, aburrido, deseando hacer, sin poder bullirse, por los achaques de cuerpo, y, yo añado, de espíritu de su patrón. A propósito, he visto aquí a su gobernador de Salta, de quien usted era digno ministro también. ¡Qué bonito, qué rubenguito mozo! Lo conocí de un modo raro. Hablaba yo de la manía de los pueblos argentinos cuando la insurrección general de 1840, de poner viejos, doctores, gente de probidad de respeto a la cabeza de los gobiernos; un Fraguero en Córdoba, un Garmendía en Tucumán, excelentes sujetos, hombres de orden; ¡así salió ello! Su hombre de usted estaba tragando saliva, y no sabía yo a que atribuirlo, cuando me observó que él había sucedido a Otero en el mando en Salta, y que el doctor Aberastain era su ministro, hombre de probidad, doctor etc. Yo no sabiendo por donde salir del apuro, le dije para distraerlo ¿quiere usted que vamos al baile Mabille? Esta diversión restableció la buena armonía entre nosotros y bras dessous, bras dessus nos encaminamos al baile Mabille, que de tantas preocupaciones distrae a las gentes de buena voluntad.

Se toma usted extrañas libertades al escribirme; abusa usted de sus títulos de mentor de mi primera juventud, aquel buen tiempo en que usted me cubría con su mole y su prestigio de supremo juez de alzada, contra mis compatriotas, que no habría consentido, sin su aseveración reiterada de usted, en creerme dotado de sentido común.

Pero aquel auxilio tan constante, aquella decisión invariable en mi favor, para sostenerme en mis primeros pasos literarios, no lo autorizan a usted a decirme que mi carta sobre la Isla de Mas-a-fuera no vale gran cosa, y que en adelante escriba sobre cosas útiles, prácticas, aplicables a la América, so pretexto de que un hombre entre nosotros debe ser teórico y práctico, repicar y andar en la procesión. ¡Cómo! ¿A mí se dirigen estos consejos? ¿Era usted, por ventura, quién en San Juan, construía máscaras en carnaval, fundaba en mala hora colegios, y creaba el Zonda, aquel diario indigno que los patriotas pisoteaban por las injurias que hacía al decoro, al honor y a la fama de la provincia en el Universo y en otros lugares? ¿Era usted, doctor, el que iba a la cárcel antes de pagar los 12 pesos que el Podestá nos cobraba inconstitucionalmente por el 6.º número, para ultimarlo, como lo consiguió? ¿Quiere usted hombre más práctico doctor? ¡A mí hombre teórico? A mí que no pido como Arquímedes, sino un punto de apoyo para poner mi patria o la de otros, patas arriba, porque no soy difícil en punto a la propiedad y pertenencia de las patrias. Su celo que agradezco, doctor, lo extravía esta vez. Lea con atención lo que le escribo sobre este París encantado.

Desde luego, si ve usted a mis amigas en Santiago dígales de mi parte que no esta aquí en este momento Eugenio Sue; pero que me han mostrado al rengo Tortillard; ya está hombre hecho y derecho, siempre cojo, y malo como siempre Brazorojo se ha hecho honrado con su contacto con la policía y la Rigoleta goza de una grande reputación en el baile Mabille. ¡Otras pérdidas mayores aun tenemos que deplorar! No hay ya ni aquellas pocilgas y vericuetos donde los Misterios comienzan. Se ha abierto por medio de la cité, una magnífica calle que atraviesa desde el palacio de Justicia hasta la plaza de nuestra Señora, iluminada de gas, y bordada de estas tiendas de París, envueltas en cristales como gasas transparentes graciosas y coquetas como una novia. En vano preguntará usted dónde fueron los primeros puñetazos del Churriador con Rodolfo, donde vendía sus fritangas la Pegriote. Estas pobres gentes, ¡oh dolor! no saben nada.

El español no tiene una palabra para indicar aquel farniente de los italianos, el flâner de los franceses, porque son uno y otro su estado normal. En París esta existencia, esta beatitud del alma se llama flâner. Flâner, no es como flairer ocupación del ujier que persigue a un deudor. El flâneu persigue también una cosa, que él mismo no sabe lo que es busca, mira, examina, pasa adelante, va dulcemente, hace rodeos, marcha, y llega al fin... a veces a orillas del Sena al boulevard otras, al Palais al con más frecuencia. Flanear es un arte que solo los parisienses poseen en todos sus detalles; y, sin embargo, el extranjero principia el rudo aprendizaje de la encantada vida de

París por ensayar sus dedos torpes en este instrumento de que solo aquellos insignes artistas arrancan inagotables armonías. El pobre recién venido, habituado a la quietud de las calles de sus ciudades americanas, ianda aquí los primeros días con el Jesús! en la boca, corriendo a cada paso riesgo de ser aplastado por uno de los mil carruajes que pasan como exhalaciones, por delante, por detrás, por los costados. Oye un ruido en pos de sí, y echa a correr, seguro de echarse sobre un ómnibus que te sale al encuentro; escapa de éste y se estrellara contra un fiacre si el cochero no lograra apenas detener sus apestados caballos por temor de pagar 2.000 francos que vale cada individuo reventado en París. El parisiense marcha impasible en medio de este hervidero de carruajes que hacen el ruido de una cascada; mide las distancias con el oído, y tan certero es su tino, que se para instantáneamente a una pulgada del vuelo de la rueda que va a pasar, y continúa su marcha sin mirar nunca de costado, sin perder un segundo de tiempo.

Por la primera vez de mi vida he gozado de aquella dicha inefable, de que solo se ven muestras en la radiante y franca fisonomía de los niños. Je flâne, yo ando como un espíritu, como un elemento, como un cuerpo sin alma en esta soledad de París. Ando lelo; paréceme que no camino, que no voy sino que me dejo ir, que floto sobre el asfalto de las aceras de los bulevares. Solo aquí puede un hombre ingenuo pararse y abrir un palmo de boca contemplando la Casa Dorada, los Baños Chinescos, o el Café Cardinal. Solo aquí puedo a mis anchas extasiarme ante las litografías, grabados, libros y monadas expuestas a la calle en un almacén; recorrerlas una a una, conocerlas desde lejos, irme, volver al otro día para saludar la otra estampita que acaba de aparecer. Conozco va todos los talleres de artistas del boulevard; la casa de Aubert en la plaza de la Bolsa, donde hay exhibición permanente de caricaturas; todos los pasajes donde se venden esos petits riens que hacen la gloria de las artes parisienses y luego las estatuitas de Susse y los bronces por do quier, y los almacenes de nouveautés, entre ellos uno que acaba de abrirse en la Calle Vivienne con doscientos dependientes para el despacho, y 2.000 picos de gas para la iluminación.

Por otra parte, es cosa tan santa y respetable en París el flâner, es una función tan privilegiada que nadie osa interrumpir a otro. El fâneur, tiene derecho de meter sus narices por todas partes. El propietario lo conoce en su mirar medio estúpido, en su sonrisa en la que se burla de él, y disculpa su propia temeridad al mismo tiempo. Si usted se para delante de una grieta de la muralla y la mira con atención, no falta un aficionado que se detiene a ver que está usted mirando; sobreviene un tercero, y si hay ocho reunidos, todos los presentes se detienen, hay obstrucción en la calle, atropamiento. ¿Este es, en efecto, el pueblo que ha hecho las revoluciones de 1789 y 1830? ¡Imposible! Y, sin embargo, ello es real; hago todas las tardes sucesivamente dos, tres grupos para asegurarme de que esto es constante, invariable, característico, maquinal en el parisiense.

    El otro signo he reconocido el pueblo de las grandes cosas, el brazo de hierro de las ideas. Aquel francés terror de la Europa en los campos de batalla, aquel fautor y actor de las grandes revoluciones sociales que echa a rodar tronos cada diez años, es el hombre más blando, más atento, más comedido. El pueblo de blusa, como si dijéramos de poncho el león y el diputado son iguales en sus expresiones de comedimiento. Ayez la complaisance... soyez assez bon pour... cien frases más como estas comienzan o concluyen una pregunta dirigida a otro. S' il vous plait está por todas partes escrito para indicar la cuerda de una campanilla, el resorte que ha de tirarse. Je vous demande bien pardon, es el reproche que le hace a usted aquel a quien por inadvertencia ha pisado un pie codeado fuertemente, o perturbado en su ocupación. El pueblo de París tiene la religión de la adresse. Si el extranjero pide la dirección de una calle, una casa que busca, un forçat, un bandido que en otra circunstancia lo despojaría, en esta se cree en conciencia obligado a decir lo que el pasante necesita, a interrumpir su camino. Por la incertidumbre de las miradas reconoce alguno al extranjero, y se le acerca y le ofrece darle las señas que busca. Me ha sucedido ser así adivinado; echarme en la dirección indicada, perderme de nuevo, encontrar a mi hombre que me ha seguido, y dándome de nuevo las señas, perderme tercera vez, a encaminarme. y esto le ha pasado cien veces a todo extranjero, y es fama y opinión común que solo en Francia y sobre todo en París, se encuentra esta benevolencia pública, esta bondad fraternal. Solo en París también, el extranjero es el dueño, el tirano de la ciudad. Museos, galerías, palacios, monumentos, todo está abierto para él, menos para el parisiense, a toda hora y en todos los días. Mostrar su pasaporte a la puerta, es mostrar un firman ante el cual se quita el sombrero el conserje. Diga usted el mayor desatino, poisson, por poison, veau por beau, y ningún músculo de la fisonomía de un francés se agitará, porque el extranjero no está obligado a hablar bien su idioma; y no ha mucho que uno de mis amigos, molestado en un lugar siniestro por una turba de ebrios en andrajos: ¡Cómo! les dijo apurado, ¿esto se hace con un extranjero en París? ¡Infames! Los beodos al oír la palabra extranjero, empezaron a deshacerse en excusas y protestas, lo acompañaron en silencio hasta mejores parajes, y se despidieron confundidos y humillados. Yo sabia, me decía, que esta era mi única tabla de salvación; haga usted lo que quiera en París, y diga que es extranjero. y en efecto, de palco en palco y hablando perversamente el francés, logré no ha mucho en una gran revista que se daba a Ibrahim Pachá en el campo de Marte, acercarme hasta el que ocupaba la familia real. Mais où allez-vous, Monsieur? me decían los guardias; yo respondía en castellano puro con calor, con energía, y el pobre municipal me dejaba pasar, sospechando que algo de muy racional debía decir puesto que él no entendía jota. He aquí la piedra de toque de la cultura intelectual de una nación, aunque no sea la de la instrucción del individuo.

Acaso no acierto a darle a usted una idea de París tal que pueda presentárselo al espíritu, tocarlo, sentirlo bullir, hormiguear. Haría si lo intentara muy huecas frases, llenaría páginas de descripción insípida, y usted no estaría más avanzado por eso. París es un pandemoniun, un camaleón, un prisma. ¿Es usted sabio? Entonces París tiene sus colecciones, sus archivos, su génesis encerrado en el jardín de las plantas, desde el primer molusco que sin sentirlo él dejó ver el primer rudimento de vida, desde el primer lagarto de los que poblaron durante millares de siglos la tierra, llamándose con insolencia los señores de la creación, hasta el último cuadrúpedo en que la vida se ensayaba antes de la aparición del hombre. Ahí están petrificados todos nuestros antecesores; ahí hay pedazos de todos los mundos pasados, rastros de los animales antediluvianos que de creación en creación pueden llamarnos a nosotros sus tataranietos. ¿Es usted astrónomo? Arago está montando un telescopio que acercará la Luna a seis leguas de París; y un tal Leverrier, que era ayer empleado en los ferrocarriles, anda persiguiendo en los espacios celestes, y llamando a todos los astrónomos que se aposten en tales y cuales lugares que él señala, para cogerlo al paso a un planeta que él dice que hay en el cielo, porque debe haberlo por requerirlo así una demostración de las matemáticas. Humboldt, acaba de escribir el credo de las ciencias naturales, dejando que cada cual levante su culto sobre aquella base de dogmas.

Si en lugar de antigüedades de la tierra busca usted las de las sociedades humanas, en este momento están poniéndose en orden los bajorrelieves y los fragmentos de palacios arrancados a Nínive que acaban de desenterrar en las llanuras del Tigris, mientras que otros se despestañan por leer las escrituras grabadas en los ladrillos de la torre de Babel, que se están trayendo para colocarlos al lado de los sarcófagos egipcios, de los cartuchos, que muestran por fechas, y por cifras duras, de granito, que no se doblegan a interpretación humana, que hay veinte siglos más que añadir a la historia de la civilización del hombre.

¿Es usted literato? Entonces consagre un año a leer lo que publican cada día esa turba de romancistas, poetas, dramatistas, que tienen en agitación los espíritus, que hacen de París una sociedad pueril, oyendo con la boca abierta a esa multitud de contadores de cuentos para entretener a los niños, Dumas, Balzac, Sue, Scribe, Soulié, Paul Feval, que os hacen llorar y reír, que inventan mundos y pasiones extrañas, absurdas, imposibles para entretener a este pueblo fatigado sin hartarse de sentir emociones, de hacerse pinchar los nervios con descripciones atroces, terribles, irritantes.

¿Es usted artista? Aun dura, la exposición del Louvre de 1846. Dos mil cuatrocientos objetos de arte, cuadros, estatuas, grabados, jarrones, tapices de Gobelin, que ocupan legua y media en los salones del Louvre. Allí están los productos de la pintura religiosa que va a buscar sus asuntos en las tradiciones de la edad media, al lado de la batalla de Isly, inmenso lienzo de Horacio Vernet, que ha trasportado a París un pedazo del África con su cielo tostado, sus camellos, su atmósfera polvorosa, sus árabes indómitos ya domados. Detrás de cada cuadro hay un nombre, una escuela, una historia, un taller, un artista que ha pasado por todas las angustias, todas las miserias, todos los desencantos, y que con la paleta en la mano, y apartando el pensamiento del suicidio que rueda, susurra y voltejea en torno suyo, ha llegado al fin a la puerta del Louvre, y permitídosele colgar en sus murallas el cuadro que ha de servir de enseña para trabajar su gloria y su fortuna de artista.

¿Gústanle los sistemas políticos? ¡Oh! no entre usted en ese dédalo de teorías, de principios y de cuestiones. Una cosa hay extraña, en despecho de la aparente calma de esta ciudad enferma de fiebre cerebral. Diría usted que el mundo político está para acabarse; todos los signos son de un cataclismo universal; los hombres andan afanados registrando la historia de los tiempos pasados, compulsando las fechas, corrigiendo los errores, reproduciendo libros olvidados, tomando un camino y dejándolo al día siguiente para echarse en otro. Nadie es hoy lo que ayer era. Michelet está borrando apresurado las páginas, de historia que había escrito, Châteaubriand en sus ochenta años, llama a Bèranger el único sabio y el único filósofo conocido, mientras que el bonhomme se ríe de todas las instituciones, de reyes y de oráculos. El socialismo cunde, y las novelas de Sue y los dramas lo predican, lo exponen en perspectiva. La-Mennais continúa alejándose de su punto de partida, y en medio de la gendarmería de las ideas dominantes, oficiales, moderadas, ve usted moverse figuras nuevas, desconocidas, pensamientos que tienen el aspecto de bandidos, escapados al baño, al presidio en que los han confundido con los criminales de hecho, ellos que no son más que revolucionarios. Una fisonomía del pensamiento francés ha desaparecido, no obstante ser ella la que pretendía amalgamar esta variedad de opiniones y de creencias contradictorias, el eclectismo, que había hecho un mosaico de los sistemas, engañándose con la armonía del conjunto. Ha muerto de muerte natural, como todas las cosas caducas que no están fundadas en la verdad. Cuánto estudio y cuánta penetración necesita el viajero para entender a París por este lado. Yo desespero, y, sin embargo, empiezo a tener barruntos, a sentir que la lógica late en mi espíritu; me parece que veo de cuando en cuando señales, columnas miliarias, linderos que muestran el camino que ha de seguirse en este laberinto. Déjeme tiempo, y yo he de sentir alguna vez que la convicción viene formándose, fortificándose, endureciéndose, como aquellas rocas que se ve que han sido al principio capas de arena movediza acumuladas por las aguas y removidas por los vientos.

Desde el Havre había hecho vida común con un excelente francés, gran conocedor de su París, y deseoso de mostrármelo en toda su gloria. No bien hubimos llegado, llevóme a los Frères Provençaux, donde cenamos ambos por 60 francos; al día siguiente por 30 almorzamos en el Café de París; en un restaurant comimos por 10; en un Pasaje al día siguiente fuimos a almorzar por 3, y a comer por 32 sueldos al Pasaje Choiseul; últimamente a una abominable pocilga, detrás de la Magdalena, decorada con el nombre de Hôtel ingles, donde se sirve carne cruda de procedencia más que sospechosa, porotos duros, y cerveza infame, todo por un franco para regalo de los que quieren salvar el honor de la bolsa, afectando anglomanía. Había, pues, en tres días recorrido los siete escalones de la vida parisiense, y conocido el camino que va de la opulencia a la escasez, haciéndome mi mentor este curso, para precaverme de todo accidente. Là-dessus, podía permanecer tranquilo: en una crisis financiera, conocía ya el camino del soy-disant Hôtel ingles.

El folletín es como usted, sabe la filosofía de la época aplicada a la vida, el tirano de las conciencias, el regulador de las aspiraciones humanas. Un buen folletín puede decidir de los destinos del mundo dando una nueva dirección a los espíritus. Leen Gozlan ha publicado uno en estos días, que para mí vale más que el tratado Mackau. París, la ciudad de todos los goces, que ha inventado el Hipódromo, el reclame, la carta verdad, con sus veinte teatros, sus jardines, restaurantes, asfaltos, museos y cursos públicos de enseñanza, carece, sin embargo, de ciertas comodidades, de que por más tiempo no puede sin mengua privarse la ciudad cosmopolita. Por menos de nada véndese la risa en el Palais Royal, suficiente para hacer reventar a un ingles si se deja ir a la tentación de reírse; el que quiere llorar se dirige a la Porte San Martín, premuniéndose por precaución de pañuelos, porque las lágrimas corren allí a mares. Dánse gratis las más profundas lucubraciones del espíritu humano; y tal es la convicción del parisiense de que en París está reunido todo lo que Dios y el hombre han creado, que pidiendo Balzac en un restaurant comme faut, una ala de salamandra, el mozo le contestó sin turbarse V'là, M'sieu, volviendo inmediatamente de la repostería anunciarle que en aquel momento acababa de acabarse. Bien pues, a pesar de todo esto París carecía, según Gozlan, de una de las primeras comodidades de la vida, de un establecimiento donde se vendiese sueño, para los dramatistas que hacía fiasco, para los agiotistas que jugaban a la alta, los amantes desairados, etc., e iba al efecto a construirse un dormitorio modelo cerca de la Bolsa, para evitar suicidios. Murallas colchonadas debían interceptar los ruidos de la ciudad torbellino, y hacer el silencio como la máquina neumática hace el vacío. Un padre de familia que ha especulado sobre los bonos españoles se presenta a la puerta pidiendo dos horas de sueño; un portero mudo lo introduce de recinto en recinto, de salón en salón, hasta dejarlo en una cámara donde hay sofás y cojines de pluma. Sus cascos están para volar, aguarda el sueño que deben servirle, y cuando en su ignorancia de los procederes, espera oír una música dulce, calmante, eólica desde una ventana oye a un doméstico que lee bostezando Noticias del... del... Ríooo... ¡ahh! del... del Ríooo... ¡ahhh! de la ¡Pla plaaaaaa tahh! el Je... ne... er... er... al Madari... ia... ga ha de... rrro... rrreo... ¡ohh!... ¡derro... rro... rro... rrohhh! Nuestro enfermo se impacienta, tira el cordón para llamar y nadie responde, grita y él mismo no se oye su voz, absorbida por la muralla y los aparatos antiacústicos. El infeliz que se siente asesinado esconde la cabeza entre los cojines, y el implacable lector sigue: el Jene... jene... ¡jenehh!!! hasta que al fin se duerme el paciente, ronca profundamente, y dos horas después lo despiertan por no haber pedido más que dos horas de sueño. Así con veinte francos que paga a la puerta, su cabeza se ha descargado y el pensamiento del suicidio desanidádose de su corazón.

Este es, mi querido doctor, el lugar que en la opinión pública ocupan nuestros asuntos del Plata. León Gozlan tomaba para su récipe la noticia más soporífera que encontró en el primer diario que vino a sus manos; y como estoy seguro de que usted no se duerme, doctor, cuando le hablan de las cosas argentinas, voy a darle más soporíferos pormenores. Por accidente oigo a Lasalle, editor del Correo de Ultramar, al redactor de la Presse al servicio de Rosas, y a M. Pichon, el ex cónsul del Montevideo. ¡Que cinismo! El primero escribe según él mismo, para que Rosas se suscriba por doscientos ejemplares; el segundo por contrata; y el tercero cuéntanos como ha escrito ya a Oribe, trasmitiéndole las propias palabras del rey «N'ayez pas peur, M. Pichon —es el rey quien habla, es el rey quien habla— mes pantalons garance ne verrront jamais cette rivière de la Plata. ¡Yo! destronar a ese M. Rosas que gobierna ya catorce años en esas repúblicas americanas, que ha fundado el orden, y sometido ¡a esos anarquistas, alborotadores, a esos unitarios! Dicen que es un bárbaro, sanguinario, ¿qu'est-ce que ça nous fait à nous? Me dice cosas peores la oposición. ¡Calumnias, contra los gobiernos moderados!»

Recuerda usted que Lamartine preguntaba a Varela ¿qué idioma hablábamos? Un redactor en jefe de diario conservador me ha pedido pormenores sobre nuestras luchas en América contra los mahometanos, disertando enseguida ¡con un aplomo admirable sobre la oposición de creencias, de razas, etc.!

A mi llegada a París, Rosales me trasmite la orden de presentarme en el ministerio de Relaciones exteriores, por orden de M. Guizot. El rey le ha preguntado qué clase de individuo soy yo, y Rosales ha debido decirle que soy un excelente sujeto. Más tarde sé que el caballero de Saint Georges ha escrito a su gobierno que si desea saber algo sobre la cuestión del Río de la Plata, oiga a un señor de mi nombre, hombre competente para juzgar. Don Francisco Matta me guía al ministerio, y M. Dessage, jefe del departamento político, me recibe. este funcionario es el ojo con que Guizot ve la cuestión del Plata. Todos los días presenta el extracto de los diarios y de las noticias recibidas. «Río de la Plata» artículo de oposición, no se lee. «Denuncia el National el corte de los bosques»

—Recoja usted datos. «Nota de Deffaudis pidiendo fuerzas»

—No se mandan.

Así se maneja el mundo, así se crea la historia. M. Dessage me interroga. Quiero yo establecer los verdaderos principios de la cuestión. Hay dos partidos, los hombres civilizados, y las masas semibárbaras.

—El partido moderado —me corrige el Jefe del departamento político—, esto es, el partido moderado que apoya a Luis Felipe, el mismo que apoya a Rosas.

—No señor, son campesinos que llamamos gauchos.

—¡Ah! los propietarios, la petite propriété, la bourgeoisie. Los hombres que aman las instituciones... La oposición —me rectifica el ojo y el oído de M. Guizot—, la oposición francesa y la oposición a Rosas compuesta de esos que pretenden instituciones...

Me esfuerzo en hacerle comprender algo; pero ¡imposible! es griego para él todo lo que le hablo. Hay un partido tomado, y un gobierno no se deja persuadir a dos tirones aunque Deffaudis y Saint Georges, que están en el teatro de los sucesos, acrediten la competencia de la persona. En resumen:

Rosas = Luis Felipe.
La mazorca = El partido moderado.
Los gauchos = La petite propriété.
Los unitarios = Lo oposición del National.
Paz, Varela, etc = Thiers, Rollin, Barrot.

Y como no es propio a un recién llegado echar a pasear un funcionario, doyle respuestas sin sentido a todo lo que sobre los hechos me continúa preguntando, y tomo mi sombrero, después de haber recibido la indicación de hacerme presentar a Guizot, quien ya aleccionado por M. Dessage de que soy una especie de animalito raro, que vengo hablando, rococó, principios, libertad, instituciones, cuando el señor Rosales le dice que vengo de Montevideo, Guizot corrige, para evitar entrar en explicaciones sobre este punto: el señor viene de Chile donde reside hace seis años, viene, etc., lección que se da escrita al ministro para que la repita a la persona que se le presenta, a fin de hacerle sentir cuanto caso hace del presentado. A veces ocurre algo parecido a aquello de mujer de Talleyrand con Denon, que tomó el libro de Robinson por el del viaje a Egipto y le pedía noticias del indio Domingo, del loro y de la llama. M. Guizot me habla de educación primaria, objeto de mi viaje, y me ofrece la cooperación del gobierno en cuanto necesite para la realización de mi objeto. Me habla con interés de Chile, me interroga sobre varios puntos relativos a la enseñanza, etc.

Mi amigo el comandante Massin, compañero de viaje del Brasil a Europa, había sido destinado al ministerio de la marina, y cada vez que nos veíamos me refería los progresos que hacía en un plan de operaciones emprendido con el barón Mackau, ministro del departamento. Cuando se habla del Río de la Plata en el ministerio, me decía, yo suelto alguna frase de inteligencia, la discusión se traba y a lo mejor digo a mi ministro: no conozco a fondo este punto; pero ha venido conmigo un americano que le solvería a usted todo género de dudas. Le pico la curiosidad, y un día de estos vengo a llevarlo para que tenga una entrevista. No se pasan en efecto cinco, antes de que el comandante Massin se presente en mi habitación, radioso del placer de haberse salido con la suya. Recíbeme Mackau con la amabilidad expansiva del hombre que se siente estúpido, y le han persuadido que su interlocutor es más inteligente; porque el barón Mackau tiene una reputación colosal en París de ser un animal en dos pies; en la Cámara no lo interrumpe la oposición a fin de oírlo decir platitudes, y el centro se venga de su servidumbre, riéndose de su jefe y amigo, hasta dejar correr las lágrimas, cuando él tiene la palabra. Hablo largamente de los acontecimientos del Plata; y como no es tan sabido como M. Dessage, no me corrige los conceptos, no me sustituye las sanas ideas en lugar de las mías. M. Mackau aprueba todo con un signo de cabeza y una sonrisa. Digo cuanto juzgo oportuno para edificación del ministro; su benevolencia me anima, siento que mi confusión primera se disipa, mis ideas se aclaran; cito hechos, establezco principios, me escucho elocuente. Massin está contentísimo de su amigo el americano; lo leo en sus ojos animados. El almirante continúa siempre haciéndome reverentes signos de aprobación; pero son tan metódicos, son tan mecánicos, que parece una palanca; mírole fijamente los ojos, y veo en ellos aquella fijeza sin mirada del hombre que no escucha, absorbido por algún pensamiento interno. Yo me detengo repentinamente en mi improvisación, y el ministro faltando el ruido de las palabras, despierta, y no sabiendo que decirme porque no está en antecedentes, explora, tartamudea, y no acaba; hay un momento de silencio, trato de escabullirme, y Massin me aprieta la mano al salir, en signo de parabién, creyendo que he depositado alguna idea en aquel cerebro de estopa, ¡había sido tan animado mi discurso! A la puerta del salón del ministro encontramos un individuo que nos mira de pies a cabeza, con aire de empleado del octroi, registrando con los ojos al pasante por ver si lleva o trae algo de contrabando.

—¿Conoce usted a éste? —me dice Massin.

—No.

—¿Es el conde Alley de Cyprey?

—¿Y quién es ese?

—Es aquel empleado oficioso, que después de la toma de Obligado fue a Buenos Aires de arte del rey, a asegurar a Rosas de la desaprobación del gobierno por las hostilidades comenzadas. este es el alma de Mackau, y está furioso conmigo porque lo he introducido a usted; es partidario acérrimo de Rosas.

Aquí tiene usted pues, íntegro el pensamiento oficial sobre la cuestión del Río de la Plata, en el gabinete de las Tullerías, jarrón dorado que contiene agua sucia. Dessage, Alley, tales como usted los ve, son los árbitros de nuestra suerte.

Va usted a buscar la opinión de los americanos mismos, y por todas partes encuentra la misma incapacidad de juzgar. San Martín es el ariete desmontado ya que sirvió a la destrucción de los españoles; hombre de una pieza; anciano batido y ajado por las revoluciones americanas, ve en Rosas el defensor de la independencia amenazada, y su ánimo noble se exalta y ofusca. Sarratea, el compañero de orgía de Jorge IV, antes de ser rey de Inglaterra, viejo escéptico, Voltaire que no ha escrito, hoy todavía en París mismo modelo de finura, de gracia noble y de sencillez artística en el vestir, tiene con más talento y menos despilfarro la gastada conciencia de Olañeta. Rosales, el hombre más amable, el cortesano de la monarquía, todo bondad para con todos, ha sido educado en este punto por Sarratea, su Mefistófeles, el cual lo lanza a las confidencias con Luis Felipe, a quien pone miedo con la indignación de la América. Esta es la cuerda del Napoleón de la Paz; nada de guerra, la Francia es demasiado grande para sufrir sin pestañear la afrenta; es una marquesa del faubourg Saint-Germain que puede permitirse un capricho con alguno de sus lacayos, sin desdorar los cuarteles de su escudo de armas. Esos melindres de honor se quedan para los estados de tercer orden, para la bourgeoisie de las naciones.

En fin, soy introducido a M. Thiers, que no puede dedicarme sino un cuarto de hora, porque está reconcentrándose para pronunciar en la cámara un discurso de cuatro horas.

Tan fastidiado estoy de los grandes hombres que he visto, que apenas siento entusiasmo al acercarme a este diarista, historiador, estadista, financista, orador. En la calle Nueva de Saint-Georges tiene su hotel rodeado de árboles frondosos, y separado de la calle por una verja de hierro que deja ver el verde césped que alfombra el suelo. Esperábame en su jardín a la sombra de los árboles, a la orilla de un estanque lleno de pescadillos rojos que tenían el agua en continuo movimiento. Es M. Thiers un hombre chiquito, moreno, cara redonda como un boliviano; su metal de voz es poco sonoro, su palabra fácil, su aproche alentador. La conversación se hubo entablado luego; no había momento que perder. Al principio me aventuré con timidez, el chasco de Mackau me venía a la memoria; y luego exponer ideas a M. Thiers, es una tarea que se la doy, no digo a un americano, al más pintado, a un escritor europeo. Pero había tanta indulgencia en su semblante, me detenía medroso, y él me decía: continúe usted. El cuarto de hora pasó y quise levantarme.

—No, todavía no, me interesa, siga usted.

Y al fin de tantos sufrimientos tuve la dicha, tan cara para los hombres que comienzan y no tienen prestigio, de verse animados, aprobados, aplaudidos por una de las primeras inteligencias de la tierra.

¿Para qué he de decir a usted el tema de mi discurso? Conócelo usted y podría repetir las mismas palabras, los mismos pensamientos. Mr. Thiers, al oírme me decía: continúe usted; la cuestión toma otro aspecto que no le conocía; esto es grande, continúe usted y yo seguía, amigo; la palabra me venía fácil y neta en francés, como en aquellas horas de interminable charla con mis amigos. Decía todo mi pensamiento, y vi un momento la América toda y su porvenir desarrollarse ante mis ojos, claras todas las cuestiones, rodando sobre un punto céntrico, único, la falta de intereses industriales.

—¿Rosas cuenta con la mayoría?

—Sí, señor, sus enemigos verdaderos, de corazón, son los pocos que tienen por la regeneración de las ideas el sentimiento de la unidad de los pueblos cristianos.

Mi introductor me punzaba para que no continuase en este mal camino. Después me decía, ¡malo! dígale que la inmensa mayoría lo es hostil.

Preguntóme enseguida por Florencio Varela, y mi introductor se apresuró a decirle que por él le venía recomendado. Varela había dejado una agradable impresión en su espíritu, y los elogios que en la cámara tributó a su nombre, los más exagerados aun, que sobre su mérito y la fascinación de su palabra hizo el petate de Mackau, son sin duda timbres de que puede gloriarse un americano. Es Varela, en efecto, no el hombre más instruido que tiene hoy la República Argentina, sino la naturaleza más culta, el alma más depurada de todos los resabios americanos, es el europeo aclimatado en el Plata ya, como aquellas plantas exóticas que a tres o cuatro generaciones, y mediando la cultura esmerada, recobran al fin el perfume y el sabor que les eran originales. Varela ha dejado aquí amigos apasionados y entusiastas, es conocidamente el centro de la acción inteligente contra Rosas en Montevideo, y su contacto diario con todos los hombres notables que toman la gestión de aquellos negocios tan complicados, hace valer la influencia de sus modales tan cordialmente cultos, de su espíritu tan sensatamente elevado. Poniendo su nombre al frente de un diario, ha querido por respeto a sí mismo ponerse un freno para no ceder a la tentación a que sucumbió Rivera Indarte de volver injuria por injuria, en aquella lucha en que contra el razonamiento y los principios se arrojan las pasiones groseras y la violencia. Sobre todo, lo que hace de Varela un hombre inestimable en las crisis en que tiene que figurar, es su posesión completa de los idiomas modernos, que hace de él un intermedio indispensable entre los enviados europeos y los americanos interesados en la lucha. Mr. Thiers lo había favorecido con una distinción que rayaba en la amistad, y así nos lo expresó esta vez. Al despedirnos, Mr. Thiers dijo, sin duda no con otro objeto que el de prodigar una de esas amables palabras con que e francés hace feliz al que se le acerca: he oído con placer a este señor. Su modo de ver la cuestión es nuevo, fecundo, me interesa; no me pesa el tiempo que le he consagrado; hablaremos más despacio después; necesito más datos. Llévelo a la cámara pasado mañana que hago una reseña general de la política del ministerio; hablaré tres horas; no diga usted nada; quiero caerles de improviso. Yo me retiré, como usted puede imaginarlo, satisfecho de mí mismo, radioso, inflado, y tiñendo de rosa mi porvenir de París.

Sígame a la cámara; voy a introducirlo a otro mundo. En la sala de los pasos perdidos, soy presentado a Armand Marrast, redactor de El National, y opositor a Rosas simplemente por desafección a Guizot. Hablamos, me escucha, me aprueba; pero me pide datos escritos para hacer con ellos artículos de oposición. Pido que se escriba en el sentido de nuestros intereses americanos, y no en los de la oposición, y me hace sentir que eso no le importa, si no hacer la oposición.

Entremos a la cámara. La sesión comienza. Mr. Sauzot, la flor de los presidentes de cámaras presentes y futuros, ocupa el fauteuil; mango inteligente de campanilla, robinete que deja escapar el chorro de palabras que conviene de la boca de cada orador. La cámara es un semicírculo, la mitad de un reñidero de gallos de dimensiones colosales. No es por lo moral la afinidad. En el corte, en el diámetro, están la alegoría de la fuerza, contrapuesta a la de la prudencia; el orden público a la libertad; la justicia a la elocuencia. La fuerza, el orden público, y la justicia, están al lado de la izquierda; lenguaje mudo que la oposición traduce así: la fuerza se llevará por delante al orden público para llegar a la justicia, y dar cuenta de la elocuencia, la libertad y la prudencia como las entienden el centro y la derecha. Los bancos de los diputados se extienden en círculos concéntricos en derredor de un pequeño hemiciclo, en que está la tribuna de los oradores, y a su espalda el presidente y enturage. Detrás, a la izquierda, hay un gran cuadro del rey distribuyendo banderas a la guardia nacional; otro en que está recibiendo la carta, hacia la derecha. Hay tribunas para los diaristas, tribunas públicas, de los agentes diplomáticos, de los antiguos diputados, de la casa real, etc., que forman el semicírculo de la circunferencia del hemiciclo.

Los semidiámetros que de todos los puntos convergen al centro, dividen los bancos en centro ministerial con los ministros al frente, centro derecho, centro izquierdo, costado derecho, costado izquierdo, extremo derecho, extremo izquierdo. Una vez conocido el mapa, mi amigo Lelong iba satisfaciendo mi curiosidad.

—Aquí tiene usted a Larochejaquelin, el vendeano, descendiente de los cruzados, extreme droite, legitimista.

—¿Dónde está M. Fulchiron que me hace mucha gracia?

—M. Fulchiron, chose, M... helo ahí; Maugin centro izquierdo; Berryer centro derecho. Allí los ministros. Diviso a Mackau en el extremo, el último de los ministros, término en que la naturaleza ministerial pasa de un reino a otro, de roca a molusco, de ministro a ordenanza. ¡Oh! ime pagaréis, imbécil, mi bello discurso, el mejor, el único que he hecho en mi vida, y que no tuvisteis el honor de oír! Siguiendo el frente de la columna de los bancos, en la extrema izquierda diviso a Odilon Barrot, a Arago el astrónomo; Cormenin, autor del Timon, y Ledru Rollin, están tres bancos atrás. Lamartine, el vizconde, que tenía su asiento en la extrema derecha, va caminando hacia la izquierda; otro tanto sucede con Beaumont, Duvergier d'Hauranne; Emilio Girardin está en el beau milieu del centro, es ministerial. Cada diputado tiene por delante un bufete, y cuando la discusión comienza, un cuchillo de madera en la mano para hacer ruido. Léese la orden del día, sube un orador a la tribuna, y el chas, chas de los papeles agitados intencionalmente comienza; nuevos oradores y más o menos bulla según el color a que pertenecen; un diputado joven decía: pero, por Dios señores, ¡permítanme decir una sola palabra! ¡Hum! ¡qué ruido, qué risa! Al fin el orador desciende riéndose también. Yo que estoy a la altura de París, cosa que experimentan otros antes de llegar, no presto atención a todas estas habladurías; estoy iniciado en el secreto; sé lo que pocos saben. M. Thiers sube a la tribuna. Grande movimiento en el centro izquierdo a que él pertenece; en el derecho, donde están sus adversarios. Se tose, se acomodan en el asiento, se escucha. M. Thiers deja asomar la mitad de su cuerpo sobre la tribuna como un corista en el púlpito. Lleva pantalón de mahon, un chaleco de color y levita oscuro. Saca un pañuelo blanco que lleva a la cara en vía de ensayo, explora con la vista los vasos de agua que haya ambos extremos del mármol, mira hacia la cámara y aguarda que haya silencio. El silencio se produce; y su voz pequeña empieza a deslizarse, sin vehemencia, como una gotera de agua límpida que filtra de una roca; conversa, gesticula, acciona desembarazadamente, pero sin formas oratorias. No olvide usted que el gobierno tiene una inmensa mayoría y que esta mayoría va a oírse llamar en sus propias barbas, corrompida. Yo sigo el discurso por los efectos que causa; un sordomudo habría comprendido perfectamente el sentido de aquella improvisación. Al principio, atención profunda en todos los bancos; más, a medida que avanza, la cámara va agitándose en diversos sentidos, aprobaciones en los extremos; descontento, malestar en los centros; los rumores van creciendo, son ruidos, son murmullos ya. La frase indica que va a soltar una palabra terrible, ofensiva, humillante, y en el momento de lanzarles sobre las cabezas este dardo, la cámara estalla en un grito de reprobación. Thiers está parado, con las manos apoyadas en el mármol, el cuerpo lanzado hacia delante, esperando el silencio que no tarda en venir, y entonces les lanza la fatal palabra que habían querido cubrir con sus gritos, y con la que el astuto lidiador no había hecho más que amenazarlos; la reciben, pues, a boca de jarro, y hacen ruido mientras toma él un sorbo de agua, se enjuga, y vuelve a tomar posiciones. El semblante de Guizot está sublime de cólera y de desdén, las extremidades de sus labios naturalmente inclinados hacia abajo se contraen de una manera absoluta, dominante. De cuando en cuando sacude la cabeza como diciendo: ya esto es demasiado; pero Thiers apenas ha principiado. Ha pasado ya la revista de la política exterior, el Oriente, la Inglaterra, Pritchard, el Río de la Plata, por todas partes la Francia humillada, decaída de su rol de gran nación. Viene enseguida el sistema electoral, la disipación de las rentas para corromper pueblos con el sebo de las obras públicas hechas en su beneficio, empeñado el crédito de la Francia, haciendo el bien no por el bien mismo, sino para obtener diputados para la cámara. Cuando el orador observa que los semblantes de los diputados están morados, y verdes de cólera los de los ministros, entonces hablando con volubilidad, les arroja repentinamente la más amarga de sus frases, el reproche más sangriento, y se retira al fondo de la tribuna, mientras los centros se arrojan furiosos sobre la palabra que les daña, como los perros que muerden la piedra con que se les tira. Tiene cuidado de que no se reviente alguna arteria, y les deja desahogarse, soltándoles la brida que hasta entonces llevaba tirante. Si la cámara está fatigada de oírle, hace concesiones; reconoce algún mérito en los actos del gobierno, signos de aprobación salen del centro; pero un mais..., acentuado, vibrante, detiene a media inclinación una cabeza que iba asintiendo; y entonces no son ya palabras las que se suceden, son centellas, es una tempestad relámpago y de rayos, una lluvia de granizo, que los desmoraliza y oprime tanto más cuanto que los había distraído, desmontado, aflojádoles los nervios, y preparádolos para sentimientos blandos. Después de una nueva pausa, en pos de dos horas ya de discurso, de tormento, de azotes, la mayoría grita: ¡assez! ¡assez! Pero Thiers dice, con una gracia infinita, con tanta atención «una sola palabra», que la cámara consiente, y oye una hora sin poder interrumpir, porque son cálculos que se están ejecutando en el aire con la misma precisión que sobre la pizarra, son consejos paternales, son palabras de amigo, previsiones de lo futuro, el interés personal de los mismos miembros. El rey se deja ir, el sistema se destruye, la autoridad personal reaparece, y las conquistas hechas a costa de tanta sangre, van a perderse; y todo esto moviéndose como una ardilla, agitando las manos hacia la cámara, como si derramara sobre ella palabras a puñados, estirándose, para seguir las diversas inflexiones del discurso; entreteniendo a la cámara con el encanto de sus modales llanos, su palabra acentuada, popular, insinuante. La sesión se termina, en fin, sin que se le haya quedado al orador nada por decir, nada por echar en cara.

Al día siguiente, medio París quiere escuchar la réplica de Guizot. Yo logro procurarme dos entradas; pero las tribunas todas están ya ocupadas, y en vano rondamos de uno a otro vomitorio sin poder abrirnos paso. Al fin logramos meter la punta de la nariz por la puerta de la tribuna que ocupa Martínez de la Rosa, enviado español... Guizot está ya en la tribuna. El silencio profundo de la cámara deja repercutirse su voz metálica, sonora, vibrante, por todos los ángulos del edificio. Su actitud es naturalmente insolente, tiene como en sus retratos, la cabeza echada hacia atrás, la frente dominante, el corte de la boca encorvado para abajo. Sus maneras son las de un lord, su tono el de un ministro omnipotente; su acento el del antiguo catedrático de la Universidad. Hablando a la cámara, justificándose, mintiendo, manda, enseña, hace un curso de historia, de moral, de política, de filosofía; y si algo faltara al orador, daríaselo la aprobación escrita, marchamada en la cara de la mayoría, el respeto, la gratitud pintada en los semblantes. En cuanto a los extremos, no existen para él, no los mira siquiera; a bien que tiene a Thiers frente a frente en el centro izquierdo, para aplastarlo con su lógica fulminante, su desdén matador, su desprecio insoportable.

Y luego, ¡es tan sencilla la defensa del gobierno! Comparad la situación actual con la situación de 1840, con lo que el funesto misterio de M. Thiers había producido. hoy día el gran partido conservador está reconstituido, fortificado, disciplinado. Hoy día la Francia es respetada, influyente afuera, tranquila y próspera en el interior. La fortuna pública ha tomado un desarrollo al cual nunca se creyó posible llegar. ¡Qué rico espectáculo de trabajos públicos!¡caminos de hierro, rutas, canales, puertos, construcciones navales, fortificaciones de París y de todas nuestras plazas de guerra! ¡Qué homenajes, qué corona de gloria discernida a nuestro rey por las más orgullosas naciones, en todos los países del mundo! ¡Qué profunda seguridad, qué orden interior! ¡qué acción fácil y regular de las leyes! Al reproche de no hacer nada para mejorar las instituciones, Guizot responde: este período de dieciséis años ha sido un verdadero statu quo, como era necesario para apaciguar tantas agitaciones, para vigorizar los nervios y los músculos de la Francia. Con la legislatura nueva vamos a entrar en una era de iniciativa, de desarrollos más marcados, de progresos más profundos; y esta iniciativa pertenece al partido conservador. La mayoría se agita de placer y de entusiasmo al sentirse tan omnipotente. Los cuadros que Guizot traza ante sus ojos la fascinan; y las magnificencias de aquel lenguaje severo y ameno a la vez, turban a las minorías mismas. Mi compañero, que es enemigo irreconciliable de Guizot, electrizado por aquella elocuencia que aplasta a sus amigos, políticos, exclamaba por lo bajo c'est beau! c'est beau! Guizot desciende de la tribuna, triunfante, victorioso; corónalo con sus aplausos la mayoría tan ensalzada por él, tan incensada. En vano sube a la tribuna Odilon Barrot para replicar, apenas se puede hacer escuchar, lucha un momento y cede ante la impulsión dada a los espíritus. Hay una fraseología parlamentaria que ejerce, en efecto, una fascinación completa. Hay un país legal, un país electoral, una mayoría, ministros responsables; el rey repite en cada discurso del trono: la carta es una verdad. ¿Qué pueden reprocharle a este gobierno que tiene su mayoría parlamentaria?

Pero vea usted algunas cifras. La Francia tiene 35.000.000 de habitantes y 270.000 electores, elegidos según lo que poseen y no según lo que saben; el sabio que no paga impuestos no entra en el país electoral. Hay en Francia entre ciudades, villas, aldeas y villorrios, treinta y seis mil poblaciones, y la cámara se compone de 550 diputados. Toca, pues, un diputado a cada 490 electores. Ya usted ve que 490 personas no es ganado tan arisco que no pueda amansársele por los dones, por los favores. La mayoría dispone de empleos, donaciones, y colocaciones para los electores; cada diputado reparte estancos, percepturías, etc. La Época, diario ministerial, persigue a todo desertor de la mayoría, publicando de los registros oficiales la lista de los favores recibidos, con lo cual prueba el gobierno que nadie tiene derecho de tirar la piedra contra la corrupción. Mrs. Beaumont (de la Somme), Corne, Havin, Duvois, La Doucette, cada uno de aquellos tránsfugas ha sido ensambenitado. Si quiere formarse idea de lo que este manejo importa, oiga usted Mr. Pieron acaba de pasar a los bancos de la izquierda. Para probarle que él es tan corrompido como los demás, La Época registró un documento, del cual resulta con todo el cinismo de los detalles que en resumen, M. Pieron ha obtenido trescientos cuatro empleos o favores, de los cuales 42 son receptorías, 10 percepturías, 8 receptorías de contribuciones directas, 43 empleos de aduana, 20 estancos, 8 favores, y 173 servicios en el ministerio de la guerra.

He aquí el secreto del gobierno de M. Guizot, porque se observa que todas las listas principian en 1840. M. Pieron ha tenido el coraje de desertar; imagínese usted como será la cuenta corriente de los que quedan firmes en la mayoría. Los electores eran 490, y los dones repartidos son 304, estos van a los hijos, a los hermanos, a los allegados de los electores de campaña, aquellos buenos paisanotes, la petite proprieté de M. Dessage, aquellos sostenedores del orden, puesto que siembran patatas. La Francia ha caído en este horrible lazo, y en vano se agita, lucha, protesta; ella no es el país legal, ni el país electoral. Cuando se echa en cara a M. Guizot esta corrupción del elector y del elegido, se dirige a la mayoría y la apostrofa en estos términos: ¿Os sentís corrompidos? No, grita la mayoría, con gran confusión de las pobres minorías que ven realmente que no hay corrupción, puesto que cuatrocientos agiotistas lo repiten. Cuando se denuncia en la tribuna un delito evidente como la luz, una dilapidación escandalosa, probada, M. Guizot pide que la cámara decida si está o no satisfecha, y un movimiento en masa de la turba de cómplices, absuelve de toda culpabilidad al rey y al ministerio. ¡He ahí el país legal, he ahí los grandes hombres de la tierra!

Las minorías prontas a desaparecer, se han coaligado, y sus esfuerzos se dirigen a la fuente del mal, a la ley electoral, a deshacer si pueden esa gavilla de paniaguados, electores y diputados. El programa para las elecciones que acaban de tener lugar era de parte de la oposición:

La reforma electoral y parlamentaria;
La reorganización de la guardia nacional;
La revisión de las leyes de septiembre;
La derogación de la ley sobre anuncios judiciales;
La repulsa de todo proyecto de dotación para la familia real;
Que la confección de las listas del jurado sea arrancada a la arbitrariedad de los prefectos;
Que las rentas y todos los ramos del servicio público sean administrados con inteligencia, economía y honradez;
Que un sistema más digno del nombre y del poder de la Francia, regle sus relaciones con las otras naciones;
Y que en el interior, en fin, los poderes del estado se preocupen con una seria atención de la educación, y del bien estar de las clases trabajadoras.

¿Cuál le parece a usted que ha sido el resultado de las elecciones? El gobierno tuvo miedo, redobló sus esfuerzos, y sacó más diputados satisfechos que los que hubiera deseado. Los cuatro quintos, los nueve décimos de la cámara nueva formarán la mayoría. El gobierno ha tenido vergüenza de su triunfo; jugó la máquina con más actividad de lo que esperaba. ¡Pobre humanidad, qué va a ser de ella ahora!

El hecho viene apoyado en la doctrina. Guizot ha dicho en plena cámara que es necesario detener el progreso, que hay ya demasiado progreso; y estos doctrinarios, amigo mío, son los casuistas de la política. Se arroja una opinión reaccionaria, para irla convirtiendo en opinión probable poco a poco. No hay verdad ninguna reconocida. Los pueblos no marchan a un fin, la historia no tiene ilación; hay hechos, voila tout; y el hecho consumado es la ley del género humano.

Carlos X, Luis XVIII, ¡qué cuitados erais! nosotros hemos pasado ya de Luis XV, estamos en Luis XIV, le grand roi. El diario de los Debates llama al Jardín de las plantas, le Jardín du roi; el palacio du roi, la biblioteca du roi. Al rey ciudadano no le llaman sus palaciegos, Su Majestad, que eso sería ponerse en contacto con él, le llaman el Rey, al dirigirle la palabra: «el rey se ha dignado mandarme llamar; el rey me ha ordenado, etc.» y sabe usted ¿quién es este rey? Juzgue por estos dos hechos. La lista civil, después de las dotaciones, apanages, para cada hijo, para cada nietecito, se ha hecho acordar la corta de los bosques que produce cuatro millones anuales, calculando hacer una corta en cada siglo, sobre cada uno de los lotes. Este año se han desflorado todos los bosques a un tiempo, escogiendo los árboles más corpulentos, operación que ha producido setenta y cinco millones. Interpelado el ministerio en la cámara, no supo que responder porque ignoraba, en efecto, tal depredación; al día siguiente, mejor informado, dijo con una adorable sencillez, que se había adoptado el sistema alemán, con lo que la cámara quedó satisfecha, y el buen rey guardó setenta y cinco millones. Hay en la lista civil una suma destinada para la reparación, guarda y conservación de los monumentos públicos. El personal de Saint-Cloud, Versailles, Fontainebleau, Vincennes, el Louvre, el Jardín de las Plantas, se compone de artesanos que deben tener dos oficios por lo menos, hojalatero y vidriero, carpintero y albañil, alfarero y constructor de teja y ladrillo. Su sueldo se les paga de la lista civil, pero el trabajo es una carga que les impone el rey. A la hora de función, revisten la casaca colorada, pasada la cual vuelve cada uno a su trabajo; y al año presenta el buen rey abultados gastos de reparación, tantos miles en tejas, tanto en estucos, tanto en vidrios, que lo han fabricado gratis sus dependientes. Esto es regio, ¿no le parece a usted, digno de un rey de Francia?

Cambiemos de asunto, y dejando en paz a los que en paz realizan tan grandes cosas, volveré a lo que conmigo tiene relación. Hago viajecitos a todos los alrededores célebres, y a Mainville, donde estudio el arte de cultivar la seda, bajo la dirección de M. Camilo Beauvais, por si un día en América, en Mendoza, en Chile, piensan sobre el porvenir industrial de los países templados de la América del sur, tan oscuro, tan inseguro. A una legua de Mainville, no lejos de la margen del Sena, vive olvidado don José de San Martín, el primero y el más noble de los emigrados que han abandonado su patria, su porvenir, huyendo de la ovación que los pueblos americanos reservan para todos los que los sirven. Nuestro don Gregorio Gómez, el general Las-Heras, y otros restos del mundo antiguo me habían recomendado con amor, con interés, y el general Blanco díchole tan buenas cosas de mí, que me recibió el buen viejo sin aquella reserva que pone de ordinario para con los americanos en sus palabras cuando se trata de la América. Hay en el corazón de este hombre una llaga profunda que oculta a las miradas extrañas, pero que no se escapa a la de los que se la escudriñan. ¡Tanta gloria y tanto olvido! ¡Tan grandes hechos y silencio tan profundo! Ha esperado sin murmurar cerca de treinta años la justicia de aquella posteridad a quien apelaba en sus últimos momentos de la vida pública, y tiene setenta y cinco hoy; las dolencias de la vejez y el legado de las campañas militares, le empujan hacia la tumba, y ¡espera todavía!

He pasado con él momentos sublimes que quedarán para siempre grabados en mi espíritu. Solos un día entero, tocándole con maña ciertas cuerdas, reminiscencias suscitadas a la ventura, un retrato de Bolívar que veía por acaso. Entonces, animándose la conversación, lo he visto transfigurarse, y desaparecer a mi vista el campagnard de Grandbourg y presentárseme el general joven, que asoma sobre las cúspides de los Andes, paseando sus miradas inquisitivas sobre el nuevo horizonte abierto a su gloria. Sus ojos pequeños y nublados ya por la vejez, se han abierto un momento, y mostrádome aquellos ojos dominantes, luminosos de que hablan todos los que le conocieron; su espalda encorvada por los años se había enderezado, avanzando el pecho, rígido como el de los soldados de línea de aquel tiempo; su cabeza se había echado hacia atrás, sus hombros bajádose por la dilatación del cuello, y sus movimientos rápidos, decisivos, semejaban al del brioso corcel que sacude su ensortijada crin, tasca el freno y estropea la tierra. Entonces la reducida habitación en que estábamos se había dilatado, convirtiéndose en país, en nación; los españoles estaban allá, el cuartel general aquí, tal ciudad acullá; tal hacienda, testigo de una escena, mostraba sus galpones, sus caserías y arboledas en derredor de nosotros...

¡Ilusión! Un momento después, toda aquella fantasmagoría había desaparecido; San Martín era hómbre y viejo, con debilidades terrenales, con enfermedades de espíritu adquiridas en la vejez; habíamos vuelto a la época presente y nombrado a Rosas y su sistema. Aquella inteligencia tan clara en otro tiempo, declina ahora; aquellos ojos tan penetrantes que de una mirada forjaban una página de la historia, estaban ahora turbios, y allá en la lejana tierra veían fantasmas de extranjeros, y todas sus ideas se confundían, los españoles y las potencias europeas, la patria, aquella patria antigua, y Rosas, la independencia y la restauración de la colonia; y así fascinado, la estatua de piedra del antiguo héroe de la independencia, parecía enderezarse sobre su sarcófago para defender la América amenazada.

De otras correrías es teatro París. Al despedirme de mi buen amigo el señor Montt, le decía yo con aquella modestia que me caracteriza; la llave de dos puertas llevo para penetrar en París, la recomendación oficial del gobierno de Chile y el Facundo; tengo fe en este libro. Llego, pues, a París y pruebo la segunda llave. ¡Nada! ni para atrás ni para delante, no hace a ningún ojo. La desgracia había querido que se perdiese un envío de algunos ejemplares hecho de Valparaíso. Tenía yo uno; pero ¿cómo deshacerme de él? ¿Cómo darlo a todos los diarios, a todas las revistas a un tiempo? Yo quería decir a cada escritor que encontraba, ¡io anco! pero mi libro estaba en mal español, y el español es una lengua desconocida en París, donde creen los sabios que solo se habló en tiempo de Lope de Vega o Calderón; después ha degenerado en dialecto inmanejable para la expresión de las ideas.

Tengo, pues, que gastar cien francos para que algún orientalista me traduzca una parte. Tradúcela en efecto, y doyla a un amigo que debe recomendarla a las revistas. Ya han pasado dos meses entre traducir y leer, y nada me dice.

—¿Qué hay de mi libro?

—Estoy leyéndolo.

—Mala espina me da esto.

Vuelvo más tarde, pido mi manuscrito y me dice:

—Lo hallo... un poco difuso... Hay novedad e interés, pero...

La verdad era que no había leído una palabra. ¿Quién lee lo que ha escrito uno a quien juzgamos inferior a nosotros mismos? El autor tiene un santo horror al manuscrito ajeno. Lo sé por experiencia. Habíame dado también un manuscrito cierto amigo en América, díchole yo que lo estaba leyendo, como mi amigo de París, y llegó el caso de pedirme el suyo, como yo pedía el mío ahora.

—¿Qué lo parece a usted la idea? —me dice; y como yo no sabía de qué trataba el manuscrito, en cuanto a la idea es excelente, le contesto— pero ¿cómo realizarla entre nosotros?

—Ya lo digo; buscando dos personas en cada provincia. Esto no es en Chile, me digo para mí, debe ser en la otra banda; ¡bueno! pero ¿dónde están esas personas; ¿cómo se comunica uno con ellas?

—Pero, por los medios indicados, por los signos convenidos.

—(¡Ah ya caigo, esto es algo de logias!) Hombre, le diré a usted francamente, en nuestro tiempo las logias, las cosas como logia, aunque no sean precisamente logias, son impotentes; el carbonarismo ha caído, no es posible contar con la religiosidad de aquellos tiempos de fe, como en la logia de Lautaro.

—Por eso propongo las modificaciones que usted ha visto.

—A ellas me refiero, y es lo único que puede hacerse en nuestra época; pero hombre...!

El proyecto es desechado por unanimidad y el no leído manuscrito devuelto. La pago, pues, ahora. Quiero entenderme con un redactor de la Revista de Ambos Mundos, y otro amigo me dice: no haga usted tal; los redactores ganan en proporción de los artículos que introducen por rotación de rol; un artículo extraño pospone los suyos, y se ligarán entre sí para no dejarlo entrar, entiéndase con Mr. Buloz, director de La Revista. Mr. Buloz es un respetable tuerto, director de la Opera cómica y de La Revista, tan versado en la contaduría del uno como del otro establecimiento. Me presentan, y queda en la oficina de La Revista mi manuscrito, para pasar a comisión que juzgue de su importancia, quedando citado yo para el otro jueves a la misma hora. Aquí principia aquella eterna historia de los autores que comienzan en París, y que lanzan su vuelo de una guardilla del quinto piso. De ahí salieron Thiers, Mignet, Michelet y tantos otros, me digo para alentarme; todos han aguardado a la puerta de alguna redacción, el corazón endurecido de humillación, ídose, vuelto. Vuelvo el jueves, golpeo tímidamente, y el terrible cíclope de La Revista saca su ojo en la punta de la cara, lo pasea, busca, veme, y me lanza cerrando la puerta, este empujón: «No se ha leído aun, hasta el otro jueves». De jueves en jueves, un día, día por siempre memorable en la biografía de todo garrapateador de papel, las puertas de la redacción se me abren de par en par. ¡Qué transformación! Mr. Buloz tiene dos ojos esta vez, el uno que mira dulce y respetuosamente, y el otro que no mira, pero que pestañea y agasaja, como perrito que menea la cola. Me habla con efusión, me introduce, me presenta a cuatro redactores que esperan para solemnizar la recepción. Soy yo el autor del manuscrito (una reverencia), el americano (una reverencia), el estadista, el historiador... Me saludan, me hacen reverencias. Se habla del libro; hay un redactor encargado del compte-rendu de los libros españoles, que quiere ver la obra entera para estudiar el asunto. Mr. Buloz me suplica humildemente que me encargue de la redacción de los artículos sobre América. La Revista ha faltado a su título de Ambos Mundos por falta de hombres competentes; podemos arreglarnos. Desgraciadamente el artículo sobre mi libro no puede aparecer sino en dos meses. Están tomadas las columnas para muchos más; pero se hará una alteración.

Esto me satisface; y ya han pasado cuatro semanas en idas y venidas hasta el momento en que escribo.

Pero aquel artículo me hace falta para presentarme ante los escritores. En París no hay otro título para el mundo inteligente, que ser autor, o rey. No he querido ser presentado a Michelet, Quinet, Luis Blanc, Lamartine, porque no quiero verlos como se ven los pájaros raros; quiero tener títulos para presentarme a ellos, sin que crean que satisfago una curiosidad de viajero. He visto ya a Jules Janin, a Ledru Rollin; éste en casa de San Martín, de quien es vecino; el otro en su escritorio adonde me condujo Tandonnet, que es su amigo. ¡Qué espiritual y qué consentido es en su trato familiar este folletinista!

Mr. Lasserre, aquel buen francés que reside en Chile, víctima antigua de sus ideas republicanas, y el liberal más ardiente que anda errante entre nosotros, me había dado preciosas recomendaciones para los Aragos y para Mme. Tastu, célebre poetiza que brilló en este ramo en su juventud y fue coronada por la Academia, y hoy está consagrada a la educación maternal, para cuyo auxilio ha publicado preciosos tratados. Recibe los martes, y allí en aquel círculo escogido, encuéntrase al anciano Tissot, de la Academia, unas veces, y a varias otras reputaciones literarias. Es la modesta habitación de esta escritora, el reflejo de aquellos antiguos salones que ya van desapareciendo en presencia de los intereses industriales. El de Mme. Tastu ha recibido sucesivamente a Humboldt, Champollion, Ampère, el célebre matemático, y todas las ilustraciones de aquella época. Cormenin, Tissot, y varios viejos y jóvenes literatos frecuentan su tertulia, y todos se hallan a sus anchas en aquel reducido círculo en que el gusto y la simplicidad presiden a las causeries, conversaciones más amenas y variadas. En esta sociedad, donde era siempre recibido con más distinción que pudiera esperarlo, he podido entrar bien adentro la mano en las llagas actuales de la Francia. Mr. Tissot había sido uno de los quince diaristas que habían derrocado la restauración de los Borbones; desechando 400.000 francos que le ofreció Carlos X, solo porque dejase de escribir, hoy vivía en la miseria, enseñando a la edad de setenta años, para subsistir; porque el nuevo rey, el rey ciudadano, había tenido buen cuidado de oscurecer, de sepultar a todos aquellos enérgicos liberales, que después de haber volteado un ídolo, no habían querido adorar al que se había alzado en su lugar. Allí se oían tantos secretos de corte, ¡tantos detalles que la prensa no revela! Allí se hacían votos por un orden mejor, entre las manifestaciones más nobles de indignación por el abatimiento de la Francia, por el escamotaje de la libertad, por la degradación de la nación, por la ruindad y ¡el descaro de los manejos!

Omito otros detalles que no importan gran cosa en mi vida de París. Mis estudios sobre la educación primaria me ponen en contacto con savants, empleados y hombres profesionales; pero hay aún otro costado de París que me ha llamado profundamente la atención, y son los placeres públicos, y la influencia que ejercen sobre las costumbres de la nación. Aquí donde la inteligencia humana ha llegado a sus últimos desenvolvimientos, donde todas las opiniones, todos los sistemas, las ciencias como las creencias, las artes como la imaginación, marchan en líneas paralelas, sin atajarse las unas a las otras como sucede en otras naciones, sin descollar un ramo por la excesiva depresión de otros aun más importantes; aquí donde el hombre marcha en la verdad como en el error sin tutela, sin trabas, la naturaleza humana se muestra a mi juicio en toda su verdad, y puede creerse que es realmente tal como ella se presenta, y que ha de presentarse así toda vez que se la deje seguir sus inclinaciones naturales. No hay que decir que el lujo corrompe la energía moral del hombre, ni menos que el placer lo enerva, puesto que a cada momento vése a este pueblo dar síntomas de energía moral desconocida entre los pueblos más frugales o más sobrios. El francés de hoy es el guerrero más audaz, el poeta más ardiente, el sabio más profundo, el elegante más frívolo, el ciudadano más celoso, el joven más dado a los placeres, el artista más delicado, y el hombre más blando en su trato con los otros. Sus ideas y sus modas, sus hombres y sus novelas, son hoy el modelo y la pauta de todas las otras naciones; y empiezo a creer que esto que nos seduce por todas partes, esto que creemos imitación, no es sino aquella aspiración de la índole humana a acercarse a un tipo de perfección, que está en ella misma y se desenvuelve más o menos, según las circunstancias de cada pueblo. ¿No es, sin duda, bello y consolador imaginarse que un día no muy lejano todos los pueblos cristianos no serán sino un mismo pueblo, unido por caminos de hierro o vapores, con una posta eslabonada de un extremo a otro de la tierra, con el mismo vestido, las mismas ideas, las mismas leyes y constituciones, los mismos libros, los mismos objetos de arte? Puede esto no ser muy próximo; pero ello marcha y llegará a su blanco, en despecho, no del carácter de los pueblos en que no creo, sino del diverso grado de cultura en que la especie se encuentra, en puntos dados de la tierra. y será siempre la gloria de Fourier haber llevado la inteligencia del hombre hasta hacerla capaz de mejorar el universo, de haber deificado en la criatura el poder del Criador, poetizando el trabajo y la inteligencia humana, en lugar de la fuerza destructora de héroes sanguinarios, que hacen hasta hoy el caudal de la poesía épica, como en los tiempos antiguos dioses inmorales, caprichosos e injustos.

Sugiérenme estas reflexiones tan sesudas los bailes públicos de París, adonde me asomo de vez en cuando, para curarme del mal de la patria que me incomoda. No tengo ni tiempo, ni gusto, ni dinero para engolfarme en las gustosas frivolidades cuyo goce envidio a otros. ¡Ah! si tuviera 40.000 pesos nada más, ¡qué año me daba en París! ¡Qué página luminosa ponía en mis recuerdos para la vejez! Pero soy sage, y me contento con mirar, en lugar de pilquinear, como hacen otros.

Los bailes son en París establecimientos públicos que se siguen a los teatros, luchando con ellos en magnificencia, alumbrado y gusto. El Rannelag correspondiera a la ópera italiana por la clase de los concurrentes. Allí he visto a Balzac, Jorge Sand, Soulié y otras notabilidades literarias. El Château-Rouge enciende cada fin de mes ochenta mil luces; el Bal Maville ostenta las bailarinas más afamadas: la Chaumière es el edén de los estudiantes y estudiantas del cuartel latino, y la ciudadela en cuya puerta deja su sable el municipal para penetrar. Un día sí y otro no hay en todos ellos baile en la semana, a que concurren millares de aficionados. Un día pagan los varones a la entrada tres francos, dos otro, uno y medio el lunes, y cinco al fin de cada mes que hay grand festival; las damas entran siempre gratis. Compónense éstas de todas las clases de la sociedad, más o menos ínfimas según el día; pues esto depende de sus relaciones con los que pagan, y éstos son de a 1 franco y medio o de a 5, según sus recursos. Damas muy comme il faut asisten como espectadores, y los jóvenes de todas las categorías son apasionados habitués de tal o cual baile. El local está adornado con gusto primoroso; jarrones y estatuas descuellan sobre masas de verdura, terraplenes de flores raras y embalsamadas, y en medio de una atmósfera de fuego por la iluminación del gas, los lampiones y los vasos de color, se agitan sobre avenidas de asfalto, cuadrillas de doscientas parejas, ejecutando polkas frenéticas, valses febriles. Allí descuellan reputaciones tan altas, tan europeas como la de Dumas, o la de la Rachel. Cuando la Rigolette se para con su compañero que no es Jerman, todos los asistentes se la señalan, la turba de espectadores se apiña en el extremo que ella ocupa, y lores ingleses, boyardos y príncipes rusos pagarían cien francos por estar en primera línea.

La orquesta alemana comienza a hacer vibrar las fibras de aquel torbellino de seres humanos, a irritarlas, a crisparlas con las armonías en que domina la corneta-pistón. El baile va tomando animación, fuego, rapidez; entonces las naturalezas, los caracteres empiezan a diseñarse, el chiste en unos, la dulzura voluptuosa en otros, lo estrambótico, lo absurdo, lo furioso en los demás. La Rigolette váse agitando, animándose, perdiendo el sentido y las formas humanas. Sus admiradores estrechan cada vez más el círculo, la aguijonean con aplausos, la aturden con sus vivas, hasta que la pasión estalla, el estro poético se manifiesta, la inspiración desciende a la pitonisa, en destellos del genio, en cabriolas imposibles, en contorsiones de bacante. Es la fiebre, la convulsión del placer, la enajenación del poseído, que ha dejado de presidir a los movimientos del cuerpo, y se abandona a otra alma que la suya que está haciendo cosas sobrehumanas, no soñadas. Entonces no pisa ya el suelo, es un torbellino o un huracán, va, remolinea, y al fin cae sobre los brazos de alguno, pálida, moribunda, llorando, jadeando, los ojos cerrados, y volviendo a la vida a fuerza de oír la tormenta de aplausos, los gritos de admiración, los vivas delirantes que acompañan su nombre. Como la Rigolette, hubo antes la Reina Pomaré que murió, vive la Reina Margot, Marion y otras celebridades, bautizadas por el público según el carácter de su poesía, salvaje, bulliciosa, o llena de fiereza. Al día siguiente la Reina Margot es simplemente Adela Rimbaut, costurera de ropa blanca, u otra cosa peor; pero una hora al menos ha sido reina por la aclamación universal, sentídose grande, cubierta de gloria como Napoleón o Murat, y gozado de las fruiciones que le están al vulgo vedadas.

Esta es la parte dramática de los bailes públicos; la positiva es que la sociedad se iguala, las clases se pierden, la mujer de clase ínfima se pone en contacto con los jóvenes de alta alcurnia, los modales se afinan, y la unidad y homogeneidad del pueblo queda establecida; el público se constituye, y una miaja de gloria cae también a los pies de la mujer del bajo pueblo, entre los placeres con que aturde su miseria, o su vileza. La luz suministrada a torrentes, la música de los maestros puesta al alcance de la muchedumbre por una ejecución artística y sabia, aquellos jarrones y estatuas que la habitúan a los primores de las artes, aquel lujo y aquel gusto en fin prodigado en el lugar que el roto o la hija del artesano de París llama suyo por un momento, concluye por ennoblecer su espíritu, iniciarlo en la civilización, y hacerle aspirar a una condición mejor. La decencia reina en un círculo un poco ancho, trazado por la policía; pero las excentricidades no están en las costumbres, ni en los modales, sino en la licencia poética del baile, en el delirio de la pasión que quiere sacudir todas las trabas. Me hicieron conocer a una particular, a quien dejándose arrastrar por los aplausos, el municipal vecino había llamado al orden tres veces, y como insistiese hubo de llevarla al violón. Rabió, se resistió y concluyó como concluye toda historia con la autoridad, obedeciendo; pero estaba con su mejor vestido, y el esbirro era demasiado culto para no acompañarla a su casa a mudar de traje. Llegados al quinto piso, abrió la ventana para buscar lumbre, y de un salto se arrojó a la calle, a suicidarse, estrellándose sobre el empedrado, cayendo de treinta varas de alto. La infeliz había, mediante una fractura sobrevivido a su deshonra; halláronla viva, merced a los vestidos que le habían servido de paracaídas. París es, por otra parte, poco ceremonioso en materia de costumbres privadas, y sería largo recorrer la escala que media entre la prostituta y la mujer casada, entre cuyos extremos se encuentran gradaciones del matrimonio, admitidas por la sociedad, justificadas por las diversas condiciones, y por tanto respetadas. De aquí nace a mi juicio la cultura de las mujeres de Francia, la gracia infinita de la parisiense, y el vestir igual, en su caprichosa variedad, de todas las clases de la sociedad. De aquí viene también aquella injerencia de la mujer en todos los grandes acontecimientos de la historia de esta nación, desde Eloisa, dos veces célebre, la doncella de Orleáns, Agnes Sorel, hasta Mme. Roland, Carlota Corday, Mme. de Staël, Jorge Sand, la Rachel, la Reina Margot, diversas manifestaciones de aquella habilitación de la mujer, de aquel olvido de las debilidades inherentes a su sexo, que cuenta por poco en la clasificación de las clases, reinando en lo público siempre un tierno respeto por la mujer, que se muestra en diligencias, ómnibus y ferrocarriles. ¿Se acuerda usted de las chinganas de Chile? este recuerdo me ha hecho mirar con interés los bailes públicos de París. ¡Qué poderoso instrumento puesto en manos hábiles! Hay otro espectáculo aun más adaptable a nuestra manera de ser, civilizador por el costado mismo que tenemos del bárbaro, por la destreza y la posesión popular del caballo. El hipódromo es una creación nueva del espíritu parisiense, que se incorporará bien pronto en el catálogo de diversiones públicas de todas las naciones europeas, y que debiera ser transportado incontinenti a América, en donde echaría raíces profundas, como todo lo que es eminentemente popular. Es el hipódromo un inmenso circo de caballos, en cuyo rededor, como en nuestras antiguas plazas de toros, caben diez o doce mil espectadores. El pueblo gusta de la luz del Sol, del espacio y de la libertad de hablar en voz alta que no encuentra en el teatro; en el hipódromo, además, nuestro pueblo de ambos lados de los Andes sería juez supremo, el artista por excelencia, el digno apreciador de los pasos de destreza y osadía de los equitadores. Juéganse cañas y cabezas en el hipódromo por cuadrillas de hombres y de mujeres, que cabalgan admirablemente, y visten con todo el primor elegante del gusto inglés. A esta exposición general se sigue el gran drama, que hace el objeto de la fiesta, tal como la Cruz de Berny, o el Campo de la Bandera de Oro, terminando la función por una carrera de cuadrigas romanas, la exhibición de un carruaje cuyos tiros se desprenden cuando los caballos se desbocan, la carrera de una corsa, Roberto Macaire con su cuadrilla de monos a caballo, y juegos de equitación de una osadía y perfección asombrosa.

El hipódromo, pues, presenta todas las aptitudes del caballo, y cuanto hay de noble y de artístico en el hombre para dominarlo y dirigirlo. Nuestros gauchos y nuestros guasos son insignes equitadores, y veinte veces nos hemos dicho los americanos en el hipódromo, si una cuadrilla de chilenos o de argentinos mostrase su lazo o sus bolas aquí, y cogiese un toro, o domase un caballo salvaje, se quedarían pasmados estos parisienses, y los que introdujesen aquella nueva variedad del arte de equitación harían su fortuna. Pero fáltanos a nosotros arte, esto es, el arte antiguo, las posiciones nobles de la estatuaria, el estudio de las fuerzas, y la gracia y gentileza de las clases cultas. Con nuestro poder de guasos sobre el caballo y el arte europeo, el hipódromo sería en América una diversión popular y una alta escuela de cultura. Todos los juegos de la equitación inglesa, desde la cerca de seis pies que salvan, hasta la zanja de veinte que saltan, se incorporarían en nuestros usos del caballo americano, defectuoso en esta parte; y luego, los espectáculos del antiguo arte ecuestre, la carrera de los carros, tirados por cuatro caballos, el manejo francés, y las poses artísticas, cuya falta desagracia tanto nuestras exterioridades, irían a mejorar nuestras costumbres, anudando, por la representación de dramas magníficos como la entrevista de Francisco y con el rey de Inglaterra, el hilo de la historia de los pueblos, roto para el roto americano, que no sabe lo que es edad media, ni torneos, ni caballeros, ni mundo anterior a su poncho y a su lazo. Pero en Chile empiezan a creer hombres muy serios, que el chileno es chileno, y no europeo, sin acordarse que Quiroga, Rosas, López sostenían lo mismo con respecto a los argentinos, y han dado los espectáculos de que hemos sido víctimas y testigos. Tengo cosas sin fin que decirle, ópera, teatros, libros; pero me parece esta dosis ya más que doblada para paciencia menos ejercitada que la suya. ¿Lee usted todavía todo un cuerpo de autos para poner un traslado? ¡Yo no leería ni el último escrito para sentenciar, con costas, contra el que haga escritos más fastidiosos, que es la pena del que escribe! En mi vida he leído libro malo, por cuya razón conozco tan poco los autores españoles.

Necesito educarme en Italia y en España para hablar de bellas artes y de teatros. A mi vuelta de aquellos países, volveré a hablarle de París.

Adiós mi querido Doctor.

Madrid
Señor don Victorino Lastarria.
Noviembre 15 de 1846.

Se me antoja, escribiros, ¡oh Lastarria! cuando aspiro el aire de Madrid, a vos que fuisteis el escritor rayano en cuanto a las ideas entre español y francés, si bien en materia de palabras y de frase castiza, os preciáis de haber metido muy adentro la mano en la saccocia del Diccionario. Esta Aspaña que tantos malos ratos me ha dado, téngola por fin en el anfiteatro, bajo la mano; la palpo ahora, le estiro las arrugas, y si por fortuna me toca andarle con los dedos sobre una llaga a fuer de médico, aprieto maliciosamente la mano para que le duela, como aquellos escribanos de los tribunales revolucionarios o de la inquisición de antaño, que de las inocentes palabras del declarante sacaban por una inflexión de la frase el medio de mandarlo a la guillotina o a las llamas. Preguntado, cuál es su nombre, etc., y no respondiendo, el escribano pone: «se obstina en ocultar su nombre». Interrogado de nuevo, dice que es sordo; entonces escribe «el acusado confiesa que conspira sordamente» y luego aquellos benditos padres, con su hábito chorreado de polvillo sevillano, con su voz gangosa, condolida y meliflua: «¡hermano! abandonaos a la misericordia infinita del Santo Tribunal...». ¡Infeliz! si os calláis, sois condenado como hereje contumaz, endurecido; si habláis una palabra, seréis sospechado de leve, de grave, de gravísimo, de relapso, de todo, menos de que sois hombre, de que tenéis razón, de que sois inocente, porque esa sospecha no pasó nunca por aquellas almas devotas.

Poned, pues, entera fe en la severidad e imparcialidad de mis juicios, que nada tienen de prevenidos. He venido a España con el santo propósito de levantarla el proceso verbal, para fundar una acusación, que, como fiscal reconocido ya, tengo de hacerla ante el tribunal de la opinión en América; a bien que no son jueces tachables por parentesco ni complicidad los que han de oír mi alegato. Trábame, además, el objeto de estudiar los métodos de lectura, la ortografía, pronunciación y cuanto a la lengua dice relación. De lo primero he hecho una pobre cosecha, y del resto encontrado secretos que a su tiempo verán la luz. imaginaos a estos buenos godos hablando conmigo de cosas varias, y yo anotando: no existe la pronunciación áspera de la v; la h fue aspirada, fue j, cuando no fue f; el francés los invade; no sabe lo que se dice este académico, ignoran el griego; traducen, y traducen mal lo malo. A propósito, una noche hablábamos de ortografía con Ventura de la Vega y otros, y la sonrisa del desdén andaba de boca en boca rizando las extremidades de los labios. Pobres diablos de criollos, parecían disimular, ¡quién los mete a ellos en cosas tan académicas! y como yo pusiese en juego baterías de grueso calibre para defender nuestras posiciones universitarias, alguien me hizo observar que, dado caso que tuviésemos razón, aquella desviación de la ortografía usual establecía una separación embarazosa entre la España y sus colonias. este no es un grave inconveniente, repuse yo con la mayor compostura y suavidad; como allá no leemos libros españoles; como ustedes no tienen autores, ni escritores, ni sabios ni economistas, ni políticos, ni historiadores, ni cosa que lo valga; como ustedes aquí y nosotros allá traducimos, nos es absolutamente indiferente que ustedes escriban de un modo lo traducido y nosotros de otro. No hemos visto allá más libro español que uno que no es libro, los artículos de periódico de Larra; o no sé si ustedes pretenden que los escritos de Martínez de la Rosa ¡son también libros! Allá pasan solo por compilaciones, por extractos, pudiendo citarse la página de

Blair, Boileau, Guizot, y veinte más, de donde ha sacado tal concepto, o la idea madre que le ha sugerido otro desenvolvimiento. Lo que daba más realce a esta peroración era que, a cada nueva indicación, yo afectaba apoyarme en el asentimiento unánime de mis oyentes. Como ustedes saben... decía yo, como ustedes no lo ignoran... ¡Oh! estuve admirable, y no había concluido cuando todos me habían dado las buenas noches.

Otro objeto me traía desalado aun, y era la expedición de Flores al Ecuador; pero en este punto he sido miserablemente volé, defraudado. Esperaba que la prensa española, ministerial o progresista, poco me importa, hubiera sostenido la oportunidad de la tentativa. ¡Ay! ¡qué polvareda se habría levantado si tal sucede y encuentro una prensa a mi disposición! Habrían salido todos los cueritos al Sol, desde Pizarro y Valverde, hasta don Antonio de Ulloa, el General Morillo, don Juan Manuel Rosas; ¡desde la Inquisición y Felipe II, ¡hasta la España de hoy que es la misma de entonces! Hubierais visto el inventario hecho por actuación de escribano de su estado actual, gobierno, industria, civilización, bellas artes, instrucción pública, comercio, para ver lo que nos iban a llevar estos caballeros con su expedición conquistadora; pero por desgracia, la prensa mostró esta vez más sentido común que el que yo le hubiera concedido, y me he quedado con todos mis cohetes chingados. Tan solo don J. J. de Mora prestaba por lo bajo su cooperación, pero sin desmandarse, por el Heraldo, en razonamientos justificativos.

Mas es preciso que os introduzca a España por dos caminos. Hay dos caminos en España para diligencia. Hay diligencias. ¿No lo creéis? Verdad de Dios, y en prueba de ello que se mandaron hacer a Francia las que viajan por la carrera de Bayona a Madrid, que son las únicas que tienen forma y comodidades humanas. Hay en ideas, como en cosas usuales en los pueblos, ciertos puntos que han pasado ya a la conciencia, al sentido común, y que no pueden alterarse sin causar escándalo, subversión en los ánimos. Por ejemplo, el arnés de las bestias de tiro en Inglaterra, Francia, Alemania o Estados Unidos, es una de esas cosas invariables; compónese de correas negras, lustradas, con hebillas amarillas, afectando cuando más en cada país diferencias insignificantes. Se entiende, pues, que la diligencia ha de ser tirada por dos, cuatro, cinco caballos manejados del pescante; que el conductor ha de llevar bota granadera, sombrero de hule y largo chicote para animar sus caballos.

Salís de Bayona hacia Irún y Vitoria, y el francés, o el europeo caen, al pasar una colina, en un mundo nuevo. La diligencia es tirada por ocho pares de mulas puestas el tiro de dos en dos, a veces por diez pares en donde el devoto repasándolas con la vista podría rezar su rosario; negras todas, lustrosas, tusadas, rapadas, taraceadas, con grandes plumeros carmesí sobre los moños, y testeras coloradas, y rapacejos y redes y borlas que se sacuden al son de cien campanillas y cascabeles; animado este extraño drama por el cochero, que en traje andaluz y con chamarra árabe, las alienta con una retahíla de blasfemias a hacer reventar en sangre otros oídos que los españoles; con aquello de iarre p... marche la Zumalacarregui, anda... de la virgen, ahí está el carlista... p... Cristina janda, jandaaa! y Dios, los santos del cielo y las potestades del infierno entran pêle-mêle en aquella tormenta de zurriagazos, pedradas, gritos y obscenidades horribles. Triste cosa por cierto, que en los dos países exclusivamente católicos de Europa, en Italia y España, el pueblo veje, injurie, escucha a cada momento todos los objetos de su adoración, de manera de hacer temblar un ateo. Leed aquellas reyertas de los gondoleros de Venecia, descritas por Jorge Sand, en que el uno echa en cara al otro para injuriarlo las sodomías, bestialidades y torpezas de su Madona.

El extranjero que no entiende aquella granizada de palabras incoherentes, se cree en un país encantado, abobado con tanta borlita y zarandaja, tanta bulla y tanto campanilleo, y declara a la España el país más romanesco, más sideral, más poético, más extramundanal que pudo soñarse jamás. Entonces pregunta dónde está don Quijote, y se desespera por ver aparecer los bandidos que han de detener la diligencia y aligerarlo del peso de los francos, fruición que codicia cada uno, para ponerla en lugar muy prominente en sus recuerdos de viajes. M. Girardet, pintor delegado por la Ilustration de París para tomar bosquejos de las fiestas reales del próximo enlace de Montpensier, y que había viajado por Egipto, Siria, Nubia y Abisinia, me decía encantado, esto es más bello que los asnos del Cairo; ¿qué es lo que dice el cochero... p... c...? Afortunadamente M. Blanchard, enviado por Luis Felipe para bosquejar los grandes actos del drama de Madrid para las Galerías de Versalles, conocía mejor que yo, y gustaba más que yo de aquella lengua, de que le daba detalles y muestras encantadoras. M. Blanchard, grande admirador de la España, había residido muchos años, agente secreto para la compra de cuadros de la escuela española, viajado con muleteros seis meses en los puntos más salvajes de la España, sido desnudado, aporreado y saqueado cinco veces, grande taurómaco, podía darnos mil detalles picantes de las costumbres españolas que no están escritas en libro alguno. Viajábamos los tres en la imperial, aunque en lo más crudo del invierno, y no cupieran en un grueso volumen las pláticas que sobre artes, viajes, historia, anécdotas, tuvimos en cinco días con sus noches, salvo alguna cabeceada para reparar las fuerzas.

Alejandro Dumas nos decía ayer, hablando de la España: «Poco me importa la civilización de un país; lo que yo busco es la poesía, la naturaleza, las costumbres». El creador de las Impresiones de Viaje, que han hecho imposible escribir verdaderos viajes que interesen al lector y el autor de los cuentos inimitables que entretienen los ocios de todos los pueblos civilizados, reconocía sin duda en el brillo de esta atmósfera meridional, cuyos violados tintes se agrupan en el horizonte y en las ondulaciones de este suelo desnudo, algunos paisajes que ha descrito admirablemente, sin haberlos visto, en sus Quince días en el monte Sinaí.

El aspecto físico de la España trae en efecto a la fantasía la idea del África o de las planicies asiáticas. La Castilla vieja es todavía una pradera inmensa en la que pacen numerosos rebaños, de ovejas sobre todo. La aldea miserable que el ojo del viajero encuentra, se muestra a lo lejos terrosa y triste; árbol alguno abriga bajo su sombra aquellas murallas medio destruidas, y en torno de las habitaciones, la flor más indiferente no alza su tallo, para amenizar con sus colores escogidos la vista desapacible que ofrecen llanuras descoloridas, arbustillos espinosos, encinas enanas, y en lontananza montañas descarnadas y perfiles adustos. En cuanto a pintoresco y poesía, la España posee sin embargo grandes riquezas, aunque por desgracia cada día va perdiendo algo de su originalidad primitiva. Ya hace por ejemplo cuatro años a que la diligencia no es detenida por los bandidos con aquellas largas carabinas que aun llevan consigo hasta hoy los muleteros, rasgo que caracteriza a todas las sociedades primitivas, como los árabes, los esclavones, los españoles. Dos artistas franceses acaban en estos días de recorrer las montañas de la Ronda atravesando en mula el reino de Murcia, y continuando a pie su excursión, desde Sevilla a Madrid, sin haber tenido la felicidad de ser atacados por los bandidos como se lo habían prometido, a fin de descargar las carabinas de que se habían provisto, o tomar las de Villadiego, según lo aconsejase la gravedad del caso. En cambio, la pobre España ha adquirido el municipal, bicho raro exportado de extranjis, y cuyo bulto eminentemente prosaico y civilizador, recorre los caminos en traje de parada, disipando con su presencia toda cavilación un poco poética. ¿Cómo pensar en efecto en el Cid, los godos, o los moros cuyas tiendas cubrían en otro tiempo estas llanuras, cuando ve uno al gendarme o al guardia municipal con su banderola amarilla, y su sombrero galoneado?

La gendarmería española tendrá la gloria de conquistar aquellas famosas provincias vascongadas que en tiempos remotos poblaron los fenicios, y que sucesivamente, ni romanos, ni godos, ni árabes, pudieron nunca someter en veinte siglos de tentativas inútiles. A la sombra de los gendarmes, la constitución y la aduana, las dos plagas temidas por la gente vasca, vendrán bien pronto a plantar su bandera sobre los picos más elevados de los Pirineos. Los defensores del comercio libre podrían hacer aplicación de la frase de M. de Staël sobre el despotismo y la libertad, y decir con la misma certidumbre: «el comercio libre es tan viejo como el mundo; la aduana data de ayer». Las provincias vascas no han conocido nunca la aduana, y fieles los vascos sobre este punto a las teorías de Adán, de quien sin duda ninguna descienden, han defendido heroicamente sus fueros, los cuales pueden, formulados a la manera inglesa, resumirse en esta frase negativa: no aduanas.

Hoy día los vascos, empero, comienzan a ceder, obedeciendo en esto al destino extraño que parece haber regido en todos tiempos a la España, que no consiste en andar a remolque de las otras naciones, sino a destiempo, dando las doce cuando todos los relojes marcan las cinco, y viceversa. En efecto, cuando todas las naciones de la Europa estaban encorvadas bajo el yugo del despotismo, los españoles tenían en el Aragón sus célebres cortes, donde decían al rey sin quitarse el sombrero en su presencia: «nosotros que valemos tanto como vos, os instituimos nuestro rey y señor»; pero cuando la Europa se agitó para obtener un poco de libertad, la España inventó con un admirable propósito las instituciones inquisitoriales. Ahora que el comercio libre hace prosélitos por todas partes, fuerza a la Vizcaya, que había conservado intacta la tradición adámica, a admitir la aduana en su territorio.

Cuando el cigarro y los cigarritos suben hasta el trono francés y embalsaman los salones de París, los vascos no se atreven ya, como en otro tiempo, a dar una batalla, a organizar sus terribles guerrillas para resistir al estanco que los amenaza con un impuesto inicuo sobre la primera necesidad del hombre, sobre e único uso que hace hermanos a todos los pueblos de la tierra; pues el tabaco, en trescientos años que medían entre su glorioso descubrimiento y nuestro ilustrado siglo, ha conquistado más prosélitos que los que el cristianismo ha logrado en veinte siglos, y sin derramar para ello una gota de sangre, y sin otras lágrimas que las que arranca de los ojos de los neófitos la primera columna de humo que al fumar se levanta. ¡Oh vosotros fumadores que frecuentáis el Boulevard de Gand, apresuraos a visitar Irún, Tolosa, y aquella Vergara, teatro del pérfido abrazo de cristinos y carlistas! La civilización española lo invade todo, y en lugar de habanos legítimos, largos de seis pulgadas, que se dan a puñados por una peseta en aquella tierra privilegiada, ¡seréis envenenados como en París por la falsificación de cuenta del rey!

Las provincias vascongadas serían asunto digno de los estudios de un Thierry, si bien como todos los pueblos primitivos, parecen sustraerse al examen histórico por la simplicidad misma de la vida desnuda de acontecimientos importantes. Los vascos actuales descienden en línea recta y sin mezcla de romanos, godos, o árabes, de los vascos que habitaban los Pirineos ahora tres mil años; he aquí el principal hecho histórico. Los jefes de familia de cada villorrio se reúnen para jugar a la pelota o tirar la barra, tratando en el ínter tanto de los intereses públicos: voilà todas sus instituciones políticas. Era preciso que el siglo XIX viniese a alumbrar lo profundo de estos valles, para que los habitantes pudiesen comprender que, para ser libres y civilizados, se necesita tener aduanas, gendarmes, estanco y constitución, que es lo que importa la supresión de los fueros.

Pero el viajero que va arrastrado por la diligencia no detiene por lo general su pensamiento ni sobre lo pasado ni sobre el porvenir de este país. Apenas si observa una población pasablemente atrasada que coge castañas en los bosques, siembra maíz y patatas, y vive tranquila en sus montañas sin placeres como sin penas. De tiempo en tiempo se avistan las tostadas ruinas de alguna aldea, saqueada, quemada y arrasada durante la guerra de los carlistas. ¡Qué horrores revelan estos vestigios! ¡qué de crueldades inauditas han sido cometidas en estos lugares! Hace años que en América conversaba con un niño, hijo de un jefe carlista y enviado a América para librarlo de las represalias. este niño me contaba lo que hacían él y una veintena más que seguían los ejércitos carlistas; «una vez, decía, nos pusieron a cuidar como doscientos prisioneros cristianos. Les amarramos los brazos y nos divertíamos en sacarles los ojos y abrirles el pecho para verles palpitar el corazón. ¡Después, los fusilábamos, apoyándoles en la frente la boca del cañón de las carabinas!».

Andando más adelante y saliendo de la Vizcaya, la vista se reposa sobre el cuadro pintoresco que presenta Burgos, capital de Castilla la Vieja. Por un acaso, feliz sin duda, la diligencia no llega a la ciudad, sino a una hora avanzada de la noche que oculta al viajero el deseaseo de la población. Burgos con su catedral gótica, se levanta cual sombra de los tiempos heroicos, como el alma en pena de la caballería española. M. Girardet y un joven Manzano, de Concepción, me acompañaron para visitar la ciudad silenciosa. Era ya media noche, y los pálidos rayos de la Luna, que de tiempo en tiempo atravesaban las nubes, se colaban por entre la blonda transparente de las flechas de la catedral. El color parduzco de aquella piedra, que ha recibido el baño galvánico de los siglos, y la luz incierta del fondo sobre el cual se diseñaban las numerosas agujas, torres, y pináculos que decoran la masa del edificio, daban al conjunto un aspecto fantástico que me traían a la memoria aquellos efectos de Luna representados en las decoraciones de ópera. Mis miradas se aguzaban en vano por distinguir en la masa opaca los adornos de detalle que cubren de un bordado imperecedero la superficie de la construcción, y cuya invención, variada al infinito, con minuciosa prolijidad de ejecución, hacía la gloria del arquitecto de la edad media. Girardet y yo nos acercábamos a tientas a los pórticos que la Luna no alumbraba para palpar las estatuas de apóstoles y santos que guardan la entrada como mudos fantasmas.

Los serenos que guardan el reposo de los vecinos, debieron alarmarse al ver dos bultos negros y silenciosos detenerse de distancia en distancia como si temieran avanzar y rondando en torno de la iglesia a hora tan escusada. Uno de ellos se dirigió hacia nosotros, bañándonos el rostro, para reconocernos, con los rayos reconcentrados de su linterna de reverbero; después, habiéndose apercibido por algunas exclamaciones de entusiasmo que se nos escapaban, de que éramos simples viajeros, se ofreció comedidamente a servirnos de guía para hacernos ver los otros monumentos de la ciudad.

A la luz de su linterna ascendimos una altura en donde se encuentra un arco de triunfo erigido a la memoria de Fernando González, aquel valiente caudillo que sin hacerse rey, fundó la independencia de la Castilla. Un poco más lejos aparece un trofeo levantado, según es fama, sobre el lugar mismo en que estaba situado el salón feudal, en el cual el Cid solía recibir a los príncipes y reyes que solicitaban el potente auxilio de su brazo. El sereno elevando la linterna a la punta de su lanza, nos alumbraba las armas del Cid esculpidas en la piedra, y la inscripción casi borrada que recuerda sus hazañas. El monumento está rodeado de postes o linderos de piedra, los cuales, vistos a la luz indecisa de la Luna, semejan piedras druídicas; y al lado de la derruida muralla, que en otro tiempo guardaba la ciudad, se enseñan las ruinas de la habitación particular del Cid. Existe un fragmento de la cadena que los nobles castellanos colgaban sobre sus puertas en señal de vasallaje, y una barra de fierro incrustada horizontalmente en el muro indica la brazada del Cid. Girardet y yo la medimos con nuestros brazos sin alcanzar a sus extremidades. Otro francés de talla ordinaria, pero ancho de espaldas, ensayó sus brazos igualmente y se aproximó un tanto a la medida, lo que nos hizo concluir que el Cid Campeador debió ser uno de esos hombres robustos y cuadrados, como Bayardo, que parecen haber sido creados expresamente para mangos de una temible espada toledana.

Enseguida nos asomamos a las almenas de la muralla en la parte que el tiempo no ha destruido, y desde allí dejábamos vagar nuestras miradas por entre los intersticios, sobre la silenciosa e indefinible campaña, amedrentándonos maquinalmente con el silencio de la noche, como si temiéramos ver aparecer a lo lejos los grupos de enemigos, las tiendas de la morisma, o los reales de los caballeros feudales. Continuando nuestra peregrinación nocturna, que turbaban solamente los ladridos plañideros y prolongados de los perros, llegamos a una capilla de construcción romana, y cuya arquitectura sin carácter deja ver su extrema antigüedad; al lado de la puerta se muestra una cruz que la tradición ha llamado la cruz del juramento de vasallaje y fidelidad del Cid, el cual no sabiendo firmar, hubo de trazar con la punta de su terrible espada aquella extraña marca. Yo no recuerdo excursión alguna que me haya llenado, como la de aquella noche, de tan vivas emociones. Es verdad que la oscuridad de la noche, envolviendo en su sombra los edificios particulares, presta a los antiguos monumentos algo de vago y misterioso que añade un nuevo encanto a las epopeyas cuyos recuerdos consagran. Burgos de noche es la vieja Burgos de las tradiciones castellanas, la morada del Cid, la catedral gótica más bella que se conoce. De día es un pobre montón de ruinas vivas y habitadas por un pueblo cuyo aspecto es todo lo que se quiera, menos poético, ni culto, dos modos de ser que se suplen uno a otro.

Pero al paso que van las cosas en España, toda poesía y todo pintoresco habrá desaparecido bien pronto. Ya no se ven aquellos monjes blancos, pardos, chocolates, negros overos, calzados y descalzos, que hicieron la gloria del paisaje español hasta 1830, cuando una Saint-Bartelemy imprevista vino a pedirles cuenta de los autos de fe de la Inquisición. Apenas se encuentran al día en los caminos seis u ocho clérigos, hechizos del fraile que está suprimido, y envueltos en sus anchos manteos, resguardándose de los rayos del Sol y de la lluvia, ellos y el manteo, bajo la sombra del sombrero de teja que caracteriza al clero español y a los jesuitas de Roma. El viajero que busca el color local no reconoce la España sino cuando apercibe los mendigos apostados sobre cada uno de los rápidos ascensos, en que una larga serie de yuntas de bueyes se agrega, como una locomotiva auxiliar, a las doce mulas que de ordinario vienen tirando la diligencia; y ¡signo infalible de la decadencia de la época! no se les ve ya a estos mendigos degenerados deponer su sombrero abollado en medio del camino, y ocultos ellos tras de los vecinos matorrales, con la escopeta apuntada hacia los viajeros, para conmover más sus almas caritativas, pedir con voz condolida, una bendita limosna por el amor de Dios y de su madre la virgen Santísima, según se practicaba en los buenos tiempos de Gil Blas de Santillana. El mendigo español es un tipo que el arte debe esforzarse en conservar, en despecho de las ordenanzas reales que comienzan a perseguirle. El paisano trabaja en España, mientras sus fuerzas se lo permiten; cuando el peso de los años va agobiándolo demasiado, deja el arado por el bastón de mendigo, y escoge un punto del camino como teatro de su nueva industria, y los productos de su profesión, entran en común con el del trabajo de los jóvenes para proveer al mantenimiento de toda la familia, sin que nadie le haga un reproche por la humildad de su nuevo oficio. Los ciegos en España forman una clase social, con fueros y ocupación peculiar. El ciego no anda solo, sino que aunados varios en una asociación industrial y artística a la vez, forman una ópera ambulante que canta y acompaña con guitarra y bandurria las letrillas que ellos mismos componen o que les proveen poetas de ciegos, último escalón de la jerarquía poética de la España, que comienza de lo alto, no sé donde, pues en España todo individuo es poeta, desde el ministro de finanzas, hasta el actor del teatro, y la primera recomendación que aventura un español en favor de un amigo oscuro, es que hace muy buenos versos, lo que no prueba, sin embargo, que Byron, ni Hugo hayan nacido por aquellos alrededores. El paisano español posee, además, todas las cualidades necesarias para ejercitar con éxito la profesión de mendigo. Un aire grave, una memoria recargada de oraciones piadosas y de versos populares, y un vestido remendado. El paño burdo de que el pueblo español viste, es de color y consistencia calculados para resistir a la acción de los siglos, verdadera muralla tras de la cual el cuerpo está al abrigo del Sol, del aire y del agua, con la que está toda su vida peleado irreconciliablemente. Cuando alguna brecha se abre por un codo o una rodilla, bastiones avanzados de aquella fortificación, una pieza de nuevo paño la cierra inmediatamente, y si los diversos ministerios que han desgobernado la España en estos últimos tiempos, hubiesen hecho obligatorios sus colores, los vestidos del pueblo español serían hoy un cuadro fiel de los movimientos políticos de los últimos veinte años trascurridos. El sistema de remiendos se aplica igualmente en España a las reformas políticas y sociales; sobre un fondo antiguo y raído, se aplica un remiendo colocado que quiere decir constitución; otro verde que quiere decir libertad; otro amarillo, en fin, que podría significar civilización. En lo moral o en lo físico no conozco pueblo más remendado, sin contar todos los agujeros que aun le quedan por tapar. Esto es quizás lo que induce a algunos espíritus descontentadizos a considerar como un remiendo más el doble matrimonio que ocupa en este momento la atención pública y me ha traído a Madrid, como el momento más bien escogido para ver este pueblo al reflejo de los esplendores de la corona y los festejos regios que han de solemnizar el casamiento de la inocente Isabel II.

La prensa española, con motivo del enlace del duque de Montpensier, está mostrando los progresos admirables que las costumbres constitucionales hacen en este país. Nada ha quedado por decirse entre la oposición y los ministeriales, excepto la verdad. Según los primeros, la nación en masa y con ella el empedrado de las calles de Madrid, han estado al sublevarse para protestar contra el fatal casamiento, y si ha de darse crédito a los otros, no ha conocido límite el entusiasmo de la muy noble y leal ciudad. La verdad, a lo que yo he podido observar, es que el pueblo se ha mostrado pasablemente indiferente, sin embargo de que una alianza con un extranjero, y sobre todo con un francés, choque con la preocupación más fuerte, más constante, y más profundamente arraigada del pueblo español.

La entrada solemne del duque de Montpensier ha sido una escena imponente. La arquitectura de Madrid revela el gusto nacional por los espectáculos y el largo y tradicional hábito de paradas, cortejos y procesiones. Los balcones que resguardan las ventanas se avanzan lo bastante sobre la calle para dominarla en toda su extensión en línea recta. Desde estas ventanas, el madrileño veía en otro tiempo desfilar el pomposo acompañamiento de un auto de fe, las procesiones solemnes de los santos, los condenados a muerte conducidos al suplicio con imponente aparato, las pompas y las galas, en fin, de la corte más fastuosa de la Europa. Todos estos espectáculos han perdido hoy de su brillo antiguo, pero la arquitectura ha quedado, y a falta de galas y autos de fe, las madrileñas se contentan con ver desde los balcones los pronunciamientos populares, y ahora la entrada de Montpensier. La calle de Alcalá es una de las más bellas y espaciosas de la Europa, y el punto frecuentado de preferencia por el pueblo y los elegantes. Allí está el cerebro de Madrid; la plaza de Toros, la Aduana, el Correo, las Diligencias, todos los centros de movimiento están en contacto con la calle de Alcalá y la Puerta del Sol, que es el corazón de la villa, a cuya aorta refluye la sangre por segundos, y a donde pueden contarse las pulsaciones del ánimo del pueblo, pues allí se manifiestan sus pasiones, sus goces o su descontento, con una vivacidad de que no hay ejemplo en otras partes.

Por esta calle y desde este punto, partieron la municipalidad y el estado mayor para salir al encuentro de los príncipes franceses y tributarles los honores de la recepción solemne antes de penetrar en el recinto de la Villa. M. Blanchard, pintor de historia y que había venido desde París para reproducir estas escenas, ha sacado en sus bosquejos admirable partido de las vestimentas antiguas de terciopelo rojo que llevaban los maseros, y de los trajes de ceremonia de los diversos personajes góticos, por no decir mitológicos, que figuraban en esta escena.

Durante la marcha del cortejo en las calles, el numeroso gentío que las flanqueaba en espesas líneas, guardó el más profundo silencio, sin que la circunspecta gravedad castellana se desmintiese un solo momento. El gobierno no había organizado una claque, como en los teatros de París, para aplaudir en los momentos favorables. Pero si los aplausos populares anduvieron escasos, no se notó tampoco signo alguno de descontento, ni manifestación incivil, quizá por cumplir con las leyes de la hospitalidad. Quizá también desdeña por pudor aplaudir lo mismo que aprueba el pueblo que, en tiempo no muy lejano, se ponía de rodillas en presencia de los manjares que debían servirse a la mesa de sus reyes. Si este silencio era, no obstante, signo de desaprobación real, pueblo alguno la manifestó jamás de una manera más noble.

Si esta escena preparatoria ha carecido de animación, no ha sucedido así con las fiestas reales que han precedido y seguido los casamientos. Madrid estaba entonces en su elemento, espectáculos, iluminaciones, cabalgatas y procesiones, toros sobre todo, y toros reales que no se ven sino de veinte en veinte años. De todos los puntos de la España había acudido una inmensa multitud a engrosar la población en movimiento de la real villa, la cual durante tres días ha vivido literalmente en la calle de Alcalá, la Puerta del Sol y el Prado. Nada es posible imaginarse de más pintoresco que esta muchedumbre así aglomerada. Las altas y nobles damas, como las humildes fregonas, llevan aun la tradicional mantilla negra y transparente, que con aire misterioso cae sobre las espaldas y el rostro, ocultando a medias los encantos femeninos. De tarde en tarde en el Prado un sombrero francés protesta contra la uniformidad de este traje de origen religioso que llevan siempre las españolas, y con preferencia en sus galanterías, como si la inquisición que se las impuso, existiese todavía.

Los hombres de la clase culta siguen en todo la moda europea, y el paletó y el chaleco se resisten, como todos saben, a la descripción; pero el pueblo, es decir, lo que aun es en España genuino español, es digno siempre del pincel. La capa es de riguroso uso desde el mendigo, el pastor de ovejas y e muletero, hasta el comerciante de menudeo inclusive. El sombrero calañéz del sevillano, de dos pulgadas de alto y con grandes borlas en el costado, da, además, al español un aspecto tan peculiar que bastara por sí solo, a no haber tantas otras singularidades, para colocarlo fuera de la familia europea, como aquellos subgéneros que descubren en plantas y animales los naturalistas. Los maragatos de las provincias del norte llevan aun aquel traje original con que en los grabados antiguos se representa a Sancho Panza, algo parecido al vestido que se usaba en Inglaterra por los tiempos de Cromwell; el calesero ostenta su chamarra con coderas y adornos de paños de colores diversos, como el traje de los moriscos; y el andaluz desplega, bajo el estrecho vestido de Fígaro, todas las gracias el majo español. Esta diversidad de trajes, muy pintoresca, sin duda, revela, sin embargo, una de las llagas más profundas de la España, la falta de fusión en el estado. Las provincias españolas son pequeñas naciones diferentes, y no partes integrantes de un solo estado. El barcelonés dice: soy catalán, cuando se le pregunta si es español; y los vascos, llaman castellanos a los que quieren designar como enemigos de su raza y de sus fueros. Pero lo que más atrae la atención en España, son los rastros profundos que la dominación árabe ha dejado en las costumbres; podría creerse que los moros están aun allí; encuéntraseles en los vestidos, en los edificios. En los bailes públicos, organizados para diversión del pueblo durante las fiestas, al lado de valencianos, aragoneses y gallegos, veíase figurar cuadrillas de moros, como si fuesen considerados todavía como parte de los pueblos españoles.

    Las familias de Madrid conservan religiosamente decoraciones de balcones que consisten en tapices y colgaduras cuyos variados colores dan a las calles el aspecto más singular. Las colgaduras de terciopelo bordado de realce que conservan algunas antiguas casas ducales, ostentando en grandes escudos las armas de la familia, no convendrían hoy sino a príncipes y soberanos. Cuando los nobles novios se dirigieron a Nuestra Señora de Atocha para recibir la bendición nupcial, el real cortejo ocupaba toda la extensión de la calle de Alcalá, decorada toda ella como un teatro. Tiros de caballos que pocas cortes europeas podrían ostentar tan bellos y en tan grande número, carrozas incrustadas de nácar, libreas y penachos de un brillo extraordinario, traían a la fantasía los bellos tiempos de la monarquía española, la cual, en su abatimiento presente, se adorna con sus antiguas joyas, como aquellas viejas duquesas, que disimulan, bajo el brillo de los diamantes, las enojosas arrugas que los años han impreso a sus semblantes.

La iluminación de palacios y calles tenía alguna cosa de fantástico y de grandioso. Innumerables antorchas de cera esparcían una severa y solemne claridad sobre las tapicerías franjeadas de oro y plata, al mismo tiempo que algunas imitaciones de edificios góticos, diseñaban a la distancia sus torrecillas y ojivas por medio de innumerables luces de color. Los teatros, como los fuegos de artificio, como los retratos de los reyes expuestos a la adoración popular sobre la mayor parte de los edificios públicos, se subdividían las masas populares que, de todas las extremidades de la ciudad, se precipitaban a torrentes hacia la Puerta del Sol.

El besamano, aquella ceremonia de los tiempos feudales, conserva aun en España toda su antigua majestad y su pomposo aparato; pero el pueblo que se apiñaba en vano en las puertas del palacio, no pudiendo gozar de estas solemnidades interiores de la corte, se contentaba con admirar las carrozas reales y las de los grandes de España, cuyos caballos llenos de ardor, agitaban en el aire sus penachos verdes o colorados, recuerdo de los tiempos feudales en que cada caballero y cada familia noble adoptaba sus colores distintivos.

El pueblo español, entretenido pero no satisfecho con esta sucesión de galas y fiestas, aguardaba con impaciencia otro espectáculo, cuyo origen anterior a los moros y a los godos, remonta a los tiempos de Sertorius, en que la España se había hecho la provincia más romana por su civilización y por la adopción de las costumbres del pueblo rey. Por todas partes se encuentran en Europa ruinas imponentes de los circos romanos. En España solo se ha conservado el espectáculo mismo del circo, aunque los antiguos circos hayan cedido a la acción del tiempo. ¡Cosa extraña y poco notada! Por sus costumbres y su espíritu, el pueblo español es el pueblo más romano que existe hoy día. Todos sus males le vienen de ahí; enemigo del trabajo, guerrero, heroico, tenaz, sobrio, y apasionado por los espectáculos, todavía pido panen et circenses para vivir feliz en medio de su caída. Los sangrientos combates de bestias feroces han luchado veinte siglos con el cristianismo y han triunfado de él, como los toreadores lo hacen de los más temibles bichos. Sobre la plaza de toros el pueblo español es grande y sublime; es pueblo soberano, pueblo rey también. Allí se resarce, con emociones más vivas que las del juego, de las privaciones a que su pobreza lo condena, y si esta diversión puede ser acusada de barbarie y de crueldad, es preciso convenir, sin embargo, que no envilece al individuo como la borrachera, que es el innoble placer de todos los pueblos del norte. El español es sobrio, y lo prueba la capa que lleva sobre sus hombros, pues que un hombre borracho no podría tenerse parado llevando capa.

Lo que hay de verdaderamente romano en las corridas de toros, es que aquel espectáculo es no solamente público y autorizado por el gobierno, sino que tiene lugar oficialmente y bajo la dirección inmediata de la autoridad. El gobernador de Madrid en circunstancias ordinarias, y el rey en persona en las grandes solemnidades, presiden y dirigen todos sus movimientos. Un alguacil viene a pedir permiso para comenzar la función; este empleado público anuncia en alta voz el color del toro que va a jugarse, la señal particular con que está marcado y la célebre torada a que tiene el honor de pertenecer, él abre, en fin, oficialmente la puerta del toril, cuya llave ha recibido de manos de rey. Cuando los picadores han atormentado por mucho tiempo a la fiera a fin de debilitar su empuje, el rey hace una seña, y los banderilleros aparecen; a otro signo ceden estos su puesto al matador que se presenta con espada en mano. Aquella fiesta popular, celebrada con todas las formas legales, aquel rey rodeado de su pueblo abandonado al delirio, y tomando parte en sus emociones, tienen, sin duda, un carácter homérico que no presenta ya pueblo alguno moderno. este mismo carácter existía en el teatro cuando las representaciones dramáticas eran todavía un espectáculo nacional, salido de las entrañas del pueblo, con toda su rudeza, su genio y sus preocupaciones; cuando Lope de Vega producía dos mil comedias, y Calderón de la Barca hacía representar ochocientos autos sacramentales. Dumas ni Scribe han alcanzado todavía a esta estupenda fecundidad, porque aun no se ha hecho el drama moderno tan popular como lo fue en otro tiempo el teatro romántico en España. Más tarde el género clásico atravesó los Pirineos y vino a aristocratizar el teatro en España, y no pudiendo comprender el pueblo llano las bellezas de las tres unidades, la moral académica, ni la enfática dignidad del lenguaje, abandonó poco a poco un espectáculo extranjero ya para él, y se contentó con los combates de toros, donde no podían al menos perseguirlo las tres unidades, y donde él comprende bellezas que se escapan a los ojos de los clásicos. Un español os diría, en efecto, a la simple aparición del toro en la arena, cómo va a conducirse y lo que hay que prometerse de él: fisonomista profundo, sorprende en el acto el carácter del animal y puede revelarlo con más certidumbre que no lo harían las ciencias de Lavater y Gall para con los hombres. este es desconfiado y astuto, aquel otro audaz y frenético. El toro intrépido es aplaudido y excitado con bravos entusiásticos; pero ¡ay! de aquel que no mata al menos ¡dos caballos! Entonces estalla en el inmenso circo la recia tormenta de silbos, maldiciones y sarcasmos; después, ¡los gritos de fuego! ¡fuego! esto es, banderillas, que asegurando su dardo en las carnes, le quemen e irriten las heridas. La mayor infamia por la que puede hacerse pasar a un toro indigno, es entregarlo a los perros, que en jauría hambrienta de sangre y matanza, se echa sobre él cuando no ha sabido contentar al público, y lo desgarra sin misericordia.

Cuando la arena está cubierta de caballos destripados, cuando la sangre hace fango sobre el suelo, entonces el pueblo de todas clases y sexos no puede contener su entusiasmo, se pone de pie para aplaudir a los vencedores, ya sean toros u hombres, para ver hundirse la espada del matador en el corazón del toro furioso, para sorprender el último gemido de la víctima y deleitarse con su agonía. La noche halla a los espectadores agitándose sobre sus bancos, y pidiendo a voces nuevas carnicerías y nuevos combates. Id, pues, a hablar a estos hombres de caminos de hierro, de industria o de ¡debates constitucionales!

Después de todo, los combates de toros no tienen a mi juicio sino un accidente profundamente chocante y es la muerte cierta o innoble de los caballos. El malaventurado animal, traspasado de heridas, arrastrando las tripas por el suelo, debe, mientras le queda un resto de vida y pueda tenerse de pie, hacer frente al toro, pues que así lo exigen las leyes inviolables del combate y la voluntad del público. La víspera de la llegada del duque de Montpensier, dieciocho caballos espiraron en el circo, ocho de entre ellos muertos por un solo toro, y esta circunstancia mereció a aquella corrida los honores de la aprobación popular. En cuanto a los hombres que luchan cuerpo a cuerpo, por decirlo así, con la fiera, tal habilidad muestran en aquella peligrosa lucha, que su desenvoltura y ligereza hacen olvidar que están realmente en peligro.

y luego, hay ¡tanto arte, y tanta gracia en su actitud y en sus movimientos! ¡tanto esmero y tanta sutileza en prestar oportuno auxilio a aquel de entre ellos que se encuentra accidentalmente expuesto! Una escena de las corridas reales me daba una muestra de la cólera de los romanos, cuando un gladiador no sabía caer y morir con artística desenvoltura. Un toreador al salvar su cuerpo del asta del toro, quiso quedar envuelto en la capa, la cual sea por torpeza, sea por accidente inevitable, se envolvió sobre sus espaldas sin formar los pliegues que la estatuaria habría requerido, y un grito universal de desaprobación cayó sobre él como un rayo, para castigar su falta de destreza. Ni el toro está libre de aquella justicia suprema. No hace dos años que en un circo un toro herido, según todas las reglas del arte, yacía muerto a los pies del matador, que saludaba al público agradeciendo los aplausos con que recompensaba su destreza, cuando el toro, por una de aquellas convulsiones de la vida nerviosa, se endereza repentinamente y traspasa con las astas al matador que cae a su turno exánime. El pueblo se arrojó en masa sobre el traidor, mil puñales cebaron su saña en su cuerpo, y ni vestigios del animal quedaron en un abrir y cerrar de ojos, pues su cadáver fue dividido en menudas trizas. Lo contrario sucedía otra vez en otro punto donde, habiendo el toro alzado en las astas a un capeador inhábil, el público persiguió con sus sarcasmos y sus aplausos el cadáver del infeliz que permaneció ensartado en las astas del animal.

Por compensación, el pueblo español festeja dignamente a sus artistas favoritos. El picador que cae debajo de su caballo se levanta tan ligeramente como puede hacerlo, con la ayuda de los chulos que acuden a desembarazarlo; la sangre sale a veces a borbotones de su boca; a veces queda tan aturdido con la caída, que largo rato lo tienen parado sin conocimiento. Pero apenas la vida comienza a reanimarse, excitado por los gritos entusiastas del público, se hace montar pesadamente sobre su caballo herido y moribundo, y muriendo ambos, lo lleva de nuevo al puesto fatal a donde la saña del toro ha de venir a buscarlo. Cuando este caballo es ultimado, el picador pasa sucesivamente a otros que tienen el mismo fin, y solo en caso de muerte o de herida grave, el picador desaparece de la escena antes de haber terminado su terrible papel. Es horrible, ciertamente, ver a estos hombres afectar alegría y placer cuando se les ha visto caer bajo el caballo repetidas ocasiones, vomitar sangre, desmayarse y revivir con dificultad. El hospital y el sangrador los aguardan a la puerta, y estos infelices bajan sucesivamente de la cama para montar sobre el caballo y viceversa.

Las corridas reales son un espectáculo tan espléndido y sorprendente, que creo leeréis con gusto una descripción, aunque sucinta, de las que acaban de tener lugar con motivo del doble enlace. Como su nombre lo indica, la Plaza Mayor es la mayor en extensión que se encuentra en Madrid, y la que durante dos siglos estuvo consagrada a los autos de fe, que eran las corridas de toros que a su modo daba la inquisición. La plaza asemeja a un gran claustro y las calles que de ella parten, arrancan por debajo de arcos triunfales que conservan la continuidad de los edificios que la circundan, ocupando uno de sus costados un palacio de arquitectura del renacimiento, recargado de adornos, torrecillas y pináculos. El ámbito de esta plaza servía esta vez de digna arena para los toros reales. Los balcones de las casas habían sido convertidos en palcos para las familias acomodadas, y un inmenso tendido, construido de madera, para recibir la muchedumbre. Una colgadura carmesí, con franja de oro de una tercia, daba vuelta toda la plaza hasta la altura del primer piso; otra amarilla con franja de plata adornaba el segundo, y otra azul celeste el tercero. Cuarenta mil espectadores colocados en los balcones, ventanas y tendidos, describían entre las colgaduras una línea oscura, variada como un tapiz por los colores diversos de los vestidos de señoras, las plumas de algunos sombreros y el continuo agitar de los abanicos; y para que el efecto artístico del golpe de vista fuese completo, desde el tendido inferior hasta la altura de los techados, se elevaba en las cuatro esquinas de la plaza, una gradería de asientos que formaba en cada extremo una enorme pirámide de seres humanos. Era este un espectáculo verdaderamente imponente cuyo brillo realzaban los rayos del Sol, reflejándose sobre las anchas franjas de oro y plata, y las superficies que en grandes masas presentaba el raso de las colgaduras. El Hipódromo de París, al lado de este circo colosal, habría parecido un juguete de cartón, bueno solo para divertir a los niños.

En los balcones del palacio que ocupa uno de los frentes y bajo una profusión de tapices y colgaduras de un lujo sorprendente, debía colocarse la reina, que había de presidir los juegos, los príncipes franceses, la familia real, la servidumbre de palacio, y una hecatombe de generales cubiertos de cruces y de medallas, y cuajados de bordados desde los pies a la cabeza. Los alabarderos reales se colocaron en línea bajo el balcón regio, sin otro parapeto que sus armas para defenderse contra los ataques de las fieras. Dos toros furiosos se echaron sucesivamente sobre esta muralla de fieles servidores, y las dos veces fueron rechazados, sin que la línea se conmoviese, y sin que el semblante marcial del soldado diese señal alguna de turbación en presencia del peligro. Así se simboliza en estas fiestas nacionales el valor y la abnegación del guerrero y del vasallo.

Seis alguaciles en traje de ceremonia permanecen a caballo a algunos pasos al frente del balcón real, para ejecutar las ordenes de la reina; estos pacíficos ministriles no tienen más defensa que la fuga, cuando la saña del toro quiere cebarse en ellos. Su vida, según la tradición monárquica, pertenece a su rey señor, y deben estar dispuestos a morir por el servicio y el placer real. En estas corridas un toro alcanzó e hirió el caballo de un alguacil en medio de las ruidosas exclamaciones y las risadas y las burlas de la muchedumbre que conserva, desde los tiempos despóticos de la España, un odio tradicional contra los empleados subalternos de la corona. Aquella dispersión de los alguaciles, y su terror pánico cuando se ven atacados por el toro, forman la parte cómica del espectáculo, y no es raro que un toreador malicioso atraiga ex profeso al toro sobre ellos a fin de hacer reír al público.

Cuando la familia real se presentó en el balcón, un movimiento general de sombreros, pañuelos y abanicos, respondió a las salutaciones de la reina, fijándose enseguida la atención general sobre los jóvenes príncipes franceses, con muestras inequívocas de satisfacción y benevolencia. El interés que los toros inspiran al duque de Aumale, bastaría por sí solo para conciliarle las simpatías del pueblo que se complacía ya en recordar el magnífico presente que un año antes había hecho de dos espadas a Montes, y la buena gracia con que el célebre toreador había correspondido, mandándole a París un suntuoso traje completo de majo, y un sastre inteligente para que lo adaptase a su persona. La atención pública fue atraída enseguida por el espectáculo más pintoresco y más solemne que para ojos españoles puede ofrecerse.

A una banda de música marcial, seguían ocho heraldos vestidos con el traje hermosísimo que en la edad media caracterizaba su empleo. Precedían éstos la carroza del duque de Osuna, tirada por seis caballos enjaezados magníficamente y seguida a su vez por siete caballos ensillados, conducido cada uno por un palafrenero con librea del color adoptado en tiros, penachos y arneses por el noble duque. Cerraba la comitiva el matador Jiménez a la cabeza de su cuadrilla de picadores, chulos y banderilleros. La carroza del duque fue a colocarse frente al trono de la reina, a fin de que el caballero en plaza que él apadrinaba, la rindiese homenaje, y de rodillas solicitase a S. M. el alto honor de hacer alarde de su destreza. Eran en otro tiempo los caballeros en plaza nobles de distinción que, para mayor gala de las fiestas reales, tomaban parte en la lucha combatiendo en presencia del rey a caballo con el toro. Desde que las justas y los torneos han caído en desuso y con ellos la caballería de la media edad, aquel papel peligroso es desempeñado por jóvenes aspirantes, a los cuales ha de darse en recompensa una suma de dinero, y empleo en las caballerizas reales.

 Concluida la ceremonia y andando el cortejo, avanzaron para ocupar el mismo lugar, el duque de Abrantes con igual aparato de heraldos, palafreneros, caballos, y seguido por la cuadrilla del Chiclanero. Venía en pos de él, el duque de Medina Celi, y Juan León con su cuadrilla. La cuarta y última carroza ocupábala, en fin, el duque de N... seguido de la guardia vieja de los toreadores, la cuadrilla de Montes, el cual goza de largo tiempo de una brillante reputación ante la cual se inclinan todos los toreadores de España. Cerca de doscientas personas vestidas con trajes fantásticos y brillantes, formaban este extraordinario cortejo realzado por el esplendor de las carrozas, la encumbrada nobleza de los títulos que decoraban a sus dueños, la fama de los toreadores, verdaderos grandes de España por la reputación peninsular de que gozan, el brillo de los jaeces de los caballos, que agitaban sus penachos sorprendidos del bullicio, o impacientes por tomar parte más activa en el espectáculo.

 Solo el nombre de Napoleón ha penetrado más hondamente que el de Montes en las capas populares. Un murmullo general de aprobación lo recibe donde quiera que se presenta, y la noticia de su arribo a cualquiera ciudad de España, pone en movimiento a toda la población. En la plaza de toros, teatro de su gloria, los vivas frenéticos del público muestran el placer con que siempre es acogido. Allí Montes es verdaderamente tan artista como Federico Lemaitre en su teatro, o Dumas en sus novelas. Las larguezas del público le han creado una gran fortuna, y ya está un poco entrado en años. Herido dos veces en diversos combates, tiene ya agotadas todas las temeridades que el arrojo puede ensayar con los toros; y los aplausos del público, siempre entusiasta admirador de su bizarría, habrían colmado ya cualquiera otra ambición de gloria que no fuese la suya. Sin embargo, Montes, arrastrado por el amor del arte se presenta aun a lidiar. El peligro es el pábulo que le da vida, y él se ingenia para renovarle, variándolo al infinito. Los cuernos aguzados del toro ejercen sobre él una atracción mágica, irresistible, y el público, conocedor de los infinitos percances de la lucha, le tiene predicho que en los cuernos del toro ha de morir.

Cuando Montes se presenta en la arena a capear un toro, la multitud inmensa de espectadores permanece inmóvil y silenciosa, a fin de no perder ninguno de los imperceptibles pases que hace con el bicho, y cuando el animal furioso se lanza sobre él, Montes aparta el cuerpo lo suficiente para que el asta mortal le desgarre el vestido entre el brazo derecho y la tetilla; segunda vez embiste, y entonces el cuerno pasa entre el pecho y el brazo izquierdo; tercera, y Montes queda volviéndole la espalda y envuelto en los pliegues de su capa, tan garbosamente como podría hacerlo al pararse en la Puerta del Sol.

A estos primeros pases se siguen diez diversos, cual variaciones de un tema único que es la muerte, y cuyas melodías se componen de coraje, actitudes artísticas, destreza y sangre fría. El público español mudo, estático hasta entonces, no por efecto del miedo, que no conoce, sino por la profunda emoción que le inspira el sentimiento del arte, prorrumpe en pos de aquellas brillantes fiorituras, en gritos apasionados que conmueven los edificios de la plaza; diez mil sombreros se agitan en el aire; diez mil pañuelos y otros tantos abanicos se cruzan, y las mantillas que no cubren ya los ojos negros brillantes de las españolas, dejan ver al artista célebre que las damas de hoy día, como la de los torneos de la edad media, saben apreciar el valor y medir la profundidad de las heridas. En España, en efecto, las mujeres de todas las clases están iniciadas en los secretos del arte de los combates, y aplauden los buenos golpes o reprueban al poco diestro. «Se le dice a usted, señor banderillero —decía con desdén en alta voz cerca de mí una interesante señorita, al ver un par de banderillas mal puestas— se le dice a usted que ese golpe no vale nada.»

El Chiclanero es otra aran reputación nueva, por la destreza extraordinaria y la audacia de su espada. Todo su empeño es dejar muerto instantáneamente a toro, para lo que apunta siempre a cierto punto que no tiene más diámetro que el de un peso fuerte y donde el cerebro está mal resguardado. El toro que el Chiclanero mató en las corridas reales, al caer delante de sí, vino a poner la cabeza a sus pies, completando el matador con la espada alzada en el aire y en la actitud de una estatua o de un grupo, aquel digno del cincel de Canova. Después del Chiclanero cuenta Cúchares, y en pos de él siguen otras grandes ilustraciones de la tauromaquia.

Todos estos detalles me alejan empero de la principiada descripción de las corridas reales, que me propongo continuar. Cuando llegaba la carroza, que traía a cada caballero en plaza al frente del trono, descendía aquel, como llevo dicho, y poniendo una rodilla en tierra, ofrecía para divertimiento de la reina el tributo de su vida. El color y los cabos de su vestido a la antigua española, daba el tono a todo lo que a él pertenecía, caballos, cuadrilla, etc. Un color era verde con bordado de plata; otro azul bordado de lo mismo; otro castaño bordado de oro; y el cuarto encarnado y plata. Los siete caballos enjaezados que seguían a cada caballero, debían servirle sucesivamente en la lid, a medida que fuesen inutilizados o despachados por los toros. De los cuatro caballeros, uno solo permaneció en la arena; pero tan brillantemente se condujo, que en esta sola corrida hizo olvidar toda la gloria de que habrían podido cubrirse hasta entonces los picadores de profesión. Cuatro toros cayeron sucesivamente muertos bajo su frágil rejoncillo; uno de ellos, en una primera embestida, había ensartado en las astas su caballo, y levantando y sacudiendo en el aire caballo y caballero, echólos a rodar por el suelo. Pero el intrépido aficionado haciendo poner de pie su caballo, sin perder un instante la silla, esperó, por segunda vez al toro, y atravesándole el corazón de un rejonazo, lo hizo caer muerto a los pies de su montura, como para que diese condigna reparación de la pasada ofensa. Todas estas escenas tan irritantes, tan preñadas de emociones, pasaban en un abrir y cerrar de ojos, y a un minuto de silencio glacial, en que podían contarse las palpitaciones del corazón, sucedía el grito instantáneo, el trueno de aplausos de cuarenta mil espectadores, para caer de improviso en el mismo silencio de muerte, como aquella noche lúgubre que hace la tormenta iluminando el rayo súbitamente la naturaleza, para dejarla en pos sumida en la oscuridad. El caballero en plaza había satisfecho con usura las exigencias del público, y la reina, radiosa de aquel placer que solo saben manifestar las gentes meridionales, hízole seña para que se retirase, sobrecargado de aprobaciones, perseguido por los estrepitosos vivas populares; y cuando desde uno de los balcones miraba envanecido las hazañas de los toreadores, de repente un grito universal, una agitación de pañuelos y sombreros, lo saludaba todavía, como si a un mismo tiempo viniese a la mente de aquella inmensa masa, el recuerdo eléctrico de las recientes proezas.

    He visto los toros, y sentido todo su sublime atractivo. Espectáculo bárbaro, terrible, sanguinario, y sin embargo, lleno de seducción y de estímulo. ¡Imposible apartar un momento los ojos de aquella fiera, que con movimientos peristálticos de la cabeza, está estudiando el medio de alzar en sus cuernos afilados al elegante toreador que tiene por delante! ¡Imposible hacer andar la sangre que se aglomera en el corazón del extranjero novicio, mientras que con rostro pálido, boca contraída y reseca, y ojos estáticos, está esperando el desenlace de la lucha para respirar, con aquel gemido que arrancan las torturas del espíritu! ¡Está usted como una cera, decía yo a un amigo francés que me acompañaba! ¡Y usted está verde, me replicaba, levantando la vista a mirarme, cuando el lance se había terminado y no antes! ¡Oh! ¡las emociones del corazón! ¡la necesidad de emociones que el hombre siente, y que satisfacen los toros, como no satisface el teatro, ni espectáculo alguno civilizado! La exasperación de las batallas para los veteranos solo puede comparárseles; y después de haber visto los toros en España, he lamentado que hayan pasado para nosotros los tiempos en que se quemaban hombres vivos, para ir al cabo del mundo a presenciar sus tormentos, a verlos torcerse, gemir, maldecir a sus verdugos, o escoger para morir posiciones nobles, académicas, o reconocer la autoridad de los caníbales que habían ordenado, su suplicio como aquellos gladiadores romanos que saludaban a César al tiempo de morir; porque tan imbécil como todo eso es la especie humana. El ajusticiado se preocupa de no mostrar miedo en el último trance, porque no lo apellide la multitud cobarde; el reo político o religioso, el mártir, en fin, no quiere implorar gracia, a fin de que no se infiera de ello que duda de sus convicciones; y el pueblo que presencia estos espectáculos, no pierde un solo movimiento del paciente, una palabra, un suspiro, para vanagloriarse de haber visto y oído tales cosas, y gozarse en el súbito temblor de las carnes que le acomete, cada vez que a su espíritu vuelve la imagen de la lúgubre ejecución. Cuando la inquisición existía, y mandaba a esta misma plaza mayor sus ensambenitadas víctimas, las autoridades debían sentir la necesidad de refrescar las escenas de sangre y de llamas, para acariciar y entretener al pueblo, y éste denunciar al primero que veía leyendo un libro, a fin de poner de su parte los medios de divertirse con la pompa, aparato y emociones de la horrible ejecución. La conversación del día sería como de costumbre, sobre lo ocurrido en la mañana, y las comadres al saludarse repetirían todos los detalles del acontecimiento; si el hereje había querido hablar, si blasfemó para su más segura condenación, si era contumaz, esto es, si sintiéndose injusta y bárbaramente asesinado, tuvo el coraje de pasear, desde lo alto del poste, miradas de soberano desprecio sobre la muchedumbre estúpida que se gozaba en su suplicio, y la turba de fanáticos que lo mandaba a las llamas, acaso porque sabía lo que ellos ignoraban. Porque en España los autos de fe y los toros anduvieron siempre juntos; y el pueblo pasaba de la plaza Mayor de ver quemar vivo a un hereje, a la plaza de Toros, a ver destripar caballos, ensartar y sacudir toreadores en las astas, o morir veintenas de toros y caballos, entre charcos de sangre, y de excrementos derramados de los rotos intestinos. Yo he visto en una tarde morir dieciocho caballos y siete toros, y dejo a cualquiera que calcule la cantidad de sangre que a chorros ha debido salir de veinticinco cuadrúpedos. este pueblo así educado, es el mismo que se ha abandonado a las espantosas crueldades de la guerra de cristinos y carlistas en España, el mismo que a orillas del Plata, se ha degollado entre sí con una barbaridad, con un placer, diré más bien, que sobrevive hoy en la raza española; porque no ha de conservarse un espectáculo bárbaro, sin que todas las ideas bárbaras de las bárbaras épocas en que tuvieron origen vivan en el ánimo del pueblo. Es para mí el hombre un animal antropófago de nacimiento que la civilización está domesticando, amansando, de cuatro o cinco mil años a esta parte; y ponerle sangre a la vista, es solo para despertar sus viejos y adormecidos instintos. Los espectáculos patibularios suscitan criminales en lugar de servir de escarmiento, y el día que no se fusile un bandido, habrá por lo menos tantos bandidos en el mundo, como cuando se les mataba como a perros rabiosos, y no más. El hombre, además, tiene tantos instintos malos como buenos, y un sistema de creencias y de espectáculos, esto es, de ideas y de manifestaciones, puede formar irrevocablemente el carácter de un pueblo. No es otro el secreto de los gobiernos corruptores; la sociedad los apoya, aplaude y ayuda; en ella misma encuentran sus instrumentos que son todos los hombres, porque todos tienen su lado malo.

He caído sin quererlo en estas tristes reflexiones morales, quizá por reacción contra las tentaciones de crueldad que el espectáculo había revivido en mí, y no me siento ya dispuesto a continuar la comenzada descripción de los toros reales, que no terminaron sino cuando las tinieblas de la noche hacían imposible la continuación de los combates, y después que Cúchares, el Chiclanero y Montes habían ostentado su habilidad, matando sucesivamente diez toros que a su vez habían destripado una media hecatombe de caballos, estropeado seis picadores, dos alabarderos y un alguacil, con infinito contentamiento del inmenso pueblo, que entre larga hilera de carrozas reales, bandas de música, y escuadrones de coraceros, se apiñaba, se extendía, como olas que van y vienen, se revuelven, y rompen, saliendo por los vomitorios de la plaza Mayor y siguiendo por las calles como por el cauce un torrente que desciende hinchado de peñascos y árboles arrastrados de las montañas. Una hora después, aun no se había serenado aquel rumor gigantesco, el fragor de aquel pueblo en delirio, sobrexcitado, rumiando sus emociones pasadas, diciéndolas en alta voz, comentándolas y saboreándolas de nuevo. Otro día de toros, y la misma novedad, la misma excitación que el primero y el tercero, como que eran los primeros toros reales, vistos desde los tiempos de la Jura de Fernando VII el deseado.

A las paradas, revistas, besamanos, velorio en Santa María de Atocha, se sucedían las representaciones teatrales, la Pata de Cabra en el Teatro de la Cruz, óperas italianas en el Circo, comedias antiguas de Moreto y Lope de Vega en el Príncipe, teatro real de Madrid, un edificio de innoble exterior, o más bien sin muestra exterior alguna que revele su existencia; pero elegantemente decorado en el interior, y como los teatros italianos, muy superior, en cuanto a efecto, a las grandes y suntuosas pocilgas de París. Se dan en el teatro del Príncipe comedias de Lope de Vega, románticas, por la misma razón que en Francia se dan, en la Comedia francesa, tragedias de Racine y Corneille, clásicas, esto es para que los españoles anden siempre y sin saberlo con los frenos cambiados. El teatro del Príncipe, además, sirve de Puerta de San Martín a los compositores modernos; de vaudeville, a Bretón de los Herreros, para sus comedias de costumbres; de Palais Royal, a los autores de sainetes, verdadero pandemonio, donde se ve todo lo que en materias teatrales ha de verse en España. La reina favoreció con su presencia las reales representaciones. Dióse por primera vez El desdén con el desdén de Moreto, sin pasar la esponja por los crasísimos donaires del truhán que mantiene el enredo de la pieza, y dichas a las mil maravillas por Guzmán, el gracioso más al paladar de Madrid.

Necesito establecer algunos antecedentes, para explicar las sensaciones que el teatro español me ha producido. Desde luego, yo no acepto la distinción muy recibida de literaturas y civilizaciones distintas en los pueblos civilizados de hoy, ni aun para la España, que es la nación que menos puede pretender a nada suyo propio en materia de trabajos de la inteligencia; porque el atraso no es una civilización, ni produce una literatura. El espíritu humano ha llegado a cierta altura en nuestro siglo, y es preciso que para ser aceptado un producto literario, esté a esa altura. Ahora, basta seguir el rumbo que ha tomado la novela, el folletín, verdaderas epopeyas de nuestro siglo, para comprender cual ha de ser el teatro. Acción complicada, multiplicidad de personajes, expresión de sentimientos en imitación de la vida, de la realidad, tanto más perfecta, cuanto más a lo vivo pintan la manera habitual que conocemos a esos sentimientos. De aquí viene la revolución que experimenta el teatro en Francia, en París, donde este espectáculo ha tocado a su apogeo. Cada teatro tiene su especialidad, cada pieza su actor que la desempeñe; y al revés de ahora cincuenta años, en que la comedia escrita era la obra maestra, lo que iba a exponerse y representarse, ahora es el actor, ya sea Lemaitre, o Rose Cheri, o la Rachel a quien le venían bien las tragedias antiguas. Dado el actor y sus habilidades conocidas, vienen las palabras, el libreto para su género de música, el tono para su voz, y después el traje que realiza al personaje y la época que finge, las decoraciones que traen al teatro el lugar de la escena. Esta comedia o este drama, no puede ser en verso;

porque el verso nunca puede expresar las pasiones con su verdadero lenguaje, sin estudio, sin aliños visibles, como son los asonantes y consonantes; y contra las reglas conocidas, la comedia o el drama moderno, es una acción, un suceso en prosa. Víctor Hugo, obedeciendo a esta nueva inversión de las reglas, el primer poeta de la época, ha escrito sus mejores dramas en prosa, como Dumas, como todos, porque no pueden evitarlo, aunque de vez en cuando aparezcan composiciones en verso. Esto supuesto, el teatro español viene arrastrándose todavía, veinte o treinta años atrás del arte actual. ¿Qué decir de una poesía de ocho sílabas, que más ligero que una péndula, está martillando al oído, su eterno alumbra, encumbra, deslumbra, errumbra, y todos los consonantes que puede dar un idioma? ¿Qué puede hacer un actor que tiene que repetir estas majaderías, una por segundo? Es preciso tener muy viciado el juicio para asustarse de ver a un marido que quiere asesinar a su mujer, apostrofándola en verso. ¡Mentira! no la ha de matar; y de seguro que el puñal que tiene en la mano ha de ser de cartón, o de hoja de lata. El que mata no habla así; las frases son largas o cortas, entrecortadas, principiadas y no acabadas, y todo completado por la acción, por gritos, por el asirla de un brazo y echarla por tierra, o hacerla arrastrarse sobre sus rodillas. Pero versos octosílabos, una o dos horas en este necio campanilleo, formado de frases de relleno, vacías de sentido casi siempre, hinchadas o extemporáneas las más veces, y nunca naturales, porque se han traído por los cabellos para hacer con ellas ocho sílabas para el autor y no para el actor, que no sabe como alargar o acortar sus dichos, según que la pasión lo pedía. Los españoles creen que les es peculiar el octosílabo, porque los cieguitos componen en ese metro, que es el abecé de la composición métrica. y cierto, que cuando leo octavas, aunque sean escritas por Zorrilla, me parece que estoy oyendo a los cieguitos de Madrid, tan sin objeto son estos millares de versos y de versificadores que produce la España, entre los cuales jamás se vio ni un Byron, ni Goëthe, ni Lamartine, ni Beranger, ni nombre alguno que salga de la península, si no es el de Espronceda que nadie conoce y que mereciera ser conocido. Luego, basta conocer un poco a Madrid, para medir el alcance del drama español. Madrid, aunque real y muy noble, es siempre la villa de Madrid. Ejemplos: en el teatro del Príncipe hay un chirivitil donde recibe Romea, el primero y el único actor dramático de la España. Allí, en aquella tertulia, ve el extranjero en ocho días, conoce y tutea si quiere, a todas las ilustraciones literarias de la España; poco queda fuera de este círculo. Más allá y en la misma calle, está el Casino, en donde se reúnen todas las reputaciones políticas de Madrid, diputados, banqueros y literatos políticos que han principiado por ser versificadores, esto es cieguitos con los ojos claros, y han concluido por ser jefes políticos, diputados o secretarios de la reina. Hay un café, antes el del Príncipe, hoy el de los Suizos, a donde el extranjero puede ver si aun le queda algún hombre notable de Madrid. Cuando estaba en boga escribir Misterios de Londres, de Rusia o de París, uno que emprendió los de Madrid, tan buena maña se dio, que la policía hubo de entender en ello, porque a cada entrega salía a bailar, con sus pelos y señales, una familia, un individuo, la duquesa tal, que nadie podía equivocarla. Esta estrechez del círculo en que el autor vive, aquella simplicidad de los elementos que componen la sociedad, estorba la aparición de la novela en España, lo mismo que en América, porque la imaginación no tiene para coordinar, exagerar y embellecer, esa multitud de acontecimientos de las grandes y populosas ciudades, donde la especie humana aglomerada, oprimida, despedazada, deja oír a cada momento gritos tan terribles de desesperación, de dolor; ni ver escenas tan extrañas, ni manifestarse pasiones tan destructoras, ni afecciones, ni odios tan fuertes. Se necesita, además, para el drama moderno, tal como ha de presentarse a hombres llegados a la virilidad de espíritu de nuestra época, que el alma del público esté nutrida de ideas, de recuerdos históricos y tradicionales en que prenda la alusión; que tenga el corazón aguzado para sentir impresiones suaves, tenues, a fin de poder desenvolver ante él una multitud de pequeños sentimientos, que son como los trinos, arpegios, y florituras de la música, que no forman el fondo de la composición, pero que a tal punto se incrustan y adaptan a las grandes superficies, que estas quedarían como despojadas, si se les quitasen aquellos adornos. Digo la verdad, un vaudeville me causa mayores sensaciones que todo el repertorio español antiguo y moderno; y ya quisiera darles en diez a los cieguitos, que hagan un drama en prosa, para ver si tienen algo que decir. y esto no por falta de talento, que es común en España como lo es en todas partes donde nacen niños con cráneo bien desenvuelto, sino por falta de espectáculo real en la sociedad en que viven, rudimental aun, simple en sus virtudes, como en sus crímenes y en sus vicios. Esta simplicidad de la vida en la real villa, va hasta ligar al público con su actor y su actriz, y hacerle tomar parte en sus desavenencias domésticas. Romea es un joven, poeta como debe serlo todo español que pretenda saber hacer versos, y actor irreprochable, porque a maneras distinguidas y trato de sociedad, reúne una instrucción rara por lo común entre nuestra gente de teatro. Los españoles lo creen un digno rival de Lemaitre, o de qui que ce soit. La verdad es que es un hombre muy bien educado, y si le falta genio, sóbrale talento verdadero y estudio completo. Acaso la bondad de su carácter le perjudica para la propia expresión de las pasiones terribles u odiosas, que hacen la fama de un actor. La Torre, que vi en don Pedro el justiciero, me pareció por momentos serle superior en esto. Por lo demás, no confío mucho en mi juicio, porque todas las piezas en que lo vi, eran en octosílabos, y necesitara antes verlo enojado como su perro, para saber si puede expresar o no la cólera. Romea, pues, para llegar al cuento, se casó, por amor del arte, con Matilde Diez, la Rose Cheri del teatro español, dama apuesta y cumplida, y en nada inferior en talentos dramáticos a su dramático consorte. La boda fue sancionada por el público aplauso; la Luna de miel hubo de escurrirse plácida y dulce como siempre; el menaje rebozó de dicha y contento por algunos años, como el teatro de coronas y bravos; cuando héteme aquí que contra la regla ordinaria, el marido, el primer galán, resulta a no dudarlo, infiel a la fe jurada ante los altares. La Matilde se queja, y Romea se le ríe en sus hocicos; protesta, y ni por esas; visto lo cual, y sin omitir intimaciones, amenazas, ruegos, y todo lo usual en casos iguales, mi Matilde toma un amante, con grande aprobación del público, que desde el principio de la querella matrimonial, había tomado parte activa en favor de la Matilde, no dejando a Romea, sino una corta cábala de amigos que lo aplaudiesen; y tan parcial se mostró en todo este desaguisado el público, que el marido infiel de abandonar las tablas. Un incidente raro dio a estos enredos nuevo interés todavía. Una noche de representación introdújose al Príncipe un cierto perro, sin amo, y de esos que corren las calles de las ciudades. La representación comienza, y nuestro aficionado va a colocarse cerca de la orquesta en lugar aparente; aplaude el público a Matilde Diez y el mastín o sabueso menea la cola, lleno de complacencia. Todas las noches vésele aparecer, colocarse en el mismo punto, y seguir a su actriz favorita en todos sus movimientos. Un día de beneficio el contento público llega a su colmo, hay tormenta de aplausos, y el perro no se contenta ya con menear la cola desde un punto, sino que sube a las tablas, cumplimenta a su modo a la célebre actriz y la acompaña hasta su casa con la turba de entusiastas. Desde entonces es admitido miembro de la familia, y vive en la mejor inteligencia con Romea, hasta el día en que el matrimonio se turba, que entonces corta toda relación con el marido culpable, separándose con la otra mitad del menaje; y si después los niños van a visitar a su padre, el perro los acompaña hasta la puerta, y los aguarda en la calle para volverlos a llevar a casa de su amiga. Ahora que Romea y Matilde viven mal entre ambos, a lo que se dice, no sé si el entusiasta perro hace la vista gorda, como debe hacerlo todo buen criado; puesto que entre sus atribuciones no entra la de enseñar moral a sus amos, que colocados en las altas regiones del arte, obedecen a otras leyes que las que rigen a los pobres mortales. Hay, además, en Madrid varios otros teatros subalternos, que a decir verdad, no merecen ser mencionados. En ellos, sin embargo, vi en aquellos días de excitación, una manifestación del espíritu nacional, que por ser constante, y muy en conformidad con los antecedentes históricos, llamó muy particularmente mi atención. La más leve alusión a los extranjeros en las piezas de teatro suscitaba tormentas de aplausos, bien entendido que la alusión debía serles desfavorable. Este pueblo está enfermo de orgullo quebrantado, y se desahoga maldiciendo a los extraños. Afortunadamente para el español no hay más habitantes del mundo que el francés y el inglés. Cree en la existencia del ruso; el alemán es ya algo problemático; pero eso de suecos o dinamarqueses, son mitos, fábulas, invenciones de los escritores que de ellos hablan. El francés basta por sí solo para llenar todas las cavidades hondas del corazón español. ¡Qué odio! pero ¡qué digo!, ¡qué desprecio tan soberano! Un francés debe ser una especie de saltimbanqui, peluquero de profesión, bailarín por carácter, o cuando menos, pastelero. Hombre con seso no hubo jamás en Francia, si bien tienen la manía de escribir librotes, sin son ni ton, dotados como están de aquella superficialidad característica al francés. Su industria es perfumería y papel pintado; y sus glorias, las que ellos mismos se dan, porque, eso sí, para ponderar y alabarse y exagerar y mentir, ¡ahí está el francés! y sin embargo, francés es en Madrid el pastelero donde se pueden tomar confituras aseadas; francés, el fondista o dueño de café, donde la gente elegante come o se reúne; francés el cochero y el mueblista; francés el que vende efectos nuevos, que son nouveautés francesas; francés el que construye guantes; francés el partido moderado porque así lo inventó Luis Felipe; el progresista, porque en Francia no está de moda el nombre estropeado de liberal; el sistema tributario de Mon es traducción del plan de rentas de Human; Martínez de la Rosa trae de París su reputación de sabio, como Narváez la de jefe político, sin contar a Rianzares, duque y par de Francia, para tener a Cristina en los intereses de la corte de Versailles; y en cuanto a literatura, Gonzalo Moron ha hecho un ensayo titulado Historia de la civilización de España, que huele de lejos a la Historia de la civilización de Guizot, pero que de cerca sabe a tocino y chorizo, esto es al mal gusto nacional de violentar la historia para darse aires de ser algo, porque en la edad media fueron mucho. Juzgad por esto si tengo razón de creer que allí el pensamiento está muerto. En los días de mi residencia en Madrid so publicaba la historia de Carlos V, traducida del inglés de Robertson, que escribió a mediados del siglo pasado; la de los Reyes Católicos por Prescott, norteamericano; las de las conquistas de México y Perú por el mismo autor; la historia de la literatura española por Sismondi, italiano; por Viardot, francés, que ha hecho la estadística de la España; por no sé qué otro autor alemán; por todo el que intente decir lo que es o fue la literatura española, excepto por un español, sino es Martínez de la Rosa, que ha producido un adefesio de poética de Boileau en el momento en que el drama se transformaba, las unidades pasaban a mito, y la novela tomaba la delantera a todos los otros géneros de composición poética. El lenguaje mismo se resiente de esta influencia, aunque no sea sino por las resistencias que opone a ella. Leeréis libros que no sabríais a qué siglo de la literatura española atribuirlos, tanta frase anticuada, tanto vocablo vetusto y apolillado encontrareis en ellos, que el arcaísmo no podría caracterizar suficientemente; y estas buenas gentes que de puristas se precian, por huir del galicismo, acabarán por hacer un idioma de convención que solo ellos se lo entiendan, cosa que, a decir verdad, no ha de traer grave daño al mundo intelectual.

  Y como no ha de andar la palabra escrita sin que en signos exteriores se manifieste el uso y consumo que de ella se hace, os contaré algunos detalles domésticos que ilustrarán abundantemente la materia. Es conocido de todos en América el nombre de nuestro amigo don Manuel Rivadeneira, creador de la prensa en Chile y el primero, por no decir el único, impresor de España. Cuando las fiestas reales, hubo de publicarse varios folletos que por ser para el uso de la corte y haber de verlos los príncipes franceses, requerían una edición de lujo y presentable. Rivadeneira, como el único capaz de hacerlo, fue encargado de la edición. La imprenta del Español quiso dar un croquis de la colocación de los personajes en Nuestra Señora de Atocha en el acto solemne de los desposorios, y Rivadeneira fue encargado de realizarlo con signos tipográficos para mandar la forma enseguida a que fuese tirada en la imprenta del Español. Últimamente, recorriendo los datos estadísticos publicados en Santiago por la imprenta del estado, Rivadeneira, sin reconocer perfección del trabajo, me dijo: «En Madrid no hay impresor capaz de hacer esto». Hay un Buis y un Madoz que tienen grandes establecimientos, con máquinas venidas de extranjis, pero que no andan por faltarle a la una un tornillo que nadie sabe reparar; no haber quien entienda la otra; y todas por no formar parte de un conjunto ordenado de aparatos. La imprenta de Rivadeneira ha publicado y estereotipado una magnífica colección de todos los antiguos autores españoles, y arruinádose medianamente por falta de compradores de obra tan importante. La ciudad de Córdoba no daba colocación a dieciséis ejemplares. Más negocio hacía la imprenta del Heraldo, publicando traducciones francesas e inglesas, Misterios de París Judío Errante, Matilde, y todo el catálogo obligado de novelas en boga. Últimamente, se proyectaba y ponía en planta una asociación de librería, fundición, imprenta y estereotipia, con 40.000.000 de reales por acciones y confiada a la dirección de Rivadeneira, que tenía por objeto explotar en España y América este ramo de industria, y es probable que el éxito corresponda a la expectación de los especuladores. Rivadeneira salía a colectar en Alemania, Francia e Inglaterra las máquinas y aparatos necesarios para la provechosa ejecución de plan tan vasto.

He aquí, pues, la España intelectual, industrial y política, tal como he podido comprenderla a vista de pájaro; que por más que digan, si no pueden de este modo verse los detalles, vénse los grandes monumentos, que es la armazón de un estado. Doscientos treinta y seis ministros han dirigido sucesivamente en una docena de años los negocios públicos, sin que entre ellos haya dos, cuyos nombres hayan sobrevivido a los días de su efímera exaltación.

En los alrededores de Madrid, como en los de París, hay algunos sitios reales, el Pardo, Aranjuéz, el Escorial, Versalles español con su tipo nacional. Una llanura despoblada, un puente sobre el Manzanares donde se ven dos de las rarísimas estatuas que hay en monumentos públicos en España, casas destruidas durante la guerra, y que hoy sirven de parapeto a rateros que no merecen el nombre de bandidos, lomadas sin fin como oleadas de piedra, descarnadas, amarillentas, he aquí el camino en que una diligencia sucia y estrecha conduce cada dos días a los viajeros que quieren visitar el Escorial. Esta escena de desolación, aquella pampa salvaje intermediaria entre una capital y un monumento, preparan el espíritu, deprimiéndolo y entristeciéndolo, para acercarse al panteón de Felipe II. Después un valle sin agua y sin árboles, una montaña elevada que cubre el horizonte, y a su base la cúpula y torreones del edificio sacerdotal, levantándose como pigmeos humanos en presencia de las obras de la naturaleza. Al llegar a aquel páramo os enseñan un peñasco desnudo en donde Felipe II hizo ahorcar a los trabajadores que no querían conformarse con el escaso estipendio que les había asignado, medio seguro de resolver la cuestión del salario. Una fondita tenida por mujeres, un sacristán ciego, que enseña a tientas y con precisión los cuadros, son las tristes novedades que allí se ofrecen. Habréis oído decir que el Escorial está construido en forma de parrilla en honor de San Lorenzo y de la batalla de San Quintín; todo esto puede ser, pero ningún mal hace a la arquitectura este sombrío y bárbaro plan. Es la montaña vecina quien aplasta y anonada el monumento, dándole una alma oprimida, helada, torva. Por la mañana no está el Sol allí para creerse uno libre; el frío, que bajo aquellas bóvedas sepulcrales penetra hasta los huesos, tiene no sé qué de calabozo, de subterráneo que os hace procurar involuntariamente las puertas, mirar las ventanas, buscando como las plantas la luz del cielo.

Un recuerdo me venía sin cesar al espíritu al contemplar este extraño y espantable edificio. Véanme al espíritu que todas las civilizaciones han levantado al morir un grande monumento, como la tumba en que debían quedar sepultadas. El panteón de Atenas, el coliseo de Roma, enterraron la democracia allá, el patriciado aquí. El poder temporal del papado se sepultó en San Pedro de la Roma moderna. Las anatas, las indulgencias y las bulas de la Santa Cruzada, con cuyos productos se construyó, dieron al mundo el protestantismo; el protestantismo, hijo de la libertad de examen, engendró la educación pública y la discusión; y de estos padres nacieron más tarde la libertad política y la democracia moderna, la química y la mecánica, el vapor y las ciencias. Versailles había sepultado el poder absoluto de los reyes, empobrecido a la Francia, y convocados los estados generales para remediar la espantosa deuda, engendrado la revolución de 1789 que ha regenerado el mundo. Pero Versailles como San Pedro, eran la glorificación de las artes y las ciencias antiguas, y cada piedra asentada hacía surgir una nueva idea, suscitando un hombre, un recuerdo. En San Pedro, Miguel Ángel y el antiguo Panteón, la Roma de los césares y la de los papas; en Francia el gran rey, y todos los grandes hombres que brillaron en el siglo de Luis XIV. Así estos dos monumentos han quedado vivos, aunque hayan muerto los instrumentos que sirvieron a su construcción. Versailles necesita dos caminos de hierro para proveer al movimiento de atracción que causa. La Europa entera remolinea en derredor de aquellas artísticas y esplendorosas ruinas, al paso que el Escorial no tiene veinte visitantes en la semana. Si es un cadáver, es un cadáver fresco aun, que hiede e inspira disgusto. No hace veinte años que el alma abandonó a aquel cuerpo. El Escorial no fue la pirámide elevada al último representante de una forma de civilización, era el trono para los que iban a heredar el poder de Felipe II y de la Inquisición. El Escorial fue construido con el sudor de la España y el botín de la guerra, convento de monjes. He aquí lo que Felipe II quiso honrar, perpetuar, un coro de doscientos frailes que cantasen el miserere a la libertad de pensar que había él asesinado. Las bóvedas del convento de San Lorenzo se abajan en formas planas sobre el coro, para repercutir aquellas roncas plegarias de los dominadores de la España. Todo iba a morir, poder de la España en Europa, escuadras, colonias, letras, bellas artes, ciencia, porque todo había sido desangrado, chupado, cortado, talado, arrasado, para levantar el convento normal, monumental, regio, inquisitorial. Felipe II murió y la España entera se hizo fraile; en cada familia noble o plebeya hubo uno, y al nacer un niño, los padres lo destinaban ya para monja, si era mujer; para sacerdote, si era hombre. Hubo momento en que la España contuvo doscientos sesenta mil monjes, la flor como la hez de la nación, porque todos los caminos abiertos a la actividad humana venían a parar a la puerta de un convento. Allí se daba la sopa a los pobres que dejaba en todas partes la absorción de aquel monstruoso vampiro con medio millón de cabezas, de aquel pólipo que crecía en el seno de la España; y cuando ésta, moribunda, quiso hacer el último esfuerzo para vivir, encontró que los tres cuartos del territorio de la península eran temporalidades, y tres millones de españoles dependían para vivir de la chirle sopa distribuida en la puerta de los conventos. ¡Oh, Escorial! aquí, bajo tus bóvedas sombrías está toda la historia de esta pobre enferma, cuyo hondo mal médico alguno ha estudiado todavía.

El ex clérigo o fraile que os enseña las raras curiosidades de aquel vasto sepulcro, las urnas de los reyes, la silla de baqueta en que se sentaba Felipe II, y el banquillo manchado en que ponía su pierna enferma, mil tradiciones de sucesos sin consecuencias, parecíame uno de aquellos sacerdotes del Egipto que a Tales o a Herodoto explicaban los jeroglíficos de las pirámides, revelándoles la historia secreta del pasado de que ellos solos eran intérpretes, porque era la obra de ellos solos. El espíritu del antiguo convento anda por aquí todavía rondando, pronto a reconquistar su prosa al menor vaivén político, y es ya fama que el gobierno quiera hacer del Escorial un Hotel de Inválidos de la Iglesia, reuniendo allí un nuevo coro que cante letanías, porque todos sienten que el Escorial ha sido construido para hacer retemblar bóvedas y claustros con los cánticos solemnes del culto católico. Entonces la montaña triste y descarnada que sombrea y humilla el monumento: entonces el frío glacial de aquellas paredes húmedas; entonces la desolación de aquel valle estéril y pedregoso; entonces la pobreza cerril de aquellos pocos habitantes que pastorean sus ovejas en el atrio del convento, toman su verdadero significado, la muerte de la España, su despoblación, su ignorancia y su ociosidad. Entonces el miserere de doscientas voces puede helar la sangre y hacer hincarse de rodillas al español de nuevo, y pedir a gritos misericordia por los males y la degradación que lo agobian.

El Escorial encierra preciosos monumentos de ciencia y arte. Están cautivos allí los manuscritos árabes; y todavía después de tres siglos de incomunicación, aquellos ilustres presos no han sido interrogados; nadie sabe sus nombres, ni entienden las excusas que pueden hacer en favor de la civilización morisca. La antigua legislación contra herejes e infieles está vigente para ellos, la prisión perpetua, la incomunicación y la denegación de audiencia. Pero, en fin, no han sido quemados vivos los manuscritos árabes, y aun esperan que se les haga justicia. Varios cuadros de la escuela italiana han pedido y obtenido que se les pase al museo de Madrid, por ver gente, por gozar un poco del Sol. Los franceses se llevaron otros.

El Museo de pintura de Madrid es uno de los más ricos y desiertos de la Europa. La escuela española tiene allí sus mejores representantes, ¿Cómo ha sucedido que la pintura haya muerto en España; pero muerto a punto de desaparecer completamente, como si jamás hubiese existido? La escuela española en pintura, es como la escuela romántica en letras. Lope de Vega y Rivera, Calderón y Velásquez son los pintores de la España que se petrificó en el Escorial; de ahí en adelante no dio una sola gota de jugo el arte para nada, para nadie. Los cuadros españoles muestran el mismo fenómeno que las comedias y los autos sacramentales; un arte que nace de sí mismo, que crece, se agranda, sin padre y sin hijos. Los originales de las vírgenes de Murillo se encuentran a cada paso en las manolas sevillanas; San Jerónimo en los mendigos desnudos; y en el cuadro de los borrachos de Velásquez, vése que ni la fisonomía, ni el vestido de este tipo ha cambiado un ápice en tres siglos. El arte italiano se educó primero en las estatuas de Roma y Grecia; como Boileau en Quintiliano, Horacio y Aristóteles. En España nunca so estudió nada de lo pasado, y las bellezas de sus dos artes fueron producción original del suelo. Así Lope de Vega, Calderón, Murillo, Cervantes, pueden solo compararse a Pitágoras, Sófocles, Arquímedes, Euclides, cada uno creador de un ramo del arte o de la ciencia. La diferencia solo está en que los españoles no pudieron legar nada a su nación, que cambiaba de faz en aquel momento. La novela creada por Cervantes fue a reproducirse en Francia; el pincel de Rivera en los Países Bajos.

La originalidad del arte español es aun más sensible en el asunto de la composición; siempre mendigos, frailes y carnicerías, sino es Murillo, que inspirado por el cielo de la Andalucía, cultivó los sentimientos tiernos de la familia. Lo terrible forma siempre el sublime de la pintura española; santos desollados, estudiado el asunto sobre el natural, porque solo viendo palpitar la carne puede la pintura llevarse a un grado tan espantoso de verdad; monjes en contemplación, apenas discernibles sus adustas formas bajo la capucha y bajo las sombras del claustro; mendigos que os hacen rascaros involuntariamente por la comezon que causa la contemplación de aquellos sucios harapos que la imaginación puebla de sus naturales habitantes, y los ojos creen verlos hirviendo y hormigueando.

Pero todo aquel arte es un mito ya, una fábula. La España moderna no tiene ni pintura sagrada ni profana. Solo un ensayo que se muestra en el Museo de Madrid ha querido representar una virtud heroica, y solo ha logrado pintar a la España. El asunto de la composición es el hambre, la pobreza y el orgullo. Un moribundo rodeado de muertos rechaza con indignación el pan que le ofrece el francés, mientras devora un troncho de col. Un mote escrito abajo explica los sentimientos que animaban al pueblo durante la guerra de Napoleón: «¡la muerte, sin Fernando!». Lo único que hay digno y noble es la figura simpática de los oficiales franceses que distribuyen víveres; todo lo demás es vil de formas, innoble de sentimiento, asqueroso de aspecto y de decoración. ¿Cómo no han sentido los españoles el oprobio que este cuadro hace a su país?

Está allí la Perla de Rafael y la virgen del pescado, italianas, y más que italianas, griegas, ideales de formas, como el arte romano educado por la tradición antigua conservada en las estatuas.

No hay estatuas en España ni antiguas ni modernas. La estatua para existir necesita una atmósfera de gloria, que para elevar el alma suple a la libertad. En los gobiernos absolutos la gloria la representa el soberano; él da las batallas, él concibe los planes, él solo se ilustra aunque sus generales lo hagan todo, aunque sus ministros sean los únicos artífices de la historia; en los gobiernos sacerdotales el hombre desaparece en presencia del santo, o del sumo sacerdote; y la España era sacerdotal y despótica a la vez para levantar una sola estatua a las glorias mundanas. Hay más todavía, la España hizo su santo de barro, de palo, embadurnado de pintura y revestido de trapos; y ni aun la estatua del santo existe sitio son algunas admirables cabezas de yeso con ojos de vidrio. La procesión de los santos es solo posible en los países españoles por esta peculiaridad de su estatuaria. En Roma hay procesiones porque no puede transportar un santo de piedra.

Dos meses he parado en Madrid y no he conocido sino muy pocas familias. Los americanos y franceses que han penetrado en la sociedad, cualquiera que su rango sea, alaban la cordialidad y la franqueza de las costumbres, y cierto aire de la hospitalidad americana que hace del extranjero a la tercera visita el miembro de la familia. En los círculos de literatos que he frecuentado, he encontrado el mismo espíritu, la misma llaneza, que haría amar al español por aquellos mismos que, como yo, detestan todos sus antecedentes históricos y simbolizan en la España la tradición del envejecido mal de América.

Parto de Madrid para la Andalucía y os iré contando lo que merezca ser referido.

La Mancha

La diligencia pasa por Aranjuéz a donde no he querido detenerme. A poco andar reaparece el desierto, el secadal, la Mancha, la venta de don Quijote, y los molinos de viento que sugirieron a Cervantes aquel extraño combate de su héroe. La venta de Puerto Lápice está intacta aun; muleteros la aturden con sus reniegos; las mulas la infestan con sus orines; los ciegos la alegran con sus serenatas; el humo de las lámparas da su rebote por el olfato, al gusto nauseabundo de huevos y viandas preparados en aceite verde y rancio, que los españoles prefieren al claro aceite obtenido por las prensas hidráulicas. Aquí, como en todo lo que de la España he visto, nada se ha cambiado después de tres siglos; Cervantes o Lesage escribirían hoy lo mismo, salvo lo de la Inquisición y de la Santa Hermandad.

Empiezan a aparecer los olivares, raros, enfermizos, enanos, pero productivos. El olivo es el asno de la agricultura, se mantiene de los desechos de la tierra, vive de peñascos, de declives, y de pedregales, como el otro de troncos, de espinas, y de malezas.

En Manzanares, el postillón de la diligencia que debía reemplazar al nuestro, estaba tendido y envuelto en vendas y ligaduras. Acababa con la otra diligencia de ser derrengado a palos por una banda de ladrones, y desvalijados los pasajeros, dejándoles en cambio algunas contusiones. El antiguo bandido ¡existe pues! yo lo había echado a cuento. Venían conmigo en la diligencia un capitán de una corbeta de vapor, un coronel retirado, dos comandantes de milicias y dos o tres estudiantes sevillanos. En la noche no parecía la diligencia opuesta, y largas horas pasamos en una posada, inquietos, escuchando el menor ruido, temerosos de un nuevo ataque. El capitán de corbeta fue el primero en sacar su dinerillo y acomodárselo en la corbata en torno del cuello. Los demás siguieron su ejemplo, y me invitaron amigablemente a hacer otro tanto. ¡Pero qué! decía yo, ¡somos doce!

—¡Ah! ¡cómo se conoce que es usted extranjero! Mataríamos tres, dejaríamos seis de entre nosotros, y el resto, estropeado a palos, tendría que entregar su dinero. Reserve una pequeña cantidad en el bolsillo para contentarlos, y no se haga ilusiones, la resistencia es inútil.

Era invierno, y rodeados de un brasero, cada uno contaba los sucesos ocurridos en los alrededores, como sucede siempre cuando tenemos miedo, para subir de punto el espanto. Al fin estábamos todos aterrados. Uno de los estudiantes, con otros muchos, había dado una batalla hacía seis meses a los ladrones, yendo de Sevilla a Granada; se habían cruzado cuarenta balazos con las carabinas, muerto un ladrón y herido un colegial. Desde ese momento abandoné la idea de ver la Alhambra, yendo a mula por el camino de Sevilla. Otro contó cómo había pocos meses antes descubiértose la guarida de una banda que tomaba a los ricos de los alrededores, los mantenía presos en un sótano, hasta que por cartas enviadas a sus deudos por medios misteriosos, los hacían rescatar pagando una contribución impuesta. En fin, otro llegó de afuera asustado, aterrado. ¿Saben ustedes lo que ha sucedido en Moral ahora poco? ¡Cosa horrible! hay una familia compuesta de la madre y dos hijas; la una casada vive en un paraje no distante, y un hermano que salió niño para América volvía con una buena fortuna en doblones. Llega a casa de la hermana casada, se hace reconocer, y le cuenta la buena nueva, anunciándola que va a casa de su madre de quien no se hará reconocer por darle un chasco. Al día siguiente la hermana va a la casa paterna, y signo ninguno exterior le indica la presencia de su hermano.

—¿Y el viajero? —pregunta.

—¿Qué viajero? —le contestan madre e hija despavoridas.

—El viajero que vino a alojarse.

—No ha venido nadie —contesta la madre pálida.

—Se fue esta mañana —contesta al mismo tiempo la hija.

—Pero, madre —era Antonio que venía de América rico.

—¡Antonio! ¡mi hijo! ¡mi hermano! —exclaman mesándose los cabellos—, ¡y el corazón no me había dicho nada!... Madre y hermana lo habían asesinado en la noche, por apoderase del saco de onzas!!!...

La compañía que estaba en torno del brasero se quedó pasmada, y yo veía parárseles a todos de horror los cabellos, excepto a mí, que dije, con tono autoritativo, es falso, señores, eso es un cuento. Todos se volvieron hacia mí, mirándome de hito en hito por la extrañeza de la afirmación, pues sabían que yo no conocía los lugares ni las personas. este cuento lo he oído en América hace doce años; la escena tenía lugar, en la campaña de Córdoba, el mozo volvía de Buenos Aires, y lo mataron como aquí madre y hermana con el ojo del hacha, de donde deduzco que ni entonces ni ahora ha ocurrido tal cosa. Son ciertos cuentos antiguos que corren entre los pueblos. Ya he sorprendido unas cincuenta anécdotas ocurridas en España, en Chile, en Francia, en Buenos Aires, y contando algunas de ellas, logré distraer los ánimos, porque la verdad sea dicha, ya nos moríamos de miedo. El ruido de la diligencia de Sevilla nos volvió la alegría y a la una de la noche nos pusimos de nuevo en movimiento.

Una montaña separa la Mancha de la Andalucía. Éste era el límite entre el gobierno del ejército romano y el del Senado. Aquí principian las antiguas repúblicas de la Bética; los pastores feroces del lado de las Castillas, los labradores alegres de esta parte; Roma y los bárbaros; las colonias latinas, y la Lusitania y la Iberia. Aquí se encuentran las colonias suizas de Carlos III, la Carolina. En tiempo de aquel rey sucedió en España una cosa estupenda; en poco estuvo que la España se hiciese europea; todos los monumentos de utilidad pública en España llevan el nombre de Carlos III, antes ni después de él se han construido otros. Olavide pensó en colonizar la España, poblarla y hacerla cambiar de vida, y al efecto se introdujeron colonias agrícolas que murieron luego. Olavide tuvo que vérselas con la inquisición moribunda pero terrible aun. Otro ministro hizo el detalle de los males financieros de las Españas, presentando el ominoso cuadro en un libro titulado: Puertas abiertas y Puertas cerradas que hace presentir el comercio libre de nuestra época. Después de estos sublimes esfuerzos de inteligencia, la España volvió a quedarse dormida hasta 1808.

Córdoba

La más desamparada de las ciudades que han sido y no son nada. La patria de Séneca, el último asilo de los pompeyanos, la corte de los muslimes, llora todos los días ¡tanta gloria y abatimiento tanto! Su puente romano, sus murallas moriscas, su mezquita árabe, sus columnas miliarias, el nombre del cónsul

Marcelo escrito en sus calles, todos aquellos recuerdos históricos se unen a la belleza del paisaje, al desecado Guadalquivir, para protestar contra la decadencia actual. ¡Qué triste es una ciudad muerta, que fue reina y la vemos mendiga y cubierta de harapos y de lepra!

No creáis nada de cuanto dicen Chateaubriand y otros de las bellezas de la mezquita de Córdoba. Había en la Bética desparramadas por todas partes columnas de los palacios y templos romanos; los árabes reunieron unas dos mil de todas dimensiones; acortaron las que estaban largas, y sobre una columna dórica pusieron un capitel corintio. De ellas hicieron los sustentáculos de un galpón grande como la plaza de la Independencia; la capilla del Zancarrón tan solo es una joya de la arquitectura árabe que no tiene pareja en parte alguna del mundo donde su raza ha existido; las gracias de la arquitectura griega, la seriedad de la romana, la blonda de la gótica, todo ha sido reunido aquí y sobrepasado.

Me fastidia describir monumentos que podéis ver mejor en una litografía. Aquí no hay nada; nada hay en Sevilla donde continúo esta carta, excepto el archivo de Simancas y el de Sevilla reunidos, que contienen los documentos de la colonización de la América; pero es preciso pedir a la reina en Madrid, por un memorial, permiso para visitar sus estantes y nada he podido verificar de ciertos hechos que me interesan. Aquí está el Alcázar como sabéis, la Giralda, y la famosa Catedral gótica. Algunos cuadros de Alonso Cano y de Murillo, las ruinas de Itálica, que no conservan resto alguno noble de la arquitectura romana; esto que veis, ¡oh Fabio! son olivares, paredones sin forma, ¡nada más!

En fin, un vapor inglés me recibe a su bordo en Sevilla y por el Guadalquivir me lleva a Cádiz.

De Cádiz un vapor francés me conduce a Gibraltar; de Gibraltar a Valencia, en donde me hospedo en el hotel del Cid, de que habló Minvielle en su Ernesto, y en donde por la primera vez he comido bien y sin asco, en fondas, ventas y posadas en España. ¿Qué os importa a vos, miembro de la Universidad, lo que en materia de cultivo de la seda vi en la famosa Huerta de Valencia, país bien cultivado como ninguno en España, e irrigado como lo enseñaron los moros? No os contaré nada de eso, por ser indigno de vuestras borlas doctorales. En Valencia el pueblo viste de listados de lana, hechizos como los del Maule; lleva sombrero de lana ordinario, como los mendocinos; y manta al hombro de otro tejido que se fabrica en la Córdoba argentina, y llevada exactamente como llevan el poncho los cuyanos. Os creeríais en Cuyo al ver a los paisanos de Minvielle, que nos quería hacer pasar a los españoles por gente, como don Bartolo a Fígaro a los ojos de Rosina. No le creáis una palabra, son como... como nosotros, atrasados, sin ciencia y sin artes.

En Valencia concluye el país moruno que principia en Cádiz, y por Málaga y Granada penetra hasta Sevilla, sobre el suelo romano de Pompeyo, Sertorio, Séneca y Trajano. Por todas partes vénse los restos de aquella célebre raza; en Córdoba el primer empedrado de las calles hecho en Europa; en la Mezquita colgaduras de terciopelo de la seda que se cultivaba en los alrededores, y que millares de fábricas tejían. Ni una morera, ni un telar hay ahora, los bárbaros cristianos lo destruyeron todo. En Córdoba y Sevilla aquella arquitectura de mimbres bordada de arabescos, lo más risueño que con estuco han podido hacer los hombres; en la Andalucía los olivares; en Valencia, la Huerta irrigada por canales y con una legislación democrática, sumaria, a la luz del Sol, que recuerda todavía el extrado, el divan, la puerta de calle en que los árabes administraban justicia. y luego, las mujeres andaluzas, graciosas como bayaderas, locas por el placer como las orientales, y aquel pueblo que canta todo el día, ríe, riñe y miente con un aplomo que asombra. ¡Oh! las hipérboles andaluzas dejarían atónitos a los más hiperbólicos asiáticos. ¡Qué imaginación, qué riquezas de espíritu! ¡Qué feliz es la alegre Andalucía!

Al salir de España, siento que toda ella se reasume en mi espíritu en estos raros aforismos.

Tiempos primitivos
Los campos de ambas Castillas y la Mancha fueron despojados de la vegetación por los aborígenes, y no ha sido hasta hoy restablecida.

Los pueblos primitivos van siempre armados. La sociedad no respondiendo de la seguridad individual, el bárbaro lleva consigo sus flechas, su espada o su carabina. Los muleteros y labradores llevan armas de fuego en España, con autorización de la policía.

En los pueblos primitivos no se toma posesión definitiva de la tierra. Nómades, cambian de lugar con sus ganados; agricultores, dejan un terreno para abrir otro. En España un tercio del terreno pertenece aun a la municipalidad, y vendido bastaría a garantir las deudas españolas.

En España hay países ignotos aun, valles en las montañas que no han sido explorados.

Las producciones de la España son los productos de los pueblos primitivos, lanas, cereales y aceite.

La escoba es una invención moderna. En Córdoba y otros no se ha inventado el mango aun, barriendo con escobita de palma, doblando el espinazo para alcanzar el suelo. Los Estados Unidos se hacen notar por la perfección de su escoba que exportan a todo el mundo. La escoba, pues, es signo de cultura, como que la limpieza es el distintivo de la civilización.

Tiempos romanos

Los romanos dividían la España en dos regiones. La Bética era el país civilizado, agrícola; el resto el país bárbaro; la misma división subsiste aun en el aspecto del suelo. Donde cultivan árboles era la España Senatorial, donde se contentan con derramar semillas, la España Imperial.

Tenían los romanos una palabra compuesta e imitativa tintinnabulum, cencerro, tin-tin-ambulo, campanilla que va sonando a medida que el animal que la lleva, marcha. Las mulas españolas cubiertas de cascabeles, plumas y zarandajas vienen desde los romanos; el correaje no ha podido vencer a Roma.

La lámpara romana, en bronce y alimentada con aceite, existe hoy exclusivamente en España como en tiempo de las colonias latinas, como existe en Roma misma.

El arado romano es el único implemento de agricultura conocido.

El manto romano lo llevan aun pastores y labriegos.

El circo romano con sus combates de fieras subsiste solamente en España. Presídelos el rey o la municipalidad, como en Roma el emperador o el senado romano. Solo las monjas no ocupan ya el lugar de las antiguas vestales.

La municipalidad es en España, como en Roma, la única autoridad arraigada en el suelo, aunque los reyes, como los emperadores, tengan cuidado de cortarla de cuando en cuando al ras de la tierra.

En España, las procesiones de los santos conservan las apoteosis y el aparato de las ovaciones y triunfos romanos. No habiendo sino en España santos de palo, las procesiones son imposibles en otras partes.

Tiempos árabes

El español de hoy es el árabe de ayer, frugal, desenvuelto, gracioso en la Andalucía, poeta y ocioso por todas partes; goza del Sol, se emborracha poco, y pasa su tiempo en las esquinas, figones y plazas. Las mujeres llevan velo sobre la cara, la mantilla, como las mujeres árabes. Se sientan en el suelo en las iglesias, sobre un tapiz o alfombra con las piernas cruzadas a la manera oriental. En todo el mundo cristiano lo hacen en sillas, en Roma incluso. Los hombres llevan la faja colorada de los moriscos; los andaluces la chamarra; los valencianos la manta y las babuchas; los picadores conservan los estribos; y el gobierno los capitanes generales, cadíes absolutos de las provincias que se entrometen en hacer justicia a la manera de Aroun-al-Raschild.

Rézanse tres oraciones al día, en contraposición a las tres plegarias anunciadas por el Muhezzin.

El tejido de esteras, la espartería, industria primitiva y oriental, brilla en España.

Tiempos inquisitoriales

Las mujeres usan un traje especial para ir a la iglesia, cosa exclusiva de la España. La industria de labrar velas de cera es única en España, por los arabescos que las cubren.

No se estudian las ciencias naturales.

Ningún español ha hecho estudios geológicos sobre el suelo de la España.

No se estudia el griego, porque el clero no tenía afición a este idioma, que introdujeron los laicos en Francia e Inglaterra.

Tiempos modernos

Madrid se embellece y se agranda.

Cádiz contiene la mitad de población que antes.

Palos ha desaparecido.

Cien ciudades interiores, Toledo, Burgos, son montones de ruinas. Córdoba tiene un centésimo de la población que sus murallas encerraban en tiempo de los árabes, y un décimo de la que contaba cuando era romana.
Ninguna ciudad nueva se ha levantado; ninguna villa se ha hecho ciudad.
Ninguna industria se ha introducido en tres siglos, salvo la fabricación de malísimas pajuelas fosfóricas.
No hay marina nacional.
No hay caminos sino dos grandes vías.
Sus carruajes son sui generis.
No hay educación popular. No hay colonias.
La imprenta y el grabado han decaído como las ciudades; hoy se imprime peor en España que dos siglos atrás. No hay grabadores.
La España Pintoresca y Monumental son grabadas o litografiadas en París para venderlas en España.
La venta, tal como la describe Don Quijote, existe inmaculada de toda mejora.
Los estudiantes se conchavan de criados en las casas de Madrid, como en los tiempos de Gil Blas de Santillana. Puedo decirlo porque un diario español de estos días ha convenido en el hecho.
El odio a los extranjeros hoy, es el mismo que expulsó a los judíos y a los árabes.
Si yo hubiera viajado en España en el siglo XVI, mis ojos no habrían visto otra cosa que lo que ahora ven; lo conozco en el color de la piedra de los edificios, en la clase de ocupaciones del pueblo, en el vestido eterno y peleado con el agua que lleva, en la falta de todo accidente que indique el menor cambio debido a los progresos de las artes o las ciencias modernas. Opino porque se colonice la España; y ya lo han propuesto compañías belgas. Los españoles emigran a América y a África. La despoblación continúa.

Barcelona

Estoy, por fin, fuera de la España; como sabéis, nosotros somos americanos y los barceloneses catalanes; podemos, pues, murmurar a nuestras anchas de los que están allí en Montjuí, con sus cañones apuntados sobre la ciudad. ¿Os acordáis del buen godo Rivadeneira, con aquella boca de extremo a extremo, aquellas cejas negras que sombrean ojos centellantes de actividad y de inteligencia, pequeño de cuerpo, brazos largos, y empaquetado, enjuto y nervioso? Así son todos los catalanes; otra sangre, otra estirpe, otro idioma. No se hablan con los de Castilla sino por las troneras de los castillos.

El aspecto de la ciudad es enteramente europeo; su Rambla asemeja a un boulevard, sus marinos inundan las calles como en el Havre o Burdeos, y el humo de las fábricas da al cielo aquel tinte especial, que nos hace sentir que el hombre máquina está debajo. La población es activa, industrial por instinto y fabricante por conveniencia. Aquí hay ómnibus, gas, vapor, seguros, tejidos, imprenta, humo y ruido; hay, pues, un pueblo europeo.

No sé qué cosa de grandioso y atrevido hay en esta raza, a quien tuvieron los reyes de España con el cuchillo que servía en la mesa pendiente de una cadena para que no pudiesen armarse. Todas las empresas respiran grandeza. Están edificando un teatro, que pretende ser el más bello y el más grande de la Europa y del mundo por tanto; y su escuela de artes es acaso uno de los establecimientos más ricamente dotados, más completo en sus ramos de enseñanza gratuita, y más cuidado y asistido. La industria barcelonesa se resiente, empero, del medio ambiente en que se desenvuelve. Favorecida por derechos protectores, la fábrica tiene una puerta que da hacia la España y otra hacia la frontera de Francia o el mar; y si fuera pan lo que fabrican, harían vulgar el milagro de los cinco mil, porque de un quintal de lana ellos sacan quinientas piezas de paño. Es verdad que las cuentas de la aduana de Francia traen esta entrada todos los años... tantos millones, producto del contrabando de España. El barcelonés está, en conciencia libre de todo cargo; hace con efecto la guerra a sus enemigos; el contrabando es lícito, como el robo entre los espartanos, si se perpetra impunemente. La aduana española ha adoptado el vapor como medio de persecución, cual Rosas la prensa.

A propósito de protección, he tenido aquí la felicidad de ser presentado a Cobden, el grande agitador inglés, y os aseguro que después de Napoleón, hombre alguno hubiera deseado ver de preferencia. Conocéis la larga lucha de la Liga contra los cereales en Inglaterra, lucha gloriosa del raciocinio, la discusión, la palabra y la voluntad, que ha derrocado a la aristocracia inglesa, zapando su poder en la base, en la tierra que posee por derecho de primogenitura, y dejándola viva, para que se desangre poco a poco, se haga pueblo y ceda sin violencia el poder, cuando sus manos debilitadas no pueden manejarlo. Desde los tiempos de Jesucristo no se había puesto en práctica este sencillo método de propagar una doctrina, por el solo uso de la palabra. Los católicos posteriores continuaron predicando, es verdad; pero quemaban de cuando en cuando a sus oponentes, y las guerras de religión han inundado de sangre la tierra. Los principios de libertad no habían salido hasta hoy de ese triste terreno, la libertad y la guillotina, la emancipación de los pueblos y la conquista. Cobden ha rehabilitado la predicación antigua, el apostolado sin el martirio. Algunos millones de libras esterlinas reunidas por suscrición alimentaron durante ocho años aquella guerra de palabras. Nuevo millones de opúsculos arrojaron, solo en 1843, aquellas baterías de lógica y de convencimiento; y unos dos mil meetings, cual combates parciales, y dieciséis meetings monstruos, batallas campales que oscurecen, por el brillo de los resultados, las inútiles del Jena, Austerlitz y Marengo, concluyeron por entregar a Cobden las llaves del parlamento inglés, dictando desde aquel Kremlin a la aristocracia la capitulación que le permitía permanecer con bagajes, pertrechos, banderas y posiciones, a trueque de que dejase entrar en Inglaterra tanto trigo como el pueblo necesitase para hartarse de pan.

Desde Cobden principia una nueva era para el mundo; la palabra, el verbo, vuelve a hacerse carne, produciendo por sí solo los más grandes hechos; y en adelante cuando los hombres quieran saber si es posible destruir un abuso protegido por el poder, defendido por la riqueza, por el rango, por la corrupción; cuando se pregunten si hay esperanza de echar abajo semejante abuso por medio de esfuerzos perseverantes y de sacrificios, se les recordará el nombre de Cobden, y emprenderán la obra.

En Barcelona encontréme con Juan Thompson, uno de esos pobres emigrados argentinos que en cada punto de la tierra se encuentran en mayor o menor número, como aquellos griegos de Constantinopla cuando los turcos se apoderaron de ella. El Facundo había caído en manos de Merimée, el académico francés, que estaba allí; la Revista de Ambos Mundos acaba de hacer su complaciente compte-rendu del librote, y héme aquí que sabiendo mi llegada a Barcelona, Mr. Lesseps, el célebre cónsul general que se había ilustrado al resplandor de los bombardeos de aquella ciudad, andaba a caza del bicho raro que tan raro libro había escrito. Amigos a las dos horas de conocernos, Cobden, que a la sazón estaba en Barcelona, tuvo los honores de un té, durante el cual debía serle yo presentado. ¿Os imagináis a Cobden un O'Connell vivo, cáustico, entusiasta, ardiente en la polémica, rápido, inesperado en la réplica? ¡Cuánto os engañáis, mi pobre Victorino! Es un papanatas, fastidiado como un inglés, reposado como un axioma, frío, vulgar, si es posible decirlo, como las grandes verdades. Hablamos casi los dos solos toda la noche; contóme algunas de sus aventuras, de sus luchas; mostróme sus medios de acción, la extrategia de su palabra, los cuentecillos con que era preciso entretener al pueblo para que no se durmiera escuchando. Lamentóse de la casi insuperable dificultad que oponían las masas, por su incapacidad de comprender, por sus preocupaciones; dióme una targeta por si alcanzaba él a estar de regreso en Manchester a mi paso por aquella ciudad, y no nos separamos sino en la puerta de mi hotel, quedando yo abrumado de dicha, abismado de tanta grandeza y tanta simplicidad; contemplando medios tan nobles y resultados tan gigantescos. No dormí esa noche, tenía fiebre; parecíame que la guerra iba a caer en ridículo, cuando generalizándose aquel sistema de agregación de voluntades, de yuxtaposición de masas, fuese puesto en práctica para destruir abusos, gobiernos, leyes, instituciones. ¡Qué cosa más sencilla! hoy somos dos, mañana cuatro, al año siguiente mil, reunidos públicamente en un mismo propósito. ¿Resiste el gobierno? Es que aun no somos muchos, es que quedan en favor del abuso muchos más. Sigue la predicación, y los folletos, y los diarios, y la asociación, la Liga. El gobierno o las cámaras saben el día y la hora en que están vencidos, y ceden. ¡Id a poner en planta tan bello sistema en América!

Cobden había destruido o atacado, antes de comenzar su obra, todos los grandes principios en que reposaba la ciencia gubernativa. El equilibrio europeo lo declaró manía de entrometerse en asuntos ajenos por desaburrirse los ministros. Las colonias eran solo el medio de proporcionar empleo a los hijos menores de los lores. La balanza comercial, el resumen de la ignorancia en economía. La política con todas sus pretensiones de ciencia, el charlatanismo de bobos y de pillos. La protección a las industrias nacionales, un medio inocente de robar dinero al vuelo, arruinando al consumidor, y dejando en la calle al fabricante protegido. En cambio de todas estas verdades fundamentales, él sustituía el buen sentido, el sentido común de todos los hombres, más apto para juzgar que la ciencia interesada de lores y ministros.

Ahora parto para África. Llevo cartas para el mariscal Bugeaud, y una casi orden al cónsul de Mallorca, para que me haga conducir a Argel por el primer vapor de guerra que se presente.

Dios os tenga en su santa guarda.

África

Señor don Juan Thompson.

Oran, enero 2 de 1847.

El Mediterráneo, mi viejo de ayer, según su feliz expresión, ha perdido en estos diez últimos años los restos que aun conservara de su antigua poesía. Los vapores que en líneas rectas lo cruzan, cual si quisieran formar de él un campo divisible en figuras rectilíneas, han contribuido, más que el arte romántico, o el filosofismo, no solo a destronar a Eolo, y mofarse de las Seyrtes, Scylla y Caribdis, sino que suprimiendo los piratas berberiscos, y por tanto los cautivos cristianos y las pavorosas mazmorras, han dejado ociosa la caridad de los padres mercedarios, ocupados en otro tiempo en llenar de duros sin tasa aquella cántara de las Danaides. Pero no es esto lo peor aun, sino que los modernos Ulises, que como Dumas y comitiva andan hoy sobre sus olas, a caza de sirenas, islas encantadas y Calipsos que los detengan y embauquen, no sabrán de qué manera ingeniarse para dar principio a la patética narración de sus aventuras. «Negra y densa nube de humo hediondo —dirán, pongo por caso— se escapaba de la parda y encadenada chimenea, revolviéndose en contorsiones delirantes; mugidos extraños lanzaban entre vaporosa espuma aquellas como narices de la caldera; temblaba el barnizado leño cual corcel fogoso, que tasca impaciente el freno. En fin, al prolongado silbido del nauta impertérrito, el desalado buque parte... y... llega a su destino, sin un minuto de retardo.» Ya ve usted que el final de este período es insoportable como estilo, y pálido y trunco como descripción. Decididamente los vapores con sus doradas cámaras, son los vehículos más fastidiosos que el comfort ha inventado; y ahora que estoy en tierra me huelgo de haber salido de los caminos reales del Mediterráneo y preferido para visitar el África, la no frecuentada ruta de Mallorca.

No bien atracaba al muelle de Palma el Mallorquín que en Barcelona me sustrajo a las distraídas miradas de mis amigos, un temporal se desencadenó sobre la isla, haciéndome guardar la habitación ocho días consecutivos; y eso que en las Baleares, las fondas y posadas son una pasable traducción, de las ventas y ventorrillos españoles de angustiada recordación. Gracias si haciendo frente a la lluvia del cielo y al fango de la tierra, podía de vez en cuando asomar las narices a la deliciosa campiña adyacente, cubierta hasta donde la vista puede alcanzar, de plantíos de almendros, moreras y olivos; o bien guarecerme bajo las bóvedas de la catedral gótica, con restauraciones modernas estúpidamente bárbaras, y en cuyas capillas reposan las cenizas del marqués de la Romana, no lejos de las de don Jaime II de Aragón, rey de Mallorca, allá por los años de 1387, según lo indica la inscripción.

Cuando el Sol consintió, al fin, en dejarse ver por entre los claros que formaban las inquietas nubes, los faluchos clásicos del Mediterráneo empezaron a agitarse en el puerto, disponiéndose a tender sus velas latinas a merced de cualquier viento que quisiese sacarlos de tan prolongada inacción. Aconsejado por el fastidio, yo hice contratar mi pasaje para Argel en un laut que se anunciaba como el más velero de las islas, contrabandista de nacimiento, y retirado a mejor vida, después que los argos humeantes de la aduana guardan la costa de Barcelona. Una travesía en un laut debía tener sus encantos para el viajero que de luengas tierras viene recargado de nociones históricas, a buscar en Europa como poesía los rastros de la vida antigua. El laut es sin duda la embarcación romana; las velas están acusando su origen; y como ninguna novedad ha introducido en su construcción inmejorable la moderna arquitectura naval, hoy es lo que ayer fue, y ayer lo que muchos siglos atrás. El momento de la partida llega y me presento a bordo. ¡Dios mío! ¿qué es lo que veo? Una lancha de diez varas de largo y tan recargada, que los marineros lavaban utensilios inclinándose desde a bordo hacia el mar. Cuento los pasajeros; treinta cerdos ocupan los dos tercios de la cubierta, y en el espacio restante, sobre una pirámide de fardos, pipas y envoltorios, deben acomodarse tres mujeres, cuatro marineros, cinco pasajeros de bodega, dos perros que no piden permiso para acomodarse en las faldas del primero que se ofrece, amen de pavos y gallinas diez docenas. Compadeciéndome de estos infelices, pregunto yo por mi camarote. ¿Camarote? me repite el patrón sonriéndose respetuosamente, aquí no hay camarotes.

—Y ¿dónde he de acomodarme?

—Donde usted guste —señalándome las gradas que describían ¡las barricas y mercancías!
—Pero, y ¿para pasar la noche, si llueve?
—¡Una noche, señor!...
—Pero ¿habrá cama?
—¡Si usted no trae!

¡Oh! ¡Es imposible describir lo que sufrí en aquel momento! ¡Estaba pálido como una cera! Permanecer quince días quizá en Palma, era insoportable. Pero, ¡otra vez pasar a la Luna de Valencia dos noches toledanas por lo menos, en el mar, en el mes de diciembre, en medio de las tempestades, sin cama, sin espacio suficiente para cambiar de postura, rodeado de objetos nauseabundos!...

Me embarqué y fui a servir de capitel a una barrica de aceite que quedaba sin coronación. Allí sepultado bajo los pliegues de mi capa, la mano en la mejilla, he meditado día y noche sobre la inconsistencia y vicisitudes de las cosas humanas; y si como Rousseau hubiese escrito una memoria sobre el tema propuesto por la Academia de Gijón, no se habría él llevado el premio a buen seguro, ni quedado probado que la civilización y las comodidades de la vida han corrompido la naturaleza humana.

De cuando en cuando era interrumpido por el berreo de la cerdosa turba que, agrupada en un costado de la frágil barquilla, ya sea por espíritu de asociación, ya por garantirse contra los ataques del frío, según aquel axioma, la unión constituye la fuerza, protestaba altamente contra la violencia que la férula del poder le hacía, a fin de que se dispersase sobre cubierta. Y, en efecto, sin esta medida contra las reuniones o atropamientos, corría, al menor soplo de la brisa, riesgo de zozobrar la sociedad entera. Pero ¡qué alboroto en las filas de aquella oposición! ¡No parecía sino que la opinión pública alzaba su clamor contra el doble enlace español o la supresión de Cracovia!

Cuando la efervescencia de los espíritus se apaciguaba restableciéndose la tranquilidad en nuestra flotante república, los marineros contaban historias de la vida de contrabandistas que habían llevado, a las cuales, por no quedarse atrás, algunos de los pasajeros correspondían con otras no menos picantes y novedosas de cuando ellos habían sido presidarios en Ceuta. Debo decir, sin embargo, en desagravio de mis compañeros, que en lo cariacontecido y mohíno de mi figura reconocieron pronto que era algún alto personaje, siendo por tanto el objeto de la asiduidad y atención de aquellas buenas gentes.

No le contaré cuanto he sufrido en estos tres días, que tres y largos fueron. Rascábame, sin que nada visible excitase la comezón; y durante dos días, pude resistir el hambre, tal era la sensación de aseo que se había apoderado de mí.

> Hay horrores que pueden describirse,
> pero mis sentimientos y congojas
> ni escucharlas jamás podréis vosotros,
> ni expresarlas jamás podrá mi boca.

Por fin, la tercera noche entrarnos en la bahía de Argel, demasiado tarde para desembarcar, pero a tiempo que el temporal se desataba. El viento agudísimo, los saltos que el laut daba en torno de su anclote, la lluvia y el granizo, todo se esmeró para hacerme adorables al día siguiente los primeros albores de la mañana, y encantado el singular aspecto de la ciudad que se presenta a la vista como un manto blanco extendido, a guisa de albornoz árabe, de alto abajo en la rápida pendiente de una colina.

Estaba, pues, en Argel, que desde Chile formaba parte muy notable de mi programa de viaje, y a medida que ascendía los escalones que forman las calles, la variedad de trajes, la multiplicidad de los idiomas, y la mezcla de pueblos y de razas humanas excitando la curiosidad, me hacían olvidar todas las tribulaciones que hasta entonces tenía experimentadas. Argel basta, con efecto, para darnos una idea de las costumbres y modos de ser orientales; que en cuanto al Oriente, que tantos prestigios tiene para el europeo, sus antigüedades y tradiciones son letra muerta para el americano, hijo menor de la familia cristiana. Nuestro Oriente es la Europa, y si alguna luz brilla más allá, nuestros Ojos no están preparados para recibirla, sino al través del prisma europeo. Los moros en Argel, los árabes, los turcos y los judíos, cada uno de estos pueblos conserva aun su tipo original, y la mezcla de franceses, españoles o italianos, sirve, lejos de confundirlos, para hacer más notables sus diferencias de raza y vestiduras. Las mujeres judías, por ejemplo, visten un gabán, exactamente como el de nuestros clérigos, con mangas de telas diáfanas como las del sobrepelliz, y un magnífico pectoral recamado de oro, acaso análogo al del gran sacerdote hebreo. Las moriscas atraviesan las calles envueltas de pies a cabeza, en una nube de velos blancos y trasparentes, lo bastante para dejarse ver unos a otros, sin que nada de humano revelaran estos fantasmas ambulantes si una estrecha abertura horizontal en la frente no permitiese ver dos ojos negros, brillantes, grandes y hermosos, para probar que no sin razón los poetas orientales han comparado los ojos de sus mujeres con los de la gacela del desierto. En fin, entre la variada mezcla de uniformes militares, trajes moriscos y europeos, que atraen las miradas, el color local se conserva, formando el fondo de este extraño cuadro, en el albornoz blanquizco, sucio y desgarrado que cubre al árabe, no dejando a la vista sino el tostado y mustio semblante de los que lo llevan.

Pasadas estas primeras impresiones, la ilusión empieza a desvanecerse, empero, y en lugar de las numerosas mezquitas y minaretes, que el viajero espera encontrar entre los compatriotas del Profeta, al subir a la plaza de Orleáns, cuyo artificial pavimento sostienen dos ordenes de bóvedas superpuestas, la Europa se presenta de golpe en el plantel del futuro París africano, con sus magníficos hoteles, perfumerías y restaurantes, sus calles flanqueadas de galerías cubiertas como las que avecinan al jardín de las Tullerías, las murallas por todas partes tapizadas de carteles, que en letrones monstruos y con todo el charlatanismo del affiche, anuncian los objetos de moda, los libros nuevos, las funciones teatrales, y los decretos del gobernador general. Centenares de carretelas y doscientos ómnibus cambian sin cesar su depósito de transeúntes, sin que las diligencias de seis caballos escaseen, llevando o trayendo colonias de viajeros para los distintos puntos de la Argelia, con visible pavor de los tímidos camellos, a quienes sorprende y detiene en el camino su enorme mole.

Solo remontando a los barrios más oscuros de la ciudad, puede observarse la vida y construcción árabes, en las hileras de tiendas en que sus inquilinos hilan sentados en el suelo, o fuman en silencio su larga pipa a lo largo de los pasadizos sombríos y húmedos que forman tortuosas calles de una vara de ancho. Por todas partes en el litoral se observa la misma transformación y movimiento; y al paso que van las cosas, dentro de poco podrá sin impropiedad llamarse este país la Francia africana.

Las bellísimas colinas que forman las costas extendiéndose al interior como onduloso mar de verdura, se cubren de villas construidas por el ejército francés a golpe de tambor; muchas de ellas están como cuerpo sin alma esperando los moradores que han de darles animación y vida.

Traslomando aquel macizo de colinas, salpicadas de casillas blancas y quintas sombreadas de olivos seculares, por las anchas carreteras abiertas sobre las trazas que a cada paso se descubren de las antiguas vías romanas, el horizonte empieza a despejarse, y al volver de una eminencia la vista descubre de golpe la hermosa cuanto célebre llanura de la Mitidja, terminada al lado opuesto por la primera cadena del clásico Atlas, que se eleva majestuoso y solemne como la mampara que oculta los misterios del África central. Esta llanura se extiende treinta leguas hacia el interior, y en su centro como en sus costados, blanquean a lo lejos las villas antiguas o modernas en que se reconcentra su escasa población. Hacia el lado de las colinas, se divisa el Colleah, o la ciudad santa, desde donde el famoso Sidi-Embarek disputó a los franceses largos años la posesión de la Mitidja. Al centro se encuentra Bufarik, el mercado del ganado, a cuyo recinto acuden los lunes de todos los puntos de la llanura y de los declives del vecino Atlas, los pastores árabes con sus camellos, cabras y bueyes. Más adelante, y tomando desde allí el camino una dirección recta hacia el lado opuesto de la llanura, se llega a la colonia militar de Beni-El-Merrch, notable por la hermosa columna elevada a la memoria de treinta y dos soldados que se defendieron allí contra cuatro mil árabes. El padre del sargento que mandaba este heroico destacamento, vino de Francia hace tres meses a derramar lágrimas de ternura sobre la tumba gloriosa de su malogrado hijo, a quien la tropa mandada en su auxilio, halló traspasado de balas, pero reteniendo aun en su yerta mano las comunicaciones de que era portador. En fin, la rectitud del camino macadamizado, y la celeridad de las diligencias hacen que, no obstante la distancia de seis leguas, ancho de la llanura, se deje apercibir bien pronto la ciudad de Blidah o de los deleites, y los encantados jardines de naranjos y granados que la rodean, justificando con su frescor y verdura nombre tan poético. La cadena del Atlas se interrumpe allí para dar paso a los raudales cristalinos que descienden de sus entrañas, dejando ver en su seno quebradas blandas y ricas de vegetación, por cuyas sinuosidades trepa la cultura esmaltando de huertos y de alquerías sus declives hasta una considerable altura. Blidah era el Tívoli árabe, el lugar de los deleites, como lo dice su nombre, y no era grande y poderoso señor de la Mitidja, el agah o kadi que no encerraba en sus muros un harem ricamente dotado. hoy es una villa francesa, acantonamiento de los regimientos de Spahis, caballería árabe, y apenas notable por lo exquisito de sus frutas y su regalada mesa, cuyo lujo entretienen los curiosos que van a recorrer la vecina llanura.

La Mitidja, que hace solo cuatro años doce mil hombres no podían recorrer sin peligro, está hoy atravesada en todas direcciones por rutas macadamizadas que conducen, sin otra escolta que el postillón, a Aumale, Joinville, la Casa-Cuadrada, Medeah, Milianah, etc. Pero si la conquista militar de esta bella extensión de país está terminada, mucho falta para que la población europea pueda volverle el esplendor que alcanzó en tiempo de los romanos, de cuyos trabajos colosales aun queda entre otras ruinas, resistiendo de pie al embate de los siglos y de los torrentes, un sólido puente hacia la parte del mar. A lo largo de la llanura se extiende una faja de vegetación amarillenta, que está denunciando la existencia de un ciénago, receptáculo de las lluvias de invierno, el cual fermentado en el estío por los rayos del Sol africano, exhala en miasmas pestilentes la muerte que se arrastra siguiendo la dirección de los vientos, y va a introducir la desolación en el seno de las circunvecinas poblaciones. No ha dos meses que una villa de ochocientos habitantes se sintió anegada a deshora por una avenida repentina; las aguas ascendieron en unas pocas horas hasta la altura de los techos adonde se habían refugiado los moradores, hasta que habitantes y habitaciones desaparecieron para siempre.

Así, la llanura de la Mitidja empieza a esparcir sombras indecisas sobre esta colonización francesa, que a primera vista parece irrevocablemente terminada. Entre las bellas construcciones que nos hacen soñarnos en medio de la Europa; bajo las magníficas rutas que parecen una restauración romana, el foco de la peste se esconde como el áspid entre las flores; y los torrentes que descienden súbitamente del Atlas dan cuenta en una hora del trabajo de muchos años. Otro tanto y peor sucede en lo moral; en despecho del ejército y del aparente aluvión europeo, el embozado albornoz árabe está ahí siempre, y bajo sus anchos pliegues, un pueblo original, un idioma primitivo, y una religión intolerante y feroz por su esencia, que no acepta, sin la perdición eterna, el trato siquiera con los cristianos. La tristeza habitual del grave semblante árabe, está revelando, en su humildad aparente, la resignación que no desespera, la energía que no se somete, sino que aplaza para días mejores la venganza, la rehabilitación y el triunfo.

Los franceses se habían dejado fascinar también por aquella apariencia ordinariamente tranquila de los hombres y de la naturaleza en África. Torrentes de sangre de sus soldados habían bautizado europea a esta tierra indómita; la táctica del pueblo más guerrero el mundo, introducía por do quier el espanto y la turbación, en medio de las masas de jinetes árabes; cuantos caudillos había suscitado el amor a la independencia, o el fanatismo religioso, habían a mordido el polvo; Abd-El-Kader, el más poderoso de todos, estaba en su impotencia, relegado a algún oasis ignorado del Sahara; las columnas volantes del ejército se preparaban, faltas de ocupación, a escalar las inaccesibles Kabylas, y no quedaba tribu por apartada, ni agah por empecinado, que no pagase mal e su grado el tributo. Catorce años de triunfos dejaban al fin tiempo y reposo suficiente para emprender un vasto sistema de colonización, cuando de repente, y sin que el menor indicio hubiese traicionado la proximidad de la borrasca, el África, desde las puertas de Argel, se alza como un solo hombre; diez árabes no quedan sumisos al gobierno francés, y ciento veinte mil soldados bastan apenas a apagar con sangre este vasto incendio, que parece haber estallado intuitiva y simultáneamente en cada punto de la Argelia, atizado en el hogar de cada tienda, por el soplo de cada hombre que lleva albornoz.

Después de sometidas de nuevo a la coyunda las vencidas tribus, los vencedores han querido penetrar en el misterio que encubren estas conmociones eléctricas que nada al aparecer justifica, y envainando la espada, para tomar la pluma que ordena los datos recogidos y las ideas que el espectáculo de las cosas despierta, han podido trazar la biografía moral de este pueblo, ora escuchando los cantos de sus trovadores, ora echando una mirada furtiva sobre el libro que en piadoso recogimiento recorre horas enteras el tolba o doctor, ora en fin, rondando por las mezquitas y asechando las veces que el devoto besa el suelo, o repasa las cuentas de su rosario. Todas estas bagatelas han dado, por fin, la solución de un gran problema, y mostrado la sima cavada bajo las plantas europeas en África; inmenso cráter de un volcán cuyas erupciones pueden interrumpirse, pero cuyo foco existe, vivo, ardiente e inextinguible. Los franceses no se hacen ya ilusión y saben que por un siglo al menos, cien mil hombres habrán de montar guardia por toda la extensión de la Argelia para espiar desde las alturas la agitación que puede renacer en el parduzco grupo de tiendas clavadas en la llanura; traducir las imperceptibles emociones que hayan de pintarse en el inmutable semblante del árabe, o levantar la punta del albornoz del transeúnte, que puede encubrir el puñal del fanático, o el rosario del santón que anda convocando a la guerra santa.

No sé qué sentimiento mezclado de pavor y admiración, me causa la vista de este pueblo árabe, sobre cuyo cerebro granítico no han podido hacer mella cuarenta siglos; el mismo hoy que cuando Jacob separaba sus tiendas y sus rebaños para ir a formar una nación aparte; pueblo anterior a los tiempos históricos, y que no obstante los grandes acontecimientos en que se ha mezclado, las naciones poderosas que ha destruido, las civilizaciones que ha acarreado de un lugar a otro, conserva hoy el vestido talar de los patriarcas, la organización primitiva de la tribu, la vida nómada de la tienda, y el espíritu eminentemente religioso que ha debido caracterizar las primeras sociedades humanas, cuyos abuelos habían presenciado el diluvio, o sido testigos de alguna grande manifestación de la presencia de Dios sobre la tierra aun despoblada. Porque para comprender los acontecimientos actuales del África, no basta, a mi juicio, abrir el Corán, que no daría sino una imperfecta idea del carácter, creencias y preocupaciones árabes. En la Biblia solo puede encontrarse el tipo imperecedero de esta imperecedera raza patriarcal. Árabe era Abraham y por más que los descendientes de Ismael odien y desprecien a sus primos los judíos, una es la fuente de donde parten estos dos raudales religiosos que han trastornado la faz del mundo; del mismo tronco ha salido el Evangelio y el Corán; el primero preparando los progresos de la especie humana, y continuando las puras tradiciones primitivas; el segundo, como una protesta de las razas pastoras, inmovilizando la inteligencia y estereotipando las costumbres bárbaras de las primeras edades del mundo. Los árabes y los hebreos se parecen en que todas sus instituciones son religiosas;

sus guerreros, como sus oradores, sus conquistas, como sus servidumbres. Recuerde usted sino la formación de la monarquía hebrea por la intervención de un sacerdote, el alzamiento de David, la influencia de los profetas sobre la opinión pública, y los acontecimientos contemporáneos; y al fin, sesenta años después de Jesucristo, los enviados de Dios que sublevaban la población contra los romanos, el sitio de Jerusalén por Tito, y la dispersión del pueblo, que ya no tenía papel que representar en la historia del mundo. Pues sucesos análogos, resortes idénticos y creencias iguales, estorban hoy en Argel o retardan la pacificación del país. Los árabes están en este momento esperando un Mesías, cortado por el padrón de Mahoma, que debe rescatarlos de la servidumbre francesa, el terrible Mule-Saa o el hombre del momento que todas las profecías tienen anunciado; de manera que el más leve susurro que agita las yerbas secas del desierto, el rumor lejano de pisadas de caballos, basta para alarmar el espíritu inquieto, crédulo e irreflexivo del árabe y precipitarlo en la rebelion.

No vaya usted a tomar este asunto con la ligereza incrédula del cristiano de nuestra época. La palabra incredulidad no existe todavía entre los árabes, y Abd-El-Kader no fuera tan grande guerrero, si no creyera y esperara firmemente. Por otra parte, las profecías son tan claras y terminantes, la época de su realización tan distintamente señalada, que solo un perro infiel, es decir un cristiano, puede dudar de su autenticidad; de manera que el tolba, teólogo, apenas necesita hacer uso de su ciencia de interpretación, para explicar algunos accidentes accesorios al testo, al parecer discordantes con los hechos actuales.

Voy a reunir en cierto orden para su edificación, lo sustancial de los testos sagrados de los profetas árabes, y cuyo sentido basta para explicar la situación moral de los espíritus.

«Publica, o pregonero —dice una de estas profecías— lo que he visto ayer en sueños». «La calamidad que sobrevendrá es un mal superior a todos los males imaginables.»

«Vendrá un rey sometido a los cristianos; su corazón será duro.»

«Publica y dice: tranquilizaos. El que ha llegado los dispersará. Los cristianos han abandonado a Oran.»

«En el año 70 del siglo XIII (año de 1856 de la era cristiana), dice otro profeta, un hombre llamado Mahommed-Ben-Abd-Allá, saldrá del país de Sus-El-Aksi.»

«Irá hasta Oran que destruirá. De allí marchará sobre el país de la Cal, que es Argel; acampará en la Mitidja, a donde permanecerá cuatro meses; enseguida destruirá a Argel.»

Otra profecía explica que se llamará como el Profeta, en nombre de quien habla.

«Un hombre vendrá después de mí. Su nombre será semejante al mío; el de su padre semejante al nombre de mi padre; y el nombre de su madre semejante al de la mía. Se me asemejará por el carácter, más no por la figura; llenará la tierra de equidad y de justicia.»

Oiga usted todavía algo de más explícito y terminante.

«Su llegada es cierta en el 1.º del 90.» (Este noventa misterioso no han podido explicarlo todos los comentadores árabes.)

«Las huestes de los cristianos vendrán de todas partes; infantes y caballeros atravesarán la mar. En verdad, todo el país de Francia vendrá.

»Entrarán por su muralla oriental.

»Y verás a los cristianos venir en sus naves.

»Las iglesias de los cristianos se levantarán, la cosa es cierta.

»Y los verás predicar sus doctrinas.

»Después de ellos aparecerá el Poderoso de la Montaña de Oro.»

En otra profecía se encuentra esta sorprendente frase.

«Un sherif de la raza de Hassun vendrá; se levantará del otro lado del río, y matará a los soldados franceses con los soldados del Dhara.»

Y bien, mi querido amigo, ¿qué tiene usted que objetar a este cúmulo de vaticinios, la mitad de los cuales se han cumplido ya al pie de la letra?

Argel fue envestida por los franceses por la muralla oriental; la caballería francesa vino en barcos chatos, desde el puerto de Tolón; las iglesias cristianas se han levantado en Argel, y la doctrina de los infieles se ha predicado impunemente. ¿Cómo quiere que los musulmanes se tranquilicen hasta no ver cumplida la segunda parte? Los franceses dieran algo muy precioso porque las profecías les permitiesen permanecer en el país; pero ¡está escrito!

que su dominación será efímera como las huellas que el camello imprime sobre la movible arena del Sahara. Tranquilizaos, ha dicho el Profeta: «el que ha llegado después de ellos los dispersará». Después de ellos, ha dicho otro: «aparecerá el Poderoso de la montaña de Oro». El sherif de la raza de Hassun matará los soldados franceses con los soldados del Dhara. ¿Qué espíritu ha dictado estas profecías, escritas las unas de muchos siglos atrás, o perpetuadas las otras por constante y popular tradición? ¿No serán estos libros sagrados la verdadera constitución política de los pueblos religiosos, en cuyas misteriosas divagaciones están echados, sin embargo, los cimientos para oponer vallas insuperables a la futura, pero posible dominación cristiana, y diciendo un sherif se levantará contra ella, no hace otra cosa que hacer que cuando el caso previsto llegue, se levante en efecto un sherif, en nombre de Dios, de la religión y de la raza para encabezar y dirigir las resistencias nacionales? Ya ve usted que en despecho mío hago uso del filosofismo cristiano contra la verdad de las profecías árabes, lo que no es permitido en buena interpretación histórica. Sea de ello lo que fuere, no olvide usted para la inteligencia de los sucesos contemporáneos de la Argelia a que me propongo conducirlo, que los soldados del Dhara, han de matar a los soldados franceses, y que el Mulé-Saa ha de llamarse Mahamud-Ben-Abd-Alla.

Estas profecías, como que están en vía de realización en este momento, hacen el asunto favorito de la conversación en las largas horas de reposo de la tienda árabe, el tema de las sabias disertaciones y controversias de los tolbas; el sujeto de los cantos de los poetas populares, y el coco, en fin, con que las madres ponen miedo a sus chicuelos para que callen. La población toda, que no puede resistir la dominación francesa a mano armada, se complace en secreto al ver a los rumi, cristianos, tan confiados en su poder, ignorando lo que les aguarda; y el miserable que trabaja en la quinta del colono, está ya dentro de sí apropiándosela, para tomar posesión de ella el día que los franceses en masa abandonen las playas africanas para siempre.

A fin de completar la idea que de la situación del país me propongo darle, es preciso entrar más adentro en la organización religiosa; porque para el árabe todo es religioso, desde la venganza que ejerce, hasta el pillaje que forma el fondo de la industria nacional. Nuestros más fervientes devotos se avergonzarían de su tibieza al ver a estos santurrones en cuyo concepto no hay hora del día ni lugar incompetente para entregarse a la oración. He visto en Máscara un derkaua que vivía todo el día sentado en un rincón de la mezquita en santa y beata contemplación; otro que por un joven se hacía recitar una letanía escrita en un tablero, repitiéndola con la volubilidad de un papagayo, mientras que el devoto desgranaba una a una las cuentas de su rosario. En los marabuts diseminados en las campañas, hay siempre fieles que hacen sus oraciones, parándose, hincándose y besando el suelo, levantando los brazos y repitiendo sus plegarias; y es frecuente ver una caravana entera que al divisar de lejos aquellos santuarios aislados, se detiene en medio del camino para entregarse al furor de rezar que los domina.

De distancia en distancia, por toda la extensión de los países musulmanes, se encuentran unos establecimientos públicos que solo pueden compararse entre nosotros con lo que debieron ser los conventos en la edad media, cuando en la quietud de sus silenciosos claustros se elaboraba la luz que más tarde había de regenerar la Europa, sirviendo al mismo tiempo de amparo y refugio contra las violencias del mundo exterior. La Sauia es un edificio religioso construido por alguna poderosa familia, servir de cementerio a los suyos, y ampliamente dotado de temporalidades y de dependencias, a fin de sostener los diversos ramos de beneficencia pública a que está destinada. Desde luego hay en ella una mezquita, en donde las tribus circunvecinas se reúnen a hacer en común sus oraciones; una escuela para los niños, y un seminario para talebs (estudiantes) en que se cursa historia, derecho, teología, magia y alquimia. Los empleados de la casa llevan registro de los acontecimientos contemporáneos, y una biblioteca conserva las crónicas de los tiempos pasados. Los caminantes encuentran en la Sauia albergue; abrigo y sustento los mendigos; los enfermos remedios y asistencia; y los criminales y los perseguidos asilo sagrado e inviolable. La Sauia es además un punto de reunión en que se tienen concilios y conferencias, y a donde concurren los desocupados a dar y recibir noticias o entretenerse acerca de los asuntos públicos.

Estos establecimientos son, como fácilmente lo observará usted, un poderoso instrumento para propagar doctrinas, mantener viva la fe, dirigir la opinión pública, y obrar sobre las masas, explotando el rencor musulmán contra los cristianos, a quienes les está mandado exterminar sin piedad.

Pero la Sauia es solo el laboratorio en que se prepara el alimento espiritual; hay además otros sistemas religiosos que como los nervios del cuerpo humano, trasmiten las sensaciones, y a una impulsión dada, determinan una acción unánime en un momento preciso. Nuestras beatas se sentirán un poco mortificadas al saber que entre los árabes existen cofradías religiosas con sus devociones particulares, y no circunscritas como las nuestras a un convento o una ciudad, sino ramificadas por todos los países musulmanes, y sometidas cada una de ellas a un generalísimo de la orden respectiva a quien obedecen ciegamente. Solo los jesuitas han tenido entre nosotros la admirable y fecunda inspiración de reunir en un solo cuerpo y bajo una misma jerarquía este grande elemento de acción sobre los pueblos. Lo más singular es que entre las seis grandes cofradías musulmanas hay una literalmente llamada jesuitas de Aisana, (Jesús) nombre del santo fundador, si bien es verdad que estos jesuitas son unos saltimbanquis, inofensivos y sin influencia, tres calidades diametralmente opuestas a las que distinguen a nuestros jesuitas cristianos.

La Orden de Muley Taieb, la más poderosa de todas, y en la que están asentados los personajes más influyentes de las grandes tribus árabes, ha tenido origen en Marruecos, donde reside el general de la Orden, santo Marabut de la estirpe del Profeta, y verdadero sumo pontífice, ante cuyo prestigio y autoridad se inclina el poderoso emperador moro que es simple cofrade de la hermandad.

El devoto de San Muley Taieb, porque santo y muy milagroso fue el fundador de la Orden, debe repetir doscientas veces al día con el rosario en la mano, esta piadosa oración: «¡Oh Dios! La oración y la salud sobre nuestro señor Mahoma; y sobre él y sus compañeros, salud». Esta orden es no solo temible por el inmenso número de sus afiliados, sino porque abraza a un mismo tiempo Marruecos y la Argelia, estándole, además, prometido en sus profecías particulares arrebatar a los franceses la dominación temporal del segundo de aquellos dos países. La batalla de Isly, en que el mariscal Bugeaud batió 60.000 árabes, se dio ya a la intención, aunque a honra y gloria no fuese, de Muley Taieb, pues sus cofrades fueron los principales motores de la guerra de Marruecos; de manera que la política francesa, a fin de conjurar las tormentas que pueden a su salvo condensarse en Marruecos para venir a descargar sobre la Argelia, debe consagrarse de hoy más a tener, si no contento, cohechado o intimidado al generalísimo de aquella orden, pues que el emperador mismo para serlo, necesita de su exequátur.

La Orden de Sidi Hamet Tsidjani, originaria del centro de Sahara y menos generalizada, prescribe repetir cien veces seguidas: «Dios perdona», verdad nunca demasiado repetida para satisfacción de salteadores tan insignes como son los del Sahara. Enseguida cien veces: «¡Oh Dios! La oración sobre nuestro señor Mahoma, que ha abierto lo que estaba cerrado y puesto el sello a lo que ha precedido, haciendo triunfar el derecho por el derecho. El conduce por una vía recta y elevada; su prepotencia y su poder están basados en el derecho. Amen». ¿No halla usted como yo, sublime el descaro de atribuir a Mahoma, el más insigne de los sableadores, la gloria de haber hecho triunfar el derecho por el derecho? Enseguida cien veces el credo musulmán: «no hay otro Dios, sino Dios, y Mahoma es su profeta».

Otra cofradía debe repetir tres mil veces al día su oración particular, y otra, muy parecida a los mendicantes nuestros por el desaliño de sus vestidos que deben componerse de andrajos, profesa además principios políticos de un carácter singular. Los derkauar, que así se llaman, hacen voto de resistir a todo gobierno, sea cristiano, árabe, o turco, llevando a tal punto la oposición sistemática, quand même, que al recitar el credo dicen en voz alta no hay otro Dios sino Dios, reservándose in petto lo de Mahoma es su profeta, porque proclamar profeta al mismo Mahoma, sería, dicen, reconocer en principio el origen de una autoridad terrestre. ¡Quién sabe si los eternos trastornos y las rapiñas a que por tantos siglos ha estado condenada esta parte de África, no han dado origen a esta especie de carbonarismo entre las poblaciones atropelladas y pisoteadas, a fin de resistir a la violencia! Omito a vida del santo fundador de estas y las otras ordenes, y los millares de millares de milagros obrados por su intercesión. ¡Oh amigo! si usted quiere ver milagros, véngase al África y se hartará su curiosidad hasta no dar un ardite por ver otros nuevos. y no es cosa de resucitar muertos, ni curar la tiña con solo el contacto de sus santos; todas esas son paparruchas y el abecé del arte taumatúrgico. El caballo de Bou-Maza arrojaba el año pasado, no más, corrientes de balas contra los franceses, con otras mil bellaquerías de este jaez. Desgraciadamente usted vendrá con toda su poca fe de cristiano, y teniendo ojos no verá, por lo que le aconsejo que se deje estar donde está ahora. Quédame tan solo contarle una verídica historia que sirva de moraleja a todos los datos que voy hacinando. En 1845, en la apartada tribu de los Cheurfa, en la humilde tienda de una pobre viuda, un santo varón, venido no se sabe de dónde, pasaba sus días consagrado a la meditación y a la plegaria. Acompañábale y no faltó quien le viese en coloquios misteriosos con ella. La fama de su santidad empezó a difundirse por las tribus vecinas, y las limosnas de los devotos tornaron bien pronto en abundancia, la miseria y escasez de la viuda, cuya morada se convirtió en un santuario a donde venían en peregrinación los personajes más venerables. Un día el santo contemplativo anunció a su huésped que eran llegados los tiempos en que debía desempeñar la ardua misión que le estaba confiada, y que en breve llegaría a sus oídos la fama del poderoso sultán de los creyentes, con lo que partió de aquel lugar sin decir a donde se dirigía. Poco después, en efecto, en la tribu de los Su-Halia, se anunció la aparición del sultán Mohammed-Ben-Abd-Allá, enviado por Dios para expulsar a los franceses, el Mulé-Saa que bajo aquel mismo nombre tenían de antemano anunciado las profecías. Una diffa religiosa tuvo lugar tan luego como la novedad del acontecimiento atrajo algunos creyentes, y el Mulé-Saa hizo su primera predicación, anunciando abiertamente su misión divina, ofreciendo el perdón de los pecados, la invulnerabilidad en la guerra santa, para los que creyesen firmemente; los goces del paraíso para aquellos que a causa de su poca fe recibiesen la muerte; para todos el saqueo de las ciudades y la satisfacción de todos los apetitos, promesa que desde Mahoma hasta Bou-Maza, han hecho, y por desgracia de los pueblos, cumplido casi siempre a los árabes sus religiosos caudillos. La fama las predicaciones del divino sultán se extendió por montes y valles, los festines religiosos se sucedieron, el proselitismo cundía por todas las tribus; la esperanza se reanimaba con la narración de los milagros obrados por el profeta, hasta que sintiendo bien templado el fanatismo musulmán, henchido su tesoro de duros, y viendo desfilar las bandas de forajidos del Sahara, que acudían a alistarse en sus banderas, Bou-Maza, o el hombre de la cabra, proclamó la guerra santa contra los franceses, y excitó aquella famosa insurrección del Dahra que apenas acaba de ser sofocada. Ya ve usted si convenía que no olvidase que Mohammed-Ben-Abd-Allá había de llamarse el Mulé-Saa prometido y que los soldados de Dahra habían de matar a los soldados franceses. La verdad es que hasta hoy se ignora el verdadero nombre del de la cabra, que por poco no realiza en todas sus parte las profecías. Tan profunda y ciega era la fe de todos en el sultán, que Abd-El-Kader mismo mandó una comisión de teólogos a verificar en la persona de Bou-Maza la filiación que las profecías daban del Mulé-Saa, pues según una de ellas, debe tener en la frente un signo natural; una verruga le habría bastado; pero faltándole este requisito, Abd-El-Ktder se creyó, sin incurrir en la tacha de impío, autorizado para no creer en él.

Y mientras tanto, ¿cuál es la moralidad de estos pueblos que viven en presencia de Dios, y cuyos jefes se llaman el Serridor del Clemente, que eso quiero decir Abd-El-Kader, o el Servidor del Fuerte, traducción de Ab-El-Ramen? Es imposible imaginarse depravación moral más profunda, ni hábitos de crimen más arraigados. La historia no presenta nada de comparable, sino en sus épocas más tenebrosas. El agah vive de las expoliaciones que ejerce sobre su propia tribu; una tribu emprende razziaz (los malones de nuestros indios) sobre las otras para arrebatarles el ganado, y el jefe que los acaudilla corta con su propia mano la cabeza al infeliz kadi o agah a quien despoja de los bienes y de la vida. En Máscara, en los momentos de mi llegada, una tribu del Tell, mandaba solicitar permiso de la autoridad francesa para emprender una razzia sobre otra del Sahara; y esto porque ya se la había impuesto una fuerte multa por un acto igual consumado de motu propio. Las venganzas de familia se transmiten de una a otra generación, y no pocas veces el ejército francés ha levantado el bloqueo, puesto a los restos de una tribu condenada al exterminio por las otras, y que se había asilado para salvarse en alguna hondonada inaccesible del Atlas. La recta administración de justicia de los tribunales franceses, lejos de dejar satisfechos los ánimos, no sirve sino para exasperarlos más, pues tan habituados están al asesinato y al pillaje, que atribuyen a intento siniestro de acabar con los árabes la ejecución de los delincuentes. En Argel habían fusilado, un día antes de mi arribo, cuatro árabes de entre ocho que habían concurrido al asesinato del guarda de un telégrafo y dos europeos más, la mujer y la hija del primero, con una alevosía y premeditación horribles. Mujeres árabes se habían consagrado de meses antes a conciliarse el afecto de la familia a fin de poder entrar y salir sin excitar desconfianzas. Una noche se introdujeron ocho árabes mientras los huéspedes comían; se sentaron en torno de la mesa; comieron de pan que se les brindó, y de repente, como banda de hienas, se echaron sobre ellos, y los cosieron a puñaladas. Pues bien; el pueblo se arrodillaba en el lugar del suplicio, para besar la sangre de los mártires de su religión, que tales reputa a los que matan cristianos, no importa por qué medios. Los diarios de Bona referían otro caso igualmente singular. Una banda de árabes había asesinado en Orleansville dos europeos, y la justicia, habiendo capturado alguno de los criminales, condena a tres a la última pena Las familias de los ajusticiados se reunieron para deliberar entre sí, y oiga usted la singular decisión moral que siguió fallo: «Tres árabes nos han tomado —se dijeron— por dos cristianos, nos falta uno», y dos individuos, con autorización de los suyos, se encargaron de asechar al patrón de los dos europeos muertos, para saldar con su vida el déficit de este balance de sangre humana. Un año, sin faltar un solo día, han rondado estos dos hombres con la tenacidad de chacales los alrededores de Orleansville, ¡hasta que la víctima condenada a morir por fallo tan inicuo, cayó con el corazón atravesado de un balazo!

¡Oh, no! Dejemos a un lado todas esas mezquindades de nación a nación, y pidamos a Dios que afiance la dominación europea en esta tierra de bandidos devotos. Que la Francia les aplique a ellos la máxima musulmana. La tierra pertenece al que mejor sabe fecundarla. ¿Por qué ha de haber prescripción en favor de la barbarie, y la civilización no ha de poder en todo tiempo reclamar las hermosas comarcas segregadas algunos siglos antes, por el derecho del sable, de la escasa porción culta de la tierra? Ella debe pedirles cuenta de aquella brillante África romana, cuyos vestigios se ven por todas partes aun, y la comunidad cristiana; nunca debe olvidar el concilio tenido por San Agustín, al que concurrieron trescientos ochenta obispos africanos, que tantas eran las ciudades que embellecían esta tierra, granero del mundo entonces, y que hoy no produce suficientes abrojos y espinos para alimentar algunos rebaños de camellos y de cabras. Es imposible imaginarse barbarie más destructora que la de este pueblo; los ríos que descienden de las montañas, lejos de fertilizar las llanuras, solo sirven para convertirlas en ciénagos infectos; el árabe no toma, posesión de la tierra, y gracias si en la vecindad de Oran, arroja algunos puñados de trigo sobre la tierra más bien rasguñada que arada, y dejando crecer con la simiente los matorrales y plantas tuberculosas de que ha descuidado limpiar el suelo. Las enfermedades cutáneas roen a este pueblo, como la mugre carcome sus vestidos, y en medio de la miseria física en que se revuelca y la degradación moral de su espíritu, abriga un sublime desprecio y un odio inextinguible contra los europeos. Jamás la barbarie y el fanatismo han logrado penetrar más hondamente en el corazón de un pueblo, y petrificarlo para que resista a toda mejora. Entre los europeos y los árabes en África, no hay ahora ni nunca habrá amalgama ni asimilación posible; el uno o el otro pueblo tendrá que desaparecer, retirarse o disolverse; y amo demasiado la civilización para no desear desde ahora el triunfo definitivo en África de los pueblos civilizados. Durante los doce primeros años de la guerra, los árabes han sido, más bien que reprimidos, animados a la rebelión, por la dulzura misma de los medios que se empleaban para someterlos; mas, después de la insurrección de Dahra, la administración ha sido montada según las prácticas de gobierno y las propias tradiciones árabes. Todas las tribus sublevadas han sido condenadas a pagar una multa por tienda, la tribu prófuga perdido el derecho del terreno que ocupa, las lejanas asoladas por razzias continuas, los rebaños despojados de sus ganados; y en los primeros tiempos de este sistema, el general Royer, cuando tenía noticia del asesinato de un europeo, acudía a la tribu más cercana al lugar de la catástrofe, y pedía el delincuente, o ¡cien cabezas de árabes en espiacion!

El mariscal Bugeaud, duque de Isly, me hizo el honor de explicarme detalladamente su sistema de guerra y administración. Desde 1830 hasta 1840, la guerra había sido no solo onerosa, sino estéril; el ejército francés en masa con su artillería, bagajes y trenes, se avanzaba lentamente, hacia el interior, tiroteado de día y de noche por las montoneras árabes que lo circundaban. El ejército volvía a Argel al aproximarse el invierno y los árabes a ocupar los mismos puntos que antes. El mariscal Bugeaud, para remediar la nulidad de este sistema, desembarazó en primer lugar al ejército de la artillería, furgones y bagajes; dividiólo en columnas separadas, pero que debían prestarse mutuo apoyo, de manera que una comprometida en el interior, encontrase dos a su retaguardia en escalones, y éstas, cuatro, hasta formar con el ejército un inmenso triángulo, o falange macedonia, cuya ancha base estaba en dos puntos ocupados en la costa. este modo de avanzar se llama hacer una punta, término que se aplica en África genéricamente a todas las expediciones. Dado el impulso, los generales subalternos mejoraron el sistema dividiendo las columnas expedicionarias en dos; una aligerada de todo peso y acompañada de la caballería, y otra que marcha en su apoyo con los víveres, enfermos y bagajes. Así se han hecho razzias aun en el Sahara, con grande espanto de los beduinos, que se creían allí fuera del alcance de la infantería francesa. Cuando una montonera árabe se propone hacer frente, la infantería marcha en línea hacia ellos, hasta que, en un país tan quebrado como este, un accidente del terreno, la proximidad de un desfiladero, o la interposición de un torrente, fuerza a los árabes a agruparse en un solo punto. Entonces la caballería francesa que viene a retaguardia, se echa sobre ellos, introduce la confusión y la derrota. El mariscal llama a éstas batallas ambulantes, y desenvolviendo sus ideas sobre la nulidad de la caballería árabe, me indicó el pensamiento en que estaba de montar infantería a mula, para perseguirla hasta el desierto; mostrándose muy maravillado y complacido cuando le aseguré que en América teníamos infantería montada, en los países que como en las pampas, las montoneras vagaban a su salvo, sin que los ejércitos regulares pudiesen darles alcance. Lo más notable es que en la Argelia, como en la República Argentina, no han faltado generales, que seducidos por la aparente ventaja que en su movilidad ofrecen las masas de caballería, propusiesen adoptar el sistema árabe, resolviendo en caballería todo el ejército. Pero el mariscal comprendió muy bien que los franceses, parodiarían a los gauchos árabes, y que para vencer a un pueblo bárbaro, es preciso conservarse civilizado, esto es, adaptar a las localidades los medios de guerra que la ciencia de los pueblos cultos ha desenvuelto. Gracias a este sistema, el Mulé-Saa, en despecho de las profecías, anda hoy errante en el desierto, mendigando la escasa diffa que no pueden negarle las tribus, y el poder de la Francia es suficientemente insolente para mandar imponer a la poderosa tribu de los Uled-Nails, que prestó hospitalidad a Bou-Maza, una multa de 200.000 francos, sin temor de mostrarse un impotente para ir al Sahara a castigar la desobediencia que pudiera originar pretensión tan abultada.

Muchos datos preciosos he atesorado en África sobre colonización, lo que reservo para un trabajo especial. El mariscal tuvo la complacencia de darme un ejemplar de un trabajo suyo sobre la materia; pues el ser mariscal y viejo soldado del Imperio, no estorba que tenga una inteligencia despejadísima y una dicción animada y lucida. Sus maneras participan de la llaneza militar y de la afabilidad francesa, y la expresiva recomendación con que me favoreció M. Lesseps, cónsul general de Francia en Barcelona, fue atendida como lo merecía la distinguida reputación del filántropo que con tanta justicia y a porfía han decorado todos los soberanos de Europa. Debo a la generosa oficiosidad de M. de Lesseps, no solo haber sido presentado a M. Cobden, el famoso agitador del libre cambio, y al mariscal Bugeaud, el primer guerrero en actividad que tiene hoy la Europa, sino, lo que menos podía prometerme, la satisfacción, para mi vanidad literaria, de haber sido reconocido literato y publicista americano por los más poderosos agahs y kadies de las tribus árabes. Es el caso que sabiendo el mariscal que deseaba aproximarme a las tribus, a cuyo efecto me proponía penetrar en el interior por Oran, hasta Tlemcen o Máscara, a fin de verlas en su estado normal, llevó su oficiosidad hasta darme no solo cartas para el general Lamoriciere, gobernador de Oran, y para que se me facilitasen los medios de llevar a cabo mi designio, sino también circulares a las autoridades árabes, a fin de que fuese escoltado en el interior y recibido en las tribus, como un recomendado en el carácter de literato del alto, temido y poderoso gobernador general de la Argelia. imagínese si he debido gozar en esta excursión, cuyos detalles me anticipo a comunicarle.

El vapor del estado que hace la travesía de Argel a Oran, toca a su paso en Cherchel, Túnez, Mostaganem, Arzew, establecimientos franceses en la costa, llenos de movimiento y animación. Desde Mers-El-Kebir, última estación, las diligencias conducen a Oran a los viajeros por un camino excavado en la roca viva, entra el mar y la montaña que circunda la bahía. Oran es una segunda edición del Argel, con variantes de colinas y valles, pero la misma fisonomía, igual movimiento de construcción, igual mezcla de moros y franceses, de judíos y españoles, de negros y árabes, por lo que me abstendré de entrar en otros pormenores, indicando de paso tan solo que en lo ancho de las calles y el aspecto de los edificios públicos, se deja traslucir todavía la pasada dominación española. Dos días después de mi arribo, sabiendo que el general Lamoriciere estaba ausente, presenté las cartas del duque d'Isly al jefe del bureau árabe, quien anticipándose a toda solicitud de mi parte, me ofreció caballos, guía, escolta, y las ordenes necesarias para ser recibido de los jefes de las tribus, indicándome, además, la dirección de Máscara como la más conducente al logro de mi objeto. A las ocho de la mañana del día siguiente todo estaba dispuesto para la partida. Un shauss, empleado civil árabe, conducía dos ordenes escritas en arábigo, por las que se prevenía a los jefes del duar me ofreciesen la diffa correspondiente a un amigo del mariscal. La diffa es una comida que el duar suministra a los empleados del gobierno, y un duar, una reunión de veinticinco tiendas; varios duares forman una sección de tribu, y cinco secciones forman la tribu, mandada por un agah y un kadi, cada uno de los cuales tiene un kalifa o teniente. Acompañábanme, además, dos jinetes árabes, mi sirviente que hablaba español, francés y árabe, y más adelante se me reunió un oficial de Spahis, condecorado con la legión de honor y turco de raza.

No extrañe usted que no le describa el país que atravesábamos, generalmente accidentado de colinas y variado por el aspecto de algunas villas nacientes; el placer de verme a caballo en campo abierto e inculto y con la dorada perspectiva de galopar a mis anchas, me distraía de prestar atención a los objetos que me rodeaban. Los instintos gauchos que duermen en nosotros mientras no podemos disponer de otro vehículo que carruajes, trenes o vapores, se habían despertado de golpe al estrépito de las pisadas de una partida de caballos, y desde que salimos de Oran, como el instrumentista que recorre el teclado antes de aventurarse en la ejecución de unas variaciones difíciles, yo aplicaba al caballo las espuelas haciéndolo corcovear, a fin de descubrirle el juego, es decir, toda su agilidad y destreza. Enseguida, deseando darme aire de un agah o un tolba árabe, estudiaba a hurtadillas en mis compañeros la manera de llevar el bornoz, de que me había provisto para solemnizar con sus anchos y pomposos pliegues la gravedad de mi posición oficial, que hacían más encumbrada que el salam del bureau, lo corto de los estribos árabes, cuya forma aun conservan en España los picadores, y lo alto del espaldar carmesí de la silla, especie de poltrona en que el jinete va punto menos que en cuclillas, y cuya postura aunque insufrible físicamente hablando, es el chic de la gracia árabe y el más poético matiz del color local.

Una hora hacía, sin embargo, que marchábamos al trote con mucha mortificación mía, que iba, para usar de la enérgica figura del pueblo en América, saliéndome de la vaina por probar la tan ponderada ligereza de los caballos árabes, cuando el shauss me observó que si seguíamos a aquel paso, llegaríamos a deshora al Sig, donde habíamos de pasar la noche. Por el muslo del Profeta, hube de exclamar yo, indignado al oír tan fea como no merecida reconvención. ¡Protesto, que si el caballo no revienta, puedo sin fatigarme ir a tirar la rienda al último oasis del Sahara!... Tan ortodoxo juramento como la hipérbole que lo acompañaba, oriental por el fondo y la forma, debieron de ser muy del agrado de mi comitiva, pues no bien había acabado de hablar, a un grito de uno de los jinetes, los caballos partieron a todo escape, sin que me fuese posible contener el mío, que parecía obedecer a orden superior, dando al traste arranque tan imprevisto, con mi afectada gravedad árabe, y haciendo flotar al aire a guisa de velas latinas las puntas del blanco bornoz. Después he tenido ocasión de observar otras habilidades de los caballos árabes, tales como distribuir mordiscos y coses a derecha e izquierda por indicación y orden del jinete; no vi ninguno, sin embargo, que como el de Bou-Maza lanzase balas, ni hiciese otra demostración prodigiosa. Cuando hube logrado reponerme en la posición perpendicular y colocado debidamente mis arreos, reivindicando por una descarga de azotes a mano airada la comprometida reputación de jinete, saboreé, con la inefable beatitud de los colegiales, el indecible placer de galopar horas enteras por montes y valles, salvando una zanja aquí, arremetiendo con un espeso matorral acullá, y aspirando a torrentes el aire recargado de las exhalaciones húmedas de la vegetación y del polvo que las pisadas de los caballos suscitaban. y para que las reminiscencias de la vida americana fuesen más vivas, a poco andar abandonamos el camino, y cortando el campo, la comitiva se dirigió a unas lomadas que a lo lejos se divisaban, y en cuyos recuestos estaba acampado el duar que debía suministrarnos la diffa, de la mañana. Como usted ve, en África, bien así como en nuestras pampas americanas, la línea más recta es el camino más corto para llegar de un punto a otro, mal que les pese a los propietarios de los sembradíos, de los que atravesamos ocho por lo menos, sin que la comitiva se desviase un ápice de su dirección.

Al fin satisfechos los pulmones, y cuando los caballos empezaban de suyo a aflojar el paso, cambiamos de aire sin hacernos violencia, ya para que los árabes encendiesen sus largas pipas, ya para dar tiempo a preparar la diffa en el no distante duar, a donde se había adelantado un jinete portador del salan supremo que la ordenaba. Una especie de encogimiento se apoderó de mí cuando nos acercábamos al círculo que forman las tiendas del duar, y el espíritu distraído hasta entonces por la agradable agitación de los sentidos, empezó a recogerse de suyo y entregarse a reflexiones serias. Americano de las faldas remotas de los Andes, iba a ver aquellas tribus árabes, herederas de las costumbres patriarcales de las primeras edades del mundo, a ser el huésped de la antigua hospitalidad, a contemplar de cerca los detalles domésticos de la vida nómada. Las grandes figuras de al Biblia se agrupaban en la imaginación, como si Rebeca o Yaule, sus hijos y las mujeres de sus hijos, fuesen a presentárseme vivos aun en el dintel de las tiendas a que me aproximaba. Hubiera querido detenerme un momento para dejar pasar esta especie de vértigo; pero tocábamos ya el circuito de espinos que rodea el duar; los ladridos de los perros llenaban el aire, los árabes se dirigían lentamente hacia nosotros, precedidos por el jefe que se adelantaba a tenerme el estribo al descender del caballo, como una cortesía digna de un recomendado del gobierno. No sabiendo qué decir le alargué la mano, que sin tomarla tocó él con la punta de los dedos, los cuales besó rápidamente, haciéndome seña enseguida de entrar en la tienda cuya tela solevantaba otro árabe, a fin de que no me inclinase demasiado. Otro traía un tapiz sobre el cual se me invitó a sentarme, lo que hice con la mayor compostura, cruzando las piernas a la manera oriental, y arreglando artísticamente en torno de mi persona los pliegues del bornoz. El silencio que me imponían mi ignorancia de los usos y del idioma árabe y lo nuevo de la situación, me tenía turbado e inquieto, a lo que se añadía, la violencia de la postura que creía de rigor y que me causaba, calambres en los músculos de las piernas; pero una mirada echada en torno de mí, bastó para darme confianza y holgura; algunos de mis huéspedes se habían tendido de bruces, tal estaba más cómodo de espaldas, cual de medio lado y cual otro en cuclillas, lo que me hizo conjeturar que había también entre los árabes cierto sans gêne agradable; por cuya razón me creí autorizado a levantar una rodilla a la altura de la cara, y apoyarme en ella, abrazándola con ambos brazos, como lo hacen nuestros gauchos; postura comodísima y admitida sin duda desde hoy por el ritual de la buena crianza oriental.

    Desde que hube recobrado el desembarazo del cuerpo, necesario para que el alma funcionase sin tropiezo, la tienda y demás objetos cayeron bajo el escalpelo de la crítica. ¡Tate! me dije para mí, yo conozco todo esto, y las tiendas patriarcales de los descendientes de Abraham, no están más avanzadas que los toldos de nuestros salvajes de las pampas. Igual y aun mayor desaseo, humedad y escasez de todas las comodidades de la vida; las tiendas de tela grosera de lana pardusca sostenidas sobre palillos nudosos y endebles; los perros saltando por entre los hombres; una hilera de corderillos recién nacidos, enlazados a una cuerda para retenerlos dentro de la tienda-sala-de-recepción; una turba de muchachos sucios y cubiertos de harapos, alargando desde la puerta los tostados cuellos para ver al rumi (cristiano). ¡Dios mío! ¡Dios mío! cuántas ilusiones disipadas de un golpe, cuánta poesía, cuántos recuerdos históricos, y sobre todo, ¡cuántas descripciones de escritos echadas a perder por la realidad más prosaica y miserable que se palpó jamás! Algunas preguntas hechas de tarde en tarde por medio de mi intérprete, me ayudaron a disminuir el fastidio que me causaba la larga expectación de la diffa, la cual se hacía esperar demasiado; y eso es que yo no abrigaba ilusión ya sobre su importancia en vista de tan significativos antecedentes, a más que mi oficial francés, gran conocedor en la materia, me había aconsejado llevar conmigo un perro a quien pasarle por lo bajo los mejores bocados, si quería evitar un pronunciamiento en el reino estomacal. Pero yo me disponía a gustar la diffa, como el médico prueba a veces los remedios que administra; que a tanta costa debe el viajero comprar el privilegio de ser el héroe de su propia novela. La diffa se anunció al fin; precedíala un plato de madera lleno de tortas fritas, colocadas simétricamente para dar lugar y apoyo a una docena de huevos durísimos que formaban una pirámide hacia el centro. Un árabe se lavó solo la punta de los dedos en una sucia y abollada vasija de cobre, en la cual se nos sirvió enseguida agua para beber, más tarde leche de oveja, y luego agua de nuevo. A cada ronda que la malhadada vasija hacía, seguíanla mis ojos de mano en mano para llevar cuenta de los puntos del borde donde los árabes ponían sus labios. ¡Esfuerzo inútil! Al fin descubrí una abolladura inaccesible que me reservé desde entonces para mi uso personal. El árabe que se había lavado dos dedos lo suficiente para alcanzarse a discernir de lejos la costa firme que descubría la parte virgen de la mano, me descascaró dos huevos que engullí casi enteros, a fin de que pasase cuanto antes aquel cáliz de mi boca.

Tenga usted paciencia, mi querido amigo, ya ve que cumplo con la promesa que a petición suya le hice de describirle las costumbres árabes. Las tortillas fritas vinieron enseguida, y aunque crasas y espirituosas en fuerza de lo rancio de la mantequilla, yo sostuvo como un héroe mi posición, sin pestañear, sin titubear un momento, sin echar mano siquiera de uno de tantos subterfugios y engañifas de que en iguales casos se habría servido un gastrónomo vulgar. Más hice todavía. Habiéndome revelado algunos que aquel lago fangoso que se divisaba en el fondo del plato y que yo había respetado, tomándolo por sebuno depósito de la fritanga, era miel de abejas, descendí hasta él con los pedazos de las tortillas, alzando una buena porción en cada revuelco. Hasta aquí todo marchaba en el mejor orden; pero aun faltaba lo más peliagudo de la empresa, y nada se había hecho, si no lograba hacer pasar el cuscussú, verdadero quis vel quid para estómagos europeos de la regalada gastronomía del desierto. Es el cuscussú una arenilla confeccionada a mano, hecha con harina frita sin sal y anegada después en leche. Confieso que cuando se presentó el enorme plato que lo contenía, el cuerpo me temblaba de pies a cabeza, no obstante que nunca he tenido miedo a manjar ninguno; un sudor helado corría por mis sienes, y el estómago, no que el corazón, me latía cual gime el niño a quien el pedagogo manda al rincón. Lo peor del caso era que yo debía principiar, como el héroe de la fiesta, sin lo cual nadie era osado de hundir su cuchara de palo en la movible arena farinácea. Repentinamente, como el que al bañarse en el mar se precipita de cabeza después de haber vacilado largo tiempo presintiendo la impresión del frío, yo enterré mi cuchara hasta el mango, y sacándola llena de cuscussú y leche la sepulté en la boca. Lo que pasó dentro de mí en este momento resiste a toda descripción. Cuando abrí los ojos, me pareció hallarme en un mundo nuevo; todos mis tendones contraídos por el sublime esfuerzo de voluntad que acababa de hacer, se fueron estirando poco a poco, y dispersándose con la alegría de soldados que abandonan la formación después de disipada la alarma hija de alguna noticia falsa. De todo ello he concluido que, o el cuscussú no es abominablemente ingrato; o que Dios es grande y sus obras maravillosas, o en fin, que no se ha inventado todavía el potaje que me ha de hacer volver la cara. Después del cuscussú a quien juré, por la Meca, acometer donde quiera que se me presentase, se apersonó ante mí un corderito asado a la manera de nuestros asados de campo en América. Si la diffa hubiera principiado por este capítulo, usted se habría visto defraudado de toda la enojosa descripción que acabo de hacerle de la hospitalaria mesa árabe, sin que pueda usted creer que en otros duares o en otras tribus sea mejor condimentada. He recibido la diffa en cuatro duares de tribus diversas, y más o menos rancia la mantequilla; un jarro de lata con la impresión de los dedos de tres generaciones, en lugar de la vasija de cobre, algunos cardos silvestres, o un puñado de dátiles por añadidura, en todas partes la diffa es siempre la misma.

Ya conoce usted, pues, lo visible de la vida de la tienda, y no se empeñe en penetrar en lo doméstico que debe ser tal para cual. Las mujeres no se presentan a la vista de los extraños, aunque se pueda, desde la tienda de recepción, oír sus voces guturales en una subdivisión contigua. Por un accidente singular, sin embargo, tuve ocasión de contemplar el bello, aunque desaseado, sexo del duar de Abd-el-Bach, el jefe que he visto más interesante por la belleza típica de su semblante y la dignidad afable de sus modales. Al terminarse la diffa, me llamó la atención un rumor extraño de voces humanas, con cierta cadencia acompasada que me traía a la memoria la reminiscencia de algo parecido que había debido oír no sé dónde. Después, reflexionando, he recordado que era el canto plañidero con que las recuas de negros en el Brasil se acompañan y animan al trabajo. Volviendo la vista hacia el lugar de donde me parecía venían las voces, descubrí a lo lejos un círculo de mujeres que hacían con las manos rapidísimos movimientos, cruzando y descruzando los brazos, y tocando repetidas veces el rostro. Fijando en este grupo grotesco mi anteojo de bolsillo, pude discernir dos bellísimos ojos llevados al cielo de una niña de quince años, que se entregaba a aquel extraño ejercicio con cierta gracia que la hacía interesante, a pesar del desaliño de sus vestiduras flotantes. Pregunte, sin dejar de mirar, lo que aquello significaba, y me dijeron que era una familia que lloraba la pérdida de uno de los suyos, preso por los franceses aquella misma mañana para mandarlo a Francia; el murmullo cadencioso de las voces eran oraciones recitadas en coro, y el movimiento de las manos lo hacían para rasguñarse la cara y los brazos en señal de desesperación. Tan extraña escena cambió para mí, desde entonces, de ridícula en solemne y respetable, asombrándome de ver hasta qué punto pueden la religión y las fórmulas tradicionales avasallar la naturaleza humana. En lugar de llantos descompasados, se oía el canto lúgubre de oraciones recitadas cadenciosamente, y en lugar de lágrimas, se empeñaban las dolientes en hacer verter sangre de sus mejillas. En medio de estas prácticas, para nosotros extravagantes, pude, sin embargo, reconocer con el anteojo, a la madre del que lloraban perdido, en la verdad y pasión que se descubría en todos sus movimientos y contorciones. Con efecto, cualesquiera que los usos sean, qué dolor hay que se parezca al dolor de las madres, cada una de las cuales puede repetir con la misma verdad el sublime ivenite et videte del evangelio! Como me fuese imposible apartar la vista de aquel curioso cuan tierno espectáculo, pregunté al shauss si los árabes llevaban a mal que los extraños mirasen a sus mujeres; lo cual entendido por el jefe, me hizo decir que si deseaba acercarme a ellas, él me acompañaría. Fuimos, en efecto, y a una indicación suya, el movimiento se paralizó y cesaron los cánticos, y la madre que yo había comprendido de lejos, vino hacia mí, y con movimientos de cabeza convulsivos y señalándome el cielo, parecía preguntarme si hallaba justo lo que los franceses hacían con ella. Llamé a mi intérprete para hacerla decir que en Francia no le harían mal a su hijo, que su cautiverio no sería largo, y todos esos consuelos vulgares, que se prodigan para dolores que no quieren ser consolados. En el entretanto, las muchachas más ariscas se iban aproximando con disimulo, y ya contemplaba las no indiferentes gracias de la de los ojos negros, cuando una vieja bruja, vino con improperios a decirlas que estaban perdiendo el tiempo que debían emplear en rezar, retahíla común a las dueñas de todas partes, musulmanas o cristianas, con lo que fue, pues, preciso retirarse. Cuando van a las ciudades, las mujeres árabes como las moras, se envuelven en mantos y velos blancos sin más diferencia que la de no descubrir aquellas ni los ojos siquiera. El adorno principal son unos grilletes de plata en los tobillos, tan gruesos como los de hierro de nuestras prisiones, sobre todo si la persona es de calidad. En Máscara me paseaba en el camino en circunstancias que una comitiva de mujeres se acercaba, y que al verme se cubrieron todas completamente el rostro. La que venía a la cabeza descubría, por el garbo de su talle, finura y limpieza de sus envoltorios, lo macizo de los grilletes y cierta coquetería en el talante, que era una dama de distinción; pero ¿cómo verle el velado semblante? ¡He aquí la ingeniatura! Al acercarse al lugar que yo ocupaba dile la espalda y mirando con distracción el suelo, repentinamente fijo la atención en un punto; tócolo con el pie retirándolo inmediatamente como cuando se quiere mover con los dedos una brasa ardiendo; repito segunda vez y cuando creí haber producido el efecto, vuelvola cara bruscamente hacia atrás, y sorprendo a mi beldad árabe que se había detenido a observar mis movimientos y descubriéndose la cara dejándome ver unos lindos ojos, unas cejas unidas entre sí por un tatuaje azul y un carrillo teñido de colorete subido como la mancha de una manzana. ¡Oh! mujeres, mujeres, parecía decirle al mirarla sonriéndome, sois las mismas en todas partes, ¡curiosas! Esto es todo cuanto he podido descubrir de los encantos y existencia de las mujeres árabes, por lo que, y volviendo a la terminada diffa, continuaré la narración de mis aventuras de viaje.

Desde el duar partimos hasta entrar de nuevo en el camino público, de que nos habíamos separado por la mañana, sin que hubiese cosa digna de mención, si no es la pintoresca fisonomía de los caminos africanos en general. Preséntanse con frecuencia caravanas de camellos marchando a paso lento, sin que el menor ruido de pisadas anuncie su proximidad, y todos invariablemente con los ojos al parecer fijos en el cielo; sígueseles una recua de borriquitos enanos, no más altos que un mastín. Viene en pos otra de vacas y toros cargados de fardos, y con sus albardas y arreos como las demás bestias de carga y disputándoselas a camellos y borricos, los cuales marchan más despacio y reciben en cambio y con mayor calma los palos y zurriagazos de los árabes. Un poco más allá viene o va una larga fila de furgones del ejército cargados de víveres o árboles en almácigos, más lejos resaltan los pantalones garance de una compañía de soldados que marcha a discreción a su nuevo acantonamiento; aquí dos o tres mujeres sentadas en un estrado elevado sobre el lomo de los borricos; allí diez árabes haciendo oración.

En medio de este movimiento, y después de ascender una serie de colinas, el shauss me señaló en el camino los montoncillos de piedras, reunidas aquí y allí sobre una larga extensión del camino. Eran, según me dijo, las señales de los depósitos de cadáveres sepultados después de la sangrienta batalla de Muley-Ismail, dada entre Abd-el-Kader y el general Trezel, poco tiempo después de la ocupación de Oran, y desde cuyo punto el ejército francés tuvo que retroceder, temiendo las consecuencias de aventurarse en un terreno cubierto de bosque espeso. y efectivamente, en todas direcciones y hasta donde la vista puede alcanzar por la llanura y la lomadas circunvecinas, descúbrese un bosque continuo de olivos silvestres, degenerados vástagos de los olivares que en otro tiempo hacían la riqueza de la población de los alrededores. Al ver esta extensión que abraza veinte, si no treinta leguas cuadradas, cree uno hallarse en medio de la Andalucía, y aun fijando la atención donde los olivos son más añosos, se pueden discernir las líneas rectas del plantío primitivo. Los árabes, exterminando al pueblo que los cultivó, han dejado esterilizarse tan pingüe fuente de riqueza, y si la vista de esta vegetación desolada, frondosa en despecho del abandono, no basta para lastimar el corazón, lejos de alegrarlo, al salir del bosque la vista descubre de improviso la hermosa llanura del Sig, atravesada por el río que le presta su nombre y sin embargo inculta, apenas habitada y malsana a causa de la estagnación de las aguas. A lo lejos se divisan cual garzas, inmóviles y solitarios, siete u ocho marabuts o sepulcros, monumentos de la piedad árabe, y únicos vestigios humanos en extensión tan dilatada. y sin embargo, andando más adelante hacia la villa del Sig, que en un costado construyen los franceses, el viajero tropieza con las excavaciones recientes de donde los colonos sacan a discreción piedra labrada de una grande ciudad romana, que la barbarie ha muerto y sepultado, haciendo olvidar el nombre con que fue conocida en sus tiempos de prosperidad. ¡Extraño destino de las cosas humanas! ¿Cómo ha podido suceder que la ciudad que cual reina dominaba aquella llanura, haya desaparecido del todo, resistiendo más bien la naturaleza en los olivares, que no pudieron los fuertes muros, los palacios y la inmensa población que encerraban? Encuéntranse en medio de sus escombros monedas romanas de las que conservo algunas, instrumentos de cobre y de hierro, varias inscripciones; pero nada que revele hasta hoy el nombre de la desdichada ciudad anónima, cuyas piedras viene a poner de pie nuevamente la civilización, para resucitar el antiguo esplendor de estas comarcas. Solo viendo de cerca la malograda extensión de sus llanuras, puede comprenderse cómo en tiempo de los Gracos la Mauritania Tangitania, esto que hoy se llama Argelia, era el granero de Roma, y los terrores pánicos de la monstruosa ciudad cuando los contrarios vientos impedían que las naves africanas cargadas de trigo llegasen a Ostia del Tiber.

Al contemplar, apoyado sobre un fragmento de columna, estas humildes ruinas que nada dicen a los sentidos, he experimentado la congoja tan inimitablemente expresada por Volney al ver las magníficas columnatas de Palmira. Estas llanuras también estaban cubiertas de una, población activa, ilustrada y rica; y ¡ahora nada!... ni el sitio de las ciudades, ni el pueblo inmenso de labradores que habitaba sus deliciosas campiñas. Pero ¡adónde, Dios mío, se han ido tantos millones de hombres!... Preguntádselo a la cimitarra y al Corán. ¡Oh! ¡Mahoma, Mahoma! de cuántos estragos puede ser causa un solo hombre cuando apoya y desenvuelve los instintos perversos de la especie humana, o bien cuando encuentra masas brutales que creen porque no son ¡capaces de pensar!

La villa del Sig que se construye, rehabilitará bien pronto la perdida ciudad romana, y una numerosa población europea afirmará, Dios quiera que para siempre, otro dominio que el de estos feroces pastores, que han vuelto a la tierra, donde quiera que han elevado sus tiendas, su esterilidad primitiva. Acaso la llanura del Sig está destinada a obrar una de aquellas grandes revoluciones morales que de tarde en tarde trastornan la faz del mundo, curando alguna llaga especial de la especie humana. A corta distancia de la villa moderna, se está preparando el terreno necesario para la formación de un Falansterio. usted conoce sin duda las doctrinas de Fourier, y las extrañas locuras con que ha mezclado la enunciación de las verdades más luminosas. Faltábale a este genio singular, lo que sobra a los espíritus vulgares, lo que es la herencia del pueblo; faltábale sentido común. Pero nadie como él ha presentado los conflictos de las sociedades civilizadas, las coaliciones de los pobres que solo piden pan a los ricos, la nulidad de las teorías políticas para asegurar la vida y el goce de los bienes a todos los miembros de la sociedad. Dejemos a un lado su apocalipsis y sus doctrinas antimorales, pues que son la negación de la moral humana. Pero su idea práctica de reunir una villa en una sola familia bajo un techo y un hogar común, como los grandes hoteles que con tanta ventaja explotan hoy la industria; criar los niños en una sola sala de asilo; educarlos en un colegio común; asociar el trabajo personal, el talento y el capital, en una grande explotación, y asegurar a cada uno, sin hacer comunes los bienes, su parte de provechos que hoy solo recoge el rico; responder de la subsistencia del anciano inválido, y cuidar de la mujer desvalida; hacer en una palabra que cada uno tenga su proporcionada parte de felicidad, sin que a unos toque como hasta hoy la opulencia y los goces, mientras que al mayor número solo caben en suerte veinte horas de trabajo, y con ellas la desnudez, la ignorancia y los vicios; conseguir todo esto o algo de ello, merece sin duda la pena de que se haga, como cosa perdida, el ensayo de un falansterio, para ver hasta dónde el loco era cuerdo, experimentado el visionario, e inspirado el profeta No perdamos, pues, de vista el naciente plantel del Sig que puede llegar a ser un árbol frondoso cuya semilla sea posible transportar a América. La doctrina de Fourier, como la de M. Cobden, tiene por fundamento la asociación, y el uno tomando las sociedades por las raíces, y el otro por los frutos, aspiran al mismo fin, la mayor ventaja del gran número. Desde el Sig, donde pasé la noche, hasta Máscara, el país se va levantando en una serie de colinas y montañas, hasta que en la última elevación se perciben las higueras, viñas y granados que rodean la ciudad, centro en otro tiempo de la efímera dominación de Abd-El-Kader, y hoy punto avanzado de la dominación francesa en el Tell. Mi sirviente que había frecuentado esta ciudad árabe en distintas épocas, se asombraba de no reconocerla después de un año; y en efecto, apenas queda en pie resto alguno de la construcción indígena, dominando aquí como en las demás partes el furor de edificar. Las casernas de la tropa son verdaderos palacios, y las numerosas obras públicas como las casas particulares en construcción, no impiden que se vayan escalonando algunas villas hacia la llanura de Eghrees, que se extiende semicircularmente al pie de la eminencia que ocupa Máscara.

    Sin duda que esta sucesiva aparición de llanuras y montañas habrá llamado la atención de usted. Es aquella, en efecto, la facción general de esta parte del África, lo que se explica con facilidad teniendo presente que el Atlas no es una serie de montañas como generalmente se ha creído, sino los cantos y elevaciones que sostienen las gradas parciales en que va elevándose el terreno hasta llegar a la gran meseta central del África por esta parte, o el Sahara argelino, páramo llano y estéril, verdadera pampa elevada en que pacen millares de rebaños. De esta configuración nace que al ascender una serie de colinas se encuentra una llanura, y así de esta a otra más elevada, hasta llegar a la última más extensa que se llama Sahara o el desierto, por oposición a las gradas inferiores que se denominan el Tell, o el país de los cereales.

Manda la subdivisión de Máscara el general Arnault, joven de treinta y ocho años, y como el general Lamoricière, verdadero general africano, pues ambos han pisado las playas argelinas con el grado de subteniente. Haciendo razzias sorprendentes en el Sahara, aturdiendo a los árabes por la fabulosa rapidez de sus marchas, y venciendo dificultades al parecer superiores al esfuerzo humano, estos dos bravos jóvenes han alcanzado las paletas de generales y las cruces que los condecoran. El general Arnault me prodigó todas aquellas atenciones que, parecen geniales a los franceses. Una comitiva de oficiales me acompañó por invitación suya a correr a caballo la llanura de Eghrees, en la que me proponía hacer una razzia sobre algunas malaventuradas aves acuáticas para disecar como recuerdo de mi paseo en el interior de África.

En aquella llanura está la casa paterna de Abd-El-Kader, hijo de un gran marabut, a quien en una peregrinación a la Meca le fueron revelados en sueños los altos destinos que estaban reservados a su hijo. Más tarde en aquella misma llanura cinco mil jinetes árabes se reunieron para proclamar emir a Abd-El-Kader, que largo tiempo soñó con formar de la Argelia arrebatada a los franceses, un estado soberano para él; pero el Dios de las batallas ha dispuesto sin duda otra cosa, y en despecho de los vaticinios, y de aquella proclamación a caballo, a la manera de la del Darío Histapes de los persas, ha concluido el ex-emir con asilarse en Salara o Marruecos. hoy no pudiendo mantener el corto número de jinetes que le han permanecido fieles, los ha echado diseminados sobre Argelia y Oran para que cometan asesinatos y robos en los caminos, a fin de mantener la alarma y el malestar entre los colonizadores. A este sistema el gobierno francés ha correspondido con otro que no carece de originalidad. Los merodeadores sorprendidos o un individuo de una tribu sospechosa, son enviados a Francia, medida que hiela de horror a los árabes, los cuales acostumbrados a cometer todo género de crueldades con los prisioneros, se imaginan que en Francia van a ser entregados a suplicios inauditos. De la aplicación de estas represalias se lamentaba aquella pobre madre de que hablé antes.

De regreso de nuestra partida de caza, lo que hice sin galoparme toda la llanura, en un hermosísimo caballo azabache que por ostentación del tipo árabe me había proporcionado el general, y después de recorrer con un edecán los trabajos emprendidos, volví a la casa del general Arnault, donde me aguardaba una escogida reunión de oficiales superiores invitados a comer. El general, antes de ponernos a la mesa, mostrándome un número de la Revista de Ambos Mundos, me dijo: «Vea usted cómo aun en el centro del África, estamos al corriente de lo que pasa en el mundo» señalándome con el dedo el título «Civilización y Barbarie» del libro cuya análisis ha publicado aquella Revista. La satisfacción de la negra honrilla literaria debe ser tan estimulante como el mucho ejercicio, pues que con cumplido tan lisonjero me sentí dotado de un apetito a la altura de la situación. Durante la comida, la conversación rodó naturalmente sobre las aventuras de aquella guerra singular, el porvenir del país, y ya inferirá usted que debía ser interesante y animada. El General Arnault es el jefe francés que ha penetrado más tierra adentro en el Sahara, contándome esta vez las dificultades de su empresa y los medios raros de que se había valido para burlar la vigilancia de los árabes y darles caza. Entre otras cosas los baqueanos árabes me llamaron la atención por la singular identidad con los nuestros de la pampa. Como estos, huelen la tierra para orientarse, gustan las raíces de las yerbas, reconocen los senderos, y están atentos a los menores incidentes del suelo, las rocas, o la vegetación. Pero los árabe dejan muy atrás a nuestros gauchos en la asombrosa agudeza de sus sentidos. Un árabe, por ejemplo, conversa con otro en el Sahara, mediando entre los interlocutores una distancia de dos leguas; los espías husmean la proximidad del ganado a tres leguas de distancia, y como sabuesos siguen por el olfato la dirección de los duares enemigos.

    Yo ponderé a mi turno la vista de nuestros rastreadores y los conocimientos omnitopográficos de nuestros baqueanos, a fin de sostener la gloria de los árabes de por allá, a punto de ser eclipsada por el olfatear el ganado y conversar de un extremo a otro del Sahara, de los gauchos de por acá. Al terminarse la soirée, el general Arnault quiso añadir a mi modesta colección de objetos africanos, la punta de un ala y un huevo de avestruz; ofrecimiento que motivó el de la piel de un pajarillo pintado, de parte del coronel del 56.

    Cargado de estos trofeos, y de la gratitud que tanta civilidad merecía, me retiré para disponer mi regreso, pues que más allá de Máscara, la vida europea cesa, presentándose la barbarie y el desierto, límites naturales de mi viaje en derredor del mundo civilizado.

De regreso a Oran, nuestra marcha era lenta y tranquila, pues que para precipitarla, nada ignorado como de ida, ocultaban a la vista las colinas y montañas que de nuevo veníamos atravesando; y la conversación que de ordinario ahuyenta el tedio de las largas marchas, se extinguía apenas iniciada por haberse agotado ya el caudal de conocimientos locales del shauss que la daba antes pábulo. Las distancias entre los silenciosos jinetes fueron por tanto prolongándose insensiblemente, quedándose mi caballo abandonado a sí mismo, muy rezagado de la comitiva. Las tenues gasas con que la naturaleza se cubre durante el reposo nocturno, flotaban ya desgarradas en masas de vapores, en tanto que el Sol de la mañana bañando el rostro con sus tibios rayos de invierno, traía a los sentidos aquel dulce adormecimiento, que haciendo cesar la vista exterior, deja que la imaginación huelgue con los recuerdos y con las impresiones experimentadas, cual niño triscón con cuantos objetos encuentra a su alcance. El pensamiento además tiene sus actos espontáneos, y todas las sensaciones trasmitidas al cerebro por los sentidos, saliendo sin la participación de nuestra voluntad del caos confuso en que están hacinadas, propenden en los momentos de reposo, a agruparse según su afinidad, clasificándose de suyo en el orden que les conviene, hasta presentarse en serie de ideas íntima y lógicamente ordenadas; verdadera rumiación del espíritu semejante a la que ejecutan los camellos en los momentos de descanso con el tosco alimento que han acumulado antes en sus anchos estómagos. No de otro modo las inteligencias muy ejercitadas, cuando una idea fundamental las ha absorbido largo tiempo, deponen sobre el papel y sin esfuerzo alguno, un libro entero de una pieza, como la hebra dorada que hila el gusano de seda.

No sé si por efecto análogo, o solamente por hallarme abstraído de toda perturbación exterior, a medida que el Sol iba calentando, y la maquinal acción de marchar al paso natural del caballo entorpecía los miembros, todo cuanto había visto, oído o pensado durante mis diversas aunque rápidas excursiones en África, se iba presentando al espíritu como una ordenada procesión de hechos, revestido cada uno de ellos de formas y colores correspondientes a su tiempo y lugar; y haciéndose palpable e inmediato, aun aquello que no existe, real lo que no es, pero que lo será indefectiblemente; y presente lo próximamente futuro, la colonización de la Argelia se me figuró como de largo tiempo consumada. Por todas partes bullía la población europea entregada a las múltiples operaciones de la vida civilizada; las llanuras hoy desiertas, las vi tapizadas de alquerías, de jardines y de mieses doradas; y aquellos lagos, que desde lo alto de las montañas se divisan brillando aquí y allí, como los fragmentos dispersos de un espejo, había tomado formas regulares en la Mitidja, Mascara y Eghress, aprisionadas sus aguas en canalizaciones ordenadas, abiertas en el centro de las llanuras, según lo habían hecho en otro tiempo los romanos. Los planteles de villas y ciudades que solo trazadas había visto, multiplicándose al infinito, se alzaron de golpe, erizando llanuras y montañas con sus teatros, templos y palacios; y aun parecíame divisar en lugar de los blanquecinos marabuts que la vista descubre por doquier, los futuros falansterios, colmenas de hombres que en tribus de a mil, participará cada uno de los bienes por todos acumulados, el uno como diez, y el otro como ciento, según su capacidad, capital o trabajo. ¡Quién sabe, venía yo pensando, si las grandes doctrinas necesitan como ciertos árboles, que se trasplante para dar frutos sazonados, pudiendo aplicarse a la tierra que las produjo primero, el sentido sic vos non vobis de Virgilio! El cristianismo sembrado en el Oriente, donde se secó bien pronto, vino a arraigarse en los pueblos más distantes del Occidente, y la democracia, por tantos siglos regada con sangre en Europa sin provecho, solo se ha ostentado pura y lozana en las praderas del Mississipi y en las márgenes del Potomac.

Hacia la arte del mar, en todos los puertos, las inquietas olas del Mediterráneo estaban ya ceñidas dentro de estupendas calzadas como la que asombra en Argel a los ingenieros que vienen a visitarla; montaña elevada en el fondo del mar con rocas de dieciocho varas cúbicas, de creación apócrifa, producto de la ciencia humana, que más afortunada que Prometeo, ha podido robar impunemente a la naturaleza sus secretos, y desafiarla enseguida a destruir o conmover siquiera su remedo de rocas. Por la parte del interior, en la línea que divide el Tell del Sahara, estaban como valla insuperable contra la barbarie, los acantonamientos del ejército de cien mil hombres que guarda la Argelia, y que ya ha recibido ordenes de internarse, abandonando las tranquilas y sumisas costas a la colonización civil; allí, aquellas miriadas de guerreros prolongaban en todas direcciones la red de caminos públicos que ya empieza a cubrir el África, realizando por fin el gran pensamiento de Napoleón, de emplear como los romanos los ocios del ejército en la construcción de colosales obras públicas, como aquellas que han perpetuado hasta nosotros las huellas del pueblo rey. Todavía más allá del Sahara me pareció divisar al comercio afanado, disputándose los ricos productos que el África central encierra, y el desierto atravesado por no interrumpida fila de caravanas de camellos cargados de oro en polvo, marfil, bálsamos, gomas y resinas que enviara el misterioso emporio de Tomboctú a trocar por telas preciosas, sal, armas y objetos de adorno. este comercio del desierto tan antiguo como el mundo, y cuyas rutas describió ya Herodoto, echó los sólidos cimientos de destruido poder de Cartago, da esplendor aun a la bárbara Túnez, su heredera, y al fanático Marruecos, siendo seguro que el África francesa, resucitando la brillante Mauritania Tangitania, se avance bien pronto hasta las puertas del desierto, a prestar mano armada a las caravanas, contra la rapacidad de los Tuarec y demás piratas que infestan aquel inconmensurable mar de arena. y como si esta prolongación de la civilización, esta punta de la Europa en África no pudiera existir sin irradiarse en torno suyo, el Bei de Túnez se me presentaba al Occidente ensayando sus fuerzas para remedar la prosperidad que ha visto en su viaje a Francia, y el santo emperador de Marruecos recibiendo por la primera vez con respeto y benevolencia, los embajadores cristianos que han osado penetrar hasta su misteriosa corte.

    Y de improviso con la abrupta petulancia de la imaginación para trasportarse de un lugar a otro sin transición racional, acaso guiada solo por la análoga fisonomía exterior del Sahara y de la Pampa, yo me encontré en América, de este lado de los Andes, donde usted y yo hemos nacido, en medio de aquellas planicies sin límites, en las cuales nace y se pone el Sol, sin que una habitación humana se interponga entre el ojo del viajero y el límite lejano del horizonte. ¡Y bien! reflexionaba yo, va para cuatro siglos que un pueblo cristiano posee sin disputa este rico suelo, igual en extensión y superior en fertilidad a la Europa entera, y no cuenta sin embargo un millón de habitantes; y eso que las fiebres endémicas no diezman como en África la población; y eso que en su seno no encierra un áspid, como aquella indomable raza árabe que forcejea sin descanso por desasirse de la robusta garra que la tiene sujeta. Ni una religión brutal, ni un idioma rebelde, estorba allí la acción civilizadora, y sin embargo, helos aquí a estos pobres pueblos, degenerados cristianos y europeos, desgarrándose entre sí por palabras que les arrojan como un hueso a hambrienta jauría de perros; hélos ahí, sumiéndose de más en más en la impotencia y barbarie, bien así como el caballo que se agita en el fango movedizo y líquido de nuestros guadules; hélos ahí dando vueltas en fin en un solo lugar, creyendo que marchan en línea recta, ¡cual los míseros caminantes a quienes sorprende la caída de las nieves en nuestras cordilleras! ¡Qué maldición pesa, Dios mío, sobre aquella malhadada raza española en la América del Sur, que sin el consolador espectáculo de la sajona del Norte, el republicano moderno se quitaría la vida como Casio, desesperando ya para siempre de la libertad como de una quimera, renegando de la virtud como de una sombra vana!

Todos los grandes raudales que desembocan en el Plata se presentaron a mis ojos como ondulosas líneas de esmalte, cual si pudiera contemplarlos a vista de pájaro, dominando las inmensas manchas de bosques, verdinegros, y los oasis floridos de las praderas, sin que la actividad humana ni las creaciones de la civilización, diesen vida a aquellos edenes, cuyas puertas ningún ángel exterminador guarda; y mientras tanto que solo las aves del cielo, o las alimañas de la tierra se huelgan en extensiones tan prodigiosas, cuatro millones de seres humanos están agonizando de hambre en Irlanda; mendigos a quienes ninguna enfermedad aqueja, asaltan en bandadas las campiñas de la Bélgica y de la Holanda; la caridad inglesa se agota para alimentar sus millones de pobres; y millares de artesanos en Francia se amotinan todos los días, porque su salario no alcanza a apaciguar el hambre de sus hijos; mil prusianos han desembarcado en estos días en África, para recibir del gobierno la tierra que iban a buscar en Norte América; veinte mil españoles se han establecido en Oran o Argel, a punto de parecer la Argelia más que de Francia, colonia de España. Cien mil europeos reunidos en África, en despecho de los estragos de la fiebre que mata uno de cada tres que llegan y trazándose el plan para hacer venir dos millones en seis años más. La prosperidad, en fin, brillando ya sobre la sangre con que está salpicado el suelo, y cien millones de mercaderías introducidas en 1846, derramando por todas partes la riqueza con los provechos del comercio.

¿Por qué la corriente del Atlántico, que desde Europa acarrea hacia el Norte la población, no puede inclinarse hacia el Sur de la América, y por qué no veremos usted y yo en nuestra lejana patria, surgir villas y ciudades del haz de la tierra, por una impulsión poderosa de la sociedad y del gobierno; y penetrar las poblaciones escalonándose para prestarse mutuo apoyo, desde el Plata a los Andes; o bien siguiendo la margen de los grandes ríos, llegar con la civilización y la industria hasta el borde de los incógnitos Saharas que bajo la zona tórrida esconde la América?

Cuando la serie de mis ideas hubo llegado a este punto, sacudí la cabeza para asegurarme de que estaba despierto, y poniendo espuelas al caballo, cual si quisiera dejar atrás el mal genio que me atormentaba, llegué bien pronto a incorporarme con mis gentes, detenidas en torno de alguno que refería los detalles de un desastre. Los árabes acababan de dejar por muerto a los conductores de un carruaje, y en otro punto vecino yacía cubierto de heridas y exánime el cadáver de un colono asesinado. He aquí, me dije, ¡la realidad de las cosas! ¡Ahora puedo por lo menos estar seguro de que no sueño! ¡hay sangre y crímenes! ¡He aquí lo único posible y hacedero!

A mi llegada a Oran, he trazado a la ligera estas líneas, que antes de dirigirme para Italia, haré que lleguen a sus manos. En Roma hay un Papa, que enjuga las lágrimas de su pueblo, en Venecia el cadáver insepulto de una república, y en Nápoles, el cráter del Vesubio, y las momias de Herculano y Pompeya, que deseo contemplar de cerca.

Guárdenos Dios, mi buen amigo, para tiempos mejores, y... etc.

Roma

Illmo. Señor Obispo de Cuyo.

Roma, abril 6 de 1847.

Cuando desde el centro del mundo cristiano vuelvo hacia América las miradas, su Señoría Ilustrísima mi digno tío, se me presenta como el corresponsal obligado, a quien debo de preferencia transmitir, así lo deseo, las impresiones que me causa el espectáculo de esta ciudad eternamente célebre por su pasada gloria y los vínculos que hoy la ligan con el orbe católico. La iglesia domina sobre las siete colinas, como el ángel de bronce sobre la tumba de Adriano, y ruinas, basílicas, bellas artes, costumbres o instituciones, todo en Roma se agrupa en torno del elevado pedestal desde donde el sucesor de San Pedro bendice la ciudad y el mundo; por lo que, no pudiendo subdividir mi asunto, si me sucediese hablar a su S.S. de cosas que se apartan de su sagrado ministerio, disimúlelo con el mismo espíritu de caridad que el jefe de los fieles tolera las locuras mundanas del carnaval, pues pudiera acontecer que algunas veces estas mismas cosas oculten un interés religioso, a la manera que aquí se encuentran con frecuencia el frontón e inscripciones de un templo pagano, sirviendo de fachada a una iglesia cristiana.

De cualquier punto que el viajero se dirija a Roma, siente desde luego que transita por los caminos de la iglesia, y en las diligencias, y en los vapores, halla por compañeros de viaje sacerdotes que de luengas tierras vienen buscando la fuente de los dones espirituales. Un obispo de la India occidental, un misionero de la Oceanía, un cura de las remotas plantaciones norteamericanas, y algunos abates franceses, han sido por algunos días mis amigables comensales; pues la intimidad, momentánea al menos, se establece con facilidad entre hombres que gozan o sufren juntos. Así empezaba con anticipación a prepararme para visitar a Roma con el mismo espíritu que preside a sus destinos. Durante las monótonas horas del mar, la conversación rodaba sobre asuntos religiosos, y cual contaba sus adversidades entre los bárbaros, cual las dificultades que a su ministerio oponían los mismos cristianos. Muchas nociones útiles he recogido de estas pláticas, y no pocas explicaciones de cosas que no había comprendido hasta entonces, por ser algunos de entre estos eclesiásticos verdaderamente doctos e ilustrados, sin que faltase de vez en cuando alguna escena curiosa que diese animación a aquellos serios coloquios. Hablábase una vez, por ejemplo, de cierto tratado teológico que con aplauso acaba de aparecer en Francia, abundando todos en encomiar sus ventajas, cuando un laico regordete y de aspecto atrabiliario, tachó de incompleto el libro, por pasar muy de ligero sobre el capítulo de sortilegios, magia y endemoniados. «Puede ser que yo haya caído en el error, le repuso con modestia un abate, pero no creo en la existencia de tal comercio entre el hombre y los espíritus infernales.» El de los sortilegios, escandalizado de la incredulidad que venía de donde menos la esperaba, tomó el asunto a lo serio, y con gran copia de testos y doctrinas de teólogos respetables, desenvolvió en largo discurso todos los casos que se referían a las ciencias ocultas, incluso los fenómenos eléctricos, y el magnetismo animal. y ¡cosa extraña! este hombre se había leído los Santos Padres, los doctores de la Iglesia, canonistas y vidas de santos, para atesorar datos sobre este punto exclusivo de sus estudios de muchos años, siendo tan profunda su convicción, que a juzgar por los hechos que citaba, en Francia no había otra cosa, que encantos y brujerías, asegurando haber visto él con su propios ojos una endemoniada a quien un incubo incestuoso, bajo la forma del difunto padre de la infeliz, le hacía dar a luz monstruos deformes y espantables. Todos estábamos maravillados de oírlo, deplorando para mi ciencia y estudios tan mal empleados. En el caso de la endemoniada, me decía quedo el abate, yo habría consultado un médico con preferencia a un libro de teología. A este original, añadía yo, le ha sucedido lo que le aconteció a don Quijote, que a fuerza de leer libros de caballería perdió el seso en punto a encantamientos y paladines errantes, conservándolo ileso en lo demás.

    Uno de aquellos abates franceses con quien había trabado amistad, me introdujo en Roma en una posada tenida por un santo varón, el cual, con la ayuda de la orden de los jesuitas, la ha fundado para asilo de peregrinos. Todo respira en ella el espíritu religioso de sus moradores; las escalas, el comedor, las galerías, están tapizadas de cuadros de santos; en lugar de enseña o título hacia la calle tiene una devota imagen de la virgen; sobre cada habitación está escrito, a falta de número, el nombre de un santo, y sobre la puerta de la mía léese este lema: «María ha sido concebida sin pecado». A la mesa común nos sentamos obispos, abates, clérigos y diáconos, y algunos seculares que como yo, han sido introducidos por sacerdotes. Recita cada uno su benedicite antes de comer, y da gracias al fin, sin que en el intermedio deje el posadero de anunciar en que iglesia dice misa Su Santidad al día siguiente, cual orador célebre predica en tal convento, y en que basílica se celebran por entonces las cuarenta horas perpetuas. En fin, los sábados pasamos a una capilla donde cantamos en coro las letanías; y aunque o haya sido poco dado a las prácticas del culto, y se observe en esta casa la cuaresma con más severidad que en otras, lo que no es un atractivo, sobre todo en Roma donde la cocina es tan mala, he permanecido voluntariamente en ella, encontrando cierta satisfacción, que no hubiera esperado, en el desempeño de deberes a la verdad poco costosos, los cuales me traen a la memoria recuerdos gratos de aquella primera edad de la vida, que al lado de Su Señoría he pasado en la intimidad de las cosas religiosas.

Anticipo estas indicaciones a fin de mostrar a Su Señoría que nada he omitido para conocer a Roma por el costado que a Su Señoría interesa, y si algo pudiera faltarme en este sentido, lo completará la inagotable bondad del R. P. O'Brien su corresponsal, y el más recto, sencillo y candoroso varón que viste el hábito dominico. Por él las puertas de la Cámara pontificia me han sido abiertas, y Su Santidad dignándose hablarme de los negocios de América; por él, en fin, mi camino ha sido desembarazado de tropiezos que a otros cierran el paso no pocas veces.

Esto dicho volveré atrás en la narrativa de mi viaje, que no seguiré siempre en el orden natural de las fechas por temor de hacer dormir a los que esta carta leyeren. Los vapores del Mediterráneo navegan con mucho desahogo del pasajero. De día se detienen en las ciudades de la costa haciendo en la noche las distancias intermediarias. Así el 8 de febrero con los primeros rayos del Sol naciente, se presentaba a nuestra vista el puerto de Civitavechia, excavado por Trajano, y reparado por los Papas Urbano IV y Benito VIII, después de haber sido arruinado por Tótila. El objeto más curioso que esta ciudad encierra es un célebre bandido al cual desafió largo tiempo la autoridad pontificia, y después de haberse hartado de crímenes y asesinatos, terminó su carrera por una capitulación que le garantió la vida. Los extranjeros procuran permiso para verlo en la prisión, donde el famoso criminal los recibe con toda la satisfacción del amor propio lisonjeado. Los bandidos son una planta natural del suelo montañoso de la Italia, la cual despliega las dimensiones colosales del héroe o del guerrero, cuando la energía, romana o samnita reaparece en algunas organizaciones escogidas. En otro punto de los Estados pontificios, el cicerone, muestra con una especie de veneración, la casa de Fra diabolo, insigne y horrible jefe de bandas que por largos años fatigó en vano los ejércitos de Austria, Nápoles y Roma, coaligados para darle caza. Pero lo que más llama la atención del viajero en Civitavechia, son las maravillosas invenciones de los moradores para apoderarse del dinero de los transeúntes, mercadería abundantísima al aproximarse la cuaresma: un paulo (moneda romana) por el desembarco de la persona y otro por cada objeto de bagaje; otro tanto por llevar este a la aduana; un paulo por moverlos, otro por emplomarlos; un paulo por mirarlos; un paulo por dejarlos quietos; un paulo por sacarlos a la puerta; un paulo por subirlos a la diligencia; y si el viajero quiere dar cualche cosa, al faquin, al cochero, al mendigo, al empleado, a las mujeres, a los muchachos, y a los edificios si pudieran tender la mano...!

Acibaradas con este suplicio todas las ilusiones, el viajero parte en fin con dirección a Roma, objeto y término ansiado del viaje. En su tránsito la vista no encuentra por largo tiempo objeto alguno digno de fijar la atención; el desierto por todas partes, la tierra triste y despoblada, sin árboles, y cenagosa donde no se alzan colinas, sin las cuales el americano se creería en la pampa, por la multitud de ganado salvaje que pace en aquellos eriales. De tarde en tarde se deja ver algún pastor rudo, vestidas las piernas de cueros de cabra, trayendo a la memoria la imagen de los fabulosos sátiros a quienes sirvieron probablemente de tipo sus antepasados. El Sol se oculta tras las vecinas montañas, y la noche desciende bien pronto para añadir sus tristezas a la monotonía del paisaje. Un accidente que sobrevino en nuestro viaje dará, más que las palabras, una idea de la desolación de los alrededores de Roma. Cansados de dar dinero a cuantos lo pedían, algunos pasajeros tuvieron un altercado con el postillón, el cual, sea impericia, sea conato de venganza como nos lo persuadimos todos, al pasar por el puente echado sobre una hondonada, estrelló la diligencia contra un poste de piedra, haciendo mil pedazos una rueda. La diligencia con catorce pasajeros quedaba balanceándose sobre el parapeto, con dos ruedas en el aire y uno de los caballos caído y oprimido por la lanza haciendo esfuerzos por ponerse de pie; el menor movimiento falso podía acabar de volcar la diligencia y precipitarla en el oscuro abismo que teníamos debajo, por lo que, con el Jesús en la boca, empezamos a descender uno a uno, hasta hallarnos en salvo en suficiente número, para asirnos de las ruedas exteriores y enderezar el vehículo. La posta vecina no tenía repuesto de ruedas ni carruaje disponible, sino es una mala carreta para los equipajes que en dos horas de trabajo y en medio del fango y de la lluvia habíamos descargado y apilado en el camino. muy tarde de la noche se pudo procurar un carretón abandonado que solo podía contener ocho personas. Era, pues, preciso llevar tres restantes acomodadas sobre las rodillas de las ocho, con sufrimientos indecibles de unas y otras. Un misionero francés y yo nos resolvimos al fin a marchar a pie siguiendo el carro que conducía el resto de la comitiva, hundiéndonos en el invisible fango, perdiendo a veces de vista a los compañeros, no sin grave, aunque acaso infundado temor de ser asaltados por los bandidos, que ya no infestan como antes los alrededores de la ciudad santa. Pero la imaginación está siempre lista para crear fantasmas amedrentadores cuando las tinieblas y la intemperie agravan en localidades desconocidas, el malestar moral que los sufrimientos físicos producen. Así llegamos a Roma, que en aquella hora avanzada estaba sumida en la oscuridad más profunda, hasta descender en la aduana, a la cual sirve de entrada el bellísimo frontón del templo de Antonino Pío. Allí nos aguardaba todavía una segunda edición de las indignas extorsiones de Civitavecchia, con la adición del centinela que extendía la mano para pedir qualche cosa. ¡Oh! descendientes del pueblo rey, ¡cuán indignos os mostráis de vuestros antepasados! Eran en esto las cinco de la mañana, y al entrar a nuestra posada en la plaza de Araceli, los primeros albores del nuevo día ofrecían por fin término a las angustias de aquella enojosa noche.

Es la curiosidad el mejor de los confortativos contra la fatiga corporal, y antes de tomar descanso, quise echar una mirada a la calle para ver esta Roma, cuyo nombre gravan las madres católicas en el corazón de sus hijos, y más tarde realzan y rodean de prestigios colosales los estudios históricos. ¡Tantos sufrimientos debían tener su recompensa! Al abrir la puerta mis miradas caen sobre la subida al Capitolio, a cuyo pie había venido sin saberlo a alojarme. Dos leones recumbentes de granito y escultura egipcia terminan las balaustradas del ascenso. Más arriba se alzan las estatuas de Castor y Polux sujetando caballos colosales; a los costados los trofeos de Mario y la estatua de Constante y Constancio, hijos de Constantino; en el centro de la plaza la ecuestre de Antonino Pío en bronce dorado; y al frente opuesto los ríos Nilo y Tiber que acompañan una estatua de Minerva sentada sobre una fuente. Todos estos objetos del arte y el culto antiguo presentándose tan de improviso a mis miradas, me hacían olvidar los siglos y las vicisitudes que de aquellos tiempos nos separan; y por entonces hallábame en espíritu en la Roma patria de los grandes varones que ilustraron los tiempos gloriosos de la República; estaba parado sobre el monte Capitolio, y no lejos del lugar donde Cina, Casio y Bruto mataron a Cesar, sin salvar por eso las instituciones patricias, minadas ya por la avenida de pueblos y de hombres nuevos que pedían su parte en el gobierno de la tierra conquistada. La plaza del Capitolio me era estrecha en medio de estas emociones, y tomando el primer descenso que al lado opuesto se ofrece, pude abarcar el cúmulo de ruinas imponentes que en torno del antiguo foro romano se presentan de golpe a la vista. Tres columnas solitarias muestran aun el lugar que ocupó el templo de Júpiter Tonante; nueve más allá el de la Fortuna; tres de la Grecosthasis; otra elevada en tiempos posteriores a la memoria de Focas; y al frente del espectador, el arco triunfal de Septimio Severo, elevado sobre la Via-Sacra, cuyo antiguo pavimento se reconoce, y por donde los triunfadores subían al Templo de Júpiter Capitolino, hoy Santa María de Araceli. Más allá y siguiendo el desierto foro, vése el bello frontón y columnas de mármol cipollin del templo de Antonino y Faustina; el pórtico colosal de la basílica de Constantino, restos de los templos de Rómulo y Roma, y de Venus y Roma; y continuando por la Via-Sacra, el arco triunfal de Tito, que en bajos relieves mutilados conserva la imagen del candelabro de siete luces, la mesa de la propiciación, trompas de plata y los vasos sagrados que trajo de Jerusalén después de no haber dejado piedra sobre piedra en el templo, según estaba escrito.

    La perspectiva que termina este cuadro es digna de las nobles figuras que están en primer plan. El coliseo de Vespasiano alza al cielo las crestas de sus aterradoras ruinas, como los Andes sus pináculos de granito; la falda del monte Palatino enseña por todas partes oscuras cavernas, bóvedas colosales en otro tiempo el Palatium de los Césares, sobre cuyas espaldas cultiva hoy el jardinero romano hortalizas y árboles frutales; todavía más a lo lejos se levantan, cual montañas, las parduscas Termas de Caracalla. En esta parte de Roma, hoy desierta o convertida en viñedos, asoma por todas partes la osamenta gigantesca del imperio romano, y por poco que se ascienda al Aventino o al monte Celio, la vista domina las prolongadas líneas, si bien aquí y allí interrumpidas, de los antiguos acueductos, a guisa de vértebras de algún monstruo de la creación antidiluviana. Cuando este monstruo cayó a los golpes del hacha de los bárbaros, cuando su cadáver fue profanado y desfigurado, los habitantes de la vieja Roma debieron alejarse despavoridos de los montones pútridos de escombros y cenizas que cubrían la superficie del suelo, y replegarse sobre el Campo de Marte, destinado a los ejercicios militares del pueblo que profesaba la guerra como única industria nacional, y suficientemente capaz, por tanto, para contener a la nueva Roma, que más tarde había de presidir a la civilización moderna.

Ni la primitiva forma de las célebres colinas puede hoy determinarse, ni hieren la imaginación, a causa de la posterior elevación del suelo, las dimensiones estupendas de los antiguos monumentos. De la cumbre de las primeras han rodado y acumuládose en sus flancos, fragmentos de palacios, templos y termas, que eran extensos como ciudades, y altos como montañas; todas las ruinas existentes están muchas varas bajo el nivel del suelo actual, y entre esta costra de fragmentos de columnas y frisos, masas de tuf, ladrillo y mármoles destrozados que forma la Roma subterránea, la azada del arquitecto ha tropezado con los bustos de los emperadores, el grupo del Laocoon, estatuas de bronce y obeliscos de granito. Así ha podido salir de nuevo a la luz, más o menos ultrajada por el tiempo, la Roma de piedra o de mármol, y Júpiter presidir la asamblea de los dioses, y la estatua de César reunirse a la de Augusto, a quien legó el imperio romano.

Después de esta excursión a la antigua Roma, que examinada despacio y con el auxilio de la Guía, pierde el encanto que con la primera impresión la imaginación le presta, volví los pasos hacia la ciudad actual que se presenta, no sé por qué, desapacible y triste, en despecho de las trescientas sesenta iglesias y basílicas que la decoran, en despecho de sus suntuosos palacios, cuya arquitectura grandiosa y clásica está mostrando el teatro de la primitiva resurrección de las bellas artes. Tres mil años de gloria y miserias agobian demasiado ya los hombres de esta ciudad, sobre la cual se arrastra pesadamente el día sin el estrépito de las artes, la locomoción y el bullicio de las otras capitales; y la noche está asechando la desaparición del crepúsculo para echarla encima su manto de plomo que la paraliza repentinamente, dejándola desierta y oscura. El pueblo, tan dramático de ordinario, permanece mudo e inactivo aquí, y si despliega los labios, es solo para pedir limosna, recitando con voz dolorida plegarias a la madona. La limosna es una bella y santa acción sin duda; pero era preciso entrar el mendigo ni honrar la mendicidad como sucede en Roma, donde cardenales y príncipes, bajo el saco y la máscara, tienden la mano a los pasantes para recoger oblaciones destinadas a objetos piadosos. Hay, sin embargo, una época del año en la que durante algunas horas del día la vida que disimula este pueblo, estalla a borbotones para ocultarse de nuevo, como el agua de las fuentes intermitentes. El día de mi llegada a Roma la campana del Capitolio empezó a tañer a golpes redoblados pasado medio día, y un murmullo general respondió de todos los ángulos de la inmensa ciudad a esta señal impacientemente esperada, como la voz del Ángel del placer que llama a los muertos a una vida febril. Era la apertura del carnaval. ¡Oh! Entonces se oye palpitar el corazón de la ciudad que hasta poco dormitaba; mil carruajes embarazan con su movimiento el tránsito de las calles; gritos confusos de alegría hienden el aire, y ¡ecco fiori! ¡ecco confetti! ¡ecco siguiri! tales son las letanías que en coro universal cantan en todos los tonos. La muchedumbre afanada y radiante marcha en una sola dirección, y siguiendo sus oleadas matizadas fuertemente como un cuadro del Correggio, el curioso desemboca a la calle del Corso, la más ancha, la más rica en palacios, y que desde la Plaza del Pópolo, digna de la antigua Roma por sus estatuas, templos, obeliscos y fuentes, se dirige en línea recta hasta cerca de la Columna Trajana y la base del Capitolio, siguiendo por espacio de media legua la antigua vía Flaminia. Todas las puertas, almacenes, balcones y ventanas hasta los quintos pisos, están ya decorados de tapices y colgaduras, carmesí, amarillas y de colores entremezclados, pareciendo cobrar vida y agitarse las murallas así engalanadas, con la animación de las cien mil personas que ocupan aquellos palcos improvisados. Un espeso friso de seres humanos llena las veredas de ambos lados, y dos líneas de carruajes van y vienen sin interrumpirse de un extremo al otro de aquel inmenso circo, mientras que en el espacio restante de la calle, entre los intervalos de uno y otro vehículo, no diré se mueve, hierve en torbellinos la alegre masa popular, condensándose o rarificándose según que encuentra más o menos espacio. En la plaza del Popolo al pie de la Columna Antonina y a lo largo del Corso, estacionan de distancia en distancia músicas militares aguzando con su argentino estrépito la rabia de placer que de todos se ha apoderado; y si algunos destacamentos de tropas se muestran aquí y allí, más que de poner orden en aquel animado desorden, sirven para añadir nuevo brillo con sus penachos, yelmos y corazas, al golpe de vista sorprendente que ofrece el espectáculo; porque en el Corso y durante el carnaval, desaparecen todas las pequeñeces prosaicas de la vida ordinaria, inclusos los andrajos populares y la distinción de clases y jerarquías. Todos los tiempos históricos, todos los pueblos de la tierra, aun los caprichos de la imaginación, tienen sus representantes en el carnaval, como si esta fiesta hubiese sido instituida para reunir por los trajes todas las naciones que en diversos siglos la señora del mundo dominó.

El juego comienza, y un combate general se traba en una arena de una legua, de balcones a carruajes, de éstos a balcones y veredas, y en general de individuo a individuo desde el quinto piso hasta la superficie de la tierra. Oscurecen el aire los ramilletes de flores que se cruzan en todas direcciones, y forman nublados blancos los puñados de confites que van a escarmentar alguna máscara descuidada; porque todo este frenesí popular se desahoga lanzando flores y confites, y nunca es más dichoso el romano que cuando ha logrado que el ramillete emisario sea recibido en propia mano por la persona a quien iba dirigido. este espectáculo es único en el mundo, y el pueblo romano se alza a la altura de la noble tradición de Grecia y Roma por la cultura, decencia y urbanidad que muestra en los días de carnaval. En medio de aquella batahola en que se hallan confundidos y hacinados los nueve décimos de los habitantes, gran parte de los alrededores, y los millares de extranjeros que de toda la Europa acuden, jamás ocurre un tumulto, nunca se oye una expresión descompuesta, y si algunos se exceden, son los extraños, menos conocedores que los romanos de ciertas reglas tácitas y tradicionales que contienen los arranques de pasión en límites decorosos. Distínguense entre aquellos, sobre todos, los lores ingleses, los cuales juegan el carnaval como hacen el comercio, es decir en grande y por asociaciones, con un capital de dos mil ramilletes, cuatro quintales de confites de yeso, y dos arrobas de verdaderos confites de azúcar, haciendo imposible toda concurrencia y arruinando a sus adversarios a quienes sepultan bajo erupciones de flores y yeso. Con esta sola excepción, el carnaval de Roma es el único placer que aquí abajo no venga mezclado de sinsabores, rico y pródigo de emociones igualmente para el príncipe y para el plebeyo confundidos bajo el disfraz.

Dos cañonazos del castillo Sant-Angelo repetidos desde el Capitolio dan la señal de desembarazar el Corso de los millares de carruajes que lo cubren; y para la turba que prolonga el eco por medio de descargas cerradas de aclamaciones, nuevo incentivo para activar el combate hasta haber apurado hasta el último ramillete. Una vistosa cabalgata de granaderos recorre enseguida todo el Corso, abriendo en el centro un espacio, que no bien pasa, se cierra de nuevo, como si la masa humana que cubre el pavimento tuviese la propiedad de los líquidos. A nuevos cañonazos responden nuevas aclamaciones, y el grito que viene repitiéndose y avanzando como una avalancha, ¡eccogli! ¡eccogli! precede y anuncia la proximidad de los treinta caballos que partiendo de la plaza del Pópolo, y aguijoneados de espuelillas que les azotan los hijares, banderolas de oropel, y los clamores de la multitud, se disputan sin jinetes la gloria del vencimiento.

Algunos minutos después el Corso está punto menos que desierto; la algazara popular ha ido extinguiéndose poco a poco; aquellos semblantes animados con la embriaguez del contento, recobrando su seriedad habitual, y los grupos de arlequines, griegos, pierrots y polichinelas, colúmbranse marchando silenciosamente por las oscuras calles de atravieso, como si las sombras evocadas por Roberto el diablo para entregarse a una orgía infernal, hubiesen sido sorprendidas por los demonios y llevadas de nuevo al reposo eterno de la tumba, de donde no debieron de haberse escapado. Esta escena se renueva durante quince días desde las doce a las cinco de la tarde con la misma animación y con mayor delirio, si cabe, cada nuevo día; y si la imaginación pudiera concebir un espectáculo más animado que el del Corso, se quedaría muy atrás de la realidad al quererse dar idea del último día del carnaval. Los senadores romanos precedidos de alabarderos, heraldos, trompetas y timbales, atraviesan lentamente el Corso en carrozas doradas y seguidos de tropas numerosas como para anunciar con su oficial presencia que la vida festiva va a tener término y volver el duro remar de la existencia ordinaria. Concluida la carrera de los caballos, y a medida que la oscuridad de la noche aumenta, empiezan a aparecer lucecillas llamadas moceo, moccheti, moccoletti; las ventanas y balcones se iluminan, comunícase el incendio a veredas y carruajes, y a la masa inmensa de seres humanos que bulle por todas partes. Tantas almas hay reunidas, y estas pasan de trescientas mil, tantas luces arden, agitándose en círculos o en espirales, subiendo y bajando como fuegos fatuos que vagan a merced del viento. El Corso presenta entonces un aspecto único, fantástico, inconcebible como las alucinaciones del espíritu durante el delirio de la fiebre. Los gritos senza moccoletti, repetidos sin descanso por tantas voces, forman un rumor extraño en el aire, que llenaría de pavor al que cerrase los ojos para no ver mientras oye, y el estampido de un cañonazo pasaría plaza de bostezo al incorporarse en este sonido de una legua de largo, que toma la masa de aire a cada pie de distancia para imprimirle una vibración nueva. y ¡qué decir del placer que centellea en todo semblante! ¡Qué de los millares de pañuelos que cual lechuzas nocturnas revolotean en torno de las luces para extinguirlas! ¡Qué de la perspectiva de la calle entera vista desde algún balcón, cuando las luces lejanas y las próximas caen bajo el mismo punto visual, formando lagos de fuego en el fondo oscuro del espacio! Vénse estas candelillas sin las manos que las sostienen agrupándose en un punto como atraídas por un encanto invisible, dispersándose como despavoridas, saltando, bailando, entrechocándose y desapareciendo...!!!

Y mientras tanto, ¡el carnaval es tan antiguo como Roma misma! Destinado en otro culto a solemnizar la tradición de la edad primera bajo el nombre de Saturno, la austeridad del cristianismo se ha quebrantado en su presencia, y cansado de luchar contra su tenacidad verdaderamente saturnal, ha sonreído al fin a la vista de sus inocentes locuras, las ha aceptado y dirigido. Los moccoletti fueron instituidos en conmemoración de Proserpina robada por Plutón, y de la desolación de las mujeres que la buscaban en la oscuridad de la noche con antorchas encendidas. Fácil era, empero, apartar al pueblo romano del culto de sus antiguos dioses, cuando una nueva religión más moral, más consoladora, mostraba la nulidad e insuficiencia de las creencias antiguas. Pero ¿cómo arrebatar al pobre pueblo tan infeliz cuando era gentil, como después de que fue cristiano, estos pocos momentos de dicha en los cuales, a merced de un disfraz, el mendigo se finge rey, y el poderoso sacude el fastidio que se pega a los artesones dorados de su palacio, como la telaraña a los rincones de la choza del pobre? y por otra parte, ¡las tradiciones populares son tan persistentes! ¿No conoce Su Señoría, allá en la remota América, gentes a quienes todavía amedrenta el que un perro o un gato negro se les atraviese por delante, no obstante ser cristianos, y aquel insignificante incidente haber sido indicado como de mal agüero por los antiguos augures romanos? La iglesia de Santa María del Popolo fue edificada en Roma para apaciguar los terrores pánicos del pueblo que creía ver errantes en aquellos alrededores fantasmas de Nerón muerto muchos siglos antes, pero vivo aun y terrible en la tradición popular que sobrevivía a todos los acontecimientos. No por otra razón la calle que conducía en Roma a las termas de Claudio, llámase hoy vía de San Claudio, y sobre las ruinas del templo de Apolo fue colocada la iglesia de San Apolinario, nombre que pudiera traducirse el santo o la iglesia apolinaria o de Apolo; tanto cuesta cambiar un nombre o un hábito popular, que ¡vale más santificarlo! El día que el gran historiador Niebuhr anunció con diecisiete años de estudio de las localidades y costumbres romanas, que el pueblo hoy era el mismo de ahora dos mil años, se rasgó en dos ese día el velo que ofuscaba la inteligencia de las cosas antiguas; porque lo presente sirvió para explicar lo pasado, y el estudio de lo pasado daba el por qué de lo presente. Yo aplicaría esta sencilla cuanto luminosa interpretación a muchas cosas nuevas, que con la inspección de los lugares y la presencia del pueblo, se me hacen sensibles y evidentes ahora; pero me fijaré tan solo en una, por ser del resorte de Su Señoría, y por haberme suministrado aquí materia de amigable discusión con algunos sacerdotes. Contemplábamos en Santa María la Mayor un antiguo mosaico que representa a la virgen coronada por Jesucristo, cuya circunstancia dio motivo a recordar que esta pintura había sido citada en uno de los concilios de Nicea (siglo IV) contra los iconoclastas, como una prueba de la antigüedad del culto de María y por tanto de las imágenes de la virgen que se muestran en Roma, Génova y otros puntos de Italia, atribuidas a San Lucas el evangelista. Yo me permití tachar de apócrifa aquella tradición, y para hacer frente a las réplicas víme forzado a apoyar mi disentimiento. Noté que las imágenes en cuestión y que yo había visto, representaban joven a la virgen, no obstante que en la época de la muerte de Jesús, debía tener por lo menos cincuenta años, lo que era ya un indicio de falsedad. Pero aun sin hacer uso de esta inducción, bastaba tener presente que San Lucas era judío, y como tal debía por educación, por conciencia nacional, mirar como una profanación la representación de los objetos venerandos; pues que la ley de Moisés lo prohíbe terminantemente por un precepto del Decálogo, y Jesucristo no había dicho nada para derogar este precepto y formar una nueva conciencia entre los primitivos cristianos. Los pocos años que mediaban entre la muerte de Jesús y la de María, no bastaban, en mi concepto, para debilitar una preocupación religiosa profundamente arraigada entre los judíos y sancionada por el Decálogo.

En los Hechos de los Apóstoles con motivo de ciertas disputas entre San Pedro y San Pablo, vése una muestra de la persistencia de las doctrinas judaicas. El primero, hombre del pueblo, no quiere alejarse de las tradiciones y prácticas religiosas del hebraísmo, mientras que San Pablo, aunque judío, ciudadano romano, hombre de mundo, filósofo, erudito y capaz de apoyar la nueva doctrina en la tradición ateniense sobre el dios ignoto, ve las cuestiones religiosas del cristianismo desde un punto más elevado, no ya en relación al oscuro pueblo judaico, sino al mundo, a Roma, a Atenas, centro del poder o de la filosofía.

Siguiendo esta inducción, el culto de las imágenes debió principiar a fortificarse cuando sacado el cristianismo de la atmósfera hebrera, vino a levantar sus altares en Roma y echar por tierra las estatuas de los falsos dioses; aquí encontraba un pueblo educado por las bellas artes que ya habían alcanzado su último grado de perfección. La escultura, la pintura, el mosaico, entraban hondamente en los usos públicos y domésticos de la nación; y el día que Constantino proclamaba el cristianismo como religión del Estado, abiertos estaban los talleres de mil estatuarios, los fresquistas tenían el pincel en la mano, y las canteras de mármol y piedras preciosas estaban en actividad suministrando a los artífices su materia primera. Podía en buena hora cambiarse el asunto de la representación; pero no podía extinguirse por un decreto el gusto y el cultivo de las bellas artes, que entre los romanos han sobrevivido a todos los desastres de la barbarie y a dieciocho siglos de vicisitudes; y si en tiempos menos remotos, el protestantismo iconoclasta hubiese podido penetrar en Roma, habría fracasado contra este invencible espíritu romano, y aquella conciencia popular de la idoneidad de las bellas artes para consagrar en imágenes el recuerdo de las cosas santas; a diferencia en esto de los cristianos de Oriente que habían sido educados en otras ideas por la religión hebrea, testigo el mahometismo que ha perpetuado la proscripción fulminada por el Decálogo contra las imágenes. Tan poco artista era el pueblo judío que Salomón hubo de pedir a Tiro arquitectos gentiles para levantar a Dios un templo. Los iconoclastas, pues, se apoyaban en un testo terminante del Decálogo, mientras que los cristianos romanos y griegos, es decir artistas, a falta de preceptos en contra, apelaban al consentimiento de la iglesia y a hechos existentes, por lo que no es extraño que citasen en su abono el mosaico de Santa María la Mayor; siendo esta cuestión de las imágenes tan fuerte escollo para los cristianos, atendida solo la letra de la escritura, que el protestantismo moderno vino a renovar el disentimiento antiguo de los cristianos de Oriente y de Occidente, la disputa entre San Pedro judío, y San Pablo ciudadano romano.

Si los iconoclastas hubiesen triunfado, empero, en los tiempos primitivos, el mundo estaría hoy sumido en la barbarie, y el cristianismo como la religión de Mahoma, hubiera sido el azote de la civilización en lugar de ser su guía y si antorcha. Aceptando las bellas artes, y enriqueciéndolas de tipos más morales, más espirituales que aquellos que el politeísmo había podido suministrarle, el cristianismo continuó el trabajo antiguo antiguo del ingenio humano conservando sin cortarse el único hilo visible que liga a los pueblos modernos a los pueblos antiguos; porque si bien la tradición de las bellas artes se ha debilitado alguna vez en Roma, jamás pudo, gracias al culto interrumpirse del todo. A las iglesias de Santa María de Araceli, San Esteban el Redondo y otras, construidas sobre columnas sacadas de los templos gentílicicos, siguióse un arte cristiano, y a las estatuas de los dioses, las de la virgen y de los santos. Después de las devastaciones de los bárbaros, los artistas se hallaron sin modelos, y casi condenados a crear de nuevo las bellas artes, haciéndolas pasar por la larga y penosa infancia de los siglos que precede a su virilidad. Pero el grupo del Laocoon fue desenterrado de entre las ruinas, reapareció la Venus capitolina, el Apolo de Belvedere volvió a ponerse en pie, y entonces las bellas artes encontraron la casi borrada huella del arte antiguo; y cuando Rafael descubrió las ruinas de la Domus aurea de Nerón, halló en ella el modelo de los famosos rafaelescos que hoy se admiran en el Vaticano ¡Gloria, pues, al culto redentor de las imágenes! A ellas se debe la salvación del mundo artístico; porque no es solo la representación material para obrar sobre los sentidos del pueblo lo que justifica el culto de las imágenes, sino el desenvolvimiento de una de las facultades más preciosas del espíritu humano, la facultad de sobreponerse a la materia, concibiendo y realizando en formas palpables, algo que sale de los límites de la naturaleza creada, para entrar en los dominios de Dios creador, porque como Él amasa el barro y le inspira soplo de vida. y en efecto, es preciso venir a Roma para alcanzar a comprender toda la importancia civilizadora del culto de las imágenes. Nuestros santos españoles en América, con sus caras pintadas, y sus arreos de jergón y brocato, exponen a los espíritus elevados a caer en el error de los iconoclastas. No sucede así en Roma en cuyas miríadas de altares se exponen a la veneración pública, tan solo estatuas de bronce o de mármol, o cuadros ejecutados por los más grandes artistas; de este modo la religión se muestra grande por sus símbolos, y si el santo reverenciado fue un dechado de todas las virtudes, la imagen que lo representa es el último y más acabado esfuerzo del ingenio humano. En la Basílica de San Pedro no solo se veneran todas las piadosas glorias del cristianismo, sino también a los maestros de las bellas artes, y los nombres de Bernini, de Miguel Ángel, Rafael, Ticiano, Dominiquino, Thornwaldsen, Canova, se confunden en el mismo himno que el mármol y el bronce están cantando a la gloria de Dios, que hizo al hombre a su imagen y semejanza creador. Ante esta sublime asociación de las grandezas del cielo y de la tierra, no hay impiedad que ose manifestarse, y el protestante que pasea sus miradas atónitas sobre las maravillas de San Pedro, se inclina ante las concepciones del genio, avergonzándose de la esterilidad de la protestación que excluye del culto las creaciones artísticas, quitando a Dios lo que es de Dios.

Ni las bellas artes se han circunscrito en los templos de Roma a la representación de los santos. Las estatuas de los papas, los bustos de los personajes notables, y las virtudes simbólicas, tienen en ellos derecho de ciudadanía. Pío VI ejecutado por Canova está de rodillas delante de la confesión de San Pedro; el Moisés de Miguel Ángel medita sentado a los pies de Julio II; y en uno de los mausoleos elevados en San Pedro a diversos papas, tan imprudentemente desnuda yacía la Prudencia, que el Bernini hubo de arrojarla un velo de bronce para que disimulase un poco sus seductoras gracias. ¡Oh! Roma, que fuiste y que eres aun la cabeza del mundo, ¡yo te saludo también como Byron! Los siglos, después de haber hecho su curso sobre la tierra, vienen a reposarse sobre lo alto de algún monumento de la ciudad eterna. En las plazas se alzan obeliscos de granito elevados en Menfis y Tebas en las primitivas edades del mundo; ¡el tiempo ha cernido en vano sus alas sobre ellos! César, Pont. Max. lo erigió una vez en honor del pueblo romano; Paulo, Pont. Max. lo levantó otra después de caído, según se lee en la doble inscripción. Los nombres de Fidias y Praxíteles forman un mismo catálogo con los de Canova y Thornwaldsen; millares de columnas de pórfido y de granito y de alabastro oriental, andan hace cuatro mil años poniendo su hombro, adornado de capiteles varios, a los santuarios de las artes; ¡y tal columna que hoy decora la basílica de San Pedro, ha presenciado antes los festines de los palacio cesáreos, después de haber sido sucesivamente salpicada por la sangre de las victimas en los templos de Roma y Egipto donde fue primitivamente erigida! Así el material artístico del culto cristiano en Roma, se compone de los restos grandiosos de todas las creencias que han fecundado el espíritu humano, ejercitándose el arte moderno sobre este caudal de estatuas, bajorrelieves, mosaicos y capiteles. Los cultos antiguos deificando las formas, legaban aquella belleza típica, en la cual debía encarnarse para complemento del arte, la belleza moral del cristianismo; por lo que no hay, a mi juicio, profanación mayor de las cosas santas que la de una imagen cristiana cuyas formas innobles o absurdas están desmintiendo la belleza perfecta y como sobrehumana que debieran representar. Entonces el culto se vuelve material, y el cristianismo se degrada descendiendo hasta el fetichismo, aquel culto de los pueblos bárbaros que adoran la serpiente del desierto, y los monstruos Gog, y Magog, precisamente porque infunden terror a la muchedumbre brutal y supersticiosa. La artística Roma se cubriría la cara de vergüenza, si viera erigidos en alto algunos de nuestros crucifijos, con sus formas bastardas que rebajan la dignidad del Hombre dios, y aquel su semblante airado a veces, como si quisiera maldecir de sus sufrimientos, en lugar de pedir perdón por sus verdugos, entre los cuales ha de contarse también al que tan deslealmente lo ha representado. Así en Roma la Madona de yeso que el devoto tiene a su cabecera está modelada sobre alguna obra maestra del genio.

Lleno de este sentimiento del arte he vivido en Roma familiarizando mi ruda naturaleza americana con las sublimes concepciones artísticas; y después de haber recorrido basílicas, museos, ruinas y catacumbas, en busca de obras maestras, recuerdos históricos o tradiciones cristianas, solía ir a reposarme cerca del Moisés en el vecino San Pedro In Vincoli, o ante la Transfiguración de Rafael, o la Comunión del Dominiquino en el Vaticano. y nosotros, he dicho para mí en aquellos momentos de embriaguez producida por la contemplación de tantas bellezas, ¿por qué estamos en América condenados a la privación absoluta el bello artístico, que en sus primeros ensayos muestra el límite que separa al salvaje del hombre civilizado, y en su apogeo es el complemento y la manifestación más elevada de la humana perfectibilidad? ¡Pueblos nuevos aquellos, repite la vanidad americana que no obstante encontrarse en esto sorprendida en flagrante delito de barbarie, no consiente en que se la llame bárbara! ¡Pueblos decrépitos diría yo, vástagos podridos de viejo y podrido tronco! Tampoco en España viven hoy las bellas artes; la religión no piden ya la imagen de sus vírgenes a los talleres que, muertos los Velásquez, Murillos y Riveras, quedaron desiertos y abandonados. Por otra parte, reyes que encadenaron a Colon y abandonaron en el olvido a Hernán Cortes, nunca alzaron estatuas a los grandes hombres. Así murió aquella robusta escuela española que en siglo XVI intentó rivalizar con la italiana, y cuyas producciones adornan hoy museos extranjeros; así murió Colon sin que su retrato siquiera nos quedara; así Cervantes ha esperado tres siglos que su patria levantase un pedestal a su fama europea, más que española. La América fue conquistada cuando la España había contraído aquel mal de consunción que la ha minado durante tres centurias, y nuestras sociedades al nacer traían ya el virus. Algunos ensayos de Murillo, aprendiz de pintura entonces, he aquí todo lo que conocíamos en América como bellezas artísticas antes de la revolución, que sin discernimientos echó a los muladares cuantos cuadros adornaban nuestras antiguas casas. y no se cite a los americanos del Norte, en corroboración de que las bellas artes no tienen cabida en los pueblos nuevos. Norteamérica a su vez nació iconoclasta, he aquí la causa y la diferencia. A ser pueblos nuevos, debiéramos nacer con los instintos de nuestro padre, el siglo en que vivimos, herederos de todas sus adquisiciones; y en esto el Norte y no el Sur de América justifica solo la denominación; pues que tenía aquel muy desde temprano, más caminos de hierro que la Europa entera, más vapores que la propia Inglaterra.

Génova ha elevado a Colon un monumento, y Florencia una estatua a Américo, mientras que en los países descubiertos por el uno, y que llevan el nombre del otro, la gratitud de los que pudieran llamarse sus hijos, no se ha traslucido hasta ahora por ninguna señal visible para honrar su memoria.¡Y que suerte ha cabido a nuestros hombres de 1810! Washington y Franklin viven en el Capitolio, pero la losa sepulcral que cayó sobre los nuestros, pesará eternamente sobre sus cenizas.

Felizmente para honra de la América, en el taller de Tenerani, el primer escultor de Roma, vése el modelo de la estatua en bronce que a Bolívar ha mandado elevar un particular de Bogotá en Nueva Granada; y otra en mármol pedida por el gobierno de México. Grecia y Roma sembraban mármoles tallados para cosechar corazones magnánimos, y en Génova, donde el espíritu de la república que animaba a sus patricios ha fundado todos los establecimientos de beneficencia que existen, cuéntanse más estatuas de benefactores en un hospital, que no las hay elevadas a los santos del cielo en toda la América. Recientemente se han inaugurado dos en el hospicio de incurables, en honor de dos ciudadanos que legaron para su sostén dos millones el uno, y tres el otro. Así se cambia piedra por oro, ¡egoísmo por nobles y grandes virtudes! América, empero, créense superfluidades los frutos eternos de las artes, que a su vez eternizan al hombre; y cuando en Chile insistía una vez porque se consagrase un monumento a la piadosa memoria del presbítero Balmaceda, gentes más piadosas que yo no sabían cómo caracterizar proposición tan peregrina. Un día llegará, sin embargo, en que entremos en el buen camino de que vamos tan extraviados, haciendo que se irradie hasta nosotros el arte europeo; pues que no teniendo que desenvolver un arte nuestro, todos los artistas debieran tener entre nosotros derecho de ciudadanía. ¿Necesitamos una estatua? Encomendáramosla a Canova, si Canova viviera aún; porque es solo la posesión del objeto artístico lo que debe hacer nuestra gloria cosmopolita en ésto, sin curarnos de saber dónde quedaron los despojos del mármol desbastado. Otro tanto sucede en Roma, donde los papas protectores de las artes, nunca han inquirido de dónde les vienen los Miguel Ángel, Thornwaldsen, Gibsons, Canova, y tantos otros extranjeros que han dado a las artes de Roma el cetro que conservan.

Preocupado de esta idea he recorrido los talleres romanos, modestos asilos a que no desdeñan descender papas y soberanos, y donde el genio paciente del artista está laboriosamente tramando nuevas bellezas para gloria de la presente y futura edad. La generosa oficiosidad del maestro Carlos de París me ha guiado en esta exploración quo no considero inútil, y sus luces en la materia han suplido mi insuficiencia para apreciar el mérito de los objeto de arte que se ofrecían a mi admiración. En América se construyen templos, aunque no siempre puedan los que los dirigen, engreírse de la perfección y estilo de su arquitectura; alguna vez los gobiernos desearán elevar una estatua; tal persona piadosa querría enriquecer un altar con un bello cuadro, y en todo caso la opulencia puede tributar homenaje a las bellas artes, darles asilo en sus salones, para honrarse con lo esclarecido de los huéspedes. He creído, pues, oportuno servir a estos intereses nacientes o por nacer, consignando en esta carta algunas indicaciones sobre los artistas actuales, escogiendo entre los que he conocido, aquellos que ya empiezan a figurar en América, o que por el género especial de su talento, merecen de preferencia que sean cuanto antes conocidos.

Entre los pintores que descuellan hoy en Roma cuéntase a Coghetti, bergamese, pintor de historia sagrada, y que por la corrección clásica de su diseño y su estilo grandioso, pertenece a la escuela de Rafael. Entre una multitud de obras que han contribuido a formar su reputación, distínguese la Ascensión de Jesucristo, trabajo colosal, en el cual por la composición y la elevación mística del asunto, parece aspirar, ya que no rivalice, a acercarse al menos a la tan celebrada Transfiguración. En casi todos los altares de Roma un gran cuadro ocupa la parte central; y Coghetti ha sido encargado por el Papa de la composición del Martirio de San Lorenzo y de la del de San Esteban para sus altares en la basílica de San Pablo, actualmente en construcción. El gobierno de México le ha encomendado igualmente un cuadro que pudiese servir de modelo de pintura a los jóvenes estudiantes. El artista, para corresponder al fin indicado, ha escogido el momento en que el Eterno maldice a Adán y Eva por la violación de sus mandatos, con lo que reunía en un grupo sencillo academias de hombres y de mujeres, ropajes en el Padre Eterno, y elevación religiosa en el concepto. El terror que la cólera celeste infunde, la vergüenza de la desnudez y la conciencia de la propia culpa, están sublimemente representados en la madre del hombre; mientras que Adán, sin dejarse abatir por la desgracia, sin maldecir de la mujer querida, aunque causa primera de tantos males, parece disculpar si ligereza, y, cubriéndola con un brazo, escuchar con la cabeza inclinada la enumeración de las penas que le aguardan.

Me apresuro a hacer mención de M. Chatelain, aunque no aspira como el anterior a ocupar un lugar en las páginas variadas de la pintura; pero que no es menos importante con relación a la América. Su ambición se limita a reproducir con fidelidad nunca desmentida, las obras de los grandes maestros, para satisfacer la demanda que de todas partes hay de estos modelos. Su taller está lleno de copias de Ticiano, Rafael, Rivera, y cuantos grandes artistas han recibido ya sanción universal. Los soberanos para palacios y museos, los jefes de la Iglesia para capillas y altares, dan activa ocupación a su pincel, teniendo actualmente pedidos de Boston y de puntos remotos del mundo por el retrato del papa actual. Como la falta de modelos en América es uno de los grandes obstáculos que el cultivo de las bellas artes encuentra, fácilmente se comprenderá de cuánta ventaja puede ser la adquisición de copias calcadas sobre las obras maestras de Roma, y casi puede decirse pasadas de una tela a otra, por la habilidad profesional del artista. De París, es otro artista que hoy brilla solo en un género de composición, que él ha resucitado por decirlo así (por haberlo cultivado Poussin en su tiempo), enriqueciéndolo De París con competentes estudios en la especialidad. este artista, después de haberse consagrado algún tiempo al género histórico, hizo una larga residencia en México, y en medio de los esplendores de aquella naturaleza tropical, grandiosa, variada y a veces sublime, familiarizó su pincel con las iluminaciones tórridas, y las escenas naturales más sorprendentes. Vuelto a Roma, rico de imágenes nuevas, se consagró al paisaje histórico, el cual ostentando en el fondo todos los primores de la creación, se ennoblece por la colocación en segundo término de alguna escena histórica. este género se adapta admirablemente a las necesidades de la sociedad actual, por la medina proporción de las telas que convienen a la decoración de salones y gabinetes. Su Paso del Mar Rojo es sublime como composición y brillante de luz y de accidentes naturales. El Sol poniente prolonga sus irradiaciones sobre la atmósfera polvorosa del desierto. La marea viene estrellándose contra las rocas de la costa, e iluminadas las ondas oblicuamente por los rayos del Sol, dejan ver la escena desastrosa de un ejército sorprendido por la vuelta de las aguas, mientras que Moisés, vestido de blanco según el uso inmemorial de los árabes, domina desde lo alto de las rocas al pueblo que ha salvado, y a los enemigos que aniega bajo las olas, cuyo furor incita con la vara milagrosa que tiene alzada en alto, al mismo tiempo que grupos de hebreos sobrecogidos por el prodigio que presencian, parecen entonar el famoso himno del desierto. Las montañas secas y escarpadas, el mar alborotado, la atmósfera turbia, el lujo oriental de carruajes, caballos y jefes egipcios que se aniegan a la luz del Sol que ilumina de frente estos objetos, prolongando sus sombras como a la caída de la tarde, dan a este cuadro una riqueza de colorido que aumenta la solemnidad del asunto.

No es menos importante su Monte Calvario. El pintor ha puesto la escena en lo alto del Gólgota, y los espectadores reunidos a millares a causa de la fiestas de la próxima pascua, agrupados en diversos planos según que los accidentes del terreno permiten ver la escena. El primero y segundo término ocúpanlo los curiosos vestidos con toda la gala oriental; pero en tercer plano hay un grupo que da a la composición el interés dramático que inspira. María, la pobre madre del ajusticiado, ha venido acercándose al lugar fatal en el momento en que sostenida por cordeles empieza la cruz a enderezarse. El grito de la mujer herida en la parte más sensible de su existencia, herida en el amor maternal, parece resonar aun por entre las concavidades de las peñas, según es de afligente la expresión de la virgen y según son los esfuerzos que por consolarla hacen San Juan y la mujeres que la acompañan. El rayo y el huracán que se desencadena al anuncio de la muerte del Redentor, iluminan y dan movimiento fantástico a todo aquel conjunto. De París, hermano del viscónsul de México, en relación con los artista de Roma, y muy entusiasta por la América, que ha conocido en México y de donde hizo venir jóvenes a estudiar la bellas artes a Roma, puede además servir de intermediario entre los americanos aficionados y los artistas romanos, poniendo a los primeros a cubierto de errores de dinero o de mérito en las adquisiciones artísticas que deseen hacer.

Distínguense, además, como pintores Podesti, cuyo cuadro del Juicio de Salomón ha merecido aceptación general; Consoni, Chierici, Galofre, español, y otros muchos. Entre los escultores descuellan Tenerani y otros, de entre los cuales por convenir al objeto con que hago estas indicaciones, solo citaré algunos. Barba, encargado actualmente del sepulcro que a la madre del banquero Torlonia ha de erigirse dentro de San Juan de Latran, y que se compone de un bellísimo grupo de estatuas más grandes que el natural; pero la obra más importante de su cincel es un grupo de José y la mujer de Putifar, que los inteligentes colocan entre los primeros trabajos del momento presente. Benzoni, es otro escultor que goza de celebridad en los grupos de niños sobre todo, de los cuales son los principales una pequeña niña que arranca a un perro una espina de la pata; y la misma niña dormida, mientras el perro la salva de una víbora que amenazaba morderla. Estos graciosísimos grupos han sido reproducidos varias veces, con variaciones más o menos sustanciales. este escultor es además autor de un bello grupo del Amor y Siquea, en el que ha ostentado toda la gracia que el asunto requería. Galli, digno discípulo de Thornwaldsen, y sin rival hoy en el diseño y ordenación de bajorrelieves, es un escultor de mérito igual en asuntos sagrados y profanos, por su estilo que imita la corrección y gracia de los antiguos. Trabaja actualmente estatuas colosales para San Pedro, y adornos para la Capilla Torlonia. Agneni, fresquista profundamente versado en la teoría y en la práctica de todos los ramos de su arte, es acaso el único joven de mérito, que con aptitudes iguales, se halle en circunstancia de ponerse en América a la cabeza de un establecimiento público de enseñanza de las bellas artes, en caso de ser solicitado. Últimamente, si hubiese de designar un arquitecto para complemento de la anotación, ninguno llenaría a mi juicio las comisiones que se le confiaran, mejor que el señor Cippolla, pensionado en Roma del gobierno de Nápoles, joven de talentos extraordinarios, y que ha hecho estudios tan profundo sobre el arte antiguo, que examinando las bases da la serie de monumentos que constituían el santuario de Prenesto, el San Pedro de los antiguos romanos, y estudiando los estucos fragmentos de cornisas, y capiteles encontrados entre sus ruinas, ha emprendido con éxito restaurar el plan general del edificio, con todos sus detalles, y el carácter y género de arquitectura de cada pieza separada, según la época a que pertenecieron, trabajo colosal, como se ve, y que revela una erudición no común, al mismo tiempo que de su buen gusto dan muestra irrecusable algunos planos de altares, palacios, y villas de que ha sido encargado.

Su Señoría Ilustrísima perdonará en obsequio del buen deseo, lo minucioso de estos detalles, al parecer fuera de propósito en esta carta. Pero como la barbarie hace por algunos puntos de América admirables progresos, de lo que la Capilla de Nuestra Señora de los Desamparados es una prueba en su diócesis, no considero por demás indicar los arquitectos y artistas que pueden, llegando el caso, decorar dignamente un templo u otro monumento público. Hablaréle ahora de lo que muy desde el principio debiera haberle hablado, de Su Santidad Pío IX, el jefe actual de la Iglesia, que tan profundo interés excita hoy en el mundo.

Pío IX, a más de su alta posición como jefe de la Iglesia, tiene para nosotros la circunstancia, sin antecedente hasta hoy, de haber recorrido la América del Sur, y dejado amigos y simpatías en Montevideo, Buenos Aires, Santiago de Chile y Valparaíso; por lo que millares de americanos pueden vanagloriarse de haber visto de cerca al que hoy se les anuncia revestido de los prestigios casi divinos del Sumo Pontificado. Tiene además para mí, el más encumbrado de todos los títulos a la veneración de los pueblos cristianos, cual es el que le viene de haber quitado a la arbitrariedad de los gobiernos la sanción de la religión, como que la libertad no es más que la realización más pura de la caridad cristiana, dejando a cada uno el libre arbitrio en que todo el dogma se funda; haciendo desaparecer de los actos públicos la violencia y la sangre, contra las cuales la mansedumbre cristiana ha protestado en vano cerca de veinte siglos.

Con tales antecedentes sobre el espíritu e ideas del nuevo Papa, puede imaginarse Su Señoría con cuánto placer recibiría el billete del camarero de palacio que fijaba la hora de mi recepción en el Quirinal, y si debí cumplir de buena voluntad con el ceremonial que prescribe hacer tres genuflexiones hasta besar el pie de Su Santidad, quien no bien hube terminado mis reverencias.

—Señor Sarmiento —me dijo, con bondad y en buen español—, ¿de qué punto de la América del Sur es usted?

—De San Juan en la República Argentina, Santo Padre.

—Ya estoy; San Juan de Cuyo, al Norte de Mendoza, como... tres o cuatro días de camino.

—Dos cuando más.

—Si (sonriéndose) pero ustedes viven a caballo, y corren en lugar de caminar. Yo he andado por esos países, y conozco a Mendoza, Buenos Aires, Chile...

—Lo sabemos, Santo Padre, y los pueblos de América que tuvieron la felicidad de hospedarle, habrán recibido con entusiasmo la noticia de la exaltación de Su Santidad al Sumo Pontificado. Es el primer Soberano Pontífice que haya visitado la América.

—Si, es verdad... Dígame usted.... ¡Rivadavia!... el General Pinto, ¿qué es de ellos? —su voz tomó repentinamente un acento grave al hacerme estas preguntas, cuya solución le interesaba tanto más, cuanto que era yo el primer americano con quien hablaba después de su exaltación.

—El primero ha muerto no ha mucho —le contesté— en Cádiz, desterrado y en la miseria; su administración cayó en 1827 a causa de las resistencias que suscitaron sus reformas políticas y religiosas, y sus partidarios han sido expulsados o exterminados.

—¡Oh! —exclamó con un acento profundo de disgusto, al parecer mezclado de compasión y horror.

—El segundo —continué— por causas análogas dejó el gobierno en 1830, y más feliz que Rivadavia, pudo retirarse a la vida privada donde permanece respetado y tranquilo.

—Pero los gobiernos actuales, ¿cómo son? Está siempre a la cabeza de los negocios aquel partido... (el Papa buscaba una palabra)... ¿ultrarrepublicano?

Yo veía venir esta pregunta, y presumí que por la conciencia de su propio pecadillo, no quería, apellidarlo liberal, aunque con el epíteto de ultra, que tanto desmejora la droga. Hícele, pues, una breve reseña de los cambios políticos obrados en aquella parte de América después de 1830, por lo que respecta a Chile; pues por lo que hace a nuestro país, era yo demasiado feliz en aquel momento para suscitar recuerdos dolorosos, y que tanto humillan a nuestra pobre patria. Mostróse Su Santidad muy satisfecho de los sentimientos de moderación que animaban al gobierno de Chile, no obstante su ultrarrepublicanismo, puesto que traté de hacerle comprender cómo la idea de la monarquía repugnaba a nuestros hábitos, y cuánta sangre, crímenes y barbarie había traído el gobierno absoluto de uno solo en algunos puntos de la América del Sur. Observóme que aquellos gobiernos no tenían consistencia, a cuya objeción satisfice lo mejor que pude, alegando en mi apoyo, los dieciséis años de paz de que Chile había disfrutado sin cadalsos y sin despotismo.

Enseguida me hizo mil preguntas sobre personas que había conocido en América; un señor Donoso, otro Tagle, de Santiago; un Palazuelos de quien le dije que era muerto, cuya noticia le causó una vivísima impresión; observándome que a la fecha debía tener cuarenta y tres años, inferí, rectificando el error, que hablaba de don Pedro, y haciendo yo un movimiento involuntario de hombros y de manos para caracterizar la expresiva mímica del individuo; ¡ese es! me respondió rebozando de alegría con la seguridad de que aun estaba vivo. Preguntóme por el señor Eyzaguirre; recordó la memoria de nuestro deudo el Obispo Oro, y me pidió noticias de Su Señoría. En fin, después de otros varios detalles, quiso informarse del objeto de mi viaje y del tiempo que permanecería en Roma diciéndome que me vería con gusto a mi regreso de Nápoles con lo que me retiré después le haberle besado la mano que me tendía para evitar que me postrase segunda vez. Bien deseaba yo tener esta segunda entrevista, para premunirlo contra las intrigas que andaban anudándose en la Curia, contra mi digno amigo el señor Donoso, obispo electo de Ancud, y a quien desfavorecían informes siniestros de algunos enemigos suyos en Chile. No habiendo por la rapidez de mi viaje podido realizarla, me contenté con informar de ello a mis amigos en América y al señor Irarrázaval, que venía en camino para Roma.

No puedo abandonar este asunto, sin detenerme un poco sobre los antecedentes de este fausto advenimiento de Pío IX, que tan alto lugar ha de ocupar en la historia de los pueblos cristianos.

Gregorio XVI, el antecesor de Pío IX, acababa de fallecer, y el cónclave de cardenales se reunía para la elección de un nuevo Papa, bajo la influencia de todo género de alarmas e incertidumbres. Del acierto de la elección dependían la tranquilidad de Roma, las vidas de centenares, y acaso la existencia misma del papado, en cuanto gobierno político. La efervescencia de los espíritus había llegado a su apogeo durante los últimos años del reinado de Gregorio XVI; la revolución de la Romania acababa de ser sofocada; las prisiones de estado rebosaban con presos por causas políticas, y la sangre había corrido en los cadalsos, y aun en matanzas desordenadas. La muerte del anciano Gregorio XVI ponía en nuevo conflicto al gobierno papal, y tal punto habían llegado las cosas, que, o debía armarse de todos los rigores de los gobiernos terroristas, llenar de patíbulos todo el estado pontificio, enlutar familias enteras y recordar a los romanos los tiempos de Nerón o de Cómodo; o bien cambiar súbitamente de política, hacer concesiones a la opinión pública, y otorgar a sus súbditos los derechos que hoy día pertenecen a todos los pueblos civilizados. Porque es preciso decirlo, el gobierno pontificio no había experimentado ninguna de aquellas saludables reformas que, a costa de tantos trastornos, han obtenido los pueblos modernos en estos últimos tiempos. Existe en Roma un patriciado rico e ilustrado, que goza de un gran prestigio entre el pueblo y la clase media, por el cultivo de las bellas artes que tanto eleva el espíritu, por las tradiciones históricas que tan poderosa influencia ejercen sobre las naciones; y posee aquel sentimiento de la propia dignidad, que hace al hombre sobrellevar con impaciencia la arbitrariedad de los gobiernos. A esta circunstancia se añadía en el pontificado la singularidad de ser sacerdotes los empleados públicos, los jueces, gobernadores de provincia, y algunas veces hasta los generales de los ejércitos, gravitando, además, sobre los laicos el peso de abusos inveterados, el monopolio del pan y de la carne, la venalidad de algunos empleos, la arbitrariedad de los tribunales de justicia, las comisiones permanentes para las causas políticas, y las persecuciones por opiniones, por parentesco, amistad y simpatías, mezclándose la religión y la política, para castigar con actos reconocidamente malos, ideas, acciones y juicios reconocidamente buenos. «En esos tribunales, dice un escritor contemporáneo, verdaderos corta-cabezas, los mismos hombres son a la vez acusadores y jueces; no hay libertad en la defensa; ni aun en la elección del defensor, que el mismo tribunal impone, eligiéndolo de entre sus paniaguados: procesos oscuros, ocultos, redactados en el sentido de la acusación, e indefinida y arbitraria la clasificación de la culpa, por la cual se castigan como delitos de lesa majestad, las opiniones, los pensamientos, y aun las afecciones del corazón.»

Nada de exagerado pedían los revolucionarios de la Romania, sino la simple reforma de los abusos que más gravitaban sobre el pueblo romano. «Pedimos que conceda el gobierno, decía Pietro Renzi en su manifiesto, plena y general amnistía a todos los reos políticos desde el año 1821 hasta el presente (1845);

»Que dé códigos civiles y criminales, modelados sobre los de los demás pueblos civilizados, y que consagren la publicidad de los debates, la institución del jurado, la abolición de las confiscaciones y la pena de muerte por delitos políticos;

»Que el Tribunal de Santo Oficio (la inquisición existe en Roma) no tenga jurisdicción sobre los laicos;

»Que las causas políticas sean servidas y sentenciadas por los tribunales y según las leyes ordinarias;

»Que los empleos y dignidades civiles y militares sean desempeñados por los seglares;

»Que la educación pública sea sustraída de la sujeción a los obispos;

»Que la censura previa de la prensa sea limitada a prevenir las injurias contra la Divinidad, la Religión, el Soberano, y la vida privada de los ciudadanos;

»Que las tropas extranjeras (los suizos) sean licenciadas;

»Que se instituya una guardia nacional;

»Que, finalmente, entre el gobierno en el camino de todas las mejoras sociales, que vienen apuntadas por el espíritu del siglo. etc., etc., &.»

A todos estos clamores tan moderados, sin embargo, se había mostrado sordo el gobierno pontificio, persistiendo y obstinándose en agravarlos con actos de persecución del todo injustificables. Como en los tiempos antiguos, el pueblo romano se retiraba al monte sacro, para protestar contra las injusticias de los patricios; en Faenza los ciudadanos se habían visto forzados a reunirse armados en la plaza pública, para pedir satisfacción y garantías contra los indignos ultrajes, que diariamente recibían en sus casas y personas, de una cuadrilla de campesinos estúpidos, que obraban o bajo la influencia del gobierno, o animados por su tolerancia; instrumentos brutales de una política aborrecida, de que no han faltado ejemplos en América.

En medio de todos estos desordenes, las ideas del público eran, sin embargo, claras y fijas; la conciencia pública estaba perfectamente formada, y la desaprobación universal que la marcha del gobierno encontraba, había dividido el Estado romano en dos sociedades distintas; una que gobernaba, apoyada en cinco mil soldados alemanes y suizos, que por lo general ignoraban el idioma italiano, y otra de nobles, de artistas y de ciudadanos pacíficos; una, en fin, de verdugos, y otra de víctimas.

Como este estado violento era común a toda la Italia de muchos años atrás, los escritores italianos, Mazzini, Péllico, Renzi, Galletti, el Abate Gioberti, todos, en fin, cuantos se sentían dotados del don de la palabra, al mismo tiempo que atacaban las pequeñas y rastreras tiranías italianas, inculcaban en los ánimos la idea de la nacionalidad itálica, y la necesidad de reunirse bajo un gobierno central que, dejando a los príncipes italianos la plenitud de su independencia, bajo formas moderadas y regulares de gobierno, constituyese de toda la Italia, tan deprimida hoy en la balanza política de Europa, una nación respetable, con una marina común, representándose los diversos soberanos por agentes en un congreso italiano. El Abate Gioberti, sobre todo, había inculcado esta idea en una voluminosa obra que tiene por título: Del primato civile e morale degli Italiani, en la cual, exagerándose la importancia de su nación en los destinos humanos, hasta dar el epíteto de bárbaros a los franceses, ingleses y alemanes de hoy, inculca la idea de aquella sentida comunidad italiana, hallando en el papado mismo, un centro natural, forzoso y conveniente para el establecimiento de una representación italiana bajo la égida de la tiara, que no puede alarmar las susceptibilidades de los príncipes cuya soberanía tiene hoy subdividida la nación. Todo esto, bien entendido, en el supuesto de que la política del gobierno pontificio entrase en el espíritu e interés de los pueblos, y abandonase el sistema de opresión y de oscurantismo que la influencia austriaca le había impreso. Cito esta obra, publicada en París en 1844, porque en ella se encuentran contenidas muchas, si no todas las ideas que actualmente agitan a la Italia, bastando para juzgar de la aceptación con que ha sido recibida, el saber que estuvo prohibida durante el anterior papado, y que en Venecia y Milán gemían aun en 1847 en los calabozos, aquellos a quienes la policía austriaca había encontrado en posesión de algún ejemplar de ella.

En los momentos, pues, de la muerte de Gregorio XVI, millares de presos políticos reenchían las cárceles y los castillos; las guardias se hacían con bala en boca; toda la Italia estaba llena de emigrados romanos, y el odio público excitado por los recientes sucesos de la insurrección sofocada de la Romania, se había cambiado en aquella inquieta expectación que acompaña a las grandes. crisis. El cónclave de los cardenales se reunía bajo estos siniestros auspicios. ¿Iba a continuarse la política del Papa difunto? ¿Qué se hacía con los presos políticos? ¿Qué concesiones se hacía a la opinión pública, o qué nuevos rigores se habían de ensayar para dominarla, y aterrarla? He aquí las únicas cuestiones que había que ventilar para la elección de un sucesor de S. Pedro, del representante de Jesucristo en la tierra.

Para la completa inteligencia de estos acontecimientos, es preciso recordar que los gobiernos civiles de Europa ejercen una grande influencia en la elección de los papas. En los tiempos de la grandeza y preponderancia española, durante los reinados de Carlos V y Felipe II, la España exaltaba al pontificado a sus protegidos y protectores; enseguida ejerció esta influencia la Francia, hasta que últimamente, después de la revolución francesa, y la decadencia española, quedó el Austria exclusiva influencia política directora de las maniobras del escrutinio. El Austria había aconsejado, mandado, la elección de los papas precedentes. Su inspiración guiaba todos los actos del gobierno romano, y esta vez era de temer que prevaleciendo en el cónclave la influencia austriaca, las cosas continuasen el mismo camino que los antecedentes les tenían trazados. Por fortuna la Providencia había preparado las cosas de otro modo. M. Rossi, emigrado largo tiempo en Francia, actor en la revolución de 1830, profesor en la Universidad de París, vuelto a Roma, había sido nombrado embajador de Francia por Luis Felipe; y ya fuese sugestión de su gobierno comitente, para arrebatar al Austria la importante dirección de los negocios del papado, ya fuese inspiración personal nacida de su propio convencimiento, el enviado de la Francia, italiano y romano de origen, perfectamente conocedor del personal del cónclave cardenalicio, puso mano a la obra de sacar al papado del mal camino en que una política peor aconsejada lo había echado, y salvar a sus compatriotas de los males que los amenazaban. M. Rossi conocía íntimamente al cardenal Mastai, poco influyente hasta entonces en los negocios públicos, y alejado naturalmente de un sistema que tanto debía repugnar a sus convicciones y a la nobleza de su corazón. Sería empresa temeraria buscar los antecedentes que han motivado en Pío IX, aquel completo antagonismo de ideas que desde entonces lo separaban tan diametralmente de la mayoría de sus colegas. El joven conde de Mastai había mostrado, desde sus primeros pasos en la carrera eclesiástica, un espíritu conciliante, una inteligencia e instrucción aventajadas, y en prueba de ello, tan joven como era en 1823 (treinta y tres años) y tan humilde en la jerarquía sacerdotal, simple canónigo, había sido elegido consejero privado del primer nuncio apostólico que se enviaba a América. este viaje mismo no ha debido contribuir en poco al libre desenvolvimiento de sus ideas. Nada perpetúa, el atraso de las naciones tanto como el aislamiento. Matan a la España y a la Italia su forma peninsular y los Pirineos y los Alpes. Las preocupaciones locales parecen arrastrarse en un punto dado, cuando las montañas estrechan el horizonte, o la falta de contacto con otros pueblos priva al espíritu del espectáculo de otras preocupaciones, que comparándose entre sí se destruyen recíprocamente. Mastai hala visitado a Buenos Aires y Santiago de Chile, en los momentos en que estos pueblos se entregaban a todas las ilusiones de un porvenir que juzgaban con envanecimiento, grandioso y fecundo en bienes. Acababan de derrocar un gobierno absoluto, y se preparaban a fundar uno nuevo, sobres las bases del derecho, la igualdad, y la justicia; y si bien el sacerdote, el enviado, tuvo en la persona de Mastai ocasión de no quedar satisfecho de la conducta de los gobiernos americanos; el individuo, el joven entusiasta por lo que es esencialmente bueno, el pensador, ¡cuánto no debió gozarse a la vista de estos pueblos nuevos, preludiando en la carrera política, llenos de esperanzas y de fe en el porvenir! Vése en la narración de su viaje, cómo simpatiza su intérprete, según lo que él mismo ha debido sentir, con los chilenos que por su propio esfuerzo habían sacudido un yugo ominoso. ¿A su vuelta a Italia, entre sus sueños de ambición, si alguna vez pasaron por su mente, no entraría la idea de conceder a los italianos sus compatriotas, esa misma libertad porque estaban allí también inútilmente luchando? ¿No era mejor y más fácil obrar así, que ensangrentar la plazas con ejecuciones diarias, rodearse para gobernar de esbirros aborrecidos, y hacer de la misión apostólica del papado una sucursal de las torpezas de la Rusia? Así al menos lo indica al contemplar con la mente la catástrofe de Santa Helena.

Sea de ello lo que fuere, la verdad es que M. Rossi, conociendo los sentimientos e ideas del cardenal Mastai, lo propuso al cónclave como candidato al papado, en oposición a Lambruschini, el indicado por el Austria, y que el cónclave, aterrado por la gravedad de la circunstancia, deseoso de lavarse las manos de les crímenes y persecuciones que la continuación de la política pasada traía aparejados, el cónclave, digo, sin echar mano esta vez de las demoras, intrigas y supercherías de otras veces, el 16 de junio de 1846, nombró en pocas horas y por una mayoría competente, soberano Pontífice al cardenal Mastai, el cual al recibirse adoptó el significativo nombre de Pío, que encerraba en sí el programa entero de su administración.

Y en efecto, apenas el cañón de Sant Angelo anunció a la inquieta Roma su exaltación, el jubilo estalló por todas partes, por aquella secreta revelación que el pueblo tiene casi siempre de las cosas que le interesan. El primer acto de su pontificado fue al mismo tiempo el mayor acto de clemencia, la manifestación más noble de una alma comprimida por largo tiempo, y que se desahoga, acumulando bondad sobre bondad, alentando a los que dudan, haciéndose el escudo de los perseguidos. El acta del 16 de julio de 1846 con que se inició el pontificado de Pío IX, es no solo un monumento político, único en su género por la amplitud y liberalidad del perdón, sino también un monumento literario, por la ternura de los sentimientos expresados, y por la especie de dilatación del corazón que se deja ver en casa uno de sus artículos, extendiendo las concesiones del primero por las disposiciones del segundo, amplificadas éstas en el tercero, y así sucesivamente hasta el fin.

A la publicación de ese extraordinario y nunca esperado decreto, se siguió la apertura de las cárceles de Estado, y los castillos de Civita-vechia quedaron en una hora desiertos de los centenares de tristes huéspedes; que por largos años habían habitado sus oscuros calabozos. Roma es acaso la ciudad del mundo que más calamidades ha sufrido. La historia recuerda el vértigo que a la muerte de Nerón se apoderó de los ciudadanos, los cuales salían a las calles con el gorro encarnado de los libertos, a abrazarse sin conocerse, a llorar del placer de encontrarse vivos, a olvidarse con la esperanza de mejores tiempos, de los horrores de que habían sido testigos. Otro tanto sucedía entre los primitivos cristianos, al proclamar Constantino al cristianismo religión del Estado. Los mutilados que habían sobrevivido al martirio, salían de las oscuras Catacumbas, donde vivían ocultos, para gozar en las calles de Roma del aire libre y de los rayos del Sol, de que se habían visto privados; el pueblo se hincala de rodillas ante ellos para adorarlos, como a confesores de la fe hasta entonces perseguida a muerte; y los cristianos corrían a los templos, subían a las alturas o descendían a las capillas secretas de las Catacumbas, a desahogar en oraciones e himnos de gracias, el gozo de que se sentían abrumados. La amnistía del nuevo Papa renovaba para Roma el recuerdo de aquellas peripecias súbitas de su historia. La ciudad entera se lanzó a las calles, sin saber a qué, sintiendo estrecho para sus emociones el hogar doméstico. Millares de presos, desconocidos, envejecidos en la prisión, medio desnudos, con el pelo desmelenado y la barba entera, corrían de un monumento a otro, extasiándose a la vista de aquellos inválidos de la antigua gloria de la patria, embriagándose con las emociones que en un corazón italiano produce el espectáculo de lo bello, de lo artístico; interrumpidos en fin, en sus correrías de locos, por una familia que quería reconocerlos, por una madre que pedía noticias de su hijo, preso muchos años, sin acertar a dar señas que conviniesen al cambio experimentado por la edad. y luego, aquella muchedumbre romana que llenaba las plazas y el Corso, abrazándose, y riendo con las lágrimas en las mejillas, se la veía dirigirse hacia el Capitolio, y allí ante la estatua ecuestre de Antonino Pío, las de Castor y Polux, la Minerva, y el palacio fabricado por Miguel Ángel, el inmenso Pópulo romano como en los tiempos antiguos, entonaba himnos en coro universal en alabanza del nuevo para, del nuevo emperador, del Marco Aurelio moderno. La ciudad se iluminaba espontáneamente, y del Capitolio el pueblo descendía en procesión para subir al monte Cavallo, y hacer llegar en el Quirinal hasta los oídos de Pío IX, el clamor unísono de cien mil voces humanas que lo aclamaban, Pío, Grande, y Salvador de la Italia; pidiéndole que desde el balcón echase sobre ellos y sobre la tierra, la bendición papal, tan grata para los romanos cuando les viene de un príncipe amado.

Un cura de campaña, testigo de estas manifestaciones de regocijo, describe al obispo de su diócesis las fiestas romanas, con aquel colorido de las sensaciones experimentadas, que no puede imitarse; por lo que prefiero insertar la parte narrativa de su carta. Estas fiestas, además, tienen el sello artístico y popular que caracteriza todos los actos públicos del genio italiano. «Escribo —dice— más bien bajo la influencia de la conmoción que del entusiasmo; escribo, porque mi alma siente la necesidad de comunicar a los otros, los efectos experimentados al ser partícipe de cosas grandes. De mi parroquia, en cuyo ministerio me siento casi envejecido, me trasladé a Roma, y conmigo casi todos mis feligreses; no quedando en casa sino los ancianos y los niños, y aun de éstos no todos. Por todas partes resuena el grito de la bondad de Pío IX, de aquella virtud que es el patrimonio de la grandeza, por lo que yo no podía resistir al deseo de ver a este hombre raro. Tardaba para mí el momento de verle levantar la diestra y bendecirme. En el vapor, que se encuentra en el puente Felice, nos embarcamos cerca de cuatrocientos.

»No bien hube llegado a Roma y después de haber pasado el menos tiempo posible en la hospedería, estuve pronto para ver lo que de grande y de bello presentaba la ciudad de las siete colinas. Mi pobre pluma, acostumbrada a escribir homilías y catecismos para mis feligreses, no puede describir con propiedad lo que he visto en Roma en esta circunstancia. Hay además cosas que no pueden describirse; porque el entusiasmo, la admiración, el gozo se sienten sin alcanzar a pintarlos. Su Señoría conoce el Corso de Roma. Dos filas de altas columnas fueron plantadas sobre la orilla de las veredas, y sobre cada una ondeaban dos banderas cruzadas, blanco y amarillo, con el escudo del Pontífice, y el mote que resuena en los labios de todos; ¡Viva Pío IX! Eran en todos mil ochocientas banderas; sin contar con las innumerables hechas para llevar en la mano, de las cuales tenía una cada joven de uno y otro sexo. En el fondo del Corso, tras de las dos iglesias de Santa María dei Miracoli, y la Madonna di Monte Santo, se eleva un majestuoso arco de triunfo de noventa palmos de alto y más de ciento de ancho, imitando el de Constantino, por el arquitecto Felice Cicconetti. Adornábanlo ocho majestuosas columnas, con capiteles corintios, y ejecutadas con toda la perfección del arte. Sobre estas columnas se elevaban otras tantas pilastras, que sostenían los pedestales de los genios de las provincias romanas ejecutados en plástica; seis bajo relieves adornaban esta majestuosa mole. Los dos que miraban hacia el Corso representaban: Jesucristo que da las llaves a San Pedro; Los apóstoles con la virgen en el cenáculo en el momento que desciende sobre ellos el Espíritu Santo; otros dos, el Pontífice dando la paz; dando audiencia pública. Descollaba sobre el arco un grupo colosal de tres estatuas. El Pontífice con la de la Paz a la izquierda teniendo un ramo de olivo y una corona, y la Justicia con el león reclinado a la diestra; bellísimo pensamiento que expresa el justitia et pax osculatœ sunt.

»El alba de la mañana del ocho apareció serena como los votos y los deseos del pueblo romano, que mil veces rogó a la virgen a fin de que ni lluvia ni mal tiempo turbase aquel día para él tan solemne. Todo el Corso estaba adornado de gala; paños, rasos, damascos, guirnaldas, colgaban de las ventanas y balcones. El palacio Rúspoli, donde está aquel famoso café iluminado con gas, no presentaba en el primer piso sino una majestuosa galería por dirección y a expensas del Señor Rissi. Léanse inscripciones en el hospital de San Giacomo, en el casino del palacio Costa, sobre el arco triunfal, y sobre las telas pintadas que adornaban el semianfiteatro erigido al pie del Obelisco del Pópolo; inscripciones en muchas ventanas, almacenes y balcones, muchas de ellas bíblicas.

»Mas he aquí que el alegre resonar del bronce anuncia el arribo del Sumo Pontífice; la vía del Corso se cubre de pueblo que en grata agitación anhela por ver a Pío IX. El noble cortejo procedía lentamente, y era precedido no de guerreros, sino de un escuadrón de jóvenes, que con un ramo de olivo elevado en alto y una bandera en medio, venían cantando el hosanna. Sobre su pasaje se esparcían flores y ramos de olivo; flores derramadas por manos delicadas llovían desde los balcones sobre las carrozas. Por todas partes se agitaban banderas y pañuelos al grito incesante de ¡viva! dando a estas escenas mayor movimiento el ahínco de cada uno para ver al paso al objeto de tanta felicidad, de donde resultaba el continuo ondear del pueblo. Mi primer deseo fue en este día satisfecho: vilo y derramé lágrimas de placer, porque la dicha tiene también sus lágrimas que nada puede contener.

»El cortejo se detuvo cerca del Arco, por indicación del Pontífice que quiso ver la obra de la gratitud y de la admiración de sus compatriotas. ¡Cómo podré yo, oh Monseñor, describir el espectáculo que presentó en aquel momento la ¡Piazza del Pópolo! Cómo describir aquel agrupamiento de gente, ondeando como el mar; aquel contento que se manifestaba en todos los semblantes, aquel panorama que presentaban los palcos adornados con variedad, y sobre los cuales tremolaban banderas y ¡cien otros emblemas! Sobre la pendiente del monte Pincio, hombres y niños se trepaban sobre las estatuas de mármol que por aquel lado se levantan; y de todas partes al agitar de los pañuelos, los vítores universales sofocaban el sonido de las bandas militares. Pío IX ¡vio aquel espectáculo, vio aquel pueblo, y lo bendijo! ¡Cuán agitado ha debido sentir su corazón en aquel sublime momento, y cuán inescrutables son los secretos de Dios! He aquí un hombre que, misionero y enviado apostólico a Chile, cinco o seis lustros ha; después sacerdote de celo y de caridad en Roma, recibe ahora los homenajes más puros y cordiales, que pueda un pueblo tributar a un mortal.

»Concluida la ceremonia, cuando el Pontífice regresaba a su palacio del Quirinal, crecía la multitud, y con ella el entusiasmo, acompañándolo el pueblo hasta Monte Cavallo en medio del mismo movimiento, y bajo la lluvia de flores, arrojadas desde los balcones del tránsito, tan ricamente adornados como los del Corso. Apenas Pío IX subió las escalas de su palacio, se dirigió al gran balcón para bendecir de nuevo al pueblo, que verlo aparecer prorrumpió en clamorosos vivas. Mas cuando con una señal de su mano reclamó el silencio, cesó de improviso el rumor, no oyéndose sino el ruido que al caer hace el agua de la vecina fuente. Cada uno escuchaba en el más profundo recogimiento la oración que precede a la bendición solemne; no cesando aquel reverente silencio, sino cuando el Supremo Jerarca hubo dado la bendición, repitiendo el pueblo, amen.

»Ni terminaron con este acto solemne las fiestas del ocho de septiembre. Al caer la noche el Corso estaba enteramente iluminado, unas casas con hachones de cera, otras con candelabros de colores, produciendo esta variedad un espectáculo encantador. Una tea brillaba sobre cada una de las columnas, y el pueblo en densa masa recorría la vía del Corso, gritando ¡viva Pío IX! Era imposible dar ingreso a los coches, y aunque hubiese habido posibilidad para entrar, ninguno se presentó; y no obstante la apretura de las gentes, jamás vióse concordia más grande; ningún desorden, ningún inconveniente entre estos millares de personas venidas de todas las ciudades y provincias vecinas, sin que la presencia de tropas fuese necesaria para producir efecto tan raro, hijo del contento universal.

»Una inmensa multitud de pueblo se había reunido en la plaza del Pópolo, donde se cantaba un himno en honor del Papa, ejecutado por centenares de jóvenes; himno puesto en música por el maestro Moncada, con breves palabras del joven escritor; haciéndole eco el coro de Moroni, hecho sobre las palabras del poeta María Geva. ¡Qué espectáculo tan sorprendente! La armonía repetíalas alabanzas de Pío IX, y creía yo al oírlas que el viento las llevaría en sus alas a las cuatro partes del mundo. Más tarde en el silencio de la noche, oíanse por toda la ciudad estos coros repetidos por cuadrillas de jóvenes que los habían retenido de memoria.

»He ahí un paso en la civilización: la música debe hacerse popular. Llevo conmigo estos dos coros a mi pobre parroquia, y con ellos una colección de poesías bellísimas que haré leer a mis feligreses, que son mis hijos en el Señor. Pero, ¡buen Dios! me contrista la idea de que pocos saben leer: fáltame una escuela; pero ahora que conozco cuán útil es tener un pueblo instruido, quiero abrir una escuela, a fin de que todos participen de sus ventajas; yo mismo seré el maestro; porque es muy necesario que aun el pueblo de la campaña sea instruido. Pío IX me ha inspirado; la circular de su secretario de Estado recomienda la instrucción civil y religiosa de la clase baja; y no teniendo maestro municipal, quiero suplir personalmente esta falta. Pío IX ha fijado con su reino una época nueva, llena de dificultades; pero nosotros los sacerdotes debemos ayudarlo. Si todos recordamos el santo ministerio que Dios y la sociedad nos han impuesto, no faltaremos a nuestro deber. el porvenir será glorioso, y nosotros, ministros del santuario, recogeremos las bendiciones en esta y en la otra vida. Todos los sacerdotes debemos tener presente que la civilización está en nuestras manos! ¡Ay de aquellos que en vez de propagarla, la sofoquen!»

Rossini ha compuesto, después, un himno para el pueblo romano, el cual fue ensayado en las termas de Tito que están sobre la Casa Áurea de Nerón, el día de la fundación de la ciudad por Rómulus, que aun continúan celebrando los romanos; y con la sorprendente e innata aptitud artística de los italianos, vióse a la muchedumbre reproducir con inaudita expresión, al segundo versículo, la música del primer maestro de la época. ¡Oh! si la aprobación de un pueblo inteligente y eminentemente artista, es la única recompensa que los hombres de conciencia y de corazón pueden apetecer, Pío IX ha gozado momentos de felicidad que a pocos hombres ha concedido Dios tan puros en la tierra; y las sencillas y cordiales ovaciones y triunfos que sus compatriotas le han prodigado, han debido darle fuerzas suficientes, para despreciar soberanamente en lo profundo de su corazón, el temido poder del Austria, y la política tortuosa de la Francia.

El advenimiento de Pío IX fue la señal de alarma para los gobiernos despóticos, como lo fue de júbilo y de esperanza para los pueblos y los hombres inteligentes, que se interesan en el progreso de la especie humana. Al mismo tiempo que la prensa de todas las naciones civilizadas y libres se extasiaba contemplando el raro vuelco que hacía el presente y el porvenir de la Italia, y del mundo cristiano, el sombrío gobierno austriaco amenazaba al Papa bondadoso que había probado en dos horas que los presos políticos, los cadalsos, y el descontento público que se quiere ahogar en sangre y en violencia, son la obra exclusiva de los malos gobiernos. Las reformas que ya se traslucían provocaban otras tantas protestas fulminantes, como si el nombre de libertad, pronunciado fulminantes, como si el nombre de libertad, pronunciado libremente en Roma, fuese la condenación y el anuncio de la caída de los despotismos italianos, y de la férrea dominación austriaca en la Lombardía. El gobierno francés por su parte andaba parco en la manifestación de sus simpatías; el rey de las dos Sicilias se llenaba de espanto; y toda la Italia, en fin, en medio de las aclamaciones populares, que la policía no era parte a estorbar, esperaba con ansia el resultado de estos preparativos de oposición de los gobiernos, al simple deseo que el Papa había mostrado de manifestarse justo.

Estas complicaciones exteriores tienen eco y forma en el interior también. El colegio de cardenales está compuesto por los mismos individuos que habían participado, aconsejado y dirigido la política del papado anterior. Las oficinas, la Curia, la Propaganda, están de antemano organizadas, y los escribientes y secretarios del Papa eran sus espías, y aun sus delatores ante el Austria, que por este medio se ponía al corriente del pensamiento mismo del soberano Pontífice, aun antes de haber sido formulado en actos públicos. Hacían aun más difícil la situación de Pío IX, las esperanzas o prematuras o irreflexivas de los mismos a quienes quería favorecer. Es el papado, como el imperio romano, un gobierno electivo en su esencia; pero una vez elegido el príncipe, la dictadura o el motu-propio es completo, absoluto, y no se cambia de un solo golpe una organización tan profundamente arraigada. A más de que el papado ejerce, por otra parte, la soberanía de las conciencias, y por tanto no puede abandonar al pueblo, sin desmentirse, la libre discusión de las ideas. Oponíanle, pues, resistencias de inercia la mayor parte de los funcionarios, la traición oculta y disimulada muchos de los que lo rodeaban, al mismo tiempo que el pueblo se impacientaba, exigiendo reformas que no era dado al gobierno conceder, sin amenguar su autoridad. Situación espinosa que habría arredrado a cualquiera otro hombre que no fuese Pío IX, plenamente convencido de sus ideas, resuelto a ponerlas en ejecución, en despecho de las resistencias, y solo hasta donde se lo permitiesen los deberes augustos de Sumo Pontífice. «Animo Pío IX —le gritaba el pueblo reunido delante del balcón del Quirinal—. ¡Animo Pío IX, y guardaos del veneno!» «Estáis solo», le decían otras veces, al recorrer la vía papal, pero nos tenéis a nosotros. «Mandad y seréis obedecido», y un inmenso clamoreo de «sí, sí, aquí estamos para morir en vuestra defensa», le iba siguiendo, a medida que avanzaba el cortejo. Estas manifestaciones populares son más frecuentes e inevitables en Roma que en parte alguna, y vienen apoyadas en las tradiciones antiguas y en las prácticas mismas el papado; así es que las relaciones entre el Papa y el pueblo, son íntimas, y el gobierno puede contar diariamente las pulsaciones populares, y leer en los semblantes el espíritu que anima a las masas. Cuando el pueblo se siente animado de alguna pasión, acude instintivamente al Monte Cavallo y se agrupa en frente de las puertas del Quirinal, para pedir la vista del Papa, que tiene por costumbre presentarse al balcón, que para este efecto tiene el edificio, y desde donde da al pueblo la bendición particular, a diferencia de la solemne Urbi et orbi que solo se administra desde el balcón de la Basílica de San Pedro. Cuando el Soberano Pontífice se dispone a visitar de ceremonia una basílica, o una iglesia particular, las calles por donde ha de atravesar el cortejo, se cubren de una capa de arena amarilla, a fin de hacer más blando el movimiento de los carruajes. este tránsito de antemano conocido, se llama la vía papal, y el pueblo se agrupa en hileras, a lo largo de ella, para ver de paso al Pontífice, que recibe en cambio de su bendición, las aclamaciones de gratitud y afecto cuando es querido, o el silencio indiferente, si no goza del aura popular. De este modo la opinión pública está patente a los ojos pontificios, y el pueblo puede ejercer su parte de influencia en el ánimo de los que gobiernan, a no ser que estos cierren sus ojos y endurezcan su corazón, para no ver ni sentir las necesidades ni los deseos de las masas. Pío IX mismo no ha estado libre de presenciar la desaprobación romana, manifestada del modo más noble y digno que puede hacerlo un pueblo. La prensa en Roma está sujeta a censura; y esta censura desempeñada por un solo individuo, era arbitraria, absoluta, sin responsabilidad, y sin limitarse a materias religiosas o políticas. Una idea que sobre bellas artes no agradase al censor, por ser contraria a las suyas propias, no podía ver la luz pública, porque el censor la rechazaba. Así continúa gobernándose el Austria, la Rusia y todos los países despotizados. Pío IX quería reformar este abuso embrutecedor, pero en los límites que la misión religiosa y la organización del papado lo permiten; y al efecto nombró una comisión de censores, limitando a materias especiales la censura, y escogiendo para ejercerla personas competentes. Hay, sin embargo, una conciencia pública de derecho que es común hoy a todos los pueblos cristianos, la misma en Inglaterra que en Roma, en Francia que en Rusia, entre los que han cultivado su inteligencia; y la reserva papal, tan fundada en necesidades de su ministerio, chocaba con esta convicción común a todos los pueblos cristianos, de que la manifestación del pensamiento escrito debe ser tan libre como la palabra, no pudiendo castigarse con justicia el delito de palabra o por escrito cometido, sino después de emitido y publicado. El motu-propio papal, como todos los decretos, llevaba las armas de la familia de Mastai, distintivo de su reinado, y cuando el edicto que creaba la nueva censura fue fijado en los parajes públicos, el descontento no tardó en manifestarse, pero de una manera tan artística, que valía la pena de perdonarlo. Al día siguiente aparecieron todos los carteles con las armas de Gregorio XVI, que los descontentos habían pegado sobre las de Mastai, para indicarle que en aquella medida al menos, continuaba el espíritu de la administración anterior; epigrama mudo pero elocuente como el cadáver de Cesar presentado al pueblo romano por Marco Antonio, y que entristeció profundamente a Pío XI. Más tarde, con motivo de otra medida impopular, el pueblo se reunía a lo largo de la vía papal, y un silencio sepulcral acogía, en lugar de los acostumbrados vítores y aplausos, al silencioso y triste cortejo, que parecía más bien llevar al Papa a un duelo que a las ordinarias funciones de su ministerio.

Estas pequeñas contrariedades no han estorbado que Roma, como la Italia, como el mundo cristiano, haga plena justicia a la pureza de sus intenciones, y a la decisión conque ha emprendido la reforma de los envejecidos abusos del papado. Visitaba a principios de 1847 el convento de Santa Croce in Jerusalem; y los monjes que lo habitaban le enseñaban en la carta, la Italia, con su forma conocida de una bota; y Su Santidad con tono indicativo replicaba: «¡Bella! pero le falta a la bota una espuela». Cuatro días después en la célebre biblioteca Casanatense que está en Santa María Supra Minervam alguno pedía la vida de Julio II.

—Fue un gran Papa —observó Pío XI— pero tenía en su favor el colegio de cardenales, y todo le era lícito emprender.

—También tuvo enemigos —le hizo presente el cardenal que de oficio estaba en su compañía.

—Pero los pulverizó —contestó Pío IX con voz breve y acentuada que impuso silencio a su interlocutor.

Estos dichos del Papa y sus acciones, aun las que él deseara tener secretas, entretienen con largos comentarios la ávida curiosidad de los romanos.

Una señora que lo había conocido en otro tiempo, hallándose en la miseria, imploró su beneficencia por un memorial. El cardenal que recibe estos escritos no prestó atención a la súplica, o no la creyó fundada. Un segundo memorial indujo a Pío IX a desear conocer por sí mismo el asunto, para cuyo fin, vestido de clérigo particular, acompañado de un solo familiar, se presentó en casa del cura vecino a la residencia del suplicante para hacerse conducir. Introducido a la familia, el Papa pudo juzgar a vista de ojo, de la angustiada situación de aquellos que en otro tiempo había visto en la opulencia, y hubiera terminado su vista sin ser reconocido, si un niño de siete años no se hubiese acercado a la madre, diciéndole despavorido y señalándolo: «¡Mamá! ¡el Papa!». Echarse a sus pies la familia y recibir seguridades de protección y amparo por siempre, fue el desenlace de esta escena, que valió al cardenal una reprimenda y a la señora una pensión.

Uno de sus camaradas de colegio volvía del destierro y pidió una entrevista al Papa, quien sabiendo su estado de penuria, abriendo un escritorio y dándole dos escudos que en él halló: «He aquí —le dijo— todo el caudal de que puede disponer Pío IX en este momento; pero el tiempo nos pertenece a ambos, y él vendrá en nuestro socorro». Pietro Renzi, el célebre abogado, caudillo del levantamiento de la Ramañola, admitido a la presencia del Soberano Pontífice, prorrumpió en sollozos al verlo; el Papa conmovido lo estrechó entre sus brazos llorando, y nada pudieron decirse de las excusas que el uno debía hacer, o de la reiteración del perdón públicamente acordado por el otro. Sajani era uno de los escritores emigrados de muchos años establecido en Malta, autor de la Speranza, periódico revolucionario, y que volvía a Roma aprovechando de la amnistía. Obtuvo sin dificultad una audiencia de Su Santidad, de cuyos pormenores dio cuenta la prensa contemporánea. Citaré algunas palabras de Su Santidad, que tienen relación con los primeros actos de su gobierno. «En nuestros países meridionales —decía el Papa— los hombres son un poco perezosos; no es como en los países fríos, donde casi por fuerza reina una grande actividad, aunque no fuese por otra cosa que por librarse del frío. Pero yo espero que se promoverán las buenas industrias... ¡Se hará, se hará todo lo que se pueda! ¡pero hay tanto que hacer...! ¡y cuánto! Esto requiere tiempo, no son cosas del momento». Continuó hablando, dice Sajani, sobre la industria, con las doctrinas de un verdadero economista; habló de caminos de hierro, de códigos, de la guardia cívica de Bolonia, y finalmente la preguntó de qué se ocupaba en Malta. Entrando en asuntos de imprentas, pidióle permiso de hablarle con toda libertad, exponiéndole, cuando lo hubo obtenido ilimitado, algunos de los pensamientos publicados en la Speranza con respecto a la situación de Italia. Pidióle Su Santidad enseguida detalles sobre un periódico protestante, L'Indicatore, que se imprimía en Malta, inquiriendo quiénes eran los redactores. Sejani satisfaciéndole, añadió que todos los diarios protestantes se habían mostrado entusiasmados con su exaltación, a lo que Su Santidad respondió que había leído muchos artículos, sobre todo los del Times, y después de vario discurrir concluyó diciendo «yo debo hacer también mi parte de obispo: Acordaos de los asuntos religiosos, hijo; si los habéis descuidado, volved a ocuparos de ellos» con lo que lo dio la bendición para sí, su mujer y su hija, a quien conocía y estimaba mucho.

Otro emigrado había vuelto de Inglaterra donde se había casado con una dama protestante. La Curia se ensayó en persecuciones contra los esposos, y el emigrado a punto de abandonar de nuevo su patria, quiso a fin explicar su embarazosa situación al Papa. «Esposo —le dijo este, poniéndole una mano sobre la cabeza y alzando la otra al cielo— estáis unido ante Dios a tu esposa; ciudadano romano, vuestro deber es permanecer donde la patria necesita de sus hijos. Yo arreglaré este asunto.» La inglesa, que oía estas palabras, se precipitó a los pies de Su Santidad, exclamando: ¡católica! ¡católica! ¡quiero ser católica! Pero el Papa levantándola del suelo, la dijo

—¡No! No se convence el espíritu por los movimientos del corazón, y no han de abandonarse las creencias en que se nos ha educado, en un momento de emoción. Vaya usted señora, y si un día, serena y tranquila, se siente llamada a entrar en el seno de la Iglesia, yo le abriré de par en par las puertas, yo le administraré el bautismo.

Un devoto iluso había dejado una gran fortuna al sacerdote que le dijese la primera misa después de muerto; medio de salvar el obstáculo opuesto en Roma a los legados en favor de ordenes religiosas. Apenas lo supo el Pasa, dijo una misa a la intención del finado, se declaró heredero universal, según el tenor del testamento, y convocando a los deudos, perjudicados por aquella disposición, les recomendó proceder a las particiones, según los trámites ordinarios.

El Agro Romano es un yermo desierto, cenagoso, estéril y enfermizo, a causa del abandono en que la agricultura yace a los alrededores de Roma. La esperanza de mejores tiempos imprime en Roma a los espíritus una actividad hasta ahora desconocida, y gran número de patricios, propietarios de grandes eriales, se constituyeron en Sociedad Agrícola, con el objeto de vender terrenos, y emprender trabajos de desecación, a fin de mejorar la agricultura y dar ocupacional pueblo. Pío IX se presentó en la sala de las sesiones, se inscribió miembro de la sociedad, decretó en su favor una suma considerable, declarándose protector del instituto. Los mendigos que infestan a Roma llamaron desde luego su atención, expulsando del estado romano los de otros estados, y prohibiendo en muchas categorías de empleados subalternos, prácticas envejecidas, que saben de lejos a mendicidad. El proyecto de establecer caminos de hierro mereció a Su Santidad decretos que los favorecían. La educación popular, tan vergonzosamente atrasada en el estado romano, llamó desde luego su atención; siendo digna de citarse la declaración con que principia el decreto siguiente. Dice así:

«Roma, agosto de 1846.

Los delitos, y entre ellos las riñas y los hurtos, que con demasiada frecuencia ocurren de algún tiempo en algunas provincias del Estado Pontificio, han inducido al gobierno a proveer, como lo hace, no solo con los medios correspondientes a la necesidad urgente del momento, sino con sabias medidas para prevenirlos, que destruyan la causa, o disminuyan por lo menos su perniciosa influencia.

»La primera de ellas, no puede menos de reconocerlo, es el ocio, al cual se abandona una parte de la juventud artesana o campesina, y de allí viene la necesidad de procurarle útil ocupación, y sobre todo vigilar la buena educación de los niños, que abandonados a sí mismos, harían temer por un porvenir aun peor.

»Penetrada la Santidad de nuestro Señor, de la grande importancia de esta verdad, ha ordenado llamar la atención de los jefes de provincia, a fin de que, de concierto con los magistrados locales, retraigan del ocio a la juventud, aplicándola a trabajos de utilidad pública; y aprovechando del socorro de los colosos ministros del santuario, de los nobles y de los ciudadanos probos, como ya ocurre en todas partes, pongan mano a la obra de extender en cada localidad la educación civil y religiosa de la ínfima clase del pueblo».

En estas como en las subsiguientes medidas, podía quedar completamente satisfecho el deseo expresado por los que en las luchas de la Romañola, pedían «que el gobierno pontificio entrase en el camino de todas las mejoras sociales que vienen apuntadas por el espíritu del siglo.»

Siento que me he extendido demasiado sobre este interesante punto, por lo que, y para no fatigar la atención de Su Señoría, entraré en algunos pormenores de viaje que distraigan el espíritu de preocupaciones tan graves. El espacio de tiempo que media entre el carnaval y la Semana Santa, es demasiado largo a haberlo de pasar en Roma, y yo estaba devorado por el deseo de visitar las ruinas de Pompeya y el Vesubio, para retardar por más tiempo mi excursión hacia aquellos sitios tan celebrados en todas las épocas. y ahora que nombro Pompeya, quiero encargar a Su Señoría de hacer en San Juan una ejemplar justicia; cogiendo de una oreja a nuestro primo • • • y haciéndole leer en esta mi carta, Ruinas de Pompeya. Es esta condigna reparación de una antigua ofensa, que debo referir para justificar mi demanda. Era mi cabeza desde pequeñuelo, allá en nuestra remota y poco erudita provincia, un cajón de sastre lleno de retazos de historia, viajes, vidas de santos, cuentos de brujas y aparecidos, y otras mil zarandajas que por brevedad no inventarío. Fue Su Señoría Ilustrísima quien siendo cura del lugar me puso la cartilla en la mano, como dicen, y no habrá olvidado, porque no lo he olvidado yo, que a la edad de cuatro años me había labrado la reputación del lector más petulante y gritón que se había hasta entonces visto. Las truncas nociones que sin proponérmelo, adquiría con la frecuencia de leer, vagaban largo tiempo en mi espíritu, como las nubes en el espacio, cuando no encuentran punto de apoyo para aglomerarse, hasta que un librote que el acaso ponía en mis manos llenaba un vacío; otro más tarde venía a explicar un pasaje no bien comprendido. Así adquirí muchas nociones históricas en la edad, en que el común de los niños solo piensa en sus pasatiempos, y ahora que he visitado a Roma, he podido reconocer a primera vista los monumentos por la imagen que de ellos conservaba grabada en la memoria desde la primera infancia en que pasaba horas enteras, recorriendo una Guía romana impresa dos siglos ha, y que fue mi primera adquisición en libros.

No sé cómo ni cuándo hube de leer una relación del descubrimiento de Pompeya, y héme aquí que no pudiendo contener el asombro y la novedad dentro de mí mismo, salgo al atajo a los pasantes para narrarles la portentosa historia, con lo del aceite y pan encontrados; cuéntaosela a M.• • • y en lugar de quedarse boquiabierto como yo me lo había prometido, se me ríe en los hocicos de buenas a primeras; y cada vez que hay gente reunida me hace contar en cuento de Pompeya, para diversión general.

He visto, pues, aquella Pompeya que me traía preocupado en mi infancia, y me hace ahora recordar la incredulidad de M.• • • Dos días después de mi llegada a Nápoles, iba alargando el cuello por sobre los montones de cenizas volcánicas, para descubrir cuanto antes sus calles solitarias; y como si fuese posible olvidar que se entra en una ciudad de muertos, el cicerone introduce al viajero por la Vía de los Sepulcros, de los que ya lloraba como tales aquel pueblo sofocado en una hora, y cuyos nombres lee de paso como en nuestros actuales cementerios. Al penetrar en la ciudad por la puerta misma que daba entrada y salida a los habitantes, el cúmulo de ruinas se presenta de golpe a la vista, y es lástima que no pueda aplicarse a las ciudades muertas por sofocación, como a los seres animados, el galvanismo, para hacer la tentativa de volver a la vida este cadáver guardado diecisiete siglos. El empedrado de las calles conserva las huellas de los carruajes, las fuentes están intactas, y un canal antiguo lleva hoy como antes el mismo caudal de agua. En las bodegas continúan puestas en hilera las ánforas que contenían el vino; y en un extremo del mostrador de los cafés, o ventas de bebidas calientes, se conserva la hornilla que servía para prepararlas. La casa-quinta de Diómedes, un rico comerciante, adornada con exquisito gusto, encierra más comodidades que nuestras casas modernas, recordando por su distribución interior, las de Sevilla en España o las de Montevideo en América. Los árabes, como se sabe, han conservado la arquitectura doméstica de los romanos, y nosotros los españoles la hemos heredado de ellos. Un zaguán conduce al primer patio, rodeado de habitaciones y con un aljibe en medio, y un segundo patio con corredores precede a un pequeño jardín. Si el viajero quiere saber qué fue de Diómedes y demás moradores, el ciccerone lo conducirá a la bodega, para mostrarle en uno de sus extremos, la estampa de un grupo de seres humanos clara y perceptible sobre la muralla. Allí se hallaron entre los huesos de los esqueletos reunidos, brazaletes de oro, anillos y pendientes de las jóvenes de la familia; y en el Museo de Nápoles se guardan algunos fragmentos de ceniza endurecida que conservan formas de seno de mujer. Los infelices habían ganado la bodega como en el último asilo donde aun podía respirarse aire sin mezcla de cenizas abrasadas.

Hánse descubierto varias calles, nueve templos, dos plazas o foros que debieron estar rodeados de pórticos y estatuas, una basílica, dos teatros, termas públicas, un anfiteatro y el cuartel de los veteranos. Setenta y tres esqueletos reunidos en sus cuadras han dejado comprender que la severidad de la disciplina romana había retenido la guardia en su puesto hasta morir sofocada. Pasan de treinta mil los objetos de bronce de uso doméstico encontrados en las ciudades sepultadas, y los brazaletes, anillos, collares, camafeos, y piedras preciosas reunidos, bastarían a fundar la riqueza de un banquero. Guárdase igualmente en el Museo de Nápoles, harina, pan carbonizado, miel y aceite endurecidos, guisantes y menestras petrificadas; ropa amontonada en la artesa, y entre pomadas y peines el consabido colorete que nunca hizo falta donde viven hijas de Eva.

Lo que más sorprende, recorriendo la silenciosa ciudad, es la vulgarización del buen gusto, a todas las clases de la sociedad. Todas las habitaciones, galerías y aun las cocinas están adornadas de pinturas al fresco, y arabescos de un gusto exquisito, y los pavimentos cubiertos de mosaicos, muchos de ellos como el de la batalla de Alejandro y Darío, obras maestras, de inestimable valor. Un jardinillo, o macetas de flores por los menos, han decorado el interior de cada casa; y por todas partes vénse fuentes decoradas con una profusión y gusto que llena de admiración.

En estas ciudades risueñas aun después de muertas, la miseria de nuestras clases pobres parece no haber tenido representantes, pudiendo suceder que la distribución de esclavos hecha por el gobierno a los ciudadanos romanos, impidiese la aparición de la indigencia; puede ser también que las filas del ejército, las colonias lejanas, recogiesen en su seno los individuos y las familias que no podían vivir con comodidad necesaria. Obsérvase además que no hay casa, por reducida que sea, que no tenga su pequeño oratorio, de entre cuyas ruinas se han entresacado los lares de la devoción particular de cada familia: una calle se llama de Mercurio, a causa de un templo que hay en ella consagrado a este dios; otra de las Vestales, como de las Capuchinas entre nosotros.

Herculano es menos curioso, aunque no menos rico en la pequeña parte descubierta, por no permitir la dureza de la lava, y la seguridad de la ciudad de Resina que está sobre él, la continuación de las excavaciones. Del magnífico teatro descubierto, se han sacado las estatuas de la familia entera de los Balbos, padre, madre, hijo y dos niñas, suficientemente feas las de éstas dos últimas para no creerlas copias favorecidas de los originales. El hallazgo de estas ruinas ha servido más a la inteligencia de la historia que todos los libros y los monumentos romanos; pues la distribución de los habitantes, los utensilios encontrados, los anuncios y carteles escritos en las murallas anunciando funciones y es espectáculos, en fin la multitud de bronces, frescos y adornos, han hecho adivinar los gustos, ocupaciones, ideas y manera de ser de los hombres que habitaban aquellas ciudades.

Bastan estos detalles, hoy de todos conocidos, para dar a Su Señoría una idea abreviada de aquellas ruinas, sobre cuyos tesoros se han escrito libros profundísimos. Excusaré asimismo, porque no lo hice en tiempo y lugar, por llegar más pronto a Pompeya, el trazar un bosquejo del panorama de Nápoles, y los sitios encantadores que la rodean como guirnaldas de flores, ni las riquezas artísticas que encierran sus museos en nada inferiores a los de Roma. Cuando ya había visto espirante, en la Grotta del Cane, el perro que introducen en el gas carbónico, y aspirando yo mismo el gas amoníaco en otra vecina; visitado la solfatara, costeado el lago Averno, entrada sombría del infierno de Virgilio, y échome introducir en hombros a la oscura gruta, en que pronunciaba sus oráculos la inflexible Sibila de Cumas, tomé con una caravana de viajeros el difícil camino del Vesubio, peregrinación que sin mengua no puede excusarse de hacer quien visita a Nápoles, tanto más cuanto que la vista de aquel terrible laboratorio, en cuyas entrañas se fraguan los más terribles fenómenos de la naturaleza, recompensa con usura de las fatigas del penoso ascenso.

El Vesubio se compone hoy de tres partes distintas. Forma su base el gran cráter que al tiempo de su primera erupción, en 79, sepultó bajo lavas o cenizas a Herculano, Pompeya y Stabia, el cual se alza hacia un lado como las ruinas de un anfiteatro colosal. De su centro, y formando el costado opuesto, arranca el cono del volcán moderno, elevándose a una considerable altura y surcado por todos lados por las corrientes de lavas que han descendido en las grandes erupciones de 1822 34 y 39. Últimamente después de haber ascendido a su cima con fatiga indecible, se presenta, entre los escombros de lava humeante aun, otro pequeño cono, de cuya base brotan torrentes de materia derretida, que circulando en torno de él como una culebra de fuego que se enroscara sobre sí misma, van a enfriarse a la distancia y engrosar la cúspide del gran cono. Cuando este último respiradero se ha elevado mucho por el sucesivo acrecentamiento de materias, el volcán sintiéndose oprimido, hincha su enorme espalda y arroja lejos de sí el cono demasiado estrecho ya, para abrirse una nueva boca, sin cuidarse mucho de sepultar dos o tres ciudades vecinas, o cubrir de lava negra y estéril la fértil campiña que produce el célebre lácrima-cristi.

La columna de humo que desde abajo se divisa este año, elevándose permanentemente en el aire, cubre, mirada desde lo alto del segundo cono, toda la parte superior del cielo, y el cono superior regado de intervalo en intervalo por los fragmentos de lava que arroja el volcán, presenta por momentos el aspecto de un inmenso incensario sembrado de espirales de humo. De momento en momento el volcán hace un pequeño bufido, el humo se ilumina, como al dispararse el tiro e un cañón, y la erupción de materias enrojecidas sube en línea recta, hasta que disminuyendo la fuerza de impulsión, cada fragmento describe un arco de círculo, viniendo a caer a más o menos distancia del cono. ¡No hay placer como el de tener mucho miedo, cuando esto no degrada, y es solicitado espontáneamente, ni sensaciones que agiten más profundamente el corazón que las del terror! ¡Oh! Yo me he hartado en el Vesubio con estos raros goces, y después que de regreso en Nápoles dormía con aquel sueño letárgico que repara las fuerzas extenuadas por las fatigas del día, veía en sueños venir hacia mí en derechura los fragmentos de lava, sin que me fuese posible moverme una línea, retenido por una fuerza incontrastable. Es el caso que sin haber hecho nada para merecer tanta distinción, hube de ser aplastado y asado con más prontitud que un beefteak a la parrilla por la presión de un enorme pedazo de lava. Habíamos diez o doce curiosos acercándonos, cual más cual menos, sin accidente alguno hasta los lugares en que de ordinario cae la lava, después de lo cual un guía y yo nos desviamos hacia un torrente próximo para incrustar monedas en la materia derretida, según es práctica de los viajeros. De repente, y cuando más engolfado estaba en mi novedosa ocupación, el volcán hace un bufido y una lluvia de piedras enormes oscurece el cielo. El guía se endereza súbitamente repitiendo ¡le pietre!...¡le pietre! agitando con intención una mano hacia mí, y mirando fijamente al cielo. Hice otro tanto yo, pudiendo ver desde luego doce por lo menos que venían con rumbo hacia nosotros; pero falto de pericia para calcular la dirección precisa de cada fragmento, faltóme la presencia de ánimo, y he aquí el raro expediente que para salvar, no pudiendo correr, me sugirió el miedo: bajé la cabeza, encorvé las espaldas, saqué los codos hacia atrás y haciendo con la boca aquel gesto y contracción que hacemos cuando vamos a recibir un golpe inevitable, aguardé que las piedras cayesen. Una masa como de seis quintales de lava vino a engastarse a distancia de una vara de mí, y no más de dos pies del guía que la había visto venir sin pestañear ni moverse, cayendo cuatro o cinco fragmentos a pequeñas distancias en tolos sentidos. Nos miramos uno a otro, yo con la boca y los ojos más abiertos que de costumbre; él, taimado con la risa de la indiferencia en los labios, continuando su ocupación en el torrente, y yo por encontrar un poco insulso el gusto de incrustar monedas, yendo a incorporarme a los demás, que se hallaban a más prudente distancia.

Este incidente me daba a los ojos de los otros, cierta posición respetable, por lo que un joven inglés, bello como un Adonis y atolondrado y alegre como un francés, se dirige a mí de preferencia para proponerme subir al cono superior y asomar las narices al cráter mismo del volcán. ¡Convenido! Un guía pide tantos carlines por conducirme, y cuanto más y cuanto menos, el trato queda definitivamente cerrado, porque no es posible ir más de dos personas juntas por temor de ¡le pietre! Desde luego hacemos un rodeo penoso por sobre las púas de las escorias para alejarnos del costado en que las lavas caen con más frecuencia, hasta llegar a la orilla de un terreno caliente, sulfúrico, y cubierto de una densa niebla de humo. Otro guía nos grita de lejos que nos detengamos, y el mío sin consultarme me toma de un brazo y desaparece conmigo en medio de la humareda. Era un valle humeante que no vieron sin duda ni Virgilio ni el Dante, que a haberlo visto hubieran hecho de él la digna antecámara del infierno. El vapor del azufre me entraba hasta los pulmones, y la tos convulsiva estaba a punto de sofocarme, cuando el guía arrancándome un pañuelo me atacó con él la boca, como si tratara de tapar un agujero, asegurándome, mientras yo iba cayendo y levantando, que ya estábamos ascendiendo el cono. Las voces del otro guía en el entretanto se oían cada vez más distintas, cosa que estimulaba la prisa del mío, lejos de detenerlo; el humo era menos denso, y ya estábamos a dos varas del borde, cuando el que nos seguía a marchas forzadas nos dio alcance, nos pasó y se puso a la parte de arriba. La fatiga y la cólera lo traían enteramente demudado, principiando muy luego un furioso altercado en el dialecto napolitano, del cual no me fue posible comprender nada, hasta que el advenedizo desnudó el puñal y con mano temblorosa lo afirmó en el pecho del otro, amenazando hundírselo por momentos. En mi vida he tenido susto igual; y no obstante hallarme medio sepultado en la arena y cenizas, respirando con dificultad y los ojos arrasados de lágrimas a causa del vapor del azufre, di en la cara con mi bastón al del puñal, a fin de hacerlo volver en sí, al momento mismo que el volcán hacía a nuestra espalda una erupción. Ambos guías por un movimiento instintivo, levantaron los ojos hacia el cielo, el puñal del uno fuese lentamente alejando del otro hasta quedar el brazo que lo sustentaba extendido en el aire; mientras que mi guía con una mano avanzada hacia delante en actitud de rechazar un objeto próximo, me tenía fuertemente asido con la otra, preparándose según los sacudimientos que me imprimía, a transportar mi mole de un lugar a otro para salvarme del contacto de las piedras, formando entre todos el tableau vivant más expresivo y artístico que pueda imaginarse. Cuando la crisis hubo pasado, y con ella serenádose los espíritus, pude saber la causa de tanto enojo; el guía que me había subido pertenecía a otra compañía distinta de aquella que desde Resina se había contratado con nosotros, y por tanto el dinero que yo le pagaba era un robo hecho al legítimo propietario de mi bolsa y persona que era el que nos venía siguiendo; y el napolitano apela en todo caso litigioso a la soberana decisión del puñal con más frecuencia que un manolo andaluz o un gaucho argentino, siendo la vendetta italiana, aquí tan terrible por su rapidez irreflexiva, como lo es en Córcega por su duración que la hace un legado de familia.

Dos pasos más, y ya estábamos en el borde del cráter del volcán, desde donde pude ver... ¡Oh horror!... ¡lo que vio Tito en el Sanctum Sanctorum...

nada! hay otro cráter subterráneo, y a causa de la configuración interna del exterior y las lavas incandescentes que lo rodean, no es posible allegarse demasiado a él. Esto no obstante las rodillas flanquean, y tiemblan las carnes al ver pasar a diez pasos delante de sí la gruesa columna de fuego, piedras y lavas encendidas, al mismo tiempo que a cada pequeña, erupción el cono se mueve, causando en los pies aquella sensación que experimentamos cuando un cuerpo vivo se agita debajo de la almohada u otro objeto blando. El guía, satisfecha la curiosidad por este lado, me señaló el opuesto para que contemplase el panorama que punto tan elevado domina, y cierto, que la montaña desde donde el Espíritu de las tinieblas mostraba a su Señor los reinos de la tierra para tentarlo, no debía estar más ventajosamente colocada. El cielo de lapislázuli de la Italia estaba en aquel momento iluminado por los rayos dorados del Sol poniente; al frente dilatábase una tasa de mar tranquilo y terso, si bien decorado aquí y allí de blancas barquillas de pescadores como los adornos de un espejo veneciano; abajo, las faldas del Vesubio cubiertas de viñedos y jardines, sobre cuyo fondo resaltan como cosas blancas derramadas sobre una alfombra, mil casillas de campaña; y siguiendo la costa de la bahía más pintoresca del mundo, divisábase Resina, la cual se liga por un hilo de edificios a Nápoles, extendida sobre la playa y subiendo a las colinas, hasta besar las plantas del Santelmo que hace centinela en las alturas. Puzzoles más allá como un palomar; y detrás de Puzzoles, Baies y los Campos Elíseos, paraíso terrenal que los romanos habían erizado de palacios, y Lúculo, Mario, Sila, Adriano, Julio César y otros mil habitaron. Todavía detrás del Cabo Miseno desde donde partió Plinio para morir abrasado por el Vesubio, vénse escondiéndose una tras otra con coquetería, Ischia, y Prócida, cuyas mujeres llevan aun el vestido de las estatuas griegas. Hacia el centro de la bahía parece bañarse en las aguas como las náyades de su célebre gruta de azul, la solitaria Capri, y hacia el lado opuesto, siguiendo el arco de círculo de que el volcán forma el eje, déjase ver Sorrento con su piano, cubierto de naranjales, mirtos y granados; Castelmare, Nocera Nola, y Pompeya, sacudiendo ésta de sus vestidos de frescos y mosaicos las cenizas que los habían ensuciado. Los nevados Abruzos, en fin, hacia el interior dibujan una orla blanca al manto del cielo azul, y allí cerca a dos varas de distancia del espectador, óyese mugiendo el volcán, y debajo de las plantas temblando el cráter como el caldero de una máquina de vapor. ¡Dios mío! ¡cómo pueden vivir juntas cosas tan opuesta! Monumentos del poder humano, vegetación esplendorosa, volcanes en actividad, populosas ciudades, ruinas antiguas y estragos recientes, todo está amontonado aquí en unas cuantas leguas; y el hombre, alegre o indiferente, luchando con la naturaleza para arrancarle hoy un pedazo de terreno que mañana ha de reclamar, sepultando terreno, ciudades y hombres a un tiempo.

—No hace cuatro siglos que una villa estaba al lado del lago Lucrino, en la noche se alzó el Monte Nuevo donde estaba la villa, la villa rodó sobre el lago; y las aguas de éste fueron a serenarse sobre campiñas cultivadas a cierta distancia.

Todo esto que tan pesadamente describo, fue, sin embargo, la impresión de un minuto, por no ser el cráter de un volcán el local más a propósito para detenerse a apreciar los más menudos detalles del paisaje. Algunos momentos después hallábame de nuevo entre los de la comitiva que me confundían a preguntas por saber las cosas estupendas que debía haber visto. He visto, decíales yo, todo lo que hay que ver y lo que ustedes. no han visto; empezando repuesta tan evasiva y misteriosa a fundir en los ánimos poco a poco la sospecha que yo no había visto nada absolutamente. y vea, Su Señoría, ¡lo que es la malicia humana! Alguien sugirió la idea, y luego en todos los círculos fue opinión general, hecho averiguado, cosa consentida y no apelada, que el inglés ni yo habíamos subido al cráter. Estábamos, pues, convencidos de jactancia y superchería. En situación tan espinosa, el espíritu de examen de los ingleses y el hábito del jurado, nos ayudaron a recobrar empero la eclipsada gloria. «Interroguen separadamente al señor —dijo el inglés con mucha seriedad— y confronten su deposición con la que yo daré después.» Un círculo de jueces mal intencionados, como comisión militar, oyó mi declaración, y enseguida volviendo la espalda al círculo, fueme permitido escuchar la de mi cómplice en el delito mayor que puede cometerse ante el vulgo, que es ser mejor que él, o hacer algo que él no es capaz de hacer. Lo peor del caso era que nuestras deposiciones discrepaban de cabo a rabo; bien que encontrase en ellas el desapasionado, cierto fondo idéntico, que abonaba su verdad. Nos careamos enseguida, las discrepancias de detalles se explicaron, y la amotinada turba volviónos mal de su grado nuestros títulos a la atención universal.

En comer huevos asados en la lava y devorar naranjas, vendidas a peso de oro en aquellas alturas, hubimos de pasar la tarde para ver el Vesubio entrada ya la noche. El espectáculo cambia entonces de imponente y grandioso, en sublime y aterrador. La lava tibia y opaca que durante el día nos había servido de pavimento, deja ver por entre las grietas el fuego que esconde en sus entrañas, los torrentes se iluminan y despiden llamas como el metal que corre en los hornos de fundición, y el cráter negro con la oscuridad de la noche, se corona de tiempo en tiempo de un ramillete de fuego, esmaltado de globos rojos, amarillos, punzó, según la calidad e incandescencia de las materias que arroja, bañándose después, de brasas que semejan rubíes colosales. Cuando este inmenso fanal se enciende, los círculos de las lavas enfriadas se presentan a la vista con sus crestones erizados de púas como lomos de caimanes, y enseñando unos a otros los grupos de espectadores, iluminados los semblantes como a la luz de fuegos de Bengala. La oscuridad sobreviene súbitamente, las estrellas reaparecen blancas como hostias, derramadas sobre un cielo azul terciopelo, hasta que una nueva erupción las eclipsa, sustituyéndoles las formas extravagantes, con patas a veces como sapos, de la lava derretida que describe arcos de círculo en el espacio.

El descenso de la montaña no es menos fecundo en impresiones vivísimas. A poco andar el volcán desaparece, y la oscuridad más profunda forma un piélago sin fondo en el que parece fuera uno a resbalar al menor descuido. A lo lejos se divisa una franja pálida y fosforescente que diseña el golfo de Nápoles con la iluminación de la ciudad y sus alrededores hasta Resina. Las diversas comitivas descienden alumbradas por enormes antorchas de cáñamo, cuya luz se pierde en el espacio a falta de objetos que la reflejen. Delante de los ojos vése la masa de tiniebla oscura, y bajo los pies se siente desmoronarse la arena negra y apenas visible, ocasionando caídas, gritos y terrores pánicos en los unos, mientras que los demás, tomando las cosas por su costado ridículo, ríen, cantan, dan voces que van a perderse sin ecos, entre las rendijas de las lavas. Llegados a la base del cono con aquella prontitud admirable con que se desciende de un ministerio, allí es Troya para apoderarse del rocín o rocinante apestado, que ha de trasportar a cada uno hasta Resina.

Aquí tiene Su Señoría Ilustrísima, lo más prominente y novedoso de mi excursión en Nápoles, pues sería empeño vano querer dar una idea de cuanto hay de bello en esta escogida porción de la tierra; que en cuanto a costumbres, gobierno y tantas otras cosas dignas de observación que presentan estos pueblos, lo dejo todo en aquel mi cajón de retazos, para irlos sacando poco a poco, según que la oportunidad en América vaya enseñando su conveniente uso. Había de regresar a Roma atravesando por Capua, vecina de aquella Capua de Aníbal, la tercera ciudad el mundo entonces, y hoy una hermosa campaña cubierta de viñedos, cuya cultura singular dejaría asombrados a nuestros sanjuaninos. En chopos, álamos, u otros árboles elevados, colocados en líneas bastante separadas, trepan parras de uva que cubren con su follaje el árbol amigo que les presta su apoyo. De unos a otros árboles, el podador napolitano anuda los sarmientos, de manera que formen guirnaldas y festones, los cuales balancean al aire sus flecos de racimos. El suelo está mientras tanto cubierto de trigo; y no habiendo cercas, ningún accidente del terreno impide penetrar con la vista en aquellos bosques de enredaderas, que forman de toda la campiña una sola propiedad, alzando, de distancia, algunos pinos seculares sus copas verdinegras para contrastar con el verde amarillo de las parras o la esmeralda continua de los sembradíos. La poda es una novena en que pululan las mujeres, vestidas a la manera rara y pintoresca del país, y la vendimia una fiesta, una bacanal, tradición no interrumpida de los tiempos de la grande Grecia.

Después de la campiña de Nápoles vienen los lagos pontinos, en que emperadores y papas han luchado sucesivamente con la naturaleza, para curar de la peste esta tierra enferma e infecta. En fin, la diligencia rueda sobre la vía Appia, decorada de trecho en trecho por los restos de sepulcros de los ciudadanos romanos, que no se resignaban a morir del todo, gustando de ir a habitar a la orilla de los grandes caminos en el silencio de la tumba y del desierto, cuando habían muerto ya para la vida agitada del foro. ¡La tradición concede ¡un sepulcro a Ascanio, otro a los Horacios, otro a Cicerón! Dos nombres históricos hay sin embargo, que desde Nápoles a Roma, repite sin cesar el pueblo, enseñando monumentos que han debido pertenecer a los que llevaron aquellos nombres que han sobrevivido a todas las vicisitudes, acaso por las profundas impresiones que ambos hubieron de dejar en el espíritu popular. Y, en efecto, que ambos a dos son dignos de la imperecedera fama de que gozan. este representa uno de los más bellos tipos, que ha producido la raza humana; divino por el poder de la palabra, porque la palabra es Dios, según la misteriosa expresión de San Juan; aquel otro es la perversidad humana que va más allá todavía del límite donde la imaginación se detiene espantada, por lo que el sentimiento moral de los que no han visto estos excesos, los niega aun contra la evidencia de los testimonios. Nerón, ¡es este! Cicerón el primero. Muéstrase la casa dorada de Nerón, los baños de Nerón, las prisiones de Nerón, el lecho de piedra en que se reposaba Nerón en la gruta de la Sibila de Cumas, Nerón está en todas partes, si bien, no mata ya, no incendia para divertirse. El conjuro de Santa María del Pópolo aplacó, en efecto, sus manes. Cicerón empero no es menos rico que su negro rival en monumentos. La tumba se la elevaron sus esclavos agradecidos; tiene su casa de campo cerca de Gaeta, donde el cicerone muestra el camino de atravieso que había tomado para embarcarse, y donde fue asesinado por el populacho de Roma, que había aprendido en su degradación a gritar ¡viva Cesar! ¡viva Octavio! en lugar de loar la república. En Pompeya hay una casa de Cicerón, y por todas partes este blando nombre se muestra, como para protestar todavía contra las violencias y expoliaciones de los Verres, para denunciar los Catilinas, primera e impura espuma que precede al hervor de los pueblos próximos a descomponerse. ¿Y este cicerone italiano, el pobre diablo que muestra las ruinas y repite la tradición, que les da un significado histórico, no se reviste, pues, del nombre de Cicerón, es decir el que sabe, el que explica, el que enseña lo que las cosas significan?

¡Más vale que así sea! que haberse conservado el nombre de Nerón solo, sería lícito dudar de la justicia de Dios en la tierra, aquella justicia lenta como la marcha de las lavas volcánicas, pero que nada desvía de su rumbo, cuando el fallo ha caído; ¡la justicia de la posteridad! ¿No es un espectáculo instructivo, por otra parte, aquella lucha de dos nombres que representan los medios de gobierno y de influencia que dominan a los pueblos: la palabra que persuade, que dirige la razón y las conciencias; la fuerza, que arrastra, huella o menosprecia toda voluntad? ¿El hombre que dice la verdad, muere asesinado por ello, como Sócrates, como Cicerón, como Jesús mismo, y el déspota que abre su camino por entre las entrañas de los hombres, y no pudiendo influir sobre los corazones con la convicción, los despedaza con el puñal, como Nerón, y tantos otros? ¿por qué es larga cuanto odiosa la lista de estos?... Pero ¡Dios mío! he caído largo a largo en el terreno de la declamación con motivo de aquellos nombres que a cada paso se oyen repetir en estos lugares. Pido de ello mil perdones a Su Señoría, proponiéndome pasar en silencio por todo lo que pudiera ser ocasión inmediata de caer en nuevo desliz, hasta llegar a las solemnidades de la Semana Santa, única cosa que me hacía volver de nuevo a Roma. Pero con mucho sentimiento debo decirle a Su Señoría que aquellas ceremonias, que a lo lejos nos representamos como imponentes y augustas, pierden vistas de cerca toda importancia religiosa. Gusto más del recuerdo de nuestra Semana Santa de provincia, cantada por una docena escasa de presbíteros, y acompañadas las lamentaciones de Jeremías en las tinieblas, por el órgano, cuyas flautas no son suficientemente poderosas para evitar que el Jerusalem convertete ad dominum Deum tuum llegue hasta el corazón como una punzada para deshacer su endurecimiento. El Viernes Santo es tan religioso en los pueblos de América, que cuando niño estaba yo firmemente persuadido que el Sol de la tarde se mostraba más apagado que de ordinario en aquel día. Las estaciones del Jueves Santo entre nosotros son el único momento en que un pueblo entero esté, sin distracción de cosas mundanas, entregado a un pensamiento religioso; y la muchedumbre que de las campañas acude entonces a las ciudades, da a esta fiesta las proporciones del jubileo de los hebreos, en que la nación reunida parecía pasar revista ante su Dios. La Luna llena, tradicional compañera de la Semana Santa y de la contemplación, baña con su luz triste la masa popular que ora en las calles y plazas, enviando a los lejos rumores prolongados que excitan el aullar lúgubre de los perros. Los niños no ríen durante estas horas de oración pública, y el joven indiferente por las cosas religiosas, baja el tono de la voz en sus conversaciones profanas, a fin de no lastimar los oídos ajenos. Pero en Roma es otra cosa. Desde luego la Basílica de San Pedro, que parecía construida para reunir bajo sus bóvedas todos los fieles de la ciudad santa, parece en estos días desierta, sirviendo tan solo de atrio a las diversas capillas donde tienen lugar las ceremonias, por lo que diez mil protestantes, principales espectadores de este drama, andan agrupándose aquí y allí en la vasta extensión de la Basílica, cuya nave del centro no bastaron a llenar veinte y cuatro mil austriacos, formados en una masa para recibir la bendición papal. Aquel movimiento continuo, aquella mayoría de curiosos que vienen en busca de pasatiempos, aquellos palcos elevados en el templo para comodidad de los espectadores, bastan y sobran para alejar todo pensamiento religioso. Por mejor intencionado que uno sea, la idea del teatro se viene a despecho suyo a la imaginación, y si algo falta para confundir cosas tan opuestas, el Miserere de la Capilla Sixtina, ejecutado por cuarenta voces, dulces como flautas de órgano, trae invenciblemente aquella disposición de espíritu que se lleva a todos los espectáculos. La Semana Santa en Roma es grandiosa, digna de verse, pero no religiosa, no solemne. Es verdad que Su Santidad lava los pies a los Apóstoles, y sirve la mesa de los pobres; pero en los momentos de la adoración del Sacramento, las mujeres protestantes conservan su silla, y leen el guía para saber lo que aquello significa, y los lores y turistas estrechan el agolpamiento de curiosos. Desde el Jueves Santo permanecen abiertos todos los museos del Vaticano, de manera que el público pase el día distraído, principiando por las ceremonias, pasando a examinar las bellezas artísticas del culto gentílico en los salones de los museos, hasta hacer tiempo que se cante el Miserere. El domingo de Pascua hay grande iluminación de San Pedro, y el lunes fuegos de artificio en el castillo de Sant-Angelo, todo lo cual es muy divertido, curioso y completo; pero yo estoy más por nuestra simplicidad de provincia, por ser más religiosa. Hay sin embargo entre estas pompas demasiado grandes para la limitación humana, una en la que el inmenso concurso, lejos de dañar, solo sirve para realzar el esplendor solemne que la caracteriza. Concluida la misa pontifical de Pascua, el Soberano Pontífice sube en silla gestatoria al balcón central de la fachada del templo. Toda la población de Roma llena en densa masa el atrio, grande como una plaza y la plaza contigua de San Pedro. Es una nación entera la que allí se agrupa, para recibir la bendición papal. Después de cantar el Sumo Pontífice algunas oraciones, se pone de pie y elevando las manos y los ojos al cielo para implorar la asistencia divina, derrama sobre el pueblo y el mundo, urbi et orbe, las gracias de la bendición papal. Las músicas militares, las campanas de San Pedro y el cañón del castillo de Sant-Angelo, prestan sus ecos a las aclamaciones con que el pueblo vitorea al Papa Pío IX, objeto hoy día de su adoración y entusiasmo. La mole estupenda de la Basílica, las estatuas colosales de San Pedro y San Pablo recientemente inauguradas, el gentío inmenso reunido, y la presencia del Sumo Pontífice en solio tan elevado, llenan en efecto el espíritu de ideas religiosas, como si se aguardara algún signo extraordinario que marcase el camino que recorre la bendición espiritual, desde el cielo a las manos del Santo Padre, para que él la derrame enseguida sobre el pueblo.

Otros detalles sobre Roma prolongarían demasiado esta carta que sin eso ha traspasado todos los límites posibles. Un día vendrá en que cerca de Su Señoría Ilustrísima, tenga todavía ocasión de abandonarme al placer de narrar, que domina a los que han viajado y visto muchas cosas.

Hasta entonces téngame en su afección paternal.

Florencia, Venecia, Milán
Señor don J. M. Gutiérrez.
Milán, mayo 6 de 1847.

Me interné por fin, mi querido amigo, en esta bella Italia que usted conoce ya, y que había costeado yo por sus mares adyacentes. Despedíme de Roma después que hubieron apagado la última antorcha de las que iluminan sus trescientos sesenta templos en la Pascua de Resurrección. Cuando ya las ilusiones de aquel esplendente drama se han disipado, queda en el espíritu cierto resabio como el sabor áspero y repulsivo que dejan en la boca, después de comidas, ciertas frutas gustosas. Paréceme que el cristianismo pidiera limosna al mundo en estos días para velar el cadáver de una ciudad que sirve de panteón a tantos siglos, a tantas glorias y a tanta miserias.

El camino de Florencia sale por la puerta del Pópolo al puente Molle, o Milvio o Emilius, que es solo un núcleo endurecido por los siglos y que las aguas no han podido arrastrar del todo, ni destruir la zapa de los enemigos que han venido sucesivamente a Roma. ¡Todavía por esta parte persigue al viajero una tumba de Nerón! ¡Qué miseria y qué abandono! ¿Por qué no trabaja este pueblo? ¿Por qué sus habitaciones son tan ruines, tan descuidada la cultura, y tan desaliñados los vestidos de los habitantes? Recuerdo que el P. O'Brien me decía una vez que descendíamos por la tarde del Monte Pincio: «¡qué silencio en la ciudad que ve usted ahí! ¡Qué vida tan quieta, tan tranquila se pasa aquí!». Yo echaba involuntariamente por toda contestación una mirada triste y prolongada sobre los alrededores de Roma, desolados, yermos, salvajes. ¡Qué contestarle a aquel bendito padre, que vivía contento con la escasa limosna del Hospicio dominico de Santa María supra Minervam! ¡El convento sobre el orgullo de los antiguos dominadores de la tierra!

Aquella vieja Roma estaba fundada sobre un pedazo de tierra moderno, de ayer. Los volcanes han trastornado la tierra, los lagos son cráteres, los arroyos ruedan espesos de azufre y de betún, y en la oscuridad de la noche despiertan al viajero los vapores sulfurosos y tibios que penetran por las ventanillas de la diligencia. Todas las montañas circunvecinas son montones de lavas, y más allá de Monterosi, vése todavía un torrente de esta materia endurecida, tal como quedó el año de... ayer, antes de la fundación de Roma, anterior a los monumentos etruscos que se ven sobre el mons Erosus, de donde viene el nombre moderno; y sin embargo, entre estos escombros de mundos rotos, y mal soldados aun, entro aquellas maremmas y lagos pontinos no bien salidos todavía del fondo del mar, o hundidos después de alguna fractura obrada por los volcanes en otra parte de la península, ha estado dos veces ya el centro inteligente de la tierra; de aquí han partido dos grandes mareas humanas, que han sacudido y nivelado a los diversos pueblos; la Roma guerrera y legislativa; la Roma cristiana y artística.

De estas materias terrestres humeantes y convulsas, salía hasta los tiempos de Honorio IV, el espíritu romano, destructor de naciones y de pueblos. Desde entonces acá la destrucción ha venido invadiendo a Roma. El agro romano muestra por todas partes las aretas de los antiguos palacios hundidos entre el fango que produce la malaria. Tivolí, con su bella cascada, solo ahuyenta hoy el silencio de un anfiteatro de palacios y de templos. De Tusculun no pregunte usted apenas se sabe donde estuvo; los acueductos rotos vienen desde las montañas de la Sabinia mostrando las arterias desecadas de la antigua ciudad, e ignoro si los arqueólogos han comparado el volumen de agua del acueducto Félice que alimenta a Roma, con el de los destruidos acueductos, para calcular la antigua población de Roma por el agua que consumía. Allá a lo lejos divísase una villita tostada, y encaramada sobre la cúspide de un cono. Debieron fundarla los campesinos huyendo de los bárbaros, y retiénelos ahí la malaria que ha tomado posesión de los campos. ¿Siente usted la tristeza que deben inspirar campos plantados de cañas amarillosas, raquíticas y que sirven en lugar de leña que es escasa en Roma?

En Baccano nos indicaron que era el último punto desde donde se divisaba la cúpula de San Pedro, y todos los viajeros procuramos decirla adiós en el momento en que se sumergiera entre las ondulaciones de la tierra. La obra de Miguel Ángel ausente, diga usted que está en la Mitidja de Argel, menos su cintura de naranjales y de granados. Diga usted que está entre las más agrestes soledades americanas, en medio de un pueblo semibárbaro, rodeado a veces de rebaños de búfalos más salvajes aun que los toros de la pampa.

Todos los viajeros en Italia se procuran siempre un compañero. Como el objeto es sentir por el espectáculo de los monumentos y de la naturaleza, vive mártir aquel que no puede descargarse en coloquios del exceso de ideas y de las emociones que se experimentan. Cuando fui a Nápoles, me acompañé con un joven francés de veintidós años, de la Vendée, conde, ignorante, e inocente como no vi jamás hombre de su edad tan negado. Había sido educado en el odio de la república, del imperio y de todas las glorias de la Francia, por un ayo sacerdote. Llevaba en un prendedor la efigie de Enrique V, y en un anillo las armas de su casa, de cuyo esplendor antiguo no quedaban sino algunas tierras incultas, un manoir o castillo en ruinas, restos de una biblioteca, algunos de los retratos de sus antepasados, y en el corazón de los descendientes, el odio contra la revolución francesa, contra Napoleón, Luis Felipe, y cuanto progreso ha hecho la inteligencia humana y la libertad de medio siglo a esta parte. Era pues, un pedazo de la Francia feudal no me había caído en las manos, sin degradación y sin descolorirse. ¡Cuantas tristezas me hizo este joven experimentar, bello como un Adonis, noble de origen, pasablemente acomodado, francés, e ignorante como un niño americano! Habían muerto por la educación su inteligencia, helado su corazón por los odios políticos, y desnacionalizádolo por decirlo así, a fuerza de apegarlo a tradiciones muertas y maldecidas por la generación actual. Dos grandes ideas lo guiaban en su viaje, ver a Enrique V, que se hallaba en Viena, y visitar ¡la Santa Casa de Loreto! La idea política y la idea religiosa materializadas, ¡reducidas a un hombre y a una cosa! ¡Cómo hablaba del ídolo que lo habían enseñado a adorar! ¡Besaba el retrato del pretendiente legitimista, y con trasportes convulsivos me juraba que estaba pronto a hacer la guerra, la revuelta en su nombre, y arrostrarlo todo por su causa; que lloraría de dicha cuando tuviera el placer de hincarse de rodillas en su presencia!

Nuestros coloquios eran eternos, nuestras disputas interminables. Como carecía de instrucción y no podía coordinar dos ideas, los tiros de la lógica caían sobre aquella alma desguarnecida, y lo confundían. Entonces se enfurecía y me insultaba; dos veces llegó hasta provocarme a un desafío; pero yo tenía la caridad de un ministro del evangelio por esta alma perdida, y quería convertirla; y con paciencia, con arte, con blandura, excitando su patriotismo adormecido, mostrándome más francés que él, no se si he logrado depositar en aquella alma, dura como una piedra, alguna semilla fecunda. Servíale yo de cicerone, explicábale los monumentos, hablábale, de Roma y de sus instituciones, de Grecia y de sus libertades, y me parece que al fin había logrado aclarar, porque disipar era imposible, aquella nube de preocupaciones inicuas en que había sido criado. Nos habíamos habituado a vivir juntos, y mi mayor pericia de viajero le era útil pecuniariamente hablando; veía con mis ojos, y aun yo me esforzaba, como una madre con su hijo, a enseñarle a sentir, a extasiarse, a admirar, con lo que había adquirido sobre él cierto predominio. Separámonos en Roma de regreso de Nápoles, y el día que hubimos de hacerlo, subidos a la cúspide del Coliseo de Vespasiano, dominando a toda Roma, cuyas cúpulas, obeliscos y torres, se veían pardear como fantasmas indecisos a la claridad apacible de la Luna. Volvimos a hablar de la libertad, y de la marcha fatal de los siglos. No se qué cuadro le compuse con aquellos monumentos que veíamos a lo lejos, el Foro romano, que teníamos a nuestros pies, el Capitolio, que estaba en frente, porque yo también había perdido la cabeza; y cuando lo sentía impresionado, mudo, palpitante, escuchándome absorto, parándome en frente de él, le dije: y bien, mi amigo, yo soy americano, proscrito de una república por un tirano, y aislado en otra. Vuelvo a la América; y hasta este momento no sé a qué punto dirigirme. y sin embargo... ¡Como usted no es el conde legitimista, no le daré la segunda edición de mi imprecación a todos los tiranuelos presentes y futuros, en alta, aunque para otros que mi interlocutor, inaudible voz, pues que estábamos a cien varas del haz de la tierra, accionando sin rebozo sobre aquella eminencia a la luz de la Luna. El hecho es que mi amigo, cuando volvíamos silenciosos a nuestra posada, me hacía preguntas sobre las repúblicas americanas, parecía haber comprendido que era yo algún Mazzini republicano que lo había llevado a la cumbre del alto monumento, para tentarlo, a él, ilegitimista empecinado!

A mi salida de Roma iba yo solo, en medio de aquellos doce viajeros, aprensados conmigo como sardinas en la estrecha diligencia; y si hay algo en la vida difícil para mí, es entablar relaciones con los desconocidos. Así durante un día pasé lo más del tiempo con la cabeza fuera de la portañuela viendo pasar terrenos rotos y trabajados por las convulsiones de los volcanes, divisando ciudades y villas anidadas en las cumbres de los montículos, y atravesando aldeas sucias y descoloridas. Cuando paraba la diligencia, descendíamos, y la mano de todos los viajeros acudía al bolsillo en busca del cigarro, este amigo que tantas penas entretiene, y que nos recompensa de la soledad y hace amable el silencio. Dos o tres veces encontré fuego en poder de dos jóvenes franceses, compañeros de viaje. Algunas raras palabras cruzadas de tarde en tarde entre nosotros, un objeto señalado a la distancia, una explicación dada o recibida, un intercurso de ideas, más frecuente a medida que pasaba el tiempo, más allá de Siena éramos ya conocidos. En Bolonia hicimos nuestras excursiones juntos; nos habíamos hecho inseparables después, y en Florencia tomamos posada juntos, hicimos bolsa común para nuestros gastillos de viaje, y discutimos y adoptamos un plan de campaña para visitar monumentos, bibliotecas y museos. Éramos amigos ya; y con uno de ellos debíamos serlo eternamente. Iban estos dos jóvenes de paso por Venecia, Trieste y Viena, desde donde, descendiendo el Danubio por la Hungría, pensaban pasar a Constantinopla y a Jerusalén. El joven Emilio E, lo era en extremo, hijo de un banquero, lo que le daba sin duda tal fisonomía inglesa, que los viajeros de esta nación le dirigían palabras de reconocimiento en inglés las cuales caían en su oído, sin hacerle mella, pues no entendía jota de aquel idioma. Esta insensibilidad desdeñosa lo hacía parecer más inglés aun, deduciendo sus pretendidos nacionales que debía ser un lord del parlamento por lo descortés. Aunque parisiense, su alma vibraba poco por el lado de las ideas, pues apenas había dejado el colegio. Acompañábale el otro, a guisa de mentor, por su mayor edad y experiencia; y a medida que entrábamos más en intimidad éste y yo, nos congratulábamos recíprocamente de la buena estrella que nos había reunido. Era un republicano francés, rara avis en Europa; republicano de estirpe nobiliaria; salido del mismo tronco que aquel joven vandeano, y labrado por las ideas, a fuerza de resistirlas, como las piedras angulosas que el choque de las aguas pule y redondea. M.

Ange Champgobert había nacido en las ideas legitimistas, aspirado hasta la edad madura aquella atmósfera de recuerdos de lo pasado, de odio por lo presente, y de esperanzas en un porvenir que traiga otra vez lo que ya pasó, que se conservan bajo el techo de la nobleza del viejo cuño. Había resistido largos años a la brisa libre de su época; había estudiado entonces, y sucedídole lo que a algunos creyentes, que a fuerza querer dar base histórica a sus sentimientos, concluyen por abjurar la creencia misma. Champgobert era, pues, republicano por el estudio, por la convicción profunda, razonada, en despecho de su familia, y del círculo en que vivía. Podíamos hablar largamente, trasmitirnos nuestras ideas, rectificarlas, completarlas. Gozábase él de encontrar un amigo en aquel desierto de ideas, que es la Italia, y gozábase más aun de que viniera de una república militante, aunque el momento presente le fuese aciago.

En Bolonia termina el Estado romano, y el alma respira al fin saliendo de aquellas soledades, sembradas de cúpulas de templos y de conos volcánicos. Hay en Bolonia, dicen, 70.000 habitantes y doscientas iglesias, en cada una de las cuales se ostenta alguna obra célebre del arte. No le hablaré a usted de sus torres inclinadas ni de las leyendas que sobre su origen se cuentan. Más me han llamado la atención los portales o pórticos corridos que abrigan del Sol a los pasantes por todas las calles de la ciudad, construcción que debiera adoptarse en los países cálidos como los nuestros.

Atravesando algunas colinas del pie de los Apeninos, pasando de valle en valle, dilatando la vista sobre viñedos y olivares tendidos al Sol en los faldeos, y apartando la vista de un volcancito que tiene la impertinencia de arder en plena paz y sin hacer mal a nadie, entra la diligencia en la Toscana, aquella Etruria que era todo cuando Roma no era nada. Florencia es otra Nápoles sin ruinas, sin bahía, sin lazzaroni y sin Vesubio. Más azul el cielo, más limitado y fijo el horizonte entre pámpanos y festones de verdura húmeda, y exhalando aromas, vénse las grandes cúpulas de Santa-Croce, Santa-Maria-dei-Fiori, dominadas por aquella extraña arquitectura gótica de la torre del Palacio Becchio y el Campanile, la maravilla del arte florentino, aquella esbelta torrecilla cuadrangular revestida de mármol rojo, negro y blanco, con sus cien varas de alto, lejos de todo apoyo, a guisa de un álamo solitario. Bella come il Campanile, dicen los florentinos de una muchacha graciosa, y nunca lo señalan al viajero sin muestra del interior regocijo de ser sus compatriotas. ¡Como respira uno en esta bella Florencia cual si después de larga tempestad ganase el deseado puerto, porque Roma admira y aflige, y su campaña emponzoña y oprime. Llegando a Florencia, créese salir de la mansión de los muertos a un rico oasis de verdura. Los paisanos de la Toscana revelan a la simple vista el contento, cierta cultura de modales y de espíritu; y lo que los semblantes no dijeran, diríalo el vestido aseado, las casillas de campo graciosas y la cultura de la morera, que con su copa a manera de candelabros, sirve de sustentáculo a una parra que la entreteje de pámpanos y racimos. Como las cepas y las moreras, combínanse en la población trabajadora la industria y la holganza. Por las calles sombreadas de árboles de los alrededores, por los jardines públicos y los caminos, encuéntranse grupos de muchachas de quince a veinte años, encendidos los semblantes de reír y de caminar, con grandes sombreros se paja inclinados al lado con aire matón o picaresco, cantando o charlando sin tregua, mientras que sus manos entretejen la trenza de paja de Florencia, que las fábricas preparan y espera la Europa y el mundo elegante, para hacer sombrerillos de mujeres. El pensamiento corre libre mientras los dedos hacen su obra maquinal, sueltan las trabajadoras la lengua, y echan a andar por esos mundos, a recorrer el gran ducado, libres como bandada de pajarillos, bulliciosas como cotorras. ¿Puede imaginarse vida más festiva, más aireada que la de estas muchachas de Florencia?

Tienen eso de peculiar las bellas artes, que prolongan la vida de los pueblos y de los hombres que las cultivaron. Hay en Italia un pueblo entero de estatuarios, pintores y arquitectos que viven, no ya en la tradición popular, sino mezclados a la existencia actual, y cuyos nombres, fisonomías y acciones son de todos más conocidos que los principales personajes vivientes. Recuerdan los aguadores un dicho de Rafael en alabanza del Campanile; mostrábanos un niño la losa de mármol que señala el lugar donde solía sentarse el Dante enfrente del bautisterio.

—¿Dónde está Galileo? —preguntábamos a otro.

—In Santa-Croce. En las pilastras de la galería de gli Ufflici, o las oficinas, están de pie en mármol y más grandes que el natural expuestos a las miradas del pueblo y a los rayos del Sol, Américo Vespucci, el atrevido navegante que siguió la huella de Colon y logró tomarle la vuelta en el descubrimiento del continente; Miguel Ángel Buonarotti, el más grande de los artistas modernos, y el primer hombre de su época. Guerrero, arquitecto, pintor, escultor, su nombre está entretejido con la existencia de Florencia; él levantó las murallas que la circundan, él defendió la república largos años; suyas son las mejores estatuas que decoran las plazas, palacios y templos; conócelo el pueblo como a sus manos, y créelo vivo porque no sabe cuando ha muerto, si es que mueren realmente tales hombres.

En la iglesia de Santa-Croce reposan sus cenizas, bajo un suntuoso mausoleo. Es esta iglesia el panteón de los grandes hombres florentinos. Al lado de aquel y de otro Buonarotti, anticuario, está el sepulcro de Alfieri, el gran poeta, ejecutado por Canova, el digno rival de Miguel Ángel. Más adelante tropiezan las miradas con el monumento erigido a Maquiavelo, cuyo nombre ha servido en todas las lenguas a crear un sustantivo para expresar el cálculo helado que produce el crimen por ecuaciones, el maquiavelismo en fin de los medios para llegar a un resultado conocido, el poder. Mal hacen los que quisieran vindicar a Maquiavelo de haber reducido a gramática la inmoralidad y el crimen; peor todavía los que le imputan la invención ni la justificación de las reglas que da. Tengo para mí que la moral en sus aplicaciones al gobierno de las sociedades humanas, no pertenece a las verdades reveladas, sino a las conquistadas por la civilización. Al principio de todos los pueblos el gobierno y el sacerdocio son antropófagos. Los sacrificios antiguos, la tradición, y lo que se encontró en América, lo prueban hasta la evidencia. Después, cuando las leyes de la humanidad, de la moral y de la justicia están reconocidas por los individuos, pasan muchos siglos antes que las sociedades las reconozcan para su gobierno. Ejemplo: la caridad no reza con el enemigo, con el extranjero. Cualquiera que haya sido la religión de un pueblo, se ha podido sin cargo de conciencia, talar los campos del extranjero, arrasar las ciudades, degollar, o esclavizar la población. La justicia no es de observancia contra los enemigos del estado o de la religión.

Sobrevivió el tormento en cosas de estado, y en achaques de religión el uso del fuego, y las más exquisitas crueldades han estado en práctica hasta ayer no más. De nuestro siglo es la abolición de la esclavitud, del tormento, y de la pena de muerte por causas políticas o religiosas, porque recién de nuestro siglo data la idea de que no hay autoridad política emanada de Dios, ni encargados en la tierra de hacer justicia en su nombre.

El pobre Maquiavelo escribió en el Príncipe lo que creían y practicaban los hombres más justificados de la tierra entonces, desde el Papa hasta el último juez de paz; desde el inquisidor mayor en España, hasta Pizarro y Balverde en el Perú. La moral y la justicia aplicada a la política es de pura invención moderna, y debemos de ello holgarnos sobre manera, aunque queden todavía por acá y por allá ramplones atrasados, que hacen el príncipe de Maquiavelo con un candor digno de todo elogio.

Más allá, en un oscuro rincón de Santa-Croce, está otro de nuestros conocidos, Galileo, a quien tuvieron por siglo y medio enterrado en una plaza por ser menos digno que Maquiavelo de reposar en lugar sagrado; ¡ll poverino! que había tenido la audacia de poner al Sol en su lugar, y quitarles la tentación a los don Juan de Austria antiguos y modernos de andarlo parando, a cada triqui traca, para darse tiempo a concluir alguna matanza de hombres para mayor gloria de Dios. Un siglo después de su muerte los ejecutores testamentarios de Viviani, su discípulo, consiguieron a duras penas, que sus huesos fuesen depositados en lugar sagrado ¡E pur si muove! decían también de grado o por fuerza entonces también sus adversarios, de donde resultaba que el Sol se había estado quietito siempre, presenciando sin reírse los disparates que hacemos en la tierra.

Ímproba tarea sería dar cuenta de las preciosidades de arte antiguo y moderno que encierra esta ciudad, que es ella misma un verdadero museo: 170 estatuas colocadas en parajes públicos, tantos museos como iglesias cuenta, a más de los palazzi Vecchio, Pitti, y otros que están consagrados a esto exclusivo objeto: cinco bibliotecas con 290 volúmenes impresos, entre ellos los primeros ensayos de la prensa en el siglo XV, y catorce mil manuscritos entre los que figura un Virgilio del siglo III, esto es del tiempo de los romanos. Hay un pequeño espacio que resume toda la gloria de las artes de todos los siglos. Hasta aquella altura ha llegado tres veces el genio creador del hombre, y ha retrocedido para comenzar de nuevo. En la tribuna del Palazzio Vecchio está aquella Venus de los Médicis, el último esfuerzo del arte griego; el Apollino, modelo del estilo gracioso, como el Apolo de Belvedere lo es del sublime; el Amolador, cuya copia se ve en bronce en las Tullerías; los Luchadores, y el Fauno atribuido a Praxíteles, ocupan el centro del salón. Estos representantes de un culto proscrito han ido a reunirse allí, y encontrarse iguales por la belleza sublime con la Santa virgen y el niño de

Alfaní, las dos Venus del Ticiano, completamente desnudas, la Sacra-Familia de Miguel Ángel, la Magdalena del Parmesano, la Circuncisión, la Adoración, y otros cuadros cristianos o gentiles, púdicos, o de tal manera desnudos que harían volver la vista a las damas, si fuese de buen tono hacerlo en presencia de las más desamparadas desnudeces artísticas.

Los salones de pintura, los mosaicos y las estatuas, fatigan la paciencia del espectador poco artístico. La virgen de la Chiesola de Rafael, la querida del Ticiano, son estrellas luminosas en aquel firmamento de las artes. Entre las estatuas hay algo que me ha conmovido profundamente. ¿Se acuerda usted de aquella historia de Niobe, la madre orgullosa de tener ocho hijos, y que tuvo la indiscreción de reírse de Juno, la reina del cielo que no tenía ninguno? Como todos los fatuos que mandan y están roídos por la envidia, Juno tomó los rayos de Júpiter para vengarse matándole a sus hijos. ¡Ah! ¡qué sublime es la protesta de la madre castigada por valer más que su tirano y despreciarlo! ¡Cómo tiende las manos hacia el cielo para coger si puede los rayos asesinos y despedazarlos! ¡Cómo se agranda y ensancha para cubrir con su cuerpo más espacio y salvar más hijos! ¡Cómo luchan en su semblante las angustias maternales, la cólera, el temor, y el soberano desdén por su verdugo! Me parecía oír de su boca entreabierta el grito, ¡diosa despreciable! ¡mujer estéril! ¡los rayos de la cólera no han creado nada!

Las pinturas forman la historia del arte desde sus principios, y se subdividen en escuelas romana, florentina, veneciana, española, holandesa, francesa, etc. Las obras de todos los grandes maestros están allí hacinadas. Hay una colección más completa que en Roma de los bustos de los emperadores romanos, y otra única en su género de retratos de los grandes artistas italianos.

Cada una de estas ciudades italianas ha tenido su rol importante en la larga tarea de crear al mundo moderno, gigante como Gargantúa, que ha ocupado cien nodrizas a la vez para nutrirse en la cuna. Florencia es la que le enseñó a leer sus autores antiguos, y la historia no presenta empresa más noble ni más devotamente seguida. Los libros de Grecia y de Roma se habían perdido casi todos, y apenas se conservaba el recuerdo de lo pasado en la memoria de algunos eruditos. Bocaccio, Petrarca y el Dante pasaron su vida en desempolvar pergaminos o papiros, de entre trastones y antiguallas abandonadas en los conventos. Una vez señalado aquel camino, la ciudad de Florencia, sus sabios, sus Médicis y sus comerciantes, se lanzaron por el mundo en busca de manuscritos. Asombra aquel movimiento apasionado de un pueblo entero para reunir el tesoro, desde tantos siglos disperso, del saber antiguo. El hallazgo de las cartas de Cicerón o de un Quintiliano completo, causaba más emociones en el público que un poco más tarde el descubrimiento de un nuevo archipiélago en América. Un ejemplar de Homero fue recibido con transportes de alegría. Corríanse rumores falsos de haberse hallado la segunda década de Tito Livio, y la población se agitaba entre el temor y la esperanza. Los Médicis se hicieron perdonar fácilmente su usurpación, poniéndose al frente de este espíritu de exploración y conquista de libros. Por las citas de los autores ya conocidos se buscaban los otros ignorados; emprendíanse viajes, enviábanse embajadas solemnes a Grecia, España, Francia e Inglaterra en busca de un tomo; y Alfonso de Aragón dio a uno de los Médicis un Tito Livio, en cambio de una ciudad o una fortaleza disputada. Uno de sus bibliotecarios fue Papa y llevó a Roma el santo furor de descubrir los libros latinos y griegos. Comunicóse la manía bibliográfica a todas las ciudades italianas y a las semibárbaras monarquías europeas. En el saqueo de las ciudades los libros eran objeto de codicia para el soldado, y el más glorioso trofeo que de la conquista de Nápoles, Milán o Florencia llevaban a España o a Francia, eran pergaminos roídos y manuscritos por descifrar.

    Todavía duraba esta efervescencia de los ánimos, y a causa de ella, cuando empezó a correrse la voz por todas partes, de que se había hallado un arte mágico de reproducir libros sin obra de mano, a centenares de ejemplares, todos iguales y tan bellos como las mejores copias. Ha habido un momento en que la Europa estuvo atónita, dudando, temiendo no fuese cierta tanta maravilla, ni posible adquisición tan grande. Al fin apareció la imprenta en medio del alborozo universal, y León X, florentino y Médicis por la sangre y por la empresa, empezó a derramar torrentes de libros, y a apurar los prensas en Roma, de miedo todavía de que se perdieran los libros a tanta costa reunidos, con tanta diligencia buscados. ¿Se imagina lo que ha debido ser una época y una ciudad donde de han sucedido casi sin interrupción ¿el Dante, Bocaccio, Petrarca, Savonarola, los Médicis, Calandrino (Nicolas V), Strozzio,

Galileo, Rafael, Miguel Ángel, Leonardo da Vinci, y Américo Vespucci? ¿No le sorprende esta rehabilitación de la pasada y casi perdida ciencia ligándose a la a aparición de Galileo, la víspera de partir Colon y Américo Vespucci en busca de mundos nuevos? Es el resumen de la historia humana para principiar un nuevo capítulo. Mundo antiguo corregido por Galileo; mundo moderno abierto por Colon.

Dos excursiones fuera de Florencia y de sus teatros, bibliotecas, museos y monumentos, suplirán los detalles en que no puedo entrar. Dábase a la sazón un baile por suscrición en favor de los irlandeses menesterosos, en casa del conde Demidoff, proscrito ruso ligado a la familia de los Bonaparte. El me procuró un billete de entrada, y Champgobert me acompañó a aquella tertulia regia. Encontrábanse toda la familia de Poniatowski, el gran duque de Toscana, doscientos lores y ladies ingleses, y cuanto de ilustre en viajeros y vecinos contaba Florencia. Computábanse en cuarenta millones los diamantes que servían de adorno a las señoras, y el lujo y magnificencia del palacio Demidoff daba a aquella reunión un realce deslumbrador. La estatua imperial de Napoleón, la de madama Leticia por Canova, una batalla de Horacio Vernet, y los retratos de José Bonaparte y otros miembros de la familia, componían lo que llamaré la galería imperial, mientras que otros salones ostentaban gran riqueza de objetos de arte. Demidoff posee en Rusia la única mina de pórfiro verde que existe en el mundo, y sus fragmentos se ostentan en su palacio en vasos y mesas de rara belleza.

Echado en aquel torbellino de gentes que recorrían los salones, tuve la desgracia de llamar la atención sobre mí, por una especie de embobamiento ridículo. Tanta era la apretura una vez, que habiendo sentido hacerse un claro, me lancé al medio, y me esforzaba, atravesándolo, a abrirme paso por el lado opuesto. Todos me miraban con extrañeza, y la persona que tenía por delante a media vara, con una dulzura indulgente que mostraba que me perdonaba una falta. Era el anciano gran duque de Toscana ante quien se venía abriendo aquel espacio de que yo había querido aprovecharme.

Fuimos a Fiezzole, situado sobre una inmediata eminencia, aldea miserable hoy, y antes la capital etrusca, de que queda aun un anfiteatro de construcción ciclópea, sobre el cual crecen las moreras vivas de la Toscana, cultivadas con todo el espacio que prescriben las reglas, y combinándose con una parra que sostienen y entrelazan con gracia entre sus ramas. Champgobert y yo sacamos copias que yo necesitaba para mis estudios sobre el cultivo de esta planta.

Desde las alturas de Fiezzole, como desde el campanile, siéntese, echando la vista sobre la capital y la campiña toscana, la verdad de los versos del Ariosto:

> A veder pien di tante ville e colli
> par che il terren verle germogli, come
> vermene germogliar suole e rampolli;
> se dentro a un mur sotto un medesmo nome
> fusser raccolti y tuoi palaggi sparsi,
> con te sarian de pareggiar due Rome.

De Florencia, terminadas las carreras que los lores ingleses habían preparado en los alrededores, y en las cuales murió uno a mi vista haciendo de jockey, tomamos el camino de Padua, en busca de Venecia.

La Italia es desde la Romania hasta la Lombardía un jardín delicioso. Los Apeninos van desapareciendo poco a poco, y dejando ver un país inmenso, una llanura sin límites, sembrada de ciudades, de villas, y cubierta de árboles y de verdura. Es la pampa inmensa, pero cultivada, pero interceptada de ríos navegables que van a desembocar en el Adriático, formando de paso las célebres lagunas venecianas.

Sabe usted que no he cruzado la pampa hasta Buenos Aires, habiendo obtenido la descripción de ella de los arrieros sanjuaninos que la atraviesan todos los años, de los poetas como Echeverría, y de los militares de la guerra civil. Quiérola sin embargo, y la miro como cosa mía. Imagínomela yerma en el invierno, calva y polvorosa en el verano, interrumpida su desnudez por bandas de cardales y de viznagas Pero volviendo a poco el caleidoscopio, la pueblo de bosques, tal como con más desventajas se ha realizado en las Landas de Francia, y en las desnudas montañas de las Ardenas. ¿Por qué la pampa no ha de ser, en lugar de un yermo, un jardín como las llanuras de la Lombardía, entre cuyo verdinegro manto de vegetación, la civilización ha salpicado a la ventura puñados de ciudades, de villas y de aldeas que lo matizan y animan? ¿Por qué? Díréselo a usted al oído, a fe de provinciano agricultor, porque el pueblo de Buenos Aires con todas sus ventajas, es el más bárbaro que existe en América; pastores rudos, a la manera de los kalmucos, no han tomado aun posesión de la tierra; y en la pampa hay que completar por el arte la obra de Dios. Dada la tela, se necesita la paleta y los tintes que han de matizarla.

En Padua está el salón más grande que han construido los hombres; una cámara techada para reunir a una ciudad entera a deliberar sobre los asuntos públicos, en los tiempos en que las repúblicas italianas eran la gloria y el albor de la rehabilitación de los derechos del hombre. El país que media hasta la orilla de las lagunas, es un paisaje ideal, fabuloso, imposible, tan bello es. Un ferrocarril lleva a Venecia, y un puente colosal lo hace entrar por sobre las lagunas a la ciudad señora del Adriático, como aquella calzada que conducía a México y donde Hernán Cortés se batía en retirada en la noche triste. ¡Venecia! ¡Pobre esqueleto de república! ¡Tus lagos, centro en otro tiempo del comercio del mundo, infestan hoy con su aliento nauseabundo; los palacios de tus nobles sirven de posada para el extranjero, como las ruinas de los templos del Egipto de aprisco a los ganados! Tus maravillas están ahí de pie aun, como cadáveres petrificados. El León de San Marcos ve los gallardetes austriacos agitarse sobre los mástiles en que ondeaba en otro tiempo el pabellón de la república. Tus plazas están desiertas, por el pavor que inspira la guardia tudesca, montada con cañones asestados a las calles. ¡Venecia! ¡Venecia! ¿Dónde están tus patricios? ¿dónde tus flotas? ¿dónde tu orgullo indomable? ¡Ay! ¡Los crímenes de los gobiernos los pagan caro los pueblos, y es fortuna que nada quede impune! Habías ofendido la moral con vuestras horribles leyes, y fuiste suprimida, pisada como un monstruo que sobrevivía del mundo antiguo.

La tristeza de Venecia no excita a la melancolía; es una opresión que abruma el corazón; la atmósfera húmeda pesa sobre los pulmones, y quisiera a cada momento escaparse el viajero para ir a respirar a otra parte. El célebre Gran Canal, en que tenían sus residencias los antiguos patricios, yace hoy desierto, y de noche descúbrese por la falta de luces en sus ventanas, la ausencia de habitantes. Los proscritos de las monarquías europeas acuden a poblar estos palacios abandonados, que obtienen en arriendo a vil precio;

véndense los cimientos de muchos de ellos para el extranjero, y cada mes se anuncia la venta en pública subasta del museo de pinturas del último descendiente de una familia noble, que se deshace de ellas para vivir del último vestigio de la pasada opulencia. Las góndolas, cubiertas de un manto de bayeta negra, de ordinario descolorida, añaden nuevas tristezas por sus formas funerales a este cuadro, y el uso de esconderse los transeúntes bajo sus cortinas, parece calculado para disimular la vida como un oprobio o un delito en aquella extraña ciudad, donde no se ven caballos, ni bueyes, ni perros.

Todo ha muerto en Venecia, menos la policía inquisitorial que la continúa el Austria. ¡Cuántos sustos hemos pasado al entrar en aquella prisión, aquella penitenciaria subdividida por canales! En Florencia nos había sorprendido el grito de la república francesa, que daba señales de vida con la aparición del primer tomo le los girondinos que acaba de publicar Lamartine, el primero de la República por Michelet, el otro de Luis Blanc. Yo había comprado la obra de Gioberti Del primato degli Italiani. Estos cuatro libros eran nuestro pasto, devorado con ansia en las horas que nos dejaban libres las correrías. Al llegar a la aduana de Venecia, en el ferrocarril mismo leía yo aquellas valientes páginas del abate italiano, que despertaba el sentimiento latino, como un vínculo y como una corriente galvánica para volver a la vida la Italia adormecida. Un veneciano hubo de ver lo que leía, y con muestras de pavor indecibles: ma, ill Gioberti! me decía; usted va derecho a una cárcel; hace seis meses que Marucini está incomunicado por habérsele encontrado este libro.

—Pero yo soy extranjero —le observaba— soy americano. ¡Perduto! ¡olvidatto! —exclamaba con dolor—; ¡quién ha de reclamaros!

Tuvimos con Emilio y Champgobert una sesión secreta. Cada uno tenía su pecado y su cabeza de proceso. Por lo pronto dispusimos arrojar los libros a las lagunas; pero el miedo nos inspiró y los libros fueron salvados. En Italia el viajero lleva siempre el guía en las manos. Tomando cada uno de nosotros debajo del brazo un volumen de los prohibidos, nos presentamos impávidamente en el resguardo para el registro de los equipajes; andábamos los tres juntos, listos para pasarnos de uno a otro el libro; y gracias a este ardid, Gioberti, Lamartine, Michelet y Luis Blanc hicieron su entrada triunfal en Venecia.

309

Alojamos en un palacio en el Gran Canal enfrente de la aduana de mar, sobre cuya cúpula sirve de veleta una estatua de bronce de la Fortuna, la cual agita su velo a merced del viento, mostrando, según el lado de donde sopla, sus graciosas y desnudas formas, de frente, de costado o por la espalda. Esta es la situación más bella de Venecia; allí termina el Gran Canal, ensanchándose y despejando la perspectiva. A lo lejos se divisan las islas, y el Lido, interrumpiendo solo la tersura quieta de las lagunas, las estacas que marcaban antes los canales practicables, y las negras góndolas que se dirigen a la plaza de San Marcos, cuyo embarcadero está a poca distancia.

Traía Emilio el nombre de un gondolero que había servido a su familia un año antes, y debíamos tomarlo por la temporada. Un gondolero es un guía, un cicerone, un cochero, un amigo, y un mandadero, corredor y cuanto se desee, si se le encuentra bueno. Pietro Traro estaba desde por la mañana a nuestra puerta con su góndola, nos compraba los mejores cigarros, y era nuestro consejero. En las expediciones que hacíamos en la ciudad, él nos mostraba los lugares célebres, contándonos aventuras, tragedias y anécdotas que no trae el guía. Una noche de Luna debíamos ir al Lido a ver el Adriático. Dos remeros diestros en el canto de barcarolas habían de acompañarnos. Una señora descendiente de Alejo Comneno era de la partida, y para hacerla más picante yo llevaba mi albornoz y la pipa árabe. La góndola empezó a deslizarse silenciosa sobre el agua en que rielaba la Luna como una corriente de oro, agitada por el golpe acompasado de los remos. Las barcarolas se sucedían yendo a extinguirse sin ecos en las sinuosidades de la ciudad que desfilaba a nuestro costado. Estábamos ya lejos de la plaza, y solos en el centro de las lagunas; los remeros habían dejado de cantar, y las emociones plácidas de aquella escena, alumbrada por la suave luz de la Luna, habían agotado las observaciones que entretienen y animan la conversación. Champgobert me insinuó entonces la idea de sondear a Pietro, sobre la dominación austriaca, y comenzó por interrogarlo a este respecto. Pietro dejó el puesto que ocupaba, y colocándose entre nosotros tendió la cabeza por sobre el borde de la góndola para inspeccionar en todas direcciones la superficie de las lagunas y asegurarse de que ninguna otra estaba cerca de la nuestra. Estamos seguros, dijo, de los tedesqui. ¡Oh! ¡Asesinos, ladrones! ¡Sí! ¡un día llegará para Venecia! Yo conocí a Napoleón, y serví en sus tropas cuando muy joven. Los nobles lo traicionaron y nos entregaron al Austria. Sabéis ¿cómo gobiernan los austriacos a Venecia? Yo soy un pobre gondolero, tengo tres hijos y mi mujer que viven de mi trabajo. Hay épocas en que las góndolas escasean como ahora por la afluencia de extranjeros; hay semanas buenas, pero hay meses en que en las lagunas no se mueve un remo. Entonces nuestro alimento único es un pedazo de polenta, y hay días en que la polenta no está a nuestro alcance porque falta en la bolsa un cobre ara comprarla. Los tedesqui han impuesto un derecho de un peso por semana sobre las góndolas, y cuando no pagamos al recaudador, nos las venden en pública subasta. Dos me han vendido ya, porque no había trabajo ni polenta para y fanciuli. ¡Ah! exclamó Pietro, poniéndose de pie y dirigiendo hacia Venecia sus dos robustos puños cerrados: si algún día se os llega la hora, tedesqui, si alguien nos ayuda, uno solo no queda vivo; vuestros cadáveres han de embarazar los reinos de las góndolas en los canales, vuestra sangre ha de teñir de rojo las lagunas... y sintiéndose embarazado por el italiano que hablaba para hacerse entender, prosiguió en el dialecto venociano, con un despeñadero de palabras ininteligibles para nosotros, acentuadas por el despecho, temblorosas de emoción y de dolor, hasta que mesándose horriblemente los cabellos, cayó de súbito sobre un banco, y escondió por largo tiempo su cara pálida entre ambas manos; poniéndonos con su silencio, mudos a nosotros y pesarosos de haber hecho vibrar por curiosidad indiscreta aquella cuerda del patriotismo veneciano.

Llegamos en poco al Lido, atravesamos casi sin hablar la estrecha lengua de tierra que separa las lagunas del Adriático, y contemplamos un rato aquel mar desierto, aquel vasallo que lame aun los pies a su reina cautiva; y el eterno murmullo de las olas que vienen a quebrarse en la ribera estable, me pareció todavía la impotente protesta de los pueblos oprimidos, el eco de las imprecaciones de Pietro, que el viento llevó consigo, quedando Venecia tranquila, ¡inmóvil bajo la salvaguardia de los cañones de la plaza de San Marcos!

Y este odio contra sus dominadores no solo bulle en el pecho tosco del gondolero veneciano. De camino para Milán, la diligencia atravesaba por entre bandas de conscriptos húngaros que venían a engrosar la guarnición. Un joven lombardo los veía desfilar; y como yo le hiciese notar la extrema juventud de la mayor parte de ellos; ¡y barbarí! me decía con desdén, mendigos que vienen a comer pan, y vivir en palacios en Italia. Mantenemos ciento cincuenta mil perros hambrientos que nos guardan. En Milán un banquero me decía, cerrando la puerta para no ser escuchado, trescientos sesenta millones por año arrancan a la Lombardía los austriacos. Esas campiñas de que usted habla se cultivan para ellos; nosotros somos inquilinos que tomamos nuestras propiedades en arriendo; a fuerza de trabajos logramos guardar algo para nosotros.

En Venecia habíamos concluido por cansarnos de ver cuadros de los célebres maestros. Cuando atracábamos al atrio de una iglesia, Champgobert preguntaba al solícito sacristán: ¿hay cuadros de Pablo Veronese?

—Si, signore... ¡Y como comenzase el eterno catálogo de los cuadros, basta, Pietro, lo decíamos! a otra iglesia, adonde no haya ¡Ticianos, ni Veronese, ni Perrugini! Para qué he de mentarle la iglesia de San Marcos, brillante al Sol de mosaicos sobre oro y lapislázuli, erizada de minaretes, como una mezquita turca, y coronado su frontis con los caballos de bronce tan celebrados, viajeros eternos que han echado de camino dos mil años desde Corinto a Atenas, Roma, Constantinopla, Venecia, París, y sentido su crin de bronce acariciada sucesivamente por Pericles, Nerón, Trajano, Constantino y Napoleón. La arquitectura oriental de esta catedral es única en su género en Europa, con sus mosaicos bizantinos. Hemos recorrido el palacio del Dux, el Puente de los Suspiros, la cárcel de los, Plomos. Las maravillas del arte no pueden describirse sin entrar en los más mínimos detalles, resucitando el cielo azul que las cubre, evocando la historia que las dio vida. Cómo describirle por otra parte aquella sala del consejo, vasta plaza pública techada, con artesones dorados y medallones de arabescos que contienen telas del Ticiano suficientes a cubrir el cielo de nuestros más grandes salones. Allí está la galería de los Dux de Venecia, y aun se conserva vacío el hueco que debió ocupar el retrato de Marino Faliero, que quiso curar hace tantos siglos, el mal que la conquista y el siglo XIX han extirpado en Venecia: la nobleza, ociosa, corrompida y avara.

Una cosa me sorprende en la historia de este pueblo, historia única en la tierra. El pueblo itálico-romano envilecido por los emperadores, dispersado por los bárbaros, se asiló en os lagos de Venecia llevando consigo las distinciones de clases. Daru y otros han buscado el origen del patriciado veneciano en una especie de convenio hecho al fundar la república, por el cual unos consentían en ser plebeyos, populani, y los otros amos y nobles. Pero los italianos que escapaban del exterminio de los bárbaros, venían ya nobles de origen, o plebeyos de raza; y se necesitan grandes progresos de inteligencia, han sido necesarios veinte siglos para que los hombres refundan sus ideas sobre este punto; y aun así la nobleza inglesa sobrevive a la rehabilitación del hombre en cuanto a hombre. La república veneciana venía, pues, continuando la república romana de Tácito, siguiendo la aspiración de los pueblos caídos que tratan siempre de realizar el tipo de perfección que su gloria pasada le presenta siempre.

Si añadimos los catorce siglos de Venecia a los doce de Roma, tendremos una república que ha durado veinticuatro siglos sin interrupción, porque no ha de llamarse tal, el que una ciudad o un pueblo transmigre con sus ideas de gobierno de un punto del suelo a otro. Mataron esta república Colon y Bonaparte, dignos instrumentos para destruir el último resto de Roma, que había iniciado por las artes, la navegación y la industria, el mundo moderno, basado exclusivamente en el trabajo y en la ciencia que lo dirige y ensancha.

Los horrores del despotismo de esta república con dos mil tiranos, no eran tampoco inherentes a la esencia misma de su gobierno. La inquisición católica autorizada en las ideas de la inquisición política, y falseando la conciencia y el sentimiento moral en las cosas de Dios, los antiguos pueblos católicos han estado dispuestos siempre a admitir la generalización del principio a las cosas del gobierno. Si ha de asesinarse a los herejes, quemarlos, exterminarlos, negarles justicia, violar para con ellos todas las formas, ¿por qué no ha de hacerse lo mismo con los que perturban el reposo público y atacan al Estado? Por eso es que los pueblos protestantes fueron los primeros en apagar la inquisición y en negar a la causa llamada de Dios, el derecho de violar las leyes de la justicia conquistadas a tanta costa. Los gobiernos cruentos han estado siempre calentándose en torno de aquella hoguera. Lo demás usted lo sabe, una usurpación de poder cometida por unos nobles con exclusión de otros, trajo la revolución; la revolución legítima sofocada trajo el Consejo de los Diez por un mes; el Consejo se prorrogó por el terror, y seiscientos años de crímenes no bastaron para remediar el error cometido entonces. Usted presiente sin duda que estoy haciendo aplicaciones a mi país. ¿Pero cómo cerrar los ojos a la vista de esta semejanza tan notable, que hace que se repita en América el mismo hecho, por las mismas causas que en Venecia? Lo armaron con el poder absoluto, con el poder de cometer crímenes espantosos, sin acordarse que no es cosa fácil arrancar después el arma fatal de las manos de un necio furibundo.

Este pensamiento me ha asediado durante mi permanencia en Venecia, y sea efecto de la mísera condición humana que nos hace engrandecer nuestras desgracias para justificar la abyección en que hemos caído, todavía más minuciosas comparaciones históricas hacía a mi amigo Champgobert, que escuchaba con gusto la narración de las dolorosas enfermedades a que están expuestas las repúblicas; porque el espectáculo de Venecia encadenaba en su prisión de lagos; los recuerdos de Roma y de Florencia frescos aun en nuestra memoria; nuestras convicciones políticas alentadas ahora por aquel estallido del pensamiento en Francia, y que venían a sorprendernos en el corazón de la Italia y a darnos esperanzas; todo contribuía a tenernos en un estado de excitación y de insomnio, leyendo, comentando, comparando lo presente con lo pasado, augurando sobre un porvenir mejor, y haciendo de nuestra peregrinación en Venecia, el curso de política más apasionado, más erudito y más dramático.

Nuestros derroteros eran opuestos y debíamos separarnos. Los buenos jóvenes franceses me acompañaron hasta Vicenza, y de allí hasta Milán caí de nuevo en la soledad y el aislamiento de que tan felizmente me había salvado, durante un mes de asociación. Milán es la ciudad fronteriza de la Italia, la barrera opuesta a los pueblos del norte, el término en que han venido a espirar los movimientos de la civilización que traspasan los Alpes. El arte gótico por ejemplo, partido del fondo de la Alemania, llegó hasta allí y dejó el Duomo de Milán, que no es más que la vieja catedral gótica, bañada por luz italiana, embellecida por una prodigiosa superfectación de estatuas, verdaderas plantas parásitas que fecundan sobre el mármol un arte pródigo de bellezas. En Milán se han dado rudas batallas las influencias trasalpinas que llegan batiéndose hasta la frontera italiana. El arco triunfal erigido por Napoleón ha sido decorado de trofeos por la mano de los que lo vencieron; el extranjero italiano está allí ensambenitado por los austriacos. A pocos pasos Monza, la capital lombarda, enseña a los viajeros la célebre corona de hierro que tantos conquistadores han puesto sobre su cabeza. Tocóme hacerme de relaciones con un abate francés, y gracias a su oficiosidad obtuve el raro favor de ver aquella reliquia, mediante una orden del gobierno austriaco. En una iglesia gótica del siglo XII guárdase la cruz en cuyo centro está el relicario que la conserva. Un sacerdote revestido de ropas sacerdotales, y acompañado de cirios e incensarios, trae una de las tres llaves que guardan el sagrario. Hincados los circunstantes de rodillas, sube el sacerdote y hace con ritualidades minuciosas el descenso de la cruz. La corona que ofrece a la adoración en medio de nubes de incienso, es de oro macizo con una docena de rubíes y esmeraldas engastadas. En los brazos de la cruz hay varios relicarios que contienen los objetos siguientes: dos espinas de la corona de Jesu-Cristo; un pedazo de la esponja que le pasaron con vinagre, «et noluit bibere», sublime palabra, que encierra el más noble de los preceptos de dignidad dado a las víctimas contra los verdugos. Nuestro animal se hubiera domesticado, si no hubiese hallado en Buenos Aires y al principio de su carrera espantosa, veinte generales y ciudadanos que consintieron en ponerse bigotes pintados con corcho, para complacerle. A esos les pasaron vinagre, y bebieron.

Por la parte interior de la corona corre un círculo de hierro de menos de un dedo de ancho, formado de un clavo de los que sirvieron para la crucifixión de Nuestro Señor Jesu-Cristo; y como acertara a encontrarme en Milán el 3 de mayo, en que se celebra la Invención de la cruz, tuve todavía el gusto de ver otro clavo de la pasión que el arzobispo paseaba bajo las bóvedas de la célebre catedral gótica. Añádense a las curiosidades de Monza otras mil obras de arte moderno y antiguo, estatuas de plata, bustos, candelabros y otras obras de arte, el abanico y el peine de la primera reina lombarda que vivió a principios del siglo XII, y que muestran que las artes del buen gusto estaban por entonces tan cultivadas como hoy.

Siente usted sin duda que voy en mi narración muy deprisa. Tráenme fatigado en efecto, tantas excursiones y correrías. La vista se deslumbra al fin en medio de tantas maravillas, fatigan estas bellas artes italianas, prodigadas por todas partes en millares de objetos, y que sin embargo, a nada se ligan. Restos eternos de glorias pasadas, proyectan su sombra sobre pueblos que no tienen ni vida propia, ni existencia política. Matan a la Italia sus recuerdos mismos, y en cada extremo de la península, en Nápoles o Milán, en Florencia o Roma, en Génova o Venecia, hay un centro italiano, con su pasado glorioso y su desesperante presente, que neutraliza, cruzando las atracciones, el sentimiento de la nacionalidad, que aguzan la joven Italia, y Pío IX, Mazzini y Gioberti, cada uno a su modo.

No ha entrado tampoco en mi idea describir todas las cosas que veo. Un cuadro impone el deber de describir los otros, y son diez mil; la arquitectura de una basílica ha de distinguirse claramente en la narración de las otras ciento, tan dignas unas como otras de examen y de mención. Las escenas naturales varían al infinito, las ciudades se multiplican a cada paso, los recuerdos de tres historias están aquí entremezclados, romanos, repúblicas italianas y Napoleón; y el papel y la paciencia para tanto escasean. La Guía del viajero en Italia señala de paso todas las curiosidades, Dumas a descrito el Lago Maggiore, la estatua de Borromeo y el Duomo de Milán, y yo huyo de arrostrar las comparaciones.

Suiza, Munich, Berlín
Señor don Manuel Montt.
Gotinga, junio 5 de 1847.

Su última de usted me pone en camino, para satisfacer a su contenido, de referirle mi peregrinación al través de la Suiza y de la Alemania, principales focos de la emigración de que con tanto interés me habla. Despedíme no ha mucho, en la Catedral de Milán, de aquella Italia madre afortunada de tan altas concepciones humanas; y para reposarme de la fatiga de admirar bellezas artísticas, o de evocar la historia para buscar el hilo que liga los presentes a los pasados tiempos, resolví dirigir mi itinerario hacia los Alpes, uno de los más bellos monumentos del Genio Supremo que inspira las perecederas artes de imitación. ¡Cuán bellos son los Alpes, aquellos hijos primogénitos de la tierra, porque decididamente son mucho más viejos que nuestros agigantados Andes! La vegetación de ellos disimula por todas partes las rugosas cicatrices de los siglos, y un bosque espeso de pinabetos seculares se obstinan en decorar las nevadas cúspides, cual si quisieran figurar negra barba y cabellera de la montaña en toda la fuerza de la edad. Arroyos y torrentes por millares varían al infinito la sublime rudeza del paisaje, y si el bullicio de las poblaciones se amortigua a la distancia, sobran cascadas que con su murmullo den voz eterna a las soledades. Tersa y brillante como depósitos de azogue muestran su superficie tranquila los bellísimos lagos, sombreados al rededor por musgosas o arboladas montañas, que sirven como de labrado marco a aquellos prolongados espejos de agua. Lo que más embellece el aspecto de los Alpes es la presencia del hombre aun en sus más escabrosas sinuosidades. La cultura, las villas y alquerías hacen domésticas aquellas agrestes bellezas, sin que el viajero acierte a comprender si las nieves han descendido accidentalmente hasta las habitaciones humanas, o bien si las nevadas regiones sirven también al hombre de hospedable morada.

Muy conocido de todos es el lago Maggiore por su Isola Bella, y el coloso de bronce de San Carlos Borromeo. En dirección opuesta se extiende el menos frecuentado de Como, aunque no ceda a aquel en bellezas naturales. Un vapor lo atraviesa diariamente en toda su longitud, permitiendo examinar una a una las faces diversas que asume a cada nuevo accidente de las montañas que lo circundan. Más allá del Promontorio de Torno, vése la célebre Pliniana, fuente intermitente que ya fue descrita por Plinio, y en cuya conmemoración ha sido bautizada con su nombre. Ambos Plinios son los dioses tutelares de la ciudad de Como, y sus estatuas sedentes a uno y otro lado de la puerta de la gótica catedral, parece que aguardara allí un segundo advenimiento, para entrar en el número de los escogidos. En los alrededores del lago comienzan ya las bellezas agrestes de la Suiza, si bien la presencia de la Italia se deja sentir todavía por las hermosas villas y palacios, derramados sobre ambas orillas, y en cuyos museos se ostentan, entre variada colección de producciones artísticas, algunos mármoles animados por Thornwaldsen y Canova.

Desde la extremidad interior del Lago, pasando por Cólico y Chiavenna, el camino continúa hacia la cordillera del Splügüen, uno de los pasajes más célebres de los Alpes, a causa del aterrador aspecto del paisaje, y no menos digno de noticia por la vía que facilita el tránsito aun en medio del invierno, y que encierra cincuenta revueltas, otros tantos puentes, cinco galerías cubiertas, las cuales miden juntas diez cuadras de largo; siendo tan espantosos los abismos que el camino salva, que uno de sus puntos conserva aun el pavoroso nombre de Pasaje de la Muerte. Todas estas obras colosales que han absorbido veinte años de trabajo y millones de capitales, inútiles para el tránsito de la artillería como las del Simplon, tienen por humilde objeto facilitar el comercio entre la Lombardía y algunos pobres cantones suizos. Al verlas he debido recordar nuestros pasos de los Andes, que tampoco honor hacen a la solicitud de los pueblos, cuyas relaciones comerciales están llamados a activar. No sé si aun prevalecen por allá (¡oh! no haya miedo que sí prevalecerán) las ideas económicas que hacen creer a muchos de poca monta la existencia de un tráfico de tierra, sin reflexionar que el comercio es como el oro, a saber, que no hay oro ni comercio malo, y que un grande emporio comercial, no se forma sino por el intercambio del mayor número de productos posibles, lucrando en ello el lugar donde la feria se tiene, llámese Londres o Valparaíso. Así los economistas europeos no alcanzan a comprender qué especie de vértigo domina a ciertos gobiernos americanos para cerrar el tránsito a las mercaderías. Hablando de materias análogas, Cobden, el célebre inglés agitador del libre cambio, me decía en Barcelona: «asombra, en efecto, ver la persistencia de las preocupaciones que dominan a los pueblos, con las cuales, y a merced de una palabra, se les hace obstinarse por siglos en su propio daño. En Inglaterra nuestros propietarios se llaman protectores, y el pueblo a quien hacen morir de hambre con sus leyes prohibitivas, se cree sin embargo por ellos protegido, yendo a estrellarse contra equívoco semejante todos mis esfuerzos para propagar mejores doctrinas». A consecuencia de errores parecidos, el camino que ilustró el nombre del primero de los O'Higgins, conserva apenas en algunas ruinas de casuchas, rastros de poder humano, no pareciendo sino que la naturaleza salvaje sola hubiese aprovechado de la independencia americana, recobrando su dominio en todos los puntos en que el gobierno español la había sometido, para asegurar la comunicación entre sus colonias. ¡Cuán diferente es el espíritu que ha aconsejado la construcción del camino del Splüguen! Aquí la diligencia tirada por caballos, llega sin esfuerzo hasta el pie de las montañas nevadas; un viaducto salva aquí un precipicio espantoso; más allá el vehículo se sepulta en una lóbrega galería que resguarda al viajero contra la caída de las avalanchas, haciéndolas rodar sobre su ancha espalda; entre la ruda fragosidad de las quebradas, por sobre arroyos y barrancos se desenvuelve en mil contorsiones una calzada de granito de seis varas de ancho, y parapetada hacia el lado de los precipicios por un baluarte continuo de madera. Así, pues, obstáculos mayores acaso que los que presentan nuestras cordilleras, han sido allanados y sometidos por el poder inteligente de los gobiernos limítrofes.

No es menor nuestra falta de medios para luchar con ventaja contra las dificultades que oponen las nieves durante el invierno, tomando en los Alpes un interés especial el viaje, cuando el pesado vehículo ha remontado a las altas regiones. Allí están prontos los trineos tirados por un solo caballo, los cuales de a dos en dos han de arrastrar a los viajeros sobre la ancha superficie nevada, desviándose del camino artificial sepultado en invierno, y cuya dirección señalan altos postes de madera. El trineo sube con facilidad las alturas, desciéndelas con rapidez alarmante, y a veces deslizándose sobre pendientes rapidísimas, toma dirección tan oblicua, que el asustado transeúnte toca la nieve con la cara, o traza en ella surcos con los hombros, sin serle dado tratar, en estos vuelcos frecuentes, de ayudarse con las manos o saltar del vehículo, por temor de las heridas que puede hacerse en las puntas y filos de las escarchas. El tránsito de las mercaderías se hace igualmente a cordillera cerrada, en trineos arrastrados por un solo caballo, conduciendo cada uno tres sacos de granos, por ejemplo, mayores que los que cargan de a dos nuestras mulas. En los Alpes, pues, el invierno, en cuanto a obstáculo para el tráfico, ha sido por todas partes abolido; en cambio en los Andes corría riesgo de quedar suprimido aun el estío. Ya se ve, somos tan ricos de ambos lados, que les ha de parecer, desatino el intento de los que en otro punto de los Alpes están hoy taladrando el granito por medio de máquinas monstruos, para hacer atravesar un camino de hierro.

En las cumbres del Splüguen haya conveniente distancia uno de otros dos palacios, no que casuchas, destinado uno al abrigo de los viajeros sorprendidos por los temporales, y el otro dispuesto para contener la sañuda turba de los argos de la aduana austriaca. La frontera suiza comienza allí, y el viajero saluda cordialmente al vecino cantón de los grisones, porque allí concluye el martirio de los visas del pasaporte, y el continuo hacer y deshacer de la mala que lo trae ya impacientado. El pasaporte en los países gobernados por el buen querer de los reyes, es un mandato de prisión que el extranjero lleva consigo; la soga con que está atado al palenque de la policía. Al llegar a las puertas de una ciudad, recibe en cambio del pasaporte una boleta en la cual, con la mayor cortesía, se le previene «de no tener que culparse sino a sí mismo de lo que pueda sucederle si no se presenta a la policía en el término de veinte y cuatro horas». ¿Quién será aquel tan injusto y desavisado que vaya a culpar al despotismo de lo que le suceda, cuando se tiene más a mano a sí mismo para echarse la culpa de todo? y como por otra parte Silvio Pellico ha dado tanta celebridad a las prisiones de Spielberg, el viajero se apresura a corresponder a la mayor brevedad a la civil invitación. ¿De dónde viene? ¿A qué viene? ¿A quién conoce? ¿Quién es su banquero? ¿Cuántos días piensa usted permanecer? ¿Qué libros trae?

He aquí los puntos ordinarios de la conversación del jefe de la policía, acaso por variar aquella machaca del calor y del frío con que comienza entre gentes vulgares. Olvido prevenir para instrucción de futuros viajeros, que para entrar en los estados austriacos ha de traerse el exequatur de un nuncio del imperio desde Roma, Turín, Marsella o París, sin cuyo requisito se le hace volver desde la frontera. En honor de los gobiernos paternales, debo añadir que la práctica omite buena parte de las vejaciones prescritas por reglamento y tarifa; porque en Italia es una mercadería el extranjero, y en Austria efecto estancado.

Dejando, pues, los estados austriacos en la espina dorsal de los Alpes, el camino, no bien desciende a la Suiza, se hunde en los abismos de la Via Mala, trecho de país montañoso, o más bien larga hendidura de las rocas, que apenas dejan ver en lo alto una angosta faja de cielo. El camino se sepulta en las entrañas de un peñasco, y entonces se llama el Paso perdido, para pasar enseguida un otro Puente del diablo, echado sobre el Rin posterior, que se agita a cuatrocientos noventa pies más abajo. Aquí la naturaleza alpina asume un carácter tan terrífico que hace helar la sangre en las venas. Mosca parece la diligencia, moviéndose sobre paredones de rocas dentelladas que se elevan en masas verticales a miles de pies de altura. El Rin, que a poco andar comienza a ser navegable, vése allá abajo como una cinta blanca, inmóvil al parecer y como detenido entre las rocas, las cuales se cruzan y enroscan sobre él como si quisieran ahogarlo. ¡Qué combate, qué torbellinos revolviéndose sobre sí mismos! y sin embargo, ni un solo gemido del líquido atormentado llega hasta la altura donde el puente está suspendido sobre el abismo, y desde el cual contemplábamos aterrados aquella muda batalla que, entre las rocas y las aguas, se está dando ¡desde la creación del mundo acaso!

Un poco más adelante y al salir de la Vía Mala, que ¡así es ella! se avanza sobre el victorioso Rin, como la reserva de la materia inerte que cede mal de su grado el paso, un enorme peñón, en cuya cima, y muy cerca del cenit, se diseñan contra el claro azul de los cielos, los pardos torreones de un castillo gótico, guarida en otro tiempo, según es fama, de un señor feudal que ponía a contribución el vecino valle, hasta que levantándose los paisanos a la voz de Guillermo Tell, el castillo fue embestido y tomado por asalto, y el castellano, defendiéndose y cediendo el terreno palmo a palmo, se despeñó al fin con su caballo, sepultando con su persona en las turbias ondas del Rin, el último vástago de su antigua familia señorial. Más adelante, y cuando el horizonte empieza ya a dilatarse, encuéntrase la pequeña aldea en cuyo humilde recinto no hace cincuenta años un proscrito francés enseñaba los primeros rudimentos del saber. Este maestro de escuela es hoy pasablemente conocido bajo el nombre de Luis Felipe Y, rey de los franceses.

La Suiza es en bellezas naturales, usted lo sabe, lo que en las artísticas es la Italia; aquí Dios directamente, allá el genio del hombre, arroban el espíritu, lo elevan y sacuden con emociones a cada paso renovadas. Pero en Suiza, lo que no sucede en Italia, se experimenta una grata sensación de vida, un placer íntimo que imprime al semblante un sonreír continuo. Las montañas asumen formas caprichosamente variadas, cortando el horizonte en figuras fantásticas; los arroyos no descienden a los valles sin haberse entretenido largo tiempo jugueteando por entre las rocas, exponiendo a los rayos del Sol en mil cascadas las guedejas de sus cristalinas aguas; y los ríos que al fin forman reunidos, no se lanzan al mar, sin haberse entretenido un poco en el camino a formar lagos que reflejen en sentido inverso las circunvecinas montañas. De todos estos adornos con que la naturaleza se engalana, la industria de los suizos ha hecho objetos de utilidad, y los lagos de Wallen y Surick, ligados entre sí por un canal, ofrecen larga cuanto entretenida travesía de vapor entre Coira y Surick. En los alrededores del lago del mismo nombre, las bellezas naturales se combinan con las bellezas de creación humana, de tal manera que los sentidos, el corazón y el espíritu, gozan a porfía contemplándolas. A lo lejos vése terminando el horizonte la blanca muralla de los Alpes inhabitables; en segundo plano las lomadas y declives recargados de mieses, cuya esmeralda contrasta singularmente con las sombrías manchas de los pinales; y cerca del espectador por ambos lados del terso lago, se agrupan y confunden, desfilando al parecer ante él, villitas coquetas dominadas por el agudo campanario de la iglesia, y por usinas que serían tomadas por palacios, si la enorme chimenea no revelara la oculta actividad del fuego de los motores, y en rededor de las elegantes casillas en caprichoso desorden diseminadas, jardines artísticamente distribuidos y manzanos en flor como macetas colosales para variar el verde tapiz que cubre la tierra. Trábame triste y desencantado hasta entrar en Suiza el repugnante espectáculo de la miseria y atraso de la gran mayoría de las naciones. En España había visto en ambas Castillas y la Mancha, un pueblo feroz, andrajoso y endurecido en la ignorancia y la ociosidad: los árabes en África, me habrían tornado fanático hasta el exterminio; y los italianos en Nápoles mostrádome el último grado a que puede descender la dignidad humana bajo de cero. ¡Qué importan los monumentos del genio en Italia, si al apartar de ellos los ojos que los contemplan, caen sobre el pueblo mendigo que tiende la mano, y no recuerda el nombre de la Madona, sino para mostrar toda la profundidad del abismo de miseria de cuerpo y de alma en que se revuelca! La Suiza, empero, me ha rehabilitado para el amor y el respeto del pueblo, bendiciendo en ella, aunque humilde y pobre, la república que tanto sabe ennoblecer al hombre. Para mí el mayor número de verdades conocidas constituye solo la ciencia de una época; pero la civilización de un pueblo solo pueden caracterizarla la más extensa apropiación de todos los productos de la tierra, el uso de todos los poderes inteligentes, y de todas las fuerzas materiales, a la comodidad, placer y elevación moral del mayor número de individuos. Los mismos brazos que cultivan la tierra en Suiza, fabrican relojes y telas de seda: cada casa posee una industria, y cada villa lanza al aire la columna de humo de su USINA. No tiene rival en Europa la aislada casita suiza, pintada, blanqueada, frotada, y barnizada diariamente, y en la cual viven diversas familias, pobres pero industriosas como una colmena de abejas, bastándoles una renta o salario de trescientos francos anuales por lo común para entretener aquel lujo de bienestar y de aseo. Surick es una ciudad populosa, que no contiene, sin embargo, sino reducidas calles de casas unidas entro sí; el resto se compone de la aglomeración de casitas cuadradas, acribilladas de pisos y ventanas, y rodeadas de jardinillos esmerados, lo cual hace de ella un paseo continuo y tan variado no el aguijón de la curiosidad induce a extraviarse en aquel laberinto de flores y de arbustos. Desgraciadamente la Suiza como estado, es menos que una república, una olla podrida en que entran los elementos más contradictorios. Desde luego hay en ella cantones, medios cantones, cantones primitivos y cantones de segunda data, con derechos diversos; tradiciones feudales más en pie que sus castillejos, y espíritu eminentemente democrático, pero estrecho como sus valles, local, hasta hacer del patriotismo un apego a la aldea en que cada uno ha nacido. Hay cantones católicos, cantones protestantes, y cantones mixtos en los cuales las malquerencias de vecinos son estimuladas por los odios religiosos. Háblase en unas partes una cosa como francés, cabo desde donde tira la Francia; en otras algo que se asemeja a alemán, desde donde a su turno tira para su raya el Austria, amen de cuatro o cinco dialectos, merced a los cuales, los habitantes de una villa no pueden entenderse con los de la vecina aldea. El único vínculo que une todos estos elementos heterogéneos, es la lucha de los dos grandes partidos que con diversas demostraciones, agitan hoy el mundo cristiano, tan bien representados en el Gran-Consejo federal hasta ahora poco, que teniendo cada uno número igual de sostenedores, no ha podido en un año tomar disposición alguna, porque la votación estaba en empate permanente. Sacáronlo de este atolladero las elecciones del cantón mixto de San Gall que tuvieron lugar en los momentos de mi tránsito por los lugares. En las publicaciones cotidianas ambos partidos, jesuitas y liberal según los unos; moderado y protestante según los otros, proclamaban en sendas arengas al dicho cantón para que inclinase la balanza de este o el otro lado. y vea usted una muestra concluyente de la homogénea táctica de partido en todas partes. «Habitantes de San Gall —decía un diario— ¡de vosotros depende la salvación de la Suiza! que todos los hombres de bien reúnan sus votos para nombrar candidatos moderados; el triunfo de los protestantes va a sumir el país en todos los horrores de la guerra civil.»

«Habitantes de San Gall —decía otro diario, rival del primero—: ¡de vosotros depende la salvación de la Suiza! que todos los hombres de bien reúnan sus votos para nombrar candidatos liberales; el triunfo de los jesuitas va a sumir el país en todos los horrores de la guerra civil.» ¡Ni una tilde de más ni de menos entre los dos fragmentos que cito!

Pero jesuitas o no, muy poco afortunados han andado este año los de su pelo en Suiza, pues el cantón de San Gall, sordo a sus consejos, dio en definitiva al Gran Consejo una inmensa mayoría de cuatro votos liberales, o protestantes, que tanto vale cuando se está en el candelero.

En despecho de la república y de la libertad aldeana de Suiza, la exhuberancia de habitantes, dos millones en todo, y la exigüidad del terreno, ponen en grande aprieto a los legisladores suizos, que en cierto cantón, para proporcionar sin duda el contenido con el continente, acaban de dictar una ley por la cual se prohíbe a los varones casarse antes de los veintidós años, mandando a las mozuelas no dejarse tentar antes de los veinte, medida que suscitaba entre estas últimas una formidable oposición, protestando dejar burladas de un modo o de otro las intenciones del legislador.

Como el gusto monumental se aviene mal con la sencillez campestre de los suizos, nada hay que detenga al viajero en Surick, después de haber aspirado dos días el ambiente perfumado de sus alrededores. A corta distancia está Shaffausse, centro del movimiento literario y artístico de la Suiza alemana y a media legua de esta ciudad, el Rin, poderoso ya, se precipita en toda su enorme masa formando a cascada mayor que puede verso en Europa. El golpe de vista es bellísimo, por el paisaje que rodea la catarata, y el castillo feudal que corona la eminencia, a cuya base viene a estrellarse la masa de aguas, permitiendo la galería practicada por el propietario, acercase basta el perfil de la caída, y gozar una débil impresión de terror. La cascada que forma el Arno en Tívoli, si bien menos poderosa, tiene algo de más sublime, a causa de la elevación de la caída que deja ver en alguna parte un iris permanente, las ruinas del templo de la Sibila que la dominan, el nombre de Tiberio que se liga a los recuerdos del lugar, y los pavores que despierta la vecina gruta de Neptuno.

Desde Shaffausse puede descenderse ya el Rin, por medio de vapores, pasar en revista un panorama delicioso, entre cuyos accidentes figura la casita de la desgraciada reina Hortensia, entrar en el gran lago de Baden, visitar de paso Constanza, y siguiendo el litoral suizo hasta Rosbach, cruzar a la ribera opuesta y desembarcar en Lindau, donde principia la buena Alemania, el cultivo del oblon, el consumo sin tasa de la cerveza, y el uso de la pipa larga. Como yo tengo la manía de andar a caza del por qué de las cosas, he creído, hallar en el uso de la pipa el origen de la mística metafísica de los alemanes. Un filósofo, me he dicho, que pasa horas enteras en la beata contemplación del humo, que en columnas y espirales se revuelve delante de sus ojos, disipándose, reuniéndose en formas indefinibles, fantásticas, inapreciables, eclipsando por momentos la realidad, lo visible y terreno; aquel filósofo, digo para mí, debe ser caviloso, rêveur, místico, vaporoso, metafísico, incomprensible. Esta teoría tan plausible y que arrojaría una gran luz sobre los misterios de la filosofía alemana, no ha sido aceptada sin embargo por los sabios de Gotinga a quienes la sometí humildemente. Los alemanes sostienen, por el contrario, que a causa de la predisposición innata de la nación a la cavilación, al adoptar el uso del tabaco, lo han sometido a las exigencias del carácter propio.

    De las ciudades alemanas poco tendré que decir que entre en los gustos de usted La naturaleza tranquila y poco accidentada del suelo, lo sombrío de los bosques que coronan las alturas, y la quietud que reina en las poblaciones que duermen a la caída del Sol, como nuestros padres antes de la revolución, están ya revelando el carácter pacífico, la vida puramente interna de los alemanes. En Munich, y en casi todas las grandes ciudades, un bosque a las puertas de la ciudad, ofrece bajo la sombra de sus tortuosas alamedas, espacio suficiente para hacer paseos solitarios, durante horas enteras; o bien, si el alemán quiere cavilar en compañía, o gozar de un moderado bullicio, allí en lugares bien conocidos, están diseminadas millares de mesas, ostentando con su estañada cubierta piramidales vasos de cerveza. El pueblo de ambos sexos y de todas condiciones apura allí en complacido silencio su brebaje favorito; las señoras hacen calceta mientras los hombres fuman la pipa, y los jóvenes que necesitan movimiento más activo, desaparecen danzando el vals alemán, embriagados por los torrentes de armonías de las músicas de viento, inspiradas por Strauss. He tenido la incomparable dicha de ver en su país natal, en la cuna, digámoslo así, aquella invención de ángeles, que hace hoy la felicidad suprema de tantos y tantas criaturas en todos los puntos del globo. Bailada por fregonas y mozos de cordel he visto... ¡la polka! cuyos progresos había venido contemplando desde Chile, donde a mi salida se anunciaba ya radiante y fecunda en esperanzas de un inmenso porvenir. En Montevideo encontréla sitiada pero alegre, turbulenta y bailando sobre cadáveres, al rimbombar de los cañonazos. El tórrido ambiente de Río Janeiro la recomendaba como el medio infalible de evaporarse, de reducir a gases toda la máquina. En París, en fin, era ya de muy antigua propiedad popular en Mabille, Château-Rouge, la Chaumière, etc. ¡Oh! ¡si las buenas ideas pudieran hacer las leguas que ha hecho en un año la polka!

Al ver estas danzantes reuniones de pueblo, tan pacíficas y honestas, tan sin reproche aun para la conciencia de los gendarmes de policía tan rígida como se sabe, me he acordado de nuestras chinganas, y holgándome de haber levantado mi débil voz alguna vez, contra los puritanos que querían suprimirlas, porque ellos tienen sus teatros, sus diarios y sus conciertos, y el pobre pueblo se emborracha un poco más de lo que convendría, como si porque el aire fuese reconocido malsano, conviniese privar de él a los que respiran. No sé qué príncipe alemán, a quien aconsejaban suprimir la lotería: «y bien, contestaba, dadme algo en cambio, que sirva para alimentar la imaginación del pueblo; otra base para fraguarse castillos en el aire; algún tema nuevo que inspire su poesía, sacándolo de aquella triste prosa de un salario medido con mano avara, eternamente el mismo, si no disminuye. El pueblo paga en la lotería los goces del bienestar, comprando en sueños dorados casas y carruajes, si llega a sacarse un cuaterno, lo que es muy probable». Si la chingana fuese aseada, confortable, embellecida, danzante, diletante, cuántas penas calmaría, y cuántas horas de entorpecimiento quitaría de las que forman el difícil y nudoso tejido de la vida de los pobres. Estos jardines en Europa y las distracciones a precio ínfimo, sino gratis, que encuentra el pueblo en el esplendor de las capitales, son otras tantas compensaciones de que el miserable carece en América.

En Munich, capital de la Baviera, brillan hoy con esplendor inusitado en Alemania las bellas artes. El rey actual ha embellecido la ciudad con cuanto puede darla lustre, en museos, columnas, estatuas, jardines y palacios. Un panteón edificado en los límites de la monarquía, esto es, fuera de la capital, encierra en su seno las estatuas de los grandes hombres alemanes, pensamiento colosal, que anda rodando desde la revolución francesa, sin que esté lejos el día en que aplicado a todos los grandes hombres que han servido a los progresos de la especie humana, se forme el martirologio de los pueblos civilizados. ¿Por qué no honraríamos nosotros a Colon y a Cook, a Sócrates y a Franklin, a Gutenberg, a Buffon, a Cuvier? ¿No nos pertenecen de derecho como a todos los que han aprovechado de sus trabajos?

La estatuaria en bronce, sobre todo, está en grande honor en Munich, no desdeñando el gobierno para modelarla ocurrir a Italia, a fin de obtener diseños dignos de la eternidad a que están destinadas las obras del arte. Fúndese en este momento una estatua alegórica de la Baviera, de cincuenta y seis pies de alto, coloso a que el arte moderno puede oponer contados rivales, y cuyo padrón se encuentra solo en algunos fragmentos de pies y de manos, conservados en el capitolio de Roma.

Pero el amor a lo bello tiene por desgracia su lado flaco, por lo que el rey, artista y poeta, viendo a la Lola Montes resucitar las gracias griegas o las danzarinas de Pompeya, ha creído oportuno para inmortalizarla, colocar su retrato en la galería de las mujeres bellas de la Baviera, y lo que es más expresivo, su persona cerca de la habitación real, bajo el título de Condesa de no sé cuántos, todo ello con grande acompañamiento del murmurar de la rancia nobleza y las zumbas de la prensa. El espíritu de constitucionalismo que forma por todas partes la conciencia pública, acabará por hacer insoportable de puro fastidioso el ya enojoso oficio de rey. No sé qué padre de familia, sorprendiendo uno de estos días al regente presunto de Francia en coloquios sospechosos con su hija, se ha tomado la libertad de molerle sus reales lomos a palos, a punto de ser necesario que los lacayos llevasen al real Foblas cargado hasta su carruaje. ¡Pero escenas de este género no pueden repetirse impunemente sin desdoro de la monarquía de julio! ¡Ay de los pueblos si el rey ha de principiar por ahí su aprendizaje! Una ley será presentada a las cámaras en alguna próxima sesión para reglamentar la materia, dejando incólume la prerrogativa real.

Me apresuro a llegar a Berlín, pasando por alto a Dresde, con su riquísimo museo, en el cual entre abundante colección de Murillos, Españoletos, Velásquez, y los grandes maestros de las escuelas italianas, descuella la sin par Madona de San-Sixto, la más bella concepción de mujer, de reina y de madre que jamás se envaneció de serlo de un hijo divino. Leipzig, camino de

Berlín, siguiendo el ferrocarril, es como se sabe el local de la gran feria anual y el centro de la librería alemana. Berlín es la ciudad más moderna por la amplitud y rectitud de sus calles de treinta varas de ancho que la asemejan a una ciudad norteamericana; proporcionando, sin embargo, más emociones los inmensos bosques o jardines ingleses de que está rodeada, que no inspiran sus helados monumentos, sus museos nacientes, y sus templos protestantes, rebeldes a toda artística influencia.

El sistema de instrucción pública de la Prusia es el bello ideal que pretenden realizar otros pueblos, y juzgarlo a vista de ojo, el objeto de mi incursión a las latitudes septentrionales. He recogido sobre este punto datos preciosísimos cuya lectura, a enumerarlos en esta, lo haría a usted quedarse profundamente dormido, tan erudita sería mi exposición; por lo que los reservo con otros muchos para un tratado especial, el cual enderezaré a la Facultad de Humanidades, que se ha dignado favorecer con la manifestación oficial de su aprobación, el informe sobre la Escuela Normal de Versalles, que tuvo el honor de remitirle.

Baste por ahora decir a usted que M. Eikhorn, ministro de la instrucción pública, me ha prodigado todo género de atenciones, a fin de honrar debidamente al país de donde venía, pues el nombre de Chile es respetado y querido por todos los gobiernos europeos, y está muy altamente colocado en la opinión pública, extendiéndose con complacencia el buen ministro en la apreciación del buen espíritu que había preservado a aquel país de la anarquía general en América, o de los despotismos sanguinarios, considerando a Chile como un oasis de civilización y orden en aquel desierto que principia en México y acaba en Buenos Aires. Tanto bien me dijo de Chile que yo me guardé mucho de dejar traslucir que solo era chileno de adopción, y eso muy al pesar de los hijos legítimos que protestan en términos que nada tienen de hermanables contra la inmerecida intrusión.

La convocación de la dieta prusiana traía preocupados los espíritus con la expectación de los grandes resultados que el pueblo espera de acontecimiento tan fecundo. Por más que el gobierno arbitrario exista en la forma en Europa (sea dicho esto con el debido respeto a la Rusia), la conciencia pública está de tal manera formada, que los soberanos absolutos, más bien por la negra honrilla que por conservar un poder ilusorio ya, no se someten a formas regulares. El de Prusia, obedeciendo a este sentimiento, quería, sin embargo, salvar el principio del absolutismo en las monarquías, por una amalgama caprichosa con las instituciones representativas. Entendía el buen rey, que tomando una doble dosis de poder discrecional, y un poco de voluntad nacional, había de salir de la mezcolanza una cosa como despotismo aceptado. El resultado ha probado lo erróneo del supuesto, dando pura subordinación del arbitrio real a los consejos de la representación, bien así como mezclando verde sulfato de fierro y algalias de levante que son amarillas, resulta tinta negra de escribir.

Los gobiernos paternales de Europa están a la vista de desaparecer, so pena de un conflicto. La Italia se agita profundamente, y cuando Pío IX quiere detenerse o retroceder, el pueblo con su significativo silencio, le indica que es preciso ir adelante. La dieta de Prusia, con la flema alemana y la dignidad de hombres que se respetan a sí mismos, ha hecho comprender al rey que sus ideas de organización política tienen cuando más el mérito de ser las opiniones de un mal publicista, pero controvertibles y sujetas al criterio de la inteligencia nacional. Por lo demás, la Prusia, gracias a su inteligente sistema de educación, está más preparada que la Francia misma para la vida política, y el voto universal no sería una exageración, donde todas las clases de la sociedad tienen uso de la razón, porque la tienen cultivada.

De otro asunto más interesante para nosotros me ocupé largamente en Berlín, habiéndose interesado M. Dieterice, jefe de la oficina de estadística y autor de un opúsculo sobre emigración, en que el ministro del interior me escuchase sobre este último punto, a cuyo fin solicitó para mí una audiencia. El ministro no gustaba mucho de aquella expatriación de sus súbditos, y la legislación vigente pone entre los delitos de seducción el solicitar directamente emigrantes, lo que no estorba que en Prusia, como en el resto de la Alemania, la emigración a América sea la preocupación que atormenta los espíritus, aun de aquellos a quienes la necesidad no aqueja sensiblemente. Por desgracia la América para el pueblo alemán está solo al Norte del trópico de Cáncer; la América del Sur, no es la América remedio de los males presentes, aquel mito popular de un edén terrestre, que conocen los alemanes desde niños, y da pábulo a una esperanza para los que desesperarían a no tenerla. Lo único que de la América del Sur saben los entendidos, es que hay en ella fiebre amarilla, calor sofocante, alimañas ponzoñosas, guerra interminable; y sobre todo este cúmulo de bendiciones, reinando no sé que gigante espantable que como el rey Busiris, mata o persigue sin tregua a los extranjeros que abordan a sus playas. Así, pues, la América del Sur es en la creencia popular, el mito del mal, el reino de las tinieblas y de la muerte.

Los alemanes forman el fondo de esos enjambres de emigrantes que van todos los años a engrosar la población de los Estados Unidos del Norte. Más que la necesidad los impulsa un instinto de raza, que se despierta activo e imperioso de tiempo en tiempo. Viene este pueblo hace siglos emigrando desde la India, de donde se le creo oriundo, y en los primeros años de la era cristiana, César pudo observarlo ya en la frontera del imperio, minándola, comiéndosela, como suele el mar con los terrenos bajos, hasta que en la edad media la irrupción se hizo irresistible, y la Europa entera fue inundada por esta avenida humana. Desde entonces parecía haberse aquietado el turbión, y entrado aquel río histórico en su cauce natural definitivamente. hoy, empero, la raza alemana se pone de nuevo en movimiento, un invencible conato de cambiar de lugar anubla los tranquilos domésticos, y familias que poseen medios de subsistencia, abandonan el hogar paterno, para trasportarse a climas desconocidos, al occidente siempre, porque al occidente está la estrella que guía a estos magos orientales en sus misteriosas emigraciones. ¡Y cuántos resultados para el país que la pacífica corriente invade! Las cifras están ahí para evitar todo razonamiento. En 1790 los terrenos del noroeste no pertenecían aun a los Estados Unidos; en 1800, contenían ya cincuenta mil habitantes; en 1810, cerca de 300.000; en 1820, 859.000; en 1830, 1.210.473; en 1840, 4.432.777... En 1817 el comercio de la Nueva Orleáns empleaba sobre el Mississipi veinte barcos con dos mil toneladas; en 1842, el movimiento del río contaba 450 vapores con 90.000 toneladas, y 4.000 barcas de todo género, con 300.000. Los productos exportados subían a 120 millones, ¡y a cien millones la importación!!!... Si esta perspectiva palpable no fuese parte a desvanecer, como los rayos del Sol, la neblina de preocupaciones inactivas que mantiene a las repúblicas de Sur América en la estagnación y en la oscuridad, añadiré otros datos estadísticos no menos significativos. Desde 1833 hasta 1839, habían emigrado dieciocho mil bávaros, llevando consigo en valores veinticinco millones de francos, según los estados de la aduana de Baviera. Cincuenta y dos familias asociadas de Hesse llevaban millón y medio, y los cuadros estadísticos de Nueva York solamente acreditan que la parte de emigrados desembarcados en aquel puerto desde 1831 a 1842 inclusive, habían introducido más de ciento quince millones de francos. Hace apenas tres meses que la prensa anunciaba el arribo a Rótterdam de ochocientos emigrantes, notables entre todos por la elegancia de sus mujeres, la gracia y adorno de los vestidos de los niños, lo que mostraba a más de medios de existencia, cultura en los modales y cierta posición social adquirida.

Esta escogida clase de emigrantes son los que primero podrán llegar hasta Chile; pues que los millones de proletarios que desearían expatriarse de Europa, no aspiran largo tiempo a doblar el Cabo, rodeado para ellos de prestigios terríficos; y puesto que usted me indica «la posibilidad de que en las Cámaras próximas se dé alguna ley que favorezca de un modo más amplio la emigración extranjera», no estará de más que le trasmita para su conocimiento, las observaciones que me han hecho personas competentes sobre la ley ya promulgada, autorizando al presidente para la enajenación de los terrenos baldíos del sur, bien que ella no sea más que un comienzo de obra, base de trabajos ulteriores.

Como había indicado a usted en otra ocasión, a mi llegada a París me puse en contacto con algunos escritores alemanes que se ocupan de la cuestión de la emigración. Entre otros el doctor Wappäus, profesor de geografía y estadista en la Universidad de Gottinga, consagra un estudio especial a la historia de las repúblicas de Sudamérica, apenas conocidas de nombre en Alemania. Una historia de Venezuela ha visto ya la luz pública, y la de Chile le seguirá tan pronto cuanto haya terminado la verificación de sus datos. usted comprende que yo he debido hacer cuanto mi débil esfuerzo me permitía en obsequio del propósito, como asimismo para la continuación de sus trabajos sobre la emigración, suministrándole datos locales y prácticos que ayuden a esclarecer sus datos escritos. Estos trabajos, de los cuales ya ha aparecido uno, Emigración y colonización alemana, tienen por objeto desviar la corriente de emigración que se precipita ciegamente sobre las costas de Norteamérica, no obstante las dificultades del clima, y el pauperismo que aparece ya alarmante en las costas, a causa de la falta de dirección y de injerencia del estado, en un asunto como el de la aglomeración de masas de hombres en que la vida y el porvenir de millares de seres humanos se ligan estrechamente con la higiene y el orden público. Los escritores alemanes, reconociendo como un hecho inevitablemente fatal la emigración de sus compatriotas, se proponen, a más de ilustrar las masas sobre las ventajas que este o el otro país pueden ofrecerles, inducir a los gobiernos alemanes a dirigir convenientemente este movimiento, poniéndose para ello de acuerdo con los de los países que reciben los emigrados, a fin de que la previsión y el orden ahorren una parte de las desgracias y contrariedades a que esta mercadería humana está sujeta.

La ley de las cámaras chilenas será bien pronto conocida del público emigrante en una nueva obra en prensa sobre Chile y el Río de la Plata. Esta ley es ya un paso inmenso por sí misma; pero ¿dónde están ubicados aquellos terrenos baldíos del sur? ¿En qué puerto han de desembarcar los emigrantes? ¿Cómo han de proveer estos a sus necesidades, mientras se establecen, lo que no es cosa del momento? He aquí algunas de las muchas cuestiones que me han dirigido aquellos mismos que se sentirían dispuestos a aprovechar de las concesiones de la ley, interesándoles menos la donación gratuita de terrenos, que lo que les inquietan o intimidan las dificultades del establecimiento. Desde luego, para ir a Chile les es preciso pagar cuatro veces el flete de Norteamérica; un buque debe partir desde Rótterdam, Havre o Hamburgo, con dirección al puerto próximo a la destinación de los emigrantes, sin lo cual perderían su poco de dinero en gastos de trasbordes, residencias, etc. De donde resulta, a mi juicio, que para hacer efectiva la ley en cuestion, sería indispensable completarla con trabajos preparatorios, sin los cuales la emigración europea tardará muchos años sin frecuentar las costas del Pacífico. Las masas no deliberan, sino que una vez dado un impulso lo siguen, y para que aquella corriente nueva se establezca, es preciso imprimir artificialmente el primer movimiento.

Convendría, pues, tener en los focos de la emigración, un agente que enganche familias emigrantes bajo las condiciones de idoneidad requeridas; se inquiera de los gastos de trasporte, y tratamiento racional a bordo, dando aviso oportuno de los envíos. Antes de todo ha de determinarse en Chile el terreno explotable de una sola vez, subdividiéndolo en lotes, preparando los canales de irrigación necesarios, y haciendo todos los trabajos generales que no son del resorte de los individuos. Determinado y conocido el punto de desembarco para los colonos, ha de haber una casería y una administración de subsistencias que provea a sus necesidades en los primeros días; y como todos estos items exigen desembolsos, yo me atrevería a aconsejar otra cosa que distribuir gratis los terrenos baldíos, los cuales cultivados valdrán diez veces lo que valen hoy. ¿Por qué tanta prodigalidad? ¿No sería más fructuoso para el estado hacer las convenientes anticipaciones que indico, como un capital puesto a granjería? Yo cargaría en cuenta de los colonos: 1.º la parte o el total del transporte que el estado habrá pagado a los armadores; 2.º lo suministrado a los colonos en subsistencias e instrumentos de trabajo; 3.º el valor del terreno libremente aceptado; pues que las proporciones asignadas por la ley son excesivas y obligarían al colono a desempeñar un trabajo forzado; y 4.º el interés o utilidad crecida que el estado ha de prometerse del capital invertido, en proporción de la comodidad de los plazos dados para el reembolso, pues en los primeros años deben quedar libres los colonos de toda carga ¿No es este sistema más realizable que todas esas larguezas inconsideradas, que no crean derechos para exigir su cumplimiento? El estado, además, ¿no tendría siempre como hipoteca el terreno mismo, mejorado con el más ligero trabajo de parte del ocupante? este modo de proceder, en los principios al menos, pondría al estado con todos sus medios de previsión al frente de la población del país, y bonificación del terreno inculto, alejando el espíritu mercantil de las empresas particulares, que se cuida poco, con tal que halle utilidad en ello, de subir sin tasa los valores.

 Entre muchas publicaciones que he leído sobre colonización, hay un informe de persona entendida, solicitado por el emperador del Brasil, cuyos conceptos merecen ser conocidos. El informante supone como base de toda empresa de este género la estabilidad del orden, y la idoneidad de las instituciones para asegurar la libertad de las conciencias, de las acciones, y sobre todo, el producto del trabajo, poniendo en primera línea el buen crédito del gobierno y la próspera administración de las rentas para poder hacer las anticipaciones necesarias. Dados estos antecedentes que por fortuna existen en Chile, el informante, sin desconocer la ventaja de fomentar y dirigir la colonización europea, como medio eficacísimo de adelanto moral e industrial, recomienda la colonización brasilera, tomando para ello de las provincias ya pobladas, aquellas familias que no poseyendo propiedad territorial encontrarían ventaja en la traslación. este concepto me trae a la memoria mis objeciones a la empresa de Industria y Población, la cual, a más de recargar el valor del terreno con el lucro ilimitado a que aspira naturalmente toda especulación, cerraba a mi entender las puertas a la población chilena que no puede en las provincias del centro aspirar a la posesión del terreno ya ocupado, todo lo cual, con sus consecuencias remotas pero apreciables desde ahora, ha de tenerse en cuenta en un buen sistema de colonización. Todavía hoy se presentan a mi espíritu de pie muchas de las razones en que me apoyé entonces, y creo que no sería escusado que hombres como usted meditasen sobre la importancia de abrir el camino del sur a las masas chilenas de labradores sin tierra, y aun impulsarlos a la explotación de los terrenos vírgenes, que puede enriquecer al estado con millares de propietarios laboriosos.

De todo lo dicho una cosa me parece fuera de cuestion, y es que es preciso antes de todo, determinar, mensurar y subdividir el terreno que ha de servir de tela para bordar sobre él con los colores que se quiera.

Concluiré, para salir del mal terreno en que me he echado, con lo poco que de mi viaje en Alemania merece aun ser referido. Llenado el objeto de mi excursión a Berlín y después de una corta visita a Postdam, residencia del barón de Humboldt, el decano de los viajeros, hube de dirigirme por Brunswick y Hannover hacia Gotinga, donde debíamos con mi amigo Wappäus y otros, ponernos de acuerdo para trabajar de consuno en Alemania y América sobre el asunto de la emigración. ¡Cuán tranquilos se han deslizado estos quietos días que he pasado en Gotinga! ¡Porque se hace a fin triste y congojoso andar meses y años cambiando de lugar, con el corazón cerrado a todas las afecciones, flotando desconocido entre un mar de seres humanos, que pasan o se quedan mientras uno es el que pasa, como aquellas visiones extrañas que se nos presentan en confusa masa durante una pesadilla! ¡Oh! ¡Berlín, Berlín! ¡Cómo he sufrido allí de este mal secreto del corazón!

Es Gotinga una villa que solo parece existir para contener la famosa Universidad que le da renombre europeo. Las bandadas de estudiantes con gorras carmesí, verdes, blancas o amarillas, según las logias a que pertenecen, dánle animación durante el día, y los cantos en coro de las bellas canciones alemanas, ecos gratos a la caída de la tarde. La quietud de la ciudad que reposa en silencio no bien la noche ha tendido su manto de sombras, parece calculada para no distraer a catedráticos y alumnos de las arduas tareas de la ciencia, y la belleza de la adyacente campiña, dispuesta como exprofeso para respirar el aire vivificante de la vegetación en las horas de solaz.

Luego de mi llegada fui rodeado por una escogida, aunque poco numerosa sociedad de profesores, verdaderos sabios alemanes, con los cuales la conversación asumía un carácter serio a la par que ameno o instructivo. Un americano venido de tan luengas tierras debía ser hasta cierto punto objeto de curiosidad, y la geografía de aquellos remotos países, sus vicisitudes políticas, sus costumbres y producciones, daban vida a nuestras frecuentes reuniones. Lejos del bullicio de las grandes ciudades y sin el aguijón del lujo, estos profesores viven enteramente consagrados a las laboriosas vigilias que engendran las grandes obras del espíritu. Las virtudes del claustro, sin sus privaciones forzadas, y la consagración del sabio antiguo a un objeto único, revisten a estos maestros de los prestigios de un sacerdocio científico.

Por las tardes salíamos a pasearnos en los alrededores, y un montículo que domina todo el vecino panorama, o la casa particular de alguno de los catedráticos, servía de término a nuestras lentas excursiones, o de concilio para la discusión de alguna cuestión en que poco a poco nos habíamos venido enredando. La última noche la hemos pasado en la habitación del pastor de Geinsmarien, sujeto de estimables prendas y gran fondo de saber. Un jardinillo cultivado con esmero sirve de florido atrio a la sencilla morada de su familia; al lado opuesto está la escuela que él mismo preside, y que frecuentan ciento veinte alumnos de ambos sexos, sobre mil habitantes que encierra la aldea; a algunos pasos más allá, el templecillo campestre con su campanario piramidal, anuncia a lo lejos donde está el corazón de aquella reducida sociedad cristiana, reconcentrando así el pastor que la dirige, sus deberes y sus afecciones en el corto recinto doméstico.

Como una curiosidad que nosotros llamaríamos reliquia, enseñáronme una Biblia con la firma de Martín Lutero, al pie de algunos versículos escritos también de su propia mano. Una cena sencilla estaba dispuesta para nosotros; precediéronla frecuentes libaciones de cerveza; y excelentes y mejores cigarros diéronla cabo y buen fin. El placer de respirar el ambiente perfumado de las flores llevónos poco a poco a pasearnos en las veredillas del adyacente jardín. El largo crepúsculo de los climas septentrionales se iba debilitando lo suficiente para dejar aparecer las grandes estrellas que presiden a la inmensa hueste de los cielos; mientras que entre la sombría oscuridad de los grupos de vegetación, alcanzaban a discernirse camelias blancas y tulipas, vivaces y radiosas como estrellas de la tierra que las flores son. La conversación, después de divagar como tiene de costumbre sobre materias diversas, hubo de pararse sobre el erizado zarzal de la filosofía trascendente tan del gusto de los alemanes; y ya fuese a causa del autógrafo de Lutero que nos había ocupado antes, ya porque entre los interlocutores había dos teólogos, el gran cisma religioso cayó como de suyo bajo el martillo de la amigable discusión. Pero sucede en las ideas lo que en los tipos de las diversas razas humanas, que cualesquiera que sean las trasformaciones porque pasan, siempre conservan sus rasgos característicos. Tratando las cuestiones bajo el punto de vista puramente histórico y filosófico, yo me mostraba sin advertirlo, profundamente católico en mi manera de apreciar la unidad de las creencias, y la necesidad de una verdad común a todos los pueblos civilizados. Mis adversarios, por el contrario, partiendo de la libre interpretación que llevan hasta San Pablo, establecían diferencias entre la doctrina, el dogma y el culto, haciendo de la primera una verdad o un conjunto de verdades, eterno, inmutable, anterior a la conciencia humana y su propia esencia, siempre el mismo en todas las religiones y en todos los siglos, verdadera revelación que el hombre encuentra dentro de sí mismo y que la revelación divina depuró y completó. Los otros dos eran, según ellos, fórmulas y exterioridad visible de aquella esencia invisible, sujeta por tanto a la interpretación arquitectónica de las distintas naciones, agrandándose y perfeccionándose a medida que la inteligencia humana, que las concebía, adquiría al través de los siglos más completas nociones sobre el bien absoluto.

Mis objeciones al ontologismo, suscitaban nuevos y más profundos razonamientos, haciendo desfilar misteriosamente ante mis ojos para mejor convencerme, las razas semíticas que producen siempre y renuevan de tiempo en tiempo las creencias y las formas religiosas que la humanidad entera parece obligada a aceptar; luego la raza jafética o indogermánica modificándolas incesantemente por sus propensiones filosóficas; el budismo que engendra todas las antiguas herejías, y la lucha eterna entre el oriente y el occidente. El silencio de la noche en la pacífica quietud de una aldea; el perfume de las flores que anima con su exceso de hidrógeno las facultades vitales; aquella evocación de pueblos que van a perderse en el sombrío misterio de los siglos primitivos; y no sé si la firma de Lutero que me lo hacía presente como por poder entre nosotros, daban a estos coloquios un carácter profundamente religioso que me traía impresionado y absorto, haciéndome levantar involuntariamente los ojos hacia la negra bóveda tachonada de estrellas, y esos pueblos los más antiguos del universo, cual si quisiera que me revelaran aquella verdad que ¡Alguien sabe! y ¡que la mente humana inquieta y atormentada trata en vano de sondear!

En memoria de aquella noche y cuando la seria discusión hubo descendido a cosas menos graves, convinieron mis amigos, aludiendo a la América de donde venía, en escribir en una hoja de álbum de viaje, aquella profecía de Séneca:

> Veniens annis saecula seris
> Quibus Oceanus vincula rerum
> Laxet, et ingens pateat tellus
> Thetysque novos detegat Orbes
> Nec sit terris ultima Thule;

Suscribiéndola doctor Wappäus, profesor de Geografía y Estadística doctor E. Bather, profesor de filosofía; licenciado L. Duncker, profesor de teología, Ph. Sardet, pastor de Geinsmarien.

Al día siguiente la Universidad se reunía en claustro pleno para distribuir los premios académicos del año escolar, y yo estaba por el rector invitado a asistir a aquella solemnidad. Los miembros revestidos de anchas togas dobladas de terciopelo de color diverso, según la facultad a que pertenecían, entraron en larga procesión al local de las sesiones, vasta rotonda, rodeada de columnas dóricas, las cuales sostienen una espaciosa galería para contener el concurso de espectadores. Un sillón me estaba reservado entre los miembros de la facultad de humanidades, como una muestra sin duda de la hermanable acogida que la hospitalidad de las letras ofrecía a un miembro de igual corporación en Chile. Por mi parte creo haber representado dignamente a mi cuerpo, en aquella solemne asamblea de sabios, sino por la profundidad no bien sondeada de mis conocimientos profesionales, al menos por la seriedad y aplomo imperturbable, con que escuché de cabo a rabo y sin quedarme dormido, un erudito discurso en latín, en que el secretario daba larga cuenta de los trabajos universitarios del año, con enfático encomio de las obras y profesores premiados.

Aquí termina mi viaje en Alemania. Partiré luego por el Rin, Holanda y Bélgica, a París, desde donde muy en breve confiaré a los mares mi destino humilde asaz, para que las olas quieran turbarlo. Cuando haya tocado las playas americanas, tendrá usted, mi noble amigo, noticias nuevas de su afectísimo servidor.

Estados Unidos
Señor don Valentín-Alsina.
Noviembre 12 de 1847.

Salgo de los Estados Unidos, mi estimado amigo, en aquel estado de excitación que causa el espectáculo de un drama nuevo, lleno de peripecias, sin plan sin unidad, erizado de crímenes que alumbran con su luz siniestra actos de heroísmo y abnegación, en medio de los esplendores fabulosos de decoraciones que remedan bosques seculares, praderas floridas, montañas sañudas, o habitaciones humanas en cuyo pacífico recinto reinan la virtud y la inocencia. Quiero decirle que salgo triste, pensativo, complacido y abismado; la mitad e mis ilusiones rotas o ajadas, mientras que otras luchan con el raciocinio para decorar de nuevo aquel panorama imaginario en quo encerramos siempre las ideas cuando se refieren a objetos que no hemos visto, como damos una fisonomía y un metal de voz al amigo que solo por cartas conocemos. Los Estados Unidos son una cosa sin modelo anterior, una especie de disparate que choca a la primera vista, y frustra la expectación pugnando contra las ideas recibidas, y no obstante este disparate inconcebible es grande y noble, sublime a veces, regular siempre; y con tales muestras de permanencia y de fuerza orgánica se presenta, que el ridículo se deslizaría sobre su superficie como la impotente bala sobre las duras escamas del caimán. No es aquel cuerpo social un ser deforme, monstruo de las especies conocidas, sino como un animal nuevo producido por la creación política, extraño como aquellos megaterios cuyos huesos se presentan aun sobre la superficie de la tierra. De manera que para aprender a contemplarlo, es preciso antes educar el juicio propio, disimulando sus aparentes faltas orgánicas, a fin de apreciarlo en su propia índole, no sin riesgo de, vencida la primera extrañeza, apasionarse por él, hallarlo bello, y proclamar un nuevo criterio de las cosas humanas, como lo hizo el romanticismo para hacerse perdonar sus monstruosidades al derrocar al viejo ídolo de la poética romano-francesa.

Educados usted y yo, mi buen amigo, bajo la vara de hierro del más sublime de los tiranos, combatiéndolo sin cesar en nombre del derecho, de la justicia, en nombre de la república, en fin, como realización de las conclusiones a que la conciencia y la inteligencia humana han llegado, usted y yo, como tantos otros nos hemos envanecido y alentado al divisar en medio de la noche de plomo que pesa sobre la América del sur, la aureola de luz con que se alumbra el norte. Por fin, nos hemos dicho para endurecernos contra los males presentes: la república existe, fuerte, invencible; la luz se hace; un día llegará para la justicia, la igualdad, el derecho; la luz se irradiará hasta nosotros cuando el Sur refleje al norte. ¡Y cierto, la república es! Solo que al contemplarla de cerca, se halla que bajo muchos respectos no corresponde a la idea abstracta que de ella teníamos. Al mismo tiempo que en Norteamérica han desaparecido las más feas úlceras de la especie humana, se presentan algunas cicatrizadas ya aun entre los pueblos europeos, y que aquí se convierten en cáncer, al paso que se originan. dolencias nuevas para las que aun no se busca ni conoce remedio. Así, pues, nuestra república, libertad y fuerza, inteligencia y belleza; aquella república de nuestros sueños para cuando el malaconsejado tirano cayera, y sobre cuya organización discutíamos candorosamente entre nosotros en el destierro, y bajo el duro aguijón de las necesidades del momento; aquella república, mi querido amigo, es un desideratum todavía, posible en la tierra si hay un Dios que para bien dirige lo los lentos destinos humanos, si la justicia es un sentimiento inherente a nuestra naturaleza, su ley orgánica y el fin de su larga preparación.

Si no temiera, pues, que la citación diese lugar a un concepto equivocado, diría al darle cuenta de mis impresiones en los Estados Unidos, lo que Voltaire hace decir a Bruto:

> Et je cherche ici Rome, et ne la trouve plus!

Como en Roma o en Venecia existió el patriciado, aquí existe la democracia; la República, la cosa pública vendrá más tarde. Consuélenos, empero, la idea de que estos demócratas son hoy en la tierra los que más en camino van de hallar la incógnita que dará la solución política que buscan a oscuras los pueblos cristianos, tropezando en la monarquía como en Europa, o atajados por el despotismo brutal como en nuestra pobre patria.

No espere que dé a usted una descripción ordenada de los Estados Unidos, no obstante que he visitado todas sus grandes ciudades, y atravesado o seguido los límites de veinte y uno de sus más ricos Estados. Quiero seguir otro camino. A la altura de civilización a que ha llegado la parte más noble de la especie humana, para que una nación sea eminentemente poderosa o susceptible de serlo, se requieren condiciones territoriales que nada puede suplir permanentemente. Si Dios me encargara de formar una gran república, nuestra república a nous por ejemplo, no admitiría tan serio encargo, sino a condición o que me diese estas bases por lo menos: espacio sin límites conocidos para que se huelguen un día en él doscientos millones de habitantes; ancha exposición a los mares, costas acribilladas de golfos y bahías; superficie variada sin que oponga dificultades a los caminos de hierro y canales que habrán de cruzar el estado en todas direcciones; y como no consentiré jamás en suprimir lo de los ferrocarriles, ha de haber tanto carbón de piedra y tanto hierro, que el año de gracia cuatro mil setecientos cincuenta y uno se estén aun explotando las minas como el primer día. La extrema abundancia de madera de construcción sería el único obstáculo que soportaría para el fácil descuajo de la tierra; encargándome yo personalmente de dar dirección oportuna a los ríos navegables que habrían de atravesar el país en todas direcciones, convertirse en lagos donde la perspectiva lo requiriese, desembocar en todos los mares, ligar entre sí todos los climas, a fin de que las producciones de los polos viniesen en vía recta a los países tropicales y viceversa. Luego para mis miras futuras pediría abundancia por doquier de mármoles, granitos, porfiros y otras piedras de cantería, sin las cuales las naciones no pueden imprimir a la tierra olvidadiza el rastro eterno de sus plantas.

¡País de Cucaña! diría un francés. ¡La ínsula Barataria! apuntaría un español. ¡Imbéciles! Son los Estados Unidos, tal cual los ha formado Dios, y jurara que al crear este pedazo de mundo, se sabía muy bien él, que allá por el siglo XIX, los desechos de su pobre humanidad pisoteada en otras partes, esclavizada, o muriéndose de hambre a fin de que huelguen los pocos, vendrían a reunirse aquí, desenvolverse sin obstáculo, engrandecerse, y vengar con su ejemplo a la especie humana de tantos siglos de tutela leonina y de sufrimientos. ¿Por qué no descubrieron los romanos aquella tierra eminentemente adaptada para la industria que ellos no ejercitaron, para la invasión pacífica del colono, y tan pródiga de bienestar para el individuo? ¿Por qué la raza sajona tropezó con este pedazo de mundo que tan bien cuadraba con sus instintos industriales, y por qué a la raza española lo cupo en suerte la América del sur donde había minas de plata y de oro, e indios mansos y abyectos, que venían de perlas a su pereza de amo, a su atraso e ineptitud industrial? ¿No hay orden y premeditación en todos estos acasos? ¿No hay providencia? ¡Oh! amigo, Dios es la más fácil solución de todas estas dificultades.

Olvidé pedir pan mi república, y lo hago aquí para que conste, que se me dé por vecinos pueblos de la estirpe española, México por ejemplo, y allá en el horizonte, Cuba, un istmo, etc.

No soy yo el primero que ha sido sorprendido por éste a propósito de la naturaleza en los Estados Unidos. Un compañero de viaje escribía a uno de sus amigos de Europa:

«No tengo noticia de lugar alguno donde Dios se haya sobrepasado a sí mismo como aquí. Estaba muy de bien humor sin duda, cuando bosquejaba estos grados 0° y 6° de longitud, este y oeste de Washington. ¡Esto es bello y trazado con soltura! Cada rico tiene 6 millas de ancho, cada lago 400 por lo menos de circunferencia; por todas partes bosques inmensos de árboles en perfecta armonía con el paisaje. Ni una sola colina, ni una sola isla árida; vegetación por todas partes como allá en sus montañas de los Pirineos.»

En cuanto a la ordenación general de este país, daré a usted algunas ligeras nociones. Supóngase un espacio cuadrado de tierra que mida dos millones y medio de millas cuadradas, bañado por mares diversos hacia el sur, oriente y occidente. Al norte un río, salido de una cadena de lagos tan capaces como el mar Caspio, sirviéndole de límite, y proporcionándole una línea de navegación desde lo más recóndito del interior hasta las costas del Atlántico. Mas como la boca del San Lorenzo, que es aquel río término, cae fuera de los límites de los estados, a la altura de Montreal, se dirige hacia el sur no más ancho que un río, el lago Champlain, hasta tocar casi con las fuentes del Hudson, que por este medio ofrece al emporio de Nueva York, comunicación acuática con los lagos y el alto y bajo Canadá.

Como el cuadrado que nos hemos trazado es poco menos grande que la Europa, necesitaba en teoría una arteria interior, por donde hubiese de circular y penetrar la vida. Para llenar este requisito, desde las inmediaciones del lago Erie, se desprende hacia el sur el Mississipi, el más caudaloso de los ríos de la tierra, y corriendo enseguida navegable por 1.500 millas, incorpora en su caudal las aguas del Ohio; el Arkansas, el Illinois, el Missouri, el Tenessee, el Awash y muchos otros que de oriente y occidente, vienen alternativamente arrastrando sobre sus turbias ondas los productos de las plantaciones más remotas, hasta el Golfo de México. Porque hay esto de notable en la distribución de las aguas de Norteamérica, que las unas se reúnen en un inmenso receptáculo y marchan al oriente reunidas en el San Lorenzo: las otras se dirigen hacia el sur y se aglomeran en el Mississipi, no quedando independientes de aquellos dos grandes sistemas de desagüe, sino el Hudson, el Potomac y el Susquehuanah.

Muy bisoños se habrían mostrado los yankees, si no hubiesen completado por canales el conocido plan de la providencia, de manera que las mercaderías del Canadá tengan camino acuático a New York o a Orleáns indistintamente, recorriendo para ello una línea de navegación interna, mayor que la que media entre América y Europa. Por otra parte, como un estado americano ha de vivir necesariamente de la exportación de sus materias primeras, sus cereales y peleterías, su exposición debe ser de preferencia al Atlántico; y su necesidad primera, que de todos los puntos converjan y concurran sus vías de comunicación a las bocas y orificios de aquel inmenso pólipo, cuya simple estructura no ofrece sino tubo intestinal y bocas. Pero supóngase que el estado larva ha de pasar por diversas trasformaciones, hasta entrar en la familia de los animales más perfectos, y dotados de diversos sistemas, sanguíneo, nervioso, digestivo, etc.; entonces la vida se hace más complicada, y el animal no existe ya para la boca, sino la boca para el animal. La vida interna haciéndose más complicada exige vasos secretorios, donde se preparen mejor los alimentos; lo que equivale a decir, porque ya la alegoría fastidia, que con el exceso de la población y el desarrollo de la riqueza, nace una industria nacional, y el estado sin disminuir su movimiento de exportación e importación, adquiere al fin una vida interna que necesita satisfacer por sí mismo y para sí mismo. La China en Asia, la Alemania y la Francia en Europa, dan un ejemplo de esta vida interior, que da pábulo a industrias poderosas, y mayor acumulación de riquezas. Cuando este caso llegue para los Estados Unidos, se concibe que las ciudades del litoral no serán los únicos focos de riqueza, pues para promediar las distancias habrá en el centro del estado nuevos focos industriales que derramen e irradien a los extremos los productos del trabajo nacional. Ahora, busque usted en el mapa de los Estados Unidos un punto a propósito para esta secreción interna, reuniendo además las condiciones de viabilidad y abundancia de elementos de fabricación, hierro, maderas, carbón, etc. Si usted no lo encuentra tan pronto, yo se lo indicaré. Hacia lo interior de la Pensilvania los ríos Ohio, Alleghany y Monontgahella se reúnen para dirigirse al Mississipi, la grande arteria que distribuye y concreta como hemos visto el movimiento interior.

 En la confluencia de estos ríos está situada Pittsburg, que por canales artificiales y ferrocarriles comunica con Baltimore en la Bahía de Chesapeake, Filadelfia, New York, Boston al norte. Removiendo un poco la superficie de la tierra sobre que está fundada Pittsburg, se encuentra un manto de carbón de piedra, el cual se extiende unas 14.000 millas cuadradas, esto es, un espacio un poco menor que la Inglaterra entera. Por todo el país circunvecino y a orillas de los ríos, los propietarios pueden bajo el hogar doméstico abrir una boca mina, para extraer esta sustancia, alimenticia de fábricas; y en Marieta hemos descendido del vapor, y atravesando dos calles de la ciudad, entrádonos sin más rodeos en una mina de carbón bituminoso que del interior de una colina sacaban en carretillas de mano, para hacerlo derramarse enseguida hasta sobre la cubierta de los buques que atracan a la orilla del río a recibirlo. De allí en caravanas de angadas informes que sin velas ni remos se abandonan a merced de la corriente de los ríos, va el carbón hasta Nueva Orleáns, a hacer concurrencia ventajosa a la leña que se corta en los inmediatos bosques, y cuyo precio se regla por el salario diario del leñador.

Esto por lo que hace al carbón, que en cuanto al hierro se le encuentra en igual abundancia por todas partes, y gracias a estas envidiables ventajas de posición, Pittsburg se alza hoy en medio de las selvas americanas, envuelta en su denso manto de humo hediondo y espeso, que la hace llamar ya el Birmingham yankee, y será el Londres futuro, por la multitud de sus fábricas, sus algodones, que remontan desde Nueva Orleáns, para ser allí pintados o tejidos, por mecanismos que avanzan en perfección casi siempre, a los inventos europeos. Como una muestra de lo que puede ser Pittsburg, recordaré que a fines del siglo pasado el territorio adyacente estaba aun en poder de los salvajes: en 1800 contenía ya 45.000 habitantes, y en 1845 montaba la población a dos millones.

Como la población de los Estados Unidos avanza hacia el Pacífico 700 millas de frente por año, más tarde será necesario un foco industrial todavía más adentro, a cuyo fin se ha dispuesto que donde el Missouri, que corro unas 1.200 millas, se echa en el Mississipi, y no lejos del punto en que de la parte opuesta desemboca el Ohio, haya otro depósito de carbón de piedra que, a lo que ha podido averiguarse hasta ahora, ocupa una área de cosa ide 60.000 millas cuadradas!

Yo no quiero hacer cómplice a la providencia de todas las usurpaciones norteamericanas, ni de su mal ejemplo que en un período más o menos remoto, puede atraerle, unirle políticamente o anexarle, como ellos llaman, el Canadá México, etc. Entonces, la unión de los hombres libres principiará en el Polo del norte, para venir a terminar por falta de tierra en el Istmo de Panamá.

Para entonces estarán los lagos en el centro de la unión gigante, y para entonces también el estado de Michigan, envuelto como una península por el lago del mismo nombre, el Huron, el Saint Clair, y la base del Erie podrá dar fructuosa ocupación al enorme depósito de carbón que contiene en su centro. En expectación de aquel suceso, y por aquel infalible instinto con que el yankee husmea los lugares que han de ser fecundos en riqueza, a orillas del último de aquellos mares de agua dulce, empieza ya a surgir del haz de la tierra, Buffalo, ciudad que sin haber sido aldea siquiera, contaba hace un año 30.000

habitantes, y contará hoy 50.000, según los términos de la progresión yankee. Un camino de hierro, que desde Albany atraviesa sin pretensión alguna cinco grados de longitud, derrama, en sus calles todos los días, una avenida de hombres, que desde Europa y remontando el Hudson, vienen a escogerse, entre los bosques intermediarios, algún pedazo de tierra donde fijar una nueva familia, como aquellas razas de Sem y de Jafet, que partían desde la Babel antigua a repartirse entre sí la tierra despoblada. Igual confusión de lenguas entre los que llegan, si bien la tierra les imprime la suya a poco andar, y como el agua frotando las superficies angulosas de diversas piedras conforma los guijarros cual si fueran una familia de hermanos, así reuniéndose, mezclándose entre sí estas avenidas de fragmentos de sociedades antiguas, se forma la nueva, la más joven y osada república, del mundo. ¡Oh! Cuánta verdad tangible hay en los misterios morales de nuestra raza; ¡cuántas relaciones íntimas, inevitables, muestran las cosas físicas! La libertad emigrada al norte da al hombre que llega alas para volar; ruedan torrentes humanos por entre las selvas primitivas, y la palabra pasa muda por sobre sus cabezas en hilos de hierro, para ir a activar a lo lejos aquella invasión del hombre sobre el suelo que le estaba reservado; del espíritu envejecido y experto sobre la materia inculta aun, y esperando desde ab inicio, que se la dé forma. Franklin, como usted sabe, fue el primero que tomó en sus manos el terrible rayo, y lo explicó a mundo asombrado. Partiendo del descubrimiento de Franklin (hablo en el sentido práctico del pararrayos, con que él dotó a la humanidad), Volta, Oersted, Alexander, Ampere, Arago, habían escrito y tentado mucho sobre la telegrafía eléctrica, cuando Morse, norteamericano hizo sus ensayos mediante los 30.000 pesos que el congreso de los Estados Unidos dio para costearlos. ¿No es singular que haya cabido a los Estados Unidos la gloria de haber inventado el pararrayos y el éter sulfúrico para ahorrar dos grandes males a la humanidad, e impreso a los movimientos del hombre rapideces planetarias, con la aplicación del vapor hecha por Fulton, y en la telegrafía eléctrica por Morse? En Francia dejé líneas de telégrafos de este género en vía de ensayo, de Ruan a París, de París a Lille, y esto para el servicio del gobierno. En los Estados Unidos había en los momentos de mi salida: de Nueva York un círculo que liga en Washington, Baltimore, Filadelfia, y vuelve a Nueva York, 455 millas; otro anillo que liga a Nueva York, New

Haven, Hasford, Springfield, Boston, y vuelve a Nueva York, 452 millas. Una línea a Albany que parte desde el mismo centro, 150, y de allí extiende un brazo a Buffalo, 250 millas. Otra a Rochester, 252; otra a Monreal, 205. La diligencia que lleva diariamente la correspondencia por toda la Unión recorre 142.295 millas, y 853 millas describen los canales artificiales. Rodean los estados 3.600 millas de mar y 1.200 de lagos. Nueva York sirve de puerto a una navegación interna de ríos, canales y lagos de 3.000 millas; Nueva Orleáns a otra de 20.000, subdividida en ríos navegables, y que uniéndose por el Mississipi, con los lagos y el San Lorenzo, puede producir la más pasmosa línea de circunnavegación interior y fluvial.

    La naturaleza había ejecutado las grandes facciones del territorio de la Unión; pero sin la profunda ciencia de la riqueza pública que poseen los norteamericanos, la obra había quedado incompleta. Desde Filadelfia a San Luis, como de Buenos Aires a Mendoza, atraviesa el estado una gran ruta nacional, porque en este sentido el país no es viable por canales, pues los declives de las aguas se inclinan al Sur o al este. Pero del lago Erie, desciende un canal navegable que uniéndose al Ohio entre Cancaneado y Pittsburg, trae con fletes ínfimos los productos del extremos norte del lago superior y del Canadá hasta la Nueva Orleáns. Del extremos este del mismo lago Erie parte otro canal, que, después de haberse puesto en contacto por una ramificación con el lago Ontario, a la altura de Troya desemboca en el Hudson, y liga por agua a Chicago, que está 14 grados de distancia al occidente, con Nueva York y Québec. Desde Pittsburg parte un canal faldeando los montes Alleghanies, que pone en contacto acuático a Filadelfia en el Atlántico, con Nueva Orleáns en el Golfo de México, describiendo una ruta a través del continente, de más de mil leguas. Inútil sería detenerse en las líneas de caminos de hierro, que completan en parte las de lagos, o se cruzan con ellas, facilitando a cada estado, a cada ciudad y a cada aldea, las comunicaciones baratas, rápidas, diarias, fáciles, al alcance de todas las fortunas, apropiadas a todas las mercaderías. Tocqueville ha dicho que los caminos de hierro bajaron de un cuarto los costos de trasporte. Los canales han abolido casi el flete, pues apenas es sensible; y sin embargo, tal es la afluencia de productos, que estas obras producen al estado millones de renta anual.

Del aspecto general del país, o de su arquitectura como distribución de los medios de acción puestos por Dios y utilizados y completados por el hombre, pasaré sin transición a la aldea, centro de la vida política, como la familia lo es de la vida doméstica. Los Estados Unidos están en ella con todos sus accidentes, cosa que no puedo decirse de nación alguna. La aldea francesa o chilena es la negación de la Francia o de Chile, y nadie quisiera aceptar ni sus costumbres, ni sus vestidos, ni sus ideas, como manifestación de la civilización nacional. La aldea norteamericana es ya todo el estado, en su gobierno civil, su prensa, sus escuelas, sus bancos, su municipalidad, su censo, su espíritu y su apariencia. Del seno de un bosque primitivo, la diligencia o los vagones salen a un pequeño espacio desmontado en cuyo centro se alzan diez o doce casas. Estas son de ladrillo, construido con el auxilio de máquinas, lo que da a sus costados la tersura de figuras matemáticas, uniéndolos entre sí argamasa en filetes finísimos y restos. Levántanse aquellas en dos pisos cubiertos de techumbres de madera pintada. Puertas y ventanas pintadas de blanco, sujetan y cierran cerraduras de patente; y stores verdes animan y varían la regularidad de la distribución. Fíjome en estos detalles porque ellos solos bastan a caracterizar a un pueblo y suscitan un cúmulo de reflexiones. La primera que me ha embargado al presenciar esta ostentación de riqueza y de bienestar, es la que suministra la comparación de las fuerzas productivas de las naciones. Chile, por ejemplo, y lo que es aplicable a Chile lo es a toda la América española, Chile tiene millón y medio de habitantes. ¿En qué proporción están las casas, que de tales merezcan el nombre, con las familias que lo habitan? Pues en los Estados Unidos todos los hombres viven en casas, tales como las que he delineado al principio, rodeados de todos los instrumentos más adelantados de la civilización, salvo los pioneers que habitan aun los bosques, salvo los transeúntes que se albergan en inmensos hoteles. De aquí resulta un fenómeno económico que apuntaré ligeramente. Supongo que veinte millones de norteamericanos habiten un millón de casas. ¿Cuánto capital invertido en satisfacer esta sola necesidad? Fabricantes de ladrillos a la mecánica han hecho con sus productos fortunas colosales; fábricas de cerrajerías de patente venden sus obras por cantidades cien veces mayores que en cualquiera otra parte del mundo, para servir a menor número de hombres. Las estufas de hierro colado que se aplican al uso doméstico en todas las aldeas, bastarían a dar movimiento y ocupación a las fábricas de Londres; y el avalúo de las casas que habitan los norteamericanos en las aldeas, no diré más pobres, porque el término es impropio, equivaldría a la riqueza territorial e inmueble de cualquiera de nuestros estados.

La cocina más o menos espaciosa, según el número de individuos de la familia, consta de un aparato económico de hierro fundido, formando parte de él un servicio completo de cacerolas y de utensilios culinarios, todo obra de alguna fábrica que se ocupa de este ramo. En algún departamento interior se guardan arados del autor francés que los inventó, y el instrumento de agricultura más poderoso que se conoce: su reja abre un surco de media vara de ancho; una cuchilla movible va rozando las yerbas, y el menor esfuerzo del labrador lo aparta del encuentro del tronco de un árbol. Su ligera obra de madera está constantemente pintada de colorado, y los arneses de los caballos que lo tiran son de obra de talabartería, lustrosa siempre y con hebillas amarillas y adornos en bronce para ajustarlos. Las hachas de la casa son también de patente y de la construcción más aventajada que se conoce; pues el hacha es la trompa de elefante del yankee, su mondadientes y su dedo, como entre nosotros es el cuchillo, o la navaja entre los españoles. Una carretela de cuatro ruedas, ligeras como las patas de un escarabajo, siempre barnizada y lustrosa como recién sacada de la fábrica, con arneses brillantes, completos y tales como no los llevan iguales los fiacres de París, facilitan la locomoción de los habitantes. Una máquina sirve para desgranar el maíz; otra para limpiar el trigo; y cada operación agrícola o doméstica, llama en su ayuda el talento inventivo de los fabricantes. El terreno adyacente a la casa y que sirve de jardín de horticultura, está separado de la calle o camino público por una balaustrada de madera, pintada de blanco en toda su extensión y de la forma más artística. No se olvide usted que estoy describiéndole una pobre aldea que aun no cuenta doce casas, rodeada todavía de bosques no descuajados y apartada por centenares de leguas de las grandes ciudades. Mi aldea, pues, tiene varios establecimientos públicos, alguna fábrica de cerveza, una panadería, varios bodegones o figonerías, todos con el anuncio en letras de oro, perfectamente ejecutadas por algún fabricante de letras. este es un punto capital. Los anuncios en los Estados Unidos son por toda la Unión una obra de arte, y la muestra más inequívoca del adelanto del país.

Me he divertido en España y en toda la América del Sur, examinando aquellos letreros donde los hay, hechos con caracteres raquíticos y jorobados y ostentando en errores de ortografía la ignorancia supina del artesano o aficionado que los formó.

El norteamericano es un literato clásico en materia de anuncios, y una letra chueca o gorda, o un error ortográfico expondría al locatario a ver desierto su mostrador. Dos hoteles ha de haber por lo menos en la aldea para alojamiento de los pasajeros; una imprenta para un diario diminuto, un banco y una capilla. La oficina de la posta recibe diariamente los diarios de la vecindad, o de las grandes ciudades, a que están suscritos los aldeanos; y cartas, paquetes y transeúntes han de llegar y salir por ella diariamente; pues el trasporte de la mala, aun a los puntos más distantes, se hace en vehículos de cuatro ruedas y con comodidades para pasajeros. Las calles, que se van delineando a medida que la población crece, tienen como las de las grandes ciudades, treinta varas de ancho, inclusas las aceras de seis varas que deben quedar de cada costado, sombreadas por líneas de árboles que desde luego se plantan. El centro de la calle es, mientras no hay medios de empedrarlo, un ciénago en que osan todos los cerdos de la aldea, los cuales ocupan tan encumbrado lugar en la economía doméstica, que sus productos en toda la Unión corren parejas con los del cultivo del trigo.

Y como es regla que según el nido ha de ser el pájaro, diré una palabra sobre el villano. Si es bodegonero, almacenero o de otra profesión sedentaria, su traje diario se compone de las piezas siguientes: botas charoladas, pantalón y frac de paño negro, chaleco de raso idem, corbata de gro, un pequeño casquete o gorrita de paño; y pendiente de un cordón negro un chisme de oro que representa un lápiz o una llave. En la punta de este cordón y muy sumido en el bolsillo se está la pieza más curiosa del traje del yankee. Si usted quiere estudiar las trasformaciones que el reloj ha experimentado desde su invención hasta nuestros días, pida usted la hora a cuanto yankee encuentre. Verá usted relojes fósiles, relojes mastodontes, relojes fantasmas, relojes guarida de sabandijas, relojes de tres pisos, inflados, con puente levadizo y escalera secreta, para descender con linterna a darles cuerda. El padrón del reloj de Dulcamara, en el elixir de amor, emigró con los primeros puritanos, y sus descendientes gozan del derecho de ciudadanía y están alistados en el partido temible de los nativistas, que profesan las doctrinas del americanismo más exaltado. Cada buque que llega de Europa trae centenares de estos emigrantes los cuales, vendidos a la mejor postura en Nueva York, Boston, Nueva Orleáns y Baltimore, desde el precio de doce reales para arriba, proveen a esta demanda nacional popular de relojes. Tiene el yankee una cartera en el bolsillo, y al acostarse en la cama, traza a la ligera jeroglíficos que indican el camino que tiene trazado a sus acciones del día siguiente. No se crea que hay exageración en esta común distribución de los medios civilizados a las aldeas como a las ciudades, y a los hombres de todas clases. Tomo a la ventura las villitas más pequeñas, cuya descripción me cae a la mano. Bennington contiene un consistorio, una iglesia, dos academias (colegios), un banco y cerca de 300 habitantes.

Norwich, en la orilla derecha del Connecticut, contiene varias iglesias, un banco y 700 habitantes.

Haverhill tiene un consistorio, un banco, una iglesia, una academia y sesenta casas, etc.

Hacia el oeste, donde la civilización declina, y en el Farwest, donde casi se extingue, por el desparramo de la población en las campañas, el aspecto cambia sin duda, el bienestar se reduce a lo estrictamente necesario, y la casa se convierte en el log-house, construido en veinte y cuatro horas, de palos superpuestos y cruzándose en las esquinas por medio de muescas; pero aun en estas remotas plantaciones, hay igualdad perfecta de aspecto en la población, en el vestido, en los modales, y aun en la inteligencia; el comerciante, el doctor, el sheriff, el cultivador, todos tienen el mismo aspecto. El campesino es padre de familia, es propietario de doscientos acres de tierra o de dos mil, no importa para el caso. Sus instrumentos aratorios, sus engines son los mismos, es decir, los mejores conocidos; y si acierta a darse en la vecindad un meeting religioso, de lo profundo de los bosques, descendiendo de las montañas, asomándose por todos los caminos, veráse los campesinos a caballo en grandes cabalgatas, con su pantalón y su frac negro, y las niñas con los vestidos de los géneros más frescos y las formas más graciosas. A bordo de un vapor en una larga navegación, habíame tocado de vez en cuando acercarme a un sujeto perfectamente vestido y que se hacía notar por el cortés desembarazo de los modales. Una mañana, al acercarnos a una ciudad, lo vi, no sin sorpresa, sacar de un camarote una caja, templarla y comenzar a tocar la llamada, invitando al enganche a los jóvenes del lugar. ¡Era tambor! A veces la cadena del reloj caía sobre el parche y embarazaba momentáneamente el juego de los palillos. La igualdad es, pues, absoluta en las costumbres y en las formas. Los grados de civilización o de riqueza no están expresados como entre nosotros por cortes especiales de vestido. No hay chaqueta, ni poncho, sino un vestido común y hasta una rudeza común de modales que mantiene las apariencias de igualdad en la educación.

Pero aun no es ésta la parte más característica de aquel pueblo: es su aptitud para apropiarse, generalizar, vulgarizar conservar y perfeccionar todos los usos, instrumentos, procederes y auxilios que la más adelantada civilización ha puesto en manos de los hombres. En esto los Estados Unidos son únicos en la tierra. No hay rutina invencible que demore por siglos la adopción de una mejora conocida; hay por el contrario una predisposición a adoptar todo. El anuncio hecho por un diario de una modificación en el arado, por ejemplo, lo trascriben en un día todos los periódicos de la Unión. Al día siguiente se habla de ello en todas las plantaciones, y los herreros y fabricantes han ensayado en doscientos puntos de la Unión a un tiempo la realización del modelo, y tienen expuestas en venta las nuevas máquinas. Un año después, en toda la Unión está en práctica. Id a hacer o a esperar cosa semejante en un siglo en España, Francia o nuestra América.

El diccionario de Salvá, porque el de la Academia no hace fe hoy, dice, definiendo la palabra civilización, que es «aquel grado de cultura que adquieren pueblos y personas, cuando de la rudeza natura pasan al primor, elegancia y dulzura de voces y costumbres propio de gente culta». Yo llamaría a esto civilidad; pues las voces muy relamidas, ni las costumbres en extremo muelles, representan la perfección moral y física, ni las fuerzas que el hombre civilizado desarrolla para someter a su uso la naturaleza.

Después de las aldeas de los Estados Unidos, llama de preferencia la atención del viajero el movimiento de los caminos que las unen entre sí, ya sean carriles, macadamizados, ferrocarriles o ríos navegables. Si Dios llamara repentinamente a cuentas al mundo, sorprendería en marcha, como a las hormigas, a los dos tercios de la población norteamericana, de donde resulta lo mismo que he dicho de los edificios; pues viajando todos, no hay empresa imposible ni improductiva en materia de viabilidad. Ciento veinte leguas de camino de hierro se hacen en veinticuatro horas desde Albany hasta Buffalo por 12 pesos; y por quince, inclusas cuatro opíparas y suculentas comidas diarias, 2.200 millas de navegación de vapor en diez días desde Cincinnati hasta Nueva Orleáns, por los ríos Ohio y Mississipi. El vapor o el convoy del ferrocarril atraviesan bosques primitivos, entre cuyas enramadas oscuras y solitarias tome el viajero meditabundo ver aparecer el último resto de las tribus salvajes que no hace diez años llamaban a aquellos parajes las cacerías de sus padres.

    La concurrencia de pasajeros permite la baratura del pasaje; y la baratura del pasaje tienta a viajar a los que no tienen objeto preciso para ello; el yankee sale de su casa a respirar un poco de aire, a tomar un paseo, y hace de ida y vuelta cincuenta leguas en un vapor o un convoy, y vuelve a continuar sus ocupaciones. Cuando el ojo certero de la industria descubre un trayecto de ferrocarril, una asociación lo abre lo suficiente para indicar la vía; de los árboles volteados se hacen las líneas del futuro ferrocarril, poniéndoles sobrepuestas planchuelas delgadas de hierro. El convoy se lanza con tiento al principio, equilibrándose, aquí caigo, allí levanto sobre esta peligrosa vía; los pasajeros llueven de todas partes, y con los productos que dejan, se construye entonces el verdadero camino, nunca seguro, por no hacerlo costoso, lo que no aumenta en mucho el número de desgracias. El convoy es siempre cómodo, espacioso, y si sus cojines no son tan muelles como los de la primera clase en Francia, no son tampoco tan estúpidamente duros como los de segunda en Inglaterra; pues en los Estados Unidos, no habiendo sino una clase en la sociedad, la cual la forma el hombre, no hay tres y aun cuatro clases de vagones, como sucede en Europa. Pero donde el lujo y la grandeza norteamericanas se ostentan sin rival en la tierra, es en los vapores de los ríos del norte. ¡Cloacas o cáscaras de nuez parecerían a su lado los que navegan en el Mediterráneo! Son palacios flotantes de tres pisos, con galerías y azoteas para pasearse. Brilla el oro en los capiteles y arquitrabes de las mil columnas que, como en el Isaac Newton, flanquean cámaras monstruos, capaces de contener en su seno al senado y cámara de diputados. Colgaduras de damasco artísticamente prendidas disimulan camarotes para quinientos pasajeros, comedores colosos con mesa sin fin de caoba bruñida, y servicio de porcelana y plata para mil comensales. Puede este buque recibir dos mil pasajeros; tiene 750 lechos, 200 cámaras independientes; mide 341 pies de largo, 85 de ancho, y carga además 1.450 toneladas.

El vapor Hendrick mide 341 pies de largo y 72 de ancho; tiene 150 cámaras independientes, 600 camarotes con colchones de plumas, dando acomodations en general para dos mil pasajeros, todo por un dólar, corriendo la distancia de 144 millas. Un habitante de Nueva York va a Troya o Albany en la noche; habla por la mañana del día siguiente con su corresponsal, y en la tarde está en Nueva York de regreso, a vacar de las ocupaciones del día, habiendo hecho en a interrupción de diez o doce horas de tiempo hábil, cien leguas de camino. El sudamericano que acaba de desembarcar de Europa, donde se ha extasiado admirando los progresos de la industria y el poder del hombre, se pregunta atónito al ver aquellas colosales construcciones americanas, ¡aquellas facilidades de locomoción, si realmente la Europa está a la cabeza de la civilización del mundo! Marinos franceses, ingleses y sardos, he visto expresar sin disimulo su asombro de encontrarse tan pequeños, tan atrás de este pueblo gigantesco. Hay en aquellos buques del Hudson un sancta sanctorum, en cuyo recinto no penetra el ojo del profano, una morada misteriosa, de cuyas delicias puede cuando más tenerse sospechas por las bocanadas de perfumes que se escapan al abrirse momentáneamente la puerta. Los norteamericanos se han creado costumbres que no tienen ejemplo ni antecedente en la tierra. La mujer soltera, o el hombre de sexo femenino, es libre como las mariposas hasta el momento de encerrarse en el capullo doméstico, para llenar con el matrimonio sus funciones sociales. Antes de esta época viaja sola, vaga por las calles de las ciudades y mantiene amoríos castos a la par que desenvueltos a la luz del público, bajo el ojo indiferente de sus padres. Recibe visitas de personas que no se han presentado a su familia, y a las dos de la mañana vuelve de un baile a su casa acompañada de aquél con quien ha valsado o polkado exclusivamente toda la noche. Los buenos puritanos de sus padres la hacen broma a veces con el tal, de cuyos amores han sido instruidos por la voz pública, y la taimada se complace en derrotar las conjeturas, desmintiendo la evidencia.

Después de dos o tres años de flitear, este es el verbo norteamericano, bailes, paseos, viajes y coqueterías, la niña de la historia, en el almuerzo y como quien no quiere la cosa, pregunta a sus padres si conocen a un joven alto, rubio, maquinista de profesión, que suele venir a verla, de vez en cuando, todos los días. Hacía un año que estaban esperando esta introducción. El desenlace es que hay en la familia un enlace convenido, de que se da parte a los padres la víspera, los cuales ya lo sabían por todas las comadres de la vecindad. Celebrado el desposorio, los novios toman en el acto el próximo camino de hierro, y salen a ostentar su felicidad por bosques, villas, ciudades y hoteles. En los vagones se les ve siempre a estas encantadoras parejas de jóvenes de veinte años, abrazados, reposándose el uno en el seno del otro, y prodigándose caricias tan expresivas que edifican a todos los circunstantes, haciéndoles formar el propósito de casarse inmediatamente, aun a los más contumaces solterones. No puede hacerse en términos más insinuantes que esta exposición al aire libre de las embriagueces matrimoniales, la propaganda del casamiento. Debido a esto es que el yankee no llega nunca a la edad de veinticinco años sin tener ya una familia numerosa; y yo no me explico de otro modo la asombrosa propagación de la especie en aquel suelo afortunado. En 1790 la población constaba de cerca de 4.000.000; 1800, 5.000.000; 1810, 7.000.000; 1820, 9.000.000; 1830, 12.000.000; 1840, 17.000.000; 1850, contará 23.000.000. La inmigración influye en estas cifras; pero en proporciones limitadas. El inmigrante no es un animal prolífico, hasta que ha recibido el baño yankee.

Volviendo, pues, a los millares de novios que andan enardeciendo y vivificando la atmósfera con sus hálitos de primavera, los vapores del Hudson y de otros ríos clásicos les tienen preparados departamentos ad hoc. Llámase este recinto la ¡cámara de la novia! Vidrios de colores esmaltados imprimen a la discreta luz que penetra en ella, todos los suaves colores del iris; lámparas rosadas arden por la noche; y de noche y de día el perfume de las flores, las aguas odoríferas y los aromas que se queman aguzan la sed de placer que consume a sus escogidos moradores. Las fábricas de París no han creado damascos ni muselinas suficientemente costosas, para envolver entre sus sueltos pliegues y bajo techumbres doradas las legítimas saturnales de la cámara de la novia. Después de haber visto la cascada del Niágara, bañádose en las fuentes termales de Saratoga, pasado en revista cien ciudades y hecho mil leguas de país, los novios vuelven, después de quince días, extenuados, maravillados y contentos, a aburrirse santamente en el hogar doméstico. La mujer ha dicho adiós para siempre al mundo de cuyos placeres gozó tanto tiempo con entera libertad; a las selvas frescas de verdura, testigos de sus amores; a la cascada, a los caminos y a los ríos. En adelante, el cerrado asilo doméstico es su penitenciaria perpetua; el roast-beef su acusador eterno; el hormiguero de chiquillos rubios y retozones, su torcedor continuo; y un marido incivil, aunque good natured, sudón de día y roncador de noche, su cómplice y su fantasma. Atribuyo a aquellos amores ambulantes en que termina el flirteo americano, la manía de viajar que distingue al yankee, de quien puede decirse que nace viajero. El furor de viajar crece en proporciones espantosas año por año. Los productos de todas las obras públicas, ferrocarriles, puentes y canales en los diversos estados, en 1844, comparados con los de 1843, mostraron un aumento de cuatro millones de dólares; lo que hizo subir en solo aquel año de ochenta millones el valor de los trabajos, computando el rédito al cinco por ciento. Sabe de memoria todas las distancias, y a la vista de una ciudad, en los vagones o en los vapores, hay un movimiento general de echar mano a la faltriquera, desdoblar el mapa topográfico de los alrededores y señalar con el dedo el punto en cuestion. Una sola casa de Nueva York ha vendido en diez años millón y medio de atlas y mapas para el uso popular. Es seguro que en París no hay ninguna que haya hecho emisión igual para proveer al mundo entero. Cada estado tiene su carta geológica, que muestra la composición del suelo y los elementos explotables que contiene; cada condado su carta topográfica en diez ediciones diversas de todos los tamaños y de todos los precios. Apenas se tiró el primer cañonazo en la frontera mexicana, al Unión fue inundada por millones de mapas de México, en los cuales el yankee traza los movimientos del ejército, da batallas, avanza, toma a la capital y se estaciona allí, hasta que las nuevas noticias venidas por el telégrafo, lo orientan sobre la verdadera posición de los ejércitos, para hacerlos marchar de nuevo, con el dedo puesto en el mapa y a fuerza de conjeturas y cálculos, lo pone a la hora de ésta dentro de la ciudad de México. Los mexicanos pueden ir a recibir lecciones de los leñadores yankees sobre la topografía, producciones y ventajas del país que sin conocer habitan.

Pero continuemos un poco describiendo la fisonomía de los caminos. En los lagos y en otros ríos de mayor longitud que el Hudson, los vapores se acercan a los barrancos en puntos determinados, para renovar su provisión de leña, operación que se hace en menos tiempo que el cambio de mulas en las postas españolas o la renovación de pasajeros. Del centro de un bosque secular y por sendas apenas practicables, vése salir una familia de señoras en toilette de baile, acompañadas por caballeros vestidos del eterno frac negro, variado a veces por un paletó, y cuando más un anciano con surtú de terciopelo a la puritana; cabellos blancos y largos hasta los hombros, a la Franklin, y sombrero redondo de copa baja. El carruaje que los conduce es de la misma construcción y tan esmeradamente barnizado como los que circulan en las calles de Washington. Los caballos con arneses relucientes, pertenecen a la raza inglesa, que no ha perdido nada de su esbelta belleza ni de su árabe conformación al emigrar al nuevo mundo; porque el norteamericano, lejos de barbarizar como nosotros los elementos que nos entregó al instalarnos colonos la civilización europea, trabaja por perfeccionarlos más aún y hacerles dar un nuevo paso. El espectáculo de esta decencia uniforme, y de aquel bienestar general, si bien satisface el corazón de los que gozan en contemplar a una porción de la especie humana, dueña en proporciones comunes a todos, de los goces y ventajas de la asociación, cansa al fin la vista por su monótona uniformidad; desluciendo el cuadro a veces, la aparición de un campesino con vestidos desordenados, levita descolorida y sucia, o frac hecho harapos, lo que trae a la memoria del viajero el recuerdo de los mendigos españoles o sudamericanos, de tan ingrata apariencia. No hermosean el paisaje, por ejemplo, aquellos trajes romanescos de la campiña de Nápoles; el sombrero con pluma empinada de las aguadoras de Venecia; la mantilla de las manolas sevillanas; ni las vestiduras recamadas de oro de las judías de Argel u Oran. La Francia misma que manda a todos los pueblos el despótico decreto de sus modas, entretiene al viajero con las cofias de las mujeres de campaña, invariables y características en cada provincia, llegando en las inmediaciones de Burdeos a asumir la aterrante altura de dos tercios de vara sobre la cabeza, como aquellas peinetas formadas de la concha de un galápago entero, ¡que llenas de orgullo llevaron en un tiempo las damas de Buenos Aires, analogía que unida a los pellones y espuelas chilenos, me ha hecho sospechar que el espíritu de provincia, de aldea, es por todas partes fecundo en cosas abultadas!

Una paisanota de los Estados Unidos se conoce apenas por lo sonrosado de sus mejillas, su cara redonda y regordete y el sonreír candoroso y hebété que la distingue de las gentes de las ciudades. Fuera de esto y un poco de peor gusto y menos desenfado para llevar la cachemira o la manteleta, las mujeres norteamericanas pertenecen todas a una misma clase, con tipos de fisonomía que por lo general honran a la especie humana.

En este viaje que con usted, mi buen amigo, ando haciendo por todas partes en los Estados Unidos, ya sea que nos paseemos en las galerías o sobre la cubierta de los vapores, ya sea que prefiramos el más sedentario vehículo de los ferrocarriles, al fin hemos de llegar, no diré a las puertas de una ciudad, frase europea y que está indicando las prisiones de que están circundadas, sino al desembarcadero, desde donde, con trescientos pasajeros más, iremos a acuartelarnos en uno de los magníficos hoteles cuyas carrozas con cuatro caballos y domésticos elegantes, si no queremos seguir a pie la procesión con nuestro saco de viaje bajo el brazo, nos aguardan a la puerta. Al acercarse el vapor en que descendía el Mississipi, volviendo una de las semicirculares curvas que describe aquella inmensa cuanto quieta mole de agua, nos señalaron en el horizonte, dominando masas escalonadas de bosques matizados por el otoño y a cuya base se extienden en líneas de esmeralda las dilatadas plantaciones de azúcar, la cúpula de San Carlos, consoladora muestra, después de 700 leguas de agua y bosque, de la proximidad de Nueva Orleáns; y aunque el aspecto del paisaje circunvecino no favorece la comparación, la vista de aquella lejana cúpula me trajo a la memoria la de San Pedro en Roma, que se divisa desde todos los puntos del horizonte como si ella sola existiese allí; mostrándose tan colosal a veinte leguas, como no se la cree cuando es considerada de cerca. Por fin iba a ver en los Estados Unidos una basílica de arquitectura clásica y de dimensiones dignas del culto. Alguno nos preguntó si teníamos hotel para nuestro alojamiento, indicándonos el de San Carlos, como el más bien servido. Desde la cúpula, añadió, podrán ustedes tener al salir el Sol el panorama más vasto de la ciudad, el río, el lago y las vecinas campiñas. El San Carlos que alzaba su erguida cabeza sobre las colinas y bosques de los alrededores, el San Carlos que me había traído la reminiscencia de San Pedro en Roma, no era más ¡que una fonda!

He aquí el pueblo rey, que se construye palacios para reposar la cabeza una noche bajo sus bóvedas; he aquí el culto tributado al hombre, en cuanto hombre, y los prodigios del arte empleados, prodigados para glorificar a las masas populares. Nerón tuvo su Domus Áurea; los romanos, los plebeyos tenían sus catacumbas itan solo para abrigarse!

Nuestra admiración en nada disminuyó al acercarnos a la base del soberbio palacio que envidiaran muchos príncipes europeos, y que en los Estados Unidos, a excepción del Capitolio de Washington, monumento alguno civil o religioso le es superior en dimensiones y buen gusto. Sobre una subconstrucción de granito, destinada a bodegas y almacenes, se alza un basamento de mármol blanco que sirve de base a doce columnas estriadas de orden compósito, y seis de las cuales avanzándose sobre el plan general, sostienen un bellísimo frontón. El lienzo de las murallas que a ambos lados continúan el frontispicio, contiene entre la altura correspondiente a la que media entre el basamento y el arquitrabe de las columnas, cuatro ordenes de pisos, conservando sin embargo sus ventanas proporciones arquitectónicas. Debajo del pórtico formado por el frontón, está la estatua de Washington jupiterino que guarda la entrada, la cual conduce a una espaciosa rotunda, pavimentada de mármol, y que corresponde a la gran cúpula que reposa sobre ella. En este espacioso recinto están distribuidas mesas recargadas de colecciones de periódicos de toda la Unión y los de Europa de quince días anteriores.

Las oficinas de la contaduría de la casa ocupan el frente; escalas soberbias se enroscan en el aire sobre sí mismas, cual serpientes de bronce, para dar ascenso en todas direcciones a las habitaciones superiores, hasta la misma cúpula, rodeada de una galería de columnas corintias, en que termina el monumento. Profusa y ordenada turba de sirvientes están prontos a obedecer la menor indicación del viajero; y una chimenea que puede contener una tonelada de carbón de piedra, le entretiene y conforta en el invierno, mientras se registra su nombre en el gran libro, siempre abierto para este fin, y se le señalan habitaciones a donde trasportar su equipaje. Una iluminación de gas poderosa distribuye por mil picos esparcidos en todo el ámbito del edificio torrentes de luz solar. A la izquierda se extiende hacia el fondo de la construcción el comedor, rodeado de columnas, alumbrado por arañas colosales de bronce, y suficientemente ancho para contener tres mesas de caoba que corren paralelas a lo largo del salón una distancia de algo menos de media cuadra. Setecientos comensales se reúnen en torno de estas mesas en el invierno, época de mayor actividad y concurrencia en Nueva Orleáns. El interior del edificio corresponde en lujo a estas colosales exterioridades. Mi compañero de viaje, dominado por ideas sociales de un orden superior, se había en conversaciones anteriores, mostrado punto menos que indiferente sobre las ventajas de este o el otro sistema de gobierno. Pero al recorrer las calles internas que dan comunicación a centenares de habitaciones, decoradas estas con todas las gradaciones de lujo que puede exigir la condición diversa de los húespedes, y que según él, se extendían a distancias fabulosas, estoy convertido, me decía, por la intercesión de San Carlos; ahora creo en la república, creo en la democracia, creo en todo; perdono a los puritanos, aun aquel que comia salsa de tomate crudo con la punta del cuchillo y antes de la sopa. Todo debe perdonársele, sin embargo, al pueblo que levanta monumentos a la sala de comer, y ¡corona con una cúpula como ésta la cocina!

El San Carlos, no obstante ser el San Pedro de los hoteles, no es por eso ni el más espacioso ni el más sólido de los palacios populares, si bien ha costado 700.000 duros su construcción. Cada gran ciudad de los Estados Unidos se envanece de poseer dos o tres hoteles monstruos, que luchan entre sí en lujo y confort, menudeado al pueblo a precios ínfimos. El Astor Hotel en Nueva York es una soberbia construcción en granito que ocupa con su mole un costado de la plaza de Washington; y en ninguno de los templos que abundan en aquella ciudad se han invertido mayores sumas. Después que he visitado los Estados Unidos, y visto los resultados obtenidos allí espontáneamente, me he formado una rara preocupación, y es que para saber si una máquina, un invento, o una doctrina social es útil y de aplicación o desenvolvimiento futuro, se ha de poner a prueba en la piedra de toque de la espontánea aplicación de los yankees. Los hoteles hacen hoy un papel primordial en la viada doméstica de las naciones. Los pueblos estacionarios, como la España y sus derivados, no necesitan hotel, bástales el hogar doméstico; en los pueblos activos, con vida actual, con porvenir, el hotel estará más arriba que toda otra construcción pública. Hace cien años el hotel se conocía apenas en París, y no lo era en todo el resto de la Europa. Hace cuarenta años a que Fourier basaba su teoría social en cuanto a habitaciones, en el falansterio, o el hotel, capaz de contener dos mil personas, proporcionándoles comodidades que no puede obtener la familia aislada en el hogar doméstico. La prueba de que Fourier no andaba errado, es el hotel norteamericano, que siguiendo la simple impulsión de conveniencia, ha tomado ya la forma monumental y dimensiones punto menos que falansterianas. Las iglesias cristianas subdivididas en sectas en los Estados Unidos, de catedrales que eran antes, han descendido a capillas.

Las flechas del templo se bajan a medida que las creencias se subdividen, mientras que el hotel hereda la cúpula del tabernáculo antiguo, y toma las formas de las termas de los emperadores, donde la importancia del individuo ha llegado a la altura de la democracia norteamericana. La arquitectura religiosa continúa secándose y marchitándose, al paso que la arquitectura popular se improvisa en los Estados Unidos, formas, dimensiones y ordenanza que acabarán por serle peculiares. El banco americano es una construcción sólida como la caja de hierro, con frontis jónico, y si no es jónica la construcción, es egipciaca. ¿Por qué caen los yankees en estos dos ordenes tan macizos, para encerrar la caja de hierro? Sobre todos los monumentos americanos se alza un pararrayos; y domina ya el uso arquitectónico de poner en la cúspide de las cúpulas, a guisa de pináculo, la estatua de Franklin, sosteniendo el pararrayos. Ya tenemos, pues, un Mercurio, encargado de guardar el asilo doméstico, o una Santa Bárbara ¡abogada contra rayos! Si los americanos no han creado, pues, un orden de arquitectura, tendrán por lo menos aplicaciones nacionales, carácter y forma sugeridos por las instituciones políticas y sociales, como ha sucedido con todas las arquitecturas que nos ha legado la antigüedad. Una rara confusión reina hoy en Europa sobre la aplicación de las bellas artes. El restablecimiento y reparación de las catedrales góticas, ha seguido al movimiento de la literatura llamada romántica. El Panteón creado por la República francesa ha quedado acéfalo, como si esperara aun tiempos mejores para llenar su objeto. El templo de la gloria edificado por Napoleón, la construcción más griega, más olímpica que vieron nunca romanos o franceses, es hoy el templo de la Magdalena, cuya arquitectura risueña y plácida parece burlarse de las lágrimas de la arrepentida Loreta de Jerusalén; y las imágenes de la virgen y de los santos han ido a confundirse en los museos, y tenerse hombro con hombro con las estatuas de los dioses paganos, o las desnudeces de la pintura profana, en Roma, Londres, Dresde, o Florencia. En los Estados Unidos las formas exteriores se apropian a los objetos del culto, perdóneme la expresión. El Banco es jónico, el hotel es corintio a veces, y monumental siempre, y el inventor del pararrayos tiene ya su puesto elevado y su función arquitectónica, y hasta el piñón de la arquitectura romana ha sido prolongado para hacer de él la imagen de la mazorca de maíz, símbolo de la agricultura americana.

En cuanto a la distribución interior del grande hotel, nada de más normal que la ordenanza común a todos estos establecimientos. A la entrada un pórtico, que contiene las oficinas de administración. Un registro en que el huésped entrante inscribe su nombre, y a cuyo margen el oficinista anota el número 560, o 227, que es el de la cámara que se lo destina, y cuya campanilla, como todas la de la casa, cae en cerradas hileras a la misma oficina. En el vestíbulo están fijados todos los carteles de la ciudad para conocimiento del viajero. La representación teatral, el meeting, el sermón del día, los vapores que parten, el movimiento de los caminos de hierro, etc. En un salón inmediato está el gabinete de lectura que contiene los principales diarios de la Unión y las últimas fechas de Europa. Un salón de fumar, y cuatro o cinco salas de conversación y de recibo, completan por esta parte las comodidades públicas de la casa. Baños termales están a toda hora a disposición de los huéspedes. Las señoras tienen igualmente sus salones de recibo y de tertulia decorados con gracia y lujo. Dos o tres pianos entran en el material de estos establecimientos. A las siete y media de la mañana la vibración insoportable del hong hong chino, recorriendo todas las galerías de comunicación, avisa a los habitantes que es llegada la hora de ponerse de pie. A las ocho nuevo y más prolongado rumor anuncia estar el almuerzo servido. La turba multa de los conventuales acude, se precipita de cada una de las avenidas, hacia la entrada del inmenso refectorio. Aquí principia a mostrarse la vida de esto pueblo tan serio cuando se ríe como cuando come. Donde todos los hombres son iguales al último individuo de la sociedad, no hay protección para el débil, por la misma razón que no hay jerarquías que separen a los poderosos. ¡Ay de las mujeres en este acto solemne de la soberanía popular! si los reglamentos provisorios del hotel no viniesen en su ayuda:

«Art. 1.º Nadie podrá sentarse a la mesa común, hasta que las damas, con sus consortes, o deudos, hayan ocupado la cabecera y costados contiguos de la mesa.

»Art. 2.º Se suplica al público que no fume ni masque tabaco en la mesa.

»Art. 2.º A un golpe de campanilla los varones se sentarán en los asientos que quedaren.»

Sobre entendidas estas disposiciones, el pueblo gastrónomo se alinea detrás de los asientos, con ambas manos puestas sobre el espaldar de la silla, y por derecha e izquierda vista al sirviente que ha de administrar el apetecido companillazo. Toma este el sonoro instrumento en mano, y la doble línea se conmueve; al menor movimiento indicativo de la campana, los cuerpos describen ondulaciones como las espigas de trigo al más ligero soplo de la brisa. Alzase la campanilla en actitud de sonar, y una descarga cerrada de sillas removidas con estrépito acompaña, si no precede al retintín chillón del cobre agitado, e instantáneamente un fuego graneado de platos, cuchillos y tenedores que se chocan entre sí, se prolonga durante cinco minutos, pudiendo por el rumor tempestuoso que se difunde por el aire, saberse a media legua a la redonda que se come en un hotel. Imposible seguir con la vista las evoluciones que se suceden en aquella batahola, no obstante la actividad y destreza de cincuenta o de cien domésticos, que tratan de dar cierto orden acompasado al destapar de las viandas, o al verter té, o café. El norteamericano tiene destinados dos minutos para almorzar, cinco para comer, diez para fumar o mascar tabaco, y todos los momentos desocupados para echar una ojeada sobre el diario que usted está leyendo, único diario que le interesa puesto que otro está ya ocupado de él.

Almuerzo, lunch, o las once, comida y el té, son las cuatro colaciones de ordenanza de aquellas comunidades que se renuevan todos los días, sin que la regla estorbe el que se administre el almuerzo a las cinco de la mañana, para los que han de partir en un vapor o convoy matinal, ni falte nunca una refacción servida para todos los que llegan, no importa la hora del día o de la noche. y luego, ¡qué incongruencias! ¡qué incestos! y ¡qué promiscuaciones en los manjares! El yankee pur sang, se sirve en un mismo plato, conjunta o sucesivamente, todas las viandas, postres y frutas. Hemos visto a uno del Far West, país de dudosa situación, como el Ophir de los fenicios, principiar la comida por salsa de tomates frescos, tomada en cantidad enorme, ¡sola y con la punta del cuchillo! ¡Patatas dulces con vinagre! Estábamos helados de horror, y mi compañero de viaje lleno de gastronómica indignación al ver estas abominaciones: y no llueve fuego del cielo, exclamaba: ¡los pecados de Sodoma y Gomorra debieron ser menores que los que cometen a cada paso estos puritanos!

En los salones de lectura, cuatro o cinco moscones se le apoyarán pesadamente en los hombros para leer el mismo trozo de letra menudísima que está usted leyendo. Si baja usted una escala, o quiere introducirse por una puerta, por poca que sea la concurrencia, el que se le suceda lo empujará por apoyarse en algo. Si fuma usted tranquilamente su cigarro, un pasante se lo sacará de la boca para encender el suyo, y si usted no anda listo para recibirlo, se encargará él en persona de metérselo de nuevo en la boca. Si tiene usted un libro en las manos, con tal que lo cierre un poco para mirar hacia otra parte, su vecino se apoderará de él para leerse dos capítulos de seguida. Si los botones de su paletó tienen relieve de cabezas de venado, caballos o jabalíes, cuantos lo noten vendrán a recorrerlos uno a uno, haciendo girar la persona de usted de derecha a izquierda, de izquierda a derecha, para mejor inspeccionar el museo ambulante. Últimamente, si usted lleva barba completa en los países del Norte, lo cual indica que es usted francés o polaco, a cada paso se encuentra encerrado en medio de un círculo de hombres que lo contemplan con curiosidad infantil, llamando a sus amigos o conocidos para que satisfagan de cuerpo presente su novedosa curiosidad.

Todas estas libertades, bien entendido, puede usted tomárselas con los otros a su vez, sin que nadie reclame de ello ni dé el mejor síntoma de serles desagradable. Pero donde el genio y los instintos nacionales brillan en su verdadera luz, es en las actitudes yankees en sociedad. Esto merece algunas explicaciones. En un pueblo que como éste avanza cien leguas de frontera por año, se improvisa un estado en seis meses, se transporta de un extremo a otro de la Unión en algunas horas, y emigra al Oregón, deben gozar de tan alta estima los pies, como la cabeza entre los que piensan, o el pecho entre los que cantan. En Norteamérica verá usted muestras a cada paso del culto religioso que la nación tributa a sus nobles y dignos instrumentos de riqueza, los pies. Conversando con usted el yankee de educación esmerada, levantará él un pie a la altura de la rodilla, sacarále el zapato para acariciarlo, y oír las quejas que contra el excesivo servicio puedan poner los dedos. Cuatro individuos sentados en torno de una mesa de mármol pondrán infaliblemente sus ocho pies sobre ella, a no ser que puedan procurarse un asiento forrado en terciopelo, que en cuanto a blandura prefieren los yankees el mármol. En el Fremonthotel, de Boston, he visto siete dandies yankees en discusión amigable, sentados como sigue: dos con los pies sobre la mesa; uno con los dichos sobre el cojín de una silla adyacente; otro con una pierna pasada sobre el brazo de la silla propia; otro con ambos talones apoyados en el borde del cojín de su propia silla, de manera de apoyar la barba entre las dos rodillas: otro abrazando, o empiernando el espaldar de la silla, de la misma manera que nosotros solemos apoyar el brazo. Esta postura imposible para los otros pueblos del mundo, la he ensayado sin suceso, y se la recomiendo a usted para administrarse unos calambres en castigo de alguna indiscreción; otro en fin, si no están ya los siete, en alguna otra posición absurda. No recuerdo si he visto norteamericanos sentados en la espalda de silla con los pies en el cojín: de lo que estoy seguro es que nunca vi uno que se preciase de cortes en la postura natural. El estar acostados es el fuerte de la elegancia, y los entendidos reservan este rasgo de buen gusto para cuando hay damas, o cuando un locófoco oye un speech wigh. El secretario de la legación chilena, al llegar a Washington, tuvo necesidad de hablar a un diputado. Acude al Capitolio, se informa de su asiento durante la sesión, llega al fin hasta el punto donde Mr. N. roncaba profundamente acostado en su asiento con las piernas extendidas sobre el asiento de su vecino. Hubo de despertarlo, y una vez entendido sobre el asunto que lo traía, se acomodó del otro lado, esperando sin duda que concluyese el interminable discurso de algún orador de opinión contraria. Los americanos en política y religión, profesan el admirable y conciliante principio de que no debe discutirse sino con los que son de su propia secta u opinión. este sistema se funda en el pleno conocimiento de la naturaleza humana. El orador yankee se esfuerza en confirmar a los suyos en sus creencias, más bien que en persuadir a los contrarios, que duermen en el entre tanto, o piensan en sus negocios. La conclusión de todo esto es que los yankees son los animalitos más inciviles que llevan fraque o paletó debajo del Sol. Así lo han declarado jueces tan competentes, como el capitán

Marryat, Miss Trolopp y otros viajeros; bien es verdad que si en Francia, y en Inglaterra los carboneros, leñadores y figoneros se sentasen a la misma mesa, con los artistas, diputados, banqueros y propietarios, como sucede en los Estados Unidos, otra opinión formarían los europeos de su propia cultura. En los países cultos, los buenos modales tienen su límite natural. El lord inglés es incivil por orgullo y por desprecio a sus inferiores, mientras que la gran mayoría lo es por brutalidad e ignorancia. En los Estados Unidos la civilización se ejerce sobre una masa tan grande, que la depuración se hace lentamente, reaccionando la influencia de la masa grosera sobre el individuo, y forzándole a adoptar los hábitos de la mayoría, y creando al fin una especie de gusto nacional que se convierte en orgullo y en preocupación. Los europeos se burlan de estos hábitos de rudeza, más aparente que real, y los yankees por espíritu de contradicción se obstinan en ellos, y pretenden ponerlos bajo la égida de la libertad y del espíritu americano. Sin favorecer estos hábitos, ni empeñarme en disculparlos, después de haber recorrido las primeras y acciones del mundo cristiano, estoy convencido de que los norteamericanos son el único pueblo culto que existe en la tierra, el último resultado obtenido de la civilización moderna.

Los americanos en masa llevan reloj, en Francia no lo usa un décimo de la nación. Los americanos en masa visten fraque y los otros vestidos complementarios, aseados y de buena calidad. En Francia viste blusa de nanquín los cuatro quintos de la nación.

Usan los yankees, en masa, cocinas económicas, arado Durand y coche. Habitan casas cómodas, aseadas. El jornalero gana un duro al día. Tienen caminos de hierro, canales artificiales y ríos navegables, en mayor número y recorriendo mayores distancias que toda Europa junta. La estadística comparativa de los caminos de hierro era como sigue: En 1845: Inglaterra, 1.800 millas; Alemania, 1.339; Francia, 560, Estados Unidos, 4.000; lo que equivale a 86 millas en Inglaterra por cada millón de habitantes; 16 en Francia, 222 en los Estados Unidos. Sus líneas de telégrafos eléctricos están hoy, únicas en el mundo, puestas a disposición del pueblo, pudiendo en fracciones inapreciables de tiempo, enviar avisos y ordenes de un extremo a otro de la Unión.

El único pueblo del mundo que lee en masa, que usa de la escritura para todas sus necesidades, donde 2.000 periódicos satisfacen la curiosidad pública, son los Estados Unidos, y donde la educación como el bienestar están por todas partes difundidos y al alcance de los que quieran obtenerlo. ¿Están uno y otro en igual caso en punto alguno de la tierra? La Francia tiene 270.000 electores, esto es entre treinta y seis millones de individuos de la nación más antiguamente civilizada del mundo, los únicos que por la ley no están declarados bestias; puesto que no les reconoce razón para gobernarse.

En los Estados Unidos, todo hombre, por cuanto es hombre, está habilitado para tener juicio y voluntad en los negocios políticos, y lo tiene en efecto. En cambio la Francia, tiene un rey, cuatrocientos mil soldados, fortificaciones de París que han costado dos mil millones de francos, y un pueblo que se muere de hambre. Los norteamericanos viven sin gobierno, y su ejército permanente monta solo a nueve mil hombres, siendo necesario hacer un viaje a puntos determinados para ver el equipo y apariencia de los soldados norteamericanos; pues que hay familias y aldeas de la Unión que jamás han visto un soldado. Muchos vicios de carácter tachan los europeos y aun los sudamericanos a los yankees. Por lo que a mí respecta, miro con veneración esos mismos defectos, atribuyéndoselos a la especie humana, al siglo, a las preocupaciones heredadas, y a la imperfección de la inteligencia. Un pueblo compuesto de todos los pueblos del mundo, libre como la conciencia, como el aire, sin tutores, sin ejército, y sin bastillas, es la resultante de todos los antecedentes humanos, europeos y cristianos. Sus defectos deben, pues, ser los de la raza humana en un período dado de desenvolvimiento. Pero como nación, los Estados Unidos son el último resultado de la lógica humana. No tienen reyes, ni nobles, ni clases privilegiadas, ni hombres nacidos para mandar, ni máquinas humanas nacidas para obedecer. ¿No es este resultado conforme a las ideas de justicia y de igualdad que la cristiandad acepta en teoría? El bienestar está distribuido con más generalidad que en pueblo alguno; la población se aumenta según leyes desconocidas hasta hoy entre las otras naciones; la producción sigue una progresión asombrosa. ¿No entrará, como pretenden los europeos, por nada de esto la libertad de acción, y la falta de gobierno? Dícese que la facilidad de ocupar nuevos terrenos, es la causa de tanta prosperidad. Pero, ¿por qué en la América del Sur donde es igualmente fácil, y aun más ocupar nuevas tierras, ni la población ni la riqueza aumentan, y hay ciudades y aun capitales tan estacionarias, que no han edificado cien casas nuevas en diez años? Aun no se ha hecho en nación alguna el censo de la capacidad inteligente de sus moradores. Cuéntase la población por el número de habitantes, y de las cifras acumuladas deduce su fuerza y valimiento. Acaso para la guerra, mirado el hombre como máquina de destrucción, puede ser significativo este dato estadístico; mas una peculiaridad de los Estados Unidos hace que aun en este caso falle el cálculo. Un yankee para matar hombres equivale a muchos de otras naciones, de manera que la fuerza destructora de la nación puede contarse en doscientos millones de habitantes. El rifle es el arma nacional, el tiro al blanco la diversión de los niños en los estados que tienen bosques, y cazar ardillas a bala en los árboles, tostándoles las patas para no lastimar la piel, la destreza asombrosa que adquieren todos.

La estadística de los Estados Unidos muestra el número de hombres adultos que corresponden a veinte millones de habitantes, todos educados, leyendo, escribiendo, y gozando de derechos políticos con excepciones que no alcanzan a desnaturalizar el rigor de las deducciones: el hombre con hogar, o con la certidumbre de tenerlo; el hombre fuera del alcance de la garra del hambre y de la desesperación; el hombre con esperanza de un porvenir tal como la imaginación puede inventarlo; el hombre con sentimientos y necesidades políticas; el hombre en fin dueño de sí mismo, y elevado su espíritu por la educación y el sentimiento de su dignidad. Dícese que el hombre es un ser racional, por cuanto es susceptible de llegar a la adquisición y al ejercicio de la razón; y en este sentido país ninguno de la tierra cuenta con mayor número de seres racionales, aunque le exceda diez veces en el de habitantes.

No es cosa fácil mostrar como obra la libertad para producir los prodigios de prosperidad que los Estados Unidos ostentan. ¿La libertad de cultos puede producir riquezas? Pero ¿cómo obra la facultad de ir a esta o a la otra capilla, de creer en este o en el otro dogma para desenvolver fuerzas productoras? Para cada secta religiosa las otras son como si no existieran, y por tanto la libertad es nula en sus efectos para cada una separadamente. Los europeos lo atribuyen a las facilidades que ofrece un país nuevo, con terrenos vírgenes y de fácil adquisición, lo cual fuera explicación satisfactoria, si la América del Sur, cuan grande es, no tuviera mayor extensión de terrenos vírgenes, igual facilidad para obtenerlos, y sin embargo, atraso, pobreza o ignorancia mayor si cabe que la que muestran las masas europeas. Luego no basta la circunstancia de ser países nuevos en cuya extensión pueda dilatarse la esfera de acción.

Muchas veces me ocurrirá acudir a este censo moral e intelectual para tratar de explicar los fenómenos sociales que sorprenden en América. Ahora solo estableceré un hecho, y es que la aptitud de la raza sajona no es tampoco explicación de la causa del gran desenvolvimiento norteamericano. Ingleses son los habitantes de ambas riberas del río Niágara, y sin embargo, allí donde las colonias inglesas se tocan con las poblaciones norteamericanas, el ojo percibe que son dos pueblos distintos. Un viajero inglés después de haber descrito varias muestras de industria y progreso del lado americano de la cascada, añade:

«Ahora estoy de nuevo bajo la jurisdicción de las leyes y del gobierno inglés y por tanto ya no me creo extranjero. Aunque los americanos en general son civiles y afables, sin embargo un inglés, extranjero en medio de ellos, es importunado y disgustado por sus jactancias de proezas en la última guerra, y su superioridad sobre todas las otras naciones, asentando como un hecho incuestionable que los americanos sobrepasan a todas las otras naciones en virtud, saber, valor, libertad, gobierno y toda otra excelencia. No obstante, por más que merezcan el ridículo por este flaco, yo no puedo menos de admirar la energía y espíritu de empresa que muestran en todo, y deploro la apatía del gobierno inglés con respecto a la mejora de estas provincias. Una sola mirada echada sobre las riberas del Niágara basta para mostrar de qué lado está el gobierno más efectivo. Del lado de los Estados Unidos se levantan grandes ciudades, numerosos puertos con muelles para protegerlos en las radas, o diligencias corriendo a lo largo de los caminos; y la actividad del comercio mostrándose por vagones, carros, caballos y hombres, moviéndose en todas direcciones. En el lado del Canadá, aunque dividido por el canto de un río, en un antiguo establecimiento, y al parecer con mejor tierra, hay solo dos o tres almacenes, una taberna o dos, un puerto tal como Dios lo hizo y sin obras que lo defiendan; uno o dos buquecitos anclados, y algún desembarcadero accidental.»

Otro viajero, después de describir varias muestras de la industria creciente del lado americano, añade: «el país que atravesábamos (del lado canadiense) estaba muy avanzado en las cosechas, sin que se viesen señales de intentar recogerlas. Donde quiera que nos deteníamos para mudar caballos, nos asaltaban bandas de chicuelos vendiendo manzanas, y por la primera vez vimos de este lado algunos mendigos». No hace mucho tiempo que una grande inmigración venida del Canadá volvió a emigrar a los Estados Unidos. Los caminos de hierro, como medio de riqueza y civilización, son comunes a la Europa y a los Estados Unidos, y como en ambos países datan de ayer solo, en ellos puede estudiarse el espíritu que preside a ambas sociedades. En Francia los trabajos de nivelación, como todo lo que constituye el ferrocarril, son cuidadosamente examinados por los ingenieros antes de ser entregados a la circulación; verjas de madera resguardan por ambos lados sus bordes; dobles líneas de rieles de hierro fundido facilitan el movimiento en opuestas direcciones; si un camino vecinal atraviesa el trayecto, fuertes puertas resguardan su entrada, cerrándose escrupulosamente un cuarto de hora antes que lleguen los wagones a fin de evitar accidentes. De distancia en distancia por toda la extensión del camino, están apostados centinelas que descubren el espacio y anuncian con banderolas de diversos colores si hay peligro u obstáculos que detenga el convoy, que no parte del embarcadero sino cuatro minutos después que una falange de vigilantes se ha cerciorado de que todos los transeúntes ocupan sus lugares, las puertas están cerradas, y el camino expedito, y nadie cerca ni a una vara de distancia del paso del tren. Todo ha sido previsto, calculado, examinado, de manera de dormir tranquilo en aquella cárcel herméticamente cerrada. Veamos lo que se pasa en los Estados Unidos. El ferrocarril atraviesa leguas de bosques, primitivos, donde aun no se ha establecido morada humana. Como la empresa carece aun de fondos, los rieles son de madera, con una planchuela de fierro, que se desclava con frecuencia, y el ojo del maquinista escudriña incesantemente por temor de un desastre. Una sola línea basta para la ida y venida de los trenes, habiendo ojos de buey de distancia en distancia donde un tren de ida aguarda que pase por el costado opuesto el otro de vuelta. Una alma no hay que instruya de los accidentes ocurridos. El camino atraviesa las villas y los niños están en las puertas de sus casas o en medio del camino mismo atisbando el pasaje del tren para divertirse; el camino de hierro a más de calle es camino vecinal, y el viajero puede ver las gentes que se apartan lo bastante para dejarlo pasar, y continuar enseguida su marcha. En lugar de puertas en los caminos vecinales que atraviesa el ferrocarril, hay simplemente una tabla escrita que dice tengan cuidado con la campana cuando se acerque, jeroglífico que previene al carretero que lo abrirá en dos si se ha metido imprudentemente de por medio en el momento del pasaje del tren, que parte lentamente del embarcadero, y mientras va marchando saltan a bordo los pasajeros, descienden los vendedores de frutas y periódicos, y se pasean de un vagón a otro todos, por distraerse, por sentirse libres, aun en el rápido vuelo del vapor. Las vacas gustan de reposarse en el explayado del camino, y la locomotiva norteamericana va precedida de una trompa triangular que tiene por caritativa misión arrojar a los costados a estas indiscretas criaturas que pueden ser molidas por las ruedas, y no es raro el caso de que algún muchacho dormido sea arrojado a cuatro varas por un trompazo de aquellos que salvándolo la vida le rompen o dislocan un miembro. Los resultados físicos y morales de ambos sistemas son demasiado perceptibles. La Europa con su antigua ciencia y sus riquezas acumuladas de siglos, no ha podido abrir la mitad de los caminos de hierro que facilitan el movimiento en Norteamérica. El europeo es un menor que está bajo la tutela protectora del estado; su instinto de conservación no es reputado suficiente preservativo; verjas, puertas, vigilantes, señales preventivas, inspección, seguros, todo se ha puesto en ejercicio para conservarle la vida; todo menos su razón, su discernimiento, su arrojo, su libertad; todo, menos su derecho de cuidarse a sí mismo, su intención y su voluntad. El yankee se guarda a sí mismo, y si quiere matarse nadie se lo estorbará; si se viene siguiendo el tren, por alcanzarlo, y si se atreve a dar un salto y cogerse de una barra, salvando las ruedas, dueño es de hacerlo; si el pilluelo vendedor de diarios, llevado por el deseo de expender un número más ha dejado que el tren tome toda su carrera y salta en tierra, todos le aplaudirán la destreza con que cae parado, y sigue a pie su camino. He aquí como se forma el carácter de las naciones y como se usa de la libertad. Acaso hay un poco más de víctimas y de accidentes, pero hay en cambio hombres libres y no presos disciplinados, a quienes se les administra la vida. La palabra pasaporte es desconocida en los Estados, y el yankee que logra ver uno de estos protocolos europeos en que consta cada movimiento que ha hecho el viajero, lo muestra a los otros con señales de horror y de asco. El niño que quiere tomar el ferrocarril, el vapor o la barca del canal, la niña soltera que va a hacer una visita a doscientas leguas de distancia, no encontrarán jamás quien les pregunte con qué objeto, con qué permiso se alejan del hogar paterno. Usan de su libertad y de su derecho de moverse. De ahí nace que el niño yankee espanta al europeo por su desenvoltura, su prudencia cautelosa, su conocimiento de la vida a los diez años. ¿Cómo le va a usted en su negocio, le preguntaba Arcos, mi compañero de viaje, a un listo muchachuelo que nos hacía el inventario comentado de los libros, periódicos y panfletos que se empeñaba en hacernos comprar? Va bien; hace tres años que gano mi vida en él y tengo ya 300 pesos guardados. este año reuniré los quinientos que necesito para hacer compañía con Williams y poner una librería, y explotar todo el Estado. este comerciante tenía de nueve a diez años. ¿Es usted propietario, preguntábamos a un mocetón que viajaba al Far West? Sí; voy a comprar tierras; ¡tengo 600 pesos!

Al lado del trayecto del camino de hierro va el telégrafo eléctrico, que por ahorrar camino a veces, se separa de la vía ordinaria, se hunde en la espesura de los bosques y lleva a doscientas leguas las noticias más interesantes. Cuando en 1847 se hacían en Francia entre Ruan y París los primeros ensayos, la prensa anunciaba la existencia de 1.635 millas de telégrafos en los Estados Unidos; cuando yo llegué había 3.000 millas; y mientras atravesé el país que media entre Nueva York y Nueva Orleáns, se formó una asociación y se puso en actividad una línea entro la primera de aquellas ciudades y Montreal en el bajo Canadá, a donde había estado yo quince días antes. Hoy habrá 10.000 millas, y dentro de poquísimos años, medirán los telégrafos las mismas 80.000 millas que recorre la posta. En Francia el telégrafo es para el uso del gobierno, es asunto de estado; en los Estados Unidos, es simple negocio de movimiento y actividad, y se le aceptarían correspondencias a la administración tan solo porque paga el porte. ¿Puede llegar a más alto punto el extravío de las ideas, que hace que los liberales, los republicanos, consientan en Francia en este monopolio, y en carecer de los medios de comunicación más expeditos? En Harrisburg, población de 4.500 almas, el telégrafo eléctrico tenía empleo diario para traer apurado al encargado de servirlo; mientras que en Francia, aun no había podido hacerse un miserable ensayo. Hago estas comparaciones para mostrar la diversa atmósfera en que se educa el pueblo y la energía moral y física que desenvuelve. En Francia hay tres categorías de vagones, en Inglaterra cuatro; la nobleza se mide por el dinero que puede pagar cada uno, y los empresarios para envilecer al hombre que paga poco, han acumulado comodidades y lujo en la 1.ª clase, y dejado tablas rasas, estrechas y duras para los de 3.ª No sé por qué no han puesto púas en los asientos para mortificar al pobre. En los Estados Unidos el vagón es una sala de veinte varas de largo y espaciosa de ancho, con asientos de espalda movible, de manera de formar corrillo cuatro asientos, volviéndose dos a opuesto lado, con una callejuela de por medio para facilitar el movimiento, y abiertos los vagones por ambos lados, de manera que el curioso pueda trasladarse del primero al último, durante la marcha, y el aire penetre libremente por todas partes. Las comodidades y los cojines son excelentes e iguales, y por tanto el precio del pasaje es el mismo para todos. Me han mostrado a mi lado el gobernador de un Estado, y las callosidades de las manos de mi otro vecino me revelaban en él un rudo leñador. Así se educa el sentimiento de la igualdad, por el respeto al hombre. La aristocracia veneciana estableció la igualdad en la adusta pobreza de las góndolas por no herir la envidia de los nobles pobres; la democracia de Norteamérica ha distribuido el confort y el lujo igualmente en todos los vagones para alentar y honrar la pobreza. Estos solos hechos bastan para medir la libertad y el espíritu de ambas naciones. El Times decía una vez que si la Francia hubiese abolido el pasaporte, habría hecho más progresos en la libertad que no los ha hecho con medio siglo de revoluciones y sus avanzadas teorías sociales, y en los Estados Unidos pueden estudiarse los efectos.

He aquí un débil cuadro del espectáculo de la libertad en Norteamérica. En medio de las ciudades el hombre se cría salvaje, si es posible decirlo; la mujer de cualquiera condición que sea, vaga sola por las calles y los caminos desde la edad de doce años flirtea hasta los quince, se casa con quien quiere, viaja y se sepulta en el nuevo hogar a preparar la familia; el niño acude desde temprano a las escuelas, se familiariza con los libros y las ideas de los hombres; es el mismo hombre hecho a los quince años, y desde entonces toda tutela desaparece a su vista. No ha visto soldados, no conoce gendarmes; el motín de las calles lo divierte, lo exalta y lo educa; sus pasiones se desenvuelven en toda su lozanía y vigor; tiene una profesión y se casa a los veinte años, seguro de sí mismo y de su porvenir. El progreso general de la Unión lo arrastrará en despecho suyo y avanzará sus negocios propios. y entonces, ¡cuántos sueños grandiosos agitan su mente, cuántos caminos se abren en todas direcciones para llegar a la fortuna! ¿Es artesano? Una grande asociación, una fábrica para cubrir los estados con los productos de su arte, o bien un invento europeo aun no introducido en el país, o una mejora sobre los aparatos conocidos o una invención nueva, porque nada arredra hoy al yankee. Largo tiempo he creído que el patrimonio norteamericano era y sería por muchos años apropiarse, apoderarse de los progresos de la inteligencia humana. La ciencia europea inventa, y la práctica americana populariza la cocina económica, el arado Durand, la locomotiva, el telégrafo. Nada más natural, y sin embargo, nada hay menos exacto. Los datos estadísticos colectados en estos últimos diez años, muestran que una parte de los inventos y mejoras adoptados en Inglaterra son de origen norteamericano. Han modificado la máquina de vapor; mejorado la quilla del buque; perfeccionado el vagón, a punto de exportarse estos artículos para la Europa misma, y preferirse en Rusia y otros puntos los empresarios y artífices americanos para todo lo que constituye la viabilidad. El puente yankee de madera, que a veces atraviesa doce cuadras en un río y soporta los trenes cargados de productos agrícolas, sobre pedestales y armazón al parecer deleznables, es sin embargo, el fruto del más profundo estudio de las leyes de la gravitación, de la repercusión, elasticidad y equilibrio de las fuerzas combinadas. El artífice yankee posee ya el puente reducido a arte mecánica, y lo alza donde quiera a prueba de torrentes, huracanes y pesos enormes. La mitad de los aparatos de labranza son invención de su ingenio, y el molino de vapor como la barrica en que envasija las harinas son la obra de sus fábricas y de sus combinaciones para producir inmensos resultados con limitadísimos medios.

Pero donde más brilla la capacidad de desenvolvimiento del norteamericano, es en la posesión de la tierra que va a ser el plantel de una nueva familia. En medio de la civilización más avanzada, los hijos de Noé se reparten la tierra despoblada, o los Nemrod echan los fundamentos de una Babilonia. Dejo a un lado los que siguen el paso ordinario de las sociedades que se dilatan, agregando a la villa naciente una casa nueva, a la heredad labrada nuevos campos rozados.

El Estado es el depositario fiel del gran caudal de tierras que pertenecen a la federación, y para administrar a cada uno su parte de propiedad, no consiente ni intermediarios especuladores, ni oscilaciones de precios que cierren la puerta de la adquisición a las pequeñas fortunas. La tierra vale 10 reales el acre; y este dato es el punto de partida para el futuro propietario. Hay un procedimiento en la distribución de las tierras de cuya simétrica belleza solo Dios puede darse de antemano cuenta.

El Estado manda sus ingenieros a delinear las tierras vendibles, tomando por base de la mensura un meridiano del cielo. Si a cien leguas de distancia al sur o al norte ha de medirse otra porción de tierra, los ingenieros buscarán el mismo meridiano, para que un día, dentro de dos siglos quizá aparezcan, completas y sin interrupción aquellas líneas que han venido dividiendo el continente en zonas, cual si fuera una pequeña heredad. Esta agrimensura rectilínea es privativa del genio americano. La propiedad en la provincia de Buenos Aires, en aquella pampa lisa como la mesa del geómetra, fue forzada por el genio de Rivadavia a cuadrarse en paralelogramos, triángulos y figuras de fácil conmensuración, de manera que se reprodujesen sin esfuerzo en el mapa que daba el departamento topográfico cada diez años, pudiendo por la comparación de las varias ediciones, estudiarse a vista de ojo el movimiento de la propiedad, buscando un término medio de extensión, subdividiéndose por las particiones entre herederos las grandes propiedades, acumulándose las pequeñas, por la necesidad de apropiarlas a la cría del ganado.

El error fatal de la colonización española en la América del Sur, la llaga profunda que ha condenado a las generaciones actuales a la inmovilidad y al atraso, viene de la manera de distribuir las tierras. En Chile se hicieron concesiones de grandes lotes entre los conquistadores, medidos de cerro a cerro, y desde la margen de un río hasta la orilla de un arroyo. Se fundaron condados entre los capitanes, y a la sombra de sus techos improvisados, debieron asilarse los soldados, padres del inquilino, este labrador sin tierra, que crece y se multiplica sin aumentar el número de edificios. El prurito de ocupar tierras en nombre del rey hizo apoderarse de comarcas enteras, distanciándose los propietarios, que en tres siglos no han alcanzado a desmontar la tierra intermediaria. La ciudad por tanto quedaba en este vasto plan suprimida, y las pocas aldeas de nueva creación después de la conquista, han sido decretadas por los presidentes contándose cien por lo menos en Chile de este origen oficial y facticio. Ved como procede el norteamericano recién llamado en el siglo XIX a conquistar su pedazo de mundo para vivir, porque el gobierno ha cuidado de dejar a todas las generaciones sucesivas su parte de tierra. La conscripción de jóvenes aspirantes a la propiedad se apiña todos los años en torno martillo en que se venden las tierras públicas, y con su lote numerado parte a tomar posesión de su propiedad, esperando que los títulos en forma le vengan más tarde de las oficinas de Washington. Los más enérgicos yankees, los misántropos, los selváticos, los quatters, en fin, obran de una manera más romanesca, más poética o más primitiva. Armados de su rifle se enmarañan en las soledades vírgenes; matan por pasatiempo ardillas que triscan con su movilidad incansable entre las ramas de los árboles; una bala certera vuela al firmamento a precipitar un águila que cernía sus alas majestuosamente sobre la verdinegra superficie que forman las copas de los árboles, el hacha, su compañera fiel, cuando no fuere más que por ejercitar las fuerzas, ha de echar cedros o robles al suelo. En estas correrías vagabundas, el plantador indisciplinado busca un terreno fértil, un punto de vista pintoresco, la margen de un río navegable, y cuando se ha decidido en su elección, como en las épocas primitivas del globo, dice esto es mío, y sin otra diligencia toma posesión de la tierra en nombre del rey del mundo, que es el trabajo y la voluntad. Si algún día llega hasta el límite que él ha trazado a su propiedad la mensura de las tierras del Estado, la venta en almoneda solo servirá para decirle lo que debe por lo que ha cultivado, según el precio a que se vendan los adyacentes campos incultos; y no es raro que este carácter indómito, insocial, alcanzado por las poblaciones que vienen avanzando sobre el desierto, venda su quinta y se aleje con su familia, sus bueyes y caballos, buscando la apetecida soledad de los bosques. El yankee ha nacido irrevocablemente propietario; si nada posee ni poseyó jamás, no dice que es pobre, sino que está pobre; los negocios van mal; el país va en decadencia; y entonces los bosques primitivos se presentan a su imaginación oscuros, solitarios, apartados, y en el centro de ellos, a la orilla de algún río desconocido, ve su futura mansión, el humo de las chimeneas, los bueyes que vuelven con tardo paso al caer de la tarde el redil, la dicha en fin, la propiedad que le pertenece. Desde entonces no habla ya de otra cosa que de ir a poblar, a ocupar tierras nuevas. Sus vigilias las pasa sobre la carta geográfica, computando las jornadas, trazándose un camino para la carreta; y en el diario no busca sino el anuncio de venta de terrenos del Estado, o la ciudad nueva que se está construyendo en las orillas del lago Superior.

Alejandro el Grande destruyendo a Tiro, tenía que devolver al comercio del mundo un centro para reconcentrar las especies del Oriente, y desde donde se derramasen enseguida por las costas del Mediterráneo. La fundación de Alejandría le ha valido su renombre como muestra de su perspicacia, no obstante que las vías comerciales eran conocidas y el istmo de Suez la feria indispensable entre los mares de la India y la Europa y el África de entonces. Esta obra la realizan todos los días Alejandros norteamericanos que vagan en los desiertos buscando puntos que un estudio profundo del porvenir señala como centros futuros del comercio. El yankee, inventor de ciudades, profesa una ciencia especulativa, que de inducción en inducción, lo conduce a adivinar el sitio donde ha de florecer una ciudad futura. Con el mapa extendido a la sombra de los bosques, su ojo profundo mide las distancias de tiempo y de lugar, traza por la fuerza del pensamiento el rumbo que han de llevar más tarde los caminos públicos; y encuentra en su mapa las encrucijadas forzosas que han de hacer. Precede a la marcha invasora de la población que se avanza sobre el desierto, y calcula el tiempo que empleará la del norte y el que necesita la del sur, para acercarse ambas al punto que estudia, que ha escogido en la confluencia de dos ríos navegables. Entonces traza con mano segura el trayecto de los caminos de hierro que han de ligar el sistema comercial de los lagos con su presunta metrópoli, los canales que pueden alimentar los ríos y arroyos que halla a mano, y los millares de leguas de navegación fluvial que quedan en todas direcciones sometidas como radios del centro que imagina. Si después de fijados estos puntos, halla un manto de carbón de piedra, o minas de hierro, levanta el plano de la ciudad, la da nombre y vuelve a las poblaciones a anunciar por los mil ecos del diarismo, el descubrimiento que ha hecho del local de una ciudad famosa en el porvenir, centro de cien vías comerciales. El público lee el anuncio, abre el mapa para verificar la exactitud de las inducciones, y si halla acertados los cálculos, acude en tropel a comprar lotes de terreno, cuál en los que han de ser tajamares y muelles, cuál en derredor de la plaza de Washington o de Franklin; y una Babel se levanta en un año, en medio de los bosques, afanados todos por estar en posesión el día que lleguen a realizarse los grandes destinos predichos por la ciencia topográfica a la ciudad. Ábrense en tanto caminos de comunicación; el diario del lugar da cuenta de los progresos de la sociedad, la agricultura comienza, álzanse los templos, los hoteles, los muelles y los bancos; puéblase de naves el puerto, y la ciudad empieza en efecto a extender sus relaciones, y a hacer sentir la urgencia de ligarse por caminos de hierro o canales a los otros grandes centros de actividad. Cien ciudades en los lagos, en el Mississipi y en otros puntos remotos, tienen este sabio y calculado origen, y casi todas justifican por sus progresos asombrosos, la certeza y la profundidad de los estudios económicos y sociales que les sirvieron de origen.

Dos clases de seres humanos conozco, entro quienes sobrevive aun en medio de nuestra actual mesura de carácter moral, el antiguo espíritu heroico de las primeras edades de los pueblos. Los presidiarios de Tolón y de Bicetre, y los emigrantes norteamericanos; todo el resto de la especie humana ha caído en la atonía de la civilización. Las hazañas de Francisco Pizarro o las de los Argonautas las reproduce a cada momento la audacia inaudita del presidiario liberto; valor, constancia, sufrimiento, disimulo y violación de toda ley moral, de todo principio de honor y de justicia; todo es igual, sin que esto excluya cierta grandeza de alma, cierta inteligencia profunda en los medios, que está revelando el genio humano mal empleado, el Alejandro pervertido y ocupado en matar a unos pocos transeúntes en lugar de asolar naciones y metrallar a millares, lo que ya cambia la escena y los nombres, guerra, conquista, etc.

En los Estados Unidos aquellos caracteres acerados, que hay distribuidos al uno por ciento en todas partes, se entregan a sus instintos heroicos, sin nombre aun, para establecerse y multiplicarse. El espíritu yankee se siente aprisionado en las ciudades; necesita ver desde la puerta de su casa la dilatada y sombría columnata que forman las encinas seculares de los bosques.

Por qué se ha muerto el espíritu colonizador entre nosotros, ¿los descendientes de la colonización oficial? Desde Colon hasta una época no muy remota sin duda, la fundación de una ciudad española era solo un escalón para apoyar la invasión de otros puntos apartados. La ocupación del Perú traía aparejada la expedición de Almagro: cuando Mendoza se defendía contra los araucanos en el Sur, destacaba al oriente sesenta lanceros al mando del Capitán Jofré, para ir a asomarse al otro lado de los Andes, y fundar dos ciudades, San Juan y Mendoza, solitarias en medio de desiertos a la orilla de los dos ríos que hallaron.

Contaré a usted el sistema entero de estas empresas que requieren Hércules para realizarlas, y verá usted si merecen desprecio por los motivos y por los medios, aquellas hazañas de nuestros conquistadores de Sudamérica. Sabe usted cuanta irritación hubo, y cuanta necedad dijeron de una y otra parte en la cuestión de límites del Oregón. Todo quedó en paz después que americanos e ingleses se hubieron racionalmente entendido, menos el espíritu yankee, que como el cóndor la sangre, había husmeado en la discusión, tierras labrables, ríos, bosques, puertos. La discusión comienza de nuevo en los diarios sobre la posibilidad de sorberse el comercio de la China por el Oregón; sobre la facilidad de abrir un camino de hierro de ocho días de marcha, desde el Pacífico al Atlántico, y la ventaja de tomar el pan caliente aun salido de Cincinnati, vía Oregón, y otros mil tópicos, inverosímiles y absurdos para otro que no sea el yankee, habituado a no creer imposible nada, desde que se puede concebir, él, que desde luego tiene adiextrada su mente a concebir proyectos.

Cuando la opinión está formada y designados los rumbos que deben seguirse para ir a aquel Dorado remoto, se indica la estación oportuna para emigrar, y el punto de partida, y el día designado por algunos emigrantes que invitan a todos los aventureros de la Unión para acompañarlos en la gloriosa jornada. El día del rendez vous, vénse de todos los puntos del horizonte llegar hileras de carros, cargados de mujeres, niños, gallinas, ollas, arados, hachas, sillas, y toda clase de objetos de menaje; acompáñanles arreas escasas de bueyes apestados y mulas y caballos rengos y mancos que forman parte muy trabajada de la expedición, y sobre todo este conjunto, dominando las caras bronceadas, acentuadas y serias de los yankees vestidos de paltó o levita o fraque raído, con un rifle que le sirve de bastón, y la mirada tranquila del puritano y del chacarero.

Si he de darle una idea exacta de estas emigraciones y del espíritu yankee, necesito desde este momento ajustarme al hecho, y seguir los incidentes diarios de una, entre ciento, de estas estupendas marchas por el desierto, sin soldados, ni guardia, ni empleado público, ni autoridad humana que les ligue a la Unión que dejan sin pesar estos hijos de Noé.

En mayo de 1845 habían pasado por Independence, último término poblado del Estado de... varias tropas de carros, que de a treinta y ocho, que de a veinte y ocho, que de a ciento, dirigiéndose con cortos intervalos hacia el Oregón. El día 13 varias de estas partidas reunidas en número de ciento setenta carros de la descripción arriba dicha, viéronse ya rodeadas a la distancia de indios que rondaban por asaltar el ganado mayor que montaba a cosa de dos mil cabezas, lo que hizo pensar que era ya tiempo de organizar la colonia, y constituir el estado ambulante; puesto que los oficiales y empleados públicos hasta entonces en ejercicio, debían terminar sus funciones en Big-Soldier. Los dos empleados que deben en primer lugar nombrarse son el piloto (baqueano) y el capitán. Todo el camino se ha venido tratando en las conversaciones de los carros y a la orilla del fuego en los alojamientos, de esta suprema cuestion, y las candidaturas rivales formando sus partidos. El 13 de mayo, cada carro lanza a la arena dos hombres por lo menos, a reunirse en asamblea electiva. Dos candidatos para piloto se presentan; es el uno un tal Mr. Adams, que había entrado tierra adentro hasta el fuerte Laramie, poseía el derrotero (maning) de Gilpin, y tenía consigo un español que conocía el país; Mr. Adams además, ha sido uno de los que más han contribuido a excitar la fiebre del Oregón, esto es, el deseo de emigrar. Mr. Adams pide 500 pesos por servir de piloto si la honorable asamblea se digna elegirlo.

Mr. Meek es un viejo montañés del corte del Trampero de Cooper; ha pasado muchos años en los Montes Rocallosos como traficante y trampero, y ha propuesto como el otro, pilotarlos hasta el fuerte Vancouver, por 250 pesos, de los cuales solo pedía 30 pesos. Se hace moción para postergar hasta el día siguiente la elección, cuando se ve al viejo Meek, venir a escape en su caballo, los ojos y la mano vueltos hacia el campo. Los indios se llevan el ganado, dice con precipitación; la asamblea se disuelve, y cinco minutos después estaba convertida en escuadron de caballería armado de rifle y daga, y marchando en buen orden sobre el enemigo. A distancia de 2 millas divisa una aldea de indios; la soldadesca se echa sobre los wigwams, y los indios sobrecogidos de espanto, las mujeres llorando, los niños escondiéndose, no saben que imaginarse de aquel ataque de los caras pálidas. Los jefes indios se presentan a ofrecer la pipa de paz, y protestan enérgicamente contra la imputación que pesa sobre ellos. Un desgaritado que venía llegando a la aldea es cogido y llevado preso. Nómbranse jueces, y el prisionero se presenta a la barra. Preguntado lisa y llanamente si es criminal o no, contesta con un gruñido de terror. Su causa se instruye en forma entonces; se oyen las deposiciones de los testigos, y no siendo suficiente la evidencia de los cargos alegados contra él, se le absuelve completamente, quedando probado por el contrario que ha sido una falsa alarma para posponer la elección. Serenados los espíritus, y depuestos los rifles, vuelve la sociedad a constituirse en asamblea electora, y se procede a votación, de lo que resultan electos, el trampero Meek piloto, y Mr. Welch capitán, con todos los demás empleados necesarios para el buen gobierno, tales como tenientes, sargentos, jueces, etc., etc. La marcha principia mayo 14. Cinco millas el 16. El 17 se separan dieciséis carros, y se reúnen al cuerpo principal. El 17 alcanzan a un wigwam de los indios Caw, rateros insignes que se conducen honorablemente con la sociedad y la proveen de víveres en cambio de productos de la Unión. El 19 la minoría vencida en las elecciones protesta contra la voluntad de la mayoría. Para satisfacer las ambiciones burladas se conviene en dividir la masa en tres cuerpos, cada uno de los cuales elegirá sus propios jefes y oficiales, no reconociéndose otra autoridad general que la del piloto y la de Mr. Welch. Antes de separarse se convino en pagar el piloto, y para ello se nombra un tesorero, quien después de dar las fianzas correspondientes, procede a colectar los fondos; algunos se niegan redondamente a pagar, y otros ex ciudadanos no tienen blanca. Después de haber arreglado satisfactoriamente éstos y otros puntos, se procede al nombramiento de oficiales para cada uno de los tres grupos, haciéndose en cada uno reglamentos respecto al buen gobierno de la compañía, y la marcha continúa el 20. El 23 el piloto avisa que el punto donde se hallan es el último donde pueden procurarse repuestos para ejes, y pértigos para las carretas.

—El camino se va midiendo con una cadena diariamente, y se lleva un diario de todo lo ocurrido, aspecto del país, accidentes, pasto, leña, agua, maderas, ríos, pasajes, búfalos, etc., torcazas, conejos, etc., etc. Junio 2: una compañía propone desligarse del compromiso en que están de aguardarse en las marchas. La moción es rechazada.

—15. Alto. Una manada de búfalos cae a tiro de rifle, matan algunos y hacen charqui. La escena que el campo presenta en este momento está así descrita en el diario de viaje: «Los cazadores, volviendo con las reces, algunos erigiendo palizadas, otros secando carne. Las mujeres unas estaban lavando, aplanchando otras, muchas cosiendo. De dos tiendas, flautas hacían oír sus desusadas melodías en aquellas soledades; en otras se oía cantar; tal lee su biblia, tal otro recorre una novela. Un predicador Campbellista entona, por fin, un himno preparatorio para el oficio religioso».

—Junio 24: llegan al fuerte Laramie 630 millas distante de Independence.

Durante dos días se ocupan en renovar las herraduras de los caballos, y reuniendo entre todos provisiones, azúcar, café, tabaco, dan un banquete a los indios Siomos precedido de un parlamento. «Hace tiempo —dijo el jefe indio— que algunos jefes blancos pasaron Missouri arriba, diciendo que eran amigos de los hombres de piel roja. Este país pertenece a los pieles rojas, pero sus hermanos blancos lo atraviesan cazando y dispersando los animales. De este modo los indios pierden sus únicos medios de subsistencia para sostener a sus mujeres e hijos. Los niños del hombre rojo piden alimento, y no hay alimento que darles. Era costumbre cuando los blancos pasaban, hacer presentes de pólvora y plomo a sus amigos los indios. Su tribu es numerosa, pero la mayor parte de la gente ha ido a las montañas a cazar. Antes que los blancos viniesen, la caza era mansa y fácil de coger; pero ahora los blancos la han espantado; y el hombre rojo necesita trepar a las montañas en su busca; el hombre rojo necesita largas carabinas ahora.» Un yankee que para el paso hace de jefe blanco, se expresa en estos términos. «Nosotros vamos viajando a las grandes aguas del oeste. Nuestro gran padre poseía un extenso país allí, y vamos yendo a establecernos en él. Con este fin traemos nuestras mujeres y nuestros hijos. Nos vemos forzados a atravesar por las tierras de los hombres rojos, pero lo hacemos como amigos y no como enemigos. Como amigos les damos una fiesta, les apretamos la mano y fumamos con ellos la pipa de paz. Ellos saben que venimos como amigos trayendo con nosotros nuestras mujeres e hijos. El hombre rojo lleva sus squaws al combate; ni las caras blancas tampoco. Pero amigos como somos, estamos prontos para volvernos enemigos; y si se nos molesta castigaremos a los agresores. Algunos de nosotros piensan volverse. Nuestros padres, hermanos e hijos, vienen en pos de nosotros, y esperamos que los hombres rojos los traten con bondad. Nosotros nos conducimos pacíficamente; dejadnos partir. No somos traficantes y no tenemos ni pólvora ni plomo que dar: ¡Vamos a arar y plantar la tierra!...»

Septiembre 3. «Caminamos este día 15 millas hasta Malheur. En este lugar se abre el camino en dos, y es temible para los inmigrantes el tomar el mal camino. M. Meek, que había sido contratado como nuestro piloto al Oregón, indujo a cerca de doscientas familias con sus vagones y ganado, a seguir por el camino de la izquierda, diez días antes de nuestra llegada a la encrucijada. Por largo trecho encontraron un camino excelente, con abundancia de pasto, leña y agua; enseguida dirigieron su marcha a unas montañas estériles donde por muchos días carecieron de agua, y cuando la encontraban era tan mala que ni aun para el ganado era potable. Pero aun así era fuerza hacer uso de ella. La fiebre que se llama de campamento estalló bien pronto.

»Al fin llegaron a un ciénago que intentaron en vano atravesar; y como viesen que se extendía mucho hacia el sur, no obstante el parecer baqueano Meek, enderezaron al norte, y después de algunos días de marcha llegaron al río de las Caídas, que recorriendo para arriba y para abajo buscando vado que no se encontró en ninguna parte. Sus sufrimientos se aumentaban de día en día, pues sus provisiones se iban concluyendo rápidamente, el ganado estaba exhausto, y muchos de los que formaban la caravana padecían enfermedades graves. Al fin Meek les informó que estaban a dos días de distancia solamente de Dalles. Diez hombres salieron a caballo en busca de la estación de los Metodistas con provisiones para dos días.

»Después de haber caminado diez días sin parar, llegaron a Dalles; en el camino un indio les dio un conejo y un pescado, y con este alimento hicieron los dos su jornada de diez días. Cuando llegaron a Dalles, sus fuerzas estaban tan extenuadas, que sus miembros se habían empalado, y fue necesario desmontarlos del caballo. En este lugar encontraron un viejo montañés llamado el negro Harris, que se ofreció a conducirlos, saliendo con varios otros en busca de la compañía perdida, a la que hallaron reducida a la última extremidad, exhausta por las fatigas, y desesperando ya de salir a los establecimientos. Encontróse un lugar por donde el ganado podía atravesar a nado el río, después de lo cual era preciso hacerlo subir un ascenso casi perpendicular. Mayores dificultades había para pasar los carros. Una larga cuerda fue echada a través del río, atando fuertemente sus puntas de ambos lados en las rocas. Un carro liviano fue suspendido con correderas en la cuerda, y con cuerdas para llevarlo a uno y otro lado del río; esta especie de cuna (andarivel), servía para transportar las familias de un lado a otro del río con toda seguridad. El pasaje de este río ocupó algunas semanas. La distancia a Dalles era de 35 millas, adonde llegaron del 13 al 14 de octubre. Como veinte habían percibido víctimas de las enfermedades, y otros murieron después de haber llegado...

Septiembre 7. »Este día viajamos cerca de 12 millas. El camino es hoy más áspero que ayer. A veces va por el fondo de un torrente, a veces por el faldeo de una montaña, tan rápido que se necesitan dos o tres hombres trabajando del lado de arriba para sostener el equilibrio de los carros. El torrente y camino están tan encajonados en montañas, que en varios puntos es casi imposible continuar. Vistas las montañas desde este punto, parecen murallas perpendiculares y por tanto lisas. Alegran de vez en cuando la vista algunos grupos de cedros macilentos; pero en el torrente es tal la espesura de las malezas espinosas, que es casi imposible pasar... pero sabiendo que los que nos han precedido han vencido estas dificultades, hacemos el último esfuerzo y pasamos.»

Noviembre 1.º «Ahora estábamos en el lugar destinado en un período no distante, a ser un punto importante en la historia comercial de la Unión como centro del comercio de la China y de la India. Atravesando el bosque que se extiende al este de la ciudad, vimos la ciudad de Oregón y las caídas de Villa Mate, al mismo tiempo. Tan llenos de gratitud nos sentíamos de haber llegado a los establecimientos de los blancos, y de admiración a la vista del volumen de las aguas de las cataratas, que la caravana hizo alto, y en este momento de felicidad repasamos con el pensamiento todos nuestros trabajos, con más rapidez que lo que la lengua o la escritura pueden hacer. Desde Independence hasta el Fuerte Laramie, 692 millas; de allí al Fuerte Hall, 585; al Fuerte Rois,

281; a los Dalles, 305; de Dalles a la ciudad de Oregón, 160 millas, haciendo la total distancia de despoblado 1.960 millas.»

«Tanto tiempo habíamos permanecido entre los salvajes, que nuestra apariencia se asemejaba mucho a la de ellos; pero cuando hubimos cambiado de vestidos y afeitádonos al uso de los blancos, no nos podíamos reconocer unos a otros. Largo tiempo habíamos hecho vida común, sufrido juntos privaciones y penas, y en los peligros contado con la ayuda común. Los vínculos de los afectos se habían estrechado entre nosotros, y cuando hubimos de separarnos, cada uno sentía desgarrársele el corazón; pero como ya habíamos roto otros vínculos más fuertes aun cada uno tomó su partido, y en algunas horas nuestra compañía se dispersó tomando cada una diferentes direcciones.»

Cuando uno lee la narración de aventuras como estas, se siente sin duda orgulloso de pertenecer a la raza humana. Ninguna de las grandes pasiones que han obrado los prodigios de la historia, está aquí en juego para fanatizar el espíritu. Ni la desesperación de los restos del grande ejército, ni el amor a la patria de los 10.000 espartanos echados entre los bárbaros, ni la sed de oro, de gloria y de sangre de los conquistadores españoles. Hombres de aquel temple tenían en los Estados tierras de propiedad pública para afincarse; familias que los ayudasen; ganados para auxiliarse en las rudas labores de la tierra. Atraviesan 600 leguas de desiertos para realizar una grande idea, ellos, el desecho del pueblo norteamericano, quieren que la Unión ostente sus estrellas en el firmamento del Pacífico, que se realice el sueño dorado de acercar la India y la China, y arrebatar estos mercados a la Inglaterra. Se sacrifican, pues, a una idea de porvenir nacional, porque el yankee no ignora que la primera generación de las nuevas plantaciones, abona solo la tierra con su sudor para que gocen las venideras; y cuando en el Oregón se han reunido algunos centenares de familias, los jefes, dejando a un lado el hacha con que destruyen lentamente los bosques para labrarse un campo, y crear su propiedad, se reúnen en asamblea deliberante, «con el objeto de fijar los principios de libertad civil y religiosa, como la base de todas las leyes y constituciones que puedan en adelante adoptarse», y estatuyen:

»Art. 1.º Ninguna persona que se conduzca de una manera regular y ordenada, será molestada a causa de su modo de adoración o sus sentimientos religiosos.

»2.º Los habitantes de dicho territorio gozarán siempre de los beneficios del escrito habeas corpus, del juicio por jurados, de una proporcionada representación del pueblo en la legislatura, y de procedimientos judiciales conformes a la secuela de las leyes ordinarias. Todas las personas podrán dar fianzas, excepto por delitos capitales y cuando las pruebas sean evidentes, y las presunciones graves. Ningún hombre será privado de su libertad sino por juicio de sus pares, o la ley de la tierra...

»3.º Siendo necesarias para el buen gobierno y felicidad de la especie humana, la religión, moralidad e instrucción, serán fomentadas las escuelas siempre y todos los medios de educación.

»5.º Ninguna persona será privada de llevar armas para su propia defensa; no se autorizan pesquisas ni registros sin motivo fundado; la libertad de la prensa no será restringida; ni el pueblo será privado del derecho de reunirse pacíficamente a discutir los asuntos que halle por conveniente.

»6.º Los poderes del gobierno serán divididos en tres distintos departamentos: el legislativo, el ejecutivo y el judicial, etc., etc.

»Ley de tierras: Toda persona que posea, o en adelante pretenda poseer tierra en este territorio, designará la extensión de su propiedad por medio de límites naturales, o por mojones en las esquinas y sobre los costados del lote, y hará registrar la extensión y límites del tal lote en la oficina del escribano del lugar, en un libro que será llevado para aquel objeto, en el término de veinte días después de hecho el pedido; proveyéndose, que los que están en posesión del territorio, tendrán doce meses contados desde la sanción de esta ley, para hacer la descripción del lote de tierras en el libro de los registros; proveyéndose además que el dicho poseedor declarará el tamaño, forma y ubicación del terreno.

»2.ª Todo poseedor en los seis primeros meses después de registrado su lote, habrá hecho permanentes mejoras en el terreno, ya edificando o cercando, o bien ocupando el terreno en un año de la data del registro; o en caso de no ocuparlo, pagará en tesorería 5 pesos anuales, y en caso de no ocuparlo o no pagar la suma antedicha, el título será considerado como abandonado;

proveyéndose que los no residentes en este país no pueden aprovechar de esta ley; y proveyéndose además que los residentes en este territorio que se ausentasen por negocios particulares por dos años, podrán conservar la propiedad pagando 5 pesos anuales al tesoro.

»3.ª Ningún individuo podrá tomar posesión de más de un cuarto de milla cuadrada, o 640 acres, en una forma cuadrada u oblonga. Ningún individuo podrá poseer dos lotes a un mismo tiempo.

»5.ª Las líneas de los límites de todos los lotes se conformarán tan aproximativamente cuanto sea posible con los puntos cardinales.»

Este pueblo, lleva como usted ve en su cerebro orgánicamente, cual si fueran una conciencia política, ciertos principios constitutivos de la asociación: la ciencia política pasada a sentimiento moral complementario del hombre, del pueblo, de la chusma; la municipalidad convertida en regla de asociación espontánea; la libertad de conciencia y de pensamiento; el juicio por jurados. Si quiere usted medir el camino que ha andado aquel pueblo, reúna usted un grupo, no del vulgo de ingleses, franceses, chilenos o argentinos, sino de las clases cultas, pídales de improviso que se constituyan en asociación, y no sabrán qué se les pide, cuanto y más fijar con precisión, como aquellos aventureros del Oregón, las bases en que ha de reposar el gobierno de una sociedad que va a nacer, y que por la distancia y los desiertos que la dejan separada del resto de la Unión, queda de hecho y de derecho desligada de la patria común. Algunos años más tarde de estos rudimentos dispersos, surgirá un territorio; y del territorio un Estado para aumentar una nueva estrella en la constelación de los Estados Norteamericanos, con sus mismas leyes, sus prácticas, sus instituciones civiles y políticas, y sobre todo con su carácter peculiar de nacionalidad, marcado con el sello enérgico de aquel coloso. Hay un fenómeno que se realiza en los Estados Unidos, y que no obstante de referirse a principios fundamentales inherentes a la especie humana, no ha sido hasta hoy de una manera precisa establecido. Hasta de palabra adecuada carecen para indicarlo los idiomas. Pretender señalarlo en dos páginas sería el índice o el plan de un gran libro. ¿Qué es la moral? El código de preceptos que ha dado en seis mil años el contacto de un hombre con otro, a fin de que vivan en paz sin hacerse mal, amándose, procurándose el bien. La moral que nos liga a Dios por nuestros padres, está después de

Confucio, Sócrates y Franklin, adivinada, encontrada. Si algo le falta para ser perfecta por el estudio humano y los sentimientos del corazón, la revelación la completa en cuanto a la parte de los hombres más desligada de nosotros mismos, que es el prójimo, el extranjero, el enemigo, clasificaciones que distinguen tres grados de separación; por las leyes el prójimo es indiferente; el extranjero, la tela de que se hizo siempre el esclavo; para el enemigo, cesan todos los vínculos de la familia humana, la muerte está pronta para él, sin remordimiento, con gloria. Cuando el hombre se llame el enemigo, entonces deja de formar parte de nuestra especie; ni las leyes, ni religión alguna han podido hasta hoy nada contra los efectos morales de esta clasificación.

Pero la moral se refiere a las acciones de los individuos solamente. ¿Cómo se llama aquella otra parte de la vida del hombre, en cuanto miembro de un rebaño, de una colmena, o de una bandada, puesto que pertenece a la especie de los animales gregarios? Preguntádselo al zar de Rusia, a un lord del parlamento, a Rousseau, a Rosas, a Franklin, y cada uno os dará un bellísimo sistema de política, esto es, de preceptos, de obligaciones, derechos y deberes que sirvan de regla a los individuos en relación con la masa, con la sociedad. Los unos pretenderán que el uno que gobierna hará para el bien común todo lo que lo dé la gana; otros sostendrán que los lores son los que tienen el derecho de hacer su soberana voluntad, y no faltará quien sostenga que cada individuo tiene su parte de injerencia en los negocios de todos, bien que esto dependerá de la cantidad de bienes que haya acumulado, o bien del estado de su razón. La política humana, pues, no ha hecho tantos progresos como la moral, y puede ser todavía puesta aquella ciencia primordial en el número de las especulativas, no obstante de referirse al hecho más antiguo, más duradero, más actual, que es la sociedad en que vivimos. A la especie humana en general le falta un sentido, si es posible decirlo. A la conciencia que regla las acciones morales entre los hombres, falta añadir otra cosa que indique con la misma seguridad los deberes y derechos que constituyen la asociación, la moral en grande, obrando sobre millones de hombres, entre familias, ciudades, estados y naciones, completada más tarde por las leyes de la humanidad entera. La ciudad de Atenas parece que había adquirido este sentimiento; más tarde lo tuvieron los patricios romanos; pero aquéllo lo destruyeron éstos, hiriéndolo por la abertura que deja hasta hoy la moral, a saber, por la clasificación del enemigo; y a los últimos los destruyó y dispersó la plebe, que adquiría a la sombra del patriciado el mismo sentimiento, y por los extranjeros, que de enemigos conquistados pasaron a sentir la gana de formar parte del senado romano.

Perdóneme usted esta tirada pedantesca, sin la cual no puedo explicar mi idea. La población en masa de los Estados Unidos ha adquirido este sentimiento, esta conciencia política, pues no sé qué nombre darle. El cómo lo ha adquirido lo barruntará usted en la historia de los Estados Unidos por Bancroft. Es un hecho que se ha venido preparando de cuatro siglos; es la práctica de doctrinas y partidos vencidos y rechazados en Europa, y que con los peregrinos, los puritanos, los cuáqueros, el habeas-corpus, el parlamento, el juri, la tierra despoblada, la distancia, el aislamiento, la naturaleza salvaje, la independencia, etc., se ha venido desenvolviendo, perfeccionando, arraigando. En la Inglaterra hay libertades políticas y religiosas para los lores y los comerciantes; en Francia para los que escriben o gobiernan; el pueblo, la masa bruta, pobre, desheredada, no siente nada todavía sobre su posición como miembros de una sociedad; serán gobernados monárquicamente, aristocráticamente, teocráticamente, según lo quieran o no puedan resistirlo los propietarios, los abogados, los militares, los literatos.

En Norteamérica, el yankee será fatalmente republicano, por la perfección que adquiere su sentimiento político, que es ya tan claro y fijo como la conciencia moral; porque es de dogma que la moral es adquirida, sin lo cual la revelación era inútil, y no se ha hecho revelación alguna a los hombres para guiarse en sus relaciones con la masa. Si una parte de la Unión defiende y mantiene la esclavitud, es porque en esa parte la conciencia moral en cuanto al extranjero de raza, aprisionado, cazado, débil, ignorante, está en la categoría del enemigo, y por tanto la moral no le favorece; pero en todos los demás Estados, en todas las clases, o más bien, en la clase única que forma la sociedad, el sentimiento político que debe ser inherente al hombre como la razón y la conciencia, está completamente desenvuelto. De aquí nace que donde quiera que se reunan diez yankees, pobres, andrajosos, estúpidos, antes de poner el hacha al pie de los árboles para construirse una morada, se reunen para arreglar las bases de la asociacion; un día llegará en que no se escriba este pacto, porque estará sobreentendido siempre: y este pacto es como ha visto usted en la ley orgánica del Oregon, una serie de dogmas, un decálogo. Cada uno creerá lo que cree; cada uno nombrará quien haya de gobernarlo; cada uno dirá de palabra y por escrito su pensamiento; será juzgado por un jurado, y se le admitirá fianza de cárcel segura por todo delito que no merezca pena capital.

Pero esta parte es solo la que puede formularse, que hay otra que está en las ideas y en las adquisiciones hechas; y es la más digna de estudiarse. Por ejemplo: un hombre no llega a la plenitud de su desenvolvimiento moral e inteligente sino por la educación; luego la sociedad debe completar al padre en la crianza de su hijo. Las escuelas gratuitas son coetáneas y a veces anteriores a la fundación de una villa. La sociedad necesita tener una voz suya, como cada individuo tiene la que le sirve para expresar sus sentimientos, opiniones y deseos; luego habrá meetings y cámara de representantes que enacte todos los quereres, y prensa diaria que se ocupe de los intereses, pasiones e ideas de grandes masas. Como la sociedad, aunque naciendo en el seno de los bosques, es hija y heredera de todas las adquisiciones de la civilización del mundo, aspirará a tener desde luego o lo más pronto posta diaria, caminos, puertos, ferrocarriles, telégrafos, etc., y de pieza en pieza llega usted hasta el arado, el vestido, los utensilios de cocina perfeccionados, de patente, el último resultado de la ciencia humana para todos, para cada uno.

Estos detalles, que pueden parecer triviales, constituyen, sin embargo, un hecho único en la historia del mundo. Vengo de recorrer la Europa, de admirar sus monumentos, de prosternarme ante su ciencia, asombrado todavía de los prodigios de sus artes; pero he visto sus millones de campesinos, proletarios y artesanos viles, degradados, indignos e ser contados entre los hombres; la costra de mugre que cubre sus cuerpos, los harapos y andrajos de que visten, no revelan bastante las tinieblas de su espíritu; y en materia de política, de organización social, aquellas tinieblas alcanzan a oscurecer la mente de los sabios, de los banqueros y de los nobles. imagínese usted veinte millones de hombres que saben lo bastante, leen diariamente lo necesario para tener en ejercicio su razón, sus pasiones; públicas o políticas; que tienen que comer y vestir, que en la pobreza mantienen esperanzas fundadas, realizables de un porvenir feliz, que alojan en sus viajes en un hotel cómodo y espacioso, que viajan sentados en cojines muelles, que llevan cartera y mapa geográfico en su bolsillo, que vuelan por los aires en alas del vapor, que están diariamente al corriente de todo lo que pasa en el mundo, que discuten sin cesar sobre intereses públicos que los agitan vivamente, que se sienten legisladores y artífices de la prosperidad nacional; imagínese usted este cúmulo de actividad, de goces, de fuerzas, de progresos, obrando a un tiempo sobre los veinte millones, con rarísimas excepciones, y sentirá usted lo que he sentido yo, al ver esta sociedad sobre cuyos edificios y plazas parece que brilla con más vivacidad el Sol, y cuyos miembros muestran en sus proyectos, empresas y trabajos una virilidad que deja muy atrás a la especie humana en general. Los norteamericanos solo pueden ser comparados hoy a los romanos antiguos, sin otra diferencia que los primeros conquistan sobre la naturaleza ruda por el trabajo propio mientras los otros se apoderaban por la guerra del fruto creado por el trabajo ajeno. La misma superioridad viril, la misma pertinacia, la misma estrategia, la misma preocupación de un porvenir de poder y de grandeza.

Su buque es el mejor del mundo, el más barato, el más grande. Si en alta mar encontráis, en un día de bolina una nave que cruza arrebatada por la borrasca cuyas bocanadas inflan a reventar las velas, juanetes, alas y arrastraderas, el capitán francés, español o inglés de vuestro buque que ha tomado rizos a la vela mayor, os dirá a qué nación pertenece; os dirá rechinando los dientes de cólera que es yankee; lo conoce en el tamaño, en la audacia, y más que todo en que pasa rozando su buque sin izar la bandera para saludarlo. En los puertos o en los docks europeos, vuestra vista tropezará con un departamento especial en que están reunidas fragatas colosales, que parecen pertenecer a otro mundo, a otros hombres; son los buques yankees que principiaron por agrandarse para contener mayor número de balas de algodón y han concluido por hacer un género en la construcción naval. Quince buques de vapor de los que hacen el servicio del Hudson, unidos por sus quillas y proas describen una calle de madera de una milla de largo. Si en un día de tempestad veis en el Havre o en Liverpool un buque empeñado en tomar la mar, es un buque yankee que tenía anunciada para aquel día su salida, y que el honor del pabellón, la gloria de las estrellas de su bandera le prohíben aguardar, como lo harán los buques de otras naciones a que el viento abonance, ¿Qué buques son los que persiguen las ballenas en los mares polares? Son casi exclusivamente los norteamericanos; y dentro de ese casco solitario, de aquel squatter de las aguas, encontrareis una tripulación escasa que no bebe licores, porque pertenece a la sociedad de templanza, hombres endurecidos en las fatigas, que arrancan a los peligros y a la muerte un peculio para establecerse en los Estados cuando vuelvan, para tomar un lote de tierra y labrarse una propiedad y levantar una casa, y contar a sus hijos al rededor de a estufa de hierro colado sus aventuras de mar. El año pasado la reina Victoria se paseaba en su suntuoso yacht, acompañada del príncipe Alberto, por la bahía de Falmouth. Los buques todos estaban empavesados para honrar a las regias visitas. Sobre el tope del palo mayor de una fragata norteamericana veíase un marinero yankee parado en un pie, balanceándose con el buque que se mecía sobre sus anclas y tendiendo al aire su sombrero en una mano en señal de saludo. He aquí la expresión jeroglífica de la marina yankee. La reina se enfermó a la vista de aquel espectáculo. Un marinero inglés hubo, picado de amor nacional, de repetir la prueba. La reina lo prohibió con sus señales de espanto. ¿Lo habría hecho? No lo hizo, y eso basta. Era una imitación de la audacia ajena; el hombre es capaz de eso y mucho más; pero solo el genio de un pueblo inspira la idea y el coraje de ejecutarlo.

    Me detengo en este punto de la marina norteamericana, porque el buque es para el yankee su medio internacional, la prolongación de su nación para ponerse en contacto con todas las otras de la tierra; y en esta época de movimiento universal, el pueblo que tenga buques más ligeros, de construcción más barata y por tanto de fletes menos subidos, es el rey del universo. En el Mediterráneo, en los mares de la India y en el Pacífico, anulan, suprimen y alejan de día en día toda otra marina y todo otro comercio que el suyo. Oh, reyes de la tierra, que habéis insultado por tantos siglos a la especie humana, que habéis puesto el pie de vuestros esbirros sobre los progresos de la razón y del sentimiento político de los pueblos revolucionados; dentro de veinte años, el nombre de la república norteamericana será para vosotros como el de Roma para los reyes bárbaros. Las teorías, las utopías de vuestros filósofos, desacreditadas, ridiculizadas por la tradición, la legitimidad, el hecho consumado, bien entendido que apoyados en medio millón de bayonetas, para que el ridículo sea eficaz, encontrarán el hecho también luminoso y triunfante. Cuando los Estados de la Unión se cuenten por centeres, y los habitantes por cientos de millones, educados, vestidos y hartos, ¿qué vais a oponer a la voluntad soberana de la gran república en los negocios del mundo? ¿Vuestros guardianes de pordioseros? Pero os olvidáis de las naves americanas que os bloquearían en todos los mares, ¡en todos los puertos! Dios ha querido al fin que se hallen reunidos en un solo hecho, en una sola nación, la tierra virgen que permite a la sociedad dilatarse hasta el infinito, sin temor de la miseria; el hierro que completa las fuerzas humanas; el carbón de piedra que agita las máquinas; los bosques que proveen de materiales a la arquitectura naval; la educación popular, que desenvuelve por la instrucción general la fuerza de producción en todos los individuos de una nación; la libertad religiosa que atrae a los pueblos en masa a incorporarse en la población; la libertad política que mira con horror el despotismo y las familias privilegiadas; la República, en fin, fuerte, ascendente como un astro nuevo en el cielo; y todos estos hechos se eslabonan entre sí, la libertad y la tierra abundante; el hierro y el genio industrial; la democracia y la superioridad de los buques. Empeñados en desunirlos por las teorías y la especulación; decid que la libertad, la educación popular, no entran por nada en esta prosperidad inaudita que conduce fatalmente a una supremacía indisputable; el hecho será siempre el mismo, que en las monarquías europeas se han reunido la decrepitud, las revoluciones, la pobreza, la ignorancia, la barbarie y la degradación del mayor número. Escupid al cielo, y ponderadnos las ventajas de la monarquía. La tierra se os vuelve estéril bajo las plantas, y la república os lleva sus cereales para alimentaros; la ignorancia de la muchedumbre sirve de base a vuestros tronos, y la corona que orna vuestras sienes brilla cual flor sobre ruinas, medio millón de soldados guardan el equilibrio de los celos y de la envidia de unos soberanos con otros, mientras la República, colocada por la providencia en terreno propicio, como colmena de abejas, ahorra esas sumas inmensas para convertirlas en medios de prosperidad que da su rédito en acrecentamiento de poder y de fuerza. Vuestra ciencia y vuestras vigilias sirven solo para aumentar el esplendor de aquélla. Sic vos non vobis inventáis telégrafos eléctricos para que la unión active sus comunicaciones; sic vos non vobis creasteis los rieles para que rodasen las producciones y el comercio norteamericano. Franklin tuvo la audacia de presentarse en la corte más fastuosa del mundo con sus zapatos herrados de labriego y sus vestidos de paño burdo; vosotros tendréis un día que esconder vuestros cetros, coronas y zarandajas doradas para presentaros ante la república, por temor de que no os ponga a la puerta, como a cómicos o truhánes de carnestolendas.

¡Oh! me exalta, mi querido amigo, la idea de presentir el momento en que los sufrimientos de tantos siglos, de tantos millones de hombres, la violación de tantos principios santos, por la fuerza material de los hechos, elevados a teoría, a ciencia, encontrarán también el hecho que los aplaste, los domine y desmoralice. ¡El día del grande escándalo de la República fuerte, rica de centenares de millones, no está lejos! El progreso de la población norteamericana lo está inclinando; ella aumenta como ciento, y las otras naciones solo como uno; las cifras van a equilibrarse y a cambiar enseguida las proporciones; y ¿estas cifras numéricas no expresarán lo que encierra en sí de fuerzas productoras y de energía física y moral el pueblo avezado a las prácticas de la libertad, del trabajo y de la asociación?

Avaricia y mala fe
Tan fatigado lo considero de seguirme en estas excursiones que al rápido andar de las ideas hago por los extremos apartados de la Unión, tras de alguna manifestación de la vida de este pueblo, que para su solaz quiero en adelante en vía de puntos de descanso poner epígrafes a las materias que iré tratando. Usted ha comprendido sin duda que el que precede anuncia que voy a hablar del carácter moral de esta nación. En aquellas dos palabras se reasume en efecto el reproche que hacen, más bien diré el tizne que afea el carácter moral yankee, y el entusiasmo por las instituciones democráticas se resfría al ver las brechas que a la moral individual hacen, y no hay pueblo medio civilizado que no se sienta superior a los yankees por este lado al menos, al revés de las grandes naciones antiguas y modernas, de Roma y la Inglaterra, en que el Estado era un bandido famoso, mientras los individuos que lo componían practicaban las virtudes más austeras.

Los Estados Unidos como gobierno son irreprochables en sus actos públicos, mientras que los individuos que lo forman adolecen de vicios repugnantes de que se creen menos sujetas las demás naciones. ¿Dependerá esto de una peculiaridad de la raza sajona? ¿Vendrá de la amalgama de tantos pueblos diversos? ¿Será fruto ingrato de la libertad y de la democracia?

No se espante si muestro que a esta última causa más que a otra ninguna atribuyo el mal moral que aqueja a aquellos pueblos. La avaricia es hija legítima de la igualdad, como el fraude viene ¡cosa extraña al parecer! de la libertad misma. Es la especie humana que se muestra allí, sin disfraz alguno, tal como ella es, en el período de civilización que ha alcanzado, y tal como se mostrará aun durante algunos siglos más, mientras no se termine la profunda revolución que se está obrando en los destinos humanos, cuya delantera llevan los Estados Unidos.

El mundo se trasforma, y la moral también. No se escandalice usted Como la aplicación del vapor a la locomoción, como la electricidad a la trasmisión de la palabra, los Estados Unidos han precedido a todos los demás pueblos en añadir un principio a la moral humana en relación con la democracia. ¡Franklin! Todos los moralistas antiguos y modernos han seguido las huellas de una moral que, dando por sentada, por fatal y necesaria la existencia de una gran masa de sufrimientos, de pobreza y de abyecciones, localizaba el sentimiento moral, dando por atenuaciones la limosna del rico y la resignación del pobre. Desde las castas inmóviles de indios y egipcios, hasta la esclavitud y el proletariado normal de la Europa, todos los sistemas de moral han flaqueado por ahí. Franklin ha sido el primero que ha dicho: bienestar y virtud; sed virtuosos para que podáis adquirir; adquirid para poder ser virtuosos. Mucho se aproximaba Moisés en sus doctrinas morales a estos principios, cuando decía: honrad a vuestros padres para que así viváis largo tiempo sobre la tierra prometida. Todas las leyes modernas están basadas en este principio nuevo de moral. Abrir a la sociedad en masa, de par en par las puertas al bienestar y a la riqueza.

Allá va el mundo en masa, y sabe Dios los dolores que va a costar habituar a los goces de la vida, despertar la inteligencia de esos millones de seres humanos que durante tantos miles de años han servido para abrigar con el calor de sus entrañas los pies de los nobles que volvían de la caza. ¿Qué es el capital? preguntan hoy los economistas. El capital es el representante del trabajo de las generaciones pasadas legado a las presentes; tienen capitales los que han heredado el fruto del trabajo de los siglos pasados, como las aristocracias, y los que lo han adquirido en este y el pasado siglo con los descubrimientos en las ciencias industriales y las especulaciones del comercio; es decir, poquísimos en proporción de la masa pobre de las naciones. He aquí en mi humilde sentir el origen de la desenfrenada pasión norteamericana. Veinte millones de seres humanos, todos a un tiempo están haciendo capital, para ellos y para sus hijos; nación que nació ayer en suelo virgen y a quien los siglos pasados no le habían dejado en herencia sino bosques primitivos, ríos inexplorados, tierras incultas. Despertad en Francia o en Inglaterra, por ejemplo, esos veinte millones de pobres que trabajando veinte horas diarias, se amotinan por conseguir solamente que el salario les baste para no morir de hambre, sin aspirar a un porvenir mejor, sin osar soñarlo siquiera, como pretensiones impropias de su esfera; poned a los rotos de Chile en la alta esfera de las especulaciones, con la idea fija de hacer pronto una fortuna de 50.000 pesos, y veréis mostrarse entonces las pasiones infernales que están aletargadas en el ánimo del pueblo. El roto os pide 10 reales por el objeto que venderá por uno, si le ofrecen uno, y todavía os habrá engañado. Un chileno cree honrada a la masa de su nación por serlo él y por desprecio al miserable roto, que sin embargo forma la gran mayoría. Tal es la explicación del fenómeno que llama la atención en los Estados Unidos. Toda la energía del carácter de la nación en masa está aplicada a esta grande empresa de las generaciones actuales, acumular capital, apropiarse el mayor número de bienes para establecerse en la vida. La revolución francesa vio por otro camino, aunque conduciendo al mismo fin, desenvolverse la energía moral de la nación; la gloria militar puesta al alcance de quien supiera conquistarla, el bastón de mariscal en la boca de los cañones del enemigo, y sabe usted los prodigios obrados por aquella nación.

El norteamericano lucha con la naturaleza, se endurece contra las dificultades, por llegar al supremo bien que su posición social le hace codiciar, bienestar; y si la moral se pone de por medio cuando él iba a tocar su bien, ¿qué extraño es que la aparte a un lado lo bastante para pasar, o la dé un empellón si persiste en interponerse? Porque el norteamericano es el pueblo, es la masa, es la humanidad no muy moralizada todavía, cubierta allí en todas sus graduaciones de desenvolvimiento bajo una apariencia común. ¿Quién es este hombre? se preguntará usted en cualquiera parte del mundo; y su fisonomía exterior le responderá: es un roto, un labriego, un mendigo, un clérigo, un comerciante. En los Estados Unidos todos los hombres son a la vista un solo hombre, el norteamericano. Así, pues, la libertad y la igualdad producen aquellos defectos morales, que no existen tan aparentes en otras partes, porque el grueso de la nación está inhabilitado para manifestarlos. ¡Qué escándalo dieran si llegasen de improviso a ser picados por la tarántula!

Contribuyen a hacerlo más manifiesto las peculiaridades de la organización de aquel país. Es tal el sentimiento de vida que se experimenta en los Estados Unidos, tal la confianza en el porvenir, tal la fe que se tiene en los resultados del trabajo, y tan grande la esfera del movimiento, que el crédito reposa en la existencia del individuo más bien que en la garantía de la propiedad. Un hombre trabajando adquirirá infaliblemente. La estadística de la progresión en que va la riqueza lo demuestra; luego todo hombre que trabaja tiene crédito. Ejemplo: un individuo remonta el Mississipi en un vapor y propone compra de 4.000 barricas de harina. El vendedor dice su precio y queda aceptado, después de preguntar quién es el banquero del comprador. El vendedor escribe a Nueva York al banquero indicado, pidiendo la solvabilidad del individuo, y con la respuesta posee 4.000 pesos, crédito bueno, el mercado queda concluido a cuatro meses de plazo, a pagar en Londres, donde se venderá la harina, al banquero del vendedor. Llegado el término del contrato el vendedor ve el precio corriente de las harinas en Londres, en la época en que ha debido efectuarse la venta y ya sabe a qué atenerse en cuanto a la solvabilidad de su deudor. ¡Cuántos tropezones ha dado un yankee para llegar a tener fortuna! Aquí llamamos quiebras; allá negocios frustrados solamente, que irritan la actividad en lugar de paralizarla.

Cuando el especulador es un Estado, el pícaro se presenta más desfachatado. El Estado agencia capitales en Inglaterra para abrir caminos de hierro, los obtiene y realiza su empresa; pero como es un Estado naciente del oeste, donde la población y la riqueza no son grandes, los peajes no producen por largos años el interés del dinero, el estado deudor promete, aplaza de hoy a mañana el pago sinceramente, miente enseguida por necesidad, se enfada de que le estén exigiendo, y últimamente, un día amanece de mal humor, pone a la puerta al acreedor importuno, y le declara en sus propias barbas y a la faz de todo el mundo que repudia la deuda, es decir, que no paga. ¿Demandarlo? ¿ante quién? He aquí el primer pícaro que se presenta en el mundo, que no conoce juez en la tierra; el pueblo soberano. El Presidente, el Congreso, el Juez supremo nada pueden contra esta clase de bellacos. El gobierno mismo del Estado nada puede; ni la clase culta y por tanto con vergüenza, porque emanando el poder del voto de la muchedumbre ignorante y bribona, no acepta esta contribución nueva para pagar la deuda contraída. Así se han conducido Mississipi, Illinois, Indiana, Michigan, Arkansas y algunos otros más. ¡Qué bulla han metido los banqueros en Londres con aquella magnífica muestra de la más insigne felonía! y ¿qué remedio?

Aquí principia el reverso de la medalla. Los diarios de Europa hacen llover como sobre Sodoma y Gomorra el fuego de la execración universal, y los Estados alzados se ríen con insolencia de tales bravatas. Mas en los Estados que no han participado del crimen, principia una reacción en nombre de la dignidad nacional, del honor de la Unión mancillado, y los delincuentes soberanos empiezan a ponerse serios. Una línea de circunvalación se establece en torno de ellos, y desde allí la opinión pública los fulmina a mansalva. La clase ilustrada de los Estados que han repudiado las deudas siente la indignidad del procedimiento; pero ¿qué hacer contra la mayoría que lo sostiene? Un diario entra tímidamente en la cuestion; copia como por incidente algún artículo censorio. Desde luego reconoce que dadas las circunstancias en que el Estado se halló y la insolencia de los ingleses, hizo perfectamente bien, y les ha dado una lección severa, para que en adelante respeten mejor la dignidad de un Estado soberano (tramposo). Pero las circunstancias empiezan a cambiar felizmente; la prosperidad se desarrolla rápidamente. ¿No convendría to reped la repudiación? Al menos reconsiderar el asunto, arbitrar medios, etc.?

El pueblo soberano oye ya sin enojarse. Al día siguiente le insinúan ideas de honor, sentimientos de generosidad, hasta que al fin la opinión pública se forma, la reprobación excitada afuera halla ecos en el Estado, un sentimiento de vergüenza apunta en los semblantes; voces enérgicas se levantan en la minoría del Congreso, el movimiento se generaliza, y el Estado criminal vuelve sobre sus pasos, entabla negociaciones con los banqueros defraudados, y concluye por reconocer por legítima la deuda del capital, y ofrece un 60 por ciento de los intereses. Otro Estado, no habiendo podido terminar el canal en que invirtió los capitales, pide que se le den las sumas necesarias para llevarlo a cabo, y pagará todo. Un Estado, en fin, permanece inerte en despecho del clamoreo universal, porque es muy pobre, muy apartado, y no se admire usted, muy bruto:

Esto último requiere explicaciones.

Geografía moral
Había pintado el plan iconográfico de la viabilidad de los Estados Unidos, que si no es la base de la prosperidad de aquel país, es su instrumento, como los dedos del hombre son los fieles ejecutores de su pensamiento. Hay también una geografía moral en aquel país cuyas facciones principales necesito señalar. Conocido el suelo, verá usted las corrientes civilizadoras que llevan a todos los extremos de la Unión la mejora, la luz y el progreso moral.

Conoce usted la historia y la colocación de los trece Estados primitivos de la Unión americana. Dos siglos habían depositado allí las grandes ideas políticas y religiosas que la Inglaterra había arrojado sucesivamente de su seno. Bancroft ha hecho el inventario de esas ideas, colocándolas cada una en la localidad que ocuparon desde su establecimiento, con los peregrinos en la Nueva Inglaterra, con los cuáqueros en la Pensilvania, con los católicos en el Maryland. Aquella colonización fue menos de hombres que se trasladaban de un país a otro, que de ideas políticas y religiosas que pedían aire y espacio para explayarse. Sus frutos han sido la república americana, frutos muy anteriores a la revolución francesa. La declaración de los derechos del hombre hecha por el Congreso de los Estados Unidos en 1776, es la primera página de la historia del mundo moderno, y todas las revoluciones políticas que se seguirán en la tierra, un comentario de aquellos simples dogmas del sentido común.

La declaración de la independencia fue como aquel creced y multiplicaos de Dios a los hebreos. Desde entonces las ideas y los hombres se pusieron en marcha hacia el interior; la república empezó a parir territorios que se convertían luego en Estados, como un pólipo que echa al costado de su tronco nuevas ramas. Observe el movimiento de las repúblicas sudamericanas desde su independencia adelante, y verá cuán normal es la diferencia. Chile subdivide sus antiguas provincias, pero sin aumentar ni el territorio poblado, ni el número de sus ciudades. Las antiguas Provincias Unidas del Río de la Plata ven desmembrarse su territorio, y de sus fragmentos constituirse estados raquíticos y absurdos, mientras que las provincias que aun quedan llevando el nombre argentino, se despueblan de día en día, extinguiéndose sus antiguos planteles de ciudades como luces que se apagan. Maine tenía, por ejemplo, en 1790, 96.000 habitantes; 151.000 en 1800; 228.705 en 1810; 400.000 en 1830; 501.793 en 1840. Nueva York tenía 340120 en 1790; 586.766 en 1800; 959.949 en 1810; 1.372.812 en 1820; 1.918.608 en 1830; 2.428.921 en 1840.

Pero a este movimiento de concentración se añade otro de dilatación. Mississipi aparece en 1800 con 8.850 habitantes; en 1840, contaba ya 375.651. Arkansas no suena hasta 1820, en que presenta una población de 14.273 habitantes; en 1840 tiene cerca de cien mil. Indiana contaba en 1810, 4.762; treinta años después, 685.866. Últimamente Ohio, que en 1800 registró una población de 40.365, contaba en 1840 un acrecentamiento de más de millón y medio. Asómbrese usted de este diluvio de hombres que los primeros colonos en un desierto ven llegar y establecerse en los alrededores. Me han mostrado un hombre que no era viejo, el cual había visto nacer, desenvolverse y crecer uno de aquellos grandes estados. ¿De dónde salen estos hombres, desde que ya no hay Deucaliones que los produzcan tirando piedras hacia atrás? La inmigración europea figura en segundo plano en estas sucesivas inmigraciones, por más que aparentemente sea su número muy considerable. Los Estados viejos o adultos engendran a los que van apareciendo. El indían hatter, odiador del indio, va adelante, esparcidos los miembros de esta singular secta instintiva, que tiene por único dogma perseguir al salvaje, por único apetito el exterminio de las razas indígenas. Nadie lo ha mandado; él va solo al bosque con su rifle y sus perros a dar caza a los salvajes, ahuyentarlos y hacerles abandonar las cacerías de sus padres. Detrás vienen los squatters, misántropos que buscan la soledad por morada, el peligro por emociones, y el trabajo de desmontar por solaz. Siguen a distancia los pioners abriendo las selvas, sembrando la tierra y diseminándose en una grande esfera. Vienen enseguida los empresarios capitalistas con emigrantes por peones, y fundando ciudades y aldeas según que los accidentes del terreno lo aconsejan. Sobre estos cuadros viene enseguida a colocarse la inmigración propietaria, mecánica, industrial, joven, que se desprende de los Estados antiguos a buscar y crear la fortuna.

En esta expansión de la población norteamericana se muestran grados de civilización muy marcados, desapareciendo casi del todo en los extremos, al oeste por la diseminación de los habitantes y la rudeza de las ocupaciones campestres, al sur por la presencia de los esclavos, y por las tradiciones españolas o francesas. Medio siglo bastaría para que la barbarie incurable de nuestras campañas argentinas se mostrase en las extremidades de la Unión, si los elementos vivos de regeneración que encierra aquel país no constituyesen un flujo y reflujo que tiene en actividad toda la masa, y evita que las partes lejanas o aisladas se estañen y degeneren.

La inmigración europea es allí un elemento de barbarie, ¡quién lo creyera! El europeo irlandés o alemán, francés o español, salvo las excepciones naturales, sale de las clases menesterosas de Europa, ignorante de ordinario, siempre no avezado a las prácticas republicanas de la tierra. ¿Cómo hacer que el inmigrante comprenda de un golpe aquel complicado mecanismo de instituciones municipales, provinciales y nacionales, y más que todo, que se apasione como el yankee por cada una de ellas, y las crea ligadas con su existencia y como parte de su ser, de tal manera que se descuidara ocuparse de ellas y de los intereses a que se ligan, ¿temería que su vida y su conciencia estaban a un tiempo en peligro? ¿Cómo habituarlo al meeting a que a cada instante recurro el pueblo para expresar his sentiment; y una vez expresado, una vez votados una serie de and to be further resolved, sentir aquel desahogo y como descargo de un peso que experimenta el norteamericano, como si hubiera producido un hecho, o desvanecido la opinión ¿que combate? Así es que los extranjeros son en los Estados Unidos la piedra de escándalo, y la levadura de corrupción que se introduce anualmente en la masa de la sangre de aquella nación tan antiguamente educada en las prácticas de la libertad. El partido whig, que es la parte más nacional de la nación, ha intentado muchas veces poner trabas a la inmigración, y sobre todo prolongar por muchos años el aprendizaje, que requiere el uso de los derechos políticos. El partido nativista, hoy extinto, trató de crear una especie de fanatismo nacional, parecido, aunque por motivos contrarios, a nuestro americanismo; pero disipó luego el interés de cada Estado naciente los primeros nubarrones de preocupación que empezaban a levantarse. Los Estados antiguos podían prescindir de los extranjeros, pues que ya estaban densamente poblados y ofrecen poco aliciente a los advenedizos. No así los estados del oeste que pusieron desde entonces en pública subasta la ciudadanía, bajando a porfía los años de residencia y excusando requisitos para obtenerla.

Contra esta relajación de la disciplina de los mayores y la más sensible que trae la diseminación de la población de las campañas, la organización social de aquel país tiene medios eficacísimos y que ya hubieran producido sus resultados, si no fuese una obra interminable mientras continúen llegando y barbari de Europa por centenas de miles, y hayan acres de bosques por descuajar por millares de millones. Estas fuerzas de atracción, depuración y pulimiento, son tan importantes que me permitirá usted irlas enumerando.

La posta diaria es la que más sensiblemente obra. La posta sonará a las puertas de cada aldea lejana y depositará en ella, en algún papel público, un tópico de conversación, y una noticia de las novedades de la Unión. Usted concibe que es imposible barbarizarse donde la posta, como una gotera diaria, está disolviendo toda indiferencia nacida del aislamiento. No olvide que esta posta recorre 134.000 millas, y que en partes tiene por auxiliar el telégrafo.

Paso por alto la influencia civilizadora o irritante de la prensa periódica.

El juicio por jurados llama a los hombres de las campañas a cada instante a reunirse, para juzgar causas criminales, y el payo juez oye la acusación y la defensa, pesa las razones, compulsa las leyes, se habitúa a su mecanismo y juzga en toda seguridad de conciencia. El hábito del jurado ha creado el crimen civil, impune, horrible, que se llama la Ley de Lynch. Como Jesús decía: «Donde quiera que estaréis reunidos tres en mi nombre, yo estaré con vosotros» la Linch's law ha dicho al yankee de los bosques: «Donde quiera que os reunáis siete en nombre de la voluntad del pueblo, la justicia será con vosotros». Guárdese usted en el Far West o en los Estados de esclavos de encontrarse con siete hombres reunidos y provocar sus pasiones. Será usted colgado por aquellos jueces, más terribles y más arbitrarios que los jueces invisibles de los tribunales secretos de la Alemania antigua. La ley lo permite, y aquellas conciencias torvas quedan exentas de todo remordimiento, ni más ni menos que el inquisidor español que veía arder la víctima que con sus ardides había llevado a la hoguera; así la religión y la democracia caen en el crimen cuando se exageran sus principios y sus objetos.

No ejerce menor influencia civilizadora la elección de presidente. El norteamericano hace cincuenta elecciones al año. Derrotado en el consejo de instrucción pública, se echa con el mismo ardor en la de sacristán de su capilla; si pierde allí, espera con redoblado encarnizamiento la de attorney, la de mayor, la de diputados para su Estado o la de gobernador. No lo exalta menos la que requiere la renovación de las cámaras, e incuba un año entero su ojeriza contra un candidato para la presidencia y su amor por otro. Entonces la Unión se agita por sus cimientos; los, squatters salen de los bosques como sombras evocadas por un conjuro. La suerte de cada uno de aquellos galápagos está comprometida en el éxito; amenaza no sobrevivir al triunfo del candidato wigh, cual si dijéramos retrógrado; y si el escrutinio deja burladas sus esperanzas, aprieta los puños y se aleja en dirección a su morada, jurando desquitarse en la elección de pastor de su doctrina.

La elección de presidente es pues el único vínculo que une entre sí a todos los extremos de la Unión, la preocupación nacional única que conmueve a un tiempo a todos los hombres y a todos los Estados. La lucha electoral es por tanto un despertador, una escuela y un estimulante que hace revivir la vida adormecida por las distancias y la rudeza del trabajo.

Pero el mayor de todos los reactivos constitúyelo el sentimiento religioso. Pasma sin duda a un católico tibio que llega de nuestros países ver la escala grande y elevada en que la religión obra, en medio de aquella extrema libertad. Desde luego la Biblia está en toda la Unión, desde el logehouse del bosque hasta los hoteles de las grandes ciudades, obrando en bien y en mal, los efectos de su lectura diaria. Digo en mal, porque el apego a la letra del testo produce consecuencias desastrosas en los ánimos estrechos. Sábese que en la Nueva Inglaterra rigieron por mucho tiempo las leyes de Moisés; tal era y es aun la idea de la perfección inmaculada de cada frase y de cada versículo de Biblia. A bordo de un buque se hablaba de las maravillas del cloroformo. Un médico aseguraba que podía aplicarse a los alumbramientos sin peligro.

—¿Y usted lo aplicaría a su mujer? —preguntaba un puritano presente.

—¿Por qué no?

—Pues yo no lo haría —replicó seriamente el interlocutor.

—Eso depende del grado de confianza de cada uno en su eficacia.

—No, señor; el Génesis dice: parirá la mujer con dolores; y usted contraría la voluntad de Dios. Como se ve, la cuestión del cloroformo era mirada por el lado de la conciencia, y medida su bondad en el cartabón de la Biblia.

El acento nasal de los yankees, más pronunciado en el interior, viéneles de la lectura cotidiana de la Biblia; pero en despecho de estos pequeños inconvenientes, produce por otra parte resultados inmensos. La historia aunque trunca, los preceptos de la moral, la frases evangélicas se pegan a la mente del lector; y la plática del pastor se refiere cual comentario a aquellos puntos que el oyente conoce y sobre cuya significación su ruda mente pedía esclarecimientos. La lluvia de la palabra cae entonces sobre terreno abierto y sediento, y no como la de nuestros predicadores ordinarios, que la arrojan al viento en las plazas públicas, condimentándolas no pocas veces con groserías para que sirvan éstas de mordente al caer sobre las naturalezas brutas del pueblo. La polémica de las sectas da más animación y actualidad a estas lecturas, y la vida entera de un hombre no basta para penetrar en los misterios que encierra en inmenso catálogo su libro sagrado. Sesenta y siete colegios de teología difunden por toda la Unión la ciencia religiosa; mientras que alcanzan apenas a diez los consagrados a las leyes, produciendo sin embargo un número de más de veinte mil abogados. El número de obras originales sobre aquel punto es tres veces mayor en los Estados Unidos que el de otras consagradas a las investigaciones de la ciencia. Esta peculiaridad nacional hará de aquel pueblo una entidad aparte en el mundo moderno.

Para mantener el fuego sagrado, hay en viaje permanente por las campañas remotas, millares de pastores viajeros, que pasan toda su vida en misión; hombres rudos y enérgicos que llevan a todas partes la agitación, despiertan los ánimos, excitándoles a la contemplación de las verdades eternas. Son éstos verdaderos ejercicios espirituales como los de los católicos; más espirituales aun, pues sin amedrentarlos con las penas del infierno, el pastor o los pastores reunidos en un meeting religioso, al aire libre o en algún galpón improvisado, sacuden las embotadas inteligencias de los campesinos, les presentan la imagen de Dios en formas grandiosas, inconcebibles; y cuando el estimulante ha producido su efecto, envían a las mujeres al bosque de un lado y a los hombres de otro, para que mediten a sus solas, se encuentren en presencia de sí mismos viendo su nada, su desamparo y sus defectos morales.

Los resultados de esta curación moral son extraños e inexplicables. Las mujeres entran en delirio, se tuercen y revuelcan por el suelo, echando espumarajos; lloran los hombres y aprietan los puños, hasta que al fin un himno religioso entonado en coro empieza lentamente a dulcificar aquellas santas amarguras; la razón recobra su imperio, la conciencia se aquieta y tranquiliza, y una profunda melancolía se pinta en los semblantes, mezclada de síntomas de bondad moral, como si hubiese robustecídose el sentimiento de lo justo con aquel vomitivo aplicado al espíritu. Los profanos que han presenciado estas escenas en las campañas, atribuyen aquellos efectos singulares de la palabra a la excitación que producen sobre el cerebro las ideas elevadas, en personas que por la monotonía de la vida aislada que llevan, pasan meses enteros sin experimentar emoción alguna de placer ni de dolor. Es aquel un drama entre Dios y la criatura, cuyas peripecias tienen despierto al auditorio que es la parte más activa de la representación. Acaso el cerebro tiene movimientos y revoluciones como otros órganos del cuerpo humano también. Pero en todo caso el habitante de Far West en nada se parece al bárbaro pastor o labrador de nuestras campañas, pues que está abundantemente preparado para oír la palabra divina, por la lectura de la Biblia y por los comentarios teológicos de los divinistas. Pero lo que de todo esto importa para mi objeto, es que mediante los ejercicios religiosos, las disidencias teológicas y los pastores ambulantes, aquella grande masa humana vive toda en fermentación, y la inteligencia de los más apartados habitantes de los centros se conserva despierta, activa, y con sus poros abiertos para recibir toda clase de cultura. A semejanza de una cuba, que no importa la calidad del líquido que encierre, se mantiene ajustada y apta para servir; mientras que si se le deja vacía, las duelas se tuercen, los arcos se aflojan y queda con la acción del tiempo y las fluctuaciones de la intemperie, inutilizada para siempre.

Pero abra usted paso todavía para un elemento civilizador, el más activo que mantiene la vida en aquellos pueblos; religioso, político industrial, lleno del espíritu antiguo de las colonias como asimismo accesible a todos los progresos de la inteligencia moderna, el descendiente de los viejos peregrinos, el heredero de sus tradiciones de resignación y de endurecimiento al trabajo manual, el elaborador de las grandes ideas sociales y morales que constituyen la nacionalidad norteamericana, el habitante, en fin, de los Estados de la Nueva Inglaterra, Maine, New Hamphire, Massachussets, etc. He aquí la raza bramínica de los Estados Unidos. Como los bracmanes descendiendo de las montañas del Himalaya, los habitantes de aquellos antiguos Estados se diseminan hacia el oeste de la Unión, educando con su ejemplo y sus prácticas a los pueblos nuevos que surgen sin pericia y sin ciencia sobre la haz de la tierra apenas desmontada. Recuerda usted que los peregrinos eran ciento y cincuenta sabios, pensadores, fanáticos, entusiastas, políticos, emigrados y probados por todas las calamidades que pueden caer sobre los hombres; recuerda usted sin duda que no quisieron que con ellos se embarcase un sirviente al alejarse de las costas de la Europa, resueltos como estaban a labrar la tierra con sus propias manos y no reconocer desigualdades sociales en la nueva patria que iban a buscar en la América; recuerda usted que se sentaron todos debajo de una encina donde hoy está Boston, y después de dar gracias al Dios de Israel por su feliz arribo, discutieron las leyes que se darían para gloria de Jehová y su libertad personal; recuerda usted, por fin, que esos hombres en aquella época establecieron escuelas públicas, obligando a cada padre, tutor o patrón de niños, a darles educación elemental para el espíritu y un oficio manual para el sustento del cuerpo. Pues bien, los hijos de aquella escogida porción de la especie humana, son aun hoy los mentores y los directores de las nuevas generaciones. Créese que más de un millón de familias descienden en toda la Unión de aquella noble estirpe. Ellos han impreso a la fisonomía del yankee aquella plácida bondad que se nota en la clase más educada. Ellos llevan a toda la Unión la aptitud manual que hace de un norteamericano una maestranza ambulante; la energía férrea para luchar con las dificultades y vencerlas; y la aptitud moral e intelectual que lo pone al nivel, si no en línea superior, a lo mejor de la especie humana. Estos emigrantes del norte disciplinan las poblaciones nuevas, les inyectan su espíritu en los meetings que presiden y provocan; en las escuelas, en los libros, en las elecciones y en la práctica de todas las instituciones norteamericanas. Las grandes empresas de colonización y ferrocarriles, los bancos y las sociedades, ellos las inician y llevan a cabo. Así es que la barbarie producida por el aislamiento de los bosques, y la relajación de las prácticas republicanas introducidas por los emigrantes, encuentran en los descendientes de los puritanos y peregrinos un dique y un astringente. Hay, pues, flujo y reflujo entre estas dos fuerzas contrarias; y más que fuera y más rápida la dilatación de la Unión y la mezcla y justa posición de los pueblos, ellos acabarían al fin por dar homogeneidad al todo y conservarle el tipo original y nuevo, tradicional y progresivo que distingue a aquel pueblo. ¿Sucede cosa igual en el resto del mundo en formas tan perceptibles y constantes?

Acaso ¿creerá usted que aquellos instrumentos de pulimiento y purificación nacional, a fuer de herederos de las antiguas creencias de los peregrinos, mantienen la inmovilidad de las ideas y constituyen una secta a parte? Bajo el aspecto religioso, los Estados Unidos presentan el mismo espectáculo que las costumbres, y que la superficie de la tierra. En ninguna parte del mundo puede decirse con más propiedad que Dios está hecho a imagen y semejanza de los hombres. Los norteamericanos tienen de Dios las ideas elevadas que de su esencia nos han trasmitido los hebreos por medio del cristianismo; pero las sectas religiosas y las prácticas se adaptan allí a la inteligencia popular, descienden a una especie que llamaría fetichismo si tuviese por símbolos ídolos o manitúes; y se eleva hasta la filosofía pura, el deísmo, sin perder su carácter profundamente religioso, y aun sin salir de las grandes fórmulas morales del cristianismo. Como en todos los pueblos eminentemente religiosos, hay hoy en este momento en los Estados Unidos, santos, profetas, enviados de Dios, descensión y ascensión visible del Espíritu Santo, y comunión entre el cielo y la tierra. Hay religiones nuevas que están naciendo y prometiendo absorber toda la tierra; los mormones son de ayer, y sus inspirados y pontífices hacen milagros; testigo de ello que durante mi residencia en los Estados Unidos, un profano descubrió que la luz pálida que arrojaba el semblante y miembros del santo varón, procedía de una fricción que se había dado con fósforo. El venerable Pontífice no se dio por vencido, diciendo que todos los milagros habían sido preparados así, ni sufrió en lo menor la fe y fervor de los creyentes, que hoy ascienden a más de ciento cincuenta mil.

Hay religiones danzantes, y los fieles, después de haber oído la oración del pastor, se lanzan a bailar hasta que el numen del baile se despierta, y el cuerpo se lanza a hacer cabriolas frenéticas e indescribibles. Entonces créese iluminado el paciente, que cae al fin extenuado y demente. Como yo he visto en el baile Mabille, de París, a la Reine Pomaré, la Rigolette, y otras celebridades hacer diabluras, no me dejo atrapar fácilmente por estas manifestaciones del Espíritu Santo. Sobre estas capas inferiores del culto en los Estados Unidos descuellan disidencias cristianas más respetables, tales como baptistas, metodistas, presbiterianos congregacionalistas, cristianos, episcopalistas, luteranos, alemanes reformados, católicos romanos, amigos, universalistas, unitarios y otras sectas, entre las cuales yo incluiría los deístas puros; pues tal es el espíritu religioso y tolerante de aquel país, que la negación de toda religión, lo que nosotros llamamos la impiedad, forma una secta aparte contra quien nadie levanta la voz. Como una muestra de las proporciones que guardan estas divisiones, apuntaré que los baptistas tienen 1.130 iglesias y 4.907 pastores; los episcopalistas 950 iglesias, servidas por 849 pastores; los católicos 912 iglesias con 545 sacerdotes; los unitarios 200 iglesias con 174 pastores, guardando todos los demás una proporción descendente según su colocación.

He dicho tolerante en el sentido genuino que los americanos dan a esta palabra. Las sectas religiosas forman en los Estados Unidos verdaderas cofradías y naciones religiosas, no obstante estar entremezcladas en las ciudades y en los campos. El médico, el escribano, el proveedor de carne, el boticario de la casa, y aun el botero han de ser de la misma creencia de quien lo ocupa. Hay guerra sorda, proselitismo, en este sentido. Pero la tolerancia se muestra en la impasibilidad con que un metodista oirá contradecir sus dogmas por un católico y viceversa; porque en los Estado Unidos los católicos que profesan por dogma la intolerancia religiosa, son como aquellos tigres sin uñas ni dientes que solemos crear en las casas. No se ha oído hasta ahora que un católico haya mordido a nadie en Estados Unidos, donde hallan muy buena la libertad religiosa de que disfrutan a sus anchas, no sin salvar almas todos los años de los engaños falaces del tentador.

Este caos religioso, aquellas cien verdades contradictorias están a su vez sufriendo una elaboración, lenta es verdad, pero segura, ascendente. Mientras la barbarie mormónica hace sus progresos, la filosofía religiosa de los descendientes de los peregrinos viene de alto abajo descendiendo hasta las profundidades de la sociedad, acercando las distancias que separan todas las disidencias, echando entre ellas blandas ligaduras que concluyen por estrecharlas, y que terminarán al fin en absorberlas en el unitarismo, secta nueva, panteísta, en cuanto admite todas las disidencias y respeta todos los bautismos, por cuyo intermediario se ha trasmitido la gracia, y elevándose a regiones más encumbradas, desprendiéndose de toda interpretación religiosa, concluye por reunir en un solo abrazo a judíos, mahometanos y cristianos, prescindiendo de milagros y ministerios, como cosas que no cuadran con la forma orgánica que Dios ha dado al espíritu humano, y clasificándolos en el número de las figuras de la retórica. La moral del cristianismo como expresión y regla de la vida humana, como punto de reunión asequible y aceptable por todas las naciones, he aquí el único dogma que admiten, como la virtud y la humanidad el único culto y la única práctica que prescriben a los creyentes.

Esta filosofía religiosa se extiende con rapidez en los seis estados de la Nueva Inglaterra, tiene su centro en Boston, la Atenas norteamericana, y por propagadores a los hombres más sabios de los Estados.

Como usted ve, el espíritu puritano ha estado en actividad durante dos siglos, y marcha a darse conclusiones pacíficas, conciliadoras, obrando siempre el progreso sin romper en guerra con los hechos existentes, trabajándolos sin destruirlos violentamente, como lo emprendió la filosofía nacida del catolicismo en el siglo XVIII, y que tan poco camino ha hecho. Si usted recuerda el espíritu religioso que campea en los escritos de Franklin, notará que estas manifestaciones tienen antecedentes en la filosofía de buen sentido que inició aquel grande hombre práctico.

Concluyo de todo esto, mi buen amigo, en una cosa que hará pararse los pelos de horror a los buenos yankees, y es que marchan derecho a la unidad de creencia, y que un día no muy remoto la Unión presentará al mundo el espectáculo de un pueblo católico devoto, sin forma religiosa aparente, filósofo sin abjurar el cristianismo, exactamente como los chinos han concluido por tener una religión sin culto, cuyo grande apóstol es Confucio, el moralista que con el auxilio de su razón dio con el axioma: No hagas lo que no quieras que te hagan a ti mismo, añadiéndole este sublime corolario «y sacrifícate la masa».

Si tal sucediera y debe suceder, cuán grande y fecundo habrá de ser para la humanidad el experimento hecho en aquella porción que dará por resultado la dignificación del hombre por la igualdad de derechos; la elevación moral por la desaparición de las sectas religiosas que hoy lo subdividen, enérgico por las facultades físicas, y eminentemente civilizado por la apropiación a su existencia y bienestar de todos los progresos de la inteligencia humana. Norteamericano es el principio de la tolerancia religiosa está inscrito en todas sus constituciones, y pasado a axioma vulgar; en Norteamérica fue por la primera vez pronunciada esta palabra que debía restañar la sangre que la humanidad ha derramado a torrentes, y venido destilando hasta nosotros desde los primeros tiempos del mundo. Católicos, puritanos, cuáqueros, calvinistas, todas estas variantes de una misma fe venían a las colonias norteamericanas, a yuxtaponerse sin mezclarse, prevaleciendo los odios que había engendrado la lucha en Europa. Los padres peregrinos eran los más celosos exclusivitas, porque habían atravesado el mundo, dice Bancroft, por gozar del privilegio de vivir para sí mismos. La guerra religiosa, la persecución había ya estallado entre aquellos miserables restos de un naufragio común, despedazándose entre sí, en lugar de prestarse mutuo auxilio y amparo para resistir a la desgracia. Perseguían en Europa los anglicanos a los disidentes; los católicos a los herejes; quemaban a porfía la inquisición y Calvino, papas y reyes, mahometanos y cristianos, de manera que usted no sabía adónde darse vuelta sin riesgo de que lo hiciesen biftec. En febrero de 1631 llegó a América un joven ministro lleno del espíritu de Dios, y dotado de preciosos dones. Llamábase Rogerio Williams. Tenía entonces poco más de treinta años; pero su alma había madurado ya una doctrina que le aseguró la inmortalidad, al misino tiempo que su aplicación ha dado paz religiosa al mundo americano. Era puritano y venia huyendo de la persecución de la Inglaterra; pero sus agravios personales no habían sido parte a oscurecer su clara inteligencia. La profundidad de su espíritu le había descubierto la naturaleza de la intolerancia, y él, y solo él, llegó al gran principio que es su único remedio efectivo. Anunció su principio bajo la simple proposición de santidad de conciencia. El magistrado civil podía reprimir el crimen, pero jamás dar reglas a la opinión; castigar los delitos, pero nunca violar la libertad del alma. Esta nueva contenía en sí misma una reforma completa de la jurisprudencia teológica; borrando del código de las leyes el delito de felonía por no conformidad; extinguiendo las hogueras que por tanto tiempo había tenido encendidas la persecución; derogando toda ley que hiciese obligatoria la observancia religiosa; aboliendo los diezmos y toda contribución forzosa para el sostén de la iglesia; dando igual protección en toda forma de fe religiosa, sin permitir que la autoridad del gobierno civil se alistase contra la mezquita del musulmán, contra el altar del adorador del fuego, la sinagoga judía, o la catedral romana.

Los principios de Roger Williams lo pusieron en perpetua lucha con el clero y gobierno de Massachussets. Williams no pactaba con la intolerancia, porque decía: la doctrina de la persecución por causas de conciencia es evidente y lamentablemente contraria a la doctrina de Cristo Jesus.

Los magistrados insistían en exigir la presencia de todo hombre en el oficio divino; Williams reprobaba la ley, mirando como una abierta violación de los derechos de un hombre compelerlo a unirse con aquellos de creencia diversa; arrastrar al templo a los incrédulos o mal querientes, era santificar la hipocresía. Una alma incrédula, añadía, está muerta en pecado, y forzar al indiferente en una creencia a entrar en otra, es como mudar de mortajas a un cadáver. Nadie debe ser obligado a adorar, por mantener una creencia, sin su propio consentimiento.

—¡Qué! —le contestaban los puritanos—, ¿el trabajador no merece su salario?

—Que se lo pague el que lo ocupa —replicaba el heresiarca de la tolerancia.

Su perspicacia le hizo desde entonces prever la influencia de sus principios en el gobierno de las sociedades. En los últimos días de su vida confirmó sus primeras ideas diciendo: «será un acto de misericordia y de justicia para las naciones esclavizadas romper el yugo de la opresión del alma, como es de fuerza obligatoria, hacer que todos y cada interés y conciencia preserven la libertad y la paz comunes».

¡Y la luz fue! Desde Williams acá unos más pronto, otros más de mala gana y refunfuñando, han tenido que apagar sus tizoncitos y dejarse de esa bufonada de mal género que consiste en quemar hombres para mayor honra y gloria de Dios. No tengo cuando acabar cuando entro en el campo de la teología; me vuelvo yankee como usted ve, y hasta gangoso me pongo al leer estos razonamientos. Pero mal que le pese tengo aun que apuntar una de las fuerzas de regeneración, propaganda y auxilio al moroso que tienen en movimiento la inteligencia en Norteamérica y fuerzan a marchar adelante a los rezagados. Su origen y su forma es religiosa, si bien sus efectos se hacen sentir en todos los aspectos sociales. Hablo del espíritu de asociación religiosa y filantrópica, que pone en actividad millares de voluntades para la consecución de un fin laudable y consagra caudales gigantescos a la prosecución de su obra. En este punto el norteamericano se ha creado necesidades espirituales tan dispendiosas o imprescindibles como las del cuerpo mismo, y esta provisión de necesidades del ánimo, aquel tiempo, trabajo y dinero empleado en dejar satisfecho un deseo, una preocupación, muestra cuán activa es la vida moral de aquel pueblo. ¿Quién pudiera ser más infatigable propagandista que el católico exclusivo para quien no hay salvación fuera de la iglesia, y está en posesión de una verdad, de que ve a tantos millares de sus semejantes extraviados? Preguntadle al clero más intolerante ¿cuánto dinero gasta de su bolsillo para proseguir la reducción de los infieles, la moralización de las masas? Poquísimo por desgracia, y ese poco no es debido al sentimiento religioso que lo anima, sino a las cualidades personales y a las predisposiciones de ánimo del que se consagra a las obras de propaganda y filantropía. ¿A quién le ha ocurrido en la América española intentar una cruzada contra la borrachera? En los Estados Unidos se cuentan por millares los propagandistas celosos de la templanza, y por cientos de miles los que han suscrito la obligación de no probar licores, hasta que la raza humana se cure de esta enfermedad que desbarata economía y destruye toda moralidad.

El norteamericano satisface deberes, y llena necesidades de su corazón y de su espíritu con su dinero; y si hubiera de formar su presupuesto anual de gastos, diría 100 en comer y vestir, 20 en propagar las buenas ideas religiosas, 10 para obras de filantropía, 50 para fines políticos, 30 para civilización de los bárbaros. Así distribuida la inversión del fruto del trabajo, se permite la libertad de mostrarse egoísta, duro e interesado.

La Sociedad americana de templanza data desde 1826, y ya en 1835 había en el país ocho mil sociedades, con millón y medio de miembros. La caridad por los borrachos no se limita a buenos ejemplos. Cuatro mil destiladores de aguardientes desmontaron sus alambiques, ocho mil comerciantes se abstuvieron de vender licores, y mil doscientos buques se hicieron a la vela sin provisión de aguardiente. La legislatura de Massachussets prohibió la venta de líquidos alcohólicos por menos de 15 galones. The tract society, que tiene por objeto moralizar las clases ambulantes, como los marineros y otros, publicó en 1835 cincuenta y tres millones de páginas. La Sociedad americana de escuelas dominicales, formada en 1824, recolectaba diez años después 136.855 pesos en un año; había hecho 600 publicaciones diversas: y estaba en contacto con 16.000 escuelas, 115.000 maestros, cerca de 800.000 discípulos.

La Sociedad bíblica americana ha recibido desde su fundación hasta ahora poco, dos millones y medio de pesos, y abandonado a la circulación cosa de cuatro millones de ejemplares de la Biblia. Omito hablar a usted de las misiones en el occidente, en cuyos países una sola de ellas mantiene 308 misioneros, 478 escuelas; 17 imprentas, 4 fundiciones de tipos para imprimir libros en idiomas ignorados aun de nombre en Europa. Los resultados de las misiones americanas en Sandwich los conocemos todos para que haya de detenerme sobre ellos; pues mi ánimo al recordar todas estas sociedades, es solo hacer sensible una de las muchas fuerzas civilizadoras que están en continua acción para mejorar moral, religiosa y políticamente la condición del pueblo. No es raro ver un banquero como Girard, que deja millón y medio de duros para que se funde un colegio en que se eduquen jóvenes bajo ciertas condiciones por él prescritas, y otros filántropos que, como Franklin, dejen un fondo para que dentro de dos siglos se disponga de los intereses capitalizados. En todo este enorme y complicado trabajo nacional, verá usted predominar una grande idea, la igualdad; un sentimiento, el religioso, depurado de las formas exteriores; un medio, la asociación, que es el alma y la base de toda la existencia nacional e individual de aquel pueblo.

Elecciones

Dos cosas me habían hecho desear inspeccionar personalmente los Estados Unidos. La colonización y la práctica del sistema electoral; el modo de poblar el desierto, y la manera de proveer al gobierno de la sociedad. Sobre lo primero mis deseos quedaron satisfechos, y pude ver claro, y darme cuenta de todo el mecanismo. Un hecho al parecer tan espontáneo, tan irregular, encierra, sin embargo, una teoría, una ciencia y un arte hay un sistema de principios, de leyes y de reglas para colonizar prósperamente, de cuya infracción u olvido han resultado todas las poblaciones raquíticas de nuestros países. Río Janeiro, Montevideo, Buenos Aires, Valparaíso, son ciudades posteriores a la formación de las colonias españolas. Toda la ocupación de la América del Sur está montada en los errores más garrafales en el arte de poblar, y la mitad de los desastres de nuestras repúblicas estaban ya preparados por el sistema de colonización española. Era esta una mina que debió reventar con el fuego de la independencia. Mis aserciones las justificaré en un trabajo especial, sobre los sistemas y medios de población y ocupación del territorio. Creo con esto haber llenado un vacío en nuestros conocimientos americanos.

No anduve tan feliz en materia de elecciones. Es cosa esta para vista; pues por lo que hace a principios generales, cada Estado, y la constitución de los Estados Unidos en general, dan idea suficiente. Durante mis rápidas excursiones en aquel país, no me cupo en suerte ver elecciones sino una, en Baltimore, de mayor, autoridad equivalente a la de lord mayor de Londres, a lo que creo. Era preciso haber presenciado muchas elecciones, en distintos lugares y con diversos objetos, para penetrar en la práctica de las instituciones norteamericanas, el juego de las pasiones políticas, y las combinaciones de los partidos. ¿Puede haber materia de estudio político más grande que la del medio preciso, exacto, de hacer llegar a los destinos públicos el hombre más apto para desempeñarlos? Podemos estar seguros de haber confiado la ejecución de un cuadro, de un palacio, de una nave al primer artista o constructor de la tierra; pero, ¿podremos acercarnos siquiera a la verdad cuando se trata en un Estado de confiar a un individuo, diputado, presidente, o corregidor, el encargo de producir el mayor bien posible para toda una sociedad, y acaso para generaciones y para la humanidad entera? El sistema electoral es todavía un caos por desembrollar; un germen apenas fecundado, y solo en los Estados Unidos se ha desenvuelto lo bastante por una práctica comparativamente larga. El único incidente electoral que presencié, fue el empeño de los diarios demócratas de exaltar a los irlandeses emigrantes contra el candidato del partido whig, invitándolos a que se reuniesen a los demócratas en la elección. Éste espectáculo no era por cierto muy edificante. La chusma irlandesa, apenas llegada de Europa, es allá lo que en Chile son los rotos, y al juicio de uno y otros, echado en la balanza en cuanto conocimiento de la conveniencia pública, no le da usted sin duda mucha importancia.

No pudiendo de propia experiencia trasmitirle mi juicio sobre lo que no vi en materia de elecciones, lo suplo extractando de los viajes del frenologista Combe, cuanto a este respecto ha dejado escrito. Es un buen testigo, y su saber, el ser inglés, amar la república, y una imparcialidad y franqueza sincera, lo hacen un juez competente y una autoridad. Lo que sigue es una traducción de este autor.

«A lo que he podido comprender, los candidatos para los empleos del Estado no van de puerta en puerta a solicitar votos en Massachussets, como lo he visto en Escocia. Estamos en vísperas de una elección anual, y se han convocado meetings preparatorios por cada uno de los partidos de la ciudad. Estos eligen para representante delegados preparatorios de todas las asambleas, y preparan una lista de candidatos para ser propuestos a su partido, como personas competentes para llenar el empleo vacante. Llámanse estas listas tickets. El ticket whig y el ticket democrático se anuncian por los diarios de los respectivos partidos, siendo el uno sostenido, y atacado el otro con todos los hechos, argumentos, agudezas, y aun me temo que por todas las invenciones, falsedades, que el talento y la malicia de cada partido puedo aducir en sostén de sus propios candidatos y en desdoro de los contrarios. Debemos deplorar el olvido de la verdad, cortesanía y delicadeza que estas luchas traen en la prensa pública, sin embargo de que todos los que se han mezclado en la vida pública, saben que prácticas semejantes deshonran en una grande extensión la prensa británica.

»Los votantes están registrados en un libro y la ciudad y condados divididos en distritos de convenientes dimensiones, en cada uno de los cuales se establece una mesa y se anuncia públicamente. Los electores acuden a estas estaciones el día de las elecciones; cada uno anuncia su nombre al empleado encargado del registro; y si está en efecto registrado, el votante pasa la urna y deposita en ella su lista impresa y se retira. Numerosos partidarios de cada bando asisten para impedir las tentativas de votar bajo un nombre falso. Ningún hombre puede votar dos veces, porque es borrado en el registro desde que aparece la primera vez. El voto no está firmado por el votante porque esto traicionaría el secreto de su voto; pero le miran prolijamente la mano, para que no introduzca dos o más tickets en la urna. Al fin de la elección los tickets son examinados, y después de una comprobación de los votos hecha por empleados nombrados al efecto, quedan electos los candidatos que tienen mayoría absoluta sobre el número total de votantes. Si un individuo no está satisfecho con el ticket de su partido, puede borrar algunos nombres y sustituirlos con otros de su elección. Como por lo general no hay concierto entre los que tales alteraciones hacen, rara vez ven electos a sus candidatos, no consiguiendo otra cosa que debilitar a su propio partido. Estos votes son mirados como separados, y técnicamente se les llama extraviados. Alguna vez acontece que haya dos o más tickets, conteniendo cada uno de ellos listas de diferentes candidatos, y si cada una de estas listas se presenta en número igual, el resultado es que no hay elección. Cada lista puede ser sostenida por un tercio o menos de votantes; y como por la ley es esencial para que haya elección una mayoría sobre todos los votantes, ningún candidato es electo. Entonces se señala día para proceder a nueva elección. Me he asegurado de que la intimidación en el sentido inglés de la palabra, es desconocida. Si se intentase causaría mucha alarma y sería resistida con buen suceso. El voto de cada hombre es conocido de su partido, y aunque cada individuo tiene en su poder medio de ocultarlo, pocos o nadie lo hacen. No hay conmoción ni excitación hostil en las elecciones.

»He hecho repetidas investigaciones sobre el mecanismo interno puesto en operación antes de las elecciones, y me han informado que es siguiente: cada partido nombra comisiones en cada distrito para solicitar votantes. Conversan con ellos con respecto al mérito de los candidatos presentados en su ticket, a fin de persuadirlos a que vayan a votar por ellos. Los miembros ricos suscriben una suma de dinero para pagar los gastos de discursos, impresos, avisos, salones para los meetings, y aun carruajes para traer los enfermos a las mesas en cada elección. El número de votantes son la mitad o los dos tercios de todos los que tienen derecho de votar, a no ser en ciertas ocasiones de grande excitación, en que casi todos toman parte. Los abogados toman una gran parte en las elecciones; pero el clero y los médicos casi no se ocupan de esto. Pueden algunos individuos de entre aquellas profesiones hacerlo, pero estas son excepciones de la regla general. Los que conocen los movimientos del mecanismo político en Inglaterra, reconocerán a este respecto la semejanza entre uno y otro país. Me han asegurado que en los Estados Unidos la urna no ofrece protección ninguna al votante. Sábese perfectamente por quien vota cada individuo; y no hay intimidación, porque el hombre que amenazase a otro con las consecuencias de votar en tal sentido, sería deshonrado públicamente. Los políticos consideran que nosotros, los ingleses, damos mucha importancia a la urna en Inglaterra, y me aseguran que ella no protege al votante como esperamos. Pero no conocen la condición de abyecta dependencia de muchos de los votantes ingleses, ni la violencia que se practica sobre sus conciencias; no comprendiendo la indulgencia con que son mirados en Inglaterra los intimidadores.»

Elección en el Estado de Nueva York. hoy llegó a Boston la noticia de las elecciones de los miembros de la legislatura, gobernador, etc., de Nueva York.

«El partido whig sacó a la plaza dos piezas de artillería de bronce pertenecientes al Estado, e hicieron salvas. Con tanta simultaneidad y presteza fueron disparados ambos cañones, que por lo pronto creí que era todo un parque de artillería. Preguntando cómo los cañones del Estado podían ser prestados para celebrar un triunfo de partido, se me dijo que estaban igualmente al servicio del partido opuesto cuando tenía alguna victoria que celebrar.

»Hoy visitamos a Salem, una ciudad marítima a cosa de 14 millas de distancia de Boston, más abajo de la bahía en la costa del norte. Era día de elecciones en el Estado. Yo visité una de las mesas y encontré hombres a la puerta teniendo las listas de los candidatos rivales, y ofreciéndolas a cada votante en el acto de entrar. No sin dificultad pude persuadirles a que yo no era votante. El votante se presenta al secretario de la mesa y anuncia su nombre, y búscase este en el registro, se marca, echa el voto en la urna y se va. Todo estaba tranquilo, y solo unos cuantos individuos estaban estacionados en el lugar de la votación, conversando y calculando las probabilidades.

»Las elecciones de Boston han sido publicadas, y a consecuencia de una escisión en el partido whig con motivo de la licence-law, aquel partido ha perdido por una gran diferencia. Por la ley, debe concurrir mayoría sobre el número de electores para que haya elección. Tres listas de candidatos se presentaron en las mesas. Una por los candidatos democráticos; otra por los whigs que eran contra la licence-law (ley prohibiendo vender aguardiente por menos cantidad de quince galones) y otra por los whigs, sin expresión de opinión alguna sobre aquella cuestión. Solo aquellos individuos cuyos nombres se hallaban en ambas listas whigs tuvieron mayoría sobre el número de votantes y fueron electos. Debe haber una nueva elección para los que tenían menos, y que no son electos por tanto.

»Espero con toda confianza que como el partido whig ha triunfado en el estado de Nueva York, propondrá y sancionará un bill para que se establezca un registro de votantes en aquel Estado, en donde actualmente no solo prevalece el sufragio universal (excluyendo pobres de solemnidad y difamados), sino que la calificación se hace en las mesas, circunstancia que ha conducido a las más groseras falsificaciones, y dado lugar a prácticas vergonzosas en la última elección, particularmente en la ciudad de Nueva York.

»Alborotos en Harrisburg. Harrisburg, una villa a orillas del Susquehannah, cerca de 105 millas de Filadelfia, es la capital política de la Pensilvania, en donde tiene sus sesiones la legislatura del Estado. La legislatura se reunió a principios de diciembre; pero a consecuencia de una disputa con respecto a un informe, dos speaker fueron elegidos, y se organizaron dos cámaras de diputados. Esto se hizo tranquilamente. Sin embargo, cuando comenzó la sesión anual del senado en la tarde del mismo día, estaba reunido un atropamiento con el intento de imponer a aquel cuerpo la marcha que había de seguir. El senado postergó sus sesiones, y el atropamiento organizó una comisión de salvación, que dirigía sus procedimientos. El desorden reinó por algunos días sin que ninguna de las dos cámaras de la legislatura pudiese celebrar sesiones con regularidad. "La cámara ejecutiva, y el departamento de estado fueron cerrados, dice el gobernador Ritner, y la confusión y la alarma prevalecieron en el asiento del gobierno." La milicia fue convocada, y obedeció a la intimación. Su presencia sin derramar sangre, disipó todo lo que mostraba síntomas de violencia declarada, y bajo su protección los miembros de la legislatura quedaron en libertad de arreglar a su modo sus propias diferencias.

»Grande era la excitación, no solo en Harrisburg, pues el asunto despertó por toda la Unión un vivísimo interés. Quien no esté habituado con el pueblo y las instituciones, se habría imaginado al recorrer los informes de los diarios, que había comenzado en Pensilvania una nueva revolución y una guerra civil; mas estas impresiones se desvanecen viendo las cosas de cerca. En cuanto me fue posible entenderlo, los motivos de la disputa eran los siguientes. Una enmienda importantísima a la Constitución del Estado había sido últimamente adoptada por el pueblo, la cual debía tener efecto el 1.º de enero de 1839. Debe tenerse presente que las recientes elecciones acababan de dar preponderancia al partido democrático en los tres ramos de la legislatura; y cuando el gobernador democrático Porter entró en funciones en enero, hubo muchos cambios de empleados whigs para instalar en su lugar a sus oponentes. Los partidos, sin embargo, están de tal manera contrabalanceados, que la lucha por el poder es de vida o de muerte, y no hay resorte legal y político que no se toque por el partido whig para mantenerse en los empleos, y por los demócratas para expulsarlos. La sala de representantes se compone de cien miembros. De estos hay electos sin disputa:

Miembros democráticos.	48
Id. whig	44
Mientras hay ocho asientos del condado de Filadelfia disputados y pretendidos por ambos.	8
	100

»El condado (sin la ciudad) está dividido en diecisiete distritos, y cada distrito nombra una persona, en todos diecisiete individuos, cuyo deber es hacer el escrutinio de los votos. Los diecisiete y jueces reunidos examinaron los votos, recibieron pruebas, oyeron consejos de ambas partes, y por una mayoría de diez votos contra siete desecharon los votos de las libertades del norte, y prefirieron los ocho candidatos democráticos. Pasaron al secretario de Estado estos miembros, como debidamente electos. Según ellos, la forma legal de pasar el informe estaba llenada; a saber, dieron certificado de que las personas nombradas tenían el mayor número de votos para sus respectivos oficios, y que ellos, los jueces, los declaraban estar debidamente electos. La minoría, sin embargo, era de opinión que conforme a la ley, la mayoría de los diecisiete jueces había excedido sus poderes constitucionales, declarando quiénes eran los electos. Según su interpretación de la ley, los diecisiete eran meros oficiales ministeriales, cuyos deberes eran solo de escribanos, y consistían en sumar el total de votos sufragados por cada candidato en su distrito, e informar de ello a los oficiales correspondientes. La ley no les da poder para desechar el voto de un distrito o de parte de un distrito. La minoría whig, por tanto, dio un certificado a los siete candidatos whig, en conformidad de su manera de ver la ley, y lo despacharon inmediatamente al Secretario de Estado, que era también whig. este certificado llegó antes del de los demócratas, y cuando el último llegó, se negó aquel a recibirlo alegando que ya había recibido un informe, que era su deber presentara la Sala, dejándole a ésta la incumbencia de obrar según lo creyese conveniente. Según la ley, los individuos que traen certificado de los oficiales que extienden el informe, toman sus asientos y votan hasta que sean desposeídos por un voto de la Sala, a petición de sus oponentes. Si estos siete whig hubiesen entrado en la Sala de representantes y votado, habrían dado a su propio partido tina mayoría temporal por lo menos, y bajo su ascendiente nombrado un speaker (presidente), un secretario, y acaso un tesorero de Estado y un auditor, a más de un senador del Estado de Pensilvania al congreso de los Estados Unidos.

»El partido democrático, considerándose en posesión bonafide de la mayoría de votos, y de haber hecho un informe legal, no quería someterse a ser desposeído de sus ventajas, por lo que él designaba como un fraude whig; mientras que los whig, creyéndose tener certificados en regla, insistían por ocupar sus asientos hasta que sus oponentes obtuviesen una decisión de la Sala rechazando sus pretensiones.

»Fácil es colegir la magnitud de los desordenes que se siguieron a este conflicto. Los dos partidos estaban casi contrabalanceados, y sus temores y esperanzas excitados profundamente. El pueblo mismo es el poder dominante, y cuando está excitado, no teme responsabilidad alguna legal, sino que lleva a efecto sus deseos y convicciones en el modo que mejor cuadra a las exigencias del momento. Apelará a las leyes cuando el mal de que se queja no se hace irremediable con la demora; pero en el caso presente, si los demócratas hubiesen dejado a sus oponentes tomar posesión de sus asientos, el daño se habría perpetrado ipso facto, y recurrieron a un alboroto para impedirlo. En cualquier país de Europa (¿qué diremos del resto de la América?) un asalto tumultuoso sobre la legislatura, si hubiese tenido efecto, habría sido el precursor de una revolución; pero aquí es un suceso de importancia muy subalterna. En los Estados Unidos una revolución no puede conducir a otra cosa que a la pérdida de la libertad. El sufragio es punto menos que universal, y el pueblo elige directa o indirectamente, no solamente la legislatura, sino todos los empleados del Estado. Las imaginaciones más desarregladas no pueden idear una forma más democrática de gobierno; y como no hay una clase aristocrática que tenga intereses separados y sentimientos diversos de los del pueblos que pudiese usurpar el poder, una revolución conduciría al despotismo. Los Estados están muy lejos de aquellas condiciones en que el despotismo se hace posible. No hay una multitud pobre, ignorante y sufriente, que un ambicioso pueda arrastrar a prestarle su fuerza física para echar por tierra las libertades de su país. Una gran porción de electores son dueños de fincas, mientras que la más humilde clase posee propiedad y algún grado de inteligencia. Todos han sido educados en el amor, no solo de la libertad, sino también del poder. No hay desordenes sociales dignos de mención, y los que existen no son de naturaleza de inducir a los ricos a desprenderse de su libertad, a trueque de asegurar la salvación de sus vidas y propiedades. Generalmente hablando, la justicia de hombre a hombre es hecha bien y ejecutada vigorosamente. Solamente cuando el gobierno obra contra el pueblo, o el pueblo está poseído del frenesí de hacer mal por medio de los tumultos, se sienten débiles los poderes ejecutivo y judicial. Estas ocurrencias son raras y nacen de causas temporales y específicas. No hay descontento general, reforzándose secretamente hasta que se halla en actitud de estallar por entre de las junturas que la ley deja, buscando desagravio en la anarquía y en el derramamiento de sangre. Toda injusticia es sentida, y proclamada por mil lenguas a guisa de trompetas, pintándola con las formas más exageradas; y como el pueblo domina absolutamente en la legislatura y en el ejecutivo, no puede durar hasta hacerse verdaderamente formidable. Mirados a la distancia los gobiernos de los Estados particulares, pueden aparecer tan débiles que se crea a la sociedad constantemente expuesta a la anarquía; pero cuando se examina de cerca la condición del pueblo, se ve que faltan los elementos de anarquía. Estos gobiernos apoyados en los intereses populares, en la inteligencia popular y la voluntad popular, tienen una base tan ancha, que en las presentes circunstancias de la nación es imposible trastornarlos, y como el poder de reconstrucción está constantemente presente, aunque fuesen dislocados en algunas de sus partes, se reúnen con una rapidez, y reaccionan con una actividad que muestra los más fuertes indicios de salud y de vigor.

»Una democracia es un rudo instrumento de regla en el estado presente de las costumbres y de la educación en los Estados Unidos, y no he encontrado aun un radical inglés que haya tenido el beneficio de cinco años de experiencia, que no haya renunciado a su creencia, y cesado de admirar el sufragio universal. Pero la grosería de la máquina y su eficacia son cosas diferentes. Es grosera porque la masa del pueblo, aunque inteligente en comparación con las masas europeas, está aun muy imperfectamente instruida, cuando sus conocimientos y su cultura se miden con los poderes que tiene que manejar. Es eficaz sin embargo, es sólida en su estructura, y sus bases son fuertes.

»Leo sin alarma las relaciones de los tumultos de Harrisburg, y el llamamiento de las tropas de los Estados Unidos para reprimir la rebelión, como la llaman muchos diarios, y de la marcha de mil hombres de milicia al lugar de los disturbios. Yo sé que los tumultuarios tienen fincas, tiendas, mujeres, hijos y otras relaciones, y que tienen un gran cuidado de sus vidas e intereses; y de antemano calculaba que por grandes que sean los gritos y las amenazas, no habrá ni derramamiento de sangre, ni destrucción de propiedad. y así sucedió en efecto. Los tumultos han desaparecido; la legislatura sigue sus deliberaciones en paz, y ya empieza todo el mundo a admirarse de que haya pasado toda aquella bulla.»

«Derecho de sufragio de Pensilvania. Últimamente ha sido adoptada una enmienda a la Constitución por el pueblo de Pensilvania, por la cual se hace depender el derecho de sufragio de una residencia de un año en el Estado, en lugar de dos que se necesitaban antes, y de diez días de residencia del votante en el distrito en que ha de votar, cosa que no se requería, y en el pago de una contribución del Estado o del condado. Requiérense ambas contribuciones, pero toca a la legislatura determinar la clase de pruebas por las cuales se han de acreditar aquellos requisitos y aquella residencia. Las personas de color residentes en el Estado, aunque libres y pagando contribuciones, son privadas del derecho de votar. Antes de la enmienda no habían palabras especiales para excluirlas; pero pocos se aventuraban a reclamar su privilegio, tan inveterada es la preocupación contra ellos.

»El gobernador Ritner en su Mensaje, urge con fuerza sobre la necesidad de dictar leyes que regularicen las elecciones, para prevenir los fraudes que hasta ahora han prevalecido. Añade que otra razón exige ahora una legislación más estricta y específica sobre ese asunto: «El número de empleados que deben ser elegidos por el pueblo dará a las elecciones más interés, y a cada voto individual mayor valor presente y local que el que antes tenía, y sujetará, en consecuencia, el poder del votante individual, que se ha hecho hasta hoy el poder directo, a mayor peligro de fraude y de malas prácticas que antes, cuando su influencia era más remota.»

«Apuestas sobre las elecciones —Ritner añade—: Yo recomiendo fuertemente la sanción de una ley más efectiva contra las apuestas sobre elecciones, cuya práctica forma la más perniciosa clase de juego. Las apuestas y el juego de otras clases solo perjudican a las partes mismas, mientras que éste hace una herida a los derechos de todos, y destruye la confianza que cada ciudadano tendría en las decisiones de la urna.»

«No solo es así, sino que también destruye la confianza de los hombres honrados en la naturaleza humana misma. Cuando la masa del pueblo a quien se le ha confiado el poder soberano, puede permitir a uno de sus propios miembros convertir el sagrado encargo de elegir gobernadores, magistrados y legisladores en materia de juego, se muestra indigna de la libertad. La existencia de una práctica semejante en tal extensión que requiera la interposición legislativa, representa una pintura humillante del ascendiente del espíritu de avaricia y de especulación, sobre la moralidad y la razón, en una porción al menos del pueblo de este Estado. El más violento calumniador no podría inventar cargo que afectase más profundamente el carácter moral, y que más poder tuviese para destruir la confianza de los extranjeros en las instituciones de Pensilvania, como esta reconocida bajeza. Un pueblo se está preparando para el despotismo cuando convierte las franquicias electorales en un mero asunto de especulación pecuniaria. Pero el sentimiento público se sublevó en virtuosa indignación contra práctica tan deshonrosa, y, como tendré en adelante ocasión de observarlo, la suprimió bajo las penas más severas.»

«Elección civil de Nueva York. La elección de Mayor y consejeros para la ciudad de Nueva York acaba de terminarse. El partido democrático ha quitado el poder a los whigs y anda ahora celebrando su triunfo.

»Es esta una revolución en la opinión, que ha dejado a todo el mundo lleno de admiración.

»La elección es el asunto universal de conversación. Un periódico hace en estos términos la pintura de aquella escena: 'Los loco-focos andan triunfantes por todas partes, sonriendo con todas sus infernales bocas. Al concluir la elección del martes pasado, viendo el diablo que él había metido en ello la cola, empezó a alegrarse también, y atrajo una de esas tormentas nordeste que causan centenares de enfermedades de consunción, y traen por millares el fastidio y los diablos azules. ¿Pero qué cuidado se los da a los loco-focos de la lluvia, ni de mojarse? Cuando ellos ganen en otra región futura la caliente mansión que les aguarda, tendrán sobrado tiempo de secar sus andrajosos trapos, ante el fuego que nunca se extingue. Nunca se vio Tammany Hall y sus alrededores en tales éxtasis de contento. Las miríadas de los loco-focos, tan numerosas como las langostas de Egipto, estaban ayer en completo éxtasis en toda la ciudad. Lluvia, golpes, harapos, ¿quién cuida de eso? decían. Hemos aporreado a los condenados whigs, y esto basta'.

»Créese generalmente que en el presente caso, han sido empleados medios deshonrosos por ambos partidos para ganar las elecciones. No hay registro de votantes en la ciudad, y el título de cada uno que pretende votar es determinado en la mesa. Ciudadanía y residencia son las principales calificaciones. Se dice que un gran número de extranjeros han sido admitidos a votar por una de las cortes de ley, sin que tuviesen los requisitos legales. Se ha asegurado que los inmigrantes gobiernan la ciudad, con exclusión de los nativos, y se pide una residencia más larga y se desearía imponerla, como un título a la ciudadanía. También se han cometido fraudes en la ley que requiere residencia en un barrio, como calificación para votar. Cuando un partido había obtenido una fuerza supernumeraria de votantes legales en un barrio, pero encontrádose débil en otro, había trasladado una porción de su número del barrio fuerte a dormir una sola noche en el barrio débil: se habían presentado al día siguiente en la mesa, y jurado que eran residentes en él, votado, y vuelto inmediatamente a sus casas. De este modo violaban el espíritu, pero no la letra de la ley. Llaman a esta operación colonizar. Los hombres virtuosos de ambos partidos admiten que se debe poner término a todos estos fraudes, o la urna será una mera farsa; con este motivo dicen:

"el que más maula hace, reúne más dinero, compra y coloniza más, gana las elecciones". Por esto se pide que haya una ley de registro.

»Estas contiendas conducen sin referencia a principios morales, a desmoralizar todas las clase, y hacen un duradero daño a una república que no tiene otra áncora de salvación que la virtud de sus ciudadanos. Introducir la inmoralidad en las elecciones es hacer traición a su país. Verdad es que esta es la única forma en que un americano pueda cometer aquel crimen.

»Al mismo tiempo que condeno aquellas inmoralidades republicanas, debo hacer justicia a las instituciones, pues antes de la próxima elección se dictó una ley muy restrictiva para curar estos males, y ambos partidos admitían que había producido sus deseados efectos. Una ley de registro había pasado antes de mi salida, de manera que la reproducción de aquellos abusos era imposible. De este modo mientras que lamentamos las aberraciones de los americanos, no debemos cerrar los ojos a su tendencia a rectificar sus propios errores, y corregir los extravíos en el sendero del deber».

«Ley de elecciones. El 7 de mayo sancionó la legislatura de Nueva York una ley para remediar los abusos que se perpetraba en las elecciones. Por ella se dispone que toda persona que jure falso en cuanto a su calificación será criminal de perjurio, y las personas que indujeren a otros a jurar en falso, serán criminales de soborno de perjurio, y ambos castigados en conformidad.

»Las personas que tratasen de influir a un elector o apartarlo de votar, pagarán una multa que no baje de 500 pesos, o sufrirán una prisión que no exceda de un año, o ambas penas a un tiempo. Las personas que voten u ofrezcan votar en un barrio que no sea el suyo propio, o más de una vez en una elección, serán castigadas con prisión o multa o con ambas cosas. Los habitantes de otro estado que voten en éste serán criminales de felonía, y serán puestos en la prisión de Estado por un término que no pase de un año».

«Elección de Nueva York. El partido democrático ha triunfado en la elección de los miembros para la legislatura de la ciudad de Nueva York por una mayoría de mil quinientos. Los diarios de aquella ciudad de ambos partidos reconocen que la elección ha sido conducida con orden y decoro, y que el resultado expresa francamente la opinión de la mayoría. Esta elección tuvo lugar bajo la ley enmendada: las elecciones civiles del pasado abril habían sido señaladas por deshonrosa corrupción en general, y perjurios de ambos partidos.

»En el Estado de Nueva York, los whigs han elegido el gobernador y los electores de ambas cámaras de la legislatura; de modo que los demócratas solo tienen ascendiente en la ciudad.»

«Elección de Boston. Hoy es el día de hacer elección en Boston para gobernador y otros empleados del Estado, y para miembros de la legislatura; y yo fui a una mesa a observar los procedimientos. Había orden y buen humor; pero la opinión está profundamente dividida sobre la ley que prohíbe la venta de licores al menudeo, y estas diferencias van a obrar sobre la legislatura por medio de la urna electoral. Ya he mencionado que por solo la agitación moral, la causa de la temperancia había hecho tan grandes progresos en Massachussets, que en 1838 la legislatura sancionó una ley a la cual concurrieron whigs y demócratas, prohibiendo la venta de todo licor que contuviese alcohol, en menos cantidad que quince galones, excepto con licencia especial; que muchos amigos de la temperancia se opusieron a ella desde el principio, porque llevaban las cosas demasiado adelante, y por ser errónea en principio. En la mesa de las votaciones encontré un ticket regular whig, conteniendo una lista de puros whigs; un ticket demócrata, con una lista de puros demócratas, ambos sin referencia a la cuestión de temperancia; un ticket unión liberal, conteniendo puros candidatos whigs, pero una mitad partidarios y otra adversarios de la temperancia, o como decía con mucha gracia un amigo «un ticket compuesto de un vaso de ron y otro de agua alternativamente». Había un ticket whig temperante, cuyos candidatos eran todos whigs y abogados de la temperancia; un ticket democrático temperante, en el cual todos eran demócratas partidarios de la temperancia. A más de estos había un ticket liberal whig, uno independiente democrático, otro unión temperancia, y otro abolición, no siéndome posible saber el significado preciso de muchos de ellos. El resultado de esta elección en todo el Estado fue que el gobernador whig Eduardo Everett fue removido, y Mr. Marcus Morton, un juez demócrata, fue nombrado gobernador por una mayoría de uno; los whigs conservaron un ascendiente en el senado y en la sala de representantes solo por una diminuta mayoría, y cuando se reunió la sala, su primera acta fue abolir la ley sobre el menudeo de licores espirituosos casi a la unanimidad.»

«El presidente de los Estados Unidos. En marzo de 1839 debe expirar el primer término de oficio de M. Van-Buren, y una nueva elección de presidente tendrá lugar en 1840. Desde que llegamos a los Estados Unidos los diarios whigs habían opuesto a Mr. Clay como el candidato para la presidencia por parte de los whigs, a Van-Buren nombrado por los demócratas para ser reelecto. Los whigs han tenido una convención de delegados de todos los Estados en Harrisburg, en Pensilvania, en la cual dejaron a un lado a Mr. Clay y nombraron al general Harrison residente en North Rend en el Estado del Ohio como su candidato, y a Juan Tyler de Virginia para la vicepresidencia. Mr. Clay ha escrito una hermosa carta renunciando a sus pretensiones y aconsejando unanimidad en las filas whigs en favor de Harrison y Tyler. Los delegados al regresar a sus estados respectivos convocan a los miembros de su partido a un meeting para explicarles las razones que han guiado a la Convención en la elección hecha. Reúnense entonces meetings de ciudad y de condados a los cuales se comunican estas explicaciones. Por medio de este mecanismo los whigs de todo este vasto país son invitados a comenzar las operaciones bajo este mismo espíritu para asegurar el éxito del objeto de esta elección. Los demócratas siguen una marcha semejante, pero como están en el poder, su conducta es más bien defensiva que agresiva.»

«La falta de un libro de registro de votantes es indudablemente un defecto en la ley de elecciones de Nueva York; pero si algún partido político propusiese tal arreglo, sería acusado por el otro de querer restringir los derechos populares, y hacer de ello capital político. En la ciudad de Nueva York, sin embargo, prevalecía el partido democrático en 1839, mientras que el partido whig dominaba en la legislatura del Estado. Los whigs se aprovecharon de la oportunidad suministrada por los groseros fraudes practicados en la elección municipal de Nueva York, para sancionar una ley mandando se llevase un registro de electores en aquella ciudad. No lo habrían hecho así para el Estado, porque el grito de derechos populares se habría levantado contra ellos con suceso, mientras que nada perdían en la ciudad por pertenecer ya a sus oponentes. Por tanto, estableciendo un registro para aquella ciudad, hacían el bien que les era posible, esperando ocasión de hacer extensiva la ley a otros lugares.»

«Para adquirir popularidad es preciso buscar la opinión pública por su lado flaco. Ya he descrito a la gran mayoría de los votantes americanos como jóvenes ardientes, llenos de impulso, activos y prácticos, pero deficientes de miras profundas y extensas, y también incapaces de proseguir un bien distante en medio de obstáculos y dificultades. También dejo establecido que su educación, en proporción de los poderes que ejercen y de los deberes, es muy defectuosa. Para ganar el favor de un pueblo en esta condición de ánimo, no basta por sí misma la actual capacidad para conducirse con honradez e independencia en el desempeño de los destinos públicos; debe además dirigirse a sus sentimientos predominantes, participar de sus aversiones y predilecciones capitales, y adherirse con ardor a la causa o al partido que sabe gozar de más alto favor.

»El puede representar su propia capacidad para el empleo, y su certificado será recibido, con tal que bajo otros respectos su conducta y principios sean aprobados. Si en el desempeño de sus funciones se condujese muy mal, será depuesto del empleo al fin del término por el cual fue elegido; pero la más sabía y concienzuda ejecución no le asegurarán en lo general su mantenimiento en el empleo, si aboga públicamente por opiniones impopulares, aunque no tengan relación con su empleo, o si pertenece a un partido que haya perdido el favor público, o sido despojado del poder.

»El mejor remedio que puede proponerse para los males descritos, me parece que consiste en una educación más alta, y en dar mayor preparación a los electores; si ellos hubiesen sido más completamente instruidos en su juventud con respecto a las leyes que reglan la prosperidad de las naciones, como también en las cualidades del espíritu humano, y en la indispensable necesidad de que los empleados públicos tengan integridad y juicio para el recto manejo de los negocios, entonces exigirían de sus hombres públicos más capacidad para captarse el favor popular, y de este modo se conservarían en posesión de los empleos hombres útiles y fieles.»

«La excitación del espíritu público durante la lucha por la presidencia es grande y universal; la lengua deja de expresar y los oídos de escuchar otras palabras que aquellas que se refieren a la elección; la prensa brama bajo el peso del asunto, y todas las funciones de la vida parecen estar consagradas a este objeto. La elección del presidente engendra mucha borrachera y desorden, fraudes, mentiras, soborno, seducción e intimidaciones, pero también produce mucho bien. Las medidas del gobierno son severamente examinadas por la razón, como también interpretadas por las pasiones; toda la Unión es conmovida por un solo interés, y la impresión de que todos pertenecen a una nación se agita vivamente. Por un momento se olvidan los intereses locales y una sola pulsación vibra desde el Maine al Mississipi. Mi temor es que sin la repetición de estas elecciones, pueblo de los diversos Estados llegaría rápidamente a mirar a los otros como extranjeros, y llevádolo insensiblemente a aflojar los lazos que ligan a una gran nación. Las elecciones de miembros para el congreso no producen este efecto; porque aunque aquella asamblea es nacional, cada uno de sus miembros representa una sección del país. Solo el presidente deriva del poder del pueblo de toda a Unión.»

«En la elección que tuvo lugar en noviembre de 1839, se trajo a las mesas del escrutinio en Nueva York la cuestión de la moneda corriente. Las divisas de los partidos eran por una parte bancos y papel moneda, y por la otra metálico, y una ley que proveyese de tesoreros en cada Estado. Estas son cuestiones sobre las cuales Adams Smith, Ricardo, Mac Culloch, y los más profundos economistas han diferido en opinión. ¿Vuestra educación os habilita para entenderlas y decidirlas? ¡No! y sin embargo vuestro pueblo obra, entienda o no entienda. Vota en favor de los sostenedores del papel, y el papel florece. Si sucede lo contrario, llevan al poder a los partidarios del metálico, y el papel y el crédito desaparecen. Hace el pueblo experimentos. Pero ¡qué experimentos! ¡Cuántos millares de individuos y de familias son arruinados por la violencia de cada cambio!»

Incidentes de viaje

Nueva York
Mis aventuras de viaje en los Estados Unidos no merecen intercalarse entre las reflexiones que el espectáculo de aquel país me ha sugerido, por lo que no referiré a usted sino algunas que creo pueden interesarle. Tomando balance a mi bolsa en París, hallé los últimos días de julio que me quedaban escasos cosa de 600 duros. El viaje a través del istmo solo cuesta 700, y aun me quedaba por visitar la Inglaterra. Esta quiebra, que defraudaba parte de mis esperanzas, aguzaba como sucede siempre los deseos. ¡No ver la Inglaterra,

ni el Támesis, ni aquellas fábricas de Birmingham ni Manchester! ¡No entrar en aquel océano de casas de Londres, ni ver los bosques de mástiles de los docks de Liverpool!... ¡Maestro de escuela en viaje de exploración por el mundo para examinar el estado de la enseñanza primaria, y regresar a América, sin haber inspeccionado las escuelas de Massachussets, las más adelantadas del mundo! A caza de datos sobre la emigración, que había querido estudiar en África ¿podría darme cuenta de ella, sin visitar los Estados Unidos, el país adonde se dirigen todos los años doscientos mil emigrantes? Republicano en perspectiva y con la presciencia de la resurrección de la república en Francia, ¿volvería sin haber visto la república única, grande y poderosa que existe hoy en la tierra?

Luego donde la realidad flaquea, la imaginación continúa la obra. Si llegare a La Habana siquiera, allí me ingeniaría, para pasar a Venezuela, donde por la prensa, la enseñanza, y otras trazas, me haría de recursos y de relaciones, para atravesar el continente hasta Bogotá, y de allí hasta Quito a asomar al fin la cabeza en Guayaquil, realizando por economía de medios, el viaje más novedoso y sorprendente que haya hecho americano de nuestros días. Los fenicios que circunnavegaron el África, se detenían, al decir de Herodoto, de distancia en distancia a sembrar trigo y cosecharlo para continuar su viaje. ¿Por qué no me detendría yo en Caracas por ejemplo, a enseñar mis métodos de lectura, borrajear páginas en la prensa, abrir cursos pedagógicos, y cosechar unos cuantos pesos, para irme arrastrando poco a poco hacia los climas del sur, de donde había partido?

Por otra parte volver por el Cabo de Hornos a Chile, era tan prosaico, y tan desairado efecto hacía en la carta náutica que tenía abierta por delante, que cogiendo a dos manos mi valor de calavera por reflexión, y bien pesado el pro y el contra, resolví no solo visitar la Inglaterra, los Estados Unidos, el Canadá, y México, y más si en ello me venia la fantasía, a fin de completar la idea que de largo tiempo halagaba mi codicia, de hacer un viaje en derredor del mundo civilizado. ¿Qué podría objetarse a este plan? Marcharía con el reloj en una mano y la bolsa en la otra, y donde esta antorcha se me apagare... me quedaría a oscuras, y a tientas y con maña buscaría mi camino hasta Chile.

Tranquilizado con estas ideas, paseeme holgadamente en Londres, recorriendo despacio la línea de ferrocarriles, que por Birmingham, Manchester conduce a Liverpool, donde paré ocho días con un joven argentino emigrado D. N. de la Riextra y establecido de muchos años en una casa de comercio. Embarquéme en el Montezuma, buque de gran calado, paquete de vela, que hacía 11 millas a la menor brisa, y que llevaba cuatrocientos ochenta emigrantes irlandeses a Norteamérica. Mi poco ejercicio en el inglés me hizo tratar de cerca a una familia judía que hablaba el francés. Una vez al salir de la cámara, como no acertase a abrir la puerta un pasajero me dijo en español: tire usted que está abierta. Era Mr. Ward, de la casa de Huth Gruning de Valparaíso, y desde entonces pude creerme, gracias a sus deferencias, libre de perderme, desconocido en el nuevo mundo que iba a visitar. Un senador de los Estados Unidos regresaba de Europa, y conocía a Mr. Horace Mann, el célebre secretario del Board de Instrucción Pública de Massachussets, y como llovida del cielo me venia una carta de introducción para este eminente maestro, pudiendo en ella Mr. Ward responder que conocía la misión y la idoneidad del recomendado. Mi camino se aclaraba poco a poco, y todo temor, salvo el de flaquearme la bolsa, iba por grados desapareciendo.

La vida de mar es poco contábile. Por las tardes me acercaba a la cubierta, a donde salían como ratas de sus cuevas los infelices irlandeses, desnudos, macilentos, animada su existencia por la esperanza de ver en la tierra prometida, el término de sus miserias. Emigraban viejas sexagenarias, y un ciego mendigo tocaba por las tardes la zampoña, para que bailasen damas mugrientas, chupadas y desmelenadas, con galopines en cueros o cubiertos de andrajos, lo que no estorbaba que se agrupase en torno de aquellas parejas con figuras de convalecientes de hospital, un público con trazas de turba de casas de corrección. Habíales entrado la gana de morirse y seis u ocho cadáveres se arrojaban al mar algunos días, sin que el baile de la tarde fuese por eso menos concurrido.

Llegamos al fin a la rada de Nueva York, que por sus ensenadas y profundidad, como por la belleza del paisaje, recuerda, con colores más suaves y formas menos grandiosas, la de Río Janeiro. La vista de esta naturaleza plácida despierta involuntariamente en el ánimo el recuerdo de los caracteres de Washington y de Franklin, prosaicos, comunes, sin brillo, pero grandes en su sencillez, good-natured sublimes a fuerza de buen sentido, de laboriosidad y honradez. Iba preparado al espectáculo, y no me sorprendieron ni las colinas hermosísimas cubiertas de bosques, ni las caletas, canales y ensenadas que rodean la ciudad, llenas de barcas y cruzadas por centenares de vapores. Nueva York es el centro de la actividad norteamericana, el desembarcadero de los emigrantes europeos, y por tanto la ciudad menos americana en su fisonomía y costumbres de las que presenta la Unión. Barrios enteros tienen calles estrechísimas y desaseadas, alineadas de casas de mezquina apariencia. Los cerdos son personajes obligados de las calles y escondrijos donde nadie les disputa sus derechos de ciudadanía. Ocupa el centro de la parte más hermosa de la ciudad el Brod Way, la calle ancha que toca por un extremo en Garden Castle, y en su desenvolvimiento enseña Trinity Church, templo gótico de hermosa arquitectura y de cierta magnificencia, cosa rara en los Estados Unidos. Ha sido construido por acciones como todas las grandes empresas norteamericanas. Hay en el Broad Way hermosos edificios particulares, un bazar en mármol blanco que se cree no tiene rival en Europa, y un teatro en construcción para ópera italiana. En una hora conté en el Broad Way 480 carruajes entre ómnibus, carros y coches que pasaban frente a la ventana de mi Boarding-house. Por la noche dábase el Hernani en un teatro improvisado en Garden Castle, y allí nos reunimos seis sudamericanos. Osma del Perú; el joven Alvear argentino; el señor Carvallo y su secretario de legación, mi amigo Astaburuaga; y un recien llegado que a poco se introdujo en la conversación preguntando, ¿conocen ustedes a un señor Sarmiento que debe haber llegado de Europa? Era don Santiago Arcos, quien, reconociéndome por el tal, me dijo que venia desde Francia en mi seguimiento, que desde allí seríamos inseparables hasta Chile, y que éramos amigos, muy amigos de mucho tiempo, acompañando estas palabras con aquel reír de buena voluntad que tiene, y que haría desarmar la extrañeza más quisquillosa.

La prima donna cantó por añadidura el jaleo, dirigiendo a nuestro grupo desde las tablas palabras en español que le fueron contestadas con una cuchufleta de manolo, de manera que estaba por decirlo así en país de la lengua castellana y de relaciones antiguas, pues que al joven Osma lo había conocido en España, y vuéltolo a encontrar en Londres, si no me engaño. Hasta las antiguas glorias de la patria y sus actuales miserias encontraba allí representadas en el general Alvear, con quien allanadas ciertas dificultades de etiqueta, y merced a reticencias convencionales, pasé tres días oyéndolo hablarme de los pasados tiempos. El general Flores, del Ecuador, había también recalado por allí, asaz mohíno y cariacontecido, de lo que nos divertíamos Osma y yo por los malos ratos que le habíamos dado en Madrid.

Nueva York es la capital del más rico de los Estados americanos. Su municipalidad sería por su magnificencia comparable solo al senado romano, si no fuese ella misma compuesta de un senado y una cámara de diputados que legislan sobre el bien de medio millón de ciudadanos. Solo la de Roma le ha precedido en la construcción de gigantescas obras de utilidad pública, si bien de los restos de los famosos acueductos que traían el agua a la ciudad eterna, ninguno ha vencido dificultades tan grandes, ni empleado medios más adelantados. El acueducto de Croton ha costado a la ciudad de Nueva York trece millones de pesos; prodúcele una renta anual de seiscientos mil, y sus habitantes pueden en el cuarto piso de sus casas disponer de cuanta agua necesitan torciendo una llave.

El acueducto de Croton comienza en el río Croton, que corre a 5 millas del Hudson en un condado vecino. El dam o depósito de agua, que de él se ha formado para dar igualdad a la masa de aguas, tiene 250 pies de largo, 70 de ancho en el fondo, 7 arriba, y 40 de alto, construido todo de piedra y cimiento. Forma un lago dentro de estas paredes de granito, cuya área cubre cuatrocientos acres de terreno, conteniendo 500 millones de galones de agua. Desde este gran depósito parte el acueducto perforando las montañas, o sostenido por arcadas sobre los valles como los acueductos romanos de Segovia y la Sabinia, dejando bajo puentes altísimos paso a los torrentes que atraviesa. Antes de llegar al río Harlem, trae así recorridas 33 millas. El acueducto es de piedra, ladrillo y cimiento, abovedado por arriba y por abajo, con 6 pies 3 pulgadas de ancho abajo, y 7 pies 8 pulgadas en lo alto de las murallas del costado, y 8 pies 5 pulgadas de alto. Lleva desde 13 y media pulgadas por milla, y descarga 60 millones de galones de agua cada veinte y cuatro horas. Sobre el río Harlem pasa en un magnífico puente de piedra de 1450 pies de largo con 14 pilares, ocho de los cuales sostienen arcos de ochenta pies de abertura, y otros de cincuenta, con superposiciones de 114 pies sobre el nivel del agua. El canal pasa aquí en tubos de hierro colado que dos hombres alcanzarán apenas a abrazar. El receptáculo que recibe las aguas en la calle 86, a 58 millas del de Croton, cubre 35 acres, y contiene

150 millones de galones. El depósito de distribución sobre el monte Murrai, calle 40, cubre cuatro acres, es de piedra y de cimiento y a cuarenta y cinco pies sobre el nivel de la calle, y contiene veinte millones de galones. Desde allí se distribuye el agua por toda la ciudad en tubos de hierro, colocados en la tierra a suficiente profundidad para que el agua no se hiele en el invierno. Los tubos de 6 a 36 pulgadas de diámetro miden 170 millas; el agua sube a los pisos de las casas, y hay otros tubos para volver a la tierra las aguas sucias. El derecho que la Municipalidad cobra sobre el agua basta para pagar el interés de 13 millones de capital invertido, los salarios de los empleados y dejar una utilidad anual de más de medio millón, ahorrando a los vecinos los millones que gastaban antes en proveerse de agua de calidad menos exquisita que la de Croton.

Hacían más gratas las emociones que el examen de la grande obra del acueducto me causaba, los inteligentes comentarios, y las explicaciones de incidentes prolijos que a medida que recorríamos los hermosos alrededores de Nueva York, me iba haciendo don Manuel Carvallo, enviado extraordinario de Chile en Washington. La solicitud de este amigo, pues desde entonces nos hemos dado este nombre, me sacaba de aquella especie de desamparo en que creía encontrarme entre los pueblos del norte de América y de lo que había sufrido moralmente mucho en el norte de Europa. Con él visité el Saint James College de los Jesuitas, donde estudiaban varios jóvenes chilenos, las fábricas de caoutchouc, donde se confeccionaban puentes militares impermeables y equipos completos de campaña, como asimismo todo aquello que en monumentos, construcciones y establecimientos merecía ser conocido del viajero.

Con su simpático secretario Astaburuaga emprendíamos las correrías de detalle, sazonadas por recuerdos de Chile, y animadas por la comunicativa causerie de dos amigos que vuelven a verse después de algunos años. Llevóme a visitar el cementerio Greewdoa, separado de Nueva York por un canal.

Abraza el cementerio un espacio inmenso de terreno en el estado de naturaleza. Accidentado por ligeras ondulaciones, ofrece una variedad de aspecto que cambia a medida que se penetra en su solitario recinto. Bosques seculares sombrean los terrenos bajos y aun las aguas de las lluvias se depositan en lagunatos y zanjas. Un camino espacioso para carruajes serpentea sin sujeción a merced de los accidentes del suelo; las yerbas del campo crecen a sus anchas en matorrales y arbustos, y en lo alto de las pequeñas colinas descuellan, ya aislados, ya en grupos, arbolillos graciosos de los que forman la variada fauna Norteamericana. Allí en el seno de la naturaleza reposan en sepulcros desparramados a discreción por la vasta superficie, las cenizas de los que quisieron dejar algún rastro sobre la tierra de su efímero pasaje. A la sombra de una encina secular se abriga una tumba de estilo gótico; una linterna de Diógenes corona un montículo, y en el fondo de un vallecito, entre arbolillos vistosos, se muestra un templete griego, depositario de un sarcófago. ¿No es cierto que este sistema de cementerios a la rústica, verdadero campo de los muertos, infunde sentimientos de plácida melancolía, aligerada por la contemplación de la naturaleza, volviéndole a ella los restos orgánicos de ella recibidos, para que disponga sin sujeción y a su arbitrio nuevas combinaciones y nuevas existencias? Al menos esta impresión me cansaba la vista, desde alguna parte elevada del cementerio, apoyado en un sepulcro, de Nueva York coronada de humo, y Brooklyn su vecina, la Bahía hermosa con sus grupos de buques cual bosque de invierno, y los estrechos agitados por la marca que levantan los poderosos vapores, terminando la perspectiva el océano, límite natural de cosas terrenas, frontera de lo infinito e imagen imperfecta de la inmensidad.

El santuario de mi peregrinación era Boston, la reina de las escuelas de enseñanza primaria, si bien cuando objetos de estudio nos llevan a un punto, es permitido hacer un rodeo en busca de sitios pintorescos. Para ir a Boston, pues, porque está al naciente del Hudson, dispuse mi derrotero por Búfalo que está exactamente al oeste. La cascada de Niágara y los célebres lagos estaban de por medio, y no había que trepidar en más o menos dólares, no obstante el estado angustiado de la plaza, que no tenía víveres (hablo de mi bolsa) sino para contados días. Embarquéme en Nueva York a las siete de la mañana para Albany (144 millas, un peso) adonde llegué a la tarde, pocos momentos antes de la partida del tren de Búfalo (325 millas, 12 pesos), en todo 469 millas en vapor o camino de hierro, y tres días de marcha, con descansos de un cuarto de hora de distancia en distancia para comer y almorzar.

El Hudson es poética, histórica y comercialmente hablando, el centro de vida de los Estados Unidos. Camino de Boston, de Monreal, de Québec, de Búfalo, del Niágara y de los lagos; arteria principal por donde fluyen los productos del Canadá, Vermon, Massachussets, Jersey y el estado de Nueva York; sus aguas están de continuo literalmente cubiertas de naves, a punto de hacerse obstrucciones de la vía, como en las calles de las grandes ciudades. Los vapores se cruzan como exhalaciones meteóricas, y los remolques traen consigo una feria de buques amarrados a sus costados que levantan con sus quillas una verdadera marea a su frente. Catorce naves cargadas preceden y siguen al motor, ocupando una ancha superficie del río. Los vapores de trasporte asumen en los ríos norteamericanos la forma y la elevación de casas flotantes de dos pisos, con azotea y corredores.

Dan nuevo realce al espectáculo, de suyo grandioso por las formas colosales de estos hoteles ambulantes, la apariencia culta, esmerada y aun ceremoniosa de los pasajeros, pues es práctica general de hombres y de mujeres ponerse vestidos de fiesta para hacer expediciones por agua o ferrocarriles, si bien la fría reserva del carácter yankee, y su sociedad imprimen a estas grades reuniones cierta fisonomía huraña que en Europa sería tachada de aristocrática, siendo considerada en el lugar de la escena por testigos europeos, como selvática, cuando solo es en verdad reserva necesaria. Las damas ocupan la parte anterior de los grandes salones y son el objeto de atenciones oficiales. Dan todavía más animación a estos vapores la colocación de los prácticos y timonel a la proa del buque, en lugar alto y aparente, y a veces debajo de un elegante kiosco dirigiendo, por cadenas que mueven un torno, el timón del buque, desde donde pueden descubrir a cada instante su ruta, cual si fueran realmente la cabeza y el alma inteligente de aquella máquina. La campana suena a cada instante anunciando la proximidad de un lugar del tránsito para que se preparen a desembarcar los que se dirigen a él.

Desde lo alto de la azotea del buque, dominando ambas riberas, el viajero ve desfilar delante de sí, villas risueñas, montículos coronados por edificios y árboles, y a sus costados centenares de buques de todas formas y dimensiones que hacen su camino en sentido opuesto en aquella calle pública, inmensa, resplandeciente y tersa como un espejo. Así pasan revista, desde la salida de Nueva York, al océano, la bahía con su movible panorama de buques, y las pintorescas islas, estrechos y canales. La ciudad de Jersey, enfrente del embarcadero, la roca de Weehoowken, que sale exabrupto de entre las aguas y sirve de base a una villa edificada en su cumbre, pintoresco término avanzado a la entrada de las Palizadas, que son una muralla perpendicular de rocas acantiladas, que se alzan 400 y 500 pies sobre la superficie de las aguas, y costea el río por espacio de 20 millas. este accidente de la naturaleza da al paisaje una grandiosidad indescribible, mientras que por el otro lado, la ribera ostenta villas, ciudades, arboledas, colinas y bosques que mantienen la animación y despiertan la curiosidad. Alguna ruina también corona alguna altura, y los nombres de Hamilton y Washington son recordados por algunas piedras subsistentes de fuertes tomados y destruidos durante la guerra de la independencia. Monumentos vivos son, empero, Westpoint, la academia militar en cuyo recinto 230 cadetes guardan permanentemente el fuego sagrado de las tradiciones y la ciencia de la guerra. El asilo de los huérfanos, el hospital de locos y otros edificios públicos prestan, desde las alturas, sus formas griegas a la decoración del río que se las disputa al Rin en belleza, y que no tiene rival sino en la China en actividad y movimiento.

Al fin se presenta Albany, la capital política del estado de Nueva York, porque parece que los congresos yankees huyen del bullicio de las grandes ciudades. Los edificios públicos corresponden al título de capital, aun más que a la extensión de la ciudad la importancia de sus edificios particulares. El camino de hierro recorre desde allí 325 millas al oeste, pasando por Ámsterdam, Jonda, Utica, Roma, Verona, Manlius, Siracusa, Camillus, Séneca, Itaca, Watterloo, Génova, Viena, Víctor, Byron, Batavia, Alejandro, Attica y otras muchas ciudades que reúnen en una línea los nombres de ciudades, países y hombres de diversos tiempos y lugares.

Búfalo, término del viaje, está en el extremo este del lago Erie, que lo es a su vez de la navegación del Huron, el Michigan y el Superior. La emigración alemana sobre todo ataca esta línea de navegación por Chicago, que está al extremo oeste del Michigan y en contacto con a cabeceras del Mississipi; y por Búfalo, que sirve de centro a la navegación del Ohio por el canal de Clavelard; y del Hudson por el canal del Erie. La vista de esta ciudad, estrecha para el número de habitantes que contiene, me hizo un efecto singular. Una turba de buques de vapor dejaba escapar de sus chimeneas la gruesa mole de humo del fuego que aun se está encendiendo. La descarga de pieles de búfalo, y otras producciones del comercio con los salvajes, contrariaba el movimiento de la procesión de pasajeros que se dirigen al puerto, mientras que volviendo la vista a la ciudad, descubríanse sobre lo alto de los edificios centenares de hombres ocupados afanosamente en construir edificios nuevos, agrandándose la ciudad de improviso para satisfacer a las necesidades de una población que cada año aumenta de veinte mil almas. Búfalo tiene a su alcance, como todos los centros predestinados de comercio futuro en la Unión, un depósito de carbón en la península que forma el Michigan y el contiguo Huron.

De Búfalo adelante las obras humanas, ferrocarriles, villas nacientes y plantaciones nuevas, deslucen las sublimes obras de la naturaleza. Desde allí al norte principia el pedazo más bello de la tierra. El río Niágara sale del Erie manso y cristalino, reflejando en sus ondas rododendrones y encinas entremezcladas, formando a lo lejos lontananzas azuladas de selvas primitivas, bajo cuyas espesuras pueden aun verse los rastros misteriosos del mocasín del indio indómito. Ábrese en dos al formar la grande isla, y recoge luego sus aguas para prepararse al sublime juego de aguas que comienza en los Rápidos, y termina en la Cascada. El rumor lejano de este salto portentoso, la neblina que se alza en el cielo de partículas acuáticas, la excitación que causa la proximidad de sensaciones de largo tiempo esperadas y presentidas, traen al viajero desasosegado y acusando de lentitud al tren que lo arrastra. Llégase por fin a Niágara Fallas, villa que alimenta la concurrencia de curiosos, desde donde el redoble pavoroso de la caída atruena los oídos, el torbellino de agua se hace más visible, descollando blanquecino sobre las copas de los árboles; y entre los claros que sus troncos dejan a medida que uno se acerca, divísase contrastando con la opacidad de la enramada sombría, algún pedazo de rápidos, como un fragmento de plata bruñida. Son estos rápidos cascadas subacuáticas en que la enorme masa del Niágara viene despeñándose, sobre un lecho de rocas escarpadas, que no se presentan a la vista, y que dan al agua un blanco marmóreo. Mil trágicas aventuras han ocurrido, desde el cazador indio que distraído un momento por el ardor de la persecución sintióse llevado de la corriente en su frágil piragua, y después de esfuerzos sobrehumanos para resistirla, apuró su calabaza de aguardiente, y de pie con los brazos cruzados se dejó llevar a la catarata, que ni los cadáveres entrega de sus víctimas, hasta los presidarios que apoderados de un vapor, no supieron gobernar y vieron descender la mal dirigida nave a los rápidos y la catarata, sepultándolos para siempre el abismo sin fondo que ha excavado la caída. Hablábase del reciente fin de un niño caído en los rápidos y que ya tenían de la mano en la isla de la Cabra, que promedia las dos caídas, y volvióseles a escapar de las manos.

Describir escena tan estupenda sería empeño vano. Lo colosal de las dimensiones atenúa la impresión de pavor, como la distancia de las estrellas nos las hace aparecer pequeñas. Cítanse con elogio los versos que el espectáculo inspiró a una señorita.

> Flow en for ever, in thy glorious robe
> Of terror and beauty. God hath set
> His rainbow on thy forehead; and the cloud
> Mantled around thy feet. Awe he doth give
> Thy voice of thunder, power to speak to Him
> Eternally -bidding the lip of man
> Keep silence; and upon thine altar pour
> Incense of awe-struck praise.

Teníame por pasajero pasablemente erudito en punto a cascadas. Había visto la de Tivolí, tan bella, tan artística y tan poéticamente acompañada de recuerdos históricos; la del Rin, la más grande que ocurre en Europa, y aquellas cien que alegran el paisaje suizo en los Alpes. La de Niágara, empero, sale de los términos de toda comparación; es ella sola en la tierra el más terrífico espectáculo. Sus dimensiones colosales, la enormidad de las masas de agua, y las líneas rectas que describe, le quitan empero toda belleza, inspirando solo sensaciones de terror, admiración, y aquel deleite sublime que causa el espectáculo de los grandes conflictos. imaginaos un río cristalino como el Bio-Bio, descendiendo de golpe de un plano superior a otro inferior. Cortado el borde perpendicularmente, el agua describirá un ángulo recto al cambiar del plano horizontal al vertical, y desde allí, después de revolverse sobre sí misma en torbellinos plateados, seguirá el nuevo plano inferior con la misma mansedumbre que antes de caer. La belleza de la cascada la hacen las puntas de rocas salientes, que fuerzan el agua a retroceder, lanzarse en el aire, subdividirse en átomos e impregnarse de luz.

La vista de las otras cascadas me había hecho sonreír de placer; más en la del Niágara sentía que las piernas me temblaban, y aquella sensación fiebrosa que indica que la sangre se retira de la cara. Llegándose a ella por la isla de la Cabra que la subdivide en dos, el ánimo viene alegremente preparado por la escena menos tumultuosa que presentan los rápidos, en que el Niágara desciende cincuenta pies en una milla. El bosque primitivo que cubre la isla y oculta tras su ramaje la vecina ciudad, la perspectiva río arriba en que el río viene caracoleando, presenta uno de esos golpes de vista risueños, virginales, tan comunes en los Estados Unidos. La cascada inglesa tiene la forma de una herradura y cuatro cuadras de desenvolvimiento, sin accidente ni interrupción alguna. La cascada del lado americano tiene doscientas yardas de ancho y esto la hace llamar la chica. En ambas cae el agua 165 pies; y el canal excavado en la roca que la recibe, tiene cien varas de profundidad y ciento treinta de ancho. Al ver escritas estas cifras averiguadas por mensuras, nótase la incompetencia del ojo humano para abrazar las grandes superficies. San Pedro, en Roma, aparece una estructura de dimensiones naturales, y la cascada del Niágara se achica a la simple vista para ponerse al nivel de nuestra pequeñez.

El espesor de la masa de agua es de 21 pies, de manera que no pudiendo atravesarla la luz, conserva su color verde en el centro de la caída. este accidente, que revela a los ojos la magnitud de la escena, aumenta el pavor que inspira. Vésela desde una linterna o garito construido en la isla de la Cabra; vésela mejor todavía porque se llega al borde de ella desde el lado inglés, desde donde el ojo puede perfilar la línea vertical de la caída y medir el abismo que gruñe como una tormenta de rayos, o un aguacero de cañonazos a sus pies. Vésela en todo su esplendor y magnificencia desde a bordo de un vapor que sube todos los días del lago Ontario, llega cargado de pasajeros hasta cien yardas de distancia de la caída, detiénese allí con su motor listo para contrariar la atracción de los remolinos, tirita el casco sobre aquella agua atormentada, y espumando como si estuviera en delirio, y vuelve atrás con los pasajeros, satisfechos ya de emociones terríficas. Pero la carcasa no se siente, no se palpa, sino descendiendo al abismo que le sirve de base, envolviéndose para ello en capotes de goma elástica y dejándose conducir de la mano por un guía debajo de la caída misma, donde se ha practicado un camino en la roca, con pasamanos de fierro, que garantizan de las caídas ocasionadas por la presencia de centenares de anguilas mucosas y resbaladizas que se acogen entre las sinuosidades de la roca. Colocado en el fondo de esta singular galería, aturdido, anonadado por el ruido, recibiendo sobre su cuerpo la caída de gruesos chorros de agua, ve delante de sí una muralla de cristal, que creyera dura y estable si las filtraciones de goteras no acusaran la presencia del líquido elemento. Salido de aquel húmedo infierno, volviendo a ver de nuevo el Sol y el cielo, puede decirse que el corazón ha apurado la sensación de lo sublime. Una batalla de doscientos mil combatientes no causará emociones más profundas.

Del lado inglés hay un magnífico hotel y un museo, donde se muestran búfalos vivos y se venden esponjas de mar y coral petrificados que se desprenden del suelo en que está la cascada. ¡Aquello fue fondo del mar en otro tiempo!

Distínguese esta caída de las otras del mundo en que está situada en el centro de una llanura, sin que a primera vista se descubra la causa de su existencia. Descendiendo, empero, hacia Ontario, el fenómeno se explica fácilmente. El lago Erie está en el centro de una plataforma espaciosísima sin accidente alguno. este llano es la superficie superior de una meseta, cuyo borde está cerca del Ontario, el cual está situado sobre otra meseta inferior. La diferencia de nivel entre uno y otro lago es de 300 pies; y la caída del río Niágara que los une entre sí, debe hacerse necesariamente en el borde del banco o meseta superior, que está no lejos de las márgenes del Ontario. Pero la caída se encuentra 7 millas más arriba, y la roca está excavada en un profundo zanjón de la altura de la caída La catarata ha ido, pues, cambiando de lugar, o más propiamente hablando, va lentamente en marcha hacia el Erie, ¡adonde llegará un día! Bastaba fijar por medio de la observación la distancia que avanza al año a catarata, derrumbando o carcomiendo la roca que le sirve de lecho para sacar una de la cronología del globo. Según el geólogo Lyell, admitiendo que solo un pie retroceda por año, ha necesitado 39.000 años para llegar desde el bordo de la escarpa que está cerca de la ciudad Queenstown. Pero modifican este cálculo las diferencias de la altura de la caída en cada uno de los lugares de su estación, y la diversa resistencia que han debido oponerle la mayor o menor adherencia de las rocas que va encontrando. La primera vez que un europeo ha descrito la cascada, ha sido en 1678, que lo fue por unos misioneros franceses que levantaron de ella un diseño. Otra descripción hay de 1751; pero las observaciones geológicas no comienzan sino de una época muy reciente. Desde 1815 adelante las dos caídas han ido alterando su forma por el derrumbe de enormes trozos de roca, y desde 1840 la isla de la Cabra ha perdido algunos acres de terreno. Mr. Lyell descubrió hasta 4 millas más abajo del lugar de la caída, el lecho antiquísimo del río sobre la superficie de la tierra y aun a mayor altura de la que hoy tiene el Niágara. Las conchillas fluviátiles que se encuentran en bancos de residuos en la isla de la Cabra, se hallan pertenecer a las mismas especies y épocas, en una línea hacia el Ontario que señala la dirección que llevaba el río. Tenemos, dice este geólogo, en el costado de los barrancos que va dejando el Niágara, un cronómetro que mide ruda, pero significativamente, la inmensa magnitud del intervalo de años que separa el tiempo presente de la época en que el Niágara corría por muchas millas más al norte sobre la superficie de la plataforma. este cronómetro nos muestra, cómo los dos sucesos que creemos coetáneos, la desaparición de los mastodontes y la época de la primera población de la tierra por el hombre, pueden estar a distancias infinitamente remotas una de otra. El geólogo, añade, puede cavilar sobre estos acontecimientos hasta que lleno de espanto y de admiración, olvida la presencia de la catarata misma, y deja de percibir el movimiento de sus aguas, ni oye su estampido al caer en el profundo abismo. Pero así que sus pensamientos vuelven al momento presente el estado de su espíritu, las sensaciones despertadas en su corazón, se hallarán en perfecta armonía con la grandiosidad y belleza de la gloriosa escena que lo rodea.

Canadá
El ferrocarril que corre al costado del zanjón formado por la cascada hasta Queenstwon, cerca del Ontario, lleva los pasajeros que se dirigen hacia Québec o el lago de Champlain. Después de haber saboreado aquel magnífico espectáculo, iba yo en mi banco rumiando las emociones pasadas, y

dejando escapar de vez en cuando alguna exclamación de la admiración que había experimentado. Un yankee que me escuchaba con la plácida frialdad que distingue a este tipo de hombre, me mostró la cascada bajo un punto de vista nuevo. ¡Beautiful! ¡Beautiful! decía, y para explicarme su manera de sentir esta la belleza añadía: ¡esta cascada vale millones! Ya se han puesto algunas máquinas a lo largo de los rápidos, de donde por canales poco costosos se sacan caídas de agua para darles movimiento. Cuando la población de los Estados se aglomere hacia este lado, el inmenso caudal de agua de la cascada americana puede ser subdividido, y desviándolo por canales que corran sobre el terreno superior, traerlos a descargarlos al cauce inferior del Niágara, a los puntos donde se hallen establecidas máquinas de tejidos y de otras industrias. ¿Se imagina usted, me decía, que pueden usarse motores de agua de la fuerza de cuarenta mil caballos si se necesita? Entonces el Niágara será una calle flanqueada por ambos lados de 7 millas de usinas, cada una con su caída de agua del tamaño que la necesite el motor. Los buques vendrán a atracar a la puerta y llevar por el San Lorenzo, el Champlain, o el canal de Oswego, ¡las mercaderías a Europa o a Nueva York! ¡Beautiful! ¡Beautiful! añadía extasiado en la aplicación útil de aquella mole enorme de agua que hoy solo sirve para mostrar el poder de la naturaleza. Yo creo que los yankees están celosos de las cascada y que la han de ocupar, como ocupan y pueblan los bosques.

Pasando de un ferrocarril a otro, en medio de bosques aun despoblados, atravesando villorrios apenas diseñados, sin poderse uno dar cuenta cómo pueden andar vagones por aquellas soledades desamparadas, se pasa a uno de Stages, diligencias que remiendan intervalos sin rieles, y en Queenstown va a alojarse a bordo del vapor que espera el tren para descender el Ontario, tocando en Oswego, boca del canal que liga este lago con el canal que une el Ontario con el Hudson. Van-Buren, el ex presidente, promoviendo la abertura de este canal auxiliar, dio valor a unos terrenos que poseía en las inmedianes, sin que nadie haya criticado su procedimiento de egoísta, pues el canal completaba realmente el estupendo sistema de comunicaciones acuáticas de que he hablado en otra parte.

El país está aun despoblado por esta parte; el vapor del Ontario se acerca a los barrancos, a donde salen los paisanotes de fraque y las mozas envueltas en cachemiras a tomar pasaje. Divísanse a lo lejos aisladas en el bosque aquellas cabañas e troncos de árboles superpuestos, o de tablas descoloridas, que sirven de morada por los primeros años al plantador que recién está descuajando el bosque. El paisaje conserva toda la frescura virginal que Cooper ha pintado en aquellos inimitables cuadros del Ultimo Mohicano. Ya he dicho a usted que desde Buffalo hacia esta parte está el pedazo más bello de la tierra. Sin la petulante lozanía de los trópicos y sin la fría severidad de los bosques del norte de la Europa, mézclanse en la escena ríos como lagos, lagos como mares, rodeados de una vegetación primorosa, artística en sus combinaciones y grandiosa en su conjunto. Traíame arrobado de dos días atrás la contemplación de la naturaleza, y a veces sorprendía en el fondo de mi corazón un sentimiento extraño, que no había experimentado ni en París. Era el deseo secreto de quedarme por ahí a vivir para siempre, hacerme yankee, y ver si podría arrimar a la cascada alguna pobre fábrica para vivir. Fábrica ¿de qué?... y aquí el deleite de tan bella vida se me tornaba en vergüenza, acordándome de aquellos ostentosos letreros chuecos que había visto en algunas aldeas de España, Fábrica de Fósforos. y ¡qué fósforos! ¿Enseñar, o escribir qué? con este idioma ¡que nadie necesita saber! Para curarme de estas ilusiones y recuperar mi alegría, no necesitaba más que tomarle el peso a mi descarnada bolsa, y echar una ojeada sobre mi contaduría en general para no volver a pensar más en ello.

Al vaciarse el Ontario en el río San Lorenzo hay un punto que se llama Thousand-Islands, las mil islas, que no son menos las que están aglomeradas en un corto espacio. La escena fluvial más bella que la Europa presenta es el Rin desde Maguncia y Colonia abajo. Yo lo había recorrido hasta Harlem, frontera de la Holanda, desde donde por Utrecht, va un camino de fierro hasta Ámsterdam, y de allí por La haya se desciende a Rótterdam para tomar el Escalda, que conduce a Amberes y a Bruselas. Embellecen el Rin las tradiciones alemanas, los castillos feudales que aun coronan las alturas; las ciudades renanas que ostentan la estatua de Gutenberg y la catedral de Colonia. Fluye el río silencioso por entre quebradas sañudas y oscuras, sale a explayados que espacían la vista y enseñan las agujas de las iglesias de las aldeas, y los viñedos que se esparcen enanos y casi rastreros por los faldeos de las circunvecinas montañas. Más allá, y aproximándose a la Holanda, el terreno baja, el río se ensancha, los molinos de viento se suceden a los castillejos, y los ciénagos holandeses réquiem los canales que surcan el país en todas direcciones y los pasmosos diques que oponen su hombro al porfiado y ponderoso embate del océano, superior de nivel.

En él San Lorenzo la naturaleza, desnuda de todo atavío de arte humano, se presenta a luchar con toda comparación posible. Aquí la escena se dilata hasta donde la vista alcanza, sin encontrar, sin embargo, objeto que introduzca la monotonía. El pasaje por entre las mil islas es un sueño de hadas. Era el otoño, y los árboles de la fauna americana estaban ya matizados de los colores de ópalo, amarillo y púrpura, que tanto codician los pintores para las escenas rústicas. Hay la encina norteamericana y otros árboles que se tiñen de rojo puro, y tan subido que de leguas atraen las miradas por su extrañeza. De este ropaje estaban vestidas las islas, grandes algunas como para contener una aldea, y tan pequeñas otras que parecían una canastilla de flores flotando sobre las aguas. El San Lorenzo vuelve a hacer rápidos de distancia en distancia, lo que da a sus aguas cristalinas un blanco esmaltado y sin espuma por estar a mucha profundidad las rocas que quiebran el agua. La corriente del río se presenta entonces como un ancho reguero de plata, accidentado por aquellas cucas islas que traen al espectador alborotado, cambiando la escena a cada paso, agrupándose en formas y cadencias caprichosas, descubriendo nuevos horizontes a cada paso, hasta no entenderse en el laberinto que forman. Cuando el vapor va a entrar en los rápidos, el maquinista detiene el motor, la corriente de aquel canal de molino arrebata el buque, y el piloto con mano firme lo endilga por entre los escollos y remansos que se forman en aquella catarata continua. No sé si me han engañado; 60 millas hacemos, díjonos el piloto, mirando sin pestañar un pasaje ¡difícil que teníamos por delante! El tren expreso entre Manchester y Liverpool hacía también 60 millas. Llégase a Kingston, ciudad del Alto Canadá, cómpranse manzanas por hacer alguna cosa, y la noche mediando, llegase a Montreal, la ciudad francesa de esta parte de las colonias británicas.

El hotel Donegana, grande como nuestros claustros y arreglado en todo como los grandes hoteles norteamericanos, acoge al pasajero derrengado y mal traído a merced de vagones, stages complementarios y vapores. El hong hong no falta para triturarle al infeliz los nervios si se obstina en dormir una hora más.

¡Montreal! ¡qué joya para figurar en impresiones de viaje! ¡Dumas ignora el tesoro que hay allí sepultado a solo diez u once días de vapor de Francia! Es la ciudad más adelantada del mundo en cuanto a la aplicación y generalización de los medios más perfectos de construcción civil. Las casas son de piedra de cantería o ladrillo. Las techumbres están cubiertas de un manto de zinc, lo que da a la ciudad un aspecto reluciente. El pavimento de las calles todas es de palo a pique como el que se ha ensayado en París en frente la Opera Cómica, y construido bajo el mismo principio, y las veredas son de tablones atravesados y montados sobre barrotes que permiten al agua escurrirse por debajo. Bajo este respecto Montreal es la ciudad más altamente civilizada que existe en el globo; pero hay un aspecto moral, por donde es una curiosidad fósil digna de observación.

Sábese que el Alto y Bajo Canadá fue cedido a la Inglaterra por Luis XIV, al fin de una de las desastrosas guerras que amargaron el fin de sus días y que le hicieron pagar caro a la Francia el orgullo de sus reyes y la arrogancia de sus ejércitos; triste y merecido fin que tienen esos triunfos con que la fortuna engalana los primeros pasos de la vida de los tiranos. La vejez trae sus arrugas, la conciencia sus remordimientos, y el cansancio y la extenuación de los pueblos la debilidad que da reparación a los ofendidos. Con Napoleón se repitió el mismo cuento, y con nuestro imbécil se reproducirá el mismo hecho, ¡muy a expensas nuestras!

¡Vuelvo siempre a mis carneros! La población francesa de Montreal lloró, como Cartago condenada a la destrucción, el día que se la anunció que había sido trocada como mercancía, entregada cual vil rebaño a la odiada Inglaterra. Pero el llorar y el mesarse los cabellos en nada cambiaba la situación que la madre-patria les hacía, y hubieron de resignarse a su suerte desamparada. Desde entonces se rompió el vínculo que los ligaba a la madre-patria, y no oyeron hablar más de la Francia. Sus revoluciones posteriores, la república, el imperio, la restauración, y la casi restauración, han pasado sin que el vulgo sepa de tan grandes sucesos, sino de oídas, aquello más notable; pero sin sucesión, sin formar ya parte de la historia nacional.

Los libros franceses dejaron de penetrar en la colonia inglesa, y todo progreso en las ideas, toda novedad literaria o filosófica dejó para los infelices de ser continuación y consecuencia de aquel movimiento de ideas que comenzó en el siglo de Luis XIV y continuó con Rousseau, Voltaire y el siglo XVIII. Para los franceses de Montreal, pues la Francia, la única Francia posible, es la Francia del gran rey con su corte de Versalles, su etiqueta y su lujo asiático; los únicos poetas Corneille y Racine, las únicas glorias militares las del gran Condé, Catinat, Willars y Turena. El canadiense es ceremonioso como un cortesano antiguo, y tan quisquilloso en punto a hidalguía, que la genealogía de las familias es allí espejo que no ha de empañar ni por el contacto mácula alguna. Viviendo bajo la dominación inglesa de un siglo a esta parte, las madres no enseñan a sus hijas el inglés, para ponerlas en la imposibilidad de oír a los odiosos opresores de su raza; cuando en las calles se pregunta a los pasantes algo en inglés, puede desfilar toda la población por delante, sin que haya una persona que de origen francés se dé por entendida, de lo que se le pregunta. Hablad en francés y entonces las miradas se vuelven de todas partes, los semblantes sonríen, y la buena voluntad y el deseo d'être agréable vése pintado en la blanda ondulación de cada músculo. «¡Ah! señor, me decía un joven, ¡con voz conmovida! ¡Viene usted de Francia! ¡qué feliz es usted! ¡Oh! la Francia, ¡nuestra patria! Si supiera ella lo que ha hecho, ¡entregándonos a los ingleses! Ya se ha arrepentido, ¿no es así?» ¡Porque ni aun en sus reproches querrían ofender a este tipo de la nacionalidad de su raza!

 La religión se ha hecho un arma de oposición a los dominadores, y el catolicismo una trinchera adonde se ha acogido toda la vida de este pueblo desmembrado. El catolicismo cuán estable es en sus dogmas, ha marchado, sin embargo con los siglos, y afectado nuevas formas, para adaptarse a las nuevas instituciones. Si queréis volver una página de un siglo de su historia y verlo tal cual era, después de salido de la edad media, id a Montreal y lo encontrareis en todo su primitivo candor, lleno de savia y de fuerza, y concentrando en sí, como en España en tiempo de la reina Isabel, el patriotismo, el poder, y la fuente del heroísmo. Hacia la base de Montreal, que da nombre a la ciudad, se levanta una hermosa casilla de ladrillo rodeada de árboles y colocada en una pequeña elevación del terreno que la hace más pintoresca. Esta casa que me había llamado la atención, tiene tapeadas las puertas, y está abandonada. Preguntando a un canadiense el motivo de lo que veía:

—¡Qué no sabe! —me dijo—. La casa del Judío.

—¡Y bien!

—Del alma en pena, ¡le revenant!

Un judío (si esta apelación no es como lo sospecho, todavía una muestra del viejo catolicismo) un judío era el dueño de esa casa. Una noche, tarde de la noche, ¡oyóse un tiro! Al día siguiente los vecinos lo encontraron muerto, suicidado. Sus compatriotas quisieron ocupar la casa; pero el alma del condenado volvía a su habitación todas las noches, revolvía papeles, oíanse ¡gemidos y ruidos de cadenas! En vano han querido después habitar la casa; esto hace ya veinte años, algunos vecinos pobres han intentado ocuparla. El alma del condenado vuelve; las luces se apagan solas, y comienzan los gemidos y el ruido de cadenas. La autoridad ha mandado al fin amurallar las puertas, por miedo que la casa se convierta en guarida de ladrones». Yo escuchaba maravillado este cuento, que me traía a la memoria escenas de mi infancia, oyendo horripilado historias de ánimas y aparecidos; y miraba a mi hombre de hito en hito para ver si creía realmente lo que me estaba contando, y si no concluía como algunos clérigos en Roma que le enseñan a uno la mesa con tres patas en que almorzaba Jesucristo con San Pedro y San Juan, y que concluyen por reírse de la conseja cuando uno les pone cierta cara. Esta vez, empero, había en la voz y en lo profundo de los ojos del narrador tal convicción, que mostrar duda siquiera habría sido desmoralizarlo, porque la sencillez de su espíritu, la sanción dada por todos, aun por la autoridad, a esta tradición, no lo habrían dejado sospechar que hubiera ser racional que dudase de la posibilidad de tales sucesos.

Sobrevino el domingo y me dirigí a la catedral para visitarla. Jamás había podido imaginarme espectáculo más imponente. Habíame enfriado Roma con su semana santa y sus ceremonias. San Pedro es en esos días, como siempre, un suntuoso desierto. Los romanos preguntan: ¿Ha estado usted en San Pedro? ¿Ha visto al Papa?

—Ellos no van nunca a la gran basílica y pocas veces a las demás iglesias. Si en Roma sucede eso, imagínese lo que sucederá en Francia, España y el resto de la Italia. No recuerdo dónde he encontrado en diversas iglesias, tres sacerdotes que decían misa sin un solo oyente o alguna vieja mendiga por todo acompañamiento.

En la gótica catedral de Montreal había ese domingo de quince a veinte mil almas oyendo la misa mayor. La población católica no se desobliga del precepto, sino oyendo la misa episcopal, pontificada con una pompa sencilla, servida por setenta y dos acólitos, monacillos y oficiantes que pude contar por los bonetes en forma de conos truncados y altos de una tercia que llevaban los oficiantes. No ofreciendo suficiente espacio el pavimento de la catedral para tanto concurso, se han adaptado a las naves exteriores dos anchas galerías salientes que hacen dos corridas de palcos por ambos lados de la iglesia; y las cuatro y el piso estaban llenas. Predicaba a la sazón el cura la plática doctrinal; un profundo silencio reinaba en aquella inmensa congregación, y una señora que me veía de pie, con los ojos y con la mano me invitaba cortesmente a tomar asiento a su lado, en las lunetas de madera que cubren toda la superficie del vasto edificio, más ancho que la catedral de Santiago. Esto que veía entonces sucedía siempre, y las acomodaciones de la iglesia me lo decían demasiado.

Al día siguiente encontré en las calles larga procesión de niños en dos filas, y precedido por una cruz con paño llevada por un clérigo, que se dirigían a la iglesia cantando en coro as alabanzas, seguidos del cura y sotacuras, a oír la misa diaria, antes de entrar a las clases. El cura, como fue la práctica en los antiguos tiempos, es el maestro de escuela de la parroquia, y los sotacuras son sus ayudantes si es numerosa. Adoctrínalos con amor en todas las creencias; fortifícalos contra toda innovación peligrosa y contra toda tibieza que pueda dar entrada en sus almas al odiado protestantismo de sus amos. Así el catolicismo se ha endurecido y reconcentrado para hacer frente a la destitución de la raza y del idioma, y se apega a las añejas prácticas y aun a las supersticiones más frívolas por no dar su brazo a torcer. Todo esto es santo, bello, tierno, patriótico y ortodoxo sin duda. Pero, ¡ah! que está de Dios que no ha de haber ¡cosa cumplida en este mundo! Los católicos de Montreal poseen y cultivan ¡una ignorancia desesperante! Alejados de la administración porque temen contaminarse si aceptan empleos, viven ajenos de todo movimiento de la vida pública. Al lado de los yankees, gobernados por la Inglaterra, no poseen ninguna industria, cultivan mal la tierra, y la pobreza, la oscuridad, la nulidad y la miseria, los viene cercenando y estrechando de todas partes. hoy vende una familia patricia su casa que compra un comerciante inglés, y mañana sus hijos están en la indigencia, y como no tienen ni instrucción ni habilidad manual, concluyen sus nietos por ser mozos de cordel o domésticos. Calcúlase que en un siglo más habrá desaparecido este pueblo, incapaz de vivir en la sociedad actual y obstinado por patriotismo en perpetuar un modo de ser que lo aniquila lentamente.

Los ingleses, en tanto, se desenvuelven por el comercio, por el ejercicio del poder, por la inmigración y por la vida inglesa tan llena de expansión y actividad. Agitan los ingleses la separación de la metrópoli, y maldicen el día que vencieron a Montgomery, que les traía la independencia.

Montreal es un emporio de las peleterías del norte, y los almacenes están llenos de la variedad infinita de producciones que forman este ramo. Después de haber visto aquella ciudad encantadora y que bajo las formas más modernas encierra la población más vieja, hube de dirigirme a Québec, donde quería examinar una caserna que el gobierno inglés ha establecido para recepción de inmigrantes irlandeses. Dáseles allí ración y ocupación diaria hasta que se les destina a los terrenos que se han señalado para las nuevas plantaciones. A veces creo que no debemos pensar en cosas nuevas, sino buscar donde está ya realizada la idea que nos embarga. Traía desde Alemania el pensamiento de estas grandes hospederías, para acoger inmigrantes en nuestros países, y hablándole de ello a Astaburuaga en Nueva York, indicóme la existencia de ésta. Al tomar pasaje en San Lorenzo abajo, vínome el remordimiento de aquella prodigalidad de dinero con que iba haciendo mis viajes, cual si fuera un príncipe ruso. Siete pesos debía costarme de ida y vuelta la excursión a Québec, duplicado de Montreal, ciudad menos bella y pueblo menos virgen que el que había visto. ¡Siete pesos! Tomé un vapor para atravesar el San Lorenzo con asiento en el ferrocarril de la Pradera, que lleva a orillas del lago Champlain, camino de Nueva York, tomando a lo largo el larguísimo lago, viendo aproximarse las costas, alejarse o cruzarse puntas de tierra entrantes y ensenadas, variándose el panorama con una movilidad infinita, hasta que llega a Whitehall, donde se toma pasaje por un canal que conduce a Troya, desde donde el camino de hierro lleva a Boston, fin de mi excursión por este lado. Reasumamos la parte económica del viaje. De Buffalo a la cascada, camino de hierro, 1 peso, 22 millas. De Niágara Falls a Lewiston, camino de hierro, stage, 6 pesos, 31 millas. Lago Ontario a Montreal, vapor, 10 pesos. De Montreal a la Prairie, vapor y ferrocarril, 1 peso. De la Prairie, Lago Champlain a Whitehall, 1 peso; diligencia a Troya, 3 pesos; ferrocarril a Greenbush, 3 pesos.

Boston
La ciudad puritana, la Menfis de la civilización yankee, tenía 18.000 habitantes en 17.903.300 en 1810 y 114.360 en 1845. La ciudad esta fundada sobre una península, cuyo istmo de una milla sirve de principal comunicación con el continente, si bien muchos puentes echados sobre la bahía interior establecen nuevas líneas de contacto. Suaves colinas accidentan el suelo y dan a la perspectiva puntos de vista agradables. Vive aun la encina a cuya sombra se reunieron los Peregrinos para darse las leyes fundamentales. En Boston se dictó aquella famosa ley de educación pública general y obligatoria de 1676, que ha preludiado a la habilitación del género humano. En Boston se reunieron en meetings los colonos y resolvieron no pagar el derecho del té, abstenerse del uso de esta infusión y arrojar al mar las cajas de té del estanco. En Boston se disparó el primer fusilazo en la guerra de la Independencia. En Boston están las escuelas públicas convertidas en templos por la magnificencia de su arquitectura, y cada viviente paga un peso anual por educar a los hijos de sus semejantes, y cada niño pobre consume al año 7 pesos de renta pública para educarse. En Boston está la sede y el centro del unitarismo religioso, que propende a reunir en un centro común todas las subdivisiones de secta y elevar la creencia al rango de filosofía religiosa y moral. De Boston, en fin, salen esos enjambres de colonizadores que llevan al Far West las instituciones, la ciencia y la práctica del gobierno, el espíritu yankee y las artes manuales que presiden a la toma de sesión de la tierra. Cuatro líneas de vapores lo ligan con la Europa. Un ferrocarril corre la costa hasta Portland en el Maine; otro hasta Concordia lo pone en comunicación con el Estado de Nueva Hamphire; otro con Troya y sus líneas y canales afluentes; tres con Nueva York, completándose con líneas de navegación por mar o por la sonda de Long Island. Sus hoteles son el primor de los Estados Unidos, y el Fremont Hotel pasa por superior a todos en elegancia y confort.

Había llegado de noche y entregádome a ese sueño de ganapán que termina las trasnochadas e incomodidades de un afanoso viaje. A las tres de la mañana me despiertan golpes redoblados a mi puerta, y una risa prolongada y burlona que apenas podía contenerse. Acababa de llegar en la noche; alma nacida podía saber que yo me hallaba en Boston, y, sin embargo, el burlón repetía finándose de risa:

—Abra, Sarmiento, soy yo.
—¿Quién es yo?
—Y creía hacerme desesperar.
—Yo, Casaffoust.

Una noche en Nápoles tomaba helados en un café con un joven francés. Como viese entrar a un individuo, dije a mi compañero en francés: aquel joven es americano, del mediodía, es de Buenos Aires. ¿hay realmente un tipo nacional argentino? Ruguendas sabe reproducirlo con el lápiz, y yo esta vez acertaba a conocer por la fisonomía a un compatriota. Acercóse con reserva, miróme con frecuencia y al fin se aventuró a decirme: «Creo, señor, haberle oído que soy americano». En efecto era porteño, uno de esos caracteres enérgicos que se abren paso en el mundo por su propio esfuerzo. Salido joven de su país, se había establecido en Río Janeiro, pasado a Valparaíso, Bolivia y Lima, y últimamente asentádose en la América Central, donde, habiendo engrosado su fortuna, había empezado a creer que el mundo no estaría satisfecho si él no lo recorría. Despedímonos en Nápoles, y nos encontramos de nuevo en Roma. Allí tomó él para Trieste y yo debía salir más tarde para Florencia. Al entrar en un café en Venecia, Casaffoust nos tapó la puerta; acaba de desembarcar. No debíamos vernos más. El día que llegué a París lo encontré de manos a boca en el Boulevard. Había venido de Londres a hacerse ropa para regresar a América. En el hotel donde un mes después fui a alojarme en Londres, encontré a Casaffoust, ¡que comía a la sazón! ¡Era éste un fantasma que me perseguía! Después de cruzar los brazos uno y otro para contemplarnos con extrañeza, nos echábamos a reír de esta singularidad. Desde Londres partió al fin para Belice en el Istmo, desde donde debía arribar a Costa Rica. No quiso dirigirse, como yo se lo aconsejaba, a los Estados Unidos. La noche que llegaba yo a Boston, partía él del mismo hotel, y mientras pagaba su cuenta, leía en el libro de pasajeros, abierto ante sus ojos, D. F. Sarmiento, entre los últimos llegados. Suspendió su viaje, acompañóme dos días, y nos separamos prometiéndonos con las mayores veras, no volvernos a encontrar más, porque aquella tenacidad me iba ya dando que pensar. Esta vez lo hemos cumplido; no nos hemos visto más.

El principal objeto de mi viaje era ver a M. Horace Mann, el secretario del Board de Educación, el gran reformador de la educación primaria, viajero como yo en busca de métodos y sistemas por Europa, y hombre que a un fondo inagotable de bondad y de filantropía, reunía en sus actos y sus escritos una rara prudencia y un profundo saber. Vivía fuera de Boston y hube de tomar el ferrocarril para dirigirme a Newton East, pequeña aldea de su residencia. Pasamos largas horas de conferencias en dos días consecutivos. Contóme sus tribulaciones y las dificultades con que su grande obra había tenido que luchar, por las preocupaciones populares sobre educación, y los celos locales y de secta, y la mezquindad democrática que deslucía las mejores instituciones. La legislatura misma del Estado había estado a punto de destruirle su trabajo, destituirlo y disolver la comisión de educación, cediendo a los móviles más indignos, la envidia y la rutina. Su trabajo era inmenso y la retribución escasa, enterándola él en su ánimo con los frutos ya cosechados y el porvenir que abría a su país. Creaba allí, a su lado, un plantel de maestras de escuela que visité con su señora, y donde no sin asombro vi mujeres que pagaban una pensión para estudiar matemáticas, química, botánica y anatomía, como ramos complementarios de su educación. Eran niñas pobres que tomaban dinero anticipado para costear su educación, debiendo pagarlo cuando se colocasen en las escuelas como maestras; y como los salarios que se pagan son subidos, el negocio era seguro y lucrativo para los prestamistas. Gracias a sus desvelos, el Estado de Massachussets, de que es Boston la capital, contenía en 1846, en las trescientas nueve ciudades y villas que lo forman, 3.475 escuelas públicas, con 2.589 maestros hombres y 5.000 maestras, asistidas por 174.084 niños. Observe usted que el número de maestros de escuela es mayor en este Estado que el monto total del ejército permanente de Chile, y el tercio del de todos los Estados Unidos.

La población del Estado es de 737.700 habitantes, y los niños en estado de asistir a la escuela, 203.877.

Las rentas destinadas para sostener la educación pública son 650.000 pesos, recolectados por contribución de escuelas. A más de las escuelas hay en Massachussets 77 colegios públicos incorporados, con 3.700 estudiantes y 1.091 colegios y escuelas particulares, con 24.318 discípulos, los cuales pagan 277.690 pesos por la enseñanza que reciben.

A más de estas pasmosas sumas, cada localidad posee fondos cuyos productos están especialmente destinados a la enseñanza. Estos fondos producían 15.000 pesos de censo, a los que se añadían más de 8.000 pesos de sobrantes de rentas ordinarias que eran aplicadas por la administración a este santo objeto.

Para más ilustración de mi asunto, añadiré a usted que este Estado solo tiene 7.500 millas cuadradas o 30 leguas de ancho sobre 63 de largo. En este reducido espacio hay, como he dicho, más de setecientos mil habitantes, dueños de trescientos millones de pesos.

Usted ve, mi querido amigo, que estos yankees tienen el derecho de ser impertinentes. Cien habitantes por milla, 400 pesos de capital por persona, una escuela o colegio para cada doscientos habitantes, 5 pesos de renta anual para cada niño, y además los colegios: esto para preparar el espíritu. Para la materia o la producción tiene Boston una red de caminos de hierro, otra de canales, otra de ríos, y una línea de costas; para el pensamiento tiene la cátedra del evangelio y cuarenta y cinco diarios, periódicos y revistas; y para el buen orden de todo, la educación; de todos sus funcionarios, los meetings frecuentes por objeto de utilidad y conveniencia pública y las sociedades religiosas, filantrópicas y otras que dan dirección e impulso a todo ¿Puede concebirse cosa más bella que la obligación en que está M. Mann, secretario del Board de Educación, de viajar una parte del año, convocar a un meeting educacional a la población de cada aldea y ciudad adonde llega, subir a la tribuna y predicar un sermón sobre educación primaria, demostrar las ventajas prácticas que de su difusión resultan, estimular a los padres, vencer el egoísmo, allanar las dificultades, aconsejar a los maestros y hacerlas indicaciones, ¿proponer las mejoras en las escuelas que su ciencia, su bondad y su experiencia le sugieren?

En los alrededores de Boston, a distancia de 12 millas, unido a la ciudad por un camino de hierro para las personas y por un canal para las materias primeras, está Lowell, el Birmingham de la industria norteamericana. Aquí como en todas las cosas, brilla la soberana inteligencia de este pueblo. ¿Cómo luchar con la fabricación inglesa, producto de ingentes capitales empleados en las fábricas, y de salarios ínfimos pagados a un pueblo miserable y andrajoso? Dícese que las fábricas aumentan el capital, en razón de la miseria popular que producen. Lowell es un desmentido a esta teoría. Ningunas ventajas o escasísimas llevan a los ingleses en el costo de la materia primera; pues tanto vale llevar a Londres o a Boston por mar las balas de algodón de la Florida; pero las diferencias de salarios son enormes, y sin embargo los tejidos de Lowell sostienen la concurrencia con los ingleses en precio, y les aventajan de ordinario en calidad. ¿Cómo han hecho este prodigio? Apurando todos los medios inteligentes de que el país es tan rico. El obrero, el maquinista son hombres educados; su trabajo por tanto es perfecto, sus medios ingeniosos; y pudiendo calcular el tiempo y el producto, producen mayor cantidad de obra y más perfecta. Las hilanderas y trabajadoras son niñas educadas, sensibles a los estímulos del deber y de la emulación. Vienen de ochenta leguas a la redonda a buscar por sí medios de reunir un pequeño peculio; hijas de labradores más o menos acomodados; sus costumbres decorosas las ponen a cubierto de la disolución. Buscan plata para establecerse, y en los hombres que la rodean no ven sino un candidato de marido. Visten con decencia, llevan media de seda los domingos, sombrilla y manteleta en la calle; ahorran 150 o 200 pesos en algunos años, y se vuelven al seno de su familia, en aptitud de sufragar los gastos de establecimiento de una nueva familia. Para obtener estos resultados hay en Lowell hoteles cómodos y espaciosos que dan de comer y alojamientos económicos a los obreros, disponiendo de bibliotecas, diarios y aun pianos para las niñas que saben su poco de música. De todo el mal que de los Estados Unidos han dicho los europeos, de todas las ventajas de que los americanos se jactan y aquéllos les disputan o afean con defectos que las contrabalancean, Lowell ha escapado de toda crítica y ha quedado como un modelo y un ejemplo de lo que en la industria pueden dar el capital combinado con la elevación moral del obrero. Salarios respectivamente subidos producen allí mejor obra, y al mismo precio que las fábricas de Londres que asesinan a las generaciones.

 Estos tejidos de Lowell, como los de Pittsburg y de doscientas fábricas que se levantan en diversos puntos del territorio de la Unión, entran por poco todavía en la masa de productos fabriles que inundan los mercados del mundo. Consúmense la mayor parte en el interior del país, y aun en esto los Estados Unidos presentan uno de esos resultados que muestran en cifras luminosas, cuánto es el bienestar de que goza la masa de la población. Datos estadísticos de Francia muestran que aquella nación solo consume al año un metro de tejidos de algodón por persona, y la Irlanda una y media yardas, mientras que los Estados Unidos consumen veintiuna y media yardas por persona, lo que hace suponer que no hay ganapán que no tenga sábanas y varias mudas de camisas. De este dato los publicistas norteamericanos sacan una conclusión que no deja de tener su valor. En lugar, dicen, de buscar mercados en el exterior para nuestras fábricas, traigamos población para nuestros bosques. Si nosotros hubiéramos de proveer de tejidos de algodón a la Irlanda, que tiene cuatro millones de habitantes, habríamos suplido a sus necesidades con seis millones de yardas de tejidos; mientras que para consumir esos mismos seis millones, son bastantes 285.714 inmigrantes, que es poco más o menos la cifra de la inmigración anual. Veinte años de inmigración nos dará colocación para ciento veinte millones de yardas de tejidos de algodón.

El consumo de los otros artículos manufacturados está en igual proporción con los tejidos de algodón. El año 1842 se introdujeron en los Estados once millones de pesos en tejidos de lana, veintiún millones en 1836, bien que en 1840 y 1842 anduvo de ocho a nueve millones. En 1839 consumieron veintiún millón de pesos en tejidos de seda, quince millones en 1841, y nueve en 1842. Nueve millones de tejidos de hilo en 1836, cerca de siete millones en 1841, habiendo bajado a tres y medio en 1842. A este enorme consumo de productos europeos corresponden cifras no menos abultadas de producciones nacionales. Calculábase para el año 1843 como producto anual de la agricultura 654.387.597 dólares; de manufacturas, 239.836.224 dólares; y del comercio 79.721.086.

Hasta el año de 1825 no se había estampado en los Estados Unidos una sola yarda de calicó (quimon). En 1836 se importaron de Inglaterra ciento cincuenta millones de yardas, lo que según el censo de 1840 que dio diecisiete millones de habitantes, toca a cada mujer (el tercio del número total) dos vestidos de a diez varas. En 1842 los estampados norteamericanos subieron a la enorme suma de ciento cincuenta y ocho millones de yardas, habiendo descendido la importación inglesa a solo quince millones. Las manufacturas de los Estados de Nueva Inglaterra proveían en 1845 de mercado a un tercio del algodón que cosechan los Estados del Sur, y los obreros consumían más harina y granos que la cantidad exportada por el puerto de Nueva York.

M. Mann me favoreció con muchas cartas de introducción para sabios, pedagogistas y hombres notables. Su nombre solo era ya por todas partes un pasaporte y un título de capacidad y de importancia para mí. Tuve una larga conferencia con uno de los ministros de Estado, quien me proveyó de una orden para que se me entregasen varias colecciones de libros y documentos públicos, que me ponían al corriente del estado de la educación en Massachussets; y después de ver cuánto digno encerraba la ciudad de ser visto, púseme en camino para Nueva York, por una serie de ferrocarriles y vapores combinados, que me pusieron no sé cómo, de día y de noche marchando, en el desembarcadero de Nueva York.

Baltimore, Filadelfia
Lleno aun de las emociones de este viaje, el más impresivo que puede hacerse en quince días; viendo aun en mi imaginación la cascada de Niágara, asistí a una representación del general Tom Puce, el enano de 25 pulgadas de alto.

Don Santiago Arcos me aguardaba con impaciencia para que emprendiéramos el viaje de regreso a Chile. Cada vez que me hablaba de este asunto, poníale yo la cara de un ministro del despacho, cuando no sabe si se acordará o no lo que de él se solicita. Abríamos el mapa, trazábase la ruta, y ya estábamos punto menos que en marcha, sin que yo diese síntomas de convenir en nada. Hubimos al fin de explicarnos. Yo tenía en caja veinte y dos guineas y como treinta papeles de a un peso, ni un medio más, ni un medio menos. Al fin cogí a dos manos mi resolución, y expuse mi situación financiera con toda la dignidad de quien no pide ni acepta auxilio, intimando mi ultimátum de separarme desde La Habana, para seguir mi camino por Caracas. Arcos me había escuchado con interés, y aun le tentaba la perspectiva de atravesar las soledades tropicales de la América del Sur, correr aventuras ignoradas, pasar trabajos, y no contar sino consigo mismo para sobreponerse a ellos; pero el lado romanesco y varonil le su carácter no es menos aparente que la jovialidad y franqueza que lo distingue. Cuando yo me esperaba ofrecimientos y protestas, salióme con un baile pantomímico y un reír a desternillarse, que me puso en nuevos gastos de dignidad. ¡Qué bueno! decía, saltando y riendo; pues si yo no tengo sino ¡400 pesos! Hagamos compañía, y donde se concluya el capital de ambos, proveeremos según lo aconseje la gravedad del caso. Dispusimos, pues, que yo continuaría mi ruta a Washington por Filadelfia y Baltimore, que nos daríamos cita en Filadelfia para emprender la jornada por Harrisburg y Pittsburg, para descender el Ohio y el Mississipi hasta Nueva Orleáns, distante 22.234 millas del lugar donde nos hallábamos; y acercándose la hora de la partida del tren de la mañana para Filadelfia, hice aprisa mi mala y la entrega de billetes y guineas para que las cambiara, prestándome en cambio treinta o cuarenta dólares para gastos de la excursión. este pequeño incidente, es sin embargo, el origen del más espantable drama de que he sido víctima en mis viajes.

Lo fatigaría a usted si continuase describiéndole ciudades notables; pero Filadelfia y Baltimore son tipos de la construcción civil de los Estados Unidos, que a diferencia de Nueva York, conservan toda su originalidad. Tienen los americanos el don de reducirlo todo a arte, y aplicar el sentido común y los cálculos de la conveniencia a todas las cosas. Conoce usted nuestras ciudades sudamericanas cortadas todas por un mismo padrón, en calles a distancia de ciento cincuenta varas, de doce de ancho, y cortándose en líneas rectas. este damero parécenos el bello ideal de la perfección. Pero propóngase usted ir del centro en una dirección oblicua, o para fijar más los términos, si las calles corren de Sur a norte y de este a oeste, ¿cuánto espacio se necesita andar para llegar al extremo sudeste o nordeste? Claro está que el doble de la distancia que hay en línea recta, porque es necesario hacer zig-zag de calle en calle, por el ángulo de cada cuadra a fin de buscar la diagonal. La manzana de ciento cincuenta varas da en el centro setenta y cinco de fondo a cada solar; espacio más que suficiente para tener viña, hortaliza y arboleda en el interior de la casa; pero acumulándose la población, este centro de las cuadras es un terreno inútil y que fuerza a tomar a las habitaciones un frente en proporción, y diseminar las casas. Después vienen los tubos de hierro para distribuir el agua potable, los cañones de gas, etc., y se encuentra que los costos para superficies tan grandes exceden a los posibles de los vecinos. Los norteamericanos han inventado su plan de ciudades en atención a todas estas circunstancias. La manzana tiene o puede tener 140 varas de largo, pero solo lo dan 30 o 50 de fondo, de manera que dos casas puedan dar frente a ambas calles, y poblar bien la ciudad. Como la calle es materia de comodidad pública y de recreo, tiene de ordinario treinta varas, flanqueada a distancia de cinco o seis de los edificios, de árboles coposos, que esparcen sombra en todas direcciones. Las aceras son por tanto calles separadas e independientes de la central, ancha de veinte varas que está abandonada a carros, jinetes, ómnibus y aun a ferrocarriles, que todos tienen espacio para moverse. Crúzanse estas en ángulos rectos; altérnanse en anchas y angostas; intercéptalas de vez en cuando una ancha calle trasversal que conduce a los ángulos extremos de la ciudad; cambia de plan y dirección todo el sistema de calles, redúcense más aun las manzanas cerca de los puertos, y por todas partes presentan las calles asonadas un bosque de árboles, que cierran a cierta distancia la perspectiva, y por sobre sus copas las cúpulas de los bancos o de los hoteles, las agujas de los templos, y los frontispicios de los edificios del Estado. Nada hay más holgado, aireado ni silvestre que estas calles de árboles y de casas, en que el movimiento de los otros es una cosa que no nos atañe ni interesa.

En Baltimore tomé el ferrocarril de Washington, y a poco andar cata que venia en dirección opuesta y por los mismos rails otro tren de vagones. Grande alboroto adentro. ¡Qué sacar de cabezas por las ventanillas, que abrir de ojazos, al mirarnos unos a otros, qué agitar de pañuelos, en fin, en ambos trenes, temerosos de que fuesen a darse una topada y que dáramos todos hechos tortilla! Era el caso que con las avenidas, se había desgringolado un puente, y el tren que venia era el que había salido de Baltimore el día anterior. Tuvimos que echar pie a tierra, y entre todos los pasajeros, metidos en el fango, levantar punto menos que en peso la locomotiva y el tender y traerla a la culata del tren para que desde allí volviéramos a Baltimore.

No se podía, ir a Washington, porque en los Estados Unidos si no hay camino de hierro, o canal o río, no se cree viable la tierra de otro modo. Improvisóse en el acto un vapor que debía llevar los pasajeros por un río hasta cierto punto; de allí tomar un fragmento de ferrocarril; pasar a pie una distancia, tomar otro ferrocarril y embarcarse en otro y entrar en Washington por la Bahía de Cheseapeake y el río Potomack. El vapor de la Bahía era un cascaron de formas abominables y de mal talante, lleno de camarotes superpuestos en seis o siete pisos, como las gavetas de un inmenso armario. El steward me señaló el mío en el quinto piso; pasóse el día en mirar el paisaje, sobrevino la noche, solicitóme el sueño, y como gallinas que miran de hito en hito la rama donde han de posarse, anduve a vueltas un rato, hasta que resolví emprender la jornada de llegar a mi camarote, subiendo por los otros a guisa de lagartija. Iba ya a medio camino, cuando empieza abajo un rumor de voces y de risas, que se convertía por segundos en un crescendo universal. Yo seguía tranquilo mi ascenso, y ya ponía una pierna dentro de mi agujero, cuando alguien me toma de la otra y me dice qué se yo qué barbaridades en el tono natal del yankee. Vuelvo la vista, y veo, ¡oh rabia! que era yo el objeto de la risa de trescientos gaznápiros. El tal me disputaba el lugar: habíale colocado un pañuelo en señal de posesión, y hacía rato a que me estaba haciendo oposition, sin que yo interrumpiese mi ascenso. Imagínese usted, amigo, mi situación en aquella postura incongruente, expuesto a la vergüenza pública, hecho el objeto del ridículo de aquella turbamulta. ¡No había más remedio que descolgarse, ocultar la cara entre ambas manos, atravesar la muchedumbre y tirarse al agua! Yo hice algo mejor. Bajéme en efecto, dirigíme rápidamente a una luz que estaba por ahí, y poniéndome en lugar donde los rayos me iluminasen perfectamente la cara,

con voz llena y estridente, con semblante contenido pero severo, dije, dirigiéndome a la multitud que aguardaba alguna nueva peripecia para reírse más: ¡Señores! ¡Si hay entre vosotros alguno que entienda español o francés, hágame la gracia de manifestarse, porque necesito explicarme, dar y pedir inmediatamente una satisfacción! Un profundo silencio se había hecho en el ínter tanto. Los que no sabían el francés en que hablaba, para no dar materia nueva el ridículo con mi mal inglés, se miraban unos a otros, mientras que allá en el fondo oí quedo repetir mis palabras traducidas al inglés. La escena había cambiado completamente, el yankee es bueno de corazón, y todos sintieron que me había llegado al alma aquella broma, que no tenía malicia de su parte. Acercáronse algunos, dándome cordiales explicaciones, vino el opositor al hueco y me dijo en tono blando lo que sucedía, abandoné yo mi posición de gato acosado, y fui a dormir en un espacioso camarote que en cambio me dio el steward, que en pública audiencia había declarado que él me había asignado el camarote disputado. El día siguiente pasélo tranquilo mirando las costas de la Virginia, llanuras espaciosas cultivadas en parte, y en parte cubiertas de sotillos, hasta que remontando el Potomac llegamos a un barranco con honores de puerto mayor de Washington, la capital de los Estados Unidos.

Washington

Sobre una eminencia que domina el panorama adyacente se alza el Capitolio Americano, cuya primera piedra colocó Washington en 1793. este monumento es la capital de los Estados Unidos, que no reconocen otra institución madre que el congreso. Reunirse para deliberar sobre todas las cuestiones que afectan al interés de más de uno, es el instinto nacional del pueblo norte americano. La naciente colonia de Virginia, fundada por una compañía de Londres, a quien el rey había hecho una gran concesión de tierras, había, después de muchas vicisitudes, caído bajo el gobierno provisorio de un tal Argall, hombre violento y rapaz, que para hacerse obedecer de los colonos proclamó la ley marcial. El trabajo de los colonos era confiscado en favor del gobernador, y en castigo de ligeras faltas imponía meses de trabajo forzado en sus haciendas. Las violencias del gobierno, la trasplantación de la tiranía a América contenían la emigración europea mientras que los colonos, desalentados por los sufrimientos morales de la opresión, empezaban a desmayar en su ruda tarea de descuajar la tierra. Entonces los colonos elevaron su voz para pedir a la compañía de Londres desagravio; y acusaron a Argall de defraudar a la compañía misma, mientras daba rienda suelta a sus pasiones sobre los colonos. Después de acaloradas luchas sus quejas fueron oídas, Argall, depuesto y desaprobado, y en su lugar enviado Yeardley, un Washington que tomó a su cargo echar los cimientos de la futura organización de los Estados Unidos.

Así, pues, la arbitrariedad de los gobernantes que cual polilla se había introducido en América entre los bagajes de los primeros colonos, fue extirpada antes que lograse fecundar sus huevos en la patria americana; y la ocupación constante de los colonos desde entonces, en cada punto de las nacientes plantaciones, fue combatir ya las pretensiones de los gobernadores enviados por la corona; ya negar el exequatur a las prágmaticas y decretos de los reyes mismos de Inglaterra cuando invadían sus libertades; ya, en fin, oponerse a los avances del parlamento inglés, cuya autoridad en materia de impuesto no reconocieron jamás, por no estar las colonias directa y debidamente representadas en el parlamento. La revolución de la independencia fue el último acto del drama principiado en 1618 en Virginia, y que concluyó en 1774 con la última batalla de la guerra de la independencia.

¡Esto sucedía en 1618 a principios del siglo XVII, cuando la Europa, sin exceptuar a la Inglaterra, yacía entregada al desenfreno de la regia autoridad, y la hoguera y el hacha del verdugo, la confiscación y el saqueo, eran el castigo, más que del crimen, de la debilidad de las víctimas. Puso Yeardluey orden en todas las cosas, libertando al diminuto plantel de colonos de todas las cargas hasta entonces impuestas, y que no fuesen estrictamente necesarias para la conservación y adelanto de la colonia. La autoridad del gobernador fue limitada por un consejo, que tenía el derecho de revocar aquellas disposiciones que juzgare injustas o perjudiciales, y los colonos mismos fueron admitidos a participar en la legislación. En el mes de junio del año 1819, fue convocado en Jamestown el primer congreso americano, la primera representación popular, compuesta del gobernador y su consejo, y de dos diputados por cada uno de los once miserables villorrios que componían por entonces la colonia de Virginia, para discutir en él cuanta materia pudiese ofrecer medios de mejora y progreso para la naciente colonia. La compañía de Londres y no el rey, debía ratificar las leyes así sancionadas. Aquella nación con congreso y consejo de estado componíase tan solo de seiscientas personas entre niños, mujeres y hombres, en 1619; y en 1851 en otra parte del suelo americano las hay de millones de hombres que no han tenido fuerza ni dignidad suficiente para poner límites racionales al poder inquisitorial y destructor que los domina. Aquella fue, pues, la aurora de la libertad norteamericana; los colonos llenos de entusiasmo y con el ánimo abierto a todas las esperanzas «empezaron a edificar casas, y sembrar trigo», seguros ya de tener una patria que no había por qué temer abandonarían jamás.

Las legislaturas entran desde los principios en la organización de casi todas las colonias, y se reúnen congresos entre varias de ellas para resistir a las incursiones de los salvajes, o mandar expediciones de milicias combinadas para escarmentarlos. Washington en una época posterior hizo conocer así a los Estados los talentos militares que más tarde puso al servicio de la libertad de su patria. Cuando aun el pensamiento de separarse de la Inglaterra no había apuntado en cabeza alguna, las diversas colonias enviaban diputados a congresos generales para acordar la marcha que debía seguirse a fin de resistir a las pretensiones del parlamento inglés, como habían resistido al Largo Parlamento, y como era la tradición constante de la tierra. Durante la guerra de la independencia, el congreso emigraba de un punto a otro, y los soldados amotinados, cobrando sus salarios, era al congreso a quien dirigían sus quejas y sus amenazas. Todavía después de asegurada la independencia, el congreso fue asaltado en Annápoles que le servía de asiento, y entonces Washington, dícese que sin otra idea política que la necesidad de fijar el lugar de su residencia, indicó a Washington para que reposase aquel tabernáculo de la alianza, como Salomon construyó un templo en Jerusalén para el área que contenía los libros de la ley del pueblo hebreo.

En los Estados Unidos no hay capital propiamente dicha, o, más bien, según la acepción latina que damos nosotros a esta palabra. Descúbrese esto al contemplar la comparativa soledad de aquel monumento, arrojado como por acaso en el centro de una villa, que no es centro de nada, ni del país, ni de la inteligencia, ni de la riqueza, ni de la cultura, ni de las vías comerciales. Colocada sobre la margen izquierda del Potomac a 120 millas más arriba de su embocadura en la bahía Chesapeacke, ni el nombre de puerto merece el desierto embarcadero adonde atracan algunos buques. El distrito de Columbia es la provincia de 60 millas cuadradas que le queda, de las cien que originariamente le concedieron los vecinos Estados de Maryland y de Virginia. Esta última retiró el año pasado 40 millas que estaban al lado opuesto del río y que la capital germen no puede fecundar; y treinta y cinco mil habitantes es toda la población del Estado, de la cual hay reunida en la capital más de veinticinco mil. Como se sabe, el congreso es el soberano de este territorio.

La ciudad está rodeada de una serie de colinas de aspecto alegre, cubiertas de verdura, y en algunos de sus declives cultivadas. El terreno mismo de la ciudad es elevado, ocupando el centro el capitolio, desde donde parten calles con dirección a los cuatro puntos cardinales, dividiendo la ciudad en manzanas cuadradas como nuestras poblaciones. Las calles llevan el nombre de los diversos Estados de la Unión, y las principales de entro ellas tienen cuarenta y cinco y cincuenta varas de ancho. La mayor parte de ellas apenas están trazadas, pero la de Pensilvania, que conduce del capitolio a la casa del presidente tiene aceras de nueve varas de ancho, enlosadas y con líneas de árboles de ambos costados. En torno del capitolio se extiende un jardín de veintidós acres de terreno, adornado de gran variedad de árboles, y animado por el bullicio de fuentes cristalinas, de modo que aquel lugar, es también a más de los altos fines de su existencia, un paseo que atrae a los habitantes y transeúntes por la belleza de la situación.

El edificio pertenece al orden corintio y está construido con la hermosa piedra blanca norteamericana que llaman freestone. Está situado sobre una eminencia y elevado 78 pies sobre la altura de la marca, y se compone de un edificio central, dos alas y una proyección en el costado oeste, presentando un frente de 352 pies, incluyendo las alas. Al este el frontón tiene 65 pies de ancho, sobre el cual se avanza un pórtico de veintidós columnas de 38 pies de alto. La gran cúpula central tiene 120 pies de alto, y la rotunda que forma en el interior 90 de diámetro, adornada con esculturas, y altos relieves. En el ala del Sur está la cámara en que se reúne la Sala de Representantes, de forma circular de 96 pies de diámetro y 60 de alto, cubierta por una cúpula que sostiene veinticuatro columnas de jaspe americano con capiteles de mármol blanco de Italia. Al lado opuesto, y en una rotunda semejante, pero de más pequeñas dimensiones, se reúne el Senado; y en un piso inferior y menos ornamentado, tiene sus audiencias la Suprema Corte de los Estados Unidos. Hay, además, setenta departamentos para reunión de las comisiones, y desidencia de los empleados del congreso. Una muralla de piedra rodea el edificio; un depósito de gas provee a la iluminación especial de todo el espacioso monumento, pudiendo alimentar seis mil picos que se encienden para las iluminaciones; y en aquellos momentos estaba para terminarse el aparato para colocar sobre la cúpula central en un mástil de dieciséis varas de alto, una luz eléctrica que debía iluminar la ciudad y acaso el distrito de Columbia entero. ¡Bello símbolo por cierto de la misión de aquella casa, desde cuyo recinto sale la luz de la inteligencia, iluminando a toda la nación! Acordábamonos con Astaburuaga, quien me servía de cicerone en el examen del edificio, de aquella camarilla de diputados que habíamos dejado en Chile, en la que los representantes están ensacados en unas especies de vainas laterales, o si pudiese llevarse la comparación a terreno irrespetuoso, cual bostitas de cordero en una tripa, repitiéndonos al oído el viejo adagio: ruin es el que por ruin se tiene. Los locos en Londres, en Génova y en otros puntos de Europa, moran en palacios más nobles que el que cubre a nuestros congresos en América.

Pues que ya he empezado a describir edificios, concluiré con los pocos que llaman la atención del viajero en la presunta capital le los Estados Unidos. White House, la casa blanca como la llama el pueblo, es el palacio presidencial, y está colocado en la parte aun desierta de la población, en el punto donde se cruzan las calles de Pensilvania, Virginia, Connecticut, New York y Vermont, rodea da de un parque de veinte acres de terreno, y sobre una elevación de cuarenta y cuatro pies sobre el río. El frontis que sirve de entrada da a la plaza de Lafayette hacia el norte, y el que da al sur sobre el jardín domina un hermoso panorama de la ciudad, el río Potomac y las costas de Maryland y de Virginia. En el frente del norte hay un hermoso pórtico que reposa sobre cuatro columnas jónicas. Una intercolumnación exterior sirve para poner a cubierto los carruajes de los visitantes. El espacio intermediario está destinado para el tránsito a pie, y una elevada plataforma conduce de ambos lados a la puerta de entrada. El interior del palacio está pasablemente ornamentado, aunque no tanto cuanto correspondiera al presidente de los Estados Unidos. El servicio de palacio es modesto, y aun mezquino en las exterioridades. Vése al presidente paseándose solo por las hermosas avenidas del jardín adyacente; uno o dos porteros en librea, únicos servidores que el Estado pone a su servicio, no siendo permitido al presidente tener guardias en torno de su persona. El presidente recibe sin ceremonia a los que desean verlo, y hay un día de la semana, y dos o tres días del año en que todo estante y habitante tiene derecho de entrarse hasta la habitación del presidente. El 4 de julio la plaza de Lafayette se llena de carruajes de los visitantes en aquel día de felicitaciones; descienden éstos del carruaje, y tras ellos el cochero, que encomienda la guarda de los caballos a algún muchacho mediante algunos centavos. El presidente está en aquellos días en verdadera exhibición; los cocheros se abren paso por entre la multitud haciendo resonar sobre el pavimento de mármol sus botas herradas, llegan ante el presidente y le tienden una mano callosa que aprieta la suya fuertemente y la sacude, mirándole la cara y riéndosele con fisonomía bonaza, provocativa, y satisfecha; tornan a sus caballos, volviendo de vez en cuando la cara a mirar al presidente, a obtener un último piping, de gusto y de felicitación. ¡Pobre presidente de la democracia!

Hacia el lado oriente del White House hay extensos edificios, y otros dos hacia el occidente, los cuales están destinados para las oficinas de los ministros de hacienda, guerra y marina. La Posta general es un palacio del orden corintio; y la tesorería ostenta una columnata de 457 pies de largo. La oficina de patentes, depósito de modelos de inventos, con un pórtico imitado en la forma y en la extensión del Partenón de Atenas, tendrá, cuando se terminen las alas, cuatrocientos pies de largo, encerrando en la parte concluida un salón de 275 pies de largo y 65 de ancho.

Hay además en Washington treinta templos de diversas congregaciones, doce colegios (academias), una universidad, tres bancos, dos asilos para huérfanos, un consistorio municipal, un hospital, una penitenciaría, un teatro y algunos edificios particulares que dan cierta apariencia a aquel plantel de ciudad.

Mi residencia en Washington fue uno de aquellos oasis de felicidad íntima, doméstica, en que el corazón se lleva la mayor parte, y que tan preciosos son para el que vaga por luengas tierras. El señor Carvallo, enviado extraordinario de Chile, se obstinó en darme hospitalidad en la casa de su embajada; su señora me prodigó cuantas atenciones puede hacer recordar la familia, y si algo faltara para estar a mis anchas, mi amigo Astaburuaga, secretario del agente chileno, me acompañaba a todas partes, poniendo a mi disposición su práctica y conocimiento de Washington. Así él podía mostrarme en la avenida de Pensilvania entre las jóvenes transeúntes que llamaban nuestra atención, cuál era la hija de un senador, la de un banquero, una simple modista u otra persona menos calificable. La sencillez del vestido, sus paseos y trajines por las calles, sin nadie que las acompañe, y el de tenerse aun a mirar cualquiera cosa que llame la atención, dan una idea del decoro de las costumbres norteamericanas, y de aquella libertad de que goza la mujer soltera entre ellos.

Quería mi amigo Astaburuaga ponerme en contacto con el redactor del Washington Intelligencer, diario muy importante de la capital, y por tanto de oposition entonces, pues en aquel momento dominaban en el gobierno con Mr. Taylor los demócratas. Encontrámoslo en campo abierto sobre el terreno destinado a la fundación de un colegio, para cuyo sostén legó un ciudadano millón y medio de pesos, rodeado de siete u ocho jóvenes, y ocupados de discutir las bases, a lo que supe después, de un gran proyecto. Mr. Jonhson, el diarista, era el presidente de edad nombrado para presidir a la instalación. Acercámonos nosotros a distancia comedida, esperando que la sesión se levantase, temerosos de ser importunos, como cuando nuestras gentes rezan, que debe esperarse a que se santigüen para saludarlas. Dirigíales el presidente la palabra; contestaba alguno; replicaba un tercero en tono sentencioso y frío, y oídos los pareceres el presidente sometía a votación la materia, contando los gangosos yes, yes, nay, yes, nay, y declarando cuál era el punto sancionado. Repitióse varias veces el procedimiento, y el fuego graneado yes, nay, nay, yes, yes terminó al fin el asunto. Entonces se acercaron a Astaburuaga, sucediéronse las recíprocas presentaciones de costumbres, y supe, andando la conversación, que se habían reunido allí para echar los cimientos de una asociación con el grande objeto de... ¡jugar a la bocha! ¡Oh! ¡yankees!

Habíase, pues, propuesto, discutido y aprobado a una fuerte mayoría de dos o tres votos. 1.º presidente, que lo fue Mr. Jonhson; local, aquel donde estaban reunidos; hora de reunión, las cuatro de la tarde; extensión del juego, reglas, arbitración en los casos litigiosos, multas por infracción, etc. Era y es Mr. Jonhson un sujeto de cuarenta años, hijo de un general de la independencia del mismo nombre, culto de modales e instruido, cual correspondía al director de un diario trascendental. Pasamos días enteros en discusiones las más acaloradas sobre un punto, en que no habría esperado contradictores en los Estados Unidos, a saber la democracia y la república. Mr. Jonhson estaba bajo la pata del partido demócrata que domina desde la presidencia Polk, y ofendido, desmoralizado por la tiranía de sus opresores, porque en los Estados Unidos la mayoría dominante en el gobierno es implacable e intolerante, maldecía de la república, de la democracia y de aquella licencia ignorante y brutal que se decora con el nombre de libertad. El mérito oscurecido, y eso es cierto; el interés público descuidado, y eso también es cierto en muchos casos; los servicios olvidados o miserablemente retribuidos, cosa que es de regla en los Estados Unidos; en fin, la pasión de partido sirviendo de criterio y de peso y medida para juzgar de todos y de todo; el charlatanismo preferido a la ciencia, y las pasiones menos justificables sirviendo de impulso a la dirección de la opinión pública, todas estas tachas y otras muchas que afean las democracias, las pasaba en revista para hacerme detestar aquella libertad de que yo me mostraba tan apasionado. Cuando yo me empeñaba en contradecirlo, me decía con sinceridad: «lo que yo quiero es que usted no se alucine con esta apariencia de orden, de prosperidad y de progreso, y los atribuya a la forma de gobierno. Bajo esta corteza no encontrará sino miserias, pasiones indignas, ignorancia y caprichos. Lo que yo me propongo es que no vaya usted a la América del sur a proponernos por modelo de gobierno». Otras veces más aplacado me confesaba que la exasperación en que lo tenía la tiranía del partido contrario, a él que era hijo de un general ilustre, a él que estaba por la educación preparado para ocupar en la sociedad lugar mejor, ofuscaba a veces su razón y le hacía exagerarse los inconvenientes muy reales del gobierno popular. Sin embargo de estas atenuaciones, diferíamos en puntos esenciales. Sostenía él, por ejemplo, que la libertad es en las naciones una de las faces que recorren. La libertad engendra la licencia; la licencia trae la anarquía; la anarquía el despotismo. Aquí hay un momento de alto; mientras el despotismo se consolida, mientras teme, es cruel, sanguinario y desconfiado. Cuando está de todos aceptado, entra en una época de indulgencia y de tolerancia que hace nacer el bienestar, y da lugar al desarrollo de todas las facultades físicas y morales de hombre. Con la civilización y la seguridad, la libertad se desenvuelve, el pueblo conquista uno a uno sus derechos, discute enseguida el principio de la autoridad que lo gobierna, y de la extrema libertad pasa a la licencia, y de allí a la anarquía, volviendo a recorrer aquel cielo fatal en que está encerrada eternamente la vida de las naciones.

Esta doctrina que la primera vez que se presentó obtuvo de su autor el pomposo título de la scienza nuova, puede apoyarse con un poco de mafia y de sagacidad en la historia de todos los pueblos, desde Grecia y Roma hasta los tiempos modernos; y uno y otro la invocábamos en nuestro apoyo, luchando a brazo partido en la polémica y disputándonos palmo a palmo el terreno en cada hecho de aquellos que, sin poner en duda su autenticidad histórica, traducíamos de diverso modo.

Mi argumentación iba por otro camino. La humanidad, decía yo, que es el conjunto de las sociedades, tiene en la historia su alto, en las épocas su ancho, y su organización íntima en la vida de cada pueblo. Aseméjase el mundo moral al mundo físico. La historia de la tierra se encuentra en las capas geológicas que revelan el mundo monstruoso que ha precedido al nuestro; si se la toma desde los polos hacia el ecuador, mostrará las graduaciones de temperatura y de vegetación que diversifican su superficie;

y si la consideramos desde los valles, remontando hacia la cumbre de las montañas, nos ofrecerá el mismo fenómeno de graduación de climas y de producciones.

La historia es, pues, la geología moral. Veamos si sus capas diversas han experimentado mejora y progreso. Supongamos un día antiguo en que la tierra se nos presenta poblada. ¿Qué es lo que vemos? Casi todo el globo sumido en la barbarie; imperios poderosos cuyas facciones, si no es la conquista y la violencia, no alcanzamos a discernir bien. Al fin la Grecia, una mínima porción de la tierra, brilla por la libertad, la democracia, las bellas artes y la ciencia. No entremos en detalles. Roma se asimila a la Grecia, destruye a Cartago y somete al mundo. Pero Roma desenvuelve la noción del derecho y extiende su práctica por toda la tierra culta, que es, sin embargo, una pequeña fracción del globo. Como los romanos a los griegos y al Egipto, los bárbaros de todos los extremos del imperio romano se los absorben a ellos; esto es, se asimilan a él, se agregan a la masa civilizada. La edad media es la obra de fusión. A fines del siglo XV la Europa entera está en posesión de las conquistas hechas por el pensamiento humano en cuatro o seis mil años. Con el renacimiento concurren Lutero, Galileo, Colon, Bacon y otros. La América se agrega a la masa de pueblos civilizados, y en esta parte se pone en práctica la noción del derecho que está en todos los espíritus y cuyo desarrollo embarazan aun en Europa las escorias que ha dejado la edad media. Lleguemos de un golpe al siglo XIX, y abramos el mapamundi. ¿Dónde están los bárbaros? Guarecidos en las islas, trabajados por la Rusia en las estepas de la alta Asia o sepultados en el interior inaccesible del África. La parte civilizada y en posesión más o menos de la libertad, o en vía de completarla, es la mayoría de la humanidad, mayoría numérica, mayoría moral, de fuerza, de inteligencia y de goces. Tiénese hoy en su poder la parte más rica, más productiva del globo; tiene el cañón, el vapor y la imprenta para someter el resto salvaje del mundo, asimilárselo o aniquilarlo. En vista de este espectáculo, ¿cómo se quiere someter a un ciclo el movimiento social de las naciones, comparándolas con los ejemplos truncos, aislados que nos han dejado las naciones antiguas? Si hubiera un ciclo tal, es preciso convenir en que, así como se ha agrandado inmensamente la esfera de las naciones que tienen que recorrerlo a un tiempo, así deben ser largas las épocas en que se han de suceder las diversas faces; y yo me río de la general tiranía que ha de pesar sobre el mundo desde la India y los confines de la Rusia hasta los Montes Rocallosos en América dentro de mil miles de años.

Ahora miremos a los pueblos por su espesor o su organización íntima, aunque no sea posible considerarlos sin relación a las épocas históricas. Pero supongamos un pueblo de Italia que se perpetúa en un punto del territorio desde las épocas históricas; la población de Fiézzole, por ejemplo, que es florentina, toscana, y ha sido romana, etrusca, pelasga, autóctona e indígena, si no ha tenido otros nombres intermediarios. ¿Cómo eran estos pueblos y cómo son? ¿Qué trasformaciones han experimentado? Primero antropófagos; enseguida haciendo sacrificios humanos en los templos, más tarde haciendo esclavos a los prisioneros en la guerra, y ejerciendo la guerra de pillaje y de devastación como industria y ocupación. Los conquistadores se distribuyen el suelo conquistado y los hombres; nacen las aristocracias y el pueblo siervo, la chusma ignorante y sujeta a la tortura en los tribunales de justicia, a la miseria y la degradación. El cristianismo encontró al mundo organizado así. Pongámonos ahora a contemplarlo desde el siglo XIX, y desde los Estados Unidos, desde el seno de esta democracia que usted maldice como el prototipo del desorden moral y político. No hay guerra, no hay señores ni aristocracia; no hay pueblo en el sentido romano; hay la nación, con igualdad de derechos, con industria personal para vivir, con máquinas auxiliares del trabajo, ferrocarriles, telégrafos, prensas, escuelas primarias, colegios, asilos, hospitales, penitenciarías, etc., etc. Observe la organización íntima de esta parte de la humanidad, de esta Atica moderna que ocupa, sin embargo, medio continente; y cuán atrás supongamos al resto de las naciones, no se necesita mayor esfuerzo de ánimo para suponer que han de llegar a ese grado de habilitación de todos los individuos de la sociedad, porque todas están labradas por las mismas ideas y las mismas instituciones. Desde que haya una escuela en una villa, una prensa en una ciudad, un buque en el mar y un hospicio para enfermos, la democracia y la igualdad comenzarán a existir. El resultado de todo esto es que la masa en elaboración es inmensa, que no hay naciones o pueblos propiamente dichos y que la libertad individual está en cada punto del globo apoyada por la humanidad civilizada entera; y cuando hubiese un pueblo que se inclinase a entrar en el cielo fatal de despotismo que se les asigna, el espectáculo, la influencia de cien otros que entran en el período de libertad, lo retendrían en la fatal pendiente. El primer período del cielo fue la antropofagia. ¿Qué pueblo ha vuelto a recorrerlo una vez salido de él? El último es la democracia. ¿Qué pueblo ha sido demócrata en el sentido moderno y con los medios organizados hoy de hacerlo efectivo, la prensa y la industria, y un mundo civilizado en el exterior que le sirva de atmósfera favorable y que haya salido de ese terreno para fundar monarquías, aristocracias? ¿Las repúblicas italianas?

Sobre este tópico nos batíamos sin cesar Mr. Jonhson y yo. A veces me decía: «Nada fueran las masas americanas, si no viniesen todos los años trescientos mil salvajes de Europa que echan a perder la fusión y hacen de la mejora de la opinión una cántara de las Danaides».

—Ah, si tuvieran ustedes, como nosotros en Sur América, que luchar con una masa en la cual el europeo, tan atrasado como lo encuentran ustedes, es un elemento precioso y escaso de civilización y de libertad...

El arte americano
A 15 millas de distancia de Washington está Mont-Vernon, la morada y la tumba de aquel grande hombre que la humanidad entera ha aceptado como un santo, grande por la virtud y el más grande de los hombres por haber puesto la piedra angular al edificio de la nación única del mundo que ve claro su porvenir y cuyo porvenir es el bello ideal de la grandeza de las naciones modernas. Tomo una descripción que encuentro a mano del santuario yankee, de aquella Santa Caba de plácido recuerdo: «Después de haber cabalgado un corto espacio por medio de bosques, que de vez en cuando se abren en oasis de culturas aisladas, mi amigo me señaló una piedra hundida en el terreno al lado del camino; que, según me dijo, marcaba el principio de la quinta de Monnt-Vernon. Todavía marchamos 2 millas antes de ver la puerta y la morada del portero. Después de haber entrado recorrimos una distancia de cerca de media milla; y el camino de carruajes seguía atravesando un terreno muy variado y sombreado por árboles grandes en toda la lozanía de los bosques. Cruzamos un torrente, pasamos un arroyo, sintiéndonos tan en medio de la naturaleza primitiva que la vista de la casa y el huerto que la rodea casi hizo sobre mi ánimo el efecto de un encuentro inesperado. La aproximación a la

casa se hace por el frente del oeste. La puerta del gran patio da a una extensa habitación en la cual entramos. No fue el hábito sino un sentimiento más profundo el que me hizo quitarme el sombrero de la cabeza y marchar con precaución como si pisara una tierra sagrada... Las piezas de la casa son espaciosas y campea cierta elegancia en su acomodo; pero el conjunto es notable por su extrema simplicidad. Todo cuanto la mirada abraza parece respirar la santidad de aquellas reliquias públicas, y todas las cosas se conservan casi en el mismo estado en que Washington las dejó. Todo americano, y principalmente los jóvenes que visitan este lugar, experimentan una fuerte impresión que durará toda su vida... A cierta distancia de la casa, en un lugar retirado, está la tumba nueva de la familia, compuesta de una simple estructura de ladrillo con una puerta de fierro, por entre cuyas rejas se divisan dos sarcófagos de mármol blanco, el uno al costado del otro, los cuales contienen los restos de Washington y de su mujer. La antigua tumba de familia en que estaba colocado al principio, estuvo en una situación más pintoresca, sobre una colina dominando el panorama de Potomac; pero la presente está más retirada, lo que fue una razón para determinar los deseos del hombre modesto».

¡Cuánto arte no se descubre en la colocación de esta tumba, cuánta grandeza en su oscuridad, y cuán americano y nacional es aquel acompañamiento de bosques primitivos, torrentes agrestes y arroyuelos en el estado de naturaleza! Esta es la artística morada de Washington, el plantador norteamericano, el genio de la democracia apenas posesionada de la naturaleza inculta. Adriano estaba bien en la que hoy es el castillo Sant-Angelo; Rafael en la Rotunda de Agripa, que él puso sobre pilares en San Pedro; Napoleón bajo la cúpula de los Inválidos; pero los manes de Washington habrían vagado largo tiempo en rededor de su sepulcro si le hubiese faltado la perspectiva y la sombra de los árboles seculares de los bosques, rodeando el asilo doméstico y combinando la naturaleza inculta con el fruto del trabajo personal del norteamericano.

Y sin embargo Washington, el héroe de la independencia norteamericana, el fundador del pueblo trabajador y positivo, estaba destinado también a inspirar el sentimiento de las bellas artes a los hijos de los puritanos, y volver a esta familia, descarriada por preocupaciones religiosas, al camino en que la humanidad ha marchado siempre, desde el fetiche informe que adora en su infancia, hasta las Pirámides de Egipto, el Coliseo romano, el Partenón, o el moderno San Pedro. Las ruinas de Palenque, las esculturas encontradas por Stephen en Centro América, como las estatuas de Miguel Ángel o las pinturas de Rafael, son todas páginas de un mismo libro, que señalan el día en que cada nación tuvo conciencia de sí misma y perpetuando la memoria de lo pasado o endureciendo en piedra o en bronce una idea, empezó a mirarse viva en las edades futuras, legando a las venideras generaciones monumentos, estatuas y obras públicas que demandan siglos de elaboración. A veces me ocurre la idea de que tanto hicieron los egipcios trabajar a los hebreos cautivos en la construcción de las pirámides y otros monumentos, que cuando aquella chusma se sublevó y tomó el desierto, juró no permitir que en la tierra de promisión que iban buscando, se levantasen monumentos ni se erigiesen estatuas, acordándose sin duda de los palos que les habían dado los sobrestantes egipcios. ¿Cómo explicarse de otro modo el horror a los templos y a las imágenes que muestra Moisés, el discípulo de los sacerdotes egipcios? El arte es la realización del hombre, es el hombre mismo, puesto que no siendo al parecer necesario a su existencia, como lo muestran los demás animales, es sin embargo la preocupación más constante desde la vida salvaje hasta el pináculo de la civilización. Tengo para mí que Roma ha muerto sofocada por los monumentos, que este es el fin de las grandes ciudades de la historia y que París ha de acabar al fin por cuajar su suelo de monumentos públicos, de manera que al fin de los siglos la población se acoja a las catacumbas, que minan el suelo, por no haber espacio para ella sobre la superficie de la tierra. Cuando se dice que los primeros cristianos se ocultaban en las catacumbas de Roma, huyendo de la persecución, me parece que se toma un hecho por otro. La exploración de aquellas inmensas cavernas y perforaciones muestra hoy al arqueólogo los restos de tres siglos de arte cristiano primitivo, lo que prueba que durante tres siglos y hasta la destrucción de la ciudad monumental por Atila, la plebe romana vivió alojada en las catacumbas, donde tenía sus templos, plazas subterráneas, mercados y cementerios. Es ridículo pensar que en una ciudad vivan escondidos durante tres siglos cientos de miles de habitantes, que a cada momento necesitan ponerse en contacto con el exterior para proveer a sus necesidades.

Mahoma y los protestantes no deben citarse en materia de bellas artes como una nueva aberración de la naturaleza humana, puesto que la obra de estas dos reacciones en contra no son más que recrudescencias de la ojeriza de Moisés contra las pirámides, a causa del mal trato dado a los hebreos; gato escaldado, en materia de asentar piedras.

Los norteamericanos creen que no tienen vocación artística, y afectan desdeñar las producciones del arte, como fruto de sociedades viejas y corrompidas por el lujo. Yo he creído, sin embargo, sorprender el sentimiento profundo, exquisito, de lo bello y de lo grande en este pueblo que marcha de carrera en busca del bienestar material, y va dejando a su paso incompletas todas sus obras y a medio hacer. ¿Qué no entra por nada en el sentimiento del bello ideal, la beldad moral? ¿Qué pueblo del mundo ha sentido más hondamente esta necesidad de confort, de decencia, de holgura, de bienestar, de cultura de la inteligencia? ¿Qué pueblo ha sentido más horror por el espectáculo de lo feo, la pobreza, la ignorancia, la borrachera, la degradación física y moral, que es como la corteza y la primera apariencia de las sociedades europeas? En Roma, de entre los monumentos y las basílicas se alargan manos muy cuidadas pidiendo limosna.

No hablaré de los hoteles, bancos, iglesias, embarcaderos y acueductos que en toda la Unión asumen formas monumentales; mucho menos de las columnas, obeliscos de cierta grandeza y elevación que en honor de Washington y de Franklin se alzan en Boston, Filadelfia y Nueva York. Todas estas son muestras, o más bien, productos artísticos pero que no revelan el sentimiento norteamericano del arte. Los europeos emigrados ahora dos siglos, o emigrando actualmente, comunican por fuerza y como necesidad de existencia los medios artísticos que poseen. Pero no es este el arte americano, pues que no doy este nombre sino a la manifestación de aquella, constante y seguida aspiración de un pueblo en prosecución de una idea nacional, que existe y se revela en cada hombre, por generaciones sucesivas. Llámole arte, no a los grados de civilización de los diversos pueblos, sino al genio, al carácter nacional en cuanto reviste formas tangibles y afecta su historia. ¿Cuál era el arte romano? Sin duda que no se dará este nombre a las diversas ordenes de arquitectura, a la estatuaria y demás decoraciones, cuyas formas habían adoptado de los griegos, imitándolas, entremezclándolas, y adaptándolas a sus trabajos. Llamo arte romano a aquel sentimiento grandioso que hacía concebir las Termas, el Coliseo, la tumba de Adriano, los acueductos de Segovia y el anfiteatro de Nimes; al espíritu monumental y dominador de la tierra y de los obstáculos que ella oponía a la continuidad y facilidad de dilatación y permanencia de la grande y perseverante idea artística romana, la incorporación de la tierra conocida bajo el dominio de sus leyes, y la adopción de los cultos, de las civilizaciones y de las costumbres de todos los pueblos. Una revolución interna, la elevación de la plebe, y otra externa, la incorporación de los bárbaros, destruyeron la obra romana, como una plétora a que no pudo resistir aquel cuerpo que tenía que digerir un mundo de un golpe.

Acaso los yankees están amenazados de sucumbir bajo el peso de una elaboración interna tan amenazante como la de la plebe romana. Todos tiemblan hoy de que aquel coloso de una civilización tan completa y tan vasta no vaya a morir en las convulsiones que le prepara la emancipación de la raza negra; incidente de una magnitud amenazante, y sin embargo, tan extraño a la civilización norteamericana en su esencia, como sería extraño a las leyes internas de nuestro globo el que un cometa de los millares que andan errantes por el espacio, se estrellase contra él un día y lo hiciese periclitar.

¿Dónde está, pues, el genio artístico americano? No lejos del Capitolio de Washington en una casita modesta, sobre un bufete de madera de pino sin barnizar, mostráronnos a mí y a mi amigo Astaburuaga, quien me conducía a aquel retrete, un modelo de un monumento que debía erigirse a la memoria del héroe norteamericano. La construcción se compone de un gran edificio de formas jónicas de cuyo centro se eleva una aguja. Según la escala que tiene al pie el diseño, mide en alto todo él, dos metros más que la pirámide de Cheops en Egipto. La arquitectura es una combinación más o menos feliz de formas y géneros conocidos, herencia de todos los pueblos civilizados. Lo que en aquel monumento hay del genio yankee es la altura, es decir, el sentimiento nacional de sobrepasar en osadía a la especie humana entera, a todas las civilizaciones y a todos los siglos. Dos metros más alto que el monumento más alto construido por los hombres, he aquí el sentimiento de lo grande, de lo sin rival que caracteriza a aquel pueblo; sentimiento que ha preludiado o seguido a las más grandes épocas que ha alcanzado alguna porción del género humano. A este mismo sentimiento obedeció el pueblo que construyó las pirámides; ese mismo sentimiento aconsejó hacer del monte Athos una estatua de Alejandro, cuya mano tendría las fuentes naturales de un río; ese sentimiento, en fin, inspiró la idea del coliseo de Neron, el coliseo su vecino, y ese sentimiento dirigió la construcción de San Pedro en Roma, el camino del Simplon, etc., etc.

La idea de elevar aquel monumento a Washington, ha sido acogida en la Unión con entusiasmo febril, nada más que porque respondía a la aspiración nacional de sobreponerse a las demás naciones. Vése este espíritu en la arquitectura naval. El buque que no mide dos mil quinientas toneladas no merece llamar la atención ni engreír al pueblo como un trofeo de su gloria. ¿Qué dijera Colon que atravesó el océano en carabelas de ochenta toneladas, si viera flotar sobre las aguas aquellos monstruos que pueden esconder en su seno cincuenta mil quintales de nieve o de granito, porque granito canteado y nieve, son dos mercaderías de exportación de que los norteamericanos hacen un comercio de algunos millones? Hace cosa como de diez años que atormenta a los yankees la idea de atravesar el continente americano con un camino de hierro desde Nueva York hasta el Oregón, uniendo el Atlántico con el Pacífico, o interponiéndose ellos entre la Europa y el Asia, de manera de pasarles con la derecha a los ingleses lo que con la izquierda hubiesen cogido en las costas de la China y del Japón. No han inventado, sin duda, los americanos ni el camino de hierro, ni el buque, ni el orden jónico; pero suyas son las colosales aplicaciones y los perfeccionamientos que introducen diariamente en su construcción; pues si no han podido mejorar los ordenes arquitectónicos, algo de un carácter nacional les han añadido a los conocidos, como la estatua de Franklin sosteniendo el pararrayos en el pináculo de las cúpulas, como ya lo he indicado antes, y la mazorca de maíz como coronación y remate, en lugar del piñón antiguo. El embarcadero de los caminos de hierro, el viaducto, el puente, el hotel y otras construcciones que reclaman las necesidades de nuestra época, pueden dar en los Estados Unidos formas arquitectónicas desconocidas en los siglos pasados y que estereotipen un carácter peculiar a cada clase de monumento.

La parte económica del monumento de Washington revela otro de los signos del genio artístico de los yankees. Levántase aquella obra colosal, por medio de una suscrición popular de solo algunas monedas de cobre por individuo. Así cada año la nación en masa trae a los pies de la estatua del grande hombre, tipo del bello ideal nacional, un tributo espontáneo de gratitud y alabanza; y en este punto pueden darse por vencidas todas las naciones de la tierra. Todos los monumentos del mundo están amasados con lágrimas e iniquidades; y el mismo San Pedro de Roma, no es gloriam Dei la que enarra, sino la perversidad y las extorsiones de sus ministros. Roma contiene hoy en monumentos, como ahora dos mil años, la sangre y los despojos de la tierra. Versalles, el Escorial, el Arco de l'Etoile, todos los monumentos del mundo protestan contra el despotismo de quien fueron antojo y vanidosa ostentación. Pero el monumento de Washington es tan puro, como la idea inmortal que representa. Las generaciones pueden sucederse embelleciéndolo de año en año por siglos enteros, sin que una idea triste acongoje el ánimo del espectador más complacido que asombrado. Veinte millones de ciudadanos, felices hoy, mañana ciento, consagran una ínfima parte de su trabajo a solemnizar el más noble y el más grande los recuerdos históricos, la personificación de la dignidad moral más alta que se haya ofrecido a la especie humana. ¿Qué es Napoleón mirado desde esa altura? El último y el más sublime de los bandidos que han asolado la tierra y cubiértola de cadáveres, para poner su orgullo en lucha con la obra de la perfección social que destruyó con la república. ¿Qué es Washington sepultado al lado de su mujer en un oscuro y solitario rincón de la casa que habitó? El genio de la humanidad moderna, el principio de una era que asoma, y que ya deja marcado al mundo el camino de justicia, de igualdad y de trabajo laborioso que seguirá.

Deben decorar el interior del monumento de Washington, piedras e inscripciones enviadas por todos los Estados de la Unión, las ciudades y las corporaciones, y sociedades científicas, filantrópicas, y aun industriales. Aquel sistema de contribución popular y espontánea para la realización de un pensamiento nacional, constituye, a mi juicio, la muestra más clara de la existencia de un sentimiento artístico nacional. No sé si hay en Europa pueblos que en masa se apasionen por la realización de una idea, si no son los franceses de cierta clase, y lo que ha hecho en la edad media el catolicismo, por medio de las corporaciones de artesanos. Pero en los Estados Unidos, si este sentimiento no está del todo desenvuelto en la masa de la nación, lejos de morir como el bello espíritu cristiano de la edad media, está en germen apenas, y toma cada día formas más aparentes. No hay ciudad de alguna importancia que no tenga en los Estados Unidos su rudimento de museo, en que están bárbaramente mezcladas obras del arte, curiosidades traídas por los navegantes, objetos de historia natural, y aun representaciones grotescas de escenas ocurridas en los mares u otros puntos y que han preocupado al público. Estas colecciones se enseñan al curioso por una retribución, y aquella retribución forma un capital que se emplea incesantemente en enriquecer, embellecer y completar las colecciones para excitar más y más la curiosidad. Durante mi permanencia en Nueva York, estaba en exhibición una bellísima estatua en mármol de Carrara, ejecutada en Roma por Poper, joven artista norteamericano de rara habilidad. La estatua representaba una cautiva georgiana, no siendo más que una Venus con cadenas. Era acaso la vez primera que los puritanos veían expuesta una de esas bellas desnudeces femeniles con que tanto se familiariza uno, ennobleciéndose el pudor, en los museos de Italia y de Francia. Los primeros días hubo grande escándalo; pero concluyeron al fin las gazmoñas por levantar los ojos y habituarse a contemplar la beldad artística en aquel espejo de mármol. El resultado fue que la exposición de la estatua produjo en algunos meses algunos miles para el artista, y que agotada la curiosidad de Nueva York, la estatua tomó el camino de hierro, y fue de ciudad en ciudad exhibiéndose a los ojos rudos del pueblo, y reuniendo en cambio de sorpresas, cuchicheos y admiraciones de los espectadores, sendos pesos fuertes; por manera que el artista obtuvo en recompensa de su talento, más que lo que Canova u Horace Vernet obtuvieron nunca, por sus más afamados capi d'ópera. Estas costumbres y esta ovación popular prometen al arte americano estímulos más poderosos, gloria más retumbante que la que los reyes de la tierra han podido conceder jamás, gastando en fomentar las bellas artes rentas que no son suyas, y que arrancan para sus placeres al sudor de los pueblos. No es esta una paradoja; háse comprobado ya que los gastos que hacen por suscriciones gratuitas en Norte América los ciudadanos y aun las señoras para costear los trabajos de los astrónomos de Cincinnati, exceden en mucho a las rentas acordadas por el gobierno inglés para los mismos fines. No está, pues, lejos el día en que los grandes artistas europeos vengan tras del lucro a pasear por los Estados Unidos sus obras maestras, recogiendo pesos a millares mientras el gusto nacional se educa, y más tarde codiciando la ovación que al talento haga un pueblo, juez competente ya en materia de arte. Las cantatrices y bailarinas célebres empiezan a mostrar el camino que más tarde seguirán los pintores y los estatuarios. Tan genial es aquella ambulancia del arte en Norte América, que no hace muchos años hubo un teatro magnífico, construido sobre un buque que iba dando funciones a ambas márgenes de un río, a medida que llegaba a una villa o ciudad de consideración.

Tienen los norteamericanos costumbres públicas y privadas que se prestarían al desarrollo de las artes. La vida afanosa que llevan y la excitación de los negocios los fuerza a viajar continuamente, mostrando cierta necesidad de emociones, de ver y de agitarse, que los lleva en romería a la cascada de Niágara, a los lagos y a las ciudades de la costa. Esta parte antigua de la Unión ejerce sobre la población del interior una grande influencia moral, como que allí está el centro del movimiento inteligente y mercantil, el contacto más inmediato con las otras naciones, y la sede del gobierno; y como todas las familias del interior son originarias de los antiguos Estados, los ojos se vuelven siempre hacia la patria primitiva, embelleciendo los recuerdos, la carencia de los goces a que los padres estuvieron habituados.

Washington, la capital nominal de la Unión, aprovechará sin duda en un porvenir próximo de estas disposiciones del espíritu nacional, si el Capitolio, el Museo de Inventos y el monumento elevado a Washington, hubiesen de ser acompañados por otras atracciones que hiciesen al fin de la capital un centro de espectáculos que muevan la curiosidad de los viajeros y despierten el nacionalismo. Residencia de los Senadores, ministros y altos funcionarios como asimismo de los representantes de las otras naciones, Washington podría embellecer sus veladas con la ópera, y las artes dramáticas y coreográficas si las ideas religiosas no opusiesen a ello fuertes obstáculos.

Añádese a esto que el sentimiento de unidad, de centralización, y de dirección, lucha con desventaja contra la energía individual y local, base de la organización política de aquel país, y resultado del espíritu protestante. No conozco hecho en contrario, si no es el Board de Educación de Massachussets, que ha logrado al fin sobreponerse a las resistencias y espontaneidad local en materia de enseñanza, imprimiendo una impulsión científica y sistemada a la educación general del Estado. ¿Podría extenderse esta influencia sobre toda la Unión partiendo de un centro único y oficial? Si tal sucediera, lo que es obra del tiempo, diríase que se obraba una revolución radical en la vida de aquel pueblo. El movimiento de mejora y sistema en la educación primaria principió en Boston; Nueva York, Maine y los demás Estados, hasta los del Oeste, pusiéronse luego en movimiento; pero cada uno de por sí, adoptando variantes y aplicaciones, según lo aconsejaba la dirección impresa a la opinión. Es posible que aquellos Estados lleguen a tener al fin una legislación idéntica, sin ser por eso común, ni ligada a un centro general. La civilización y el poder de los Estados Unidos es igual a la suma de la civilización y el poder de los individuos que la componen; pero no es esa suma, representada por el Estado, como nos lo dictan nuestras ideas latinas en materia de gobierno. La estadística, los monumentos, todo se hace por agregaciones parciales; y tal es la idea de la negación de la personalidad del Estado, que después de una guerra se venden en pública subasta los buques, los fusiles y los cañones que sirvieron para hacer efectiva la fuerza nacional.

En despecho de todo esto, los americanos han tenido la pretensión de honrar un arte nacional, llamando tal a los productos artísticos salidos de ingenios americanos. Idea, mezquina para nación tan cosmopolita, y emigrada de los antiguos pueblos europeos. Los norteamericanos debieran, como nación, emprender la conquista de los monumentos de las artes de Europa. A cada momento se anuncia en Venecia, en Génova y en Florencia la venta de Museos particulares que cuentan Ticianos, Españolettos Carrachos, y aun Rafaeles. Los franceses han saqueado la España de Murillos, Zurbaranes y Velásquez, y aun la Irlanda se ha enriquecido de bellezas artísticas, mientras que los cónsules bárbaros de Norte América no sienten siquiera la tentación de Marcelo al ver las estatuas de Corinto. Cien mil pesos anuales destinados a la adquisición de las obras de los maestros antiguos y modernos, echarían en los Estados Unidos la base del futuro arte americano. En Francia, cuán adelantada es aquella nación en las bellas artes, pues lo es más que la Italia, siéntese la necesidad de trasportar en copia al menos todos los grandes modelos del arte extranjero. Washington debiera enseñar las imitaciones perfectas y como para servir de escuela, de la Rotunda de Agripa, del Partenón de Atenas, de la Catedral de Ruan, como modelo del gótico, y de media docena más de edificios célebres. Así se convertiría en capital artística aquella aldea buena para nada, y rebelde al tiempo y al progreso, que agranda y embellece a vista de ojo todas las ciudades americanas; pues Washington no siendo centro comercial, ni naciendo el movimiento político de su seno, adonde viene por el contrario desde afuera, está condenada a no ser nunca gran cosa, si no se apodera del único principio orgánico que ella puede centralizar, que es la impulsión artística y la concentración monumental que atrae a un centro común de vanidad, de gloria y de veneración.

Hay ya un establecimiento en Washington, y que atrae las miradas de toda la nación, el cual es visitado diariamente como escuela nacional. La Oficina de Patentes encierra en un museo de modelos la historia de los progresos que las artes industriales han hecho desde su creación. Trece mil quinientas veintitrés patentes por invenciones y mejoras se habían otorgado hasta 1844, perteneciendo al año de 1843 quinientas treinta y una. En este ramo de la actividad inteligente del país han procedido, como debieran proceder en todo lo que tiene relación con la cultura, a saber: importando primero, plagiando, saqueando a las otras naciones para enriquecer de datos su espíritu, y obrar después. Los resultados no se han hecho aguardar. De un extracto del informe sobre exportación de máquinas hecho en 1841 ante la Cámara de los Comunes en Inglaterra resulta que preguntado el informante si la Inglaterra debe de una manera notable a los extranjeros invenciones en maquinaria, fue respondido: «podría decir que la mayor parte le los nuevos inventos últimamente introducidos en las fábricas de este país, vienen de afuera; pero necesito hacer comprender que no son mejoras en máquinas, sino inventos enteramente nuevos. Hay ciertamente muchos perfeccionamientos emanados de este país, pero temo que la mayoría de las invenciones realmente nuevas, esto es, ideas nuevas enteramente en la aplicación de ciertos procedimientos, por máquinas nuevas, o por medios nuevos, traen su origen de afuera, y principalmente de América».

Esta confesión de la Inglaterra de su esterilidad en la maquinaria, y de la invasora fecundidad de su joven rival, es el grito lúgubre de los náufragos que saben que no hay socorro posible. Norte América invade hoy al mundo, no ya con productos e inventos, sino con ingenieros, artífices y maquinistas que van a enseñar las artes de producir mucho a poca costa, osarlo todo y realizar maravillas.

He insistido en aquel extraño atraso artístico, fruto de preocupaciones heredadas, porque no solo en las artes útiles, sino en los trabajos de la inteligencia los norteamericanos empiezan a tomar una posición propia. Conoce usted a Cooper, a Washington Irving, a Prescott, a Bancroff y Sparks, como historiadores de primer orden de las cosas americanas, osando algunos de ellos emprender la aclaración de algunos episodios de la historia europea; pero aun es grande el número de escritores de renombre que han tratado las cuestiones especulativas de filosofía, economía, política y teología. Baste decir que en doce años hasta 1842, se han publicado ciento seis obras originales sobre biografía; ciento dieciocho sobre geografía e historia americana; noventa y una sobre lo mismo con respecto a otros países, diecinueve de filosofía; ciento tres de poesías; y ciento quince de novelas, mientras que casi en el mismo tiempo trescientas ochenta y dos obras originales americanas habían sido reimpresas en Inglaterra, y aceptadas por aquel público mismo que veinte años antes preguntaba por boca de una revista: ¿quién lee libros americanos? Oradores y estadistas como Everett, Webster, Calloum, Clay, los poseen iguales solo en la Francia y la Inglaterra, siendo de notar que el brillo en los trabajos históricos y en la elocuencia, empieza a ser como en Francia, escalón que conduce al poder y a la influencia sobre la opinión pública. Los viajeros, los naturalistas, arqueólogos de cosas americanas, geólogos y astrónomos que emprenden enriquecer y aun rehacer la ciencia, abundan comparativamente, mostrando por los resultados que obtienen en sus trabajos, que están mucho más adelantados que lo que la Europa hubiera creído, a no tener a cada momento que aceptarlos.

Diráme usted que toda esta reseña de los progresos intelectuales de los americanos no tiene nada de común con Washington, la desierta capital; pero, ¿dónde colocar estas reminiscencias y cómo darles cuerpo y unidad si no se inventa un centro a que referirlas?

Mi permanencia en Washington se prolongó de un día más sobre el tiempo convenido con Arcos, pues nos habíamos dado cita últimamente, en Harrisburg en el United-States-Hotel, que yo había señalado como punto de reunión.

Hube de regresarme a Baltimore y de allí tomar el ferrocarril que conduce a aquella ciudad; y no bien hubo llegado a la posta, empecé a inquirirme del United-States-Hotel. ¡Cuál fue mi sorpresa al saber que en Harrisburg no había hotel con aquel nombre! Como en toda ciudad norteamericana hay uno que lo lleva, yo había dado a mi futuro compañero de viaje cita al que suponía debía haber en Harrisburg. Con trabajo pude indagar el paradero de Arcos, que había dejado escrito en el libro del hotel de la posta, estas lacónicas palabras, dirigidas a mí: «Lo aguardo en Chamberburg». Asaz mohíno y cariacontecido por este contratiempo me dirigí a Chamberburg, donde, después de recorrer las posadas con inquietud creciente, nadie supo darme noticia de la persona por quien preguntaba, tanto más cuanto que hablando Arcos el inglés con una rara perfección, gangoseándolo por travesura cuando se dirigía a norteamericanos, nadie, ni los mismos que habían hablado con él, me daba noticia del joven español por quien yo preguntaba en un inglés que hacía estremecer las fibras a los pobres yankees. Entreteníame aun la esperanza de que estuviese en los alrededores cazando, pues en nuestro programa de viaje entraba una expedición campestre en los Montes Alleghanies. Al fin supe que había dejado en la posta una esquela, en quo me repetía lo de Harrisburg: «Lo aguardo en Pittsburg». ¡Malheureux! —exclamé yo acongojado—. ¡Cincuenta leguas de Chamberburg a Pittsburg, los Alleghanies de por medio, 10 pesos de pasaje en la diligencia, y no cuento sino con tres o cuatro en el bolsillo, suficientes apenas para pagar el hotel en que estoy alojado! Supe, pidiendo detalles circunstanciados sobre la indiscreta partida de mi intangible precursor, que no habiendo asiento en el interior de la diligencia, se había metido saco de heno que lleva encima para proveer a los caballos, y que allí debía viajar dos días y dos noches, impulsado a tanto sacrificio por la inquietud juvenil de una sabandija incapaz de aguantar en un lugar ocho horas, que era la diferencia de tren a tren que nos llevábamos en el camino de hierro. Héme aquí, pues, en el corazón de los Estados Unidos, como quien dice tierra adentro, sin un medio, haciéndome entender a duras penas y rodeado de aquellas caras impasibles y heladas de los americanos. ¡Qué susto y qué aflicciones pasé en Chamberburg! A cada momento llamaba al dueño del hotel y de palabra y por escrito le exponía mi situación.

—Un joven que va adelante lleva mi dinero, sin saber que yo no traigo el necesario para los gastos de camino. Me piden 10 pesos de pasaje en la posta y no tengo sino cuatro para pagar el hotel. Pero tengo algunos objetos de valor intrínseco en mi maleta, y quiero que la posta los retenga hasta que haya cubierto mi pasaje en Pittsburg.

El posadero, al oír esta lamentable historia se encogía de hombros por toda respuesta. Contaba mis cuitas al maestre de posta y se quedaba mirándome como si no le hubiese dicho nada. Dos días de continuo suplicio y de desesperación habían pasado ya, y lo peor era que no había asiento en la diligencia, por venir todos contratados desde Filadelfia, como complemento del camino de hierro que termina allí. Al fin me sugirieron escribir a Arcos por el telégrafo eléctrico, lo que hice en cuarenta palabras por valor de cuatro reales, y en los términos más sentidos. No obstante aquel laconismo telegráfico, «no sea usted animal»... era la introducción de mi misiva, y le contaba lo que por su indiscreción me sucedía.

—¿Dónde está el sujeto a quien se dirige?

—En el United-States-Hotel —contesté yo, dudando ahora si en Pittsburg habría un hotel de aquel nombre; y para no darme un nuevo chasco, indiqué que se le buscase en todos los hoteles más aparentes de la ciudad.

Tardaba la respuesta a mi impaciencia y a mi miedo de no dar con aquel calavera, y no despegaba los ojos de la maquinita que con golpecillos redoblados indicaba a cada momento el paso de misivas a otros puntos, y que no se anotaban allí, por no venir precedidas de la palabra Chamberburg y la señal preventiva y convencional para llamar la atención del oficinista. Voy a preguntar me dijo; y tocando a su vez su aparate, se sucedieron los golpecillos, con cuya mayor o menor duración trazaba el punzón magnetizado a cincuenta leguas la pregunta que se hacía desde Chamberburg.

—¿Qué hay del joven Arcos que se mandó buscar?... —y un momento después... señal de atención a Chamberburg...

—Contestan —me dijo el oficinista, acercándose al aparato; y el punzón de Chamberburg trazaba sus puntos sobre la tira de papel que el cilindro va desarrollando poco a poco.

¡Qué hubiera dado por leer yo mismo aquellos caracteres que consisten en puntos y líneas, obrados por la presión en la superficie blanca del papel. Concluida la operación, tomó la tira de papel y leyó: «No se le encuentra en ninguna parte. Se ha mandado de nuevo a buscarlo». Dos horas después nueva interrogación, nuevo martirio de aguardar un sí o un no de que dependía el sosiego o la desesperación, y nuevo y definitivo... no hay tal individuo...!

Quedé punto menos que si me hubiese caído un rayo. Entonces, interesándose en mi suerte y haciendo conjeturas el hostelero, nombró a Filadelfia. ¡Cómo Filadelfia! le interrumpí yo; es en Pittsburg donde está Arcos y donde han debido buscarlo.

—Acabaremos —me respondió— como es en Filadelfia donde se paga la diligencia, el oficinista del telégrafo ha creído que es allí a donde usted recomienda que le tomen pasaje; but no matter, voy a corregir el error; y dirigiéndose a la puerta se detuvo, y señalando a la oficina me dijo: ya cerraron, hasta mañana a las ocho... Las grandes pasiones del ánimo no pueden desahogarse sino en el idioma patrio, y aunque el inglés tiene un pasable godman para casos especiales, preferí el español que es tan rotundo y sonoro para lanzar un ahullido de rabia. Los yankees están poco habituados a las manifestaciones de las pasiones meridionales, y el huésped, oyéndome maldecir con excitación profunda en idioma extraño, me miró espantado; y haciéndome seña con la mano, como para que me detuviera un momento antes de morderlos a todos o suicidarme, salió corriendo a la calle, en busca sin duda de algún alguacil para que me aprehendiese. ¡Esto solo me faltaba ya! y aquella idea me volvió repentinamente la compostura que en mi aflicción había perdido por un momento. Minutos después volvió a entrar acompañado de un sujeto que traía la pluma a la oreja y que con frialdad me preguntó en inglés primero, en francés enseguida, y luego alguna palabra en español, la causa de mi turbación, de que lo había instruido el posadero. Contéle en breves palabras lo que me pasaba, indiquéle mi procedencia y destino, suplicándole intercediese en la posta para que se tomase mi reloj y otros objetos en rehenes hasta haber satisfecho en Pittsburg el pasaje. El individuo aquel me escuchó sin que un músculo de su fisonomía impasible se moviese, y cuando hube acabado de hablar, me dijo en francés:

—Señor, lo único que puedo hacer... (¡Qué introducción! me dije yo para mi coleto y tragando saliva)... lo único que puedo hacer es pagar el hotel y el pasaje de usted hasta Pittsburg, a condición de que llegado usted a aquella ciudad, haga abonar en el Merchants-Manufactory-bank, en cuenta de Lesley y Ca. de Chamberburg, la cantidad que usted crea necesario anticiparle aquí.

Tuve necesidad de tomar una larga aspiración de aire para responderle:

—Pero, señor, gracias; pero usted no me conoce, y si puedo darle alguna garantía...

—No vale la pena; personas en la situación de usted, señor, no engañan nunca —y diciendo estas palabras se despidió de mí hasta más tarde.

Comíme enseguida un real de manzanas, pues que hambre era lo que había despertado la serie de emociones porque había pasado durante tres días. Aproveché la tarde en recorrer la ciudad y alrededores; necesitaba caminar, agitar mis miembros para creerme y sentirme dueño de mí mismo. En la primera noche se me apareció mi ángel custodio, cargado de libros; traíame un tomo de Quevedo, otro del Tasso en italiano y uno o dos mamotretos en francés para que me distrajese. Consagróme algunos momentos hablando alternativamente en español y en francés; díjome que conocía el latín y el griego, inquirióse sobre algunos detalles de mi viaje y me deseó buena noche al retirarse.

Al siguiente día volvió y me dio cuatro billetes de a 5 pesos, no obstante mi empeño de devolverle uno por innecesario; y como ya se retirase, regresó diciéndome casi ruborizado: usted me perdono señor, pero se me ha quedado otro billete en el bolsillo que ruego a usted agregue a los anteriores. este hombre había excedido más de la suma que yo había indicado, porque en resumidas cuentas yo solo necesitaba 10 pesos. Comprendí el sentimiento delicado que lo impulsaba e hice una débil resistencia a recibirlo, aceptándolo con cordialidad.

La diligencia partió al fin, y yo volví a mi estado de quietud de ánimo ordinaria, complaciéndome de haber tenido ocasión, aunque tan penosa para mí, de dar lugar a manifestación tan noble y simpática como aquella del caballero Lesley. La noche sobrevino, apareció la Luna plácida en el horizonte, y la diligencia empezó a remontar pausadamente los montes Alleghanies. Cuando habíamos llegado a la parte más elevada, bajaron algunos pasajeros, y una voz de mujer dijo en francés dentro de la diligencia: bajen a ver el paisaje que es bellísimo. Aprovechéme de la indicación, descendí tras los otros, y pude gozar en efecto de uno de los espectáculos más bellos y apacibles de la naturaleza. Los montes Alleghanies están cubiertos hasta la cima de un frondosa y espesa vegetación; las copas de los árboles de las lomadas inferiores, iluminadas de lo alto por los rayos de la Luna, presentaban el aspecto de un mar nebuloso y azulado, que por el cambio continuo del espectador iba desarrollando sus olas silenciosas y oscuras, sintiéndose, sin embargo, aquella excitación que causa en el ánimo la vista de objetos que se conocen y comprenden, pero que no pueden discernirse bien, porque el órgano no alcanza o la luz es incierta y vagarosa.

Al llegar a una posada después de habernos recogido a nuestro vehículo, la misma voz dijo, siempre en francés: aquí se desciende a tomar algo, porque marcharemos toda la noche sin parar. Bajé yo, en consecuencia, y presentándose a la puerta una señora, ofrecíala la mano para que se apoyase. Volvimos a poco a tomar nuestros asientos, continuóse el viaje, y empezaba a sentir somnolencia, cuando la misma voz de antes, y que era la de la señora aquella, me dijo con timidez: creo, señor, que usted se ha visto en algunas dificultades.

—¡Yo! no, señora —contestéle perentoriamente, y la conversación terminó ahí; pero mientras yo recapacitaba sobre esta pregunta, la señora añadió con visibles muestras de turbación:

—Usted me dispense, señor, si le he hecho una pregunta indiscreta, pero esta mañana en Chamberburg, me hallaba por casualidad en una pieza, desde donde no pude dejar de oír lo que contaba usted a un caballero.

—En efecto, señora, pero usted supo sin duda que todo quedó allanado.

—Y ¿qué piensa usted hacer, señor, si no encontrase a su compañero en Pittsburg?

—Me asusta usted, señora, con su pregunta. No he pensado en ello, y tiemblo de sospechar que tal cosa sea posible. Me volvería a Nueva York o a Washington donde tengo conocidos.

—¿Y por qué no continuaría su viaje adelante?

—¿Cómo he de engolfarme en un país desconocido, señora, sin fondos?

—Le decía a usted esto, porque mi casa está cinco leguas más acá de Nueva Orleáns, y deseaba ofrecérsela a usted Desde allí puede usted tomar noticia de su amigo; y si no lo encontrase, escribir a su país y aguardar a que le manden lo que necesita.

La noble acción de Mr. Lesley había, según lo visto, sido contagiosa. Aquella señora lo había oído todo, y quería a su vez completar la obra. Esta reflexión me vino antes, tocado como estaba por el buen proceder, de otra a que, su sexo podría haber dado pretexto; la señora me dijo enseguida, acaso para responder a la posibilidad de una sospecha, que hacía seis semanas que acababa de perder a su marido, y que iba a poner orden en los negocios de su casa de Orleáns. Acompañábala una hijita de nueve años y ambas vestían luto completo. Era la madre, pues, y no la mujer, la que ofrecía el asilo doméstico a un desconocido que debía también tener madre; y obedeciendo a esta idea que santificaba la oferta y la aceptación, traté en adelante a la señora con menos reserva, seguro, sin embargo, de que no llegaría el caso por ella previsto.

Llegamos a Pittsburg, y la señora me hizo prevenir que partía por un vapor y que si aceptaba su ofrecimiento fuese a tomar pasaje en el mismo vapor. Salí a buscar a Arcos en el United States-Hotel; porque ¿dónde había de encontrarlo sino allí? Afortunadamente para mí había en efecto en Pittsburg un hotel de los Estados Unidos, donde encontré a mi Arcos, que a la sazón escribía en los diarios un aviso, previniéndome su paradero y justificándose de lo que ya empezaba a sentir por mi demora, que había sido una niñería. Venia dispuesto a reconvenirlo amigable, pero seriamente; mas me puso una cara tan cómicamente angustiada al verme, que hube de soltar la risa y tenderle la mano. Salimos juntos inmediatamente, y contándole mi historia en el camino nos dirigimos al vapor Martha Washington en que había tomado pasaje la señora, a fin de darla las gracias y prevenirla de mi hallazgo, para que no partiese con el temor de que quedase yo aislado. En efecto, no bien hube puesto el pie en la espaciosa cámara del buque, cuando del extremo opuesto, levantóse la señora que había estado en acecho aguardándome, y dirigiéndose hacia mí con disimulo, fingió darme la mano para pasarme ocultamente un bolsillo de oro. Presentéle sin aceptarlo la buena pieza que me acompañaba y que había ocasionado todas aquellas tragedias, y ambos la dimos un millón de gracias por su solicitud; y como si la ingratitud fuera la recompensa de tan desinteresado proceder, he olvidado su nombre habiéndonos separado en Cincinnati para no volvernos a ver más.

Cincinnati

De Pittsburg, que no tuve tiempo de examinar, el vapor por 5 pesos lleva al viajero a Cincinnati 455 millas Ohio abajo. El magnífico río da nombre al Estado, si bien principia a ser navegado desde la Pensilvania. Otra vez he hablado de la riqueza de aquel suelo privilegiado, dónde sobre lechos inconmensurables de carbón bituminoso, se extienden llanuras de bosques y de cultivo, accidentadas por montes que esconden el hierro en sus flancos, y de cuyas faldas fluyen canales como el Ohio que se liga al Missisipi y sus afluentes, y somete un mundo al alcance de sus manufacturas.

Para darle noticia del progreso asombroso del estado del Ohio, debo principiar por el sicut erat in principio, es decir, el aspecto del país ayer no más. este estado se extiende unas 40.000 millas cuadradas desde la margen del Ohio hasta el lago Erie, al norte. La arte sur y este del terreno es llano y fertilísimo; el resto, accidentado de montículos, encierra valles hermosos, sábanas, pantanos, y terreno quebrado. La cantidad de tierras arables se reputa en 35.000 millas, el resto es la parte cenagosa, quebrada o estéril. Hasta 1840 la parte labrada no pasaba de 12.000 millas. El primer establecimiento se hizo en 1788 en Marieta. La población cristiana se presentó en Estado en 1802, en número de 50.000 habitantes. En 1810 había aumentado a 230.760; en 1820, a 937.679; y en 1840, a más de un millón y medio. Hoy tiene más de dos millones. No soy yo ahora quien hace esta comparación. Copio de un librejo. «Dícese que el territorio de los Estados Unidos es un noveno o cuando más un octavo de la parte del continente colonizado por los españoles. Sin embargo, en todas aquellas vastas regiones conquistadas por Cortes y Pizarro no pasan de dos millones de habitantes de sangre pura española, de manera que no sobrepasan en mucho en número a la población del Ohio en medio siglo, y quedan muy atrás en riqueza y en civilización.» Si la observación no es del todo exacta el aumento de población de la América española desde aquella época es sin duda infinitamente inferior. México y la República Argentina han disminuido el número de sus habitantes; bien es verdad que es artículo orgánico de la constitución política de los nuevos estados sudamericanos ignorar siempre cuántos bípedos habitan el país. Nuestros gobiernos sabrán un día oficialmente cuántas estrellas hay en el cielo, como los niños traviesos suelen deshojar una rosa para saber cuántos pétalos tiene; pero es saber cuál es el número de habitantes de su país, ifi donc! Un gobierno descender ia tan mezquinos detalles! Toda la organización norteamericana reposa en el censo decenal y en el catastro de la propiedad; y hay reglas para calcular cada día el aumento de población, y sus resultados tienen certeza administrativa. El censo de 1850 está calculado en veinte y dos millones; el de 1860 en veintinueve; el de 70 en treinta y ocho millones; el de 80 en cincuenta millones; el de 1890 en sesenta y tres millones, y el de 1900 en ochenta millones. Habrá error quizá en un pico de diez o veinte millones de más.

El valor de los productos del Ohio ascendió en 1840 a circun circa de veinte millones de duros, entre los cuales figuraban cinco millones de cecinas y animales domésticos, y cinco millones de artículos manufacturados. Como la población de aquel Estado es aproximativamente la que se e atribuye a Chile (porque la verdad es un secreto que Dios se reserva entre los inescrutables de su política a lui) juzgará usted que Chile ha debido producir veinte millones, todos los años que hace que está teniendo millón y medio de habitantes. Es verdad que no contentos los habitantes del Ohio con las facilidades que les ofrece su río, han abierto siete canales navegables que penetran en el país, los cuales producían de beneficio 88.000 pesos en 1843, y 172.659 en 1844, esto es, el doble del año anterior, lo que prueba que la cantidad de productos había doblado de un año a otro.

Este Estado está poblado generalmente por los nuevos inmigrantes compuestos de alemanes, irlandeses y otras naciones. Estos labradores aumentan en número todos los días, y forman una mayoría sobre los yankees pur sang, de donde resulta que les ganan siempre las elecciones, unidos los extranjeros de origen al partido demócrata. Esto desespera a los puritanos, pues que siendo por lo general muy ignorantes los europeos, y en gran número católicos de Irlanda, lo que no constituye una patente de sapiencia, se oponen a todas las mejoras útiles, y se niegan a contribuir para escuelas, canales, caminos, mostrando la mayor indiferencia por la llegada de cartas y periódicos, «al mismo tiempo, dice un autor, que están siempre dispuestos a dar sus votos a los demagogos, que estarían prontos a hundir el país en la más violenta carrera de cambios políticos». Esta coincidencia con ciertos países que nosotros conocemos, me hace creer que cuánto más ignorante y menos dispuesto a promover las mejoras útiles, es un pueblo, mas aspira a cambios políticos, como aquellos animales despeados que dejan el camino trillado por mejorar, y se meten en la pedrazón y en los derrumbaderos.

Para azuzar a estos demócratas indisciplinados hay la Stump oratory, así llamada por la ocurrencia de algún candidato popular de treparse al copa de un árbol para dirigirse a su rudo auditorio. Un viajero inglés refiere en estos términos el discurso que le tuvo uno de estos personajes. «Un labrador que entró en el coche en Worcerter, habló con vehemencia contra la nueva tarifa, que dijo, sacrificaba los agricultores del oeste a los manufactuos de

Nueva Inglaterra, quienes querían forzarlos a comprar sus efectos hechizos, mientras que las materias primeras de Ohio y del oeste estaban excluidas del mercado de Inglaterra. Elegióme las ventajas de que gozaban en los Estados Unidos, compadeciéndose de la masa el pueblo inglés, privada de sus derechos políticos, y expuestos a la opresión y tiranía del rico. Con la mira de distraerlo le dije que un día antes había visto en la ciudad de Columbus, a un ministro predicando en idioma welche ante una congregación de trescientas personas; que estos y otros pobres labradores irlandeses y alemanes eran ignorantes de las leyes e instituciones norteamericanas, y personas sin educación alguna, y que ¿cómo se les había de permitir influir y dominar en las elecciones como sabía que lo acababan de hacer en el Ohio? Sobre este tópico me espetó una oración, cuyo tema fue la igualdad de derechos de todos los hombres, la división que algunos querían establecer entre los antiguos y los nuevos plantadores, la buena política de recibir a los inmigrantes cuando la población era escasa, la ventaja de las escuelas comunales, y últimamente el mal de dotar universidades, que dijo son «un nido de aristócratas».

Este odio popular contra las universidades no quita que haya, y muy bien dotada, una universidad en Atenas, otra en Oxford, otra en Willoughly; siete colegios en varias otras ciudades; varios institutos teológicos; setenta y cinco academias, y cinco mil doscientas escuelas.

La ciudad principal de este Estado es Cincinnati, cuya población es de cincuenta mil habitantes, y está situada en la abertura de un valle delicioso formado por colinas que van ascendiendo suavemente hasta la altura de trescientos pies, enseñando en sus flancos grupos de árboles y aun manchas de bosque. La ciudad está situada en dos terraplenes uno más alto que el otro quince a veinte varas. En el desembarcadero la playa está cubierta de losas hasta la parte más baja del río, y hay muelles cuya superficie sube y baja con la marea. Las calles están sombreadas de árboles y muy bien pobladas de edificios. Sus comunicaciones con el interior las facilitan canales que la ligan con el lago Erie y el canal Wabasch. Hay además ferrocarriles, caminos macadamizados y vecinales. El canal Whitewater se extiende 70 millas al interior. Como es bueno saber lo que puede hacerse en treinta años, recordaré a usted que esta ciudad fue reconocida tal en 1819 y fundada aldea en 1789. De su puerto parte un vapor diario para Pittsburg, y otros para San Luis,

Nueva Orleáns río abajo, también diariamente. Diligencias hacen la travesía entre las vecinas ciudades en todas direcciones. Hay cuarenta iglesias, un teatro, un museo, una oficina de venta de tierras del Estado, cuatro mercados, y un consistorio. La ciudad se suple de agua del río, levantada por poderosas máquinas de vapor.

Pero lo que más distingue a Cincinnati son el crecido número de sociedades literarias, científicas y filantrópicas, de las cuales haré a usted breve mención, tanto más que en adelante me abstendré de entrar en estos detalles. Me complazco en enumerar los elementos que entran en la composición y en la vida de la sociedad americana, aun en estos Estados de ayer, porque la comparación puede ser para nuestros compatriotas una útil enseñanza. Un viajero inglés, Robertson hablando de corrientes y entre ríos, en la República Argentina dice: «me espanta al contemplar estos bellos países, considerar lo que han dejado de hacer los españoles en tres siglos». La idea es sublime y profunda. ¡Lo que no han hecho en tres siglos! Espanta en efecto. El colegio de Cincinnati fundado en 1819 tiene excelentes tierras y un hermoso edificio en el centro de la ciudad. El colegio de Woodward y el de San Javier, fundado por los católicos, y el seminario presbiteriano tienen dieciséis mil volúmenes en sus bibliotecas, dotación y profesores correspondientes a los ramos de enseñanza. El colegio de medicina del Ohio, fundado en 1825, posee hermosos edificios, y está bajo la dirección de un consejo de directores; tiene dos mil volúmenes y aparatos completos de anatomía, anatomía comparada, cirugía química y materia médica. El colegio de jurisprudencia está relacionado con el de Cincinnati. El instituto de mecánica fue creado en 1829 para instrucción de mecánicos, y da cursos de artes y ciencias; posee importantes aparatos de física y química, una biblioteca y un salón de lectura. En una de sus salas se reúne la Academia Occidental de ciencias naturales; en otro salón se tiene una feria anual para fomento de las artes y de las manufacturas. Una escuela normal para instrucción de maestros fue establecida en 1821. La biblioteca mercantil para jóvenes dependientes tiene un salón de lectura y dos mil volúmenes. La biblioteca de aprendices cuenta mayor número de volúmenes. Hay dos asilos católicos, el asilo para huérfanos y una casa de pobres. Los establecimientos que no son sostenidos por asociaciones espontáneas, costéalos el Estado con rentas especiales cobradas para el objeto. En materia de rentas de escuelas la ley obliga a contribuir al sostén de las que existen, aun a aquellos pobladores que están diseminados entre los bosques. Los poseedores de vastas extensiones de territorio desierto están además obligados a contribuir a todas las cargas del Estado, y cuando están ausentes y atrasados en el pago, el sheriff toma una porción de terreno y la vende en pública subasta. De este modo la ley cuida de que los propietarios ricos no monopolicen la tierra, esperando sin cultivarla aprovechar del valor accesorio y progresivo que le va dando el tiempo. La ocupación de este país empezó desde las márgenes del Ohio hacia el norte. Cuando se terminó el canal del Erie, que ponía en comunicación el Ohio con los lagos, el Hudson, Nueva York y el Atlántico; otro movimiento de población comenzó a invadir desde el lago Erie hacia el Sur, quedando un inmenso bosque en el centro para dar colocación sucesiva a las generaciones venideras, pues la previsión de la ley de hacer pagar su parte de impuesto a los poseedores, hace que pocos quieran hacer la adquisición, si no es con el ánimo de trabajarlas inmediatamente.

Cincinnati es el emporio de la explotación de los cerdos, y hay una clase de la sociedad a quien dan el apodo de la aristocracia de los puercos, por haberse enriquecido con esta industria. Anualmente se salan en los saladeros de Cincinnati doscientos mil puercos, y llegada la estación de la cosecha, puéblanse los establos de madera de los alrededores y acuden de toda la Unión los compradores de manteca, jamones, etc. Apenas es posible creer a qué sumas enormes da origen esta industria. Lo más notable es que en Cincinnati los puercos viven por millares en las calles sin propietario particular. Los vecinos toman uno para engordar en sus casas, los niños se montan en ellos si los logran coger, y la policía manda matarlos cuando se propagan demasiado. Cincinnati es, pues, el país donde se amarran perros con longanizas y no se las comen.

Cuatro o cinco días pasamos con Arcos en Cincinnati dejándonos llevar por el placer de recorrer sus calles y alrededores, visitar su museo, y holgarnos en el far niente del turista. En Cincinnati fue donde Arcos viendo a un pacífico yankee que leía su Biblia, sentado a la puerta de su tendejón, se paró delante de él, le sacó de la boca el cigarro que fumaba, prendió el suyo, volvió a metérselo, y siguió su camino sin que el buen hombre hubiese levantado la vista, ni hecho otro movimiento que abrir la boca para que le ensartaran el cigarro. Paciencia, hermano, en cambio de alguna impertinencia vuestra.

Embarcámonos en un vapor de grandes dimensiones y el tercero que descendía el Mississipi desde que se tuvo noticia me habían ya cesado los estragos de la fiebre amarilla, periódica en Nueva Orleáns, en el verano. De Cincinnati a aquella ciudad hay 1.548 millas, que se hacen en once días de navegación de vapor, marchando de día y de noche sin otros intervalos que los necesarios para cargar leña o cambiar pasajeros en las ciudades y embarcaderos del litoral. Cuatro comidas abundantes y opíparas se sirven, contando con el lunch; y viaje, comida y servicio de once días cuesta ¡15 pesos! algo menos que lo que se pagaría por vivir el mismo tiempo en un hotel.

Poco diré a usted de las ciudades a cuyos puertos y muelles va sucesivamente atracando el vapor en el trayecto, pues que en ninguna permanecimos lo suficiente para conservar ni aun reminiscencia distinta de ella. Marieta, Luisville, Roma, Cairo, se suceden de día en día, hasta que el país bárbaro, el Far West empieza, y la escena recobra su carácter agreste y semisalvaje.

El viaje del Mississipi es uno de los más bellos y que más duraderos y más plácidos recuerdos me hay a dejado. El majestuoso río desciende ondulando blandamente por el seno del valle más grande que existe en la tierra. La escena cambia a cada ondulación, y el ancho moderado del más grande de los ríos permite que la vista alcance en esta y la otra ribera a calar por entre la sombría enramada de los bosques, y esparcirse en las sábanas y aberturas que hace la vegetación mayor de vez en cuando. El encuentro de un vapor es un incidente deseado, por la proximidad y rapidez del pasaje, mientras que la vista cae desde lo alto de las galerías del palacio flotante, sobre una escuadra de angadas que descienden a merced de la corriente cargadas de carbón de piedra; vése más allá un falte o mercachifle que va en su buquecillo de vela, vendiendo en detalle por las vecinas aldeas sus chismes y baratijas. Descender a las ciudades y aldeas adonde el vapor toca, correr por las calles, meternos en una mina, curiosearlo todo, comprar manzanas y bizcochos, con el oído atento a la campana que anuncia la próxima partida, era regalada y codiciada variante que no dejábamos de añadir a nuestras emociones, como nunca dejábamos de saltar sobre un barranco, ganar el bosque y correr un rato, mientras el vapor estaba cargando leña para quemar en sus hogueras.

Arcos, que había principiado nuestra asociación con una niñada, se propuso en aquellos días conquistar mi afecto, haciendo ostentación de cuanto salero y jovialidad hay en su carácter, alimentados por un inagotable repertorio de cuentos absurdos, ridículos, eróticos, tales cuales solo sabe atesorar la juventud calavera de París o de Madrid. Íbamos con esto de zambra y fiesta permanente, a punto de ser conocidos y notados por trescientos pasajeros del vapor.

Servíase a bordo la mesa tres veces para dar abasto a tan crecido número de comensales, y como todos se atropellasen para tomar asiento en la primera, nos quedamos el segundo día para la segunda, la que dejamos el tercero para estar a nuestras anchas, hasta que al fin nos arreglamos a comer en la cuarta con los criados, en lo que nos iba perfectamente, prolongando la sobremesa los dos solos por horas como lo habríamos hecho en el Astot hotel Gustáronnos las melazas que los primeros días nos sirvieron de postre, y como faltasen el quinto, reclamamos pidiendo la presencia de las melazas; razón por la que un mozo descendía corriendo en los desembarcaderos a comprarla en los bodegones vecinos, «para los señores españoles que se enferman —decía— si no comen melazas». Hablábamos recio en español en la mesa, y reíamos con tal desenfado que atraíamos en torno nuestro un círculo de huasos ya hartos, a vernos comer, gozándose en nuestro inextinguible buen humor. Una mañana Arcos la emprendió con un bonazo de ministro protestante.

—Señor —le decía— ¿de qué profesión es usted?

—Presbiteriano, señor.

—Dígame, ¿cuáles son los dogmas especiales de esta creencia? —y el padre procedía bondadosamente a satisfacerlo.

—Pero usted señor —ledecía—, Arcos con aire convencido, y como si ambos estuvieran de inteligencia, usted ¡no cree nada de eso por supuesto! Es usted demasiado sensato para poner fe en esas bromas.

Las facciones del infeliz sometido a tortura semejante, se contraían como cuando nos pisan un callo. El buen clérigo se ponía de todos colores, y medio indignado, medio suplicante hacía profesión de fe solemne de su creencia. Pero el implacable y serio burlón le replicaba con un aplomo imperturbable:

—¡Comprendo, comprendo! Usted predica y sostiene ante el público esas doctrinas; vive usted de ello y la dignidad de su carácter así lo exige; pero aquí entre nosotros, vamos; yo sé lo que hay en plata.

Otra vez estaba rodeado de un grupo de yankees horripilados de oírlo, y levantando más y más la voz, para que el escándalo fuese mayor.

—Gobierno —decía— es ¡el del Emperador de Rusia! ¡Eso sí que es un gobierno! Cuando un general delinque o desagrada a su soberano, ¡se le desatan los calzones y se le dan quinientos azotes! ¡Pero estas repúblicas! Esto es un escándalo y un desorden. ¿Qué significan vuestras elecciones; y qué sabe usted ni usted —añadía, dirigiéndose a este o a el otro de sus auditores espantados–, lo que conviene al estado; cuándo debe hacerse la guerra, y cuándo la paz? Al pueblo solo le toca pagar los gastos de la corte del soberano, que gobierna por derecho divino...

Y esto dicho con una seriedad y una afectación de estar de ello convencido, que aquellos hombres se hacían cruces de oírlo; y pasada la tormenta se lo señalaban unos a otros, mostrándolo como a un animal extraño, un ruso o un loco peligroso. Todo esto para reír después y alimentar la francachela. ¿No se le antoja una vez persuadir a una cuarentona llena de colgajos y de colorete que yo en sobrino de Abd-el-Kader que viajaba incógnito, favoreciendo esta broma la circunstancia de ser el único en aquellos parajes que llevara la barba entera y la birreta griega? Habíala ya medio persuadido, hablábame en español para que ella creyese que era el árabe, exagerando el sonido de la j, y se empeñaba en que me pusiese albornoz para completar el chasco.

Más tarde me mostró este joven la parte seria de su carácter, que no es menos notable por el buen sentido que lo caracteriza, a lo que se añade mucho trato de la sociedad y la rara habilidad de revestir las formas populares en lenguaje y porte, cualidades que, con su instrucción en materias económicas, lo harían un joven expectable si supiese dominar las impaciencias de un espíritu impresionable que no contienen ideas fijas y sentimientos de moralidad teórica, aunque su conducta sea regular. Necesito añadir estas rectificaciones por temor de que sin ellas hiciese pasar plaza de truhán en mi narración a un compañero de viaje que me acompañó cuatro meses y me prestó amigables servicios.

La vecindad de Nueva Orleáns se deja presentir por alteraciones visibles en la materia de la cultura y por la forma de los edificios. Divísanse haciendas, y en ellas líneas de casuchas de madera de la misma forma y capacidad todas, mostrando que el libre albedrío no ha presidido a su construcción. La tierra está dividida en lotes más grandes; la población rural aislada desaparece, y las raras habitaciones que de cuando en cuando se presentan, asumen formas y extensión que acusan la presencia de una aristocracia campestre.

Aquellas casitas iguales son, en efecto, las habitaciones de los esclavos, y las grandes a que se arriman, las mansiones de los señores amos. Esta es la aristocracia de las balas de algodón y de las bolsas de azúcar, fruto del sudor de los esclavos. ¡Ah! ¡la esclavatura, la llaga profunda y la fístula incurable que amenaza gangrenar el cuerpo robusto de la Unión! ¡Qué fatal error fue el de Washington y de los grandes filósofos que hicieron la declaración de los derechos del hombre, el dejar a los plantadores del Sur sus esclavos; ¿y por qué rara fatalidad los Estados Unidos, que en la práctica han realizado los últimos progresos del sentimiento de igualdad y de caridad, están condenados a dar las postreras batallas contra la injusticia antigua de hombre a hombre, vencida ya en todo el resto de la tierra?

La esclavatura de los Estados Unidos es hoy una cuestión sin solución posible; son cuatro millones de negros, y dentro de veinte años serán ocho. Rescatados, ¿quién paga los mil millones de pesos que valen? Libertos, ¿qué se hace con esta raza negra odiada por la raza blanca? En tiempo de Washington y treinta años después, el cinismo de la teoría no venía a justificar en el ánimo de los amos la codicia de la práctica; pero hoy la esclavatura esta apoyada en doctrina, porque se ha hecho el alma de la sociedad que la explota. Entonces era más reducido el número de esclavos, y por tanto más cancelable económica y numéricamente. Mientras tanto la esclavatura tiene en los estados yankees genuinos, y éstos son los más ricos, poblados y numerosos, antagonistas implacables, fanáticos. El espíritu puritano de igualdad y de justicia se eleva en el norte a la altura de un sentimiento religioso. Abominan de ella como de una lepra y de una mancha que deshonra a la Unión, y en su ardor predican la cruzada contra los réprobos que explotan la abyección de una raza maldecida.

Echámosles en cara a los norteamericanos su perpetuación. ¡Dios mío! Vale tanto como afligir y humillar las canas del padre virtuoso, echándole en cara los desmanes de su hijo pródigo. La esclavatura es una vegetación parásita que la colonización inglesa ha dejado pegada al árbol frondoso de las libertades americanas. No se atrevieron a arrancarla de raíz cuando podaron el árbol, dejando al tiempo que la matase, y la parásita ha crecido y amenaza desgajar el árbol entero.

Los estados libres son superiores en número y riqueza a los estados de esclavos. En el congreso, en las leyes no conquistará la esclavatura un palmo de terreno más al norte de la línea que el hecho existente se ha trazado. Si la guerra sobreviene, ¿los negros irán a batirse con los blancos para evitar que les quiten sus cadenas? ¿Los amos formarán ejércitos para guardar sus esclavos? La separación en estados libres y en estados esclavos, tan cacareada por los estados del Sur, traería la desaparición de la esclavatura. ¿Pero adónde irían cuatro millones de libertos? He aquí un nudo gordiano que la espada no puede cortar y que llena de sombras lúgubres el porvenir tan claro y radioso sin eso de la Unión Americana. Ni avanzar ni retroceder pueden; y mientras tanto la raza negra pulula, se desenvuelve, se civiliza y crece. ¡Una guerra de razas para dentro de un siglo, guerra de exterminio, o una nación negra atrasada y vil, al lado de otra blanca la más poderosa y culta de la tierra!

Desde Pittsburg hasta Nueva Orleáns habíamos atravesado diez estados de los que no entraron en la primitiva federación. La ciudad de Nueva Orleáns es la capital de la Luisiana, originariamente francesa y cuya promiscua población se compone hoy de criollos americanos, españoles y franceses. La apariencia de la ciudad desde el puerto es magnífica, y los vapores solo, que están de continuo en sus ancladeros por centenares, bastan para revelar la actividad comercial de sus habitantes. Puede decirse que el vapor se inventó para el Mississipi. Antes de su aplicación a la navegación fluvial, echaban meses y meses las raras barcas que remontaban los ríos, como sucede hoy en el Paraná y Uruguay; los buques de alta mar cruzaban muchos días en el golfo de México acechando la ocasión favorable de tomar la difícil entrada del caudaloso río que a muchas leguas de la costa lleva aun su caja en el fondo del mar flanqueada de bancos peligrosísimos. Inventóse, empero, el vapor, y bandadas de remolques remolinean en la embocadura para lanzarse en el golfo, apenas divisan en el lejano horizonte una vela. Millares de vapores recorren el río arriba, dispersándose hacia todos los rumbos del horizonte, siguiendo las vías acuáticas en que por centenares se subdivide el canal principal a medida que se lo incorporan ríos tributarios; y cuando el valle del Mississipi esté ocupado por el hombre, espantará sin duda la masa de productos que vendrá a acumularse en Nueva Orleáns, quedando estrecho el canal anchuroso que desde aquella ciudad conduce al golfo para la no interrumpida procesión de buques que han de ir a desparramarse como puñados de granos en la inmensidad del océano, porque el Mississipi es la única salida que ofrece un mundo entero.

Desgraciadamente Nueva Orleáns es incurablemente enferma; la fiebre amarilla aparece periódicamente en su recinto todos los años desde tal día del año, hasta tal otro; mata a los que no huyen del seno de la ciudad, y vuelve a convalecer y restablecer su salud hasta la misma época del año siguiente. A una legua de la ciudad la salubridad es completa, y ni por contagio alcanza aquel azote periódico. Tenía en 1840 ciento dos mil habitantes, número que no aumenta en grandes proporciones, no obstante ser el desembarcadero de la emigración francesa.

Residimos en Nueva Orleáns diez días hasta contratar pasaje para La Habana, en un malísimo y pestilente buquecillo de vela, que como la falúa del Mediterráneo que me condujo de Mallorca a Argel, llevaba su carga de cerdos, con el aditamento de tres o cuatro tísicos moribundos, que partían con nosotros camarotes estrechísimos, calientes y llenos de tela de araña. El mundo norteamericano concluía, y principiábamos a sentir con anticipación las colonias españolas a donde nos dirigíamos.

Fin de los viajes

Libros a la carta

A la carta es un servicio especializado para
empresas,
librerías,
bibliotecas,
editoriales
y centros de enseñanza;
y permite confeccionar libros que, por su formato y concepción, sirven a los propósitos más específicos de estas instituciones.

Las empresas nos encargan ediciones personalizadas para marketing editorial o para regalos institucionales. Y los interesados solicitan, a título personal, ediciones antiguas, o no disponibles en el mercado; y las acompañan con notas y comentarios críticos.

Las ediciones tienen como apoyo un libro de estilo con todo tipo de referencias sobre los criterios de tratamiento tipográfico aplicados a nuestros libros que puede ser consultado en Linkgua-ediciones.com.

Linkgua edita por encargo diferentes versiones de una misma obra con distintos tratamientos ortotipográficos (actualizaciones de carácter divulgativo de un clásico, o versiones estrictamente fieles a la edición original de referencia).

Este servicio de ediciones a la carta le permitirá, si usted se dedica a la enseñanza, tener una forma de hacer pública su interpretación de un texto y, sobre una versión digitalizada «base», usted podrá introducir interpretaciones del texto fuente. Es un tópico que los profesores denuncien en clase los desmanes de una edición, o vayan comentando errores de interpretación de un texto y esta es una solución útil a esa necesidad del mundo académico.

Asimismo publicamos de manera sistemática, en un mismo catálogo, tesis doctorales y actas de congresos académicos, que son distribuidas a través de nuestra Web.

El servicio de «libros a la carta» funciona de dos formas.

1. Tenemos un fondo de libros digitalizados que usted puede personalizar en tiradas de al menos cinco ejemplares. Estas personalizaciones pueden ser de todo tipo: añadir notas de clase para uso de un grupo de estudiantes,

introducir logos corporativos para uso con fines de marketing empresarial, etc. etc.

2. Buscamos libros descatalogados de otras editoriales y los reeditamos en tiradas cortas a petición de un cliente.

www.ingramcontent.com/pod-product-compliance
Lightning Source LLC
Chambersburg PA
CBHW031322230426
43670CB00006B/211